IM BANN DES MONDES

MYTHEN, SAGEN UND LEGENDEN

IM BANN DES MONDES

MYTHEN, SAGEN UND LEGENDEN

JULES CASHFORD

Aus dem Englischen von Birgit Herbst

Bibliografische Information der Deutschen Bibliothek
Die Deutsche Bibliothek verzeichnet diese Publikation in der Deutschen Nationalbibliografie;
detaillierte bibliografische Daten sind im Internet über http://dnb.ddb.de abrufbar.

Text © 2003 Jules Cashford
Design © 2003 Cassell Illustrated

First published in Great Britain in 2003 by Cassell Illustrated
A Member of Octopus Publishing Group Limited
2-4 Heron Quays, London E14 4JP

Copyright © 2003 Octopus Publishing Group Limited

© der deutschsprachigen Ausgabe: Egmont vgs verlagsgesellschaft mbH, Köln 2003

Redaktion: Katja Fauth
Lektorat: Marcus Reckewitz
Produktion: Simone Nauerth, Caroline Toma
Umschlaggestaltung: Metzgerei Strzelecki, Köln
Satz: Achim Münster, Overath
Druck: Printed in Dubai
ISBN: 3-8025-1548-X

Besuchen Sie unsere Homepage im Internet:
www.vgs.de

INHALT

VORWORT

I thought that whatever of philosophy has been made poetry is alone permanent …
W. B. Yeats, *The Philosophy of Shelley's Poetry*

Dieses Buch will all jene vom Mond inspirierten Mythen und Symbole, all jene poetischen Bilder von den frühesten paläolithischen Zeichnungen auf Horn und Knochen bis zu den Gedichten der Gegenwart untersuchen. Es handelt sich um die Studie einer Ideengeschichte. Ihr Ziel besteht zunächst darin herauszufinden, wie die Legenden über den Mond unsere Art zu denken beeinflusst haben.

Legenden und Bilder aus der ganzen Welt lassen vermuten, dass die meisten, wenn nicht gar alle alten Kulturen, irgendwann eine Phase durchlaufen haben, in der sie bestimmte Aspekte ihrer Wirklichkeit mit Hilfe des Mondes interpretierten. Dass man dem Mond solch außergewöhnliche Kräfte zuschrieb – Einfluss auf Geburt, Fruchtbarkeit, Wachstum, Schicksal, Tod und Wiedergeburt – kommt fast einer Weltanschauung zu Beginn der Menschheitsgeschichte gleich. Eigentlich war der Mond in der Kultur der großen Muttergöttin, in der Erde und Mond als Manifestation eines dualen Aspekts betrachtet wurden, nur ein Merkmal von vielen. Bei näherer Betrachtung aber wird deutlich, dass der besondere Charakter des Mondes eine eigene Vorstellungswelt bot, in der die Essenz des göttlichen Mythos eine konkrete Form annahm. Die Metapher des Zyklus und der Phasen des Mondes war darüber hinaus Anlass, über Dauer, Zeit und Sterblichkeit nachzudenken.

Der zentrale Mythos des Mondes ist der Mythos der Transformation. Frühe Völker sahen im Zu- und Abnehmen des Mondes das Wachstum und Sterben eines Himmelswesens, auf dessen Tod die Wiederauferstehung in Form des Neuen Mondes folgte. Das beständige Drama der Mondphasen wurde zu einem Modell, über ein Muster im Leben von Menschen, Tieren und Pflanzen sowie über die Vorstellung eines Lebens nach dem Tod nachzudenken. Es scheint, als habe der Mond für die frühen Menschen sowohl Ewigkeit als auch Zeit verkörpert. Die instinktive Identifikation der Menschen mit dem Mond führte dazu, dass sie in dessen Wiedergeburt ein ähnliches Versprechen für die Zeit nach ihrem eigenen Tod sahen. So wurde der Mond zu einem sichtbaren Symbol der Hoffnung, zu einem Licht, das in der Dunkelheit der menschlichen Seele leuchtete.

* * *

Die frühesten Aufzeichnungen von Menschen der Altsteinzeit scheinen den Mondzyklus darzustellen. Zeiträume von mehr als 24 Stunden, wie sie anhand der Sonne berechnet werden konnten, wurden so erfasst. In den indoeuropäischen Sprachen haben Wörter für Mond die gleiche etymologische Wurzel. Aus ihnen wiederum ist eine ungeheure Vielzahl von Wörtern für Geist und Verstand entstanden, von Erinnerung bis zu Manie. Zudem ließ die zeitliche Übereinstimmung des Mondzyklus mit dem weiblichen Menstruationszyklus eine Beziehung zwischen dem Mond und dem zyklischen Rhythmus des menschlichen Lebens vermuten. Diese Beziehung fand Eingang in viele Bereiche der menschlichen Erfahrung, insbesondere in jene, die mit Geburt, Wachstum und Tod zu tun hatten.

Viele Mythen beinhalten jedoch auch die Vorstellung, dass der Mond aus seiner eigenen Substanz wiedergeboren wird und daher selbst der Gott oder die Göttin der Geburt und der Wiedergeburt ist. In der Sichel des Mondes sah man eine Schale, die das Wasser des Lebens enthielt – sowohl den ambrosischen Nektar des unsterblichen Lebens, aus dem der Mond sich selbst erneuerte, als auch das lebensspendende Wasser, das als Tau und Regen auf die Erde fiel oder sich in Form der Meere, deren Gezeiten den Rhythmen des Mondes folgen, über sie erstreckte.

Als Lebensspender wurde der Mond in vielen Ländern zum Hüter der Fruchtbarkeit von Menschen, Tieren und Pflanzen. Noch zu Beginn des 20. Jahrhunderts wurden Neugeborene nicht nur in Indien, sondern auch in Frankreich zum Mond hinaufgehalten. Frauen tranken vom Mondlicht beschienenes Wasser, um schwanger zu werden. Hatte man die »Kräfte« des Mondes erst einmal akzeptiert, wurden Verbindungen zwischen allen Phänomenen hergestellt, von denen man glaubte, sie würden vom Mond beeinflusst. Erstaunlich übereinstimmende Muster erscheinen in den symbolischen Darstellungen ansonsten sehr unterschiedlicher Dinge: Stiere, wilde Eber und Mondsicheln (der gehörnte Mond), schwarze Katzen und Hexen (dunkler Mond), Schlangen und Seelen (die sich häuten, so wie der Mond seine Schatten wirft), Spinnen und Regen (durch die sich drehenden Schicksalsgöttinnen des Mondes), Kröten und die Geburt von Kindern (Kröte-Regen-Feuchtigkeit), Hasen und Tod (der Hase im Gesicht des sterbenden Vollmondes), und Hasen, die das Ei des neuen Lebens legen (Hase-Mond-Wiedergeburt) wie in den modernen europäischen Volksbräuchen zu Ostern.

Einst glaubte man, jede einzelne Mondphase würde der Zeit eine einzigartige und lebendige Qualität verleihen. Die zunehmende Phase stand für Wachstum, die abnehmende für Rückgang. An Neumond und an Vollmond wurden Feste begangen. Der abnehmende und der dunkle Mond waren die Zeit des Rückzugs, in der Wurzelgemüse gepflanzt und Holz geschnitten wurde. Die drei Tage des Todes, auf die die Wiedergeburt folgt, sind in vielen Mythen der Welt ein Symbol – beispielsweise der sumerische Mythos vom Abstieg der Inanna in die Unterwelt, der biblische Mythos von Jonas und dem Wal oder der Mythos vom Abstieg Christi in die Hölle. Von den Märchen afrikanischer Buschmänner bis zu den ägyptischen Mysterien des Osiris und den Eleusinischen Mysterien in Griechenland: die Vorstellung der Auferstehung spiegelte sich im immer wiederkehrenden Zyklus des Mondes und seiner ewigen Rückkehr.

* * *

Beginnend mit der Entwicklung des Ackerbaus, besonders aber während der späten Bronzezeit und frühen Eisenzeit, fand in den meisten Teilen der Welt ein Übergang von einem reinen Mondkalender zu einem lunisolaren Kalender und schließlich eine Verlagerung des religiösen Schwerpunkts vom Mond auf die Sonne statt. In einem als »Solarisation« bekannten Prozess wurde der Mond in vielen Ländern offiziell von der Sonne abgelöst. Viele der Kräfte und Legenden des Mondes wurden auf die Sonne übertragen oder gerieten in Vergessenheit. Im Westen fiel dieser Prozess mit dem Aufstieg patriarchaler Kulturen zusammen, welche die früheren Kulturen der Göttin ablösten. All diese Geschichten müssen bewahrt werden, wenn wir die dynamischen Impulse und die Komplexität unseres Erbes nicht verlieren wollen.

* * *

Dieses Buch geht jedoch auch der Frage nach, was solche Mythen und Bilder über das menschliche Bewusstsein verraten. Diese Frage ist vor allem deshalb interessant, weil wir heute in unserer Fantasie vom Mond aus auf die Erde herabblicken können, um zu sehen, wie wir selbst zum Mond hinaufschauen. Dieses Bild beschreibt recht präzise jenes neue Bewusstsein, das entstanden ist, seit wir die Erde verlassen haben und sie als Ganzes sehen können. Aus dieser Perspektive erscheinen Stammesgrenzen und sich bekriegende Götter absurd, auch wenn der Rauch ihrer Konflikte in die Atmosphäre aufsteigt.

Noch eine andere bedeutende Entdeckung des 20. Jahrhunderts führte dazu, dass Kontinente und Nationen nicht länger voneinander isoliert betrachtet werden können. Einstein warnte 1964: »Die Kernspaltung hat alles verändert, nur nicht die Art unseres Denkens, und deshalb bewegen wir uns auf eine Katastrophe ohnegleichen zu.«[1] Damit wies er darauf hin, dass das brillante Experiment des Bewusstseins der letzten viertausend Jahre seinen Höhepunkt erreicht hatte und nun seine Autonomie opfern musste, wenn es nicht das zerstören wollte, was es geschaffen hatte.

Der große Mythologe Joseph Campbell hat einer Vision Ausdruck verliehen, die aus dieser Erkenntnis entstanden ist:

Die alten Götter sind tot oder sterben, und überall suchen die Menschen und fragen sich: Wie wird die neue Mythologie sein, die Mythologie dieser vereinigten Erde, die wie ein harmonisches Wesen ist.[2]

Die wissenschaftliche Erforschung des menschlichen Bewusstseins ist noch relativ jung (im Gegensatz zur Kunst, die der Natur immer sozusagen den Spiegel vorgehalten hat)[3]. Sie begann interessanterweise etwa zu der Zeit, als Einstein mahnte – als solle der neue Schwerpunkt des analytischen Geistes nun das Subjekt sein, dem dieser Geist innewohnte. Schon bald wurde deutlich, dass wir nur sehr wenig darüber wissen, wie sich Bewusstsein verändert. Wir wissen nicht, wie alte oder neue Mythologien entstehen, ob sie spontan aus dem Unbewussten auftauchen oder ob wir bewusst daran teilnehmen, wenn sich neue Formen der Betrachtung und Bewertung des Lebens entwickeln. Durch den Vergleich von Mythen aus verschiedenen Kulturen und Zeiten haben wir gelernt, dass sie unsere tiefsten Sehnsüchte und Träume sichtbar machen und damit eine Möglichkeit darstellen, unsere eigene Existenz zu begreifen und zu erkennen.

Seit dem Zeitalter der Aufklärung herrscht die verbreitete Annahme, dass diese mythologische Auffassung des Lebens der fernen Vergangenheit angehört. Das spekulative Denken der modernen Wissenschaft und Philosophie ist folglich nicht der »irrationalen« Intuition der Mythologie zu verdanken, sondern gründet sich vielmehr auf deren heroische Ablehnung. Aber die Arbeit von Jung, Cassirer, Eliade und Barfield, um nur einige wenige zu nennen[4], hat deutlich gemacht, dass spekulatives Denken ein inhärentes Merkmal des mythologischen Denkens ist und dass umgekehrt mythische Bilder in keinem Versuch, das Universum zu begreifen, fehlen, so rational und empirisch er sich auch zu sein bemüht. Insofern kann man vielleicht aus der Art, wie die frühen Menschen das Universum betrachteten, etwas lernen.

Bevor die Philosophie und später die Naturwissenschaften zu eigenständigen Disziplinen wurden, waren die poetischen Bilder der Mythen für die Menschen das zentrale Mittel, um sich mit den unmittelbaren Geschehnissen des täglichen Lebens auseinander zu setzen und über die nicht zu beantwortenden Fragen von Leben und Tod nachzudenken. Wie das spätere, auf klaren Definitionen und deutlichen Aussagen basierende Denken begannen auch diese frühen Denkweisen mit einer Hypothese. Es mag lebendige Präsenz gewesen sein – ein Gott oder eine Göttin; es mag die Form eines Tieres oder eines Vogels angenommen oder sich als Mond, Sonne oder Erde manifestiert haben –, aber es war nichtsdestoweniger ein Versuch, eine Vorstellung zu erlangen, die Muster und Strukturen aufzeigte und der Welt Sinn verlieh. So gesehen ist ein Mythos keine Denkweise, die durch reflektives Denken ersetzt wurde, er ist der ursprüngliche und lebendige Impuls der Philosophie.

Frühe Spekulationen fanden ihren Weg durch ein fantasievolles Mitgefühl, das die gesamte Beziehung der Menschen zu ihrer Welt einschloss. Und da dies ein gegenseitiger Prozess war, umfasste dieses Mitgefühl auch die Beziehung, in der die Welt zu den Menschen stand. Denn die Welt der frühen Menschen war ein Du und kein Es, eine gleichzeitig numinose *und* persönliche Präsenz und damit kein unbelebter Gegenstand des Denkens, sondern ein Subjekt in der Dialektik des Denkens. Das, was wir heute Natur nennen (und dabei vergessen, dass der Name, die Idee eine relativ neue Abstraktion ist), war einst nicht von den Menschen unterschieden: als lebendige Wesen gehörten sie dem gleichen Gefühlskontinuum an und brauchten daher nicht durch verschiedene Erkenntnisformen begriffen zu werden. Zwischen ihnen existierte keine Dichotomie. Man sollte immer berücksichtigen, dass die alte Vorstellung konkret war, eingebettet in und entstanden aus einer tief empfundenen Erfahrung. In dieser Hinsicht ist sie der Poesie aller Zeiten nicht unähnlich. Es ist nicht so, dass frühe Menschen nicht philosophisch dachten. Das »Gute«, »Wahre« und »Schöne« waren einst gute, wahre und schöne Dinge, und diese »Dinge« waren Persönlichkeiten, Aktivitäten, kosmische Ereignisse – alles, was eine bedeutsame Welt ausmacht.

Dies bedeutet jedoch nicht, dass die Menschen früherer Zeiten einem fremden Universum menschliche Eigenschaften verliehen, es personifizierten, um sich darin zu Hause zu fühlen. Eine solche Interpretation gründet sich auf einen impliziten Gegensatz zwischen Natur und Mensch, den abendländische

Denkformen heute als selbstverständlich betrachten, der jedoch genau die zur Diskussion stehende Annahme darstellt – möglicherweise der zentrale Glaube, der eine Veränderung unserer Weltsicht verhindert. Die frühen Menschen kannten keine Kategorie für unbelebte Phänomene; diese Kategorie an sich ist möglicherweise provisorisch und nicht absolut, eine Funktion in einer bestimmten Phase der Evolution des Bewusstseins, die jedoch nicht universell und nicht notwendig ist. Wie sollten wir es herausfinden, wenn wir es nicht in Frage stellen würden? Die Veränderung einer Bewusstseinsform hat zur Folge, dass alle Annahmen hinterfragt werden müssen, insbesondere jene, die von der vorherrschenden Bewusstseinsform für selbstverständlich gehalten werden, zumal sie zu deren Vormachtstellung beigetragen haben.

Eine der Entdeckungen der Psychologie des vergangenen Jahrhunderts hat uns gezeigt, dass Mythen unser Denken strukturieren, ob wir uns ihrer bewusst sind oder nicht. Ob als Rasse, Kultur oder Individuum, wir Menschen haben eine Geschichte über die Welt, in der wir leben, und über unseren Platz und unsere Bestimmung in ihr. Das aus dem Griechischen – *muthos* – stammende Wort Mythos bedeutete ursprünglich nichts anderes als eine Geschichte, die versucht, das Leben anhand einer verständlichen Quelle transparent zu machen. Sie kann bewusst, offen für einen Dialog mit anderen Geschichten und selbstreflektiv sein, oder sie kann unbewusst bzw. nicht vollkommen bewusst sein, wenn sie eher wortwörtlich und damit als wahr verstanden wird und nicht anfällig für Kritik ist, meist weil angenommen wird, dass sie durch die höhere Autorität, die sie enthüllt, gerechtfertigt ist. Alle Geschichten sind notwendigerweise Konstruktionen der menschlichen Psyche, denn die Welt ist nicht als Tatsache gegeben, sondern wird durch Interpretation erschlossen.

Der Literaturkritiker Northrop Frye geht von der Prämisse aus, dass wir alle in einem mythologischen Universum leben, einem Gefüge von Annahmen und Anschauungen, entstanden aus unseren existentiellen Belangen, die so sehr Teil unserer Sicht des Lebens sind, dass wir sie nicht bemerken. Und wenn er den Begriff der »mythologischen Konditionierung« einführt, dann um darauf hinzuweisen, dass selbst die scheinbar unvoreingenommensten Geschichten über die Welt zum Teil vielleicht unbewusst sind und sich als einfache, allseits bestätigte Tatsachen präsentieren.[5] Nur die Existenz von gegensätzlichen Geschichten kann uns auf unsere eigene Voreingenommenheit und damit auf die unvermeidliche Voreingenommenheit jeder Geschichte hinweisen. Wir können Elemente unserer Mythen oder Bewusstseinsformen wieder erkennen, wenn wir sie in Träumen, in Kunst oder Literatur sehen, aber wir können die Bedeutung dessen, was wir sehen, nicht vollkommen verstehen. Es scheint also, als sei eine Veränderung des Bewusstseins ohne eine gewisse Kenntnis unserer mythologischen Konditionierung nicht möglich.

Wir alle wissen, dass es sehr schwer ist, familiäre Konditionierungen im Leben eines Individuums zu erkennen, ganz zu schweigen von sozialen Konditionierungen im kollektiven Leben eines Stammes oder von mythologischen Konditionierungen einer Rasse in der konkreten Zeit, in der wir leben. Da wir heute nicht mehr in der Form an den Mond »glauben«, wie man einst an ihn glaubte, kann eine Untersuchung der Mythen des Mondes vielleicht Aufschluss darüber geben, wie »mythologische Konditionierung« funktioniert. Wir werden vielleicht erahnen, wie der menschliche Geist denkt, wenn er sich Vorstellungen von der Realität schafft, die er dann für wahr hält, und die ihm dazu dienen, sein Verhalten abzuleiten und zu verteidigen. Als Mythen aus alter Zeit mögen uns die Bilder und Geschichten über den Mond heute als Kunst erscheinen, offen für Überprüfungen und Diskussionen, während ihre Form – die Suche des Menschen nach Bedeutung und Verständlichkeit – die Philosophie jeder Zeit widerzuspiegeln vermag.

Dieses Buch versucht, uns die Geschichte der Mythen des Mondes als eine Geschichte des menschlichen Bewusstseins zu erzählen. Bilder und Rituale des Mondes leben noch immer in vielen Bereichen des Denkens fort, von religiösem Symbolismus über Märchen und Volksglauben bis hin zu Aberglauben. Ihr Ursprung in der Mondkunde früherer Zeiten ist jedoch nicht immer offensichtlich. Wenn wir einen Brauch bis zu seinem lunaren Ursprung zurückverfolgen – was bedeutet, ein inzwischen profanes Ereignis zu seinem sakralen Ursprung zurückzuverfolgen –, werden wir vielleicht etwas darüber erfahren, wie wir dazu gekommen sind, über bestimmte Dinge zu denken.

KAPITEL 1

DER MOND UND DIE RHYTHMEN DES LEBENS

Mene zu preisen, redet ihr Musen, sangesgeübte
süß beredte Töchter Zeus' des Kroniden.
Homerische *Hymne an Selene*

Als die alten Griechen in den Himmel schauten, sahen sie Wagen aus Licht, die von geflügelten Pferden und Stieren gezogen wurden. In der Nacht sahen sie Selene, den Mond, der alleine durch die Dunkelheit nach Westen dahinglitt und hinab zum Horizont schwebte, während Eos, die Morgenröte, im Osten erschien und Helios, die Sonne, mit ihren Wagenlenkern, den Sternen, hinter ihr aufstieg.

Selene ist die Schwester von Helios und Eos, alle drei sind Kinder der Titanen – Hyperion und Euryphaessa, »der dort oben« und die »weit Leuchtende«, ihrerseits Sonne und Mond der älteren Generation und Kinder von Gäa, der Erdmutter. Die homerische *Hymne an Selene* geht wie folgt weiter:

Gespreizte Schwingen beflügeln sie;
himmlisches Leuchten umringelt die Erde,
strömend aus ihrem unsterblichen Haupte.
Schönheit in Fülle
tut von unten sich auf im Schein ihres Lichtes.
Es funkelt blitzend die finstere Luft
vom Gold ihrer Krone und Strahlen
füllen die Räume,
so oft die hehre Selene den schönen
Körper im Ozean badet
und Strahlengewänder sich anlegt.
Blinkende Fohlen mit kräftigen Nacken
schirrt sie zusammen,
treibt sie stürmisch voran,
die Rosse mit prächtigen Mähnen,
abends, inmitten des Monats.
Wenn dann die mächtige Scheibe
voll erstrahlt, wenn Ströme von Licht
der Erfüllten entquellen
hochher vom Himmel,
so gilt es den Menschen
als Zeichen der Ordnung...[1]

Abb. 1. Die griechische Mondgöttin Selene. Sie trägt die Mondscheibe auf ihrem Kopf. Auf dem Gipfel ihrer Reise, wenn der Mond voll ist, zügelt sie ihre tänzelnden Pferde. Die sieben Bogen am unteren Rand deuten darauf hin, dass der Mond über die Wellen aufsteigen könnte. Rotfigurige Schale des Brygosmalers. Vulci 490 v. Chr. Staatliche Museen zu Berlin.

Abb. 2. Der Sonnengott Helios in seinem Wagen. Die Mondgöttin Selene befindet sich auf der anderen Seite der Vase, dazwischen Eos, die Göttin der Morgenröte. Rotfigurige Vasenmalerei. Ca. 440 v.Chr. British Museum.

Es hieß, Selene habe sich einst in Endymion, einen Schafhirten, verliebt. Sie sah ihn, wie er in der Nacht auf einem Felsvorsprung schlief, richtete ihre Mondstrahlen auf ihn und küsste ihn so vollendet, dass er fortan und für immer schlief. Manche sagen, wenn Selene hinter einem Berg verschwindet, besucht sie Endymion in einer Felshöhle, andere behaupten, dass sie ihn hinauf zum Himmel trägt, wo man ihn noch immer im Antlitz des Mondes sehen kann, wenn dieser voll ist.[2]

* * *

Geschichten über den Mond sind universell und seit den Anfängen der Menschheitsgeschichte überall auf der Welt feststellbar. Die ältesten Zeichnungen auf Felsen, Hörnern, Knochen und Steinen deuten darauf hin, dass der Mond sogar die erste von Menschen überhaupt aufgezeichnete Geschichte gewesen sein könnte. Denn die frühesten Zeichen, die erwiesenermaßen von menschlichen Wesen stammen, markieren den Weg des leise über den Himmel dahinziehenden Mondes.

Die frühen Beobachter des Nachthimmels sahen ein Wesen aus Licht, das sich immer auf die gleiche Art veränderte. Die Kontinuität dieses Phänomens musste zwangsläufig die Art, wie die Menschen dachten, verändern. Über viele Jahrtausende hinweg schuf der wechselnde Rhythmus von Licht und Dunkelheit im Geist ein Muster, das zu einer immer wieder erzählten Geschichte wird.

Die sich fortwährend verändernde Erscheinung des Mondes in seinen verschiedenen Phasen erzählt die fundamentale Geschichte von Geburt, Wachstum, Fülle, Zerfall, Tod und Wiedergeburt. Wie die Menschen so wird auch der Mond aus der Dunkelheit geboren und wächst bis zum Höhepunkt seiner Kräfte, um auf ebenso unerklärliche Weise allmählich zu vergehen und zu schwinden – er »zerfällt«, wie die Buschmänner sagen –, bis er stirbt und wieder in der Dunkelheit verschwindet, aus der er gekommen ist. Drei Nächte lang ist der Mond tot, und der Himmel ist schwarz. Aber am dritten Tag erwacht er wieder zum Leben und steigt als »neuer Mond« wieder auf.

Der Tod bedeutete nicht das Ende für den Mond. In einer ewig wiederkehrenden Sequenz war der Tod nur Vorspiel zu einem erneuten Beginn, der mit einem erneuten Tod enden würde. Nach und nach wird dieser Rhythmus von Geburten und Toden vorhersagbar, und es entsteht im Geist das Bild eines erinnerbaren Zyklus. Da der Zyklus zu keinem Augenblick als Gesamtheit gesehen werden kann, wird im Geist ein Bild der Gesamtheit bewahrt. Was man sehen kann, sind allein die wechselnden Phasen, die Nacht für Nacht einem unfehlbaren Muster folgen. Die frühen Menschen müssen jedoch jede Sequenz des Zyklus aus der Perspektive des Ganzen gesehen und interpretiert haben.

Die beiden Bezugspunkte, der Zyklus und die Phase – der eine nach innen gerichtet und unveränderlich, der andere nach außen gerichtet und wechselnd – bieten eine Orientierung, die es ermöglicht, die Phasen zueinander und mit dem Zyklus als Ganzes in Beziehung zu setzen. Der duale Rhythmus von Beständigkeit und Wechsel ist der Beginn des »Messens«, ein Wort, das in vielen Sprachen die gleiche etymologische Wurzel besitzt wie »Mond«. Sobald die einzelnen Phasen bekannt und die Unterschiede zwischen ihnen erkannt werden können, steht eine neue Unterscheidung zur Verfügung: zwischen dem, was vorher war und dem, was danach kommt, zwischen Gegenwart, Vergangenheit und Zukunft, was dem Leben in der Zeit entspricht. Denn während der Verlauf eines Tages anhand der Sonne verfolgt werden kann, war die früheste Berechnung eines Zeitraums von mehr als einem Tag nur durch den Mond möglich. Somit wird die Geschichte von Geburt, Tod und Wiedergeburt des Mondes in ihrer beständigen Wiederholung zur Geschichte der Zeit, welche die Menschen auf der Erde durchleben. Und damit ist die Geschichte (gleichzeitig) eine Geschichte der Menschen, eine Geschichte des menschlichen Bewusstseins.

* * *

Da die Kultur des Abendlandes seit den letzten dreitausend Jahren vornehmlich auf die Sonne ausgerichtet ist, mag es vielleicht überraschen, dass die Verehrung des Mondes in fast allen Teilen der Welt der Verehrung der Sonne vorausging, zumindest bis zur Entwicklung des Ackerbaus, als der Mond allmählich gegenüber der Sonne an Bedeutung verlor. Henri Briffaults monumentales, drei Bände umfassendes Werk *The Mothers* aus dem Jahr 1927 führt religiöse Überzeugungen und volkstümliche Bräuche aus allen Ländern an, um zu zeigen, dass mit Sicherheit vor der Einführung des Ackerbaus, aber auch noch lange Zeit danach der Mond und nicht die Sonne der Hauptgegenstand religiöser Vorstellungen und Beobachtungen war, insofern, als dass diese Ideen eine kosmologische Form annahmen und die Himmelskörper in Betracht zogen. Folglich, so Briffault weiter, wurde die nachfolgende Entwicklung der religiösen Vorstellungen der Menschheit stark von jenem Charakter beeinflusst, den sie in diesen früheren Phasen aufwiesen.[3] Jüngste Forschungen über die Alt- und die Neusteinzeit unterstützen Briffaults Behauptung, lassen sie doch darauf schließen, dass die Rolle des Mondes in der Evolution des menschlichen Geistes älter und weiter verbreitet war, als man angenommen hatte.

MONDZEICHEN

Über 30 000 Jahre lagen paläolithische Werkzeuge und Statuen in der Erde, ohne dass jemand daran dachte, nach ihnen zu suchen und sie auszugraben. 1879 jedoch wurde die Höhle von Altamira in Nordspanien entdeckt, an deren Decke sich Zeichnungen von roten Stieren befanden. 1911 schließlich entdeckte man die Höhle von La Pasiega. Ein Jahr später stießen drei Brüder im Südwesten Frankreichs auf eine Höhle, die sie Les Trois Frères nannten. Eine der Wände war vollständig mit eingravierten Tierdarstellungen versehen: Mammut, Rhinozeros, Bison, Pferd, Bär, Esel, Rentier, Vielfraß, Moschusochse, Eulen, Hasen und Fische – allesamt Jagdtiere, häufig mit in sie eingedrungenen Jagdpfeilen dargestellt. Im Laufe der folgenden Jahrzehnte entdeckte man über hundert Höhlen, 1940 schließlich die prachtvolle Höhle von Lascaux in der Dordogne. Ihre Wände waren mit erstaunlich lebhaften Tierzeichnungen bedeckt – enorme, traumähnliche Stiere und Ochsen, die in einer erhabenen Prozession über die Felswände zogen; kleine Stiere, Pferde, Ochsen und Rehe liefen zwischen ihren Beinen umher und waren überall um sie und über sie gemalt.

Hier war offensichtlich eine Art von Intelligenz am Werk gewesen, wie man sie den Evolutionstheorien der menschlichen »Entwicklung« folgend nie vermutet hätte. Und so begann die Suche nach den Überresten dessen, was als »Kulturen« bezeichnet werden konnte. Hauptsächlich in Frankreich, Spanien und Deutschland fanden Ausgrabungen statt. Zahllose »Objekte« wurden aus der Erde gehoben und in Museen gebracht: zu Äxten bearbeitete Steine, Knochen mit ausgeschnittenen Löchern, zarte Elfenbeinfiguren von Tieren und Menschen, Anhänger mit eingeritzten Dreiecken, Spiralen, Mäandern und Zickzackmustern sowie eine Vielzahl von Knochen und Steine, in die verblüffende Linien, Striche und Kerben gekratzt waren. Diese nicht klassifizierten und vermutlich auch nicht klassifizierbaren Objekte lagen nun in Glasvitrinen und verstaubten. Fachleute waren sich einfach nicht darüber im Klaren, ob die Linien auf den Artefakten willkürliche Versuche von Steinzeitmenschen waren, sich zu verewigen, oder ob es sich um über die Jahrhunderte entstandene Spuren der Natur handelte.

Irgendwann im Jahr 1965 betrat dann Alexander Marshack diese dämmrigen Hallen, bewaffnet mit einem Kindermikroskop und einer Frage:

> Könnten die Kerben, Kratzer, Linien und Zeichen der Eiszeit Aufzeichnungen, und deshalb, in irgendeiner Art, zeitbezogene Entwürfe, Pläne, oder Sinnbilder sein? Wenn ja, könnten wir es dann wagen, zu hoffen, dass wir sie »lesen« oder interpretieren könnten?[4]

In seinem Buch *The Roots of Civilization* beschreibt Marshack, wie er den Code knackte. Im Musée des Antiquités Nationales in der Nähe von Paris fand er ein kleines, flaches, ovales Knochenstück von etwa elf Zentimetern Länge, das mit Strichen und Grübchen übersät war. Der Knochen hatte genau die richtige Größe, um in einer Handfläche gehalten und mit einem Werkzeug aus Feuerstein in der anderen Hand bearbeitet zu werden. Er stammte vom Abri Blanchard in der Dordogne, einem Felsüberhang, wo Steine mit eingravierten Dreiecksformen gefunden worden waren, die der weiblichen Vulva glichen und große Ähnlichkeit mit vielen anderen Vulvaformen hatten, wie man sie auch weiter östlich in der ehemaligen Tschechoslowakei fand. Dieses Knochenstück hatte 50 Jahre zuvor in der gleichen Erdschicht gelegen wie mit zwei Ochsen bemalte Steinblöcke. Alle Stücke datierten aus dem Aurignacien (ca. 25 000 v. Chr.) und alle waren von frühen »Cromagnon-Menschen« geschaffen worden.

Nach einer genauen Analyse der Grübchen und einem Vergleich mit späteren Fundstücken erkannte Marshack, dass es sich um vorsätzlich arrangierte Muster handelte, nicht um ein Ornament oder eine Dekoration, sondern um ein sorgfältig entworfenes Bild, das der Bildhauer im Kopf gehabt haben musste, bevor er sich an die Arbeit machte, und an das er sich so lange erinnern konnte, bis es fertig gestellt war. Das Bild musste also eine Bedeutung gehabt haben, und diese Bedeutung musste bekannt gewesen sein, bevor mit dem Werk begonnen wurde. Der Knochen war mit 69 schlangenartig angeordneten Markierungen versehen und wies etwa 24 wechselnde Strichführungen auf, die – konnte das möglich sein? – auch Ähnlichkeit mit dem zu- und abnehmenden Mond hatten. Dachte der Mensch des Aurignaciens wie Marshack (oder verhielt sich Marshack wie ein Cromagnon)? Bei einer eingehenderen Untersuchung zeigte sich, dass die verschiedenen Grübchen an Sicheln und Kreise erinnerten, von denen einige ausgefüllt und einige leer waren, als handle es sich um Zeichen für die verschiedenen Phasen des Mondes.

Die Tage der Unsichtbarkeit liegen auf der Rechten – an einem Wendepunkt. Die Vollmondzeiten liegen auf der Linken – an einem Wendepunkt. Die Halbmonde (unser »Viertelmond«) liegen in der Mitte. Wenn sie mondbezogen war, lag eine visuelle, kinetische und symbolische Darstellung des zunehmenden und abnehmenden Mondes vor, die zeigte, in welchem Mond-Monat der Bildhauer sich jeweils befand. Als er seine Aufzeichnung beendet hatte, stellte die schlangenähnliche Zeichnung zwei Monate oder zwei »Monde« dar.[5]

Spätere Funde bestätigten Marshacks Interpretation. Es wurde klar, dass dieses Zeichensystem bereits sehr weit entwickelt und komplex war und auch von anderen Typen des *Homo sapiens* benutzt wurde, beispielsweise vom Combe-Capelle-Menschen der östlichen Gravettien-Kultur in der ehemaligen Tschechoslowakei und in Russland sowie von Völkern in Italien und in Spanien. Diese Tradition, so behauptete Marshack, musste zu diesem Zeitpunkt bereits Tausende von Jahren alt gewesen sein, und sie scheint so verbreitet, dass sich die Frage stellt, ob ihre Anfänge nicht auf das Zeitalter der Neandertaler zurückgehen könnten, die ihre Toten zusammengerollt und nach Osten ausgerichtet begruben und sie manchmal mit Blumen bedeckten.[6]

Marshack vermutete, dass die Zivilisation in diesen ersten Aufzeichnungen der Mondphasen ihren Ursprung hatte. Denn diese lunaren Zeichensysteme waren kognitive Akte, die ein Verständnis der Zeit voraussetzten und förderten. Sie mussten die Grundlagen für die Entwicklung aller anderen »zeitbestimmten« Denkformen gelegt haben: Astronomie, Landwirtschaft, Mathematik, Schrift und Kalender. Diese Errungenschaften konnten also nicht »plötzlich« in der Bronzezeit aufgetaucht sein, wie man bis dahin angenommen hatte, sondern mussten über einen sehr langen Zeitraum herangereift sein.[7]

Aber was hatten die verschiedenen Formen des Mondes für die Menschen, die sie einkerbten, wenn sie Nacht für Nacht vor ihren Höhlen standen und in den Himmel schauten, bedeutet? Aus dieser unveränderten Position konnte man erkennen, dass bestimmte Ereignisse immer wieder an der gleichen Stelle am Himmel stattfanden. Dazu erklärt Marshack:

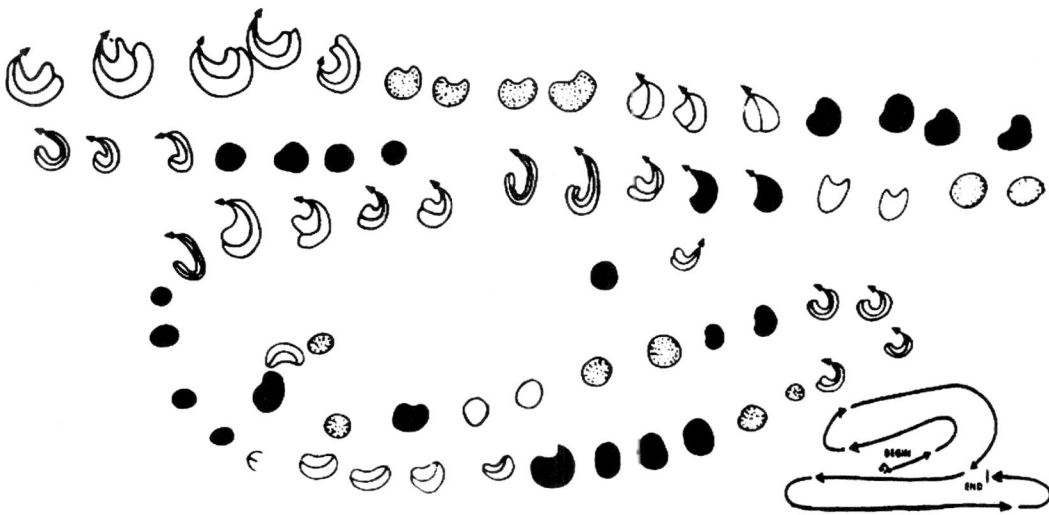

Abb. 3. Schematische Darstellung der eingravierten Markierungen auf dem Knochen von Abri Blanchard anhand einer mikroskopischen Analyse, welche die Unterschiede der Gravierungspunkte und der Striche in der Struktur der Schlangenform zeigt. Ca. 25 000 v. Chr. (Aus Alexander Marshack, The Roots of Civilisation, S. 48).

Die letzte Sichel, der Sonnenaufgang und der Aufgang des Mondes waren die Hauptereignisse, die im Osten stattfanden. Die erste Mondsichel und der Sonnenaufgang waren die Hauptereignisse im Westen. Hier ging auch der Vollmond unter. Und wenn der Halbmond am höchsten im Himmel stand, markierte dies den Zeitpunkt des Sonnenauf- und Untergangs. [...]. Die hauptsächlich zu beobachtenden Ereignisse waren die Mondphasen, Aufgang und Verschwinden und die Zugrichtung des Mondes gen Westen.[8]

* * *

Die erste Unterscheidung, die die frühesten Menschen wahrscheinlich getroffen haben, ist die zwischen Helligkeit und Dunkelheit. Das Verschmelzen von hell und dunkel während der Morgen- und Abenddämmerung – aus denen schließlich hell *oder* dunkel entsteht – veranlasst zur Formulierung der Kategorien von Tag und Nacht. Der Physiker David Bohm hat die Tendenz des Bewusstseins aufgezeigt, das Kontinuum des Lebens in Begriffe und Abstraktionen einzufrieren, das Ganze durch fragmentarische Teile und beständige Bewegung durch Stagnation zu ersetzen (in grammatischer Hinsicht bedeutet dies, Verben in Substantive zu verwandeln).[9] Dies führt dazu, dass abwechselnde Zustände als Gegensätze wahrgenommen werden, so dass dort, wo das eine ist, das andere nicht ist. Aber diese »Gegensätze« bestehen nicht tatsächlich, sondern eher nominell, da sie einander ergänzen. Das eine löst das andere in einem kontinuierlichen, den Kosmos strukturierenden Rhythmus ab, und sei es auch nur deshalb, weil man sich den Kosmos nicht ohne ihn vorstellen kann. Das griechische Wort *cosmos* bezog sich auf das Universum als »geordnetes Ganzes«, obwohl man es eher auf die Struktur der menschlichen Wahrnehmung beziehen könnte, von der die Ordnung des Ganzen abhängt.

Licht und Dunkelheit waren von Anfang an mythische Realitäten – erfüllt von dem, was später symbolische Referenzen und metaphorische Implikationen genannt werden sollte, damals jedoch durchdrungen von einer mysteriösen Präsenz. Ursprünglich waren sie nicht die deskriptiven Begriffe, zu denen sie inzwischen geworden sind. Noch heute strukturieren sie die populäre Metaphorik des modernen ethischen Diskurses: Im Westen sind Trauernde und Schurken in Schwarz gekleidet, Babys und Bräute hingegen in Weiß. Welche Bedeutung müssen dann die unterschiedlichen Wesen Sonne und Mond, die sich in regelmäßigen Mustern der Konvergenz und Divergenz über den Himmel bewegen und zu universeller Spekulation über ihre Bedeutung Anlass gaben, für die Vorstellungskraft der frühen Menschen gehabt haben?

(Da der Mond sich um die Erde dreht, scheint er sich jeden Tag nach Osten von der Sonne fortzubewegen, wobei die Entfernung zwischen Mond und Sonne bis zum Vollmond zunimmt. Danach bringt die östliche Abweichung den Mond wieder näher zur Sonne, bis er bei Neumond astronomisch in »Konjunktion« zur Sonne steht. Da sich der Mond dann zwischen Sonne und Erde befindet, kann er von der Erde aus nicht gesehen werden.)

Entsprechend der ursprünglichen Wahrnehmung von Licht und Dunkelheit sind Sonne und Mond die beiden großen strukturierenden Prinzipien des menschlichen Denkens. Wenn man von der Erde aus in den Himmel schaut, so stellen die beiden Lichtscheiben – die eine das Auge des Tages, die andere das Auge der Nacht – einen unmittelbaren Gegensatz dar, denn jede scheint den Tod der anderen zu bedeuten, und jede hat eine andere Beziehung zur Dunkelheit. Die Sonne ist der Dunkelheit feindlich gesinnt und schlägt sie in die Flucht, während der Mond Licht und Dunkelheit kontinuierlich im Spiel hält. Das Licht der Sonne strahlt fortdauernd und sie ändert ihre Form nie, obwohl sie ständig in Bewegung ist. Das Licht des Mondes hingegen kommt und geht ebenso wie die dunkle Seite des Mondes. Die Dunkelheit wohnt dem Mond inne, sie ist eine der Formen seines göttlichen Wesens. Und aus dieser Dunkelheit kommt das Licht. Aber die Dunkelheit ist der Feind der Sonne, des göttlichen Wesens: Sie ist all das, was die Sonne nicht ist. Am Abend wirft sie ihren Schatten auf die Sonne, überflutet den Himmel, wenn die Sonne untergeht und regiert die Nacht, wenn sie schließlich verschwunden ist. Die Sonne tritt in die Nachtwelt ein und wird von der Dunkelheit verschlungen. Am Morgen aber hat sie die Dunkelheit besiegt.

So wurden Sonne und Mond unweigerlich zueinander in eine Beziehung gesetzt, die nach dem Vorbild der Menschen interpretiert wurde. Waren sie Mann und Frau, Bruder und Schwester, zwei Brüder, zwei Schwestern, Mutter bzw. Vater und Kind? Wenn sie sich voneinander entfernten, hatten sie einander dann verletzt? War der eine auf der Flucht und der andere auf der Jagd? Jagte die Sonne den Mond, wenn er voll war, und verletzte und zerlegte ihn Stück für Stück, oder litt der Mond unter einer schleichenden Krankheit, erfuhr er gar eine Bestrafung, weil er etwas falsch gemacht hatte? Wenn Sonne und Mond zusammen kamen und der Mond verschwand, war der Mond dann tot oder durch die Umarmung einer nun liebenden Sonne verdeckt? Das Leben, das diesen Himmelswesen zugeschrieben wurde, dramatisiert in charakteristischer Weise die häufig problematischen Beziehungen menschlicher Familien auf Erden. Die Vielzahl möglicher Interpretationen lässt an die Eröffnung von Tolstois *Anna Karenina* denken: »Alle glücklichen Familien ähneln einander, aber jede unglückliche Familie ist auf ihre eigene Art unglücklich.«[10]

Obwohl der Mond manchmal auch am Tag zu sehen ist, wurde er meist als Herrscher der Nacht bezeichnet, während man die Sonne als Herrscherin des Tages ansah. In Psalm 121 heißt es: »Der Herr behüte dich; der Herr ist dein Schatten über deiner rechten Hand, dass dich des Tages die Sonne nicht steche, noch der Mond des Nachts.«[11] Diese grundlegende Polarität zwischen Sonne und Mond verstärken ihre Unterschiede. Andererseits wird die Wiedervereinigung von Sonne und Mond als Aussöhnung der kosmischen Prinzipien ersehnt, damit alles, was getrennt und unvollständig ist, geheilt und vollständig gemacht werden möge.

Die Sonne herrschte zwar über den Tag, aber sie wurde nicht universell als die Ursache des Lichts angesehen. Da Schöpfungsmythen typischerweise die Stufen des menschlichen Bewusstseins veranschaulichen, entstand Licht in ihnen häufig vor der Sonne, wie beispielsweise in Mesopotamien und im Alten Testament. Dem Buch Genesis zufolge erschuf Gott am ersten Tag, nachdem er das Licht von der Dunkelheit geschieden hatte, Tag und Nacht: »Und Gott nannte das Licht Tag, und die Finsternis nannte er Nacht.« Aber erst am vierten Tag erschuf er Sonne und Mond: »Gott machte die beiden großen Lichter, das größere, das über den Tag herrscht, das kleinere, das über die Nacht herrscht.«[12] Denn der Tag scheint vor der Sonne »da« zu sein, ebenso wie die Nacht vor dem Mond »da« ist; aber der Mond kommt, wenn er gebraucht wird, erhellt die Nacht und lässt uns im Dunkeln sehen.

Eine Geschichte über den »listigen Weisen« Nasrudin, dessen Versuche, objektiv zu denken darauf abzielen, uns selbst widerzuspiegeln, mag dies verdeutlichen:

> Nasrudin betrat das Teehaus und behauptete:
> »Der Mond ist nützlicher als die Sonne.«
> »Warum, Mulla?«
> »Weil wir während der Nacht das Licht nötiger brauchen als am Tag.«[13]

In seinem Buch *Die Große Mutter* erklärt Erich Neumann: »Die Lichtseite des Mondes und des Sternenhimmels ist aber durch ihre Gegensatznatur zum Dunkel für die Menschheit viel einprägsamer als das Tageslicht und die Sonne. Deswegen wird der Mond im Ganzheits-Zusammenhang mit dem Hintergrund, vor dem er auftaucht, erfahren«[14]. Der Mond zeichnet sich auch dadurch aus, dass er sich mit der Zeit verändert, aber seine Veränderung ist vorhersehbar. Geburt und Tod der Sonne finden an einem Tag statt, aber um größere Zeiträume als einen Tag vorauszuplanen, braucht man den Mond, und zwar nicht nur einen, sondern zwei und mehr.

* * *

Der Knochen von Blanchard zeigt den Lauf von zwei Monden, eine Abfolge von zu- und abnehmenden Phasen und zwei Perioden der Dunkelheit oder Unsichtbarkeit. Vermutlich wurden zwei Monde gebraucht, um anzuzeigen, dass der erste Mond starb, um als zweiter Mond wieder geboren zu werden, und auch, um sicher zu sein, dass der Lauf beider Monde der gleiche war. Wir sind gewohnt, die Zeit in astronomischen Kategorien aufzufassen und in Einheiten von einer Stunde, einem Tag, einem Monat oder einem Jahr bis zum nächsten zu rechnen. Dazu ist es erforderlich, die Erfahrung von Zeit zu abstrahieren – die Zeit zu »zählen«. Die vergehenden Tage anhand der Mondphasen und die Monde anhand des Laufs weiterer Monde zu messen, bedeutet hingegen, dass »Zeit« ursprünglich als rhythmisch, zyklisch und konkret aufgefasst wurde: Sie kam und ging. Zeit war also nicht zu trennen von den Phasen der Geschichte des Mondes und von der Art, wie jede Phase dieser Geschichte als Geschichte der Menschen erlebt wurde. Dies bedeutet, dass Zeit einst keine Frage der Quantität, sondern der Qualität war, keine Abstraktion, sondern die eigentliche Struktur des Lebens – »es war einmal«.

Etwa fünftausend Jahre nach der Entstehung der »Inschrift« auf dem Blanchard-Knochen, wurde in der Dordogne im Tal von Laussel, nahe Les Eyzies und nur ein paar Kilometer von Lascaux entfernt, die Darstellung einer Frau mit einem Bisonhorn in der Hand geschaffen, das die Form einer Mondsichel hatte. Auf einem Vorsprung über einem hohen, steil abfallenden Felsüberhang, ragte einst die Figur einer liegenden Frau aus dem rötlichen Sandsteinfels. Bildhauer der Altsteinzeit hatten sie mit Werkzeugen aus Feuerstein aus dem weichen Sandstein gehauen und mit rotem Ocker, der Farbe des Blutes, besprizt.

Die Figur ist 43 Zentimeter hoch und wurde von weiteren weiblichen Figuren und Tieren – einem Pferd, einer Hirschkuh und einem Raubtier – sowie von einer männlichen Figur begleitet, die einen Arm hebt und bis auf einen Gürtel nackt ist. In ihrer rechten Hand hält sie das sichelförmige Horn des Bisons, das deutlich mit 13 nach unten weisenden Strichen versehen ist. Die linke Hand liegt auf ihrem gewölbten, zum Tal hin geneigten Bauch, der vermutlich die gesamte Landschaft beherrschte.[15] Ihr Kopf, der zwar deutliche Umrisse, jedoch keine erkennbaren Gesichtszüge aufweist, ist nach rechts zu dem sichelförmigen Horn geneigt, als würde sie über das rätselhafte Ding in ihrer Handfläche nachdenken. Das Auge des Betrachters, das ihrem Blick folgt, wird auf der Suche nach Orientierung zuerst auf das mit Kerben versehene, deutlich erhobene Horn und dann wieder auf ihr Gesicht gelenkt. Von hier wandert das Auge dann den Arm der Figur zu ihrer linken Hand hinab, deren ähnlich eingekerbte, sich deutlich abzeichnende Finger auf den schwangeren Bauch zeigen. Die fein ausgemeißelte Vulva und die Beine scheinen in den Fels zurückzuweichen.

Marshacks Untersuchungen lassen den Schluss zu, dass die 13 Striche auf dem sichelförmigen Horn wahrscheinlich nicht willkürlich angebracht wurden. 13 Tage vergehen von der ersten Mondsichel bis zum Vollmond – die Zeit des zunehmenden Mondes. 13 ist auch die Anzahl der Zyklen, die ein auf Beobachtungen gegründetes Mondjahr ausmachen (ein Sonnenjahr aus 365 Tagen, gemessen nach der Anzahl der Monde). Durch die Bewegung der Skulptur und die Wiederholung des Motivs der eingekerbten Striche auf dem Horn und der Hand stellt der Künstler eine Beziehung zwischen dem stärker werdenden Licht des Mondes, dem Wachstum des Kindes im Schoß der Frau und – der Platzierung der Skulptur als höchstem Punkt in der Landschaft nach zu urteilen – vielleicht auch dem Wachstum der Vegetation im Schoß der Erde her. Ob es sich bei dieser faszinierenden Figur nun um die große Göttin als Mutter des Alls, die Mondgöttin als Mutter des Lebens oder eine Frau handelt, deren Fruchtbarkeitszyklus vom Mond beherrscht wird, in jedem Fall wird eine essenzielle Übereinstimmung zwischen Mond und Erde dargestellt und zelebriert. Als Mondgöttin, schwanger mit der Welt in ihrer zunehmenden Form, enthüllt sie die Gesetze der Fruchtbarkeit und des Wachstums in ihrem eigenen Abbild als zyklisch. Als Frau bestätigt sie das Gesetz des Mondes auf Erden. Ein eloquenteres Zeugnis der Einheit von himmlischer und irdischer Ordnung lässt sich wohl kaum finden: »Wie oben, so unten« – so die elegante Formulierung von Hermes Trismegistos in der Smaragdtafel 20 000 Jahre später.[16]

In einem Kommentar zu dieser Skulptur verbindet Campbell Vergangenheit und Gegenwart:

> Die Phasen des Mondes waren für die Menschen der Steinzeit dieselben wie für uns heute, und dasselbe gilt für die Vorgänge in der Gebärmutter. Daher kann es sein, dass die ersten Beobachtungen, die in dem Bewusstsein des Menschen zu einer Mythologie des irdischen

*Abb. 4. Göttin von Laussel. Kalksteinrelief
aus Laussel. Höhe 43 cm. Dordogne,
Frankreich. Périgordien.
Ca. 22 000–18 000 v. Chr.
Musée d'Aquitaine, Bordeaux.*

und himmlischen Geheimnisses führte, auf der Erkenntnis beruhten, dass es eine Beziehung zwischen diesen beiden zeitbezogenen Abläufen geben muss: der himmlische Prozess des zunehmenden Mondes und der irdische Prozess in der Gebärmutter.[17]

MOND UND LEBENSZEIT

Und so von Stund zu Stunde reifen wir,
Und so von Stund zu Stunde faulen wir,
Und daran hängt ein Märlein.[18]

Was in einer späteren Zeit als zwei voneinander getrennte Geschichten aufgefasst werden sollte – der Mond, der die Zeit messbar macht, und der Mond, der für Wachstum und Vergehen der Dinge in einem endlosen Rhythmus sorgt –, war in einer früheren Zeit eine zusammengehörige Geschichte des Lebens in der Zeit. Mircea Eliade, der große Religionswissenschaftler, hat sie »Lebenszeit« genannt: Zeit als Rhythmen des Lebens.[19] Dies ist die Welt der Natur, das Leben in der Zeit, in dem alle erschaffenen Wesen wachsen und vergehen, zu- und abnehmen. Eliade zeigt, wie sich die anfängliche Wahrnehmung kontinuierlich ausdehnt, bis sie zu einer kompletten Weltsicht wird:

Zeit, die anhand der Mondphasen bestimmt und gemessen wird, kann als »Lebenszeit« bezeichnet werden. Sie ist verknüpft mit der Realität des Lebens und der Natur, Regen und

Gezeiten, Zeit des Säens und dem Menstruationszyklus. Eine ganze Serie von Phänomenen, die unterschiedlichen »kosmischen« Bereichen angehören, sind durch den Rhythmus und Einfluss des Mondes geordnet. Das »primitive Bewusstsein«, das einmal die »Kräfte« des Mondes begriffen hatte, stellte anschließend Verbindungen und sogar Austausch zwischen dem Mond und diesen Phänomenen her. So hat zum Beispiel seit frühesten Zeiten, bestimmt aber seit der Neolithischen Zeit und seit dem Beginn der Landwirtschaft, die gleiche Symbolik den Mond mit Meeresgewässern, mit Regen, mit der Fruchtbarkeit von Frauen wie auch von Tieren, mit dem Pflanzenleben, dem Schicksal des Menschen nach dem Tod und mit Initiationsriten verknüpft. Das Begreifen der Mondrhythmen ermöglichte erst die mentalen Synthesen, die sehr unterschiedliche Realitäten miteinander verknüpften; ihre strukturellen Symmetrien und Analogien wären nicht gesehen worden, wenn nicht der »primitive« Mensch so früh intuitiv die periodischen Abläufe des Mondes gesehen hätte.[20]

Diese wichtige Passage trägt zum Verständnis dessen bei, was man Mondsymbolismus nennen könnte, was die frühen Menschen jedoch offenbar als Epiphanien des Mondes betrachteten. Wie in so vielen verschiedenen Phänomenen deutlich wird, fördert der Mond eine Sicht des Universums als kohärentes Muster von Beziehungen; sie alle sind von den gleichen Gesetzen durchdrungen, die auf ähnliche Art auf jedes Ding einwirken. Dies führt zu einem System von Analogien und Übereinstimmungen zwischen allen Ebenen des Lebens, den sichtbaren wie den unsichtbaren. Denn auch wenn der Mond durch seine unterschiedlichen Phasen zeitliche Phänomene trennt und ordnet, so vereint er sie doch auch wieder in der größeren Perspektive seiner wiederkehrenden Zyklen. Und dies erzeugt Nachklänge, Echos und Harmonien zwischen einem Teil des Ganzen und einem anderen – als sei das Universum ein großes kosmisches Beziehungsgeflecht (was nach Ansicht der modernen subatomaren Physik auch tatsächlich der Fall ist).[21] Im »lunaren Denken« kann also kein Teil ohne das Ganze existieren.

Da der Mond, der zu seinem eigenen Anfang zurückkehrte, einen Zyklus bildete, wurde er analog auch zum Herrscher all dessen, was ebenfalls zyklisch war – der Ebbe und Flut der Meere, des nächtlichen Taus, der Regenzeit, des Strömens der Flüsse und der Gezeiten des Blutes. Es sind dies die essenziellen Wässer des Lebens, die kommen und gehen – an einem Tag, in einem Monat, einem Jahr, einem Leben. Da der Zyklus des Mondes so genau mit dem monatlichen Zyklus der Frau zu korrespondieren schien, waren es wahrscheinlich Frauen, die die ersten Berechnungen der Zeit anstellten, indem sie die Zeit ihres Menstruationszyklus von Mond zu Mond berechneten. Und da der Zeitpunkt der Geburt ebenfalls anhand des Mondes berechnet werden konnte (zehn Monde von jeweils 28 Tagen), nahm man an, dass der Mond die Phasen der weiblichen Fruchtbarkeit und Unfruchtbarkeit und damit auch die Fruchtbarkeitszyklen aller Lebewesen bestimmte. Der Mond wurde als die ursprüngliche Quelle der Fruchtbarkeit auf der Erde betrachtet: der Vermehrung und des Rückgangs von Tieren und Pflanzen und von all der Milch, dem Samen, dem Saft und der Flüssigkeit des Wachstums. So wie bei Menschen und Tieren verhielt es sich auch bei den Pflanzen: Der Mond war der Ursprung des rhythmischen Steigens und Fallens der Säfte, der Zeiten der Saat und der Ernte sowie der Kräfte des Wachstums, die im Rhythmus des Mondes kamen und gingen.

Man könnte sich fragen, warum die Quelle der Entstehung so weit entfernt gesucht wurde, wenn die Erde überall aus sich selbst heraus Leben hervorbrachte, oder, um in der ursprünglichen Sprache zu sprechen, wenn Mutter Erde Leben aus sich selbst, aus ihrem unerschöpflichen Schoß hervorbrachte. Eine mögliche Antwort ist die, dass der Mond ursprünglich als gar nicht so weit entfernt von der Erde empfunden wurde, sondern eher als eine Erweiterung, eine Erde im Himmel. Dies kommt auch in Giuseppe Ungarettis Gedicht zum Ausdruck. Es entstand in den 1960er Jahren, nachdem der Mond uns die Erde gezeigt hatte:

> Was machst du Erde, im Himmel?
> Sag mir, was machst du, stille Erde.[22]

Abb. 5. Mondphasen.

In vielen frühen Kulturen glaubte man, Mond und Erde bestünden aus der gleichen Substanz, so dass Mutter Erde und Mutter Mond ähnliche Formen der Großen Muttergöttin seien. Wie Bachofen, Geschichtsphilosoph des 19. Jahrhunderts, in seinem Buch *Das Mutterrecht* schrieb: »Alle Erdmütter führten ein Doppelleben, als Erde und als Mond.«[23] Erdgöttinnen waren Mondgöttinnen, und Mondgötter waren ebenfalls Formen der Großen Mutter, entweder als deren Söhne oder als deren Gemahle, häufig jedoch beides. Wie Neuman sagt: »Überall ist das Große Weibliche mit der Dualität von Mond und Erde, das Geheimnis der Befruchtung der Erde mit dem Mond und seiner Zerstückelung verbunden, wobei der Mond ebenso der befruchtende wie der zerstückelte Sohn ist.«[24] Selbst wenn die Mondgötter autonom zu handeln schienen, ersetzten oder verdrängten sie Mutter Erde nicht, wie es die späteren Götter der Sonne, des Windes und des Sturms oder jene noch späteren Götter ohne Abbild und Namen taten, welche die Erde und alles, was darin ist, transzendierten. Die zu- und abnehmenden Rhythmen des Mondes lassen sich einfacher isolieren und identifizieren als ihre irdischen Entsprechungen, die sich in den Jahreszeiten als Sommer und Winter manifestieren – die diffuseren und länger andauernden Muster der »breitschultrigen« Erde. So hat wohl zuerst der Mond die Fantasie der Menschen beschäftigt und herausgefordert, da er ihnen eine Obhut bot, von der aus sie ihr eigenes Leben auf der Erde erforschen und diesem Leben einen Namen geben konnten.

* * *

Die frühen Menschen sahen ihr eigenes Leben in dem des Mondes reflektiert. Das Drama des Mondes war das Drama des Menschen in vergrößerter Form, dem Würde und Feierlichkeit verliehen und das dem kosmischen Drama aller Schöpfung zugeordnet wurde. Bei der Sonne verhielt es sich jedoch anders. Während man glaubte, die Sonne sterbe im Westen und werde im Osten wieder geboren, war sie in ihrem Sterben ebenso wie in ihrem Wiedererscheinen gewissermaßen unverändert. Obwohl sie durch den schwarzen Ozean der Unterwelt reiste und später gegen den schrecklichen Dämon der Dunkelheit kämpfte und ihn besiegte, verlor sie weder ihre Farbe noch ihre Form oder einen Teil ihres Lichts, und sie wurde auch nicht älter. Der Mond hingegen litt furchtbar unter dem allmählichen aber unvermeidlichen Verlust seines eigenen Lichtkörpers. Gerade wenn er seinen vollen Umfang und seinen Höhepunkt erreicht hatte, verkleinerte sich seine Form, und sein Licht wurde, zuerst unmerklich, dann unwiderruflich schwächer, bis es schließlich ganz verschwunden war, »gänzliches Vergessen«: »Ohn Augen, ohne Zahn, Geschmack und alles.«[25] Abnehmen war wie Altern. Der Mond war wie die Menschen, ebenso wie sie im universellen Gesetz des Werdens gefangen, das mit dem Tod endet. Die Tragödie bestand im Schicksal des Menschen *und* des Mondes.

Andererseits war der Mond auch *nicht* wie die Menschheit: Er verwandelte die Geschichte des Todes in eine Geschichte der Wiedergeburt. Er brachte einen neuen Mond hervor. In der ewigen Rückkehr zu seinen eigenen Anfängen vereinte der Mond das, was getrennt worden war, und bot damit die Hoffnung, dass der Tod nicht endgültig, sondern nur eine Veränderung der Form war. Auf den Tod folgte das Leben, wie auf die Dunkelheit das Licht folgte. Denn das Licht kam aus der Dunkelheit, als habe die Dunkelheit selbst das Licht geboren. So wurde die Dualität, sichtbar gemacht als das Zu- und Abnehmen des Mondes, durch den stets wiederkehrenden Zyklus sowohl verkörpert als auch transzendiert. In Analogie dazu mussten Leben und Tod vielleicht nicht als Gegensätze erfahren, sondern konnten als aufeinander folgende Phasen in einem unendlichen Rhythmus betrachtet werden. So wurde der Mond zu einem Bild des Wandels der Zeit sowie einer zeitlosen Totalität, ein Bild von Zeit und Ewigkeit in einem. In seinen Rhythmen schien er die Zeit zu erschaffen und sie dann Monat für Monat wieder zu tilgen.

Wenn die anfängliche Geschichte des Mondes von Geburt, Wachstum und Tod dazu dient, die Phasen eines Lebenszyklus zu unterscheiden, so zeigt seine vollständige Geschichte, die zwei »Monde« erfordert (einer der geht und ein weiterer, der zurückkehrt), eine Wirklichkeit, die größer zu sein scheint als die Zeit. Es entsteht das Paradox, dass der Mond, indem er stirbt, wieder geboren wird; indem er fortgeht, kehrt er ewig wieder. Wenn also mit dem Bewusstsein von Zeit auch die Sehnsucht nach der Ewigkeit einherging, so schien der Mond das Bedürfnis zu erfüllen, das er ursprünglich weckte. Denn in gewisser Hinsicht entstehen durch den Mond Zeit *und* Ewigkeit. »Mögen die Götter mir ein Leben gewähren, das sich wie das Leben des Mondes jeden Monat erneuert«, hieß es in Babylon.[26]

Diese Idee der Wiedergeburt des Lebens aus dem Tod drängt den Geist zu weiterer Reflexion, denn in der natürlichen Welt der Sinne ist der Tod überall das Ende des Lebens und niemals dessen Beginn. In Oswald Spenglers Buch *Der Untergang des Abendlandes* wird dieses Paradox aufgegriffen:

> Wir *sind* Zeit, aber wir besitzen auch ein Bild der Geschichte und in diesem Bild erscheint der Tod, und mit dem Tod Geburt, als zwei Rätsel ... der höhere Gedanke entspringt der Meditation über den Tod. Jede Religion, jede wissenschaftliche Untersuchung, jede Philosophie, geht aus ihr hervor ... Und daher entspringt das Wesen jedes authentischen – unbewussten und innerlich notwendigen – Symbolismus aus dem Wissen über den Tod. [27]

Wenn wir, wie Spengler behauptet, »die Zeit *sind*«, und uns wie die frühen Menschen mit dem zeitlichen Rhythmus des Mondes von Wachstum und Vergehen identifizieren, dann schauen wir auf die zyklische Wiederkehr des Mondes, wenn es um unser Geschichtsbild geht. Denn nur so entsteht ein Bild von Tod und Geburt in einer Vision, eine Sichtweise von Zeit, die das verzehrt, was sie hervorgebracht hat – »Stumpfe, ... gierige Zeit«, wie Shakespeare es in seinen Sonetten nennt.[28] Dazu Eliade:

> Es war wahrscheinlich das Bild der ewigen Geburt und des ewigen Todes des Mondes, das geholfen hat, die frühesten menschlichen Intuitionen über die wechselseitigen Folgen von Leben und Tod zu kristallisieren und ... den Mythos der periodischen Erschaffung und Zerstörung der Welt.[29]

Durch die »ewige Wiederkehr« des Mondes erscheint der Tod eines Individuums oder einer Kultur vorübergehend, und er ist vielleicht sogar *notwendig*, weil auf ihn immer eine Wiedergeburt folgt. Denn es steht außer Zweifel, dass die Formen von Zeit sich abnutzen, zerfallen und altern. Wenn sie sich im Ewigen auflösen dürfen, um wieder in die ursprüngliche Einheit aufgenommen zu werden, können sie, wie die wiederkehrende Mondsichel, als »so gut wie neu« wieder auftauchen. Wenn sie nicht sterben (so die Schlussfolgerung), dann können sie nicht neu erschaffen werden. Die Idee der archaischen Apokalypsen, wie etwa die Sintflut, in der das Alte ausgelöscht wird, um Platz für das Neue zu schaffen, kann auf das lunare Modell der zyklischen Erneuerung zurückgeführt werden, das der Katastrophe Sinn verleiht. Im Falle einer erschöpften oder sündigen Menschheit ist die Sintflut niemals total (wenn sie es gewesen wäre, wie sollten wir es sonst wissen?). Irgendwer überlebt immer – entweder ein Mondtier, wie der Maori-Frosch, oder ein mythischer Vorfahre, wie der hinduistische Manu, der sumerische Utnapishtim oder der biblische Noah – und die Überlebenden bringen eine neue, wieder belebte Menschheit hervor. Dies ist eine optimistische Sichtweise, denn weder das Verschwinden des Mondes, noch das Verschwinden der Menschen ist endgültig, weder als Individuen, noch als Rasse: Sie haben eine Geschichte über die Zeit hinaus.[30]

Die komplexeste und faszinierendste Geschichte des Mondes ist also die Geschichte von Tod und Auferstehung.

DER ABSTIEG DER INANNA

Der früheste bekannte, schriftlich festgehaltene Mythos über den Tod und die Wiedergeburt des Mondes ist das sumerische Gedicht *Der Abstieg der Inanna*. Es wurde um 1750 v. Chr. aufgeschrieben, aber vermutlich bereits mindestens Tausend Jahre rezitiert oder gesungen. Es erzählt davon, wie der Helle Mond in das »Große Unten« abstieg und zum Dunklen Mond wurde, wie der Mond starb und wieder in das »Große Oben« aufstieg.

Die Göttin Inanna vereint viele Bilder in sich, denn sie bedeutet für viele Menschen meist viele Dinge zugleich. In einer Religion der Immanenz erscheint die Gottheit immer dann, wenn das Leben mit einer besonderen Intensität ruft; so begann beispielsweise »Zeus« als ein Schrei – »es blitzt« – und wurde erst später zum Gott des Lichts.[31] (Grammatisch gesehen könnte man sagen, dass die Gottheit als ein Verb entsteht und erst dann zum Substantiv wird, wenn sie verschwunden ist.)

In der Geschichte vom Abstieg der Inanna wird sie als die erste Tochter des Mondgottes Nanna und dessen Frau Ningal, der Göttin der Sümpfe, bezeichnet. Folgendes hatte sich zugetragen:

Am Anfang brachte Nammu, die Göttin des Urmeeres, den kosmischen Berg An-Ki, Himmel-Erde, hervor. An-Ki gebar Enlil, die Luft, die zwischen Himmel-Erde trat und Raum zum Atmen für die bevorstehende Schöpfung schuf. An wurde zum Himmel und Ki zur Erde. Dann »entführte« Enlil die Erde, der Sohn wurde zum Gemahl seiner Mutter – der ursprüngliche Sohn und Geliebte. So wurde Ki, die Erde (die später Ninhursag genannt wurde), durch die Vereinigung mit der Luft zur »Mutter allen Lebens«. Durch die zweite Vereinigung von Enlil mit Ninlil, der Gebieterin der Luft, entstand Nanna, der Mond, und durch Nannas Hochzeit mit Ningal entstand Inanna, die Tochter des Mondes, die auch der Abendstern, der Morgenstern oder der helle Stern Sirius war. Andere Hymnen an Inanna feiern sie als die Große Muttergöttin, Königin des Himmels und der Erde. Der Himmel, so sagt sie, »ist die Krone auf meinem Kopf« und die Erde »ist wie die Sandalen an meinen Füßen«.[32] Als Königin des Himmels ist sie der Mond:

> Die reine Fackel, die im Himmel flackert,
> Das himmlische Licht, hell leuchtend wie der Tag.[33]

»Gekrönt mit großen Hörnern leuchtet« sie am Nachthimmel. Man muss sich die Göttin als den Himmel vorstellen, die Hörner der Mondsichel als Krone auf ihrem Kopf, den Tierkreis als Gürtel um ihren Körper geschlungen, und den Regenbogen, der am Himmel hängt, als ihre Halskette:

> Sie ließ die Nacht hervortreten wie Mondschein,
> Sie ließ den Morgen hervortreten wie das helle Tageslicht.[34]

Sie hält *me*, die Gesetzestafeln in der Hand, welche die kosmische Ordnung verkörpern:

> Erzeugende Mutter bin ich, ich verweile innerhalb des Geistes,
> Und keiner sieht mich.[35]

Sie ist der Regen und die Kraft, welche die Pflanzen wachsen lässt:

> Ich trete auf den Himmel, und der Regen regnet hinunter,
> Ich trete auf die Erde, und das Gras und die Kräuter sprießen.[36]

In diesen Bildern – Fragmenten anderer Gedichte – ist allein Inanna der Mond, und auf sie sollte ein großer Teil der Verehrung übergehen, die zuvor ihrem Vater zuteil geworden war. In dem früheren Gedicht

Abb. 6. Inanna als die Göttin des Himmels
und der Erde mit der Mondsichel in ihrer
geschwungenen Krone. In der Hand hält sie
eine Dattelrispe, hinter ihrem Rücken steigen
dicke, an Getreidehalme erinnernde Strahlen auf.
Fragment eines Basaltreliefs, das Entemena von
Lagash zugeschrieben wird. Mesopotamien.
Frühe dynastische Periode. Ca. 2400 v. Chr.
Staatliche Museen zu Berlin.

Der Abstieg der Inanna wird sie jedoch als eines von drei Kindern des Mondgottes Nanna und Ningal, der
Göttin der Sümpfe, beschrieben; ihr Bruder ist Utu, der Gott der Sonne, und ihre Schwester ist Ereshkigal,
die Göttin der Unterwelt. Inannas Gemahl ist der Schafhirte Dumuzi, »Herr des Lebens«, »Herr der Flut«,
»Wilder Stier«, »der Grüne«. Inanna beschreibt ihn so:

> Mein Herr, der Honig-Mann der Götter ...
> Seine Hand ist Honig, sein Fuß ist Honig,
> Er versüßt mich immer.[37]

In einem der Gedichte über ihre Liebe öffnet Inanna Dumuzi ihre Tür:

> Wie ein Mondstrahl tritt sie auf ihn zu
> Aus dem Haus heraus,
> Er schaute sie an, freute sich an ihr,
> Nahm sie in seine Arme und küsste sie.[38]

Inanna vergleicht den »nicht bestellten Acker« ihrer Liebe mit ihrer »sichelförmigen ›Himmelsbarke‹
... voller Sanftmut, wie der neue Mond«.[39] Wenn Dumuzi zu ihrem Pflüger wird, erwacht die ganze Natur
zu neuem Leben:

> Des Königs Lenden! Bei seinem mächtigen Aufstieg
> Wachsen die Rebstöcke, wächst das Getreide,
> Füllt sich die Wüste (mit Vegetation)
> Wie ein reizender Garten.[40]

Dies ist das Leben, bevor der Tod in die Welt kam. Aber Inanna beschließt, Kur, die Unterwelt, den Ort der Toten, aufzusuchen. Es geschah an dem Tag, als der »Stier des Himmels« starb – der Gemahl ihrer Schwester Ereshkigal –, dass Inanna, Königin des »Großen Oben«, hinabstieg, um seinem Begräbnis im »Großen Unten« beizuwohnen, wo ihre dunkle Schwester als Königin herrschte:

> Aus dem Großen Oben öffnete Inanna ihr Ohr zum Großen Unten …
> Meine Dame verließ Himmel und Erde um in die Unterwelt abzusteigen.[41]

Bevor sie geht, legt sie die sieben leuchtenden »Juwelen« des Himmels an – Krone, Lapisperlen, Doppelperlen, Brustplatte, goldener Ring, Messstab und Maßband aus Lapis – sowie das königliche Gewand. Aber sie sorgt auch dafür, dass sie zurückkehren kann: Sie bittet ihre Gefährtin Ninshubur – deren Name »Königin des Ostens« bedeutet – in den Häusern der Götter um sie zu trauern, falls sie nicht wiederkommt.

Inanna kommt an das äußere Tor der Unterwelt und klopft laut an. Neti, der Pförtner, fragt sie, wer sie sei. Inanna antwortet:

> Ich bin Inanna, Königin des Himmels,
> auf meinem Weg in den Osten.[42]

Neti bringt sie zu Ereshkigal.

> Als Ereshkigal dies hörte,
> Schlug sie sich auf den Oberschenkel und biss auf ihre Lippen …
> Dann sprach sie:
> Verriegel die sieben Tore der Unterwelt.
> Dann, eins nacheinander, öffne jedes Tor einen Spaltbreit.
> Lass Inanna eintreten.
> Wenn sie eintritt, nehmt ihr die königlichen Gewänder ab.[43]

Nach dem Vorbild des abnehmenden Mondes, der langsam sein Licht an die Dunkelheit verliert, werden Inanna nach und nach an jedem Tor ihre sieben Schmuckstücke genommen, bis sie schließlich vollkommen nackt den Thronraum der Unterwelt betritt:

> Dann richtete Ereshkigal den Blick des Todes an Inanna …
> Sie schlug sie
> Inanna wurde in eine Leiche verwandelt
> Ein Stück verwesendes Fleisch,
> Und wurde auf einem Haken an die Wand gehängt.[44]

Aber da Inanna nach drei Tagen und drei Nächten – die Zeit der Dunkelheit, in der der Mond nicht zu sehen ist – noch immer nicht zurückgekehrt ist, wendet sich Ninshubur zuerst an Enlil, den Gott der Luft, dann an Nanna, Inannas Vater, den Gott des Mondes (keiner von beiden hilft ihr) und schließlich an Enki, den weisen Gott des Tiefen Wassers. Aus dem Schmutz unter seinen Fingernägeln schafft Enki zwei Kreaturen, die *Galatur*; der einen gibt er Wasser des Lebens, der anderen Nahrung des Lebens.

> Geh in die Unterwelt, betritt die Tür wie Fliegen,
> Ereshkigal, die Königin der Unterwelt, stöhnt
> Mit den Schreien einer Frau, die gebiert,

Wenn sie schreit: »Oh! Oh! Mein Inneres!«
Schrei auch »Oh! Oh! Dein Inneres!«
Die Königin wird zufrieden sein.
Sie wird dir ein Geschenk anbieten.
Frag sie nur nach der Leiche, die am Haken von der Wand hängt.
Eine von euch wird sie mit der Nahrung des Lebens besprenkeln.
Die andere wird das Wasser des Lebens versprühen.
Inanna wird auferstehen.[45]

Es geschieht, wie Enki vorausgesehen hat: Ereshkigal gibt ihnen den Leichnam von Inanna, und sie besprenkeln ihn mit dem Wasser und der Nahrung des Lebens. Dadurch erwacht Inanna. Als sie aber gehen will, halten die Richter der Unterwelt sie fest. Sie sagen:

Niemand steigt aus der Unterwelt ungezeichnet auf.
Wenn Inanna aus der Unterwelt zurückkehren will,
Muss sie jemanden an ihrer Stelle zurücklassen.[46]

Die Dämonen der Unterwelt, die *Galla*, sehen Ninshubur als Erste, aber Inanna weigert sich. Als nächstes sehen sie ihren Sohn, und dann ihren anderen Sohn, aber sie weigert sich noch immer. Dann sehen sie ihren Mann, Dumuzi, der bei dem Apfelbaum sitzt, »gekleidet in seine leuchtenden *me*-Gewänder« – und dieses Mal weigert sie sich nicht.

Die *Galla* packten ihn am Oberschenkel,
Sie gossen Milch aus seinen sieben Butterfässern.
Sie brachen die Zungenpfeife, mit der der Schafhirte spielt, entzwei.
Inanna richtete den Blick des Todes auf ihn.[47]

Die *Galla* ziehen Dumuzi hinab in das Große Unten. Aber Dumuzis Schwester Geshtinanna bietet ihm an, seine Zeit dort unten mit ihm zu teilen, damit er jedes Jahr wieder zur Erde aufsteigen und mit seiner Liebe Inanna zusammen sein kann. In den sechs Monaten des Jahres, in denen Inanna den Verlust ihres Mannes betrauert – der sowohl das »strahlende Auge des Mondes« als auch »der Grüne« war –, trauert auch das kahle Land nach der Ernte und vor dem herannahenden Winter. Aber wenn das neue Korn zu keimen beginnt und die Weinstöcke, Dattelpalmen und Apfelbäume ihre Knospen zeigen, kehrt Dumuzi endlich zu seiner Liebe zurück.

* * *

In der babylonischen Geschichte, die direkt von der sumerischen abgeleitet wurde, hieß Inanna Ishtar und Dumuzi Tammuz (Gott und Göttin werden häufig als Inanna-Ishtar und Dumuzi-Tammuz zusammengebracht). In der späteren Geschichte nimmt Tammuz den Platz des Mondstiers, des Gemahls von Ereshkigal als der Tod ein, der den Mond hinab in die Dunkelheit ruft. Wenn Tammuz tot in der Unterwelt liegt, stirbt auch die Oberwelt, und die Menschen beweinen ebenso den Tod der Natur wie den der Menschheit:

Das Klagelied ist für die Pflanzen, sie wachsen nicht;
Für die Häuser und Herden, sie bringen nichts hervor ...
Das Klagelied ist für die Wälder, die Tamarisken wachsen nicht ...
Das Klagelied ist für den Palast, Leben bis ins hohe Alter gibt es nicht.[48]

Abb. 7. Inanna nackt in der Unterwelt.
Zu ihrer Linken Nanna-Sin mit der Mondsichel.
Mesopotamisches Zylindersiegel. (Aus Ward,
The Seal Cylinders of Western Asia, *S. 211).*

Ishtar steigt hinab in die Unterwelt, um Tammuz aus dem Schlaf des Todes aufzuwecken, denn er wurde von den Hauern eines wilden Ebers durchbohrt. Während sie drei Tage und drei Nächte nackt in der Unterwelt hängt, setzt alles Leben in der Oberwelt aus, als sei es verzaubert, bis sie selbst wieder erweckt wird und in sieben Stufen den strahlenden Schmuck der Königin des Himmels zurückerhält. Das Muster dieses Mythos findet man in vielen späteren Geschichten über die Verflechtung von Tod und Leben: Isis und Osiris, Demeter und Persephone, Kybele und Attis, Aphrodite und Adonis (der ebenfalls von einem wilden Eber getötet wird), ja sogar in dem europäischen Märchen von Dornröschen.

* * *

Zu Anfang stellt Inannas Drama die wechselnden Phasen des Mondes dar, vom Mädchen (Sichel) zur Frau (voll) über das Schwinden (Entschleierung im »Großen Unten«) und die Dunkelheit (die drei Nächte, wenn sie als Leiche hängt) bis zur wiederkehrenden Sichel (wenn sie neugeboren in das »Große Oben« aufsteigt). Ihr Abstieg, durch den sie in der Oberwelt unsichtbar wird, macht sie in der Unterwelt sichtbar; er verleiht der unsichtbaren Welt Substanz und Form und bringt obere und untere Welt in der Vorstellung näher zusammen. Aber sobald Inanna wieder geboren ist und die Runde von Neuem beginnt, zeigt sich ein Unterschied zwischen Phasen und Zyklus, zwischen dem, was wir am Himmel sehen und dem, was wir in der Vorstellung bewahren müssen, um zu verstehen, was wir sehen und doch nicht sehen. Dann entsteht aus der ursprünglichen Geschichte eine weitere Geschichte. Inanna wird zum Mond in seinem Zyklus und Dumuzi wird zum Mond in seinen Phasen: Er ist ihr Sohn bei Halbmond, ihr Geliebter bei Vollmond und derjenige, der für sie bei abnehmendem Mond stirbt, damit sie als die Quelle ewig leben kann.

Das Wissen um den Zyklus als Ganzes bestimmt die drei Tage der Dunkelheit als eine vierte Phase und nicht nur als Leere, als Abwesenheit von Licht. Diese vierte Phase ist in der Figur von Inannas älterer Schwester Ereshkigal verkörpert, dargestellt als die Dunkelheit, die vor dem Licht da war. Aber als die Retter kommen, gebiert Ereshkigal, als solle Inanna auf die gleiche paradoxe Art, wie der dunkle Mond die neue Sichel des Lichts hervorbringt, aus dem Körper der einen wieder geboren werden, in dem sie starb. Die dunkle Phase des Mondes wurde vermutlich als die unsichtbare Dimension aufgefasst, welche die Quelle des Sichtbaren war. In ihr reifte neues Leben im Schoß des alten heran, und der alte Mond wurde als neuer Mond wieder geboren. Der Abstieg Inannas in das Reich ihrer Schwester, durch den eine Verbindung zwischen dem Großen Oben und dem Großen Unten hergestellt wird, vereint also die beiden Aspekte der einen Mondgöttin – das Reich von Dunkelheit und Licht, Tod und Geburt – in einer einzigen Vision.

* * *

Möglicherweise entstand die Fähigkeit zum abstrakten Denken, weil die Mondphasen als vier statt als drei interpretiert wurden. Die drei sichtbaren Phasen erfordern eine vierte, unsichtbare Phase, die wieder zum

Abb. 8. Die gehörnte Göttin, Getreide haltend, wie sie den gehörnten Getreide-gott empfängt, aus dem Getreide sprießt. Mesopotamisches Zylindersiegel. Ca. 2300–2000 v. Chr. (Aus Ward, The Seal Cylinders of Western Asia, S. 134).

Anfang zurückführt, damit der Zyklus vollständig ist und von neuem beginnen kann. Wenn die dunkle Phase des Mondes als der unsichtbare Teil des kontinuierlichen Zyklus einbezogen wird, muss der Mond gedacht und nicht gesehen werden: Er wird zu einer Idee, ist nicht mehr unmittelbares Objekt der Wahrnehmung. In der Sprache des Mythos werden sowohl Inanna als auch ihre Schwester Ereshkigal Königin der Unterwelt genannt, aber in dieser Unterwelt ist die Lichtwelt-Schwester Inanna, der Helle Mond, eine Leiche und keine Königin. Das Lebensprinzip des kontinuierlichen Zyklus wird von der dunklen Schwester Ereshkigal, dem Dunklen Mond, der einzigen, die in der Unterwelt leben kann, *in potentia* gehalten. In der Lichtwelt war Ereshkigal einst eine Göttin des Korns, jetzt aber lebt sie in der Dunkelheit als der Phase des Reifens, in der die Saat der Früchte des vergangenen Jahres in die Triebe des kommenden Jahres verwandelt wird.

Diese Vorstellung der Transformation der Dunkelheit in Licht und des Todes in Leben wurde auch in dem späteren griechischen Mythos von Demeter und Persephone zum Ausdruck gebracht. Demeter war die Göttin der Ernte, ihre Tochter Persephone war die vom Stamm abgeschnittene Frucht, deren Samen in die Erde fallen, wo kein Licht und kein Leben mehr zu ihnen vordringen kann. Persephone, die auch *Kore* genannt wurde – ein Wort, das sowohl »Jungfrau« als auch »Trieb« bedeutet –, muss drei Monate des »sich wendenden Jahres« in der Unterwelt bleiben. Die Jungfrau, die in die Unterwelt gerissen wird, und die Saat, die im Boden vergraben wird, beide sterben und warten auf die Zeit der Wiedergeburt – die Rückkehr von *Kore* auf die Erde, durch die der Winter in den Frühling verwandelt wird.

Da das Mondkreuz sehr häufig in den Mustern neolithischer Tongefäße zu finden ist, folgte die Einteilung des landwirtschaftlichen Jahres in vier Jahreszeiten sehr wahrscheinlich der Einteilung der Mondzyklen – zunehmend (Frühling), voll (Sommer), abnehmend (Herbst) und dunkel (Winter).[49] Denn die Hinzufügung einer vierten Phase des Mondzyklus befreit den Geist von einer Abhängigkeit von den Sinnen; sie bietet einen Verständnisrahmen, über den der Mond wieder aufsteigen, das Jahr sich wenden und das Korn wachsen kann.

ZOE UND BIOS

Viele Mythen des Mondes gründen auf der Unterscheidung zwischen den Phasen und dem Zyklus, die gleichzeitig auch eine Unterscheidung zwischen den Teilen und dem Ganzen ist. Aber die etymologische Bedeutung des Wortes »Phase«, das vom griechischen *phaino*, »zeigen«, stammt, lässt vermuten, dass ursprünglich die Unterscheidung zwischen dem unsichtbaren Zyklus und der sichtbaren Phase getroffen wurde, durch die sich der Zyklus manifestiert. Dieses essentielle Paradox, das den Geist über das System der Sinne hinausführt, besteht darin, dass der Zyklus, das Ganze, zwar unsichtbar ist, aber dennoch die sichtbaren Phasen enthält, als komme das Sichtbare aus dem Unsichtbaren und falle wieder in es zurück – wie Geburt, Tod und Wiedergeburt.

Abb. 9. Der verjüngte Dumuzi auf den Knien von Ishtar. Mesopotamisches Zylindersiegel. Ca. 2300–2000 v. Chr. Louvre.

Die Rituale zu Ehren von Dionysos, dem griechischen Gott des Weines, erforderten für ihr Verständnis eine ähnliche Unterscheidung in der Auffassung von Leben: das Leben als ein ewiges Ganzes und als endlichen Teil. Die Griechen besaßen zwei Wörter für »Leben«: *Zoe* (worauf z.B. »Zoologie« zurückgeht) und *Bios* (das in »Biologie« und »Biografie« steckt). *Zoe* war das Wort für das unendliche und generische, nicht charakterisierte Leben, während sich *Bios* auf das spezifische, individuelle und endliche Leben bezog. *Zoe* ist ewiges »Sein«, das nicht sterben kann. *Bios* ist die sichtbare Manifestation dieses ewigen Lebens in der Zeit, das lebt und stirbt. Der Altphilologe Carl Kerenyi erklärt dazu, dass Zoe wie ein Faden ist, auf dem jedes individuelle Bios wie eine Perle aufgezogen ist, und Zoe kann, im Gegensatz zu Bios, als endlos begriffen werden.[50] *Zoe* enthält *Bios*, wie das Ganze den Teil enthält, aber *Bios* kann nicht *Zoe* enthalten, da der Teil nicht das Ganze enthalten und daher nicht erwarten kann, das Ganze zu verstehen. Kerenyi weiter:

> Eine griechische Definition von *Zoe* ist *chronos tou einai*, »Zeit des Seins«, aber nicht im Sinne einer leeren Zeit, die ein Lebewesen betritt und in der er verweilt und dann stirbt. Nein, diese »Zeit des Seins« ist als ein andauerndes Sein zu verstehen, das eingerahmt ist in ein »Bios«, so lange wie ein »Bios« andauert – und dann »Zoe des Bios« genannt wird – oder von dem Bios wie ein Teil entfernt wird und einem anderen Sein zugeordnet wird. Dieser Teil kann »Bios der Zoe« genannt werden.[51]

Damit nicht der Eindruck entsteht, es handle sich dabei nur um sprachliche Feinheiten, betont Kerenyi »die Tatsache, dass Zoe und Bios nicht die gleiche ›Resonanz‹ haben, und dass ›Bios der Zoe‹ und ›Zoe des Bios‹ nicht Tautologien sind, sondern linguistische Ausdrücke eines sehr definitiven Erlebnisses«. So konnte Plotin *Zoe* die »Zeit der Seele« nennen, in der sich die Seele von einem *Bios* zum anderen bewegt, wenn sie wieder geboren wird, eben weil diese Erfahrung in der griechischen Sprache bereits erfasst war.[52]

Für Platon konnte die Seele, *Psyche*, mit *Zoe* identifiziert werden und war daher unsterblich.[53] *Zoe* wird durch die Spirale symbolisiert, die endlos und ununterbrochen alle Dinge durchdringt, durch die Schlange, die sich selbst erneuert, sowie durch jene Mythen, die ein Aufblühen inmitten von Verfall und Zersetzung und Unzerstörbarkeit inmitten von Zerstörung beschreiben.[54] Wenn die Menschen bei den Festen zu Ehren des Dionysos zeremoniell Wein tranken, glaubten sie, auf diese Art am *Zoe* des Gottes teilzuhaben.[55]

Wie sich aus der Zerlegung seines Körpers in 14 Stücke und seiner »zweiten« Geburt schließen lässt, war Dionysos seinem Wesen und seinem Ursprung nach einst selbst ein Mondgott.[56] Daher ist es kein Zufall, dass die griechischen Begriffe im Zusammenhang mit seinem Kult das doppelte »Leben« des Mondes beleuchten und durch die Geschichten über seinen Tod und seine Wiederauferstehung eine dramatische

Form erhalten. Denn *Zoe* ist ein Bild des Zyklus, und *Bios* ist ein Bild der einzelnen Phasen; *Bios* wird aus *Zoe* geboren, fällt bei seinem Tod in *Zoe* zurück und wird aus *Zoe* wieder geboren, da die Phasen im Muster des Zyklus aufeinander folgen. Der ewige Mond tritt in die Zeit ein, transzendiert sie aber auch und *transformiert* sie. Auf diese Art wird Zeit in einer der vielen Metaphern des Mondes mit dem Faden der Ewigkeit verwoben und versöhnt damit die Menschheit mit dem Tod.

Diese Vorstellung liegt vielen Geschichten über den Mond zugrunde, wurde aber im Westen am eingehendsten in dem großen Mondmythos von der Muttergöttin und ihrem Kind aus der Bronzezeit erforscht.[57] Die Große Muttergöttin ist ein Abbild von *Zoe*, dem ewigen Zyklus des Ganzen, vorgestellt als Himmel, Erde und Unterwelt und sichtbar gemacht in den immerwährenden Zyklen von Mond und Erde. Ihr Sohn oder ihre Tochter ist ein Abbild von *Bios*, ihre sterbliche Form in der Zeit. Als manifestiertes Leben unterliegt *Bios* den Gesetzen des Wachstums, einem zyklischen Prozess des Kommens und Gehens, der in Mensch, Tier und Pflanze zum Ausdruck gebracht wird. Zusammen stellen *Zoe* und *Bios* die beiden Dimensionen des Lebens dar: ewig und vergänglich, unsichtbar und sichtbar. Dieses ursprüngliche Muster war leicht im Leben des Mondes zu erkennen. Als *Zoe* bringt die Muttergöttin das Kind als Neumond zur Welt, vereint sich mit ihm oder ihr zum Vollmond, verliert ihren Geliebten oder ihre Tochter als abnehmender Mond an die Dunkelheit und sucht nach ihm oder ihr als dunkler Mond. Der nächste Zyklus beginnt als das Leben, das »gefunden« wurde, als *Zoe* wieder *Bios* gebiert, das neue Leben als die Sichel des Neumondes. Was im monatlichen Kreislauf des Mondes geschieht, ereignet sich analog in der ganzen Natur.

Mit Abwandlungen ist dies die Geschichte von Inanna-Ishtar und Dumuzi-Tammuz, von Isis und Osiris in Ägypten, Demeter und Persephone in Griechenland, Baal und Anath in Kanaan, von Kybele und Attis in Anatolien und Rom sowie von Aphrodite und Adonis in Griechenland. Wenn die Tochter oder der Sohn-Geliebte im dunklen Mond stirbt, stirbt die gesamte Natur (oder scheint zu sterben) in der Dunkelheit des Monats oder in dem Winter des Jahres. Nach drei Tagen oder drei Monaten wird das Kind der Göttin wieder geboren und bringt Licht und Fruchtbarkeit als zunehmender Mond oder »zunehmende« Sonne im Frühling eines Jahres zurück. Im Mythos von Demeter und Persephone ist die Tochter jener »Teil« der Mutter, der stirbt. Die Wiedervereinigung von Mutter und Tochter bringt den Frühling. In Griechenland und Syrien dauerten die jährlichen Trauerrituale für Adonis, den Geliebten der Aphrodite und Herrn der Vegetation, drei Tage.

Ziel der aus diesen Mythen entstandenen Mysterientraditionen war es, die Beteiligten in das mythische Drama einzubeziehen, damit sie selbst den gesamten Zyklus erleben konnten und sich nicht mit dem sterblichen Rahmen, mit *Bios*, der Form in der Zeit, die lebt und stirbt, identifizierten, sondern mit *Zoe*, dem ewigen Prinzip, das stets wieder geboren wird.

TOD UND AUFERSTEHUNG DES OSIRIS

In Ägypten besaß der Mond viele sich überschneidende und miteinander verschmolzene Erscheinungsformen, die alle eine andere Dimension seiner Totalität darstellten: das Auge des Himmels, Osiris, Thoth, das Linke Auge des Horus, Khonsu oder Khons, Isis, Hathor, Neith und Aah (häufig nur ein Attribut mit der Bedeutung »Mond«, das anderen Namen hinzugefügt wurde). Aber das älteste Drama des abnehmenden und zunehmenden Mondes und des anschwellenden und zurückgehenden Nils, von dem das Leben der Ägypter abhing, wurde mit der Geschichte des Gottes Osiris, des »Herrn des Mondes« beschrieben. Bereits in den frühesten Pyramidentexten (ca. 2500 v. Chr.) wird Osiris als der Mond verehrt: »Du bist in deinen Monden geboren wie der Mond«[58]; »du erscheinst bei Neumond«[59]. Über Tausend Jahre später sagt Ramses IV. in einer Hymne an Osiris zu ihm:

In den Tagen von denen gesagt wird, dass Nut noch nicht schwanger war mit deiner Schönheit, hast du nichtsdestotrotz in den Formen der Götter und Menschen und Säugetiere und

Abb. 10. Der Mondkreis als Einheit aus vier Elementen: zwei einander gegenüberliegende Halbmonde sowie Vollmond und Neumond (dunkler Mond), dargestellt als der kleinere Kreis. Innenseite eines Cucuteni-Tellers. Tripolje Bll. Nezvisko, oberes Dnjester-Tal. Ca. 4000 v. Chr. (Aus Marija Gimbuta, The Language of the Goddess, S. 284).

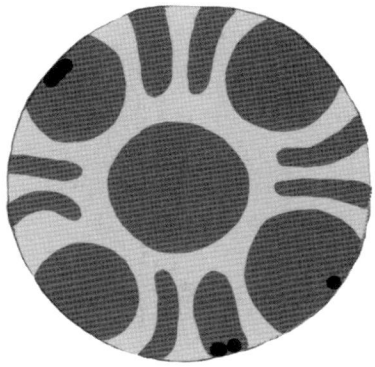

Abb. 11. Mondkreis als vier runde Monde um einen zentralen Mond. Rote Malerei auf weißem Grund im Inneren einer Schale. Cucuteni A-Phase. Habasesti, Iasi-Distrikt, Moldawien. 4400–4200 v. Chr. (Aus Gimbutas, The Language of the Goddess, S. 284).

Abb. 12. Chinesische Terracotta-Vase, bemalt mit einem Vollmond, geteilt in vier Mondsicheln und umgeben von einem Netzmuster, Spiralen und Mäandern, die Regen andeuten. Gefunden in Panshan, Ning-ting, Provinz Kanzu, China. Neolithikum. Museum of Far Eastern Antiquities, Stockholm.

Vögel und Fische gelebt. Lo, du bist der hochstehende Mond, durch Willen wirst du jung und durch Willen wirst du alt.[60]

Aber Osiris war auch der Nil, das Wasser des Mondes auf der Erde. In derselben Hymne fährt Ramses IV fort:

Du bist der Nil … Götter und Menschen leben von deinem Ausfluss.[61]

Diese Betrachtungsweise des Mondes hielt sich in Ägypten über dreitausend Jahre, fand Eingang in die griechische und römische Welt und endete erst im zweiten Jahrhundert n. Chr., als die Isistempel auf Befehl des christlichen Kaisers Theophrastus geschlossen wurden. Der griechische Schriftsteller Plutarch schrieb den gesamten Mythos von Isis und Osiris für die Griechen des ersten Jahrhunderts n. Chr. nieder und fand Parallelen zwischen Osiris und Dionysos sowie zwischen Isis und Demeter, ebenso wie frühe Christen Parallelen zwischen Osiris und Jesus sowie zwischen Isis und Maria fanden. Die folgende Geschichte ist eine verkürzte Zusammenstellung aus ägyptischen Quellen und Plutarchs *Isis und Osiris* (weitere Aspekte dieser Geschichte werden in späteren Kapiteln behandelt).[62]

Am Anfang war das dunkle, formlose Wasser von Nun, dem »Großen Er/Sie«. Atum, »der Eine«, stieg als »Hoher Berg« aus dem Wasser auf und leuchtete als »Erstes Licht« aus ihm hervor. Atum schuf Schu, die Luft und den Raum, und Tefnut, die Feuchtigkeit. Schu und Tefnut schufen Geb, die Erde, und Nut, den Himmel, die nahe als eins zusammenlagen. Schu hob seine Tochter Nut zu sich hinauf. Sie bog ihren Körper und stützte sich mit den Spitzen ihrer Finger und Zehen auf Geb, der Erde, ab. Dann brachten Geb und Nut Osiris, Isis, Seth Nephthys und Arueris zur Welt. Osiris heiratete Isis, Seth heiratete Nephthys, und Osiris und Isis herrschten über das Land Ägypten.

Osiris war der erste König von Ägypten und der Schöpfer der Zivilisation. Er lehrte sein Volk, Weizen und Gerste anzubauen und aus Trauben Wein zu machen. Er erließ Gesetze und »stellte Gerechtigkeit an beiden Ufern des Nils her«. Wenn er in ferne Länder reiste, um die Stämme zu unterweisen, herrschte Isis friedlich an seiner Stelle. Aber Seth, sein Bruder, dessen Haar so rot wie die Wüste war und der Augenbrauen so schwarz wie eine mondlose Nacht hatte, begehrte statt Osiris König zu sein. Als Osiris zurückkehrte, gab Seth ein Fest für ihn, bereitete sich aber im Geheimen darauf vor, ihn zu verraten. Auf dem Höhepunkt des Festmahls befahl Seth, eine prächtige Kiste hereinzubringen. Sie war ringsum mit leuchtenden Bildern bemalt und hatte die Größe eines Menschen. Seth versprach im Scherz, sie demjenigen zu geben, der in sie hineinpasste. Als Osiris an die Reihe kam, legte er sich in die Kiste, die ihm wie ein Sarg passte. Sofort eilten 72 Verschwörer herbei, verschlossen den Deckel mit langen Nägeln, versiegelten die Kiste mit geschmolzenem Blei und warfen sie in den Nil. Dann trieb sie hinaus aufs Meer.

Nach vielen Tagen wurde die Kiste an die Ufer von Byblos in Syrien gespült. Um sie herum wuchs ein Tamariskenbaum, der den wunderbarsten Duft verströmte und von dem man sich weit und breit erzählte. Diese Kunde drang an die Ohren des Königs und der Königin von Byblos, die befahlen, den Baum zu fällen und ihn in ihren Palast zu bringen. So wurde der Baum, der so süß duftete wie Osiris selbst, in der Mitte seines Lebens gefällt und seine Äste wurden abgehackt. Schließlich wurde er aufgestellt und bildete fortan die zentrale Säule im Königspalast.

Isis schnitt ihre Haare ab und zog Trauerkleider an. Sie reiste den Nil hinauf und hinab auf der Suche nach Osiris und fragte alle, ob sie ihren Mann gesehen hätten, den freundlichsten König Ägyptens. Als Kinder ihr erzählten, sie hätten eine Kiste vorbeitreiben sehen, wusste Isis, wo sie suchen musste. So kam Isis nach Byblos, verkleidet als alte Frau, und setzte sich an einer Quelle nieder. Als die Diener der Königin kamen, um Wasser zu holen, flocht sie ihr Haar und atmete ihren göttlichen Duft über ihnen aus. Die Königin, die den Duft an den Haaren der Diener roch, befahl, die Frau in den Palast zu bringen, damit sie sich um ihren kleinen Sohn kümmern solle. Am Tag gab Isis dem Jungen ihren Finger, um daran zu saugen, aber in der Nacht legte sie ihn ins Feuer, damit seine Sterblichkeit verbrannte, während sie die Gestalt einer Schwalbe annahm, um die Säule herumflog und traurig sang.

Als Königin Astarte in das Zimmer schaute, sah sie ihr Kind in den Flammen liegen und begann zu schreien. Wütend riss Isis das Kind aus dem Feuer, schleuderte es von der Königin fort und gab sich als Göttin zu erkennen. Sie verlangte, die Säule zu fällen und sie in ein Boot auf dem Meer zu legen. Allein auf See öffnete Isis den Deckel des Sarkophags und sah ihren Mann darin liegen – tot wie der dunkle Mond. Sie verwandelte sich in einen Falken, schwebte über dem ausgestreckten Körper und fächelte ihn mit mächtigen Flügelschlägen wieder ins Leben zurück. Dann empfing sie ein Kind von ihm: Horus. Sie verbarg Osiris in seinem Sarkophag in den Papyrussümpfen und versteckte sich und ihr Kind zwischen dem Schilf. Aber Seth war bei Vollmond in den Sümpfen auf der Jagd nach Wildschweinen und entdeckte den Sarg.

Abb. 13. Osiris in der Mondscheibe mit der Krone Oberägyptens und einem Zepter. Die Kartusche darüber steht für den Königs-namen Unnefer, der mit der Hieroglyphe des Hasen beginnt. (Aus John Layard, The Lady of the Hare, *S. 146).*

Abb. 14. Der Mondgott Osiris (Osiris-Aah) mit Halbmond und Vollmond auf dem Kopf. Er hält die Djed-Säule, aus der das Kreuz mit dem Kreis als Zeichen des Lebens herausragt. Darüber ist das Zeichen für Stärke abgebildet. Der Dreschflegel links und das Zepter rechts sind Symbole seiner Macht. Tempel von Seti I. Abydos. Ca. 1300 v.Chr. (Aus E.A. Wallis Budge, Osiris and the Egyptian Resurrection, *i, S. 59).*

Wieder tötete er ihn und zerlegte seinen Körper dieses Mal in 14 Stücke – die Anzahl der Nächte des abnehmenden Mondes. Dann verteilte er die Stücke über ganz Ägypten und vergrub jedes an einem anderen Ort. So kam es, dass Ägypten zum »Land des Mondes« wurde.

Nun suchte Isis zusammen mit ihrer Schwester Nephthys und dem schakalköpfigen Gott Anubis erneut nach Osiris, barg die Einzelteile seines Körpers und setzte sie wieder zusammen – bis auf den Phallus, der von einem Fisch verschluckt worden war. So gelangte die Potenz des Osiris in den Nil, der jedes Jahr für neues Leben sorgte, wenn er über die Ufer trat. Als Osiris erneut von Isis wieder belebt wurde, die die 14 Teile seines Körpers als zunehmenden Mond zusammensetzte, ging er (als der Alte Mond) in die Unterwelt. Aber jeden Monat wird Osiris durch seinen Sohn Horus als Neuer Mond wieder geboren, als die neue Form seiner selbst, die seinen Platz einnimmt und den monatlichen Kampf des Zu- und Abnehmens mit Seth ausficht.

Leben, Tod und Wiederauferstehung von Osiris folgen dem lunaren Muster. Osiris regiert 28 Tage lang – einen »Mond« eines Lebens – und betritt dann, wie es alle lunaren Helden müssen, die Dunkelheit seines eigenen Seins, wenn er am 17. Tag des Monats Athyr ermordet wird (zwei bis drei Tage nach dem Vollmond, wenn der Mond sichtbar abzunehmen beginnt). Das rituelle Symbol des Osiris hatte die Form des Neuen Mondes.

Als Göttin und Gott des Mondes verkörperten Isis und Osiris die sich stets erneuernden Zyklen der Natur, sowohl das Zunehmen während des Wachstums – des Mondes, des Nils, der Pflanzen, Tiere und Menschen – als auch das Abnehmen während des Sterbens – wenn der Mond kleiner wurde, der Nil zurückging, die Pflanzen vertrockneten und Tiere und Menschen älter wurden und starben. Wenn Osiris der Mond in all seiner kreativen Kraft ist, dann ist Seth das entgegengesetzte Prinzip der Zerstörung, manifestiert als Dunkelheit, Wüste und Dürre, die sengende Sonne und der heiße Wind, der aus der Wüste über die Felder weht und den Tod bringt. Seth war auch, so fügt Plutarch hinzu, jener Teil der Seele, der »unvernünftig« und »grausam« ist.[63] Wenn der Mond von der Sonne verschlungen wurde, sagten die Menschen, Seth habe Osiris in seinem Sarg eingesperrt. Wenn der Nil und die Pflanzen austrockneten, sagten sie, Seth habe Osiris erschlagen. Aber wenn der Nil wieder anstieg, glaubten die Menschen, es seien die Tränen von Isis, die nach Osiris sucht, und wenn der Nil über die Ufer trat und die Saat aus dem schwarzen Boden auftauchte, glaubten sie, Isis habe Osiris »gefunden« und dies sei Horus, der in seinem Namen wieder aufsteige. Wie er lebten nun alle Kreaturen, die gestorben waren, wieder in neuer Form. Die Toten wurden »Osiris« genannt, und wie er traten sie in die Ewigkeit ein, indem sie »den Atem von Isis atmeten«. Aber Osiris stand nicht nur für die, die gestorben waren:

Abb. 15. Osiris, der aus den Flügeln der Isis aufsteigt. Basrelief aus dem ptolemäischen Isistempel in Philae. 232–30 v. Chr. (Aus Wallis Budge, Osiris and the Egyptian Resurrection, i, S. 59).

Abb 16. Geschützt von den Flügeln der Isis, nimmt Horus den Platz seines Vaters ein. Bronzestatue. 600 v. Chr. British Museum.

> Ob ich lebe oder sterbe, ich bin Osiris,
> Ich trete ein und erscheine durch dich,
> Ich verwelke in dir, ich wachse in dir,
> Ich falle in dir nieder, ich falle auf meine Seite.
> Die Götter leben in mir, weil ich im Mais lebe und wachse,
> Der die Verehrten ernährt.
> Ich bedecke die Erde,
> Ob ich lebe oder sterbe ich bin Gerste,
> Ich bin nicht zerstört.[64]

Osiris besiegt den Tod, aber dies gelingt ihm nur durch die Liebe von Isis. Man könnte also sagen, dass Isis der Mond in seinem Zyklus als das ewige Leben von *Zoe*, und Osiris der Mond in seinen Phasen als *Bios* ist, die Form von *Zoe*, die in der Zeit lebt und stirbt. Isis, seine Frau und Schwester, wird zu seiner Mutter, die ihn zurück ins Leben bringt, indem sie ihm zuerst den Atem des Lebens mit dem Wind ihres Flügelschlags zufächelt und dann seinen zerlegten Körper wieder zusammensetzt. In dem ptolemäischen Tempel in Dendera findet man folgende Inschrift: »Er (Osiris) erwacht aus dem Schlaf (dem Tod), und er fliegt wie der Vogel Bennu und macht seinen Platz im Himmel wie der Mond.«[65] Horus, ihr gemeinsamer Sohn, empfangen, nachdem Isis Osiris wieder zum Leben erweckt hatte, wird anstelle seines Vaters zum *Bios* als die Form von Osiris, die sichtbar erneuert wird und jeden Monat gegen die Dunkelheit von Seth kämpft. Horus wird als »das Alte Kind … der Kreisende … der Mond ist dein Name« angeredet.[66]

Ab der 12. Dynastie, vermutlich jedoch schon lange vorher, wurde im Osiristempel in Abydos jedes Jahr ein Fest zum Gedenken an die Auferstehung des Osiris und sein Geschenk der Wiederauferstehung für alle gefeiert. Die Menschen kamen aus ganz Ägypten, um an der Passionsgeschichte seines Lebens und Todes teilzunehmen. Auf dem Höhepunkt der Feierlichkeiten hob der König mit Hilfe von vier Ochsen, sein Arm von der Göttin Isis umfasst, einen massiven Baumstamm hoch und rief: »Osiris ist aufgestiegen«. Diese so genannte *Djed*-Säule, die aufgestellt und damit zum Baum des Lebens wurde, trug die vier gekreuzten Zweige der vier Teile des Universums und der vier Phasen des Mondes.

In den folgenden zweitausend Jahren wurde auch im Christentum ein Lebensbaum in Form eines Kreuzes aufgestellt, um die »Wiederauferstehung des Leibes und das ewige Leben« zu feiern. Denn auch Jesus, der Sohn der Jungfrau Maria, starb, wurde begraben und stieg in die Hölle hinab, um ebenso wie der Mond am dritten Tag wieder aufzuerstehen. Auch die Wiederauferstehung Jesu fällt mit der Wiedergeburt der Erde zusammen, dem Osterfest, das am ersten Vollmond nach der Frühjahrs-Tagundnachtgleiche stattfindet und den Übergang vom Winter zum Frühling markiert.

Abb. 17. Osiris als die Djed-Säule des Lebensbaums, Krumm-stab und Dreschflegel haltend, mit Isis (links) und Nephthys (rechts). Aus ihr steigt die Sonne als Falke auf, der von Pavianen begrüßt wird. Hunefer-Papyrus. 1310 v. Chr. British Museum.

Abb. 18. Christus an den knospenden Zweigen des Kreuzes als Lebensbaum, flankiert von Maria und Joseph. Evesham Psalter. Mitte 13. Jahrhundert. British Library.

KAPITEL 2

MOND UND ZEIT

Zeit…das sich bewegende Bild der Ewigkeit
Platon, *Timaios*

Der wandernde Mond stieg am Himmel empor
Und nirgends stand er stille…
Samuel Taylor Coleridge, *Die Ballade vom alten Seemann*

Einst wurde Zeit überall auf der Welt nach den Phasen des Mondes gemessen.[1] Man könnte sagen, dass die Vorstellung von Zeit entstand, als die Phasen des Mondes ein Muster ergaben und messbar wurden. Aber dies war »Zeit« als ein konkretes Phänomen, etwas, das kontinuierlich von Tag zu Tag (oder eher von Nacht zu Nacht), von Phase zu Phase und schließlich von Mond zu Mond erfahrbar war. »Messen« ist heute ein überwiegend quantitativer Begriff (wie viele Tage in einem Monat? Wie viele Monate in einem Jahr?), aber das Wort »Maß« besitzt noch immer auch die ältere, qualitative Bedeutung, beispielsweise in Redewendungen wie »gemessener Tanz«, »rechtes Maß« und »Liebe ist das Maß aller Dinge«. Alte Maße umfassten beide Bedeutungen: einerseits das Messen der Zeit durch Abzählen der Mondphasen und andererseits die Zeit selbst als Maß, in dem Sinne, dass einem bestimmten Verhalten eine bestimmte Zeit zugewiesen wurde, und zwar die der jeweiligen Mondphase.

Wir können uns Zeit nur astronomisch vorstellen. Würden wir diese Sichtweise aufgeben, müssten wir alle Uhren abschaffen. Sonst werden die Stunden, Tage und Monate nicht wieder zu dem, was sie einst waren – »die gute alte Zeit«. Solange wir unseren Unglauben für den Augenblick also nicht aufgeben, jene Haltung, die Coleridge empfiehlt, um sich einem Gedicht zu nähern[2], werden wir uns nicht vorstellen können, wie es gewesen sein könnte, in Einklang mit der Quelle von Zeit zu leben, als Zeit noch nicht von den Rhythmen des Lebens getrennt war. Denn es scheint, dass Zeit als *Timing* seiner eigenen Geschichte einst vom Mond kam, einer Geschichte, an der das gesamte Universum teilhatte.

EWIGKEIT UND ZEIT

Vermutlich wurde die ewige Sehnsucht nach Einheit innerhalb der Vielfalt ursprünglich vom Mond ausgelöst. Die beständige Gegenwart des unsichtbaren Runds in den sichtbaren Phasen evoziert die Vorstellung von Zeit als sichtbarer Form der Ewigkeit, von Zeit »als das sich bewegende Bild der Ewigkeit«, wie Platon es im *Timaios* formuliert.[3] Ewigkeit war keine kontinuierliche Abfolge von Augenblicken in einer Zeit, die nie endete – das war unaufhörliches Fortbestehen, eine unendliche Multiplikation. Ewigkeit gehörte einer anderen Ordnung an. Sie war unvorstellbare Fülle jenseits von Zeit, die Zeit nur durch *Mimesis*, durch Imitation, erreichen konnte.[4] Shakespeares Lucretia parodiert die Zeit und nennt sie »vielgeschäftige Hand der Ewigkeit«.[5] Für die Griechen und andere war der Zyklus bzw. die Kreisbewegung, die kontinuierliche Erneuerung bringt und durch Wiederholung für das Überleben der Dinge sorgt, der bestmögliche Ausdruck von Ewigkeit, die als absolut, vollkommen und jenseits von Veränderung definiert wurde. Zeit hingegen war Bewegung und Veränderung – und für Platon ist jede Veränderung ein Sterben.[6] Zeit war also eine untergeordnete Realität und konnte Ewigkeit bestenfalls imitieren, indem sie sich in

Abb. 1. Ugra-Tara als Kali. Pahadi-Gemälde. Punjab, Indien. 18. bis 19. Jahrhundert. National Museum, Delhi.

einem Kreis bewegte und Identität durch Wiederkehr erlangte – *anakuklosis*, »ewige Wiederkehr«.[7] Die Vorstellung, die frühe Menschen vom Mond hatten, verlieh Zeit ebenfalls eine zyklische Struktur: Zeit selbst wurde mit jeder Geburt erneuert und damit auch die Dinge der Zeit und die Welt der Natur.

In frühen Mythen verkörperte der Mond sowohl die Idee der Ewigkeit als auch die der Zeit in ihrem unveränderlichen Muster der Veränderung: Er war die Ewigkeit im immer wiederkehrenden Zyklus und die Zeit in den Phasen. Die Sioux in Nordamerika nannten den Mond »die alte Frau, die nie stirbt«, bei den Irokesen hieß er Aatensic, »der Ewige«.[8] Für die Ägypter war der Mondgott Toth »der Schöpfer der Ewigkeit und der Endlosigkeit« ebenso wie der »Schreiber der Zeit«.[9] Nanna-Sin, der mesopotamische Mondgott »erneuerte sich immer wieder« und »maß die Tage eines Monats«.[10] In lateinischen Inschriften hatte der Mond das Attribut des »Ewigen«, während er in Russland »der Unsterbliche« genannt wurde.[11] In Indien ist Soma, der Gott des Mondes, auch der Name des ambrosischen Nektars der Unsterblichkeit, der Nahrung der Götter, und in China zerreibt der Mondhase das Kraut der Unsterblichkeit in seiner sichelförmigen Schale.[12] In Polynesien wird der Mond beständig in den Wassern von *Tane*, der ewigen Quelle, erneuert.[13] Die biblischen Psalmen führen ihn als Vergleich, als Abbild der Ewigkeit an: »Er [Davids Thron und sein Geschlecht] soll ewig bestehen wie der Mond.«[14] Den Legenden der Buschmänner und der Hottentotten zufolge hätte der Mond den Menschen Unsterblichkeit verliehen, wenn der Hase nicht gelogen und somit die Chance vertan hätte.[15] »Ewigkeit sein« und »Unsterblichkeit verleihen« sind vielleicht nicht ganz dasselbe, aber wenn die Geschichte der Menschen an der Geschichte des Mondes teilhaben kann, wird der Unterschied praktisch irrelevant.

Aber der Mond in seinen Phasen war auch die Zeit, und wie die Zeit stand er nie still.

MOND UND ZEITMESSUNG

Für den Verstand stellt der Mond ein sichtbares Bild des unaufhörlichen Verrinnens der Zeit dar. Aber für den mythischen Geist *macht* der Mond die Zeit, indem er sie misst, und damit *ist* er Zeit, die Quelle von Zeit, also Ewigkeit. In den indoeuropäischen Sprachen stammen die Begriffe für den Akt des Messens ursprünglich vom Namen des Mondes und nicht umgekehrt, wie man heute vielleicht annehmen könnte.[16] In seinem Buch *Origins* schreibt Partridge im 20. Jahrhundert: »für Mond, siehe Messen«, aber man könnte eher etymologisch sagen »für Messen, siehe Mond«, da »Monat« von »Mond« kommt, und nicht »Mond« von »Monat«.[17] Wie der Philosoph Owen Barfield bemerkt: »Je weiter man Sprache als Ganzes zu ihren Wurzeln verfolgt, umso poetischer und beseelter erscheinen ihre Quellen, bis sich alles in einer Art Mythen-Nebel aufzulösen scheint.«[18]

Die älteste indoarische Wurzel im Zusammenhang mit den Himmelskörpern ist *me*, »Mond«. Im Sanskrit wird daraus *mas* oder *masas*, »Mond« und »Monat«, während *mami* »ich messe« bedeutet. *Matti* ist ein »Maß« und *matram* ein Messinstrument; *ma* bedeutet »Zeit« und »Mond«. *Ma* oder *matar* bedeutet auch »Mutter«, vielleicht in dem Sinne, dass die Mutter der Geist und das Maß aller Dinge für das Kind ist, wie es die urzeitliche Mutter für die Rasse und die Große Mutter für das Universum ist. Dies ist die Wurzel aller nachfolgenden indoeuropäischen Sprachen, die sich sowohl auf den Mond als auch auf das Messen bezieht: Griechisch – *mene*, Mond; *men*, Monat; *metron*, ein Werkzeug zum Messen; *metreo*, ich messe. Lateinisch – *mensis*, Monat; *menaeus*, monatlich, woraus sich *mensura*, Maß, *menstruus*, monatlich, *metiri*, messen und (erstaunlicherweise) *mensa* ergibt, ein Tisch für eine Mahlzeit (abgehalten zu regelmäßigen, messbaren Zeiten). »Mond« im Lateinischen ist *luna*, was vermutlich eine Verkürzung des Wortes *leuksna* ist, vom griechischen *leukos*, hell, weiß. Mondgöttinnen werden als *leukolene*, »mit weißen Armen«, beschrieben. *Leukos* steckt auch im lateinischen *lux* und *lumen*, Licht (eine mögliche Verkürzung von *leuksmen* – Mondlicht, was darauf hindeutet, dass »Licht« seinen Namen zuerst vom Mondlicht erhielt). Das Französische folgt dem Lateinischen mit *la lune*, Mond, *mois*, Monat, *mesurer*, messen und mit *metre* als Maßeinheit.

Abb. 2. Hakenförmige Spiralen ziehen sich über ein Feld von parallelen Streifen und Kreisen um die Schulter der Vase. Rund um den Hals befinden sich dreißig Dreiecke, und unterhalb der Spiralen vermutlich (ein Teil der Bemalung ist nicht mehr vorhanden) dreißig Kreise, welche die Tage des Mondmonats darstellen könnten. Graphitbemalung, Karanovo VI/Gumelnita. Tangiru nahe Bukarest, Rumänien. 4500–4300 v. Chr. (Aus Gimbutas, The Language of the Goddess, S. 282).

Das spezifische Maß der *Qualität* jedoch wird beispielsweise im lateinischen Wort *modus* deutlich, das ebenfalls ein »Maß« meint, also ein Maß, das man nicht überschreiten sollte, und damit eine Grenze, eine Art des Verhaltens, aus dem die englischen Wörter »mode« als Seinsform, »moderation« und »modest« herrühren – Begriffe, die Grenzen implizieren. Ähnlich weist auch die Ableitung des englischen »temperance« (Mäßigung) von *tempus* – lateinisch für »Zeit« – darauf hin, dass diese Charaktereigenschaft nicht von »Zeit« im abstrakten, sondern eher im praktischen Sinne von »Zeit für« abstammt, also »rechtzeitig«, die »rechte Zeit« und das angemessene Verhalten für diese Zeit meint.

Im Altenglischen bedeutet *mona* Mond, *monath* Monat, *metan* messen, und *maeth* steht für ein Maß, besonders im Sinne einer gemessenen Zeitdauer oder eines Zeitpunkts, einer vereinbarten Zeit, daher auch *mele* (über das mittelenglische *mael*), was im Englischen *meal-time* oder *meal* (Mahlzeit) bedeutet. Ähnlich bedeutet auch im Altfriesischen *mona* Mond und *meta* Maß. Das altsächsische *mano* bedeutet Mond, *metan* steht für messen. Im Althochdeutschen steht *mano* für Mond und *mezzan* für messen, im Mittelhochdeutschen steht *mane* für Mond. Im Gotischen bedeutet *mena* Mond und *mitan* messen. Im Niederländischen steht *maan* für Mond, *meten* für messen. Im Altnorwegischen bedeutet *mani* Mond und *meta* messen. Mond heißt im Litauischen *menu*, im Altniederländischen *manz* und *maen*, im Germanischen *maenon*. Die etymologische Beziehung zwischen den englischen Wörtern moon, month, matrix, meter, diameter, mensurable, menstrual, measure, immense (unmeasurable), mete out und meal dürfte damit wohl eindeutig sein.[19]

Martin Nilsson erklärt in seinem Buch *Primitive Time-Reckoning*, dass »der Mond der erste Zeitmesser [ist]...praktisch überall wird der Monat...mit dem gleichen Wort wie Mond bezeichnet«.[20] Weil der Mond mit einem Blick erfasst werden konnte und kein Blick lange dasselbe Bild bot, lenkte er die Aufmerksamkeit nicht nur auf den Zeitpunkt, sondern auch auf dessen Dauer. Nilssons detaillierte Ausführungen zeigen, dass »die Indo-Europäer der alten Zeit und tatsächlich die meisten Völker der Erde die Tage anhand der Nächte zählen«, so dass »eine innere Beziehung besteht zwischen dem Zählen der Tage anhand der Nächte und der Bestimmung der Tage oder eher der Nächte des Monats nach den Phasen des Mondes«.[21] Aufgrund der Regelmäßigkeit der Mondphasen, die immer existierten, deutlich zu sehen waren und lange genug dauerten, um aufgezeichnet werden zu können, war es möglich, längere Zeiträume als die durch die Sonne vorgegebenen zu unterscheiden. Sei es, um die Jagd oder die Ernte und Aussaat von Pflanzen zu erleichtern, wurden den Nächten der Phasen häufig verschiedene Namen gegeben, entweder einzeln oder nach Gruppen geordnet. Dies waren auch die Namen für die nachfolgenden Tage, welche die Zeit umfassten, die in späteren Berechnungen zur abstrakteren Idee von 24 Stunden wurde.[22] Da unser Monat heute nicht mehr dem Mond folgt, ist man geneigt zu vergessen, dass »ein Monat« vor langer Zeit »ein Mond« war. Im alten Ägypten beispielsweise war die Hieroglyphe für eine Mondsichel die Abkürzung für das Wort »Monat«, und auch die Chinesen verwenden das gleiche Schriftzeichen für Mond wie für Monat (beginnend bei Neumond). Der Ausdruck »vor vielen Monden« war noch im 20. Jahrhundert gebräuchlich.

Im Sanskrit bedeutete das Wort »täglich«, *nicanicam*, »Nacht für Nacht«. Wie es in einer Hymne heißt: »Lasst uns die alten Nächte (Tage) und die Herbste (Jahre) feiern.«[23] Ähnlich bedeutete das sächsische Wort *den* (Tag) – wie in »Good den«, »Good day« – eigentlich »Nacht« oder wörtlich »Guten Mond-Tag«.[24] In den altpersischen heiligen Schriften, den Awesta, wird die Zeit nach Nächten gezählt, ebenso wie in Babylon und im alten Arabien, wo die Menschen Ausdrücke wie »70 Nächte lang«, »in drei Nächten« oder »in der ersten Nacht des Ramadan« verwendeten. Die Polynesier nannten die Nacht *po* und den nächsten Tag *apopo*, die »Nacht der Nacht«, während gestern *po-i-nehe-net* hieß, die »Nacht, die vergangen ist«. Die nordamerikanischen Indianer zählten die Zeit in Nächten ebenso wie die Grönländer und viele Stämme in Afrika, Asien und Europa.[25] Die Kelten, so berichtete Cäsar, definieren alle Zeiträume nicht an Tagen, sondern an Nächten, und wenn sie Geburtstage berechnen, oder den Anfang von Monaten oder Jahren, passen sie immer auf, die Nacht vor den Tag zu setzen.[26] Tacitus sagte das Gleiche über die Germanen: »Sie rechnen nicht nach Tagen, wie wir, sondern nach Nächten. So setzen sie Fristen fest, so bestimmen sie die Zeit: Die Nacht geht nach ihrer Auffassung dem Tag voran.«[27] In einem alten französischen Kinderlied aus dem Loiretal wurde der Mond, der am Abend aufstieg, mit »Guten Morgen, Madame Mond, haben Sie Kinder für mich?«, begrüßt.[28]

Da die Nächte in der lunaren Zeitrechnung ursprünglich sind und die Tage aus den Nächten entstehen, wird die Dauer der Zeit nach Nächten gemessen. Überreste dieser Auffassung findet man noch in dem englischen Begriff »fortnight«, selbst wenn mit diesen 14 Nächten heute 14 Tage gemeint sind. Der weniger gebräuchliche Begriff »sennight« (seven nights) taucht in dem Fluch der Hexen in *Macbeth* auf: »Sieben Nächte, neun mal neun, Siech und elend schrumpf er ein.«[29] Im alten Frankreich wurde die Sommersonnenwende *La Lunade* genannt, da sie mit dem Aufstieg des Mondes begann.[30] Andere Spuren der lunaren Zeitrechnung findet man bei Festen, die am »Vorabend« beginnen, denn viele christliche Feiertage hatten dasselbe Datum wie heidnische Feste, wurden aber zwölf Stunden später ins helle Licht des Tages verlegt und erhielten einen anderen Namen: aus der Mainacht (einst die Walpurgisnacht der Sachsen und das Beltane-Fest der Kelten, das »Tragen von Grün« zu Ehren des Frühlings) wurde der Maifeiertag; die Mittsommernacht wurde zum Johannistag; »All Hallows' Eve« (Hallowe'en) entstand aus dem keltischen *Samhain*, »Sommerende«, und das Fest der Toten, an dem die Geister der Vorfahren die Lebenden besuchten, wurde zu Allerheiligen am 1. November und Allerseelen am 2. November. Heiligabend, das heidnische Yule-Fest, einst die »Nacht der Mutter« genannt und noch immer mit der »Mitternachtsmesse« begangen, wurde zum ersten Weihnachtstag. Ähnlich wurden im Judaismus verschiedene Feste und Fastenzeiten, wie der Sabbat, der Tag der Abbitte und das Fest des ungesäuerten Brotes, so gelegt, dass sie am Abend begannen und endeten und damit der ursprünglichen Ordnung der Schöpfung in der Genesis entsprachen: »Und der Abend und der Morgen waren der erste Tag.«[31]

MONDTEMPEL

Der erste Mondtempel war vermutlich eine Lücke zwischen den Bergen am fernen Horizont, in der die dünne Sichel des Neumondes als Epiphanie auftauchte. Wahrscheinlich markierten später Steine diesen Punkt am Himmel, noch später wurden weitere Steine aufgestellt, um eine Beziehung zwischen bestimmten Bewegungen des Mondes und den Menschen herzustellen, die sich auf der Erde unter ihm versammelten. Diese Anordnungen von Steinen, die wir Tempel nennen, waren vielleicht die erste Form der Zeitanzeige.

Viele Mondtempel wurden von den megalithischen Völkern im fünften vorchristlichen Jahrtausend, vielleicht sogar lange vorher, errichtet: Stonehenge und Silbury Hill im englischen Wiltshire, Carna und Gavrinis in der französischen Bretagne, New Grange und Knowth in Irland, Callanish auf der schottischen Isle of Lewis und Temple Wood im schottischen Argyllshire, um nur ein paar zu nennen.[32] Der alte Steinkreis auf den Orkneys vor Schottland ist noch immer als »Mondtempel« bekannt.[33] Im Jahr 1974 stellte der Archäologe Alexander Thom die Theorie auf, Stonehenge, das in drei Hauptphasen von 3100 bis 1150

v. Chr. gebaut wurde, sei ursprünglich ein Observatorium für das Studium der Mondbewegungen gewesen.[34] Der Mond wird von vielen Völkern »der Wanderer« genannt, und bestimmt wurden Observatorien benötigt, um seine äußerst komplexen Wanderungen verfolgen zu können.[35]

Scheinbar waren in megalitischen Zeiten besonders die extremen Bewegungen des Mondes von Bedeutung gewesen. Das megalithische Ganggrab in Gavrinis an der Küste des Golfs von Morbihan in der Betragne ist zwar nach der aufgehenden Sonne zur Zeit der Wintersonnenwende ausgerichtet, aber die Hauptausrichtung des gesamten Grabes orientiert sich an einer extremen Position des aufsteigenden Mondes. Die in die Steine geritzten Spiralen zeichnen vermutlich Bewegungen der schöpferischen Energie oder Drehungen des Mondes nach, ebenso wie die linksläufigen Spiralen, Mäander und Sicheln auf den Steinen in Knowth in Irland.[36]

Im Steinkreis von Castle Fraser in Aberdeenshire, Schottland, befindet sich ein massiver »liegender« Stein. Alle 18,6 Jahre scheint der Mond über den liegenden Stein zu ziehen, als würde er auf die Erde herabkommen. In einigen Steinkreisen Schottlands gibt es liegende Steine, die allesamt nach dem Aufgang oder Untergang des Mondes ausgerichtet sind, häufig an der äußeren Grenze ihres südlichen oder nördlichen Verlaufs. Im Steinkreis von Lonehead of Daviot (Abb. 3) beispielsweise fungiert der Hauptmegalith als ein naher Horizont und liegt flach zwischen zwei aufrechten Steinen, die ihn zu beiden Seiten flankieren. George Meaden beschreibt, dass, »wenn man im Zentrum einiger Kreise steht, und wenn der Mond im Nachthimmel seinen südlichsten Kurs zieht, der Mond in Richtung des liegenden Steins entweder auf oder untergeht«. Und selbst wenn »der liegende Stein nicht nach dem Mondaufgang oder -untergang ausgerichtet ist, hat der Erbauer des Kreises ihn auf eine Achse gestellt, die mit der des Mondes korrespondiert, wenn er zum Himmel aufgestiegen ist«.[37] Wer sich zu diesen besonderen Zeiten auf die Steine legt, erlebt, wie sich der Mond über seinen Körper bewegt. Man kann sich unschwer vorstellen, dass die Menschen früher das Gefühl haben mussten, die immense Kraft des Mondes in sich aufzunehmen.

Die Ausrichtung der Steine lässt vermuten, dass die megalithischen Menschen darin geübt waren, den Mond zu verfolgen und nicht nur die Zyklen des Monats oder Jahres, sondern auch die Grenzen seiner Bewegungen über lange Zeiträume zu messen. Aber welche Bedeutung hatten diese Messungen für die vielen Menschen, die erforderlich gewesen sein müssen, um die Messungen erst möglich zu machen?[38]

DER HEILIGE KALENDER

Aus den Zeugnissen aller frühen Gesellschaften scheint klar hervorzugehen, dass die ursprüngliche Intention von Kalendern nicht profan, sondern sakral war.[39] Sie dienten nicht einfach nur der Erfassung und Voraussage der Tage und Nächte und einer Festlegung der Grenzen zwischen Auf- und Untergängen, son-

Abb. 3. Der Steinkreis und der liegende Stein von Loanhead of Daviot. Grampians, Schottland. Etwa 20,5 Meter im Durchmesser. 2000–1200 v. Chr. Aberdeenshire Archaeological Surveys.

dern sie erfassten vielmehr Augenblicke, in denen eine Quelle der Zeit jenseits ihrer selbst transparent zu werden schien, ein Phänomen, das den Namen »Ewigkeit« erhielt. Wir sagen noch immer »die Zeit steht still« oder »die Zeit vergeht«. Natürlich sind es die Geschöpfe der Zeit, die die Augenblicke der Veränderung bemerken, die sich daran erinnern, dass Zeit vergangen ist und die Zeit als eine Idee ins Bewusstsein rücken. Aber die Quelle dieses Bewusstseins – dass der Tag zur Nacht und aus einem Mond ein anderer Mond geworden ist – scheint von jenseits der Zeiteinteilungen zu stammen, vom Muster des Himmels, das sich nie ändert: »Königreiche werden untergehen, Völker von Herrschaft zur Sklaverei, von Gefangenschaft zum Imperium gelangen, aber die gleichen Monate des Jahres werden immer die gleichen Sterne an den Himmel gebracht haben«, schrieb Manilius, didaktischer Poet des ersten Jahrhunderts n. Chr., der vermutlich aus Griechenland stammte. »Der Himmel . . . wird für immer derselbe sein, weil er immer derselbe war. So ist er unseren Vorfahren erschienen, so wird er unseren Nachfahren erscheinen. Es ist Gott, der über alle Zeiten hinweg unverändert bleibt.«[40]

In seinem Buch *Astrology and Religion among the Greeks and the Romans* behauptet Franz Cumont, dass »die magische Idee einer Kraft, die dem Menschen überlegen ist, seit ihren Ursprüngen mit der Aufzeichnung der Zeit zusammenhängt«.[41] Cicero, der den Himmelskörpern Vernunft beimaß, schrieb, dass Zeno (der griechische Stoiker) den Sternen eine göttliche Kraft (*vis divina*) zuschrieb, aber auch den Jahren, Monaten und den Jahreszeiten.[42] Lange bevor Kant die Zeit als eine »*a priori* Form der Intuition« (neben Raum und dem Kausalitätsprinzip eine Kategorie der menschlichen Vernunft)[43] definierte, »begann« Zeit also als ein Wesen mit einer Persönlichkeit, die göttlich und damit, um das Paradox fortzuführen, ewig war. Während die Griechen und Römer *alle* Himmelskörper zur Unterscheidung von Zeit einbezogen, scheint der Mond ganz zu Anfang übergeordnet gewesen zu sein.

Nachdem die einfache Zeitberechnung die Form von Kalendern erhalten hatte, die zum größten Teil von Priestern eingeführt und auch von ihnen organisiert wurden, dienten diese Kalender dazu, die Feiertage und Feste anzuzeigen und festzulegen, wann bestimmte Aktivitäten günstig waren und wann nicht.[44] Zeit bedeutete also Lebenswert, es war *Zeit* für bestimmte Dinge, für andere jedoch nicht. Die Rolle des Mondes bei der Bestimmung der Zeit fand dann Eingang in die sakrale Literatur, welche die Welt zu ordnen und zu begreifen suchte:

> Gott hat den Mond erschaffen und seine »Häuser« bestimmt, so steht es im Koran geschrieben, damit Menschen die Zahl der Jahre und das Maß der Zeit wissen können.[45]

Ein Gedicht aus der isländischen *Edda* verkündet:

> Der Neue Mond und der Alte wurden von den Göttern erschaffen,
> Als Zähler der Zeiten für die Menschen.[46]

Ein anderes Gedicht fragt:

> Thor: Wie heißt der Mond, den Menschen sehen,
> In all den Welten, die da sind?
> Alvis: Mond bei den Menschen, der Ball bei den Göttern,
> Wirbelndes Rad in der Hölle,
> Antreiber bei den Riesen, der Helle bei den Zwergen,
> Bei den Elfen »Zähler der Jahre«.[47]

In Psalm 104 wird der Herr gepriesen, denn er hat »den Mond gemacht als Maß für die Zeiten: Die Sonne weiß, wann sie untergeht«.[48]

Im Amuntempel in Hibis in Ägypten fand man die Inschrift: »Mond in der Nacht, Herrscher über die Sterne, der Jahreszeiten, Monate und Jahre unterscheidet: Er kommt ewig lebend, aufgehend und untergehend.«[49] In Ägypten und anderswo war der Mond für Völker des Ackerbaus, die einen exakten Kalender brauchten, bereits sehr früh das wichtigste Zeitmaß.[50] Unter den vielen Manifestationen des göttlichen Wesens des Mondes in Ägypten stellte Toth den Mond in seiner spezifischen Beziehung zur Zeit dar. Er war sowohl »König der Ewigkeit« als auch »Herr der Zeit«, der Gott des Kalenders.[51] Er wurde auch der »Rechner«, der »Bestimmer«, der »Teiler«, »Herr der Maße und der Schrift«, »Schreiber der Götter« und »Schreiber der Zeit«, »Zähler der Erde und was in ihr ist, und der Messer der Erde« genannt.

Seine vielen Titel sprechen von der »gottgleichen« Leistung, die Phasen des Mondes aufzuschreiben und sie in einen Kalender zu verwandeln, eine Kunst, von der man glaubte, sie stamme von jenseits der Zeit, die ein Kalender erfasste. Als ein Gott jenseits der Zeit war Toth der Gott der Weisheit, der die kosmische Ordnung der Welt aufrechterhielt, während er für die Menschen der Gott des Schicksals und Bestimmer der individuellen Schicksale war. Ohne sein Wissen kann unter Göttern und Menschen nichts geschehen, hieß es.[52]

Das Abbild des Toth war der Ibis. Mit seinem großen, geschwungenen Schnabel durchsiebt er den Schlamm und treibt giftige Reptilien und Fliegen in das große Jenseits zurück, um die Vision zurückzubringen. Plutarch und andere interpretierten die schwarzen und weißen Federn des Ibis als die dunklen und hellen Phasen des Mondes, während der rastlose Gang und der erhabene Flug des Vogels an den Lauf des Mondes am Himmel erinnerten. Toth wurde in Gestalt des Ibis in Stein gehauen, aber noch häufiger wurde er in menschlicher Form als Gott mit einem Ibiskopf oder in seiner Tierform als Pavian dargestellt. Als Bestimmer der Zeit und der Jahreszeiten trug Toth die Mondsichel und die Mondscheibe auf dem Kopf. Er war also der Mond selbst und in seiner ewigen Rolle auch der Wächter des Mondes, beispielsweise wenn er »zählte«, wenn er *Wedjat*, das linke Auge des Horus, der ebenfalls der Mond war, ganz (und so wieder voll) machte, oder von Seth in Stücke geschlagen wurde, wenn er abnahm.[53]

Toth war auch der Erfinder von Astronomie, Mathematik, Medizin sowie des Lesens und Schreibens, und man sagte, sein außergewöhnliches Talent für Zahlen bestimme den komplexen Lauf des Mondes am Himmel. Der Tag des neuen Mondes, der »Erste des Monats«, war Toth geweiht, und an Neumond und Vollmond wurden Feste abgehalten (auch wenn ein Monat im ägyptischen Kalender 30 Tage umfasste und damit länger als ein lunarer Monat war).[54] Hieroglyphen (was im Griechischen »heilige Schriften« bedeutet) waren als die »Worte des Gottes« bekannt, und es hieß, die *Totenbücher* seien von Toth mit »seinen eigenen Fingern geschrieben worden«[55]. Als »Schreiber der Maat«, der Göttin, welche die Ordnung und Wahrheit des Universums verkörperte und die sein weibliches Gegenstück war, notierte Toth mit seiner Schilffeder und seiner Palette die Ergebnisse des Wiegens der Herzen in der Unterwelt.[56] Gemeinsam assistieren sie Re, der Sonne, welche die manifeste Form von Atum, dem Großen Gott, war. »So wichtig waren die Mondphasen in der Bestimmung der Rhythmen des nationalen Lebens in Ägypten«, schreibt Garth Fowden, »dass Toth als Ursprung der kosmischen Ordnung und aller religiösen und zivilen Institutionen betrachtet wurde«, er herrschte über das zivile Jahr, über Gesetze, Tempelkulte und heilige Rituale, Texte und Formeln, insbesondere in Hermopolis (wie die Griechen die Stadt nannten, da sie Toth mit Hermes identifizierten), seiner ursprünglichen Heimat.[57]

Der Mondtempel in der sumerischen Stadt Ur war dem Mondgott Nanna oder Suen geweiht, was »der Wissende« bedeutet und später zu Sin verkürzt wurde und bei Syrern und Kurden noch immer der Name für den Mond ist.[58] Der mesopotamische Mond wurde Vater genannt, der »Herr des Himmels, dessen Sichel unter den Göttern leuchtet«, »Herr des Monats« und »Herr und Spender des Lebens«.[59] Andere Titel waren »Sichel«, »Neuer Mond«, »Gott des Bootes« und »Großes Boot des Himmels«.[60] Nanna wurde der »rechte Gott, der Tag und Nacht hervorbringt, den Monat macht und das Jahr zur Vollendung bringt« genannt.[61] In einer Hymne an Sin wird er als die ewige Quelle bezeichnet, die Leben in der Zeit schafft:

Abb. 4. Toth, der im sichelförmigen Mondboot sitzt und von einem Pavian (die Tiergestalt von Toth) das Wedjat-Auge überreicht bekommt. Das Boot schwebt über der Glyphe »Himmel«. Das Treibnetz vorne am Boot deutet an, dass das Mondboot mit den Strömungen des Himmels treibt. (Bei Fahrten flussabwärts zum Meer waren die Nilboote mit einem Treibnetz ausgestattet; wenn sie flussaufwärts nach Süden fuhren, wurde ein Segel gesetzt.) Das geschwungene Heck ist mit Kerben versehen, die abgebrochene Palmblätter darstellen, das Zeichen für »Jahre«. Sandsteinstele von Neferrenpet. Gefunden in Deir el Medina. Ca. 1320 v. Chr. Ägyptisches Museum, Turin.

> Sin, du allein gibst Licht von oben;
> Du bist das Licht der Welt; Dein Licht scheint hell wie das Licht
> Deines erstgeborenen Sohnes Shamash (der Sonnengott).
> Vor dir liegen alle Götter im Staub, du Gott des Schicksals.[62]

Die Babylonier folgten dem Beispiel der Sumerer und nannten die zwölf Zeichen des Tierkreises ebenfalls »Häuser des Mondes«.[63] In der babylonischen Kosmologie, wie sie im Schöpfungsmythos *Enuma Elish* dargestellt ist, maß wieder Sin die Zeit. Denn so hatte Marduk entschieden an dem Tag, als er, der neue babylonische Gott der Sonne, des Sturms und des Windes, aus dem Körper seiner Ur-Ur-Urgroßmutter, der Muttergöttin Tiamat, die Welt erschuf (oder eher: *wieder* erschuf). Er hatte sie nämlich erschlagen und ihren Körper in zwei Teile geschnitten, um aus dem einen den Himmel und aus dem anderen die Erde zu machen. Dann begann Marduk noch einmal von vorn und schuf die Konstellation neu, bestimmte den Polarstern, organisierte den Kalender und unterwies Mond und Sonne:

> Er bat den Mond hervorzutreten, vertraute ihm die Nacht an;
> Übertrug ihm die Verschönerung der Nacht, um die Zeit zu messen;
> Und jeden Monat, unfehlbar, steckte er mit einer Krone ab.
> »Wenn der Neumond über dem Land aufgeht,
> Leuchte mit deinen Hörnern, um sechs Tage zu messen;
> Den siebten Tag, wenn deine halbe Krone erscheint,
> Und lass Perioden von fünfzehn Tagen Gegenstücke sein,
> Zwei Hälften eines Monats.
> Wenn, nachher, die Sonne über dein himmlisches Fundament siegt,
> Nimm wieder ab, Schritt für Schritt, entgegengesetzt deines Wachstums.«[64]

Priester verkündeten das Erscheinen des neuen Mondes, mit dem der Monat beginnen konnte. In einem Brief an den assyrischen König Esarhaddon (ca. 670 v. Chr.) rät ihm sein Priester, er solle »auf den Bericht aus der Stadt Assur warten und dann den ersten Tag des Monats festlegen«.[65] Wenn der Mond unsichtbar war und für tot gehalten wurde, glaubte man, er gehe in die Unterwelt, um dort als Richter zu fungieren. An diesem Tag – dem »Tag des Niederlegens« – brachte meist die regierende Königin spezielle Opfergaben dar.[66] In einem Mondmonat gab es vier oder fünf »Schlechte Tage«, die von den Priestern »interpretiert« wurden und beträchtliche Konsequenzen für die Menschen hatten:

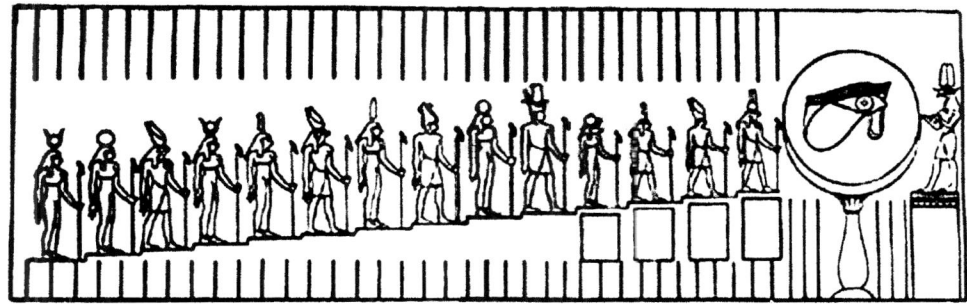

Abb. 5. Der ibisköpfige Toth steht neben einer Lotus-Säule, die den Himmel trägt, während auf dem Himmel eine Mondsichel liegt, in dem sich das Wedjat (oder Utchat) von Toth als das geheilte Auge des vollen Mondes befindet. Zur Spitze der Säule führt eine Treppe mit 14 Stufen, eine für jeden Tag des zunehmenden Mondes. Auf jeder Stufe steht die Gottheit des jeweiligen Tages. Das Himmelsboot des Mondes segelt links auf dem Bild über den Himmel. Deckenrelief aus dem ptolomäischen Horustempel in Edfu, Ägypten. 325–30 v.Chr. (Aus Wallis Budge, The Gods of the Egyptians, *ii, S. 321).*

> Ein böser Tag. Der Schafhirte der großen Völker soll kein Fleisch, das auf Kohlen gekocht wurde, noch gebackenes Brot essen, noch seine Kleider wechseln, noch saubere Kleider anziehen, noch Opfer geben. Der König soll nicht in einem Wagen fahren, noch als Führer sprechen. Der Seher soll keine Aussagen anstelle von Geheimnissen machen. Der Arzt soll keine Kranken berühren. Es ist ein Tag, ungeeignet für Tätigkeiten.[67]

Sin hat möglicherweise durch seinen heiligen Berg Sinai in die jüdische Tradition Eingang gefunden. Er ist als der Berg des Mondes bekannt und wird in hebräischen Texten erstmals um 1000 v.Chr. erwähnt.[68] Der Berg Sinai, jener Berg, auf dem Moses die Gesetzestafeln empfing, war wahrscheinlich der Berg von Sin. Das goldene Kalb, dessen Anbetung Moses so erzürnte, dass er es von seinem Volk in Stücke zermahlen, mit Wasser vermischen und dann nach Art eines umgekehrten Opfers trinken ließ, war entweder eine Statue des Mondstieres Sin in seiner Kalbform als der neue Mond oder eine Statue des jungen Stiers Horus, Sohn von Osiris, dem Mond.[69] Als Moses zum zweiten Mal von dem Berg herabkam, »leuchtete die Haut (seines) Gesichts« und er musste einen Schleier tragen, als er vor sein Volk trat.[70]

Sin als der Mondgott war ursprünglich der Gesetzgeber seines Volkes (bis diese Rolle weitgehend von seinem Sohn Shamash, dem Sonnengott, übernommen wurde), so dass Sinai bereits lange vor Moses der Berg gewesen war, der das himmlische Gesetz empfangen und es hinab zur Erde geleitet hatte. Aus »Ur in Chaldäa«, der Stadt des Mondgottes, zog der Genesis zufolge auch Abraham mit seiner Familie aus, um sich in Harran in Assyrien niederzulassen, der zweitwichtigsten Stadt, in der Sin in einem Kult verehrt wurde, der bis zur Zeit der römischen Herrschaft und sogar noch bis ins frühe Mittelalter fortgesetzt wurde.[71] Harran bedeutet »Karavane«, ein Wort, das an lange Reisen durch die nur vom Mondlicht beschienene Wüste denken lässt, die viele Monde dauerten, bevor eine Oase in Sicht kam.[72] Abraham, der zum Patriarchen der Juden wurde, wird historisch meist um 1996 v.Chr. angesiedelt, der Zeit, als die sumerische Kultur unter König Gudea von Lagash (ca. 2000 v.Chr.) in voller Blüte stand.[73] In einer bestimmten Tradition hieß Abraham Ab-sin, »Mondvater«[74], oder, wie Thomas Mann ihn in seiner Novelle *Joseph und seine Brüder* nennt, Abraham der »Mondwanderer«.[75]

In Griechenland war, *noumenia*, der Tag des neuen Mondes, der den Beginn des Monats markierte, ein Hera und Apollo geweihter Tag der Ruhe.[76] In der Odyssee wenden die Kläger ein, dass am Feiertag des Apollo keine Bogenwettkämpfe stattfinden dürfen.[77] Der erste Tag des Monats ist heilig, sagt Hesiod im achten Jahrhundert v.Chr.[78], ebenso wie der Tag des Vollmonds, *dichomenia*. Die spätere orphische *Hymne an den Mond* bringt die Komplexität dieser Vorstellung zum Ausdruck, indem sie den Mond als »Mutter der Zeit, die Trägerin der Früchte« bezeichnet.[79]

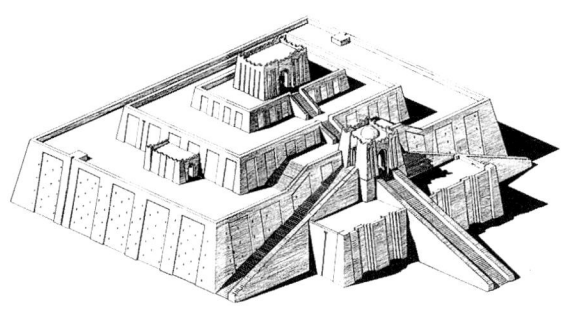

Abb. 6. Rekonstruktion des Zikkurats in Ur. Es hieß, der Mondgott Nanna lebe in einem Tempel im Fundament des Zikkurats, außer an den dunklen Tagen des Mondes, wenn er in die Unterwelt ging. Dritte Dynastie von Ur-Nammu. Ur, Irak. Ca. 2250 v. Chr.

Der römische Monat war ursprünglich ebenfalls lunar und nach den Phasen des Mondes eingeteilt. In Rom wie in Griechenland hielten Ausrufer nach dem Neumond Ausschau, mit dem der neue Monat begann. Ein Pontifex Minor stand auf dem Kapitolshügel, und wenn der Mond erschien, rief er Juno, die Königin des Himmel, an. Wie die griechische Hera wurde auch sie als Abbild des Mondes betrachtet.[80] Der erste Tag des Monats wurde *kalendae* genannt (nach dem griechischen Verb *kaleo*, lateinisch *caleo* für »ausrufen«), woher unser »Kalender« seinen Namen hat. An diesem Tag rief der Priester die Feste für den kommenden Monat aus, um die Tage der Arbeit und der Ruhe zu koordinieren, denn an den Festtagen war es verboten zu arbeiten. Ganze 109 von 355 Tagen wurden als *nefas* – »Tue-nichts«-Tage – im Kalender markiert. Er verkündete auch die *Nonae*, die neunten Tage vor dem jeweiligen *Idus*, dem Vollmondtag. Die *Iden* jedes Monats waren heilige Feiertage, an denen keine Arbeit erlaubt war. »Hüte dich vor den Iden des März«, wurde Cäsar von dem Wahrsager gewarnt.[81]

In biblischen Zeiten wurden in Jerusalem auf dem Ölberg Leuchtfeuer entzündet, wenn der Neumond von zwei zuverlässigen Zeugen gesichtet worden war, und die Kunde verbreitete sich (wie Lauffeuer) durch eine Kette von Freudenfeuern auf den Hügeln. In China wurde noch bis vor kurzem auf den Neumond gewartet, bevor der neue Monat beginnen konnte.[82] Noch heute kann der muslimische Monat erst dann beginnen, wenn zwei vertrauenswürdige Muslime den Neumond von einem offenen Feld oder dem Gipfel eines Berges aus gesehen haben.

Aber warum musste die neue Mondsichel mit eigenen Augen gesehen werden? Konnte ihr Erscheinen nicht berechnet werden?

(*Gemessen im Verhältnis zu einem Fixstern braucht der Mond 27,3 Tage, um die Erde zu umkreisen. Dieser Zeitraum wird siderischer Monat genannt [sidera, lateinisch für »Stern«]. Er braucht jedoch 29,5 Tage, einen synodischen Monat oder »Lunation«, um seinen Phasenzyklus von Neumond zu Neumond zu durchlaufen, bis er wieder in einer Linie mit der Sonne steht [das griechische Wort synodos bedeutet »Treffen« und bezieht sich auf das Zusammentreffen von Mond und Sonne bei Neumond]. Die Diskrepanz zwischen dem siderischen und dem synodischen Monat entsteht deshalb, weil die Erde sich ebenfalls bewegt. Sie bewegt sich in einem Winkel von etwa 27 Grad auf ihrer Umlaufbahn um die Sonne und benötigt dafür die gleiche Zeit wie der Mond, um sich einmal um die Erde zu drehen. Nach 27,3 Tagen hat sich der Mond also nicht weit genug fort bewegt, um wieder in einer Linie mit der Sonne zu stehen, weil die Erde sich ebenfalls bewegt hat. Daher muss der Mond noch weitere zwei Tage auf seiner Umlaufbahn kreisen, bevor er sich in einer Linie mit der Sonne befindet und der nächste Neumond erscheint.*)

Kurz, der Mond ist überhaupt nicht zu sehen, denn wenn er sich zwischen Sonne und Erde befindet, ist die helle Seite zur Sonne gerichtet und direkt von der Erde abgewandt. Wir sehen ihn erst einen bis zwei Tage später, nachdem er sich nach Osten und vom Licht der Sonne fortbewegt hat und kurz nach Sonnenuntergang im Westen als dünne Sichel am Himmel erscheint. Da er jedoch manchmal früher erscheint als zu anderen Zeiten, ließ er sich nicht vorhersagen, und die Menschen mussten warten, bis sie ihn mit eigenen Augen sehen konnten. Obwohl also die zusätzlichen 2,2 Tage zu der siderischen Rückkehr des Mondes hinzugefügt werden konnten, hätte dies noch immer nur einen ungefähren Zeitpunkt seiner synodischen Rückkehr ergeben, was offenbar nicht ausreichte. Daraus lässt sich schließen, dass ursprünglich die tatsächliche *Präsenz* des Mondes erforderlich war, damit die »Zeit« wieder beginnen konnte – der Mond war für die Erde sichtbar gemachte Zeit. Er musste *gesehen* werden, um real zu sein.[83]

EINTEILUNG DES JAHRES: DIE SAISONALEN MONDE

Die Rentierhirten der Chukchee in Nordostsibirien erzählen eine Legende aus alten Zeiten, als der Mond ihnen anbot, das Jahr für sie zu messen und die Nächte so hell wie den Tag zu machen.

Eines Nachts schaute ein zahmes Rentier, das den Schlitten für eine der Töchter der Herdenmänner zog, in den dunklen Himmel und bemerkte, dass der Mondmann größer wurde. Dann sah es, wie zwei Rentiere den Schlitten des Mondmannes Richtung Erde zogen.

»Pass auf! Der Mondmann kommt! Er wird dich mitnehmen«, rief das Rentier dem Mädchen zu.

»Was soll ich tun?«, fragte das verängstigte Mädchen.

Das Rentier grub mit seinem Huf ein Loch in den Schnee und befahl ihr hineinzuspringen. Dann schaufelte es den Schnee auf das Mädchen, so dass nur noch sein Haar zu sehen war, das aussah wie einige Grasbüschel, die durch den Schnee stießen. Als der Mondmann landete, konnte er nicht ausmachen, wohin das Mädchen verschwunden war, und so ging er fort, sich schwörend, später zurückzukehren, wenn sie wieder auftauchen würde. Das Rentier und das Mädchen stürzten zurück zum Zelt ihres Vaters, aber er war noch nicht zuhause.

»Was soll ich nun tun?«, fragte das Mädchen ihren Freund, das Rentier, verzweifelter denn zuvor.

»Eine Verkleidung könnte funktionieren«, sagte das Rentier, »es hat ja auch zuvor geklappt.« Das Mädchen nickte zweifelnd.

»Ich werde dich in einen schweren Stein verwandeln«, sagte es.

»Nein«, sagte sie, »der Mond wird mich erkennen.«

»Was ist mit einem Hammer?«

»Nein, er wird mich erkennen.«

»Dann, in eine Zeltstange?«

»Nein, er wird mich erkennen.«

»Was ist mit einem versteckt platzierten Haar an der Tür?«

»Nein, er wird mich erkennen.«

»Dann gibt es immer noch die Talg-Lampe.«

»Ja, so wird der Mond mich nicht erkennen.«

Im gleichen Moment war sie verschwunden, nur eine Lampe schien an ihrer Stelle. In diesem Moment stürzte der Mondmann ins Zelt und stellte alles auf den Kopf, um sie zu finden. Aber das Licht, das in der Mitte des Zeltes leuchtete und so sehr dem seinen glich, bemerkte er nicht. Sein eigenes Licht war zu hell, und außerdem glaubte er, dass ihn die Flamme verbrennen könnte. So entschied er sich, erneut aufzugeben und zum Himmel zurückzukehren. Er war gerade dabei, seinen Schlitten zu besteigen, als das Mädchen aus dem Zelt gerannt kam und rief: »Hier bin ich.«

Der Mondmann stürzte ins Zelt zurück, aber sie hatte sich wieder in die Lampe verwandelt, und er konnte sie nicht finden. Zum dritten Mal gab er auf und band gerade sein Rentier los, als das Mädchen aus dem Zelt rannte und wieder rief: »Hier bin ich.«

Der Mondmann stürmte zurück in das Zelt. Nun aber war er erschöpft. Jedes Mal, wenn er ins Zelt gekommen war, war er schwächer und dünner geworden. Er konnte sich nicht mehr zum Himmel zurückschleppen, geschweige denn das Mädchen mitnehmen.

Das Mädchen hatte nun keine Angst mehr vor ihm, und so fesselte sie ihn. Der Mond gab zu, dass sie das Recht hätte, ihn zu töten, aber er bettelte sie an, ihn mit hineinzunehmen und mit Fellen zu bedecken.

»Mir ist so kalt«, sagte er.

»Wie kann dir kalt sein?«, fragte sie verwundert. »Du gehörst nach draußen in den kalten Nachthimmel.«

»Wenn ich schon obdachlos sein muss, dann lass mich zumindest frei, und ich werde dir und deinem Volk für immer dienen«, versprach der Mondmann. »Ich werde ein Leuchtfeuer in der Nacht sein, um sie zu geleiten und ihnen Freude zu spenden. Mein Licht wird die Nacht zum Tag machen. Und ich werde für euch das Jahr abmessen.«

Das Mädchen wartete, immer noch ein wenig unsicher, und der Mond fuhr fort:

»Als Erstes werde ich der Mond der alten Rentierhirsche sein.

Dann der Mond der bitterkalten Euter,

dann der Mond der vollen Euter,

dann der Mond der neugeborenen Rentierkälber,

dann der Mond des Wassers,

dann der Mond der ersten Blätter,

dann der Mond des warmen Wetters,

dann der Mond der abstreifenden Geweihe,

dann der Mond des leichten Frosts,

dann der Mond der paarenden Rentiere,

dann der Mond des Rentierwinterfells,

dann der Mond der kurzen Tage.«

»Aber wenn ich dich gehen lasse, wirst du wieder stark werden, und woher soll ich wissen, dass du mich dann nicht in den Himmel verschleppst?«, fragte das Mädchen.

»Du bist zu schlau für mich«, antwortete der Mond. »Ich verspreche, dass ich im Himmel bleiben und Licht spenden werde.«

So band sie ihn los und ließ ihn gehen, und der Mond hielt sein Versprechen. Er lässt Monate in Erscheinung treten und misst das Jahr. Und um nicht wieder in Versuchung zu geraten, wird er jeden Monat wieder schwächer, nachdem er seine volle Kraft zurückgewonnen hat.[84]

In dieser Legende wird angedeutet, dass der Mond das entscheidende Geschenk der Berechnung macht, nachdem er sowohl zu- als auch abgenommen (er kommt habgierig und geht schwach und dünn) und einen vollständigen Kreislauf beschrieben hat. Die einzelnen Mondnamen, die er dem Mädchen nennt, zeigen, wie sehr er am täglichen Leben des Stammes beteiligt war. Und so entspricht die Geschichte auch der Legende des freundlichen und erfinderischen Rentiers, das sich um die Menschen kümmert, sie durch Gefahren führt und ihnen letzten Endes sein eigenes Leben opfert, damit sie Nahrung haben.

Die »Monde« der nordamerikanischen Indianer beschreiben den Charakter eines Jahres, in dem die Menschen mit den Pflanzen, deren Kultivierung sowie mit der Jagd auf Tiere beschäftigt sind. Ein Reisender aus dem 18. Jahrhundert berichtete, die Sioux und Chippewa hätten das Jahr in zwölf Mond-Monate eingeteilt, denen manchmal ein zusätzlicher Mond, der »verlorene Mond«, hinzugefügt wurde. Das Jahr begann mit dem ersten Neumond nach der Frühjahrs-Tagundnachtgleiche: Mond der Würmer (ungefähr unser März); Mond der Pflanzen (April); Mond der Blumen (Mai); der Warme Mond (Juni); Mond des Rehbocks (Juli); Mond des Störs (August); Mond des Maiskorns (September); Mond der Reisen (Oktober); Bibermond (November); Mond der Jagd (Dezember); Kalter Mond (Januar); Schneemond (Februar).[85]

Spuren dieser direkten Beziehung zwischen Mond und Jahreszeit finden sich noch in heutigen Bezeichnungen für den Vollmond: »Erntemond«, der »feuerrote« Vollmond im Herbst, der so groß ist, dass er, um mit den Worten von Ted Hughes zu sprechen, »nach oben sinkt«[86] und die ganze Nacht scheint, damit die Ernte bis zum Tagesanbruch eingebracht werden kann. Die schottischen Highlander des 19. Jahrhunderts nannten ihn »Reifenden Mond«, denn sie glaubten, das Getreide würde durch die Intensität des Mondlichts reifen. Der Vollmond des folgenden Monats in der Jagdsaison wird noch immer »Jägermond« genannt.

DIE ANGLEICHUNG VON MONDJAHR UND SONNENJAHR

In frühen Zeiten gab der Mond den Monaten ihre Namen, die wiederum von den wechselnden Phasen der Natur abgeleitet wurden. Denn der Mond, der jeden Monat an einen neuen Anfangspunkt zurückkehrt, bringt auch die Zyklen der Jahreszeiten mit sich. Zwölf komplette Mondzyklen, die manchmal auch Mondjahr genannt werden, dauern 354 Tage (29 Tage, 12 Stunden, 44 Minuten und 2,8 Sekunden, abgerundet zu 29½ multipliziert mit 12 ergibt 354 Tage). Dies sind etwas über 11 Tage weniger als die 365 Tage des Sonnenjahres, was bedeutet, dass der Mond und die Jahreszeiten nach ein paar Jahren nicht mehr synchron sind, da die Jahreszeiten der Sonne und nicht dem Mond folgen (nach 2,5 Jahren beträgt die Differenz fast einen vollen Monat). Dann treffen auch die Namen nicht mehr zu, weil der Mond den Jahreszeiten voraus ist und jedes Jahr früher beginnt. So könnte der Mond für den Beginn des Frühlings »Mond der sprießenden Blätter« genannt werden, aber der Schnee würde noch den Boden bedecken, als sei es »Schneemond«.[87] Manchmal wurde ein zusätzlicher Monat eingefügt, um den Mond wieder mit den Jahreszeiten in Einklang zu bringen. So ergab sich ein Jahr mit 13 Monden, was in der Praxis auch solange gut funktionierte, bis die Sonne als die einzige Quelle der Jahreszeiten entdeckt wurde. Schließlich wurde die Frage der Harmonisierung des alten Mondjahres mit dem neuen Sonnenjahr zu einer Angelegenheit von großer symbolischer und auch praktischer Bedeutung.

Die große Kalenderdebatte des Altertums drehte sich darum, wie das alte Mondjahr mit dem neuen Sonnenjahr zusammengebracht werden konnte, denn wie auch immer man die Summen berechnete, sie waren nie korrekt. Sollte ein Mond-Monat 28, 29 oder 30 Tage dauern? Und sollte es 13 oder zwölf Monate geben? Die Chukchee Rentierhirten hatten zwölf Monde in einem Jahr, aber an vielen Orten betrug die ursprüngliche Anzahl der Monde 13, wie auf dem Bisonhorn der Göttin von Laussel zu sehen ist. Wie man es auch wendete, es waren immer noch Tage übrig, wenn zur Winter-Sonnenwende auf der Nordhalbkugel das Sonnenjahr erneut begann.

Im alten Ägypten gab es zwölf Monate, die jeweils zu 30 Tagen abgerundet wurden, so dass sich im Durchschnitt 360 Tage ergaben. Aber da das Sonnenjahr 365 Tage dauert, stimmten Mond- und Sonnenzyklus nie überein. Also mussten fünf Tage pro Jahr zwischengeschaltet werden. In *Isis und Osiris* erzählt Plutarch die Geschichte von Toth, der mit dem Mond Dame spielt und fünf Tage von ihm gewinnt. Toth als der ewige Mond wird hier von dem Mond in seinem zeitlichen Aspekt unterschieden. Aus diesen Tagen wurden die heiligen Tage, die nicht »zählten« – Feiertage, Tage außerhalb der Zeit und damit geeignet für die Geburt der zeitlosen Götter: Isis, Osiris, Seth, Nephthys und Arueris (die in dem Drama nicht vorkommt und nur gebraucht zu werden scheint, um die Zahlen zu runden).[88]

Im alten Griechenland war die Länge des Jahres auf zwölf Lunationen »voller« oder »leerer« Mond-Monate (von jeweils 30 bzw. 29 Tagen) beschränkt worden, denen alle zwei Jahre ein zwischengeschalteter Mond hinzugefügt wurde. Geminus schreibt, dass sie nach einer Periode suchten, die, bezogen auf die Jahre, mit der Sonne und, bezogen auf die Monate, mit dem Mond übereinstimmte.[89] Anfänglich konstruierten die Griechen einen Acht-Jahres-Zyklus, der *octaeris* genannt wurde. Im Jahr 432 v. Chr. schlug der Astronom Meton dann einen 19-Jahres-Zyklus vor (der später nach ihm benannt werden sollte), aber die meisten Städte besaßen ihren eigenen Kalender und hielten selbst nach dem aufsteigenden Mond Ausschau. In *Die Wolken* von Aristophanes beschweren sie sich bei Selene, dem Mond:

> Haltet nicht die Tag' in Ordnung, sondern schmeißt sie kreuz und quer
> Durcheinander, dass die Götter immer wieder sie bedrohn,
> Wenn sie um ihr Mahl geprellt sind und enttäuscht nach Hause ziehn.[90]

Im zweiten Jahrhundert v. Chr. wurden zwei verschiedene Daten verzeichnet, eines für den Staat und eines für die Gottheit. In diesem Fall mussten die Götter, die nach der wahren (Mond-) Zeit lebten, häufig »um ihr Mahl geprellt, enttäuscht nach Hause ziehn«, wie Aristophanes es formulierte.[91]

In Rom wurden bereits ab 304 v. Chr. die *Fasti* (Steinkalender) veröffentlicht, nach denen das Jahr im März begann. Die Zeit, die zwischengeschaltet werden musste, um die Monate auf die Jahreszeiten abzustimmen, wurde im Februar, am Ende des Jahres, hinzugefügt. Bis zum Ende der Republik oblag es den Priestern, die Schalttage zu bestimmen. Aber da die Priester faul und korrupt waren und niemand wusste, ob sie einen Tag zwischenschalten würden oder nicht, konnte man unmöglich vorausplanen. Es gab sogar eine Auslassungsklausel in Verträgen, die *si intercalat* lautete (»wenn es eine Interkalation gibt«, vom lateinischen *intercalare*: *inter*, »zwischen«, *calare*, »feierlich erklären«). Im Jahr 153 v. Chr. wurde schließlich der Jahresbeginn jeweils zum 1. Januar eingeführt, um den Jahresanfang mit dem Amtsantritt der neuen Konsuln gleichzusetzen. Julius Cäsar führte bereits den Schalttag ein, der jedes vierte Jahr im Februar geschaltet werden sollte. Es wurde jedoch nicht der 29. angefügt, sondern der 24. doppelt gezählt. Noch heute heißt der Schalttag im Französischen *bissextile* – der doppelt gezählte 6. Tag vor den Kalenden des März.[92]

Von ein paar Änderungen abgesehen, die Papst Gregor XIII. im Jahr 1582 vornahm – er führte die heutige Schaltjahresregelung ein, – entsprach somit bereits der julianische Kalender unserem heutigen Kalender. Als 1752 der gregorianische Kalender im widerstrebenden protestantischen England eingeführt wurde, protestierten die Bürger von Bristol, man würde ihnen elf Tage ihres Lebens und ihres Lohns stehlen.[93]

Robert Graves zitiert zwei englische Verse, um zu zeigen, dass die Erinnerung an das 13 Monate dauernde Jahr in England in heidnischen Gegenden auf dem Land zumindest bis ins 14. Jahrhundert aufrecht erhalten wurde«.[94] *The Ballad of Robin Hood and the Curtal Friar* beginnt mit folgenden Worten:

> Aber wie viele fröhliche Monate gibt es im Jahr?
> Es sind dreizehn, sage ich;
> Der Mittsommer-Mond ist der fröhlichste von allen,
> Neben dem fröhlichen Monat Mai.

In der späteren Ballade werden aus 13 zwölf Monate und der Mond wird ausgelassen:

> Es gibt zwölf Monate im ganzen Jahr
> Wie ich viele sagen höre.
> Aber der fröhlichste Monat im ganzen Jahre
> Ist der fröhliche Monat des Mai.

Der Ausdruck »Ein Jahr und ein Tag«, der immer wieder in Märchen, häufig im Sinne von »für alle Zeiten«, auftaucht, erklärt sich aus den alten Mondkalendern von 13 Monaten und 28 Tagen (denn 28 Tage mal 13 ergibt 364 Tage, wobei ein Tag fehlt, um mit dem Sonnenjahr von 365 Tagen zu korrespondieren). Der zusätzliche Tag, der keinem Monat zugeordnet war, wurde von den alten Kalendermachern zwischen dem ersten und dem letzten der künstlichen 28-Tage-Monate zwischengeschaltet.[95]

Sogar die »zwölf Tage« der Weihnachtszeit im christlichen Kalender gehen auf ein früheres feierliches Begehen heiliger Zeit zurück. Im Jahr 567 erklärte das Konzil von Tours, die zwölf Tage zwischen der Geburt und der Erscheinung Christi zum religiösen Fest, das in der »Zwölften Nacht«, der Dreikönigsnacht, endete. In vielen Volksritualen werden diese Tage auf besondere Art begangen – Dekorationen dürfen nicht vor Heiligabend angebracht und müssen bis zum 6. Januar wieder entfernt werden, andernfalls bringt dies »Unglück«. In früheren Jahrhunderten wurde am Heiligabend der »Yule-Scheit« aus Eichenholz entzündet, dessen Feuer man die gesamten zwölf Weihnachtstage unterhielt. Jede Nacht wurde die Asche auf den Feldern verteilt, um sie fruchtbar zu machen. Im christlichen Kalender stellen diese zwölf Tage die heilige Zeit zwischen der Fleischwerdung Christi und seinem Erscheinen unter den Menschen dar und scheinen daher eine in sich begründete Vollständigkeit zu besitzen. Aber der 6. Januar war auch der Tag, an dem das römische Fest der Winter-Sonnenwende endete, die so genannten *Saturnalien*, die sich durch die Gleichheit aller Bürger auszeichneten.[96] Da das Mondjahr 11¼ Tage kürzer ist als das Sonnenjahr, müssen diese 11 Tage dem Mondjahr hinzugefügt werden, damit es mit dem Sonnenjahr übereinstimmt. Aber dies waren gewissermaßen Tage außerhalb der Zeit, eine heilige Zeit mit eigenen Gesetzen, in der festgelegte Rollen und Verhaltensgewohnheiten missachtet werden konnten. Daher stammte auch das alte römische Ritual des »Königs der Bohne« während der *Saturnalien*, demzufolge derjenige, der die Bohne in seinem Kuchen fand, für einen Tag König war. Dieser Brauch wurde auf den europäischen Dreikönigskuchen übertragen, der eine Bohne für den König und eine Erbse für die Königin enthielt und noch immer in der Tradition des englischen Weihnachtskuchens fortbesteht: Wer den darin eingebackenen Penny findet, darf sich etwas wünschen. In der Dreikönigsnacht wurden Feuer auf den Feldern und Obstwiesen entfacht, um den Unrat des alten Jahres zu verbrennen. Die Menschen verkleideten sich als Dämonen, Hexen und andere böse Wesen, die der Ernte des neuen Jahres schaden konnten.[97]

In den schottischen Highlands, bei den Kelten sowie bei den Ariern des vedischen Zeitalters in Indien wurden diese zwölf Tage zu Beginn des neuen Jahres (wann immer es gefeiert wurde) im Volksglauben als ein Mikrokosmos des gesamten Jahres aufgefasst. Jeder Tag entsprach einem der zwölf Monate, so dass vermutlich dessen Wesen und sogar das zu erwartende Wetter vorhergesagt werden konnten. Die Ähnlichkeit dieser zwölf Tage mit den fünf eingeschalteten Tagen in Ägypten, an denen die Götter geboren wurden, ist verblüffend. Die *praktischen* Überlegungen hinter dem Versuch, zwei verschiedene Zeitsysteme und Konzepte des Jahres in Einklang zu bringen, liegen auf der Hand, aber die tieferen Resonanzen der Rituale deuten darauf hin, dass diese Zeit einst als heilig aufgefasst wurde, weil sie das notwendige Vorspiel zu der Hochzeit von Mond und Sonne im Zusammentreffen ihrer Tage und Jahre war, und dass dies die genauen Berechnungen eines Ereignisses waren, an dem das gesamte Universum teilnahm.[98]

* * *

Noch heute wird in vielen Teilen der Welt der Mondkalender verwendet. Der hebräische Kalender (der vom babylonischen Kalender abgeleitet ist) ist eine Mischung aus Mond- und Sonnenkalender. Das Jahr besteht aus zwölf bzw. 13 Monaten, die alle an Neumond beginnen. Die Diskrepanz von elf Tagen zwischen Mond- und Sonnenjahr wird durch ein Schaltjahr gelöst, das siebenmal alle 19 Jahre einen zusätzlichen Monat enthält, so dass das Passah-Fest in den Frühling fällt und alle anderen Feiertage mit den Jahreszeiten übereinstimmen. Der Neujahrstag fällt auf den Tag, der am dichtesten auf die Winter-Sonnenwende folgt, wenn der neue Mond erscheint. An jedem Neumond werden Gebete gesprochen, und die Gemeinde wird über den genauen Augenblick informiert, in dem die »Geburt« (*molad*) des neuen Mondes stattfindet. Wenn man den Mond nach drei Tagen am nächtlichen Himmel sehen kann, findet eine Zeremonie der »Heiligung« des Mondes (*kiddush levanah*) im Freien statt. Dann begrüßen die Menschen einander mit den Worten *shalom aleikhem*, »Friede sei mit dir«, um auszudrücken, so das *Dictionary of Jewish Lore and Legend*, dass »die Bitte um die Bestrafung seiner Feinde durch Gott nicht auf Anwesende angewendet werden soll«.[99] Wer darüber hinaus wünscht, im folgenden Monat keine Zahnschmerzen zu bekommen, so das

Dictionary weiter, »soll den Ausspruch ›und ich werde keine Zahnschmerzen haben‹ zu der dreimal wiederholten Bitte hinzufügen, dass Feinde mir keinen Schaden zufügen mögen«.[100] Hier geht der Volksglaube unmerklich in die Religion über, denn es ist nicht nur die Person mit Zahnschmerzen, sondern Israel selbst, das hier mit dem Mond identifiziert oder von ihm symbolisiert wird: »Das Ritual bringt die Hoffnung zum Ausdruck, dass Gott das Licht des Mondes in seinem einstigen Glanz und Israel in seiner einstigen Größe erstrahlen lässt. Denn in der Zeit des Messias wird der Mond den ganzen Monat als voller Mond leuchten.«[101] Wenn die Zeit erfüllt ist, wird es kein Zu- und Abnehmen mehr geben.

Wahrscheinlich besaßen auch die Araber vor Mohammed eine Kombination aus Mond- und Sonnenkalender. Im Jahr 634 aber bestimmte Mohammed, das Jahr solle aus zwölf lunaren Monaten bestehen, die von einem Neumond bis zum nächsten dauern, und es sollten überhaupt keine Tage eingeschaltet werden. Das islamische Jahr basiert daher vollständig auf dem Mond, so dass das neue Jahr immer elf Tage früher beginnen muss (dem christlichen Kalender entsprechend). Über den Daumen gerechnet, entsprechen 100 Jahre des muslimischen Kalenders etwa 97 Jahren des christlichen Kalenders. Der Halbmond erscheint auf der Spitze von Minaretten, und seit 200 Jahren ist auf der islamischen Flagge eine zunehmende Mondsichel abgebildet, die einen Stern umschließt, ein Bild, das im prä-islamischen Symbolismus das schöpferische Leben verkörperte.[102]

Sogar dort, wo ein Sonnenkalender die alltägliche und die heilige Zeit angibt, wird die ursprüngliche Macht des Mondes noch immer dadurch deutlich, dass viele der wichtigen religiösen Feste auf den Mond abgestimmt sind: Ostern, Passah, Ramadan und die meisten buddhistischen Feste. Passah fällt auf den vierzehnten Tag des Monats Nisan – März/April –, der in einem lunaren Monat der Tag des Vollmondes ist. Ramadan dauert den gesamten neunten Monat des muslimischen Jahres. Der Monat, in dem von Sonnenaufgang bis Sonnenuntergang gefastet wird, endet mit dem Erscheinen des nächsten Neumonds. Familien versammeln sich in der Moschee oder steigen auf die umliegenden Hügel, wo sie auf den ersten Anblick der Mondsichel warten, mit dem das drei Tage dauernde Fest des Fastenbrechens beginnt. Buddhistische Feste werden bei Neumond und bei Vollmond abgehalten, da dies Zeiten der Stärke und der spirituellen Kraft sind und man damit der Tradition Rechnung trägt, dass Buddha die Erleuchtung bei Vollmond erlangte.

Ob nun bestimmter Einflüsse oder einer symbolischen Harmonie wegen oder einfach aus Staunen, schon immer haben die Menschen auf der Erde zum Mond geschaut und ihren Lebensrhythmus nach ihm ausgerichtet.

MONDPHASEN ALS QUALITÄTEN DER ZEIT

»Staunt! Freut euch! Der Mond ist zu uns zurückgekehrt!« So begrüßen die Buschmänner in Namibia den Neumond und blasen dabei in ihre Antilopenhörner.[103]

Wenn der Neumond am Himmel als dünne Lichtkurve in der Dunkelheit erschien, war dies für die frühen Menschen auf der Erde das Zeichen, dass all die verschiedenen Dimensionen des Lebens, die zum Mond gehörten, von neuem beginnen konnten. Mond und Erde hatten sozusagen einen gemeinsamen Anfang. Die Geschichte des Lebens auf der Erde lehnte sich an die Geschichte des Mondes an, so dass der Neumond am Himmel auch der Neumond auf der Erde war. Es überrascht also nicht, dass überall auf der Welt zu Neumond Feste gefeiert wurden: in Ägypten, Griechenland, Afrika, Mesopotamien, Ozeanien, Europa, Nord- und Südamerika. Neumondtage waren Tage der Ehrfurcht und damit auch häufig Tabutage, an denen die Arbeit ruhte, damit die Feiern beginnen konnten.[104]

Da der Mond ursprünglich ein heiliges Wesen war, ist es kaum vorstellbar, dass er lediglich als eine Möglichkeit betrachtet wurde, die Zeit sichtbar und messbar zu machen. Dies bedeutet jedoch nicht, dass der Mond auch immer gleich angebetet wurde, wenn man ihn anerkannte und verehrte. Man könnte sich vorstellen, dass der Mond für den frühen Menschen die Zeit ins Leben brachte, da er auch die Art vorgab, wie in dieser Zeit zu leben sei: ein tägliches Leben in Einklang mit den Gesetzen der Ewigkeit.

Aber, wie der vorsokratische Philosoph Heraklit sagte, »alles fließt, nichts besteht«, alle Dinge befinden sich ständig im Fluss.[105] Also kann nur in rituelle Zeit verwandelte Zeit den kontinuierlichen Wandel der Natur definieren und *sichtbaren* Anfang und Schluss schaffen, in deren Grenzen sich »Geschichte« in dem Sinne ereignen kann, wie Spengler sie auffasst.[106] In der lunaren Sichtweise ist Veränderung nie endgültig: Sie ist nur eine Phase in einem zyklischen Muster, das mit der Zeit seinem Gegenteil weicht. Veränderung selbst verändert sich, und diese Veränderung wird sich ebenfalls verändern. Nichts ist absolut, nichts steht still. Somit ist verständlich, dass die primitive Art, den Fluss anzuhalten, in der Konzentration auf die dramatischen Momente des Mondzyklus bestand, auf die Punkte der Differenz und Diskontinuität, wenn etwas Neues geschieht: der erste Anblick der Sichel des Neumonds, das perfekte Rund bei Vollmond, der erste Verlust des Lichts bei abnehmendem Mond und die vollkommene Abwesenheit von Licht beim dunklen Mond. Dies sind die numinosen Augenblicke der Intensität, wenn die Quelle der Zeit sichtbar wird und die Ewigkeit in Form einer Geschichte scheinbar in die Zeit eintritt.

Ritualisierte Zeit vermittelt die Idee der *Qualität* von Zeit. Denn die Zeit des Neumondes beispielsweise wird qualitativ anders empfunden als jede andere Zeit und besitzt einen einzigartigen Charakter – fast (um einen räumlichen Begriff zu verwenden) nach Art eines *temenos*. In Griechenland war dieser *temenos* der heilige Raum, der um die Göttertempel herum »ausgeschnitten« war, um ihn vom Rest des Landes zu unterscheiden, und in dem festgelegte Gesetze herrschten. Entsprechend hatte auch jeder rituelle Wandel des Mondes seine eigenen heiligen Gesetze, und diese fanden Eingang in die Gesetze der Ereignisse auf Erden. Irdische Angelegenheiten teilen also zwangsläufig die Qualität der Zeit, da sie zu »jeder Zeit« mit dem Charakter des Mondes in Zusammenhang gebracht werden. Bemerkenswert ist das *Ausmaß* der Verflechtung, die alles einbezieht, was wächst, mithin alles auf der Erde.

Es war also eine Frage des »allgemeinen« Empfindens sowie eine Form, in einer heiligen Welt zu leben und menschliche Bemühungen mit den Energien des Mondes von Zu- und Abnahme in Übereinstimmung zu bringen, um unmittelbarer an deren zeitlichem Nutzen und später an deren Kräften der Erneuerung im ewigen Leben teilzuhaben. Die Interpretation dieser Mondenergie war von Ort zu Ort verschieden, aber über ihre Auswirkung herrschte weitgehend Einigkeit. Plinius der Ältere, der einflussreiche römische Historiker aus dem ersten Jahrhundert n. Chr., hielt den Mond für einen Stern aus Atem:

> Wir können sicherlich davon ausgehen, dass der Mond nicht zu Unrecht als der Stern unseres Lebens bezeichnet wird. Er frischt die Erde auf, wenn er sich ihr nähert, füllt alle Körper, wenn er sich entfernt, leert er sie aus. Aus diesem Grund füllt sich der Schellfisch wenn der Mond zunimmt und blutleere Geschöpfe fühlen den Lebensatem zu dieser Zeit, selbst das menschliche Blut wird mehr und weniger mit dem Licht des Mondes, und Blätter und Kräuter fühlen den gleichen Einfluss; da die lunare Kraft alle Dinge durchdringt.[107]

Plutarch (45–120 n. Chr.) jedoch glaubte, der Mond sei ein Planet aus Wasser, der »feuchte Hitze« abgibt:

> Im Allgemeinen blühen einige Dinge auf, wenn der Mond zunimmt, und andere, wenn er abnimmt, da die Feuchtigkeit, die beim zunehmenden Licht des Mondes vergossen wird, für einige Dinge förderlich und für andere abträglich ist.[108]

Macrobius, ein römischer Schriftsteller und prätorianischer Präfekt, erklärte um 430 n. Chr. ebenfalls, dass »das Licht des Mondes feucht macht« und fügte an anderer Stelle hinzu, dass es keinen Zweifel gibt, dass der Mond der Autor und Gestalter der sterblichen Körper ist, insofern als dass manche Dinge sich ausdehnen und schrumpfen wie er zunimmt und abnimmt.[109]

Die schottischen Highlander des 18. Jahrhunderts waren sehr ähnlicher Auffassung.[110] In seinem Werk *Tetrabiblos*, das er im zweiten Jahrhundert n. Chr. verfasste, lehrte Ptolemäus, dass das Zu- und Abnehmen des Mondes die Ausdehnung und Kontraktion dessen beeinflusse, was er die »Körpersäfte« nannte, da er die Phase und die Position des Mondes mit dem »Charakter der Seele« in Zusammenhang brachte. Der Mond, so behauptete er,

> fördert, wenn er an seiner nördlichsten und südlichsten Grenze steht, Vielseitigkeit, Wendigkeit und Vermögen zum Wandel. Der aufgehende und zunehmende Mond fördert Ruhm, Entschlossenheit und Offenheit; doch beim Abnehmen seiner Leuchtkraft oder seiner Verfinsterung ruft er größere Trägheit und Stumpfsinn, weniger Beständigkeit, größere Vorsicht und weniger Ruhm hervor. [111]

Aber es war nicht nur eine Frage der Ausdehnung und Kontraktion des Mondlichts. Der zunehmende Mond steigt kurz nach Sonnenuntergang auf, mildert den Unterschied zwischen Tag und Nacht und lindert die Angst vor dem, was die Dunkelheit bringen mag. Der Vollmond, der etwa bei Sonnenuntergang aufsteigt, scheint die ganze Nacht und geht bei Sonnenaufgang unter. Der abnehmende Mond steigt jedoch jede Nacht später auf und sorgt für immer dunklere Nächte, bis er schließlich gar nicht mehr aufsteigt. So wurden dem Zu- und Abnehmen des Mondes überall auf der Welt unweigerlich gegensätzliche Bedeutungen verliehen, während der Mond selbst, der zu beiden Extremen fähig war, einen mehrdeutigen Charakter oder eine Doppelbedeutung erhielt, die das Leben auf der Erde widerspiegelte.

In der Regel sollten die Dinge, die für das Wachstum erforderlich sind (Aussaat, Pflanzen, Pfropfen, Heirat, Empfängnis, Geburt, Handel, Kampf) in der Zeit des zunehmenden Mondes stattfinden. Für das, was zurückgehen soll (Krankheiten, Schmerzen, der Saft eines abgeschnittenen Astes – alles, was Nutzen durch Verringerung bringt), ist die Zeit des abnehmenden Mondes am besten geeignet, darunter auch Holzfällen, Einbringen der Ernte, Mähen des Grases, Waschen von Wäsche und Behandlung von Warzen. An der Geschichte des Mondes teilzuhaben bedeutete ganz allgemein, dass der Neumond für den Anfang und die Hoffnungen sowie die Befürchtungen bezüglich des Unbekannten stand. Der Vollmond stand für Genuss sowie für die Freude und den Rausch der Erfüllung. Der abnehmende Mond bedeutete Rückgang und Nachdenken über die Bedeutungen. Und der dunkle Mond stand für Ende, Trauer um den Tod des Alten und für Vorstellungen über die Form des Neuen. Der Neumond, mit dem der Zyklus beginnt, markierte den Beginn, der immer wiederkommt und nie ausbleibt, die zweite Chance und die Geburt, die stets aus dem Tod hervorgeht. Der Beginn des allzu zeitlichen Unternehmens bezieht also die Kraft aus den ewigen Energien des Mondes, die versprechen, die Zeit umzuwandeln.

Dieser frühe Versuch, den Mond und die Erde als Einheit zu begreifen, wird von Frazer als »Doktrin der lunaren Sympathie« bezeichnet. Er definiert sie als

> den sympathetischen Einfluss den der zunehmende und abnehmende Mond gemeinhin auf das Wachstum, und besonders auf das Wachstum der Vegetation, ausüben soll. Aber die Doktrin der lunaren Sympathie hört nicht hier auf, sie trifft auch auf menschliche Tätigkeiten zu, und unterschiedliche Bräuche und Regeln haben sich von ihr abgeleitet, die auf die Verbesserung und sogar auf die unendliche Verlängerung des menschlichen Lebens abzielen. [112]

Die grundlegende Idee des Zu- und Abnehmens in Bezug auf die Wässer des Lebens soll in späteren Kapiteln ausführlicher behandelt werden. Hier geht es nicht darum zu entscheiden, ob irgendeine dieser Überzeugungen wahr, in gewissem Maße wahr oder überhaupt nicht wahr ist. Es geht um den Mond als Träger dieser Überzeugungen und um die grundlegenden Vorstellungen, die daraus entstehen, wenn dem Mond diese Rolle übertragen wird. In diesem Zusammenhang muss darauf hingewiesen werden, dass die Debatte über den »Einfluss« des Mondes auf eine Vielzahl von irdischen Phänomenen noch lange nicht beendet ist, selbst nicht unter Wissenschaftlern und gewiss nicht bei vielen Gärtnern, Bauern, Fischern oder auch bei Feuerwehrleuten, Hebammen, Krankenschwestern und Chirurgen, um nur einige wenige zu nennen.[113] In der Sprache dieser Debatte ist zwar aus Licht Elektromagnetismus geworden, aber die Debatte hält an. (So zeigen beispielsweise Satellitenaufnahmen nach Meinung einiger Wissenschaftler, dass Landmassen, ebenso wie das Wasser der Ozeane, dem Kommen und Gehen des Mondes unterliegen und wie Gezeiten um bis zu 30 Zentimeter ansteigen).[114] Wie so oft ist wahrscheinlich auch hier die Interpretation von Beweisen und dem, was Beweise ausmacht, für fundamentalere Vorstellungen darüber verantwortlich, wie das Universum funktionieren könnte und welchen Stellenwert das menschliche Leben in der Gesamtheit der Natur hat.

Daher lautet die Frage, die man bei der Erforschung der Mythen und Legenden des Mondes aus allen Teilen der Welt nicht vergessen sollte: Welcher Aspekt des menschlichen Lebens wird auf diese Art sichtbar gemacht? Was bedeutet es, dass dem Mond einst eine weit reichende Macht über das Leben auf der Erde zugeschrieben wurde? Aus der Beobachtung einer natürlichen Gegebenheit – das Zu- und Abnehmen des Mondes – haben die Menschen abgeleitet, dass alle Dinge gleichzeitig in Übereinstimmung mit ihr zu- und abnehmen, so beobachtet Frazer.[115] Aber man kann dennoch fragen, *warum* sie zu dieser Schlussfolgerung gelangten. Die Antwort, die vermutlich viele geben würden, die zur dieser Schlussfolgerung gekommen sind, lautet, dass es stimmt, weil es das ist, was wir sehen. Vieles von dem, was gesehen wird, ist jedoch gefolgert (wenn nicht genaugenommen alles), und vieles von dem, was gefolgert ist, ist nicht überprüfbar – wie sollte man etwa beweisen, dass Teig besser bei Vollmond aufgeht oder dass ein Federbett bei abnehmendem Mond glatter ist?[116] Man könnte fragen, ob das, was gesehen wird, ganz oder teilweise vom Argument der Analogie beherrscht ist – dass der rhythmische Mond alles Rhythmische regiert und daher zwangsläufig seine Rhythmen aller Schöpfung auferlegt? Man könnte weiter fragen, warum sollte überhaupt irgendjemand eine Beziehung zwischen Mond und Erde sehen *wollen*, so dass das Zu- und Abnehmen des Mondes das Leben auf der Erde auf so unendlich vielfältige Art beeinflusst?

Die Tradition der Mantras auf der malaiischen Halbinsel könnte vielleicht auf eine Antwort hinweisen, denn demnach starben die Menschen in den Anfängen nicht, sondern wurden mit dem abnehmenden Mond immer dünner und mit dem zunehmenden Mond immer dicker.[117] Man stellte sich also einst vor, die Menschen seien dem Mond gleich und könnten daher vielleicht wieder leben oder seien auf einer tieferen als der gerade sichtbaren Ebene noch immer dieselben. Mit anderen Worten, wenn die frühen Menschen, die über den Tod nachdachten, im Mond ein Wesen sahen, das starb und wieder ins Leben zurückkehrte, dann erhält die Idee der Wiedergeburt ein Bild, das mit dem »geistigen Auge« (die Bedeutung von »Idee« im Griechischen: »Ich sah es«) gesehen werden kann. Es scheint, als könnten tatsächlich nur wenige Menschen wirklich an ihren eigenen Tod glauben, auch wenn sie ihn akzeptieren. Die meisten Religionen stellen sich ein »Leben nach dem Tod« als ein »Leben« nach diesem Leben vor (so dass der Tod kein »wirklicher« Tod ist) oder als eine Reinkarnation, eine Rückkehr in dieses Leben in neuer Form. Jung hielt die Idee des Lebens nach dem Tod für ein uranfängliches Bild, das als Teil unseres Menschseins zu uns gehört:

> Verstehen wir immer was wir denken? Wir verstehen nur solches Denken als eine reine Gleichung aus der nichts herauskommt, außer dem, was wir eingegeben haben. So arbeitet der Intellekt. Aber darunter gibt es ein Denken in ursprünglichen Bildern – in Symbolen die älter sind als die historischen Menschen, die seit der frühesten Vorzeit in ihm verwurzelt sind, die ewig lebend, alle Generationen überdauern und immer noch den Grundstein der menschlichen Psyche ausmachen. Es ist nur möglich das Leben völlig zu leben, wenn wir mit diesen Symbolen in Harmonie sind, Weisheit ist eine Rückkehr zu diesen Symbolen. Es ist keine Frage von Glauben oder Wissen, aber die Zustimmung unseres Denkens zu den ursprünglichen Symbolen des Unbewussten. Sie sind die Quelle aller unserer bewussten Gedanken, und eines dieser ursprünglichen Bilder ist das Leben nach dem Tod.[118]

In Tschechows Erzählung *Krankenzimmer Nr. 6* diskutieren der Arzt Andrej Jefimytch und der alte Postmeister Michail Awerjanytsch über die menschliche Seele. Der Postmeister fragt den Arzt:

>»Und Sie glauben nicht an die Unsterblichkeit der Seele?«
>»Nein, verehrter Michail Awerjanytsch, ich glaube nicht daran und habe auch keinen Grund dazu.«
>»Ich muss gestehen, dass auch ich Zweifel hege. Obgleich ich, nebenbei bemerkt, das Gefühl habe, dass ich nie sterben werde. Ach, sage ich mir, du alter Kauz, es ist für dich Zeit zu sterben! Aber in meiner Seele flüstert irgendein Stimmchen: Glaub es nicht, du wirst nicht sterben.«[119]

Später freundet sich der Arzt mit dem intelligenten Geistesgestörten Ivan Dmitritch an, der ihm sagt, er sei tief davon überzeugt, dass falls es keine Unsterblichkeit geben sollte, sie früher oder später vom großen menschlichen Intellekt erfunden werden würde.[120]

NEUMOND

Wenn der Mond schmaler wurde und schließlich verschwand, dachte man an vielen Orten auf der Welt, er würde tatsächlich sterben. In frühen Zeiten wurde dies offenbar als ein Tod erlebt, der so real war wie der Tod eines Menschen. Die Neumondphase wurde häufig »der Mond ist tot«[121] genannt. Die Nandi aus Ostafrika beispielsweise benannten die Tage 28 bis 30 nach dem Tod des Mondes: 28 – »der Mond nähert sich dem Tod«; 29 – »die Menschen diskutieren über den Mond« (diskutieren, ob er tot ist) oder »die Sonne hat den Mond umgebracht«; 30 – »der Mond ist tot« oder »die Dunkelheit des Mondes«.[122]

Auf der ganzen Welt tanzten die Menschen, um den Mond wieder zum Leben zu erwecken. Die nordamerikanischen Irokesen tanzten »um seiner Gesundheit willen, wenn er krank ist«.[123] Der Stamm der Sakai auf der malaiischen Halbinsel glaubte, der Mond falle in dieser Zeit der Dunkelheit auf die Erde und brauche magische Riten, um wieder hinauf in den Himmel zu gelangen, so dass er und alle anderen leben konnten.[124] Die Inka des alten Peru beteten: »Mama Quilla, Mutter Mond, stirb nicht, damit wir nicht alle untergehen.« Noch im 20. Jahrhundert glaubten einige peruanische Indianer, ihr Überleben hänge Monat für Monat vom Mond ab.[125]

Wenn die silberne Sichel des neuen Mondes aus der Dunkelheit auftauchte, wurde sie freudig als eine wunderbare Wiedergeburt begrüßt, die das Gleiche für die Menschen nach ihrem eigenen Verfall und Tod versprach. Ein Reisender früherer Zeiten berichtete, dass die Menschen im Kongo auf die Knie fielen und ausriefen: »So kann ich mein Leben erneuern, wie du erneuert wirst.«[126] Bei den kalifornischen Indianern riefen die alten die jungen Männer zusammen, um die Wiedergeburt des Mondes zu feiern, indem sie im Kreis tanzten und sangen: »Wie der Mond stirbt und wieder ins Leben zurückkommt, werden auch wir, die wir sterben müssen, wieder leben.« Angehörige anderer nordamerikanischer Indianerstämme streckten die Hände zum Mond aus oder veranstalteten Wettrennen und Ballspiele, um die Rückkehr des Mondes zu beschleunigen, denn der Aufstieg des neuen Mondes bedeutete die Vertreibung der Angst.[127]

Gleichzeitig war der Neumond aber auch ein »unsicheres« Ereignis, ein Schwellenphänomen, das so oder so ausgehen konnte. Und so wurden Gebete gesprochen, um seinen Ausgang zu beeinflussen. Wenn Angehörige des sudanesischen Stammes der Nuer den Neumond sehen, reiben sie noch heute ihre Stirn mit Asche ein, werfen Korn zur Mondscheibe hinauf und sprechen folgendes Gebet: »Ah, Mond, Tochter des Himmelsgeistes, lass uns in Frieden leben, wir beten, dass du in Güte erscheinen mögest. Mögen die Menschen dich jeden Tag sehen. Lass uns leben.«[128] Ein von den Buschmännern zu den Klängen des Antilopenhorns gesprochenes »Gebet zum Jungen Mond« war im Wesentlichen ein Gebet um Nahrung: »Junger Mond!…Du musst zu mir sprechen, dass ich etwas essen kann. Du musst zu mir über eine

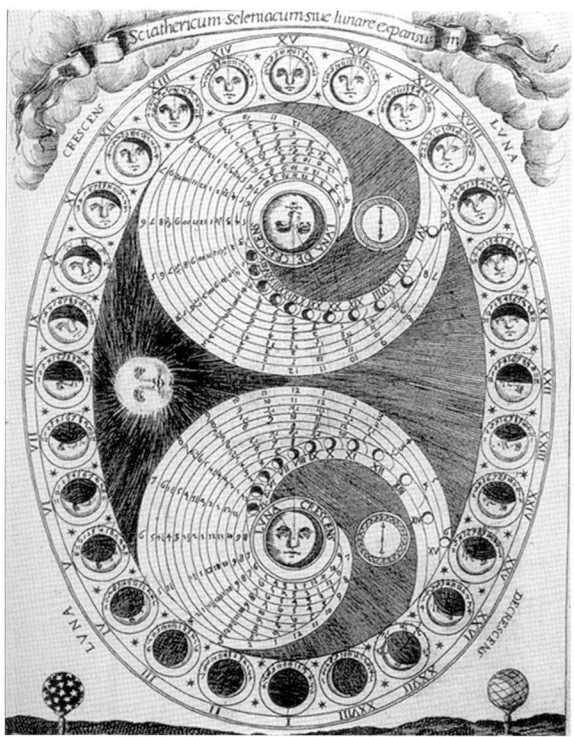

Abb. 7. Die Mondphasen, aus Athanasius Kirchner Ars Magna Lucis, Amsterdam 1671. Kirchners Mondkalender zeigt die Mondphasen als zwei Spiralen, die einander spiegeln. Luna Crescens, der zunehmende Mond (unten), wird zur Mitte hin größer, während Luna Decrescens, der abnehmende Mond (oben), zur Mitte hin kleiner wird. Im äußeren Kreis sind die 28 Mondphasen dargestellt.

Kleinigkeit sprechen, dass ich essen kann. Heil, heil Junger Mond!«[129] Die Chagga am Mount Kilimandscharo beten ebenfalls zum Neumond, während in Zaire noch heute viele Menschen bei Vollmond tanzen und musizieren.[130] Die Ovambo in Namibia pflegten ihren Körper mit weißer Erde einzureiben und sich etwas zu wünschen, wenn sie tanzten.[131] Und noch heute schreien die Frauen vieler afrikanischer Stämme zu diesem Anlass laut auf, klatschen in die Hände und singen.

Für die Buschmänner begann der Tanz bei Neumond als Ausdruck der Freude.[132] Als Xhabbo, der Buschmann, dem deutschen Philologen Bleek in den 1850er Jahren erklärte, warum er seine Heimkehr verschieben müsse, sagte er:

> Du weißt, dass ich auf den Mond warte, dass er sich mir zuwendet, damit ich zu meinem Platz zurückkehren kann. Dass ich all den Geschichten zuhören kann, die die Leute mir erzählen, wenn ich sie besuche… (Er wiederholt dreimal, dass er auf den Mond wartet. Er spricht über sich selbst in der dritten Person als einen »Mann«, der sich von seinem eigenen Namen unterscheidet, er fügt hinzu): Er wartet nur auf die Rückkehr des Mondes, dass der Mond seine Runde dreht, so dass er nach Hause zurückkehren kann, dass er die Wasserstellen untersuchen kann…[133]

Im vergangenen Jahrhundert wurden Reisen durch Afrika meist bis zum Neumond verschoben.[134] Und selbst nach einer Reise von 19 Jahren wurde Odysseus zu Neumond, der heiligen Zeit, zurückerwartet.[135] Platon erwähnt den »alten Brauch«, dass Mütter und Kinderschwestern ihren Kindern beibrachten, sich vor dem Neumond zu verbeugen.[136] Die griechische Etymologie des Neumondes weist auf vergangene Tage hin, denn *Noumenia* (Neumond) setzt sich zusammen aus *nouem*, nicken, sich rühren, erwachen, und *menia*, Mond, woraus sich das Erwachen, das göttliche Nicken des Mondes ergibt. Der über das Lateinische entstandene, allgemeinere Begriff »Numen«, Adjektiv »numinos«, bezeichnet ein lebendig gewordenes göttliches Wesen, das den Anbetenden *erkennt*. In den *Homerischen Hymnen* nickt Zeus mit dem Kopf zum Zeichen seiner endgültigen Zustimmung. Die Bandbreite und Anzahl von Ritualen im Zusammenhang mit den korrekten Verhaltensweisen bei Neumond lässt vermuten, welche primitive Angst dieses »numinose« Ereignis erzeugte. Denn der Neumond ist der erste Augenblick der Sichtbarkeit, in dem der Mond die Schwelle zwischen Dunkelheit und Licht in der Art einer Epiphanie überschreitet.

Der Glaube an die *Qualität* von Zeit, d. h. an die *Qualität* des Mondes, an seine genaue Phase, hatte weit reichende Auswirkungen auf scheinbar weltliche Angelegenheiten des Staates. In Griechenland weigerten sich die Spartaner im Jahr 490 v. Chr., den Athenern gegen die Perser in der Schlacht von Marathon beizustehen, weil es gegen das Gesetz war, am neunten Tag des Monats (dem Fest des Apollo) zu kämpfen, es sei denn, der Mond war nicht voll. Also warteten sie auf den Vollmond. Als er allerdings erschien, war die Schlacht bereits vorbei und gewonnen.[137] Cäsar berichtete, dass in Germanien die »Mütter« (*Matres*) durch das Los und durch Weissagungen entschieden, ob es ratsam war, in die Schlacht zu ziehen. Sie erklärten, dass es den Germanen nicht bestimmt war (*non esse fas*) zu gewinnen, wenn sie eine Schlacht vor Neumond (*ante novam lunam*)[138] austrugen, so dass sie für den Sieg auf das Erscheinen des Mondes warten mussten.[139] Ähnliches berichtete Tacitus über das städtische Leben der Germanen: Man versammelt sich, wenn nicht ein zufälliges Ereignis eintritt, an bestimmten Tagen, bei Neumond oder Vollmond; dies sei, glauben sie, für Unternehmungen der gedeihlichste Anfang. [140]

Shakespeares *Ein Sommernachtstraum* ist entsprechend der Verschiebung der Hochzeitszeremonie von Theseus und Hippolyta bis zum Neumond gegliedert. Das Stück beginnt folgendermaßen:

Theseus: Nun rückt, Hippolyta, die Hochzeitsstunde
     Mit Eil heran: vier frohe Tage bringen
     Den neuen Mond; doch, o wie langsam nimmt
     Der alte ab! Er hält mein Sehnen hin,
     Gleich einer Witwe, deren dürres Alter
     Von ihres Stiefsohns Renten lange zehrt.

Hippolyta: Vier Tage tauchen sich ja schnell in Nächte,
     Vier Nächte träumen schnell die Zeit hinweg:
     Dann soll der Mond, gleich einem Silberbogen,
     Den Himmel neu gespannt, die Nacht beschaun
     Von unserm Fest.[141]

Die Auflösung der menschlichen Welt in der Elfenwelt, die kurz darauf folgt, findet also in den drei Tagen des dunklen Mondes statt, der Zeit des Todes der alten, abgenutzten Formen und des Heranreifens der neuen. Wenn Oberon, der König der Elfen, zu seiner Frau sagt: »Ich treffe dich im Mondlicht, stolze Titania«[142], bedeutet dies, dass der Mond in der Welt der Elfen »aus« ist, jedoch nicht in der menschlichen Welt? Die Implikation des »alten Mondes«, der in seinen letzten vier Tagen langsam schwindet, und Hippolytas Erwartung des nächsten Mondes als »gleich einem silbernen Bogen« lässt vermuten, dass die Nacht zumindest für die Menschen dunkel und nicht vom Mond beschienen ist. Setzt Shakespeare die Elfenwelt mit der Unterwelt gleich? Gewiss hält Theseus die »Elfenzeit« für die Zeit, in der die Menschen schlafen gehen und träumen.[143]

VOLLMOND

Die Tage und Nächte des Vollmonds wurden feierlich begangen, sie waren Zeiten der Kulmination und der Erfüllung. Heilige Ehen zwischen Göttern und Göttinnen wurden geschlossen und Krönungen von Königen und Königinnen sowie Hochzeiten von Frauen und Männern fanden statt, und es war die beste Zeit, um zu gebären. Wie Nilsson sagt: »Halb Afrika tanzt im Licht der Vollmondnächte.«[144] Laut Strabo taten dies auch die Keltiberer.[145] Im Gälischen ist das Wort für »Glück« von dem Wort für »Vollmond«, *rath*, abgeleitet.

In *Iphigenie in Aulis* von Euripides wird der Vollmond als die Zeit der Heirat bestimmt. Klytemnestra fragt ihren Mann Agamemnon, welcher Tag für die (vermeintliche) Hochzeit ihrer Tochter mit Achilles vorgesehen sei. Agamemnon, der plant, Iphigenie der Mondgöttin Artemis zu opfern, versteckt sich hinter der Tradition, um ihre Mutter zu täuschen und antwortet listig: »Wenn der Vollmond kommt, um ihnen Glück zu bringen.«[146]

Wenn der Vollmond komplett war, kamen auch all seine Fähigkeiten zur höchsten Entfaltung: Er war entweder der Heiler von Kummer, Muse der Poeten und Träumer, oder der, der Wahnsinn und Blindheit brachte.

ABNEHMENDER MOND

Der abnehmende Mond war nicht die Zeit, um etwas zu beginnen, abgesehen von jenen Dingen, die ebenfalls »abnehmen« sollten. Er hatte mit Dunkelheit, Tod und damit zu tun, alles loszuwerden, was als nicht wünschenswert erachtet wurde. Die Bräuche der Nandi stehen für viele ähnliche auf der ganzen Welt: Sie heirateten bei Vollmond und vollzogen ihre Trauerriten bei abnehmendem Mond.[147] Während des dunklen Mondes (dem noch unsichtbaren Neumond) gedieh nichts auf Erden. Die Babylonier fasteten, die Menschen auf Bali schrien die Teufel an, damit sie von der Insel verschwanden, und das Volk der Tiv in Westafrika erwartete, verhext zu werden.[148]

Diese und zahllose andere Riten auf der Welt erinnern an eine radikal andere Form, in der Zeit zu leben. Sie hatte wesentlich länger Bestand als unsere heutige Vorstellung von Zeit als homogenem Medium. In einem Gedicht für Kinder von Robert Louis Stevenson, das folgendermaßen beginnt, wird die Totenglocke unwissentlich geläutet: »Der Mond hat ein Gesicht wie die Uhr in der Halle«[149] – die gleiche Uhr, deren Ziffernblatt zugedeckt wurde, wenn es im Haus einen Todesfall gab, und von deren »Zeigern«, die einst wie Pfeilspitzen geformt waren, man häufig annahm, sie würden im Augenblick des Todes ihres Besitzers stehen bleiben.

* * *

Wenn Stammesreligionen sich verändern, verblassen Anschauungen, die einst entscheidend für das Überleben und die Lebensqualität waren, zu Volksbräuchen, ebenso wie ehemalige Kriegsrituale zu Spielen werden und der Ball schließlich den Kopf des Feindes ersetzt. Was also einst tabu war verliert seine furchteinflößende Macht, besteht aber in späteren Generationen als eine Erinnerung fort, die nicht ohne weiteres aufgegeben werden kann – oder es bringt »Unglück«. »Glück« kann sich also immer noch einstellen, wenn man einen Brauch befolgt, auch wenn er nicht mehr seine volle Bedeutung besitzt. Später werden diese Bräuche zum Volkstum degradiert und noch später »Aberglaube« genannt. Er kann nur überstehen, weil die Weltsicht, deren Wesen er zum Ausdruck brachte, vergessen ist – weil sie nicht mehr heilig ist. Man denke beispielsweise an den alten britischen Brauch, bei Neumond mit den Silbermünzen in der Tasche zu klimpern, damit sich der Reichtum mit dem zunehmenden Mond ebenfalls mehre. Wenn man keine Silbermünzen bei sich hatte, oder wenn man welche bei sich hatte, das Ritual aber nicht befolgte, würde der Reichtum schwinden, da man sich nicht mehr in Einklang mit der Mondphase befand. Auf Kreta reibt man seinen goldenen Ring mit dem Finger, wenn man den Neumond sieht, und bittet um Gesundheit, Reichtum und Glück.[150] Verbeugen, einen Knicks machen, sich bekreuzigen und die Finger bei Neumond küssen, war in Irland, Schottland und England im 19. Jahrhundert üblich. Ein beliebtes Buch aus dem 18. Jahrhundert warnte:

> Den Neumond zum ersten Mal nach seinem Wechsel zur Rechten oder direkt vor sich zu sehen bedeutet Glück in diesem Monat. Aber ihn zur Linken oder hinter sich zu haben, so

dass man ihn sieht, wenn man den Kopf dreht, lässt das Schlimmste ahnen, besonders, wenn man dann kein Geld in der Tasche hat. Und den Neumond durch Glas zu sehen, ist ein überaus schlechtes Omen, obwohl man das Unglück ein wenig abwenden kann, wenn man alles Geld, das man besitzt, umdreht.[151]

Das englische Kinderlied »I see the moon, and the Moon sees me« wurde einst als Zauberformel gesungen, um schädliche Auswirkungen der Mondstrahlen abzuwenden, als die spätere christliche Religion ihr heidnisches Erbe empfing. Das Lied endet: »God bless the priest/that christened me.«[152]

DIE TEILUNG DES MONATS

Die Bedeutung, die dem Neumond und dem Vollmond an den meisten Orten beigemessen wurde, lässt darauf schließen, dass diese beiden Ereignisse im Mondzyklus als Erste beobachtet wurden. Durch sie wurde der Monat in eine abnehmende und eine zunehmende oder, wie die Massai in Kenia sagen, in die helle und die dunkle Hälfte geteilt.[153] Dies war die einfachste, früheste und am weitesten verbreitete Form der Teilung, die bei den meisten indoeuropäischen Völkern sowie bei Ägyptern und Babyloniern, den alten Persern, frühen Griechen und Römern und anderen Völkern vorgenommen wurde.[154] Im Kalender der Hindus und der Parsen wurde der Monat in abnehmend und zunehmend eingeteilt, ebenso wie im alten gallischen Kalender von Colginy, eine lange, in eine Bronzetafel eingemeißelte Inschrift. Hier ist der Monat in zwei deutlich unterschiedene Hälften geteilt, wobei die Tage jeder Monatshälfte fortlaufend nach dem alten indoeuropäischen Modell nummeriert sind. Andere Kelten besaßen ein Wort für einen Zeitraum von zwei Wochen; die Waliser nannten ihn *pythewnos* und die Iren *coicthiges*, so wie das Englische »fortnight«.[155] In der *Odyssee* war der Mond in zwei aktive Phasen geteilt – *histamenos* und *phthinon* (»aufsteigend« und »schwindend«) – ebenso wie in Kolumbien, Peru und dem alten Mexiko, wo diese Phasen das »Wachen« und das »Schlafen« des Mondes genannt wurden.[156]

In der nächsten Stufe der Unterscheidung wird die Sichel des abnehmenden Mondes hinzugefügt, so dass der Neumond zur zunehmenden Phase wird, der Vollmond sich als Kulmination ausdehnt, und die dritte zusätzliche Phase die des Abnehmens ist. Der Vollmond erscheint dann als zentraler Punkt, als unabhängige Periode zwischen Zu- und Abnehmen[157], so dass sich drei sichtbare Phasen des Mondes ergeben – eine Anordnung, die in der späteren Mondmythologie konstant wiederholt wird. Dies wird an den späteren griechischen Bezeichnungen für die Dekaden (drei Perioden von je zehn Tagen) des Monats als *men histamenos* (zunehmend), *meson* (mittel) und *phthinon* (abnehmend) deutlich, die in Hesiods *Werke und Tage* neben der früheren Einteilung des Monats in zwei Hälften erscheinen.[158] Auch bei den Ägyptern, Griechen, Römern, Chinesen, Japanern, den Maori in Neuseeland, den nordamerikanischen Zuni-Indianern und an vielen Orten in Afrika wurde der Mondlauf eine Zeit lang in drei Teile geteilt.[159]

Die nachfolgende Einteilung des Monats in vier Wochen zu jeweils sieben Tagen erfolgte auf zwei Arten. Wie in dem sumerischen Epos vom *Abstieg der Inanna* wurde der Zeitraum der Unsichtbarkeit des Mondes den drei bestehenden Phasen hinzugefügt. Auch wenn es keine Phase im eigentlichen Sinn war, wurde sie als Äquivalent zu den Phasen betrachtet, so dass der Zyklus des Monats vervollständigt werden konnte.[160] Viel später, als der Ackerbau verbreiteter war, wurden häufiger Markttage benötigt, um die landwirtschaftlichen Produkte zu verkaufen und Arbeitern und Tieren eine Pause zu verschaffen. Da Neumond und Vollmond als heilige Tage gleichzeitig Ruhetage waren, an denen die Menschen sich versammelten, war es sicherlich einfacher und zweckdienlicher, die beiden Hälften von 14 Tagen (als eine runde Zahl) weiter aufzuteilen und jeden siebten Tage zu einem Ruhetag, einem Markttag zu machen.

Das babylonische Wort *Shabbatu* war ursprünglich ein Begriff für den Vollmond, an dem gewöhnliche Arbeit verboten war, der jedoch später auf die vier Ruhetage angewendet wurde, die jeweils am Ende einer Siebentagewoche standen. Genauer: Das babylonische Wort *Shabbatu* bezeichnete in zwei Texten den fünfzehnten oder Vollmond-Tag, während man den siebten, vierzehnten, einundzwanzigsten und achtundzwanzigsten Tag des lunaren Monats als die vier »schlechte Tage« bezeichnete – Tage an denen verschiedene Formen der Abstinenz praktiziert wurden.[161] Die Babylonier hatten also Siebentagewochen, die der Lunation, dem Lauf des Mondes folgten.

Das babylonische *Shabbatu* ist dem hebräischen *Sabbat* so ähnlich, dass der Name mit ziemlicher Sicherheit in der Zeit des Exils der Juden in Babylon von 584 bis 534 v. Chr. übernommen wurde. Manchmal wird eingewendet, *Shabbatu* sei ein schlechter Tag für die Babylonier gewesen, während *Sabbat* für die Juden ein heiliger Tag sei. Aber wäre es nicht allzu verständlich für ein Volk in Gefangenschaft, den religiösen Glauben seiner Unterdrücker umzukehren?[162] Unabhängig davon nimmt man an, dass die Praxis des von Neumond und Vollmond bestimmten Brauchtums bereits lange vor dem Exil der Juden existierte, wie man von Wüstennomaden, die durch die arabische Wildnis wandern, auch erwarten würde.[163] Bereits zur Zeit von Saulus wurde das Neumondfest gefeiert. David sprach zu Jonathan: »Siehe, morgen ist Neumond; da sollte ich mit dem König zu Tisch sitzen.«[164] Der Vollmond war auch deshalb von Bedeutung, weil die großen landwirtschaftlichen Feste, wie beispielsweise das Passahfest, an diesem Tag abgehalten wurden. In einigen Teilen des Alten Testaments werden Neumond und *Sabbat* zusammen erwähnt. Als die Schunemiterin den Propheten Elisa bat, ihren Sohn zu heilen, wurde sie von ihrem Ehemann gefragt: »Warum willst du zu ihm gehen, ist doch heute weder Neumond noch Sabbat.«[165] Amos spricht von der Besorgnis jüdischer Händler über die ihnen auferlegten Restriktionen: »Wann will denn der Neumond ein Ende haben, dass wir Getreide verkaufen, und der Sabbat, dass wir Korn feilhalten können...«[166] Hosea kritisiert die Treulosigkeit der Menschen und sagt (im Namen seines Herrn): »Und ich will ein Ende machen mit all ihren Freuden, Festen, Neumonden, Sabbaten und allen ihren Feiertagen.«[167]

Der Prophet Jesaja weist auf die Schwierigkeiten einer neuen Stammesreligion hin, deren Ziel es war, den religiösen Impuls aus der Natur zu entfernen. Zuerst prangert er die Einhaltung der Neumond- und Sabbatzeremonien als leeres Ritual an: »Bringt nicht mehr dar so vergebliche Speiseopfer! Das Räucherwerk ist mir ein Gräuel! Neumonde und Sabbate, wenn ihr zusammenkommt, Frevel und Festversammlung mag ich nicht!«[168] Aber die Prophezeiung endet mit der Beschwörung jener beiden Ereignisse, um die Totalität der Zeit zu betonen, in der der Herr angebetet wird: »Und alles Fleisch wird einen Neumond nach dem anderen und einen Sabbat nach dem anderen kommen, um vor mir anzubeten, spricht der Herr.«[169]

Offenbar diente der hebräische Sabbat ursprünglich der Begehung des Vollmondtages; an ihm wurden ähnliche Bräuche wie am Neumondtag befolgt, die sich hauptsächlich durch eine Abstinenz von weltlichen Aktivitäten auszeichneten. Aber ab einem bestimmten Zeitpunkt – vermutlich nach den Reformen von Ezechiel[170] – wurde der Sabbat zum Fest am Ende der Siebentagewoche. Dabei handelte es sich jedoch nicht um eine babylonische Woche, die nach dem Mond orientiert war. Im Gegenteil, diese Woche folgte dem Leben der Menschen und nicht dem Lauf der Natur. Die hebräische Woche brach mit dem Mond am Himmel und verbündete sich mit den Gesetzen des Stammes, indem sie einen neuen Kalender einführte, der zwar noch immer heilig war, dem Heiligen jedoch einen neuen Ort zuwies, denn die Schönheit der Natur sollte die Menschen nicht länger von moralischen Gesetzen ablenken. So gesteht Hiob:

> Hab ich das Licht angesehen, wenn es hell leuchtete, und den Mond, wenn er herrlich dahinzog, dass mich mein Herz heimlich betört hätte, ihnen Küsse zuzuwerfen mit meiner Hand? Das wäre auch eine Missetat, die vor den Richter gehört; denn damit hätte ich verleugnet Gott in der Höhe.[171]

Die planetarische Woche, in der die Tage die Namen der sieben »Planeten« trugen (Sonne und Mond galten ebenfalls als Planeten), wurde im ersten Jahrhundert n. Chr. als römische Institution eingeführt. Dies bedeutete, dass der jüdische Sabbat mit dem Tag des Saturn am Ende der Woche übereinstimmte. Der Saturn wurde von einigen Rabbis der Stern des Sabbat genannt.[172] Die Abstinenz an Neu- und Vollmondtagen wurde schließlich für den wöchentlichen Sabbat intensiviert, einhergehend mit immer strengeren Restriktionen, deren Nichtbeachtung sogar mit dem Tod bestraft werden konnte: »Wer an diesem Tage arbeitet, soll sterben.«[173] Daher die Steinigung eines Mannes, der am Sabbat Holz gesammelt hatte (der Mann, der viele Jahre später, ein Bündel mit Ästen tragend, im Gesicht des Mondes erscheinen sollte – siehe Kapitel 7).

Von Mitte des dritten Jahrhunderts an war die planetarische Woche in der römischen Welt vorherrschend. Im fünften Jahrhundert wurde sie auch in Indien eingeführt. Die zunehmende Popularität des Sonnengottes Mithras führte dazu, dass der *Dies Saturnis* durch den *Dies Solis* als erster Tag der römischen Woche ersetzt wurde.[174] Im Jahr 321 n. Chr. machte der römische Kaiser Konstantin den Sonnentag zu einem Feiertag, dem »ehrwürdigen Tag der Sonne«, an dem Magistrate, Kunsthandwerker und Stadtbewohner, jedoch nicht Landarbeiter, ruhen sollten.[175] Die frühen Christen übernahmen zuerst die jüdische Siebentagewoche mit ihren nummerierten Wochentagen und stellten den *Dies Dominica*, den Tag des Herrn, an den Anfang ihrer Woche, der bereits seit langem als der Tag der Auferstehung Christi von den Toten begangen wurde. Da Christus, der Herr, auch mit der Sonne als der »Sonne der Rechtschaffenheit« gleichgesetzt wurde, wurde eine Affinität zwischen römischen und christlichen Feiertagen anerkannt, so dass die heidnische, planetarische Woche in scheinbar harmloser Verkleidung Eingang in das Christentum fand. Es blieb dem Apostel Paulus überlassen, seine Herde daran zu erinnern, dass diese Dinge nichts als Schatten seien: »So lasst euch nun von niemand verurteilen wegen Speise und Trank oder wegen eines Festes, Neumondes oder Sabbats. Das alles ist nur ein Schatten von dem, was kommen sollte; die Wirklichkeit aber ist in Christus erschienen.«[176]

MONDTAG

Zweitausend Jahre später ist der Tag des Mondes nicht mehr der Tag der Ruhe, sondern der Tag, an dem die Arbeitswoche beginnt. Das englische Wort »Mo(o)nday«, vom angelsächsischen *Monadaeg*, ist eine Übersetzung des lateinischen *Dies Lunae*, was »Tag des Mondes« bedeutet und im Italienischen zu *Lunedi*, im Französischen zu *Lundi* geworden ist. Vor nicht allzu langer Zeit hatte dieser Tag seine alten Assoziationen, sowohl die guten als auch die schlechten, noch nicht vollkommen verloren. In seinem Eintrag für *Mononday* im *Scottish Dictionary* bekundete Jamieson 1825 seine Missbilligung abergläubischer Bräuche: »Manche, von denen man wohl annehmen könnte, sie seien aufgeklärter, geben an diesem Tag der Woche, oder am ersten Tag des Mondes, kein Geld aus.« Dann nutzte er die Gelegenheit, um die Iren zu kritisieren, die im Gegensatz zu den Schotten den Montag nicht als Unglückstag betrachten:

> In Irland ist diese Vorstellung genau umgekehrt, der Montag gilt als der glücklichste Tag der Woche ... zweifellos ein Relikt der alten heidnischen Verehrung des Mondes.[177]

In der christlichen Mythologie gilt der Sonntag als Tag Christi symbolisch als das ewige Zentrum, um das sich das zeitliche Leben dreht. Der Montag als Tag des Mondes folgt auf den Sonntag als ein Bild der Zeit, die aus der Ewigkeit hervorkommt, obwohl Ewigkeit in der vorchristlichen Mythologie im unveränderlichen Zyklus des sich stets verändernden Mondes gefunden oder als Nektar aus der sichelförmigen Schale des Mondes getrunken wurde.

ZEIT UND EWIGKEIT

Die Einteilungen der Zeit scheinen entweder endlos zu sein oder an einem Punkt zu enden – ein Zeitpunkt, der dann zu einem Begriff des Raums wird. Die Etymologie des Wortes »Zeit« lässt vermuten, dass der Geist, sobald er einmal beginnt zu teilen und in Stücke zu schneiden, nicht mehr damit aufhören kann, wenn er nicht durch eine andersartige Geisteshaltung davon abgehalten wird. Das anonyme englische Sprichwort aus dem 16. Jahrhundert »Time and tide wait for no man« (was so viel heißt wie: Das Rad der Zeit lässt sich nicht aufhalten) mag dies veranschaulichen. Partridge schreibt in seinen *Origins*, die *tides* (Gezeiten) des Meeres hätten im Englischen ihren Namen im 14. Jahrhundert erhalten, da sie zu regelmäßigen *times* (Zeiten) erschienen, obwohl »time« und »tide« bereits im Altnorwegischen und im Altenglischen als Doppelform auftreten, d. h. es sind Wörter mit derselben Wurzel, aber anderen Suffixen.[178] Alte englische Wörter wie »eventide« (Abendzeit), »betide« (geschehen) und »tidings« (Neuigkeiten) weisen auf ihre gemeinsame Bedeutung hin. Im modernen Niederländisch heißt Zeit *tijd* und Gezeit *getij*. Die altgermanische Wurzel ist *ti*, was mit der indoeuropäischen Wurzel *di* übereinstimmt (vergleiche die Sanskrit-Göttin Aditis, die Zeitlose – *a*, »nicht«, und *ditis*, »Zeit« – und auch das Sanskrit-Wort *dayate* »er teilt« sowie das griechische *daiomai*, »ich teile, verteile«).[179] Im mittelalterlichen England und auch im alten Indien wusste man, dass die Gezeiten in Korrelation zu den Rhythmen des Mondes standen. Es ist also wahrscheinlich kein Zufall, dass sich »time« und »tide« reimen.

Das lateinische Wort *tempus* bedeutet Zeit und Jahreszeit – in Jahreszeiten unterteilte Zeit – und so stammt »weather« (Wetter) vom griechischen *temnein*, was »schneiden« und damit »teilen« bedeutet (man vergleiche das griechische *atomos*, »unteilbar«, woraus sich *Atom* und das englische Adjektiv *temperate* ergeben, im Sinne von »etwas zur rechten Zeit tun«). Das griechische *temnein* stammt aus der indoeuropäischen Wurzel *tem* oder *ten*, woraus »tense« (Tempus) als die grammatische Bezeichnung für Zeit entstanden ist. Von dem griechischen Wort *temenos* als der »ausgeschnittene und damit heilige Raum eines Gottes« stammt das lateinische Wort *templum*, »Tempel«, das ursprünglich ebenfalls einen »ausgeschnittenen Raum« bezeichnete, sowohl auf der Erde als auch im Himmel. Dieses Ausschneiden wurde durch den Priester oder Auguren vorgenommen, damit er »Omen« sammeln und interpretieren konnte, ein Begriff, der vermutlich aus *os* und *men* zusammengesetzt ist und »Mund des Mondes« bedeutet.[180] Man spricht im Englischen noch immer vom »temper« (Gemüt) der Zeit, was sich einst auf die »Stimmung« des Mondes bezogen haben könnte. Dieser den Göttern geweihte Raum, der seine eigenen Gesetze und Riten besaß, wurde dann zu dem Bauwerk, in dem die Götter verehrt wurden, ein Ort der »Kontemplation« – vom lateinischen *contemplare*, »Dinge intensiv oder weit entfernt zusammen schauen«. (Man vergleiche auch *templum*, ein »umgekehrter Strahl«, den englischen Begriff »temple«, Tömpel, aus der Webersprache und das englische »template«, Schablone). Wie Partridge bemerkt: Man muss kein tiefgründiger Philosoph und nicht einmal ein scharfsinniger Philologe sein, um die Beziehungen zwischen diesen und anderen Begriffen zu erkennen, in denen allen »die Idee von ›schneiden, ausschneiden, abschneiden‹ und damit von ›Teilung, ob räumlich oder zeitlich‹ (das bekannte Raum-Zeit-Kontinuum, das in der Sprache ebenso gültig ist wie in der Wissenschaft) entweder deutlich bezeichnet oder potenziell mit bezeichnet wird.«[181]

Verfolgt man diese Spur weiter, so evoziert die Idee der zeitlichen Aufteilung, in der ein Jahr, eine Woche, ein Tag oder eine Stunde in immer kleinere Stücke geschnitten wird, ein Bild der Zeit als Linie oder Bahn, die in leicht zu handhabende Proportionen zerlegt wird. Wenn man nach dem »Raum-Zeit-Kontinuum« mit der weniger vertrauten räumlichen Aufteilung eines Kreises und der Idee von Zeit als »Ausschneiden« von Raum beginnt, denkt man an das Bild eines vollen, runden und leuchtenden Mondes, der nach und nach »ausgeschnitten« wird, so dass sich jene Phasen ergeben, die wir »Zeit« nennen. Zerlegung bedeutet ein Zerschneiden in Stücke, ein Auseinandernehmen der Teile. Aber wenn dies eine plausible Assoziation ist, dann hat die Idee von Zeit als Ausschneiden vermutlich als Wahrnehmung des abnehmenden und nicht des zunehmenden Mondes begonnen, denn die Phasen des Wachsens werden nicht als ein Ausschneiden von Stücken aus der Dunkelheit aufgefasst, sondern als Wachstum zur Vollständigkeit im Vollmond. In diesem Fall wird Zeit ursprünglich nicht als eine Idee des Ordnens, des Aufstellens von Parametern präsentiert, mit denen man besser arbeiten kann, sondern als eine Auffassung des Todes, mit dem das, was ganz war, zerschnitten wird.

Das griechische Wort für Zeit ist *chronos* (abgeleitet von »abnutzen«, »zerkleinern«, oder »abtragen«). Der Gott, der die Zeit vorantreibt, wird Kronos genannt. In Hesiods Geschichte gebiert Gaia, die Erde (die Erste, die sich aus dem Chaos erhebt), Uranos (den Himmel), dann die Berge und das Meer, und nachdem sie bei Uranos gelegen hat und ihr Sohn zu ihrem Geliebten wurde, bringt sie die Göttinnen und Götter hervor, deren Namen die vertrauten Formen der Natur darstellen. Aber denn gebar Gaia (aus unbekannten Gründen) drei hässliche Riesen, die Uranos hasste und in Gaia versteckte, damit sie das Licht nicht sahen. Gaia streckte und bemühte sich nach Kräften, sie zu gebären, aber die Schöpfung kam zum Stillstand: Nichts wurde von Gaia hervorgebracht, alles war dunkel. Dann gab sie, die alles geboren hatte, ihrem Sohn Kronos eine Sichel, und er schnitt die Genitalien seines Vaters ab, der sich dann plötzlich von seiner Mutter/Frau erhob, so dass zwischen ihnen aufs Neue die Schöpfung im Raum begann.[182] Das ausgesprochen anschauliche Bild der halbmondförmigen Sichel, die durch die niederen Regionen des Himmels schneidet, stellt Kronos als den ersten Neumond in der schwarzen Nacht dar – der Schnitt, der den Himmel sich bewegen und die Zeit vergehen lässt.[183]

Es kann auch kein Zufall sein, dass der Name der griechischen Moira, der drei Schicksalsgöttinnen, die auf dem Mond leben, »Teil« oder »Anteil« bedeutet, und auch nicht, dass die letzte von ihnen mit ihrer Schere den Lebensfaden *durchschneidet*. Um zum Anfang zurückzukehren: »time and tide wait for no man«, und zwar nicht nur in dem Sinne, dass sich Rhythmen und Jahreszeiten weiter bewegen und verändern und dass es klug ist, sie zu beachten, sondern auch in dem Sinne, dass sie am Ende über uns hinweg und von uns fort rollen, uns abschneiden, wie das Sonett sagt:

> Wie Wellen an des Ufers Kieseln bersten,
> So eilen unsre Stunden an ihr Ziel. [184]

»Ich bin die Zeit«, erklärt Krishna in der *Bhagavad-Gita* und zeigt sich so Arjuna als Herr des Kosmos, »der in seinem Lauf die Welt zerstört«.[185] Das altindische Wort für »Zeit«, *kala*, bedeutet auch »schwarz« und ist die Wurzel von Kali, der Göttin, die den alles verschlingenden Aspekt der Zeit personifiziert (Abb. 1).[186] Kali mit ihrer Halskette aus Schädeln, die in einem orgiastischen Tanz des Lebens über den Tod Leichen zertrampelt, enthüllt die »schwarze« Dimension der Zeit in ihrer erbarmungslosen Unpersönlichkeit, ihrer unaufhaltsamen Bewegung, die nur die lebendige Erinnerung an aufeinander folgende Generationen zurücklässt, die wiederum von »Geschichte« als kollektiver Erinnerung an das, was vergangen ist, verdrängt wird.

Aber als eine der Manifestationen der großen Göttin Shakti ist Kali auch die Gemahlin von Shiva, der Kala, »der Schwarze«, »Zeit«, und Mahakala, »Große Zeit«, also Ewigkeit genannt wird.[187] Kali ist also auch – das Paradox bleibt bestehen – die Mutter, die ihre Kinder in die Zeit hinein gebiert und damit der Ewigkeit, die sonst bewegungslos und sich selbst für immer unbekannt bleiben würde, Energie und Form verleiht.

Abbildung 1 (S. 39) zeigt Kali – die hier Ugar-Tara genannt wird – ganz in Schwarz auf Shiva stehend, der nur mit einem Lendentuch bekleidet unter ihr liegt. Kali hat vier Hände: Die linke Hand auf der unteren Ebene hält die Schale, die Leben schenkt, während die rechte Hand die Schere hält, mit der die Fäden dieses Lebens durchgeschnitten werden. Auf der oberen Ebene, wo die Hände nach oben zeigen, sind diese beiden Aspekte des Lebens vergeistigt: Die rechte Hand schwingt das Schwert, das die Illusion durchschneidet, und die linke Hand umfasst den blühenden Lotus der ewigen Erneuerung. Schlangen der Transformation schmücken Kalis Handgelenke und Haare, eine windet sich den Stängel der Lotusblüte hinauf. Die beiden grauen Hunde greifen diese Motive auf. Der Hund links von ihr streckt sich, um zu trinken, während der Hund zu ihrer Rechten an einem abgetrennten menschlichen Arm nagt, der neben einem ausgeblichenen Schädel liegt.

In anderen Bildern zu diesem Thema erscheint Shiva in seinen zwei Formen als *Shiva-Shava*. Der eine Shiva schläft zu Kalis Füßen und erwacht zum Leben, als würde er aus einem Traum erwachen. Der andere

Shiva liegt unter dem ersten und berührt Kali nicht: Er schläft, hat den Kopf abgewandt und ahnt vom Tod ebenso wenig wie vom Leben. Shiva wird hier Shava, »Leichnam«, genannt, die »Vollkommenheit des Absoluten als totale Leere«.[188] Der obere Shiva, der in die Zeit eintritt, trägt die Mondsichel im Haar, die »Krone« Shivas. Manchmal wird Shiva mit einem lunaren Namen als *Sakala Shiva* bezeichnet, der sich auf den mit all seinen »Fingern« angefüllten Vollmond bezieht. Der untere Shiva wird *Niskala Shiva* genannt, der Mond »ohne Finger oder wesentliche Bestandteile«, also der dunkle Mond. Die beiden Shivas werden in der vollständigen Scheibe des Mondes als ein Wesen dargestellt, jeder von beiden gleichzeitig sichtbar und unsichtbar.[189]

Vollkommen erwacht, ist Shiva der kosmische Tänzer, der die Gegensätze in perfektem Gleichgewicht hält und ihre Dualität in die Transzendenz tanzt. Oder er trägt, wie in Abb. 8, die Sichel deutlich sichtbar auf der Stirn und wird bewacht von dem weißen Stier Nandi mit den sichelförmigen Hörnern, während er mit der Göttin in einer ihrer Seinsformen, hier Parvati genannt, auf einem Lager liegt. Sowohl Shiva als auch die Göttin haben sich durch ihre gegenseitige Umarmung verändert: Kali, die ihn verwandelt hat, ist nun selbst zu der Geliebten geworden, durch die sich sein Charakter entfalten kann. Als zwei Aspekte des einen Wesens ist dies ein Bild der Versöhnung, das die Übereinstimmung von Absolutem und Maya, von Ewigkeit und Zeit, zum Ausdruck bringt. Diese Erkenntnis, so suggerieren die beiden Bilder, ist das Ziel und das Geschenk der Kontemplation.

Abb. 8. Shiva betrachtet die schlafende Parvati. Rajput-Gemälde. Pahari-Schule. Ca. 1800. Boston Museum of Fine Arts, Ross-Coomaraswami Collection.

KAPITEL 3

DER MOND UND DAS WASSER

Drum hat der Mond, der Fluten Oberherr,
vor Zorne bleich, die ganze Luft gewaschen
und fieberhafter Flüsse viel erzeugt.
Shakespeare, *A Midsummer Night's Dream*

Wenn die dünne Mondsichel aus der schwarzen Nacht aufstieg, erschien sie vielen frühen Menschen wie eine Schale, die alle Wasser des Lebens enthielt: Regen, Tau, die Feuchtigkeit der Luft und der Wolken, das Wasser der Quellen, Flüsse und Meere, den Saft von Pflanzen und Bäumen und das Blut und die Milch von Tieren und Menschen. Auf allen Kontinenten der alten Welt sangen und tanzten die Völker, malten und schrieben über den Mond als die Quelle des Wassers auf Erden.[1]

Neuer Mond, erscheine, gib uns Wasser! Neuer Mond, komm und lass das Wasser für uns herabdonnern! Regne für uns![2]

So sangen die Buschmänner aus Angola über Tausende von Jahren und beteten um Regen, Früchte und Wild. Für die Buschmänner kam alles Wasser vom Mond, und alle Kreaturen mussten, wenn sie leben sollten, das Wasser des Mondes trinken, an dem Tau nippen, der bei Tagesanbruch und in der Abenddämmerung an Gräsern und Blättern hing, oder ihn durch lange Strohhalme aus tief in die Erde gegrabenen Löchern saugen.[3]

DER MOND UND DAS WASSER DES LEBENS

Bereits in der alteuropäischen neolithischen Kunst war der Mond in eine dynamische Beziehung zum Wasser gesetzt und in Form von wellenförmigen oder gezackten Linien auf Krüge gemalt worden. (Abb. 2 u. 3). Als um 3000 v. Chr. in Babylonien die Keilschrift und in Ägypten die Hieroglyphen aufkamen, konnten die auf Schalen und Krüge gemalten Linien und Striche mit Gewissheit als Regen interpretiert werden:

Ich trete auf den Himmel, und der Regen fällt herab;
Ich trete auf die Erde, und das Gras und die Kräuter sprießen hervor.[4]

So spricht Inanna, deren frühester Name Nina »Herrin des Wassers« bedeutete, in der an sie gerichteten Hymne.[5] Inannas Großmutter Nanna, die Mutter des Mondgottes, war die große Muttergöttin Ki-Ninhursag, ihrerseits die Tochter von Nammu, dem Urmeer. Ki-Ninhursag war die Große Kuh, die den Himmel und die Erde umschloss, deren Milch als himmlische Nahrung herabfiel und deren Leib sich öffnete, um die Schöpfung hervorzubringen. Sie trug auch den Namen »Die, die den Toten Leben verleiht«.[6]

Immer wenn sich die Menschen den Mond als eine Göttin vorstellten, fiel Regen als Milch vom Himmel. Figuren der Inanna zeigen sie, wie sie Milch aus ihren Brüsten schenkt oder eine Schale mit dem »Wassers des Lebens« als Gabe trägt. Eine Hymne an sie hat folgenden Wortlaut: »Oh Herrin, deine Brust ist dein Feld … Wasser strömt von hoch oben für deinen Diener herab … Schütte es für mich aus, Inanna.«[7]

Abb. 1. Kopf des tanzenden Shiva mit der Mondsichel im Haar. Bronzestatue aus dem Chittoor-Distrikt. Letztes Viertel des 11. Jahrhunderts, Madras Government Museum, Chennai, Madras, Indien.

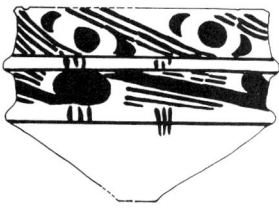

Abb. 2. Rechter Halbmond, Vollmond und linker Halbmond, durchsetzt mit wellenförmigen Linien, die Wasser oder Regen symbolisieren. Oberes Register einer mit Graphit bemalten Schale. Karanovo VI/Gulmenita. Tangiru nahe Bukarest, Rumänien. Ca. 4500–4300 v.Chr.
(Aus Gimbutas, The Language of the Goddess, S. 284).

Abb. 3. Sonaten des Werdens: zerspringende Eier, Halbmonde, Vollmonde und Schlangen als dekorative Motive auf den Schultern von Vasen aus der späten Cucuteni-Phase. Sipintsi, westliche Ukraine. Viertes Jahrtausend v.Chr. (Aus Gimbutas, The Goddesses and Gods of Old Europe, S. 162).

Abb. 4. Inanna mit dem Krug des Wassers des Lebens. Skulptur. Palast von Mari, Mesopotamien. Ca. 1800 v.Chr. Museo Aleppo.

Das als »Langdon Epos« bekannte sumerische Gedicht erzählt von dem Ort, »wo das Wasser aus seiner Quelle fließt, aus dem Sammelbecken des Mondes«.[8] In vielen mesopotamischen Zylindersiegeln wird eine Verbindung zwischen der Mondsichel und der Schale oder dem Krug mit dem Wasser der Erneuerung hergestellt, das die Gottheit dem Anbetenden entgegenhält. Der Gott oder die Göttin soll den besonderen, »gottgleichen« Geisteszustand des Bittstellers verkörpern, durch den sich die Transformation vollzieht.

Auf die »Flügel« und den Oberkörper der mykenischen Göttin in Abb. 5 und 6, die manchmal als Vollmond und manchmal als Mondsichel dargestellt wird, ist Regen gemalt, als falle er aus ihren Brüsten herab.

Hathor, die ägyptische Kuhgöttin mit den sichelförmigen Hörnern, deren großer Bauch der Himmel war und deren vier Beine als die Säulen des Universums auf der Erde standen, war in ihrem nächtlichen Aspekt auch der Mond.[9] Die Verstorbenen wurden an ihrem Euter oder, wenn sie in weiblicher Form erschien, an ihren Brüsten saugend dargestellt. Ähnlich spendete auch Artemis von Ephesus, die griechische Erd- und Mondgöttin in Anatolien (die im römischen Mythos zu Diana wurde), aus ihren vielen Brüsten Milch als himmlischen Regen und irdische Nahrung. Es war also kein Wunder, dass der Regen als heilender Regen empfunden wurde, als Teil der göttlichen Substanz.

Manchmal wird die geschwungene Schale des Mondes als ein sichelförmiges Boot interpretiert, das über das himmlische Meer segelt (siehe Abb. 13), auf dem der mesopotamische Mondgott Nanna-Sin seine Priester trifft.[10] Eine Hymne an Sin dankt ihm dafür, dass er den Fluss füllt:

> Wenn du wie ein Boot über das Wasser treibst...
> Wird der reine Fluss Euphrat zur Gänze mit Wasser gefüllt.[11]

Die Ägypter glaubten auch, dass Sonne und Mond in Booten auf ihrer Bahn segeln würden. Erst die sich in Wagen fortbewegenden Griechen sahen Sonne und Mond ebenfalls in von Pferden oder Stieren gezogenen Wagen fahren.[12]

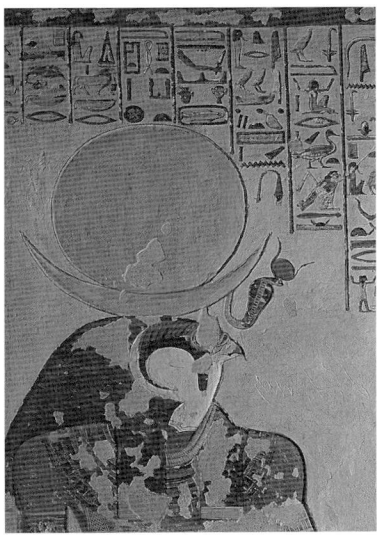

Abb. 5 und 6. Mykenische Göttin als Halbmond (links) und als Vollmond (rechts) mit schwarzen, gewellten Streifen, die Regen darstellen. Bekannt als die Psi- und die Phi-Statue, nach den Formen der griechischen Buchstaben. Bemalte Terracotta-Statuen. Ca. 1500 v. Chr. Rijksmuseum van Oudheden, Leiden, Niederlande.

Abb. 7. Khons mit der Mondscheibe auf dem Kopf. Zeichnung aus dem Grab von Ramses IX. Theben.

Eine der vielen Verkörperungen des Mondes in Ägypten war Khons oder Khensu, der »Reisende«, der seit früher Zeit als eine Form von Toth aufgefasst wurde. Im Neuen Reich (ca. 1500 v. Chr.) »wurde« er zum Sohn von Amun und Mut. Ramses III. baute ihm einen Tempel, »das Haus von Khensu in Theben«, wo er in Inschriften an den Wänden als »großer Gott, Herr des Himmels« bezeichnet und mit einem Stier verglichen wurde. Er wird meist mit dem Kopf eines Falken dargestellt und manchmal mit einem Nilometer in der Hand gezeigt, da er das Wasser des Nils kontrollierte, von dem man glaubte, es würde mit jedem Neumond ansteigen (Abb. 7).[13]

In der Figur des Osiris kamen das Zu- und Abnehmen des Mondes sowie das Steigen und Fallen des Nils als eins zusammen. Wenn Osiris – als Mond, Wasser und Vegetation – von seinem Bruder Seth – als Sonne, Dunkelheit, Wüste und Dürre – erschlagen wurde, verdunstete das Wasser des Nils und versickerte im Schlick. Dann füllte Isis, seine Schwester/Frau – die auf ihrem Kopf den Kreis des Vollmondes in der Sichel trug –, den Nil mit ihren Tränen und ließ ihn wieder ansteigen. Wenn der verlorene Osiris von Isis »gefunden« wurde, strömte der Nil aus seinem »Schenkel« oder seinen Lenden als Samen hervor, der die Erde bedeckte, die Isis war, und schlug als neue Pflanzen, als ihr Sohn Horus, Wurzeln. Dazu die Pyramidentexte:

> Sie kommen, die Wasser des Lebens, die im Himmel sind.
> Sie kommen, die Wasser des Lebens die in der Erde sind ...[14]
> O Osiris!
> Überfluss flutet ein, die Flutsaison kommt
> Aufsteigend von Osiris.[15]

Laut Plutarch meinten die Ägypter mit Osiris den »Weltbereich ... des Mondes«: Sie schlussfolgern, »der Mond habe ein Licht das befruchtend wirke, er sei der Zeugung von Lebewesen und den Keimen von Pflanzen gnädig.« Dies steht im Gegensatz zur Sonne, welche die Vegetation ausdörrt und »vielfach auch

Abb. 8. Ägyptisches Mondboot mit dem Vollmond, der vom Halbmond umschlossen wird. Die beiden Augen des Horus sind die Wächter der Reise. (Aus Maspero, The Dawn of Civilization).

Abb. 9. Sin bei seiner Fahrt über den himmlischen Ozean im sichelförmigen Mondboot, über seinem Kopf der Halbmond. Einer der Priester begrüßt Sin, der andere den Drachen von Marduk, den Schutzgott von Babylon. Neubabylonisches Zylindersiegel aus Achat. 2300–2100 v. Chr. British Museum.

über den Mond« obsiegt.[16] »Nicht nur den Nil«, fährt Plutarch fort, »sondern alles Flüssige nennen sie *Ausfluss des Osiris*. In Prozessionen geht dem Heiligtum immer der Wasserkrug voran zur Ehre Gottes.«[17] Isis als seine Schwester/Frau war ebenfalls »nichts anderes als der Mond« und »die weibliche Seite der Natur«.[18] Plutarchs Zuverlässigkeit als Dolmetscher wird durch viele ägyptische Texte bestätigt: Die Inschrift auf einem Sarkophag von ca. 1500 v. Chr. lautet: »Osiris erscheint immer dann, wenn es einen Ausfluss [von Wasser] gibt.«[19]

In Indien sagte man, »der Mond ist im Wasser« und »Regen kommt vom Mond«.[20] Der hinduistische Mondgott Soma (oder Chandra, der »Leuchtende«) wurde der »Herr des Wassers« genannt, der den Regen speiste und die Gezeiten kontrollierte.[21] In einem indischen Volksmärchen wird der Mond als eine Kristallkugel beschrieben, die silbernes Wasser enthält. Darin schwimmen Fische und Schildkröten, deren Schatten dem Auge als dunkle Felder auf einer milchigen Kugel erscheinen.[22]

In einer seiner vielen Dimensionen ist Shiva auch der Mondgott der Berge. Der Halbmond auf seinem Kopf fängt das Wasser des Ganges ein und filtert es, da es sonst unkontrolliert vom Himmel herabströmen und ganz Indien überfluten würde. Shivas Kraft zieht den großen Fluss hinab durch das verschlungene Geflecht seiner Haare und teilt ihn in kleine Flüsse, die schließlich die Erde erreichen und am Fuße des Himalayas zusammenströmen, wo sie den einen Fluss Ganges bilden, der alle Geschöpfe reinigt (siehe Abb. 1).[23]

Die alte Assoziation von Mond und Wasser drückte sich häufig in der Vorstellung von lunaren Gottheiten als Götter und Göttinnen des Wassers im Himmel oder auf der Erde aus. Es gab auch einfachere Herren und Herrinnen, Väter und Mütter oder Männer und Frauen des Wassers. Bei den Pueblo-Indianern in Nordamerika wurde der Mond die »Wasser-Jungfrau« genannt. Die Algonquin verwendeten für Mond und Wasser das gleiche Wort. Die Sioux dachten, der Mond trage einen Krug mit Wasser, und die Cherokee beteten zum Mond, er möge Regen und Schnee fern halten. Für die Eskimos fiel der Schnee vom Mond.[24]

Im alten Brasilien wurde die Tochter des Mondkönigs »Mutter des Wassers« genannt. Sie herrschte über Flüsse und Meere.[25] Der Spanier Hieronymo de Chaves schrieb 1576, die alten Mexikaner hätten geglaubt, dass »der Mond alle Dinge wachsen und sich vermehren lässt … und alle Feuchtigkeit von ihm beherrscht wird«.[26] Im Iran war Ardvisura Anahita, die Göttin des Wassers, gleichzeitig die Göttin des Mondes[27], und der phrygische Mondgott Men brachte Wasser und Regen[28]. Die Tataren in Zentralasien glaubten, der Mond sei voller Wasser, und in China sagte man, dass »die Lebensessenz des Mondes das Wasser beherrscht«.[29]

Dieser Glaube zeichnete sich auch dadurch aus, dass die Menschen Kübel, Krüge und Eimer mit Wasser im Gesicht des Mondes zu »sehen« meinten (siehe Kapitel 7). Diese Gefäße wurden entweder von der Mondgottheit getragen (wie die Maori in Neuseeland und die Yakuts in Sibirien glaubten)[30] oder von jenen

Abb. 10. Der Nilgott Hapy als eine Form von Osiris, wie er Wasser zur Überschwemmung des Korns ausgießt, dessen Seele als eine weitere Form von Osiris in Form eines Vogels zum Himmel aufsteigt. Zu seiner Rechten hält Toth dem Verstorbenen den Palmzweig der Zeit entgegen, überschüttet ihn mit den Ankh-Zeichen der Ewigkeit und verwandelt den alten Mann in den falkenköpfigen Horus, welcher der wieder geborene Osiris ist. Basrelief aus dem ptolemäischen Isistempel in Philae. (Aus Lucy Lamy, Egyptian Mysteries, S. 6).

Frauen und Kindern, die der Mond entführt hatte, als sie ihrer irdischen Beschäftigung nachgingen, Wasser für die Nacht zu holen. In Deutschland hält der Mann im Mond einen Krug[31], und im alten Irland glaubten die Menschen, auf dem Mond gäbe es eine Quelle.[32] In Nicaragua wurde der Mond als Wasserkrug in die Klippen eingemeißelt, und in den Zeichnungen der Maya erscheint der Mond mit einem Krug.[33]

Bei so vielen Männern, Frauen und Kindern auf der ganzen Welt, die ihre Wassereimer auf dem Mond umhertragen, ist es nicht verwunderlich, dass eine verbreitete Erklärung für einen plötzlichen Regenguss lautete, auf dem Mond habe jemand seinen Eimer umgeworfen. Auch die Küstenstämme in British Columbia dachten, die Frau im Mond stoße dann und wann ihren Eimer um.[34] Ixchel, die Mondgöttin der Maya, wird dargestellt, wie sie einen Eimer mit Wasser umstößt und es regnen lässt. Abbildung 14 zeigt Ixchel als eine ältere Version der Mondgöttin mit dem fruchtbaren Kaninchen, denn der Mond ist abwechselnd jung und alt.

Diese Auswahl aus den Legenden vieler Länder zeigt, wie verbreitet und dauerhaft die Verbindung zwischen Mond und Wasser war. Noch in der Antike glaubten Aristoteles, Plinius, Plutarch, Catull und Macrobius, um nur einige wenige zu nennen, der Mond sei die Quelle aller Feuchtigkeit.[35] Diese Vorstellung blieb bis zum Mittelalter und darüber hinaus bestehen. In Shakespeares *Hamlet* spricht Horatio vom Mond als feuchten Stern, »Des Einfluss waltet in Neptunus' Reich«.[36]

Der englische Mönch Bruder Bartholomäus beschrieb den Mond im Mittelalter als die »Mutter aller Säfte, Dienerin und Herrin des Meeres«, während Dalla Porta sagte, »die Seen und Fluten, Flüsse und Quellen steigen und fallen, fließen manchmal schnell und manchmal langsam, da er über sie herrscht«.[37] Der Okkultist Cornelius Agrippa erklärte:

> Wasser ist das lunare Element, das Wasser des Meeres so wie das der Flüsse, und alle feuchten Dinge, die SÄFTE der Bäume und Tiere, besonders aber die SÄFTE, die weiß sind, wie das Weiße der Eier, Fett, Schweiß, Schleimabsonderungen, und die Überflüsse des Körpers.[38]

Als diese Vorstellung auf den mittelalterlichen Begriff der »Säfte« übertragen wurde, beeinflusste dies auch die Vorstellung vom Temperament und der körperlichen Konstitution der Menschen: In einer po-

Abb. 11. Nahaufnahme des Kreises,
der Luna als das Wasserelement enthält.
Ca. 1230 n. Chr.
Kathedrale von Lausanne, Schweiz.

pulären Abhandlung über Hygiene aus dem 16. Jahrhundert ist zu lesen, dass der Mond die Herrin der Feuchtigkeit ist und die Säfte bewegt.[39] Eingedenk der Tatsache, dass das englische Wort »humours« vom lateinischen *humor*, »Feuchtigkeit«, abgeleitet ist (die Art, in der die »Säfte« miteinander vermischt waren, bestimmte das »Temperament«, das innere Wetter, *tempus*, eines Menschen), wird nachvollziehbar, dass der Mond so scheinbar unzusammenhängende Dinge wie die Feuchtigkeit auf der Erde und die menschliche Stimmung beherrschen konnte. Diese Verschmelzung zeigt sich auch in Shakespeares Schilderung der Trauer von Königin Elizabeth über den Tod ihres Mannes in *Richard III.*:

> O steht mir nicht mit Jammerklagen bei,
> Ich bin nicht unfruchtbar, sie zu gebären:
> In meine Augen strömen alle Quellen,
> Dass ich, hinfort vom feuchten Mond regiert,
> Die Welt in Tränenfülle mög ertränken.[40]

In einem Rosettenfenster in der im 19. Jahrhundert erbauten Kathedrale von Lausanne wird die mittelalterliche Vorstellung des Universums dargestellt. Luna ist hier dem Element Wasser zugeordnet. Das Bild besteht aus einem Quadrat und einem Kreis. Das Quadrat in der Mitte zeigt alles Irdische, an die Zeit gebundene (einschließlich der vier Elemente Erde, Luft, Feuer und Wasser), während der Kreis die Prinzipien jenseits der Zeit symbolisiert. Das Element Wasser in der Mitte ist als Göttin personifiziert, die auf ihre vollen Brüste deutet und von vier Bildern umgeben ist, von denen das niedrigste Luna zeigt (Abb. 11). Die drei anderen Darstellungen leiten sich von den Bildern des Tierkreises ab, in denen Wasser vorherrschend ist. Der Kreis auf der linken Seite steht für das Tierkreiszeichen Wassermann, der Wasserträger, aus dessen Krug Wasser strömt. Oben ist der Steinbock dargestellt, der in frühen Bildern des Tierkreises mit dem Schwanz eines Fisches erscheint. Und rechts erkennt man die beiden Fische des gleichnamigen Tierkreiszeichens. Um den Heiligenschein von Luna »in ihrem Element« am niedrigsten Punkt des Kreises des

Abb. 12. Luna und ihr Gefolge. Südliche Niederlande. 1500–1530 n. Chr. Wolle, Seide (170 x 465 cm). Galerie Blondeel-Deroyan, Paris.

Elementes Wasser erkennt man rechts einen Halbmond, der die Hälfte ihres zunehmenden Heiligenscheins umschließt. Der Wagen, in dem sie sitzt, wird von zwei weißen Pferden gezogen und ähnelt einer grünen und roten Wanne. Die hell leuchtenden Speichen des imposanten Rades schimmern wie Mondstrahlen. In einer Hand hält Luna die brennende rote Fackel, mit der sie die Nacht erleuchtet, während von ihrer anderen, der erhobenen Hand, winzige rote Kreise, Funken oder Tropfen des strahlenden Feuers herabfallen.

Zwei Jahrhunderte später wird Luna in einem prächtigen Wandteppich, der den Titel »Allegorie des Mondes« trägt (Abb. 12), noch immer als die Herrin des Wassers dargestellt. Die Figur in dem von zwei Hirschen gezogenen Wagen erscheint vor einem von Sternen übersäten blauen Himmel und wird durch die sichelförmige Krone auf ihrem Kopf und die Korona hinter ihrem Wagen als Luna identifiziert. Mit ihrer rechten Hand bietet sie das Wasser des Lebens und mit ihrer Linken hält sie den Bogen, dessen Pfeile töten. Nymphen des Meeres, der Wälder, Wiesen, Bäume und Brunnen umgeben sie als Ausdruck ihrer Einflusssphäre. Lunas ausgestreckte Hand weist auf die drei Nymphen des Meeres mit geblähtem Segel und Ruder, die unter ihren Füßen als die Neriden bezeichnet werden. Neben ihnen (ganz links) stehen zwei Waldnymphen (über ihren Köpfen als Dryaden bezeichnet), die Äste einer Eiche haltend, während zwei Hymniden – Nymphen der Wiese und der Blumen – auf dem Boden sitzen und Blüten zu einer Krone flechten. Zur Linken der Göttin, neben dem Bogen, sieht man Blumen tragende Nepeae – Nymphen, die in Brunnen und Quellen leben. Auf der rechten Seite stehen zwei Hamadyaden – in olivgrüne Gewänder gekleidete Baumnymphen –, die mit Äpfeln behangene Zweige halten. Das große Ruder, das man häufig in Darstellungen der Göttin Fortuna sieht, deutet die dem Mond zugewiesene Rolle an, das verwundbare Schiff des Schicksals über das unsichere Meer des Lebens zu steuern. Hier werden die alten Kräfte des Mondes nicht nur als Symbol, sondern auch als Allegorie neu inszeniert – etwas, das zwar keine erschreckende Macht mehr besitzt, aber noch immer zum Nachdenken anregt.

In der zeitgenössischen Sprache ist nicht mehr viel von dem früheren Glauben an Metaphern zu erkennen. Metaphern für die Vorstellung davon, wie das Mondlicht wirkt, sind stets »nass« und stehen im Gegensatz zu den trocknenden Kräften der Sonne. Die Strahlen der Sonne verbrennen, trocknen aus, erhitzen und wärmen, während die Strahlen des Mondes baden, waschen, berauschen (wie Alkohol), Durst löschen, auflösen, sättigen, reinigen und kühlen. Oberon, der König der Elfen in *Ein Sommernachtstraum*, formuliert es so: »Allein ich sah das feurige Geschoss / Im keuschen Strahl des feuchten Monds verlöschen«.[41]

MOND UND WETTER

In früheren Tagen beobachtete man den Mond, um Hinweise auf das Wetter zu erhalten und die Zeit zu bestimmen. Für die Römer waren Zeit und Wetter etymologisch miteinander verbunden und wiesen auf einen gemeinsamen Ursprung hin: *tempus*, Zeit, *tempestas*, Wetter, im Französischen noch vorhanden in: *Il fait beau temps* (Das Wetter ist schön) und *quel temps fait-il?* (Wie spät ist es?). Eine ähnliche Verbindung findet man in den griechischen Horai, den Stunden oder Jahreszeiten, denn das Wort *Hora* war zunächst fast gleichbedeutend mit dem Begriff Wetter.[42]

Die nach oben geöffnete Schale des Mondes wird zwar nicht länger als mit Regen gefüllt gesehen, gleichwohl ist die Vorstellung, dass Regenfälle den Phasen des Mondes folgen, noch nicht vollkommen ausgestorben. Frühe und späte Wetterbeobachter beobachteten, wie sich das Erscheinungsbild des Mondes veränderte, wenn sich die Luft veränderte und transparenter wurde. Viele Seeleute und Bauern behaupten noch immer, das Wetter ändere sich bei Neumond und Vollmond. Auch in sehr vielen volkstümlichen Sprichwörtern kommen lunare Wetterregeln vor.

Schwerste Regenfälle werden in Zeiten der Veränderung erwartet, direkt *nach* Neumond und Vollmond (wenn es »Katzen und Hunde« regnet, die Tiere des Mondes). Ein Hof um den Mond bedeutet ebenfalls Regen. Der Vollmond selbst ist erwartungsgemäß gut. Er »bringt schönes Wetter«, »frisst Wolken« und bringt Frost, wenn er klar ist: »Mond klar, Frost nah.«[43] Aber ebenso erwartungsgemäß: »Frost bei dunklem Mond tötet Früchte und Blüten, Frost bei Mondlicht tut dies nicht.« Die Zuni-Indianer sagen: »Ist das Gesicht des Mondes rot, schon bald viel Wasser droht.« Die Farbe des Mondes verspricht Regen, Wind oder Schnee:

> Blasser Mond lässt's regnen, roter Mond lässt's wehen,
> Weißer Mond lässt weder Schnee noch Regen sehen.[44]

Ein Mond pro Monat ist mehr als genug: »Zwei Vollmonde in einem Kalendermonat bringen eine Flut.« Der zweite Vollmond in einem Kalendermonat ist der blaue Mond, was in dem englischen Ausdruck »once in a blue moon« (was »fast nie« oder genauer, nur siebenmal alle 19 Jahre bedeutet) zum Ausdruck kommt. In vielen Teilen Englands kennt man folgenden Reim: »Two Moons in May, no corn, no hay.«[45]

In der *Georgica* behauptete Vergil im ersten Jahrhundert n. Chr. dass der Vater selbst bestimmte, was die Phasen des Mondes bedeuten sollen, damit die Menschen das Wetter vorhersagen können. Wenn der Mond verschwommene Hörner hat, so ist das Wetter feucht, wenn er scharfe Hörner hat, so ist es trocken:

> Sobald der Mond das wiederkehrende Licht sammelt
> und mit trüber Sichel düsteren Dunst umschließt,
> ballt sich für Bauern und Meer ein gewaltiger Regen zusammen;
> übergießt aber mädchenhafte Röte das Antlitz des Mondes, kommt Wind auf;
> bei Wind errötet stets die goldene Phoebe.
> Zieht aber der Mond zur vierten Nacht (denn dies ist das sicherste Zeichen) rein
> und mit unverstümmelten Hörnern am Himmel dahin,
> dann wird der ganze folgende Tag wie auch alle, die nach ihm kommen,
> bis zum Ende des Monats von Regen und Sturm verschont bleiben . . .[46]

Man vergleiche dazu Markham, der 1635, also 1500 Jahre später, in *The English Husbandman* schreibt:

> Wenn man den neuen Mond erscheinen sieht und erkennt, dass ein Teil seiner Hörner ver-
> deckt ist, oder wenn er in der Mitte schwarz oder verblasst ist; wenn er sehr nach Westen

geneigt ist; wenn er entweder von dichten oder wässrigen transparenten Dämpfen umgeben ist; oder wenn er außergewöhnlich blass aussieht, all dies sind untrügliche Zeichen für Regen. Und wenn es am vierten oder fünften Tag des neuen Mondes wie feiner Nebel zu regnen beginnt, dauert der Regen das ganze folgende Viertel des Mondes an.[47]

Oft wurde die Mondsichel als eine Schale angesehen. Wenn sie sich in fast horizontaler Position befand, fing sie Wasser auf (also würde der Monat trocken werden), wenn sie schräg zum Horizont stand, konnte sie kein Wasser auffangen (also würde der Monat feucht werden). Dies nannte man einen »tropfenden Mond«, wie G. Jean Aubrey im Jahr 1685 bemerkte:

Bauern beobachten fast regelmäßig, dass ein tropfender (also ein schiefer) Mond nasses Wetter vorhersagt, besonders, wenn der Mond eine verschwommene, schwärzliche Farbe an einem klaren Himmel zeigt, und dass das Wetter eine ganze Weile lang so bleiben wird.[48]

Das geistige Auge muss die Sichel immer in die eine oder andere Richtung kippen, damit sie zu einer Schale wird, die Wasser halten kann. Dennoch sorgte der Unterschied der wahrgenommenen Neigung bei vielen Menschen für die Vorstellung eines »feuchten« oder eines »trockenen« Mondes.

MOND UND TAU

Einst glaubte man, dass Tau, der im Zwielicht entsteht und bis zum Morgengrauen bleibt, vom Mond stammte. »Die Hitze der Sonne trocknet; die des Mondes macht feucht«, so Macrobius in seinen *Saturnalien*.[49] Dieser Gegensatz macht in Ländern wie Ägypten Sinn, wo die Sonne dem Leben feindlich gesinnt scheint, da sie die Wasserreservoirs austrocknet und die Vegetation verdorren lässt. In solchen Ländern bedeuten Tau und Regen Leben, denn ohne Feuchtigkeit sterben Pflanzen, Tiere und Menschen. Weniger offensichtlich ist jedoch, dass die Quelle dieser Feuchtigkeit dem Mond zugeschrieben wird.

Dennoch ist es eine Tatsache, dass in Vollmondnächten dicker Tau die Erde bedeckt. Und dies wird in Mythen zum Ausdruck gebracht, die Mondgottheiten mit Tau identifizieren. Inanna-Ishtar wurde »die Taufeuchte«, »die Grüne« oder »Herrin des Feldes« genannt.[50] Herse, die griechische Göttin des Taus, war die Tochter der Mondgöttin Selene, und des Zeus. Plutarch, der sich mit diesem Bild beschäftigt, meint, wenn man die Luft als »Zeus« sehe, werde sie »vom Mond verflüssigt und verwandelt sich in Tautropfen«.[51] Der Legende nach wird Selene vom arkadischen Gott Pan entführt, der seine behaarte Bockgestalt mit weichen, weißen Vliesen verbirgt, damit sie auf seinem Rücken reiten kann. Er ist der Hirte, der sich nach mondbeschienenen Nächten sehnt, welche die Hügel und Wasserläufe mit funkelndem Tau (»Mondwasser« genannt) bedecken, damit die Herden trinken können. Pan und Selene wurden zusammen in Höhlen verehrt, insbesondere in Arkadien und Elis, wo Endymion schlief.[52]

Im *Erechtheion*, dem Tempel der Athene nahe des heiligen Ölbaums, gab es einen Schrein für die »Taufeuchte«, *Pandroseion*. Hier wurde am letzten Vollmond des attischen Jahres die Tau-Zeremonie *Hersephoria* abgehalten, bei der Tau-Jungfern um die Statue der Göttin tanzten, um den befruchtenden Tau auf die Erde zu bringen. Um die Köpfe der Statuen der Athene-Jungfern erscheinen Heiligenscheine oder *meniskoi*.[53]

(*Ein Hof um den Mond entsteht durch winzige Eiskristalle hoch über der Erde, die das Mondlicht brechen und reflektieren.*)[54]

Diese Zeremonien weisen auf die alten lunaren Ursprünge von Athene hin, die lange vor ihrer Wiedereinsetzung als Tochter des Zeus zuerst in Knossos in der Linear B-Schrift als *At(h)ana Potinija*, »Herrin Athana«, erwähnt wurde.[55] Athene trug manchmal den Vollmond anstelle des Gorgonenhaupts auf ihrem Schild.[56] Auf Vasen und Skulpturen war ihre Tunika oft mit Schlangen versehen, während auf ihren Münzen Eule, Ölbaum und Mondsichel abgebildet waren (Abb. 15). Euripides nennt sowohl Athene als auch

Abb. 13. Geflügelter Mond mit Wasserströmen, die in zwei Kelchen aufgefangen werden. Assyrischer Zylinder. 18. Dynastie. (Aus Harding, Woman's Mysteries, S. 14).

Abb. 14. Ixchel, die Wasser aus ihrem Wasserkrug ausgießt. Spätes, postklassisches Yucatan. Dresden Codex. Ca. 1300. n. Chr. Sächsische Landesbibliothek, Dresden.

den Mond *glaukopis*, »mit funkelnden Augen«, und die Akropolis wurde einst als *Glaukopion* bezeichnet.[57] Athenes Mutter war Metis, ein Wort, das »Weisheit der Voraussicht«, »im Voraus messen« bezeichnet (aus der altindischen Wurzel *me*, woraus sich *metron*, »Regel«, Maß«, »Standard« ergibt). Metis war eine der vielen Töchter von Tethys, der Göttin des Mondes, und des Gottes Oceanos, der die Erde wie eine Schlange umschloss – das Ursprungspaar, das in der homerischen Schöpfungsgeschichte die Quelle allen Lebens war.[58]

Der etruskische und der römische Name von Athene greift ihr matriarchales Erbe auf, das sie eindeutig mit dem Mond in Verbindung bringt. Der Name Minerva, wie sie im Lateinischen genannt wurde, ist ebenfalls mit der altindischen Wurzel *manas*, Geist, und dem lateinischen *mens* verbunden, dessen Wurzel lunar ist und ebenfalls Geist bedeutet. Zuerst erschien sie in Etrurien als Menrva, Menrfa, Meneruva und Menarva und wurde mit Flügeln und einer Schleiereule dargestellt. Sie war vermutlich auch die Göttin des Blitzschlags. Robert Graves bemerkt, dass »diese etruskische Minerva schon sehr früh mit der griechischen Athene verschmolz«.[59]

DER MOND UND DAS MEER

Das Meer ist Dieb, das nasse Wogen auflöst
Den Mond in salz'ge Tränen.[60]

Die einzige unstrittige Verbindung zwischen Mond und Wasser ist die zwischen Mond und Meer, insbesondere zwischen den Phasen des Mondes und den Gezeiten des Meeres. Bei Neu- und Vollmond gibt es größere Fluten, die so genannten Springfluten, wenn die Flut höher und die Ebbe niedriger ist als gewöhnlich. In Buchten und an Flussmündungen kann der Unterschied zwischen hohem und niedrigem Wasserstand mehrere Meter betragen, was damals genauso leicht zu erkennen war wie heute.

(Im Durchschnitt kommt es in einem Zeitraum von 24 Stunden und 50 Minuten zweimal zu Ebbe und Flut, die jeweils etwa sechs Stunden dauern. Iain Nicholson erklärt in seinem Buch Heavenly Bodies: *»Die Gezeiten werden hauptsächlich durch die Gravitationskraft des Mondes auf die Erde und die Ozeane verursacht. Die Anziehungskraft auf die dem Mond zugewandten Ozeane ist größer als die auf das Zentrum der Erde einwirkende Kraft, und dieser Unterschied sorgt dafür, dass sich das Wasser auf der dem Mond zugewandten Hemisphäre in einer Auswölbung unterhalb des Mondes sammelt. Der Mond zieht den festen Körper der Erde stärker an als Wasser auf der entlegenen Seite, das meist ›zurückgelassen‹ wird und in eine Anschwellung auf dieser Seite fließt.«*

Mond und Sonne beeinflussen die Tiden, obwohl die Gravitationskraft der Sonne ⅖ von der des Mondes beträgt. Wenn also der Mond bei Neumond und bei Vollmond in einer Linie mit der Sonne steht, akkumulieren sich ihre Gezeitenkräfte und verursachen größere Auswölbungen und damit stärkere Tiden. Wenn die Anziehungskraft von Mond und Sonne im rechten Winkel zueinander wirkt (im ersten und im letzten Viertel), hebt sich ihre Wirkung teilweise gegeneinander auf, so dass eine kleinere Auswölbung entsteht und es zu so genannten Nipptiden kommt, die wesentlich schwächer sind.)[61]

Dennoch ist es zweifelhaft, ob die universelle Zuordnung aller anderen Arten von Wasser zum Mond immer das Ergebnis einer logischen Schlussfolgerung aus der Beobachtung der Gezeiten war. Aus sehr frühen Zeiten ist jedoch überliefert, dass die Griechen und Kelten die Verbindung zwischen Mond und Gezeiten durchaus beobachteten, ebenso wie die Inder zur Zeit der Entstehung der *Weden*, die Eskimos, die Maroi in Neuseeland, die Andaman-Insulaner sowie die Chinesen und die Japaner.[62] Wie Pao P'ah Tsze erklärte: »Das Wesen des Mondes beherrscht das Wasser: Daher ist die Flut hoch, wenn der Mond am hellsten ist.«[63] Oder mit den Worten Chaucers: »The see desyreth naturely to folwen' the Moon.« (Das Meer will naturgemäß dem Mond folgen.)[64] Es gibt wohl kaum einen Fischer, der sich der Beziehung der Gezeiten zum Mond nicht bewusst gewesen wäre, da sein Leben davon abhing, Veränderungen vorhersagen zu können. Aber was ist mit jenen Stämmen, die weit weg vom Meer lebten und andere Prioritäten für das Überleben hatten?

Bei den Maori wird die Verbindung zwischen Mond und Meer in der Legende von Rona hergestellt, die »Beherrscherin der Gezeiten« genannt wurde. Sie war die Tochter von Tangaroa, dem Gott des Ozeans, der so groß war, dass er nur zweimal in 24 Stunden atmete.[65] Die Geschichte ist in dieser Region sehr bekannt. Wie die samoanische Sina holte auch Rona Wasser in ihrem Eimer, als der Mond hinter einer Wolke verschwand und Rona über eine Baumwurzel fiel, den Mond verfluchte und ihn als »benebelten Mond« bezeichnete. Wie andere Monde war auch dieser leicht beleidigt, schoss hinter der Wolke hervor, packte sie mit seinen Strahlen und zog sie zu sich hinauf, wo man sie noch heute sehen kann, wie sie sich an den Baum klammert und ihren Wassereimer festhält.[66] Aber als Rona zum Mond hinauf gezogen wurde, brachte sie auch ihre Macht mit, die Gezeiten zu kontrollieren – der große Eimer, der mit dem steigenden und fallenden Rhythmus des Meeres schwankte.

Für die Polynesier waren Mond und Ozean untrennbar miteinander verbunden. Die polynesische Mondgöttin Hina mit den beiden Köpfen, die viele Formen annehmen konnte, wird sowohl »Herrin der Fische«, *Hina-Ika*, als auch »Herrin der Ozeanwellen«, *Hina-Te-Ngaru-Moana*, genannt. Hina, deren Name »Mond« bedeutet[67], war eine der Schwestern des polynesischen Sonnengottes Maui, der ein Netz aus Hinas Haar flocht, mit dem er die Sonne in die Welt ziehen konnte. Dann ließ er die Sonne in den Himmel hinauffliegen, bis sie den Westen erreichte, wo er sie mit demselben Netz in den Ozean hinabzog. Hina-Ika heiratete den Fischgott Ira-Waru, der ein noch besserer Fischer war als der Sonnengott und Fischernetze und Aalfallen erfand, die alle aus Hinas feinem, starkem Haar geflochten waren – die silbernen Fäden des Mondes, die auf dem Meer schimmern. Polynesische Fischer können nachts in die vom Mond beschienenen Tiefen des Meeres schauen, wo sie mit ihren Netzen Fische unter den Wellen fangen. Und bei jedem Tagesanbruch ziehen die silbernen Strähnen des Mondhaares die Sonne im Osten aus dem Ozean hinauf und lassen sie jeden Abend sanft im Westen wieder herab. So geschah es auch am Anfang, denn wenn die Sonne untergeht, geht der Mond auf. Hina war außerdem die Patronin der Künste und des Handwerks sowie die Hüterin der Toten in der Unterwelt.[68]

Viele andere Mondgöttinnen sind ebenfalls aus dem Meer geboren. In einem späten Mythos heißt es von Ishtar, sie sei vom Himmel ins Meer (oder in den Fluss Euphrat) gefallen und dann von Wassergöttern oder Fischen ans Ufer gebracht und von Tauben gepflegt worden[69] – eine Vorstellung, die in der Geburt der griechischen Göttin Aphrodite fortbesteht.

Die »schaumgeborene« Aphrodite wird durch ihr Attribut *Pasiphaessa*, »die Strahlende«, mit dem Mond in Verbindung gebracht. In Hesiods *Theogonie* ist zu lesen, dass Aphrodite im Schoß der Wellen

Abb. 15. Griechische Münze. Die eine Seite zeigt den Kopf der Athene, die andere eine Eule mit Olivenzweig und Halbmond. Ende fünftes, Anfang sechstes Jahrhundert v. Chr. British Museum.

empfangen wurde, die von dem Samen aus den abgetrennten Genitalien des Uranos, des Himmels, befruchtet worden waren. Sie wurde »in weichem Schaum« geboren, wie es in der homerischen *Hymne an Aphrodite* heißt.[70] Aphrodite, das erste Kind der Trennung von Himmel und Erde, ist daher der Erinnerung an deren Einheit am nächsten, und so wird Liebe im größeren Kontext der Sehnsucht der Menschheit nach einer Wiedervereinigung mit dem Ganzen vorgestellt. Es ist also verständlich, dass Aphrodite manchmal als die älteste der Moirai, der lunaren Schicksalsgöttinnen, dargestellt wurde.[71]

Für die Ägypter war das Meer die Salzwüste, in die sich das lebensspendende Wasser des Nils ergoss und fortgetragen wurde – ein weiteres Bild von Seth, der Osiris erschlägt. Als aber die ägyptischen Gottheiten nach der Eroberung Ägyptens durch Alexander den Großen im Jahr 323 v. Chr. in die griechische und römische Welt vordrangen, wurde Isis, die bereits Göttin des Mondes, des Schicksals und des Glücks war, auch zur Göttin des Meeres, von der ein großer Teil des Glücks der Griechen und Römer abhing. Im »wellenumtosten« Delos wurde sie *Isis Pelagia*, Isis des Meeres, genannt, während sie in Italien die Beschützerin der Navigation war. An ihrem Frühlingsfest *Navigium Isidis* wurden die Schiffe der Jahreszeit zu Wasser gelassen.[72]

Die Jungfrau Maria erbte den Titel der Isis und wurde »Stern des Meeres«, *Stella Maris* oder auch »Mutter Mond« genannt. Der Name »Maria« bringt sie durch das lateinische *mare* mit dem »Meer« in Verbindung, während im Französischen »Mutter« und »Meer« – *la mère* und *la mer* – phonetisch gleich sind.[73] Einige der ältesten Göttinnen *sind* das Meer: Nammu in Sumer, Tiamat in Babylon – das Urmeer als die Mutter von allem. Im präkolumbischen Peru war das Wort für Mond, Meer und Frau das gleiche.[74] Ixchel, die Mondgöttin der Maya, wurde »Frau Meer« genannt.

Seefahrer wie Landratten haben Analogien zwischen zunehmendem und abnehmendem Mond einerseits und Ebbe und Flut andererseits hergestellt. So glaubte man von der Flut ebenso wie vom zunehmenden Mond oft, sie würden Leben mit sich bringen, und Ebbe und abnehmender Mond würden es wieder mit sich fortnehmen. Aristoteles schrieb, Tiere würden bei Ebbe sterben, und vermutete, Menschen würden bei Ebbe jenes Gewässers sterben, das ihnen am nächsten war.[75] Diese Metapher war auch Shakespeare bekannt: In Heinrich IV. besprechen Prinz Hal und Falstaff den nächtlichen Diebstahl und gebrauchen Formulierungen wie »Dianens Förster«, »Schoßkinder des Mondes«, und »wir wandeln wie die See mit der Luna, unsrer edlen und keuschen Gebieterin, unter deren Begünstigung wir stehlen«.[76] Bezeichnenderweise lässt Shakespeare Falstaff sterben: »Just zwischen zwölf und eins fuhr er ab, grade wie es zwischen Flut und Ebbe stand.«[77] Ein ritueller Tod, wie er für jemand, der gleichzeitig ein Gauner und ein Königsmacher ist, angemessen scheint.

An vielen Küsten auf der ganzen Welt herrschte der Glaube vor, Geburten bei Flut oder Vollmond würden ein glückliches Leben bedeuten.[78] Keith Thomas erwähnt in seinem Buch *Religion and the Decline of Magic* einen elisabethanischen Bericht, in dem es darum geht, ob zum Zeitpunkt des Todes eines Gemeindemitglieds Ebbe oder Flut herrschte, und fügt hinzu, dass diese Vorstellungen, von denen es viele gab,

»nicht so sehr Überreste einer intellektuellen Doktrin über Mitgefühl und Angemessenheit waren, als vielmehr das direkte Ergebnis eines Lebens in einer primitiven Welt, in der die menschliche Abhängigkeit von den Gezeiten und dem Wetter elementar war«.[79] Es muss also für die Menschen ziemlich »natürlich« gewesen sein, in Einklang mit der Natur zu leben.

* * *

Die Hypothese, dass alles Leben aus dem Meer kommt, führt zu der weiteren Hypothese, dass alles Leben in seiner elementarsten Form für die Rhythmen des Mondes empfänglich ist. Darüber hinaus – so das Argument – macht der hohe Wasseranteil im menschlichen Körper (etwa 80 Prozent) diesen für die gleichen Gezeiten empfänglich, die im Meer herrschen. In der Antike, im Mittelalter und in der Renaissance war dies vor allem in der Medizin eine verbreitete Annahme, und noch heute operieren einige amerikanische und indische Chirurgen nicht bei Vollmond und Neumond, da der Blutfluss, ebenso wie die Gezeiten, an diesen Tagen stärker ist.[80] Da die Idee des lunaren Einflusses auf die Körpersäfte auch auf die »Verfassung« des Geistes ausgeweitet wurde, entwickelte sich sogar die Vorstellung, dass Wahnsinn (englisch »lunacy«) vom Mond komme, insbesondere vom Vollmond. Der Versuch, Symbole von Fakten und Philosophie von Aberglaube zu unterscheiden, gestaltet sich jedoch noch schwieriger, wenn es um den Einfluss des Mondes auf den Lauf der Geschicke des Menschen geht.[81]

DER MOND UND DAS WASSER DES TODES

Der einfachste Ausdruck dieser Idee war der Glaube, die Feuchtigkeit auf der Erde würde mit dem Zunehmen des »feuchten« Mondes ebenfalls zunehmen, so dass Pflanzen und Tiere in dieser Zeit am meisten Saft hätten und am aktivsten wären. Umgekehrt würde der Erde bei abnehmendem Mond Feuchtigkeit entzogen, und alle Lebewesen trockneten aus und würden langsamer. Sobald die Verbindung zwischen Mond und Wasser zur Konstante wird, kommt die Dualität der Kräfte des Mondes ins Spiel. Dann bringt der Mond nicht nur das Wasser des Lebens, sondern auch das Wasser des Todes. In *Ein Sommernachtstraum* bringt der Streit zwischen dem König und der Königin der Elfen die gesamte Natur auf, und wenn der Mond wütend ist, gerät die natürliche Ordnung durcheinander. Titania sagt:

> Drum hat der Mond, der Fluten Oberherr,
> Vor Zorne bleich, die ganze Luft gewaschen
> Und fieberhafter Flüsse viel erzeugt.
> Durch eben die Zerrüttung wandeln sich
> Die Jahreszeiten: silberhaar'ger Frost
> Fällt in den zarten Schoß der Purpurrose…[82]

Das englische Wort »mildew« (Mehltau) – ein weißer Pilz, der sich bei zu viel Feuchtigkeit bildet – stammt vom griechischen *meli*, was »Honig« (honey) bedeutet, und so wird »mildew« zu »honeydew« (Honigtau). Da Honig in den *Upanischaden* und anderswo für die Süße des Elixiers des Mondes steht, lässt die Etymologie vermuten, dass Mehltau seinem Ursprung nach der Tau des »blassen«, »wütenden« Mondes ist.

Die Feuchtigkeit des Mondes, welche die austrocknende Wirkung der Sonne mildert, löst aber auch die Formen der Zeit auf, indem sie den Prozess des Zerfalls initiiert. In *Antonius und Cleopatra* ruft der von Reue über seinen Verrat an Antonius ergriffene Enobarbus den Mond an, er möge sein Leben auf diese Art beenden:

> Du höchste Herrscherin wahrhafter Schwermut,
> Den gift'gen Tau der Nacht gieß über mich,

81

Dass Leben, meinem Leben längst empört,
Nicht länger auf mir laste![83]

Plutarch schreibt, als er den Brauch erklärt, Holz bei abnehmendem Mond zu schlagen, dass die Zunahme des Lichts (beim zunehmenden Mond) die Bäume feuchter macht und so anfällig fürs Vergehen wenn sie geschnitten werden.[84] Die Hitze und der Tau des Mondes, so fährt Macrobius fort, lassen Fleisch verfaulen.[85] Denn das Reich des Verderbens beginnt mit dem Mond und geht mit ihm unter. Seelen, die in diese Region kommen sind ebenfalls dem Zählen der Tage und der Zeit ausgeliefert.[86]

Wie so oft glaubte man zuerst, der Mond als der Stern, der der Erde am nächsten ist, teile die Bedingungen des irdischen Lebens. Dann glaubte man, dass er sie als ein am Himmel hervorgehobener Stern erschaffen habe. »Es gibt keinen Zweifel, dass der Mond der Autor und der Erfinder sterblicher Körper ist«, schließt Macrobius.[87]

DER DUNKLE MOND UND DIE FLUT

Da abnehmender Mond und Ebbe ebenso wiederkehren wie zunehmender Mond und Flut, drängt der anfängliche Dualismus zur Transzendenz des ungeteilten Runds: Was zerstört wird, wird neu erschaffen. Die doppelte Funktion des Mondes, alte Formen, die ihren Zweck überdauert haben, aufzulösen, um Platz für das Neue zu schaffen, kann die kosmische Dimension einer Sintflut annehmen. So wird Ixchel, die Mondgöttin der Maya, deren umgedrehtes Gefäß Regen bringt, auch als der alte Mond dargestellt, der die ganze Welt mit dem Wasser aus seinem offenen Krug zerstört.[88] Ebenso wie die Dunkelheit das Vorspiel zur Wiedergeburt des Lichts ist, werden die Fluten, die in der Idee der zyklischen Zeit die Erde regelmäßig überschwemmen und reinigen, im lunaren Mythos als *notwendig* für die Regeneration erachtet. Sintfluten werden also als ein Urteil für Missetaten aufgefasst. In diesem Sinne korrespondieren Fluten mit dem Tod des Mondes am Ende des Zyklus, der Platz für das Neue schafft. Befürchtungen einer katastrophalen Veränderung am Ende eines Jahrtausends, durch die im »neuen Millenium« eine andere Art von Energie verfügbar wird, könnten im Sinne dieser alten lunaren Tradition interpretiert werden.

In der Genesis kommt die Sintflut, »denn das Dichten und Trachten des menschlichen Herzens ist böse von Jugend auf«[89].

In der früheren sumerischen Geschichte über die Flut im *Gilgamesch Epos* ist es die Mondgöttin Inanna-Ishtar, die sich selbst die Schuld gibt, die Flut verursacht zu haben. Ihre Reue bringt sie dazu, die menschliche Rasse vor dem Ertrinken zu retten, indem sie bei Enlil, dem Gott des Himmels, Fürsprache einlegt. Als die Sintflut kam, schrie Ishtar wie eine Frau in den Wehen (ebenso wie Ereshkigal wie eine Frau in den Wehen geschrien hatte, als Inanna aus der Unterwelt wieder geboren wurde).

Auch Noah in der Bibel rettet die Arten der Welt vor der Zerstörung in seiner Arche – ein Wort, das mit dem hinduistischen Begriff *argha* verwandt ist und sowohl »Halbmond« als auch den »Bogen« eines Kreises bedeutet und an ein Boot des Neumondes erinnert.[90] Ebenso wie lunare Vorfahren, welche die Katastrophe überleben und von neuem beginnen, ist auch Noah als Vater zukünftiger Generationen in gewisser Hinsicht der Schöpfer neuen Lebens auf der Erde. Campbell stellt eine Verbindung her zwischen den ambrosischen, feurigen Flüssigkeiten in der Mondschale und ihren Extrakten, den sakramentalen, berauschenden Getränken, und vermutet, dies sei vielleicht der Grund, warum Noah, der Mondmann, der sein Mondboot über das kosmische Meer gesteuert hatte, sofort nach dem Rückgang der Fluten einen Weinberg anpflanzte, betrunken wurde und unbedeckt in seinem Zelt lag.[91] Inanna-Ishtar liefert das Modell für Noah und ist ebenso wie er die Quelle der Zukunft, denn sie baute eine Arche, ein halbmondförmiges Boot, in dem sie ein paar ihrer Kinder, die Saat alles Lebendigen, über die Flut tragen konnte, die sie selbst verursacht hatte.[92] Im hinduistischen Mythos rettete der erste Mann, Mani oder Manu, ebenfalls die Schöpfung vor einer großen Flut und war angeblich der Vater der Menschenrasse, die seinen Namen trägt.[93]

Auf diese Art wird der Mond zum ersten Vorfahren der neu erschaffenen Rasse. Manabhozo, der Held der Algonquin, der mit dem großen Hasen identifiziert wurde, wurde zum Stammesvorfahren der menschlichen Rasse, als er die Überschwemmung der Welt überlebte, weil er sich auf einen Berg rettete.[94] Manchmal heiratet der Überlebende der Überschwemmung ein Mondtier, und gemeinsam erschaffen sie dann das Leben neu. In einer Legende der Dajak beispielsweise kam die Flut, weil eine enorme *Boa constrictor*, »ein Mondtier«, getötet worden war. Eine Frau überlebte die Flut und paarte sich mit einem Hund – einem weiteren »Mondtier« –, um eine neue Rasse ins Leben zu rufen.[95]

Im Mittelpunkt einer australischen Version des Sintflut-Mythos steht der Frosch im Mond, dessen Quaken den Regen auf die Erde brachte. Das riesige Froschweibchen Dak, die Mutter aller Frösche, trank das gesamte Wasser der Welt. Die anderen Tiere versuchten vergeblich, sie zum Lachen zu bringen, damit sie das Wasser wieder ausspuckte. Erst als der Seeaal und seine Frau sich in ihrem Seeaaltanz wanden, brach Dak in Lachen aus. Als sie den Mund öffnete, strömte das Wasser überall hin.[96] Auf der anderen Seite der Welt, in der Bretagne, verschlang der Mond das Meer, aber es reichte ein Schwatz mit einem bretonischen Fischer aus, um ihn zu überreden, es wieder auszuspucken.[97]

In Australien sagte man auch, der Mond habe einen Mann um ein paar Opossum-Felle gebeten, die er in der Nacht zum Schutz gegen die Kälte tragen wollte. Weil der Mann sich aber weigerte, überschwemmte der Mond das ganze Land, um ihn zu bestrafen.[98] Denn dies ist die andere Rolle des Mondes: Er zerstört unfruchtbare und abgenutzte Formen, *damit* neue Formen entstehen können. Viele Stämme auf den pazifischen Inseln glauben, sie würden von einem mythischen Mondtier abstammen, das einer großen Flut entkommen und geschickt worden war, um die Menschheit nach einem rituellen Vergehen zu reinigen.[99] Daher sind Tod und Wiedergeburt wieder eng im lunaren Mythos miteinander verbunden, in dem Unbeständigkeit *und* Wiederkehr von Licht und Dunkelheit den Geist immer wieder auf etwas jenseits dessen lenken, was für die Sinne präsent ist.

DER MOND IM WASSER

Die Affinität des Mondes zum Wasser führte dazu, dass Mond und Wasser häufig austauschbar waren. Denn während im Himmel das Wasser im Mond war, war der Mond auf der Erde im Wasser und löste sich besonders in klaren Nächten, wenn er voll war, in Seen, Teichen und langsam fließenden Flüssen auf. Die Verbindung zwischen Mond und Wasser wurde auch in Mythen von badenden Mondgöttinnen und -göttern zum Ausdruck gebracht, die sich selbst reinigten und erneuerten, indem sie im Wasser versanken, »ertranken«, und wieder aufstiegen.

Artemis, die griechische Mondjägerin, badete in einem See oder einem Fluss – wie der im Wasser treibende Vollmond –, als der Jäger Aktaion sich näherte und die Göttin ohne ihren Schleier sah. Empört verwandelte Artemis ihn in einen Hirsch, um ihn zu bestrafen, und seine eigenen Hunde zerrissen ihn – eine Zerstückelung, die deutlich auf die Phase des abnehmenden Mondes nach dem Vollmond hinweist.[100] Die Szene in *Liebende Frauen* von D. H. Lawrence, als Birkin Steine nach dem Mond im See wirft und sein Spiegelbild immer wieder zerstört, während Ursula zusieht, könnte als eine Umkehrung dieser Geschichte verstanden werden.[101] Als Artemis im römischen Reich zu Diana geworden war, wurde der See Nemi in der Nähe von Rom »Dianas Spiegel« genannt. Auf dem Berg stand ein Tempel zu Ehren der »Diana des Waldes«. Im stillen, flachen Wasser des runden Vulkansees darunter schien der Mond wie eine Göttin. Der Tag der Diana wurde am Erntemond (dem letzten Vollmond vor der Herbst-Tagundnachtgleiche) gefeiert. An diesem Tag zogen kilometerlange Prozessionen um den Berg. Laut Ovid musste jeder aufstrebende Wächter ihres Tempels den bereits vorhandenen Priester töten, um damit die dunkle Phase des Zyklus darzustellen.[102]

Ein englisches Volksmärchen vom »Toten Mond«, der drei Nächte lang unter dem Wasser gefangen war, kommt aus Lincolnshire:

Es war ein gütiger Mond, der sich darum sorgte, was im Moorland geschah, wenn der Himmel dunkler wurde, denn er wusste, dass die Menschen sein Licht brauchten, um sicher durch das Moor zu gelangen. Also hüllte er sich in einen Umhang mit schwarzer Kapuze und ließ nur seine leuchtenden Füße unter dem Saum hervorschauen, um hinab zu dem feuchten und glitschigen Moor zu schweben, wo Hexen auf Katzen durch die Luft reiten und die roten Augen von Geistern in den schleimigen Wassertümpeln funkeln. Plötzlich verlor der Mond das Gleichgewicht und fiel zurück ins Moor. Ein Ast ragte aus dem Wasser, und er hielt sich daran fest, aber der Ast schlang sich um seine Handgelenke, so dass er sich nicht bewegen konnte. Dann hörte er, wie ein Mann durch das Moor lief und schrie, weil er von bösen Geistern verfolgt wurde. Um ihm zu helfen, zog er so heftig, dass seine Kapuze herabfiel und sein silbernes Licht erstrahlte. Sofort konnte der Mann sehen, welchen Weg er nehmen musste, und brachte sich in Sicherheit. Aber der Mond war noch immer gefangen, und die bösen Geister drückten ihn tiefer in das Wasser hinab und warfen große Steine auf ihn, so dass sein Licht verdeckt blieb. Drei Tage und drei Nächte vergingen. Die Nächte waren so dunkel, dass niemand wusste, was zu tun sei. Endlich erzählte der Mann den Dorfbewohnern, was er gesehen hatte, und sie suchten eine weise Frau auf, die in der alten Mühle lebte. Sie riet ihnen, Haselnusszweige in den Händen zu halten, sich Steine in den Mund zu stecken und so lange zu suchen, bis sie drei Dinge fänden: einen Sarg, ein Kreuz und eine Kerze. Sie taten, wie ihnen geheißen, und als sie den großen Stein fanden, der wie ein Sarg mit zwei gekreuzten Ästen und einer daraus hervorflackernden Kerze aussah, bekreuzigten sie sich und hoben den Stein hoch. Sofort leuchtete der Mond so hell, dass alle bösen Geister flohen. Der Mond dankte den Dorfbewohnern und stieg hinauf in den Himmel. Und deshalb geht niemand nachts ins Moor, es sei denn, er geht mit dem Mond.[103]

»Den Mond trinken« ist ein Motiv in vielen Volksmärchen, die mit der Idee vom Mond im Wasser spielen und daran erinnern, was geschieht, wenn frühere Denkformen das Numinose verlieren und geheimnisvolle Mythen zu moralischen Erzählungen werden. Ein altes Volksmärchen, das überall auf der Welt Abwandlungen erfährt, erzählt von einem Mann, der einmal einer Kuh zusah, wie sie aus einem Teich trank, in dem sich der Mond spiegelte. Plötzlich zog eine große Wolke vor den Mond am Himmel, und der »Mond im Wasser« verschwand. Entsetzt dachte der Mann, die Kuh habe den Mond verschluckt und die Erde zu ewiger Dunkelheit verdammt. Also nahm er seine Axt und hackte die Kuh auf, um den Mond wieder herauszulassen. Genau in diesem Augenblick zog die Wolke wieder vom Mond fort, und der Mann war überzeugt, er selbst habe den Mond gerettet.[104]

Wie die Sufi-Geschichten über Nasrudin zeigen, ist ein Element dieser Denkform nicht allzu weit von unseren Gedanken entfernt:

Nasrudin ging an einer Quelle vorbei, als er plötzlich den Impuls hatte, in sie hineinzuschauen. Es war Nacht, und als er in das tiefe Wasser schaute, sah er dort die Spiegelung des Mondes.
»Ich muss den Mond retten«, dachte der Mullah. »Sonst wird er nie abnehmen, und der Fastenmonat Ramadan wird nie enden.«
Er fand ein Seil, warf es in die Quelle und rief hinab: »Halt dich fest, verzage nicht, Rettung naht!«
Das Seil verfing sich an einem Stein in der Quelle, und Nasrudin zog, so fest er konnte.
Während er angestrengt zog, spürte er plötzlich, wie das Seil nachgab, und fiel auf den Rücken. Als er dalag, sah er oben am Himmel den Mond.
»Gern zu Diensten«, sagte Nasrudin. »Gut, dass ich vorbeigekommen bin, nicht wahr?«[105]

Märchen wie dieses gehen auf jene Idee von »Mondschein« zurück, die den Mond als »Erscheinung ohne Substanz« deutet, wie in dem englischen Ausdruck »that's just moonshine« oder in Shakespeares Pointe: »War ein Wunsch je blasser? / Du flehst um etwas Mondschein im Wasser!«[106]

Der englische Begriff »Moonrakers« (Einfaltspinsel) hat ebenfalls damit zu tun. Als zwei Heumacher aus Wiltshire in Südengland spät am Abend mit ihren Rechen (»rakes«) auf der Schulter von der Arbeit nach Hause gingen, sahen sie den Mond in einem Teich gespiegelt und dachten, es sei eine Scheibe aus Gold. Also stiegen sie in den Teich und versuchten, das Gold mit ihren Rechen zu sich heranzuziehen, jedoch ohne Erfolg. Als ihre Freunde vorbeikamen, lachten sie die Heumacher aus und nannten sie »moonrakers«. In einer anderen Geschichte aus Wiltshire waren die Heumacher Schmuggler. Vor ein paar Hundert Jahren entfielen auf holländischen Gin hohe Einfuhrzölle, und die Männer aus Wiltshire brachten Schnapsfässer in einsame Buchten an der Küste von Hampshire, wo sie die Fässer am Tag in Teichen und Seen versteckten, um sie in der Nacht herauszufischen. Als sie eines Nachts bei Vollmond mit ihren Rechen nach den Fässern fischten, wurden sie von Zöllnern überrascht, die von ihnen wissen wollten, was sie da taten. »Oh«, sagten sie, auf das Wasser zeigend, »es ist weiter nichts als ein großes Stück Käse.« »So, so«, sagte der Zöllner... und grinste. Aber sie lachten nicht schlecht über ihn, als sie das Zeug nach Hause gebracht hatten.«[107] In Kentucky war »moonshine« in diesem Jahrhundert der Name für illegalen Alkohol (dem Getränk der lokalen Indianer, *Chicha*, entlehnt, das zu Ehren des Mondes gebraut wurde), während man in Großbritannien den Whisky, der heimlich in den Bergen gebrannt wurde, »mountain dew« nannte.[108]

Ein sinnträchtiges Bild vom Mond im Wasser lieferte Yang-ti, Kaiser der Sui-Dynastie im siebten Jahrhundert. Er schrieb:

> Der Abendfluss ist glatt und bewegungslos –
> Die Frühlingsfarben öffnen sich gerade in ihrer Fülle.
> Plötzlich trägt eine Welle den Mond davon
> Und die Flut kommt mit ihrer Sternenfracht.[109]

Für die Maori ist der Teich des Mondes nicht auf der Erde, sondern im ewigen Himmel. Sie sagen, dass es über dem Himmel ein Wolkenland gibt, das so genannte »Land des Wassers des Lebens der Götter«. Dort gibt es einen See, »das lebendige Wasser von Tane«, das Leben erneuert. Hierhin geht der Mond, wenn er stirbt, und wird dann wieder auf seine Bahn am Himmel gebracht.[110]

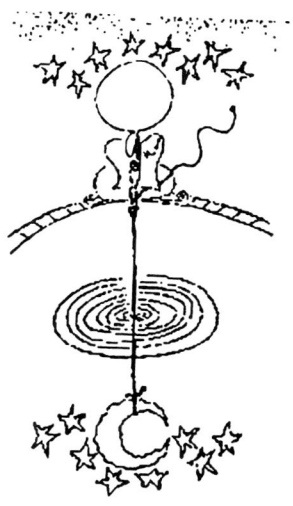

Abb. 16. Nasrudin, den Mond aus der Quelle ziehend. Zeichnung von Richard Williams und Errol le Cain. (Aus Idries Shah, The Pleasantries of the Incredible Mulla Nasrudin, *S. 43).*

In diesem Fall ist der Mond, der in einem Teich auf der Erde schimmert, eine Spiegelung des Mondes, der in einem Teich im Himmel schimmert, so dass Erde und Himmel in einer Umarmung unendlich reflektierender Spiegel gefangen sind. Durch diese Spiegelung der einen Welt in der und durch die andere Welt wird die Welt in Erscheinungen aufgelöst und so mit der Idee der »Reflexion« als eine Art über das nachzudenken, was erscheint, nach innen verlagert. So entsteht die doppelte Reflexion, die wir Bewusstsein nennen. Julian David bezeichnet in seiner Besprechung des Märchens *Tanga, Child of the Moon* der südafrikanischen Xhosa den im Wasser des Flusses gespiegelten Mond als ein Bild des Bewusstseins:

> Wenn wir psychologisch von Bewusstsein sprechen, meinen wir damit das Verdoppeln, die zweimal erzählte Geschichte oder das zweimal geborene Leben, das reflektive Bewusstsein, das sich seiner selbst bewusst ist, sich selbst kennt, sich selbst fühlt, selbst berührt, selbst denkt. Ohne dieses ist dort tatsächlich Bewusstsein, aber es ist das Bewusstsein, dass wir Unterbewusstsein nennen, das Bewusstsein des Unbewussten.[111]

Das ist vielleicht auch der Grund, warum Athene Perseus einen Spiegel schenkt. Perseus befolgt Athenes Anweisung, die Gorgo nicht direkt, sondern nur ihr Spiegelbild anzuschauen und wird so davor bewahrt, durch ihren Blick versteinert zu werden, denn sie ist das »böse Auge«, das tötet, wenn man es ansieht – ein eindringliches Bild der Selbstlähmung, zu der es kommt, wenn man gebannt den eigenen Schrecken anschaut. Indem er die Gorgo, oder eher seine Angst vor ihr, mit einigem Abstand anschaut, kann Perseus seine Angst erkennen und gleichzeitig ihre Ursache beobachten. Das Gorgonenhaupt, das Perseus abschlug und Athene gab, damit sie es auf ihrem Schild trage, wurde in den orphischen Mysterien als das Gesicht des Mondes bezeichnet.[112] Mit anderen Worten, er bringt die Angst ins Bewusstsein, so dass sie ihre Macht über ihn verliert.

Aber wovor hat Perseus Angst? Was wird in der Legende als so Furcht erregend dargestellt, dass die letzte Verteidigung durch Athenes Schild gebraucht wird? Die Gorgonen waren drei Schwestern, deren lunarer Ursprung sich in ihren Namen zeigt: *Stheno*, »stark«, *Euralye*, »weit schweifend«, und *Medusa*, »die Listige« oder »Herrin« als Bilder des Zunehmens, der Fülle und des Abnehmens. Medusa, die Perseus, »der Leuchtende«, töten musste, war die einzige Sterbliche der drei Schwestern, und verkörperte damit die dunkle, sterbende Phase des Mondes. Indem er sie tötet, tötet er die Angst vor dem Tod, die das Leben versteinern kann. Athene selbst, die ihm seine Erlösung gewährt, ist somit der vollkommen realisierte Blick

Abb. 17. Lotus und Mond. Der Mond spiegelt sich in dem Wasser, aus dem der Lotus wächst. Im 14. Jahrhundert entstandene Zeichnung von Mokuan, einem chinesischen Zenpriester, der in der Nähe von Kyoto lebte. (Aus Awakawa, Zen Painting, S. 111).

auf die abwechselnden Zustände von Leben und Tod, auf den Mond hinter dem Mondschein, das ewige Rund hinter der zeitlichen Phase.

* * *

Viele mythische Bilder überleben, selbst wenn sie als Aussagen über die Welt widerlegt sind. Ihre Anziehungskraft als fantasievolle Wahrheiten bleibt selbst dann noch bestehen, wenn ihr praktischer Nutzen bereits lange überholt ist. Mag sein, dass die Menschen, lange bevor Mythos und Wissenschaft voneinander getrennt wurden und sich als verschiedene Denkformen gegenüberstanden, Verbindungen auf einer tieferen Beziehungsebene beobachteten und genauere und komplexere Unterscheidungen treffen konnten, von denen häufig ihr Leben abhing.

Dennoch wird die anhaltende Debatte darüber, ob es einen Zusammenhang zwischen den Mondphasen und dem Leben auf der Erde gibt, nicht einfach dadurch gelöst, dass man sie dem größeren Disput zwischen Mystikern und Wissenschaftlern zuordnet (bei dem es selbst häufig um die Frage geht, was »Beweise« ausmacht), denn auch Wissenschaftler, die über die gleichen Statistiken verfügen, stimmen untereinander nicht überein. So herrscht bis heute keine absolute Übereinstimmung – trotz Teleskopen und Computern –, ob, und wenn ja, wie der Mond und/oder die Planeten das Wetter beeinflussen.[113] Die außerordentliche Verbreitung der Mythen im frühen Denken macht die Verbindung zwischen Mond und Wasser vorhersehbar, erklärt jedoch nicht, warum späteres Denken nicht in der Lage war, sie einhellig abzulehnen. Wie die Anthropologin Marija Gimbuts sagt, bestehen »mythische Bilder viele Jahrtausende«.[114]

In diesem Zusammenhang ist es vielleicht bezeichnend, dass Galileo, als er 1609 den Himmel über seinem Haus in Padua beobachtete und zum ersten Mal den Mond durch das von ihm selbst gebaute Teleskop sah, die dunklen Gebiete für Meere hielt und sie *maria* nannte, ein Name, den sie auf heutigen Karten noch immer haben – z. B. *Mare Imbrium*, »Meer des Regens«.[115] Inzwischen haben verbesserte Teleskope gezeigt, dass es sich bei den dunklen Flecken um Lavafelder zwischen Bergen und Kratern handelt. Andererseits gab die NASA 1998 bekannt, die Sonde *Lunar Prospector* habe in Kratern in der Nähe der Mondpole gefrorenes Wasser gefunden. Es war vermutlich durch den Einschlag von Kometen hinterlassen worden, die überwiegend aus Wasser bestehen. Dies war die dunkle, ständig von der Erde abgewandte Seite des Mondes, die Galileo nicht gesehen haben konnte. Die Überschrift der *Times* lautete: »Galileos Vision von Wasser auf dem Mond bestätigt.«[116] Man muss also vielleicht weiter in die Mythen eindringen, um die Kraft und Beharrlichkeit dieser Ideen zu ergründen.

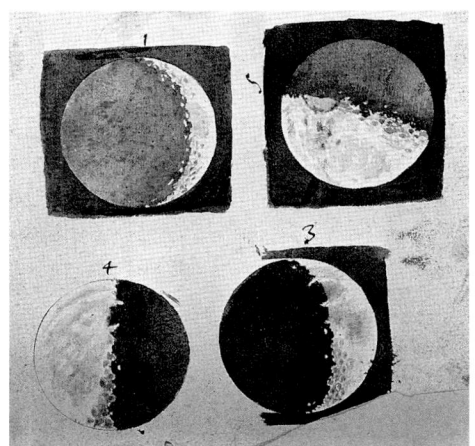

Abb. 18. Die Mondphasen. Tuschezeichnung von Galileo Galilei. (Aus Siderius Nuncius, The Starry Messenger) Italien, 1610.

DER MOND UND DAS WASSER DES EWIGEN LEBENS

Die Macht des Bildes vom Mond als der Quelle des Wassers lässt sich offenbar nicht vollkommen auf die Beobachtung reduzieren, dass die Gezeiten sich nach den Phasen des Mondes bewegten, Tau sich nachts auf die Erde legte, Regen den Mondphasen zu folgen schien und das Blut von Frauen entsprechend eines lunaren Rhythmus zu- und abnahm. Könnte es sein, dass die Schale des Mondwassers aufgrund der Wiedergeburt des Mondes aus seinem eigenen Tod auch – oder sogar ursprünglich – die Schale des Wassers des ewigen Lebens gewesen ist, die unsterbliche Flüssigkeit, deren ekstatisches Versprechen immer dann gekostet wurde, wenn der Mond wieder erschien?

SOMA

Im alten Indien wurde dieses Getränk *Amrita* (»unsterblich«; *a*, »nicht«, *rita*, »sterblich«) oder auch Soma genannt, einer der Namen des Mondgottes selbst sowie das Wort für Regen. Aber das, was von einem modernen Bewusstsein in heilig und profan unterschieden wird, war ursprünglich eine unauflösbare Realitiät. Wie Zimmer erklärt, sind wir eher geneigt, uns das Wasser, das im Universum zirkuliert und alle Lebewesen ernährt, als das Gegenstück des himmlischen Wassers auf der Erde vorzustellen, den Honignektar der Götter. In einem Bild des einen Mysteriums, das alle durchdringt, wird *Soma/Amrita* zum erfrischenden Regen und Tau, der zum Pflanzensaft wird, der zur Milch der Kuh wird, die zu Blut wird – alles verschiedene Zustände des einen Elixiers, das auch die Sterblichen nach dem Tod trinken können. Das Gefäß oder die Schale dieser unsterblichen Flüssigkeit, so Zimmer, ist der Mond, die Heimat und die Quelle des Lebens, die am deutlichsten auf der Erde in den drei heiligen Flüssen Ganges, Jumna und Saraswati manifestiert ist.[117] In einem Zauberspruch aus dem *Rigweda* wird dies erläutert:

> Der geregnete Regen betritt den Mond (denn der Mond nimmt auf und ist gleichermaßen Hauptquelle aller Leben spendenden Säfte der kosmischen Wässer. Diese ernähren Pflanzen- und Tierreiche in Form des Regens, aber wenn der Regen aufhört, betritt seine Kraft erneut die Quelle, von der er stammt, das heißt, er verschwindet und stirbt, um zum König Mond zurückzukehren, der das Gefäß allen Wassers des unsterblichen Lebens ist), und er ist verborgen, denn Menschen können ihn nicht wahrnehmen.[118]

Eine andere Variante stammt aus den *Brihadaranyaka Upanischaden*:

> Dieser Mond ist der Honig aller Wesen, und alle Wesen sind der Honig dieses Mondes.[119]

Im ewigen Leben ist Soma/Amrita immer voll, in der Natur aber nimmt es, ebenso wie der Mond, zu und ab.[120] Der Geschichte nach ist der Kelch mit Soma gefüllt, wenn der Mond voll ist, aber da die Götter Soma brauchen, um unsterblich zu bleiben, trinken sie jeden Tag einen Finger davon, bis der Mond leer ist.[121]

Den Ursprung von Soma findet man in der Geschichte »Das Quirlen des Milchozeans« im *Mahabharata*- und im *Ramayana*-Epos. In den Anfängen der Welt hörten die Götter und die Dämonen oder Gegengötter auf, einander zu bekämpfen und quirlten gemeinsam den kosmischen Milchozean, damit er den Trank des ewigen Lebens spendete – Amrita oder Soma. Dies geschah, weil die Götter, die sich auf der Spitze des Berges Menu versammelten, entdeckten, dass sie aufgrund irgendeines Mangels nicht unsterblich waren, und sie bekamen Angst. Also fragten sie Vishnu, was sie tun sollten. Vishnu sagte ihnen, sie sollten mit den Gegengöttern kooperieren und sie nicht bekämpfen. Zuerst nahm Vishnu selbst die Form einer Schildkröte an und tauchte in den Milchozean ein, um das Gewicht des Berges *Mandara* zu tragen, den die Götter auf seinen Rücken legten und der als Rührstab diente. Der Schlangenkönig *Vasuki* erklärte sich einverstanden, zum Seil zu werden und sich um den Berg zu winden. Dann zogen die Götter auf der einen und die Gegengötter auf der anderen Seite tausend Jahre an der Schlange. Dadurch drehte sich der Berg so heftig um seine eigene Achse, dass die Bäume von ihm herabfielen. Und durch die Reibung entstanden Flammen, die Indra mit dem Wasser aus seinen Wolken löschte:

> Die unterschiedlichen, aus den großen Bäumen ausgeschwitzten Säfte, und die Säfte der vielen Kräuter flossen in die Gewässer der Ozeane. Und aus diesen Säften, die die Essenz der Ambrosia enthielten, sowie aus den Ausschwitzungen des flüssigen Goldes vermischt mit dem Wasser erhielten die Götter Unsterblichkeit. Die Ozeane verwandelten sich in Milch, als sie sich mit diesen hervorragenden Säften mischten, und aus dieser Milch kam die geklärte Butter hervor.[122]

Die Ersten, die aus dem Ozean aufstiegen, waren »Soma, der stille Mond mit seinen kühlen Strahlen (den Shiva nahm, um ihn auf seinem Kopf zu tragen) und die Sonne mit Hunderttausend Strahlen«. Dann die Göttin Sri (*Lakshmi*), dann die Göttin des Weins, dann das milchweiße Pferd der Sonne, dann die Perle der Edelsteine, und dann der große Elefant *Airavata*. Aber dann erschien ein giftiger, schwarzer Rauch, »Schwarzer Gipfel« genannt, – die höchste Konzentration der Macht des Todes. Shiva verschluckte ihn, so dass sein Hals blau wurde. Dann kamen der magische Baum und die magische Kuh, die alle Wünsche erfüllen, und zum Schluss *Dhanvantari*, der Gott der Heilung, der die weiße Schale mit dem Ambrosia des unsterblichen Lebens trug, Soma/Amrita (Abb. 14).[123]

Abb. 19. Das Quirlen des Milchozeans. Indisches Gemälde. 19. Jahrhundert. Chandigarh Museum, Südindien.

Einer weiteren Legende zufolge liefen vier Tropfen Soma aus der Schale und fielen an den Ort, wo Ganges und Yamuna sich vereinigen. Diese Legende ist für das religiöse Leben der Hindus so wichtig, dass am 14. Januar 2001 acht Millionen Gläubige in den Flüssen in Allahabad badeten, um das so genannte »Große Fest des Nektarkruges«, *Maha Kumbh Mela*, zu begehen.

In der Bedeutung von Soma laufen zwei Traditionen zusammen. Denn es hieß auch, dass das Soma auf der Erde der Saft der milchigen Kletterpflanze Soma war, der zu einem Trank fermentiert wurde. Und die, die den Trank zu sich nahmen, versetzte er in Ekstase und befreite sie von Angst, besonders von der Angst vor dem Tod. Sie waren von dem Geist, von *manas*, erfüllt.[124]

Soma war in den früheren *Weden* so wichtig, dass sie/er Gegenstand von 120 Hymnen wurde. Alle 114 Hymnen des neunten Buchs des *Rig-Veda* sind an die Gottheit Soma gerichtet. Die Pflanze und der Trank sind manchmal schwer von dem Gott zu unterscheiden, weil sie ursprünglich als Ganzheit aufgefasst wurden. Der himmlische Ursprung von Soma als »König der Pflanzen« wird in der Geschichte des Adlers deutlich, der »mit der Geschwindigkeit der Gedanken« in den Himmel hinaufflog und die bronzene Festung eroberte, die immergrüne Pflanze ergriff und sie hinab zur Erde brachte.[125] Seitdem wächst die Pflanze in den Bergen, die den Himmel am »Nabel der Erde, auf den Bergen« und »in der Mitte der Erde« berühren, wo Himmel und Erde aufeinander einwirken.[126]

Einige Kommentatoren sind der Ansicht, Soma sei erst in der späten wedischen Periode mit dem Mond selbst identifiziert worden (der andere Mondgott ist Chandra).[127] Aber Soma besaß von Anfang an all die Eigenschaften, die für Mondgottheiten charakteristisch sind: Gesundheit, Fruchtbarkeit und ewige Erneuerung. »Habe ich nicht Soma getrunken?«, war der Schrei nach Befreiung von allen Einschränkungen.[128] Einige Passagen aus späteren wedischen Hymnen und den *Puranas* weisen auf den Übergang von Soma als Ambrosia zu Soma als der Mond hin: »Möge der Gott Soma, der, den man den Mond nennt, mich befreien.«[129] Als Mondgott befruchtete Soma die gesamte Erde mit seiner ambrosischen Flüssigkeit, die oben und unten das Elixier war, die so genannte »Medizin«. Er machte die Lahmen gehend und die Blinden sehend und heilte die Kranken an Körper und Geist. Soma zu trinken brachte Dichtern Inspiration, verlieh sexuelle Potenz, schuf die Verbindung zu den Göttern und schenkte Unsterblichkeit.

Der Schlüssel zum Verständnis von Soma scheint im Epos des *Stapatha-Barhama* zu liegen, in dem es heißt: »Und wirklich ist die Schale des *Soma* auch der Geist.«[130] Denn das Bild der Götter und Gegengötter, die zusammenarbeiten, um etwas Neues aus ihrer Gegensätzlichkeit zu erschaffen, bietet ein Bild der Hoffnung für den Geist in Konflikt mit sich selbst. Dann ist Soma, das Lebenselixier, der Seinszustand, der eintritt, wenn der Geist sich von der Identifikation mit einem der beiden gegensätzlichen Pole löst und so frei wird für eine Sicht auf alle Gegensatzpaare: Geist und Natur, Individuum und Universum, Leben und Tod.

HAOMA

Das persische Äquivalent zu Soma war *Haoma*, eine Pflanze, die ebenfalls auf den Gipfeln von Bergen gefunden und von den Vögeln des Himmels hinab auf die Erde gebracht wurde. Aus ihr machte man den Trank, der den Göttern Unsterblichkeit verlieh und den Menschen das spirituelle Leben schenkte. Die Sage von Haoma ähnelt den Geschichten, die sich um Soma rankten: Es hatte heilende Kräfte, brachte Frauen Fruchtbarkeit und Mädchen Ehemänner.[131] Als man in Haoma einen Gott sah, wurde es als Mithra, Sohn von Ahura Mazda, dem persischen Gott der Güte und des Lichts personifiziert. In einer anderen Legende heißt es, dass Mithra Haoma trinken musste, um ein Gott zu werden. Aus ihm wurde Zoroaster geboren, und in zoroastrischen Ritualen, die von Yima, dem unsterblichen Vorfahren der menschlichen Rasse, eingeführt worden sein sollen, wurde sein fermentierter Saft als Lebenselixier getrunken. Man sagte, Haoma war der erste der Bäume, die Ahura Mazda in den Quellen des Lebens pflanzte. Wer seinen Saft trinkt, wird nie sterben.[132]

Diese Idee, die im hinduistischen Denken am vollständigsten ergründet wird, findet man auch im alten Griechenland, wo das himmlische Ambrosia der Nektar ist, der den Göttern auf dem Olymp Unsterblichkeit verleiht. Das Wort Ambrosia, das ebenfalls »unsterblich« bedeutet (*a*, »nicht«, *brotos*, »sterblich«), ist etymologisch mit Amrita verwandt. Interessanterweise taucht das Wort *Soma* im Griechischen als das Wort für »Körper« auf und bezeichnet auch den menschlichen Körper (»somatisch«). Partridge bringt in seinen *Origins* das Griechische nicht mit dem Altindischen in Verbindung, sondern listet Soma als »1. – die Pflanze« und »2. – der Körper« auf.[133] Aber es ist kaum vorstellbar, dass es angesichts der historischen Übertragung zwischen Sanskrit und Griechisch überhaupt keine Verbindung zwischen dem altindischen »Mond«, Soma, der Soma-Pflanze und dem griechischen »Körper« geben würde, zumal die Verbindung zwischen oben und unten bereits durch die beiden Bedeutungen von Soma hergestellt wird – der himmlische Mond mit seinem Elixier und die irdische Pflanze mit ihrem Leben spendenden Saft. Es ist also durchaus möglich, dass das griechische *soma* ursprünglich eine Idee des Körpers enthielt – der Körper der Erde und der Körper der Menschen –, da es die personifizierte Form des altindischen Soma, des unsterblichen Elixiers des Mondes ist. Dies würde bedeuten, dass man einst glaubte, die Essenz der Welt bestehe aus himmlischem Nektar, der sich zu Materie verdichtet hat. Ähnlich wurde auch der milchige Edelstein, der »Mondstein«, als eine Kristallisation von Mondstrahlen aufgefasst. Im Griechischen bedeutet *matrix* (von *ma* im Sanskrit für »Mutter« und »Maß«, und von *mas* für »Mond«, »die Schale des Soma«) sowohl »Mutter« als auch »Materie« und gehörte einst, so Jung, zu einer verbreiteten Gefühlsstruktur: »Die Wurzel ›Materie‹ ist die Mutter aller Dinge.«[134]

Wenn dem so ist, dann verbirgt sich in der Sprache die geheime Lehre von der Welt des Körpers, der durchdrungen ist von der Welt des Geistes, eine Wahrheit, der man sich erinnerte, wenn man von der Pflanze trank, die selbst die irdische Verkörperung des Mondes war – Soma. Dies macht die platonische Vorstellung von Wissen als Erinnerung verständlich, eine Erinnerung an die ursprüngliche, reine Form, deren Reflexion die Welt der Phänomene ist.[135] Ekstase – außerhalb (griechisch *ek*) von sich selbst stehen (*stasis*) –, hervorgerufen durch den Rausch nach dem Trinken von der Soma-Pflanze, zeigt die Welt in ihrem ursprünglichen »aufgelösten« Zustand – als Soma –, in dem sie plötzlich ewig und einheitlich erscheint, im Gegensatz zu der profanen Erfahrung der Zerlegung in Zeit.

MANNA

Die jüdische Volkskunde hat ihre eigene implizite (und undogmatische) Version des Ideenkomplexes Mond-Tau-Honig-Elixier im Bild von »Manna«, dem »Brot des Himmels«. Als Moses mit seinem Volk durch die Wildnis von Sin zog (der Name des babylonischen Mondgottes), versprach ihm der Herr, es werde Manna »regnen«. Am Morgen fanden sie die Erde mit Tau bedeckt:

> Und als der Tau weg war, siehe, da lag's in der Wüste, rund und klein wie Reif auf der Erde.[136]

Manna besitzt all die wundersamen Heilkräfte von Soma als unsterblichem Tau des Mondes. Es wurde in der Dämmerung des sechsten Tages der Schöpfung erschaffen und ist die Nahrung der Engel im Himmel und der Rechtschaffenen (wie Soma auch die Nahrung der Götter ist). Manna, das weiß und wie Honig war, fiel in der Nacht herab und schmolz, wenn die Sonne »heiß wurde«.[137]

> Und das Haus Israel nannte es Manna. Und es war wie weißer Koriandersamen und hatte einen Geschmack wie Semmel mit Honig.[138]

Es fiel nicht am Sabbat herab (entsprechend den Gesetzen Gottes für den Tag der Ruhe), hinterließ keine Rückstände, da es vom Körper vollständig aufgenommen wurde, und nicht eingesammeltes Manna schmolz und floss in Bächen davon, damit die Tiere es verzehren konnten, die ihrerseits von den Kindern

Israels verzehrt wurden, die 40 Jahre lang Manna aßen. Ein Fass voll Manna wurde neben der Bundeslade aufbewahrt und versteckt, bevor der Tempel zerstört wurde – es wird erst in der Zeit des Messias wieder auftauchen.[139] Eine Jahrtausendprophezeiung im Fünften Buch Mose endet mit dem Versprechen, dass der Himmel von Tau triefen wird.[140]

»Manna« – ein Wort mit der inzwischen vertrauten Wurzel *man* – war ein im Arabischen, Sumerischen, Ägyptischen und Griechischen verbreiteter Name und wurde in der Wildnis von Sinai meist als Begriff für den ausströmenden Duft des Baumes *Tamarix gallica* verwendet.[141] Man sagte, als Moses die Gesetze auf dem Berg Sinai empfing, seien die Israeliten vor Angst gestorben, als sie Gott zu sich sprechen hörten, und der »Tau des Lebens« habe sie wieder zum Leben erweckt. Derselbe Tau, »gemacht aus dem Licht, das während der Erschaffung leuchtete, aber seitdem versteckt ist, wird von Gott im Zeitalter des Messias genutzt werden, wenn er die Auferstehung der Toten veranlasst«.[142]

Die Bilder sind erstaunlich vertraut: Manna ist »oben wie unten mit Schichten weißen Taus bedeckt« und wird von den Rabbis mit »Perlen«, den Edelsteinen des Mondes verglichen. Es befindet sich jenseits der Naturgesetze, denn es wird zwar gegessen, muss aber nicht ausgeschieden werden. Manna ist auch wie Honig, in der Dämmerung aus Licht geschaffen, die Nahrung für göttliche Wesen. Es regnet vom Himmel herab, als Pflanze gleichen Namens tropft es aber auch von einem irdischen Baum. Vor allem aber ist dieser Tau die Substanz der Wiederauferstehung. Es ist vielleicht bezeichnend, dass es von *Shekhinah*, der göttlichen Präsenz Gottes, auch heißt, sie sei wie der Mond, der das göttliche Licht in die Welt zurückwirft.[143]

Keats greift in seinem Gedicht *La Belle Dame Sans Merci* ähnliche Bilder auf, wenn er einer Dame, einem »Elfenkind«, begegnet, deren Liebe ihn den Tod vergessen lässt:

> Sie fand für mich Wurzeln von süßem Wohlgeschmack
> Und wilden Honig und Mannatau[144]

HONIGTAU

Coleridges »Honigtau« in *Kubla Khan* besitzt alle magischen Eigenschaften von *Soma*:

> Zieht dreimal einen Kreis um ihn
> und schließt die Augen in heiliger Furcht,
> Denn er hat sich am Honigtau gelabt
> und die Milch des Paradieses getrunken.[145]

Die Buschmänner stellen sich das »Wasser des Mondes« auf den Sträuchern als flüssigen Honig vor, der auch das Wild wieder belebt oder es zumindest am Leben erhält, auch wenn es so aussieht, als sei es vergiftet worden. Aus diesem Grund war es den Jägern der Buschmänner verboten, zum Mond zu schauen, wenn sie schossen, denn »das Wasser des Mondes lässt das Wild leben«:

> Denn, so erzählten uns unsere Mütter, das Wasser des Mondes, das wir auf einem Busch sehen, ähnelt flüssigem Honig. Er fällt auf das Wild. Er kühlt das Gift, mit dem wir das Wild schießen. Und das Wild steht wieder auf, es lebt weiter und zeigt keine Anzeichen des Gifts, auch wenn es so ausgesehen hat, als würde es sterben. Das Wasser des Mondes heilt es. Und deshalb lebt es... unsere Mütter erzählten uns, das Wild, das wir erlegt haben, würde fortgehen wie der Mond, wenn wir den Mond ansehen.[146]

Honig lässt sich oft nicht von Ambrosia in Griechenland oder von Soma in Indien unterscheiden. Plutarch schreibt: So wie Athene Achilles, als er das Essen verweigerte, Nektar und Ambrosia einflößte, so ernährt der Mond, der in Athene seine Entsprechung hat, die Menschen Tag für Tag, in dem er ihnen Ambrosia schickt, die Nahrung der Götter.[147] Und Euripides vergleicht die »goldene Aphrodite« mit der Biene, die aus der blühenden Welt einen süßen Honig macht und die Menschen mit ihrem Schicksal versöhnt.[148] Diese ambrosische Tradition besteht in der Verwendung des englischen Worts »Honeymoon« (Flitterwochen) für die Zeit nach der Hochzeit fort, die Zeit der Aphrodite, wenn die Sterblichen den unsterblichen Nektar der Götter kosten dürfen. Einst dauerte ein »Honey Moon« einen ganzen Monat.[149] Im Französischen ist die Idee die gleiche: *lune de miel*.

Ebenso wie Dionysos wurde auch Zeus auf Kreta mit Honig ernährt. In seinem Buch *Dionysos* bemerkt Kerenyi, Bienen seien die erste Quelle dieses Rausches der Freude gewesen, der später durch Wein herbeigeführt wurde. Ursprünglich stammte der Nektar der Götter aus den Pflanzensäften, aus denen die Bienen Honig machen. In den Adern der Götter floss kein Blut, sondern eine Substanz namens *ichor*, eine blassgelbe ätherische Flüssigkeit – ähnlich wie Honig, Tau oder Soma.[150]

MONDTAU

Geschichten über wundersame Heilwässer finden sich in der Volkskunde aller Länder. Diese Wässer werden »Quelle der Welt«, »Quelle des wahren Wassers« oder einfach »Lebendes Wasser« genannt. Den meisten Mythen liegt die Idee der Suche nach dem »Wasser des Lebens« zugrunde, das denjenigen verwandelt, der es sucht, das die Kranken heilt, die Toten wieder zum Leben erweckt und ewige Jugend und Unsterblichkeit verleiht. In einem ungarischen Märchen wird das magische Elixier explizit mit dem Mondtau in Verbindung gebracht. Die Heldin, »Wahrheit« genannt, will verständlicherweise nicht anerkennen, dass »Lüge«, der Name ihrer Widersacherin, überlegen ist. Lüge rächt sich, indem sie Wahrheit die Augen ausreißt. Als Wahrheit verstümmelt daliegt, hört sie zwei Teufel prahlen, sie hätten die Wasserzufuhr des benachbarten Dorfes abgeschnitten und auch gerade einen Arzt getötet, der herausgefunden hatte, dass die Blinden geheilt werden können, wenn sie ihre Augen in der Nacht des Neumondes mit Tau waschen. Daraufhin reibt Wahrheit den Tau des Neumondes in ihre Augenhöhlen und kann wieder sehen. Dann läuft sie in das Dorf und sagt den Bewohnern, wie sie ihr Wasser zurückbekommen können. So zeigt sich schließlich, dass »Wahrheit« Recht hat.[151]

In der Alchimie war Tau eines von vielen Symbolen für den Stein der Weisen in seinem embryonalen Zustand und wurde häufig »Elixier des Mondes« genannt (Abb. 20).[152] In *De Chemica* bringt Senior die traditionelle Vorstellung des Mondes in seine alchimistische Vision ein, wenn er schreibt, dass der Vollmond das philosophische Wasser und die Wurzel der Wissenschaft ist, denn er ist der Herr der Feuchtigkeit, der perfekte runde Stein und das Meer . . .[153]

Tau wird auch in vielen Heilkuren der Volkskunde erwähnt: Wenn er das Elixier der Götter ist und wenn er vom Mond geschickt wird, dann muss er magische Kräfte besitzen. In Großbritannien war es eine beliebte Kur gegen Gicht, barfuß über Tau bedecktes Gras zu gehen, und um einen Hexenschuss zu kurieren, musste man sich im taufeuchten Gras wälzen, wenn man den ersten Kuckuck des Jahres hörte.[154] Der Brauch des so genannten »May-dewing« – das Waschen mit Tau, der am 1. Mai vor Sonnenaufgang gesammelt werden musste –, wurde in Schottland bis zu Beginn des 20. Jahrhunderts praktiziert. Er sollte Jungfrauen Schönheit und einen Ehemann bringen, entzündete Augen heilen und allen einen Sommer mit viel Glück bescheren.[155] Die Desano-Indianer im Nordwesten Amazoniens nennen den Tau noch immer den »Speichel des Mondes«, denn sie glauben, dass er die Pflanzen wachsen lässt, bestimmte Kräuter mit magischen Kräften ausstattet, und Frauen hilft, Kinder auszutragen.[156]

In einer Version des babylonischen Abstiegsmythos begibt sich Ishtar auf der Suche nach dem Wasser des Lebens von der anderen Seite des Todes in die Unterwelt. Wenn Dumuzis Wunden, die ihm der wilde Eber zugefügt hat, mit dem Wasser aus der wundersamen Quelle gewaschen werden, kann er aus dem Land ohne Wiederkehr zurückkommen. Aber damit Ishtar selbst zurückkommen kann, muss auch sie in dem ewigen Wasser der Quelle gewaschen werden. Dies geschieht in Gegenwart der Annunaki, der Gesetze: Namtar (der Bote von Allat-Ereshkigal) goss das Wasser des Lebens über Ishtar aus und brachte sie fort. Als Ishtar die Oberwelt erreicht, begreift sie, dass sie jedes Jahr trauern und Dumuzi jedes Jahr in dem Leben spendenden Wasser baden muss, damit er von Frühling zu Frühling, der Zeit des »Ursprungs«, blühen kann.[157]

Letztlich verweist die Idee vom Wasser des Lebens auf die Auflösung des versteinerten Herzens im Inneren, die zu einer Geburt auf einer neuen Seinsebene führt – zu einem »neuen Mond«. In Märchen wird Blindheit daher oft durch Tränen der Reue oder des Mitgefühls geheilt – wie beispielsweise in »Rapunzel« –, denn vollständig verstanden, bringt die äußere Blindheit die Gabe des inneren Blicks. Lear sagt zu Gloucester:

> Lear: Keine Augen im Kopf, kein Geld im Beutel? – Hohlten sie dir die Augen und holten
> dir den Beutel? Doch siehst du, wie die Welt geht!
> Gloster: Ich seh es fühlend.[158]

Dieser Gedanke hat eine lange Geschichte. Man kann wieder einen Blick auf die akkadischen Siegel werfen, beispielsweise auf das in Abb. 12 aus der Zeit zwischen 2350 und 2150 v. Chr., auf dem der Gott Ningizzida, Herr des Abgrundes, eine Krone trägt, die wie der Mond gehörnt ist, und einen Kelch in der Hand hält. Der Initiand, den ein zweiter Gott oder Priester (ebenfalls mit einer gehörnten Krone auf dem Kopf) zu ihm führt, wird den Kelch neben dem Feueraltar austrinken. Direkt über dem Kelch des Gottes hängt die Mondsichel, Quelle der berauschenden Flüssigkeit, mit welcher der irdische Kelch gefüllt ist. Campbell weist darauf hin, dass die Figur ganz rechts mit der Schlange auf dem Kopf der Wächter am Tor des Gottes ist. Beide gemeinsam stellen zwei Manifestationsebenen des einen ewigen Prinzips dar. Die gesamte Szene ist eingerahmt von der männlichen und der weiblichen Schlange des Merkurstabs. Ihre Einheit soll die Transzendenz der Gegensätze als die Vision anzeigen, die der Kelch jenen bringt, die aus ihm trinken.

In keltischen Legenden wird der Kelch des Mondes zum Kessel der Wiedergeburt: Unter den Wellen servierte Manannan Mac Lir, der Gott des Meeres, das Fleisch von Schweinen, die an einem Tag geschlachtet wurden und am anderen Tag wieder lebten, sowie ein ambrosisches Ale, das all seinen Gästen Unsterblichkeit verlieh. Die Bedeutung der »ewigen« Werte vertiefend, hatte Manannan einen goldenen Kelch, der in zwei Teile zerbrach, wenn über ihm gelogen wurde, sich jedoch wieder zusammensetzte, wenn die Wahrheit gesprochen wurde. Aus dieser Tradition stammt der christliche Kelch des heiligen Grals. In Chrétien de Troyes Geschichte ist der Gral der unvergängliche Wein des Blutes Christi, gesegnet von den christlichen Sakramenten, während er in der Version von Joseph de Borodin der Gral das Blut Christi enthält, das aus seiner Seite strömte, als er am Kreuz hing. In Wolfram von Eschenbachs *Parzival* ist der

*Abb. 20. »Mondelixier«. Codex Reginensi
Latinus 1458. 17. Jahrhundert.
(Aus Jung, CW12, S. 214).*

*Abb. 21. Zeichnung. Gott des Merkurstabs. Assyrisches Zylindersiegel.
Aus der Diyala-Region, Tell Asmar, Irak. 2350–2150 v. Chr.
(Aus Campbell,* The Mystic Image, *S. 284).*

»Graal« ein Stein aus dem Himmel, der als Kelch fungiert und alles gewährt, worum er gebeten wird, ob Essen oder Trinken, der aber nur von einem Menschen mit einem mitfühlenden Herzen gewonnen werden kann.[159]

MET

Auch in altnordischen Mythen gibt es eine unerschöpfliche »Quelle der Weisheit«: Odin oder Wotan, genannt der »Wanderer« und manchmal als Trinität dargestellt, gab ein Auge für nur einen Schluck Weisheit aus dieser Quelle, die tief in den Wurzeln des Weltbaumes, der Esche Yggdrasil, versenkt war. In Walhalla tranken die toten Krieger das himmlische Met, das ihnen das Leben und die Freude zurückgab (siehe Kapitel 10, Abb. 10).[160] Odins Ziege trank ebenfalls vom Wasser Yggdrasils und ihre Milch wurde als Met von den Göttern getrunken. »Odins Met«, das aus Honig und dem Blut des weisen Kwasir gemacht wurde, der selbst aus dem Speichel Gottes entstanden war, stellte die Quelle aller poetischen Inspiration dar. Englische und schottische Balladen erzählen auch von Flüssen aus Met, die wie Flüsse aus fermentiertem Honig und Wasser in die andere Welt fließen.[161]

Das Wort »Met« (englisch »mead«), so bemerkt Eliade, kann in indoeuropäische Zeiten zurückverfolgt werden. Im *Rig-Veda* wird Soma »die süße Nahrung Honig« genannt. Das Wort für »süß« ist *madhu*, verwandt mit dem griechischen *methy* (ein *Amethyst* war ursprünglich ein Edelstein, der gegen den Rausch schützte), dem altslawischen *medu*, dem isländischen *mjod* und dem angelsächsischen *meodu*, das zu »mead«, Met, wird. Dies lässt vermuten, dass es eine gemeinsame indoeuropäische Tradition einer Art Honigmet gab, der auf himmlische Ursprünge zurückgeführt wurde. Und die, die ihn tranken, versetzte er in einen Rausch der Stärke, der Inspiration und des Gefühls der Einheit mit ihren Göttern, was prompt als Unsterblichkeit interpretiert wurde.[162]

Bei Ausgrabungen in Callanish auf der Hebrideninsel Lewis vor Schottland fanden Archäologen unter dem Torf in der Nähe der 3000 Jahre alten Steine, in deren Mitte sich ein Hügelgrab befindet und die alle nach dem aufgehenden und untergehenden Mond ausgerichtet sind (siehe Kapitel 5, Abb. 16)[163], Überreste eines starken, aus einer Art Honigmet und Heidekraut bestehenden Bieres sowie zahlreiche Trinkgefäße. Man vermutete, dass die neolithischen Bauern Alkohol zu rituellen Zwecken benutzten. Wenn dem so war, gibt es vielleicht eine weitere, sehr frühe Verbindung zwischen dem Mond und dem heiligen Trank, den die Indoeuropäer als Soma kannten.

Der chinesische Poet Su Tung P'o aus dem 11. Jahrhundert, der von »toten Königreichen« und »Freunden, die sich in Rauch auflösten« träumt, bringt einen Trinkspruch aus:

> ... Lass die Leute
> Lachen über mein vorzeitig
> Ergrautes Haar. Meine Antwort ist
> Ein Weinkelch, gefüllt mit dem Mond,
> Der im Fluss ertrunken ist.[164]

KEIN WASSER, KEIN MOND

Das universelle Ritual des Eintauchens in Wasser als ein Ritual der Reinigung, Initiation und Regeneration scheint seinen Ursprung in dieser Geschichte vom Mond zu haben. Denn als die Flut das Alte hinwegspülte, um Platz für das Neue zu schaffen, wurden auch die Initiierten, die sich vom alten Selbst lossagten, wieder geboren, indem sie in das Wasser des ewigen Lebens eintauchten, darin »ertranken«. Als Geschenk des Mondes brachte das Wasser die Wiedergeburt nach dem symbolischen Tod, insbesondere die

Wiedergeburt in eine Vision jenseits des Überlebens des Ego, in der das höhere Selbst des Initiierten sich mit dem höheren Leben identifizierte: »Das bist – du!« (*Tat tvam asi!*), war der altindische Ausdruck für jene Art von Vision, die den Menschen Jesus im Jordan in den getauften Christus verwandeln sollte. Die *Amritabindu Upanischaden* drücken dies als Metapher aus:

> Wahrhaftig eins sein, das Selbst aller Dinge und Elemente ist präsent in jedem Wesen. Es wird einzigartig und mannigfaltig gleichzeitig wahrgenommen, wie der im Wasser reflektierte Mond.[165]

Jahrhunderte indischen Denkens lassen vermuten, dass dieses Bild des jungen Krishna nicht als das eines Kindes verstanden werden soll, das die Spiegelung des Mondes mit dem wirklichen Mond verwechselt, den nur seine Mutter sieht. Gemeint ist ein angeborenes Verständnis – dem kindgleichen Geist eigen, den der göttliche Krishna verkörpert –, dass dieser Mond und alles andere, die gesamte Welt der Erscheinungen, ein Ausdruck des Selbst (*Atman*) ist, was nach der Lehre der *Upanischaden* die Wirklichkeit darstellt.

Der Zen-Meister Hakuin schrieb einen Vers zu seinem Gemälde des Affen, der nach dem Mond im Wasser greift:

Der Affe greift nach dem Mond im Wasser,
Bis der Tod ihn einholt, wird er niemals aufgeben.
Wenn er nur den Ast loslassen

Abb. 22. Der junge Krishna zeigt auf den Mond im Wasser, während seine Mutter Yasoda Garhawi auf den Mond am Himmel zeigt. Tempera auf Papier. Puhari. Ca. 1790 v. Chr.

Und in dem tiefen Teich verschwinden würde,
Dann würde die ganze Welt in glänzender Klarheit erstrahlen.[166]

In einem Zen-Gedicht mit dem Titel *Kein Wasser, kein Mond* wird dieses Bild noch weiter getrieben und folgende Vermutung aufgestellt: Selbst wenn wir anerkennen, dass das Mannigfaltige das Einfache ist, erfahren wir in unserem Herzen doch nicht das Eine, welches Alles, welches Nichts ist! Eines Nachts trug die Nonne Chiyona einen alten, mit Wasser gefüllten Eimer und sah den im Wasser gespiegelten Vollmond. Plötzlich rissen die Bambusstreifen, die den Eimer zusammenhielten, und der Eimer zerbrach. Das Wasser strömte heraus, und die Spiegelung des Mondes verschwand – und Chiyona wurde erleuchtet. Sie schrieb folgenden Vers:

Auf diese und jene Art
Versuchte ich, den Eimer zusammenzuhalten,
In der Hoffnung, der schwache Bambus
Würde nicht reißen.

Plötzlich fiel der Boden heraus.
Kein Wasser mehr;
Kein Mond mehr im Wasser –
Leere in meiner Hand.[167]

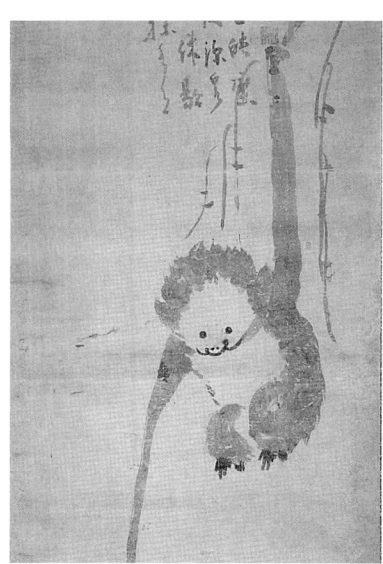

Abb. 23. *Enko hogetsu. Affe, der nach dem Mond im Wasser greift. Gemälde des Zenmeisters Hakuin (1686–1769). Japan, 18. Jahrhundert. (Aus Bancroft, Zen: Direct Painting to Reality, S. 83).*

Abb. 24. *Enso (Kreis). Tuschezeichnung von Torei, einem Schüler von Hakuin. Der Text lautet: »Jede Familie kann sich an einer frischen Brise und einem strahlenden Mond erfreuen; und auch der Geist des Zen ist überall zugegen.« Japan, 19. Jahrhundert. (Aus Awakawa, Zen Painting, S. 91).*

KAPITEL 4

DER MOND UND DAS GROSSE NETZ DES LEBENS

Alles Lebendige ist durch eine gemeinsame Nabelschnur
miteinander verbunden.
Sioux Elder

Jedes Ding enthält das Universum.
Jorge Luis Borges

Die frühe Wahrnehmung des Mondes als Maß von Rhythmen und Schöpfer von Zyklen verwebt Phänomene aus vielen verschiedenen Lebensbereichen zu einer Art Netz. Die Metapher dieses Netzes ist eine lunare Metapher, denn der Mond wird häufig als Spinne gesehen, die Leben aus ihrem sich drehenden Lichtkörper hervorspinnt. Auch Schicksalsgöttinnen, die im Mond lebend dargestellt werden, spinnen, weben und zerschneiden die Fäden des Schicksals auf der Erde. Dieser Auffassung zufolge wird die Welt, das große Netz des Raumes, vom Mond als der großen Spinne gesponnen, ebenso wie der Teppich der Zeit als Gürtel des Tierkreises gewebt wird, der sich ewig um die Erde dreht. Das Universum wird als etwas interpretiert, das aus lebenden Dingen auf der gleichen Seinsstufe verwebt ist, die alle ein gemeinsames Muster bilden und alle aus demselben Faden gestrickt sind.

EPIPHANIEN DES MONDES

Wo immer und wann immer in einem rhythmischen Muster Leben gesehen werden konnte – so unmerklich die Rhythmen auch sein mochten –, zeigte sich die Präsenz des Mondes: Bären im Winterschlaf, die in der kalten Jahreszeit verschwinden und im Frühjahr mit ihren Jungen wieder auftauchen; Katzen, deren Augen in der Dunkelheit größer und kleiner werden; Frösche, die an- und abschwellen; Schnecken, die ihre Fühler aus dem spiralförmigen Haus herausstrecken und sie wieder einziehen; alle Lebewesen des Meeres – Muscheln, Krabben, Austern –, die in den Gezeiten durch den Mond hin und her bewegt werden. Sie alle verhalten sich *wie* der Mond und *sind* daher für den frühen Geist in gewisser Hinsicht der Mond. Ebenso verhält es sich mit Schlangen, Stieren, Kühen, Ziegen, Ochsen, Bisons, Schweinen, Wildschweinen, Hasen, Kaninchen, Kröten, Wölfen, Hunden, Kojoten, Schakalen, Füchsen, Schildkröten, Eulen, Ziegenmelkern, Spinnen...

Dies bedeutet jedoch nicht, dass diese Kreaturen aufhören, das zu sein, was sie sind. Sie sind vielmehr transparent und erlauben einen zweiten Blick auf ihr Sein: Sie auf diese Art zu sehen, führt zu dem, was Blake den »doppelten Blick« nennt.[1]

Für das äußere Auge sind all diese Tiere einfach das, was sie sind, aber für das innere Auge enthüllen sie den Mond. Ein doppelter Blick vereint inneres und äußeres Auge zu einem einzigen.

Dies ist symbolisches Denken, das, wie Eliade betont, *nicht* das exklusive Vorrecht des Kindes, des Dichters oder des gestörten Geistes ist. Für ihn ist symbolisches Denken eher

Abb. 1. Astarte mit der Mondsichel auf dem Kopf. Alabasterstatue. Babylon, 2. Jahrhundert v. Chr. Louvre.

gleichen Wesens mit menschlichem Sein, es kommt vor der Sprache und diskursivem Verstand. Das Symbol enthüllt bestimmte Aspekte der menschlichen Realität – die tiefsten Aspekte – die sich jedem anderen Mittel des Wissens entziehen. Bilder, Symbole und Mythen sind keine unverantwortlichen Kreationen der Psyche. Sie erfüllen den Bedarf und die Funktion, die unentdeckten Modalitäten des Seins ans Licht zu bringen.[2]

Daraus würde folgen, dass wir vom rationalen Verstand zu viel verlangen, wenn wir das symbolische Leben ignorieren oder verharmlosen. Denn die Vernunft, die analysiert und abstrahiert – da sie, wie Blake sagt, nur der Quotient all dessen ist, was wir bereits wissen[3] –, kann von sich aus eine Erfahrung des Ganzen nicht aufrechterhalten und schneidet sich unweigerlich von den tieferen Ebenen der Psyche ab. In einem Symbol werden seiner ursprünglichen griechischen Bedeutung nach zwei Begriffe »zusammengeworfen« (*sym*, »zusammen«, *bolein*, »werfen«), so dass jeder der beiden Begriffe auf den anderen verweist, da sie ursprünglich eins waren und es daher im Wesentlichen auch sind. In Griechenland war ein *symbolon* eine Metallplatte, die in zwei Hälften zerbrochen wurde, damit sie später wieder zu einem ganzen Stück zusammengesetzt werden konnte. Aber man darf nicht vergessen, dass das, was für eine spätere Zeit ein Symbol ist, in einer früheren Zeit eine Epiphanie war, eine Erscheinung des Heiligen.

Die Mythologin Jane Harrison warnt, dass es kein größeres Hindernis für das Verständnis der Mythologie gibt, als unsere moderne Gewohnheit des klaren analytischen Denkens. Die Begriffe, die wir benutzen – so Harrison –, sind geschärft für eine über-nette Diskriminierung. Was wir jedoch brauchen, so Harrison, ist ein mitfühlendes Vorstellungsvermögen:

> Die erste Notwendigkeit besteht darin, dass wir mit Hilfe des mitfühlenden Vorstellungsvermögens die »Vielen«, die wir so scharf und mühsam unterteilt haben, in den Dunstschleier des primitiven »Einen« zurückdenken. Darüber hinaus dürfen wir diesen Dunstschleier des frühen Morgens nicht als gesundheitsschädlichen mentalen Nebel, als ein Zeichen für Unordnung, Schwäche und Schwanken halten. Er ist weder Verwirrung noch Synthese, er stellt eher eine protoplasmatische Fülle und Stärke dar, die noch nicht die unterschiedlichen Formen ihrer endgültigen Geburten artikuliert hat.[4]

Wir haben uns weit davon entfernt, die Vergangenheit so zu begreifen, wie sie war. Wenn man über die Denkweise früher Menschen schreibt, stößt man immer auf das Dilemma, dass die Sprache, die beschreibt, *wie* sie dachten, nicht die Sprache ist, *in der* sie dachten. In einer modernen, deskriptiven Sprache gibt es eine neue Ebene, die sagt – anfänglich vielleicht sagen muss: *Ich denke dies jetzt nicht oder nicht so.* Daher »sie« statt »wir«. Aber wenn wir uns nicht in die Art, *wie* sie dachten, »zurückdenken« können, um tatsächlich *ihre* Gedanken als *unsere* Gedanken zu denken, während wir sie beschreiben – vielmehr: noch einmal durchleben –, werden wir nie sehen, was sie sahen.

Da in einer heiligen Welt alles, so klein es auch sein mag, das Göttliche offenbaren und mit dem Numinosen erfüllt sein kann, entsteht ein Bild dieser Welt ebenso sehr durch Beachtung der »Geheimnisse der kleine Dinge« wie durch das Studium ihrer formalen Gottheiten, besonders, wenn sie alle ineinander fließen. Eine Perle kann die Kräfte des Mondes ebenso lebendig verkörpern wie ein Hase, eine Schlange, ein Gott oder eine Göttin oder jede andere Kreatur, deren rhythmische Energien im Geist zu einer Intuition für ihre fundamentale Identität führen. Das Netz kann scheinbar an jedem Punkt betreten werden. Das Gesamtmuster ist in jedem seiner feinsten Fäden enthalten, auch wenn die Fäden sich zu einer scheinbar eigenständigen Geschichte verweben. Analogien sind kumulativ; eine Analogie beschwört eine andere herauf. Wenn darüber hinaus der Mond selbst zu einem Symbol wird, dann wird auch er transparent.

DIE SCHLANGE

Da Schlangen ihre Haut abstreifen wie der Mond seinen Schatten, glaubte man, sie würden ebenfalls beständig wieder geboren und damit die Erneuerungskräfte des Mondes teilen. Sie verschwinden wie der dunkle Mond, lassen im Winter ihre alte Haut zurück und überwintern bis zum Frühling, wenn sie neugeboren wiederkehren. So werden sie zu Epiphanien der sich selbst verzehrenden und sich selbst erneuernden Kräfte des Lebens, das Mysterium einer Energie jenseits der Formen von Zeit. Da der Mond als die Quelle von Tau, Regen, Blitz und Feuchtigkeit angesehen wurde, findet man die Schlange zusammengerollt neben Quellen und Brunnen oder als Wächter des Leben spendenden Saftes vom Baum des Lebens herabhängend. Die Schlange verkörpert die Kraft des Wassers: Sie gleitet durch Flüsse und Teiche wie eine Welle, ihre Zunge zuckt wie Blitze befruchtenden Feuers im Wasser. Die Schlange war sowohl sterblich als auch unsterblich (ewig wieder geboren) und konnte zwischen den Lebenden und den Toten vermitteln. Daher galt sie als ein Wesen, das die Seelen von Kindern in sich trug, die darauf warteten, geboren zu werden.[5]

Ebenso wie der Mond kann auch die Schlange im Mythos weiblich oder männlich sein. Ihre phallische Form verband sie mit dem Mond als Gott, wenn sie wie er als »Gott der Frauen« betrachtet und daher als Befruchter des Leibes verehrt oder gemieden wurde. Durch ihren Aufstieg aus der Tiefe der Erde vereinigte sich die Schlange mit der Weisheit von Mutter Erde und mit dem Mond als Göttin, deren Kräfte der Geburt und der Transformation sie teilte. Die verschiedenen Muttergottheiten aus der Bronze- und der Eisenzeit sind immer von Schlangen umgeben: Inanna-Ishtar in Mesopotamien, Isis in Ägypten, Hera und Demeter in Griechenland, um nur ein paar zu nennen. Artemis und Hekate als die spezifisch griechischen Göttinnen des Lichts und des dunklen Mondes, tragen Schlangen wie Fackeln. Schlangen hängen von den Falten in Athenes Gewand herab. Sollte es noch weitere Zweifel über die Korrelation von Mond und Schlange geben, so sei auf Aristoteles verwiesen, der in seiner *Geschichte der Tiere* ernsthaft behauptet, Schlangen hätten genauso viele Rippen wie es Tage im lunaren Monat gibt (200 ist wohl eine genauere Schätzung).[6]

Eine ruhende, zusammengerollte Schlange wird zu einer Spirale. Umgekehrt wird eine Spirale in Bewegung zu einer Schlange. Eine Spirale ist ein Kreis, der sich zu einem anderen Kreis öffnet und so gleichzeitig zum Ausgangspunkt zurückkehrt und sich auf einer anderen Ebene bewegt – genauso wie der Mond. Auch Muscheln, Austern und Schnecken haben die Form einer Spirale. Die erste bekannte Darstellung einer Spirale wurde in Mal'ta in Sibirien auf einer Gürtelschnalle aus Elfenbein gefunden, auf deren Rückseite drei Schlangen abgebildet sind. Wie Professor Okladnikow bemerkte, verweisen viele andere Details des Fundes auf die große Aufmerksamkeit, die man dem Mond entgegenbrachte – die Sichelform auf der Schnalle, die Halbmond-Kerben auf den in Mal'ta gefundenen Stücken, und besonders auf den Figurinen von Frauen ... Letzteres ist von besonderer Bedeutung, da diese beiden Darstellungen – der Mond und die Frau – in der Mythologie miteinander verknüpft sind. Vielleicht – so Okladnikow – besitzen die modernen Menschen in Sibirien den Schlüssel zu diesem Phänomen; die Frauen dort berechnen die Geburt eines Kindes nach den Phasen des Mondes.[7]

Die Schlangenform des Blanchard-Knochens ist also vielleicht kein Zufall. Neolithische Spiralen und Schlangen sind austauschbar. Als Energien der Befruchtung winden sie sich um Schöße und Phalli oder fallen mit zickzackförmigen Blitzen als Regen vom Himmel (Abb. 4 und 5).[8]

Martin Brennan studierte zahlreiche der Zeichen und Symbole in den megalithischen Siedlungen in Knowth, Dowth und Newgrange im Boyne River Valley in Irland und hielt seine Beobachtungen in dem faszinierenden Buch *The Stars and the Stones* fest, das Aufschluss über die komplexe Verbindung dieser alten Kunst zur Astronomie gibt. Brennan beschreibt die beeindruckenden Darstellungen des Mondes auf den Steinen in Knowth, dem größten Ganggrab in Irland, dessen zwei Gänge jeweils auf den Aufgang und den Untergang der Sonne zur Zeit der Sonnenwende ausgerichtet sind. Die Schlange symbolisiert in dieser wie in vielen anderen Kulturen den Mond, da er sich wie eine Schlange am Himmel zu bewegen scheint, sich jeden Monat über und unter der Ekliptik und im Laufe des Jahres oberhalb und unterhalb des Himmelsäquators schlängelt.[9] Die wellenförmigen Linien einer sich bewegenden Schlange scheinen also die Zeit zu messen, jede Windung ist eine Zähleinheit des Mondkalenders. Schlängelnde Formen haben häufig zwischen 14 und 17 Windungen: 14 für die Tage des Zunehmens und 17 bis zu dem Tag, an dem das Abnehmen sichtbar beginnt. Die längsten Schlangen haben bis zu 30 Windungen und stellen damit fast die 29,5 Tage eines Mondmonats dar. Kugel und zusammengerollte Schlange stellen vermutlich den Vollmond dar, während einander gegenübergestellte Sicheln mit einer zusammengerollten Schlange in der Mitte oder gegenüberliegende Sicheln alleine den gesamten Zyklus abbilden und häufig auf Steinen zu finden sind (Abb. 6 und 7).

Der babylonische Grenzstein in Abb. 8 zeigt eine riesige Schlange, die aus der Sichel des Mondes trinkt, als sei sie eine Schale mit der magischen Flüssigkeit, die sie beide verwandelt. Hier verweist die Mondsichel vor allem auf den Mondgott Nanna-Sin, der zwischen seinen beiden Nachkommen erscheint: links Inanna-Ishtar als der Morgenstern, und rechts die Sonnenscheibe von Shamash, der Sonne.[10]

STIER UND KUH

Auch andere Tiere werden zu Epiphanien des Mondes, weil sie wie der Mond *aussehen*. Phänomene aufgrund der Ähnlichkeit ihrer Erscheinung miteinander in Verbindung zu setzen, wird als »Lehre der Signaturen« bezeichnet, derzufolge Tiere, Pflanzen, Steine – die gesamte Natur – mit einem Zeichen für das versehen sind, was sie sind und was sie bedeuten. Dies beinhaltete in manchen Fällen auch, wofür oder wogegen sie »gut« waren. Wenn eine Blume gelb war, so war sie gut gegen Gelbsucht. Wenn sie weiß wie der Mondschein war, »gehörte« sie zum Mond und verhielt sich wie er. So zum Beispiel *Lunaria* – benannt nach ihren runden, weißen und durchsichtigen Samenschoten, auch bekannt als »Mondviole« oder »Judas-Pfennig« –, die in der Hexerei dafür verwendet wurde, »die Toten zum Leben zu erwecken«.[11] Diesem Glauben zufolge war die Essenz der Dinge also sichtbar und nicht versteckt, und das Aussehen eines Gegenstandes stimmte mit dem überein, was es war – ein Glaube, der in England bis ins 17. Jahrhundert verbreitet war. Diese Idee hatte den Vorteil, dass sie die Fantasie freisetzte und die Intuition wachrief, aber sie war anfällig für Übergriffe, da sämtliche Grenzen des Geistes – unter Berufung auf dieselbe Lehre – aufgehoben werden konnten. Dies ist schon immer das Problem von Symbolen gewesen: Wie kann man für sie offen sein und gleichzeitig wissen, wann man sich ihnen verschließen muss und wie. Obwohl die eigentliche Herausforderung in unserer Zeit eher darin besteht, symbolisch zu denken, ohne über die Erfahrung intellektuell hinwegzugehen.

Im frühen Denken stimmten die scharfen Hörner des Stiers oder der Kuh jedoch so genau mit dem Kurvenverlauf des zunehmenden und des abnehmenden Mondes überein, dass die Kräfte des einen dem anderen zugeschrieben wurden. Beide gewannen sowohl die eigene als auch die Stärke des anderen. Daher war der gehörnte Mond in allen gehörten Tieren als die Quelle ihrer befruchtenden Kräfte inkarniert, insbesondere im Stier, im Ochsen und im Bison, deren geschwungene Hörner die Form des Halbmondes erkennen ließen, wenn sie den Pflug über die Felder zogen, um sie fruchtbar zu machen.

Dies würde auch die Rolle des Horns erklären, das die schwangere Göttin von Laussel in der Hand hält (siehe Kapitel 1, Abb. 4): Es enthüllt eine symbolische Beziehung zwischen Mond, Horn und Fruchtbarkeit, die mindestens 20 000 Jahre und vermutlich noch viel länger existierte.

Zwei mit dem Rücken zueinander platzierte Hörner ergeben zwei Halbmonde und stellen einen kompletten Mondzyklus dar. Zwei Hörner nebeneinander ergeben die Schale und das Füllhorn. Wieder wird im frühen Denken anhand einer Übereinstimmung der Erscheinungsform eine Parallele des Wesens hergestellt. Und da alle Dinge miteinander verwandt sind, enthüllt diese Parallele eine Einheit, die bedeutet, dass der Stier der Mond auf der Erde und der Mond der Stier im Himmel ist. Daraus entstehen »Mond-

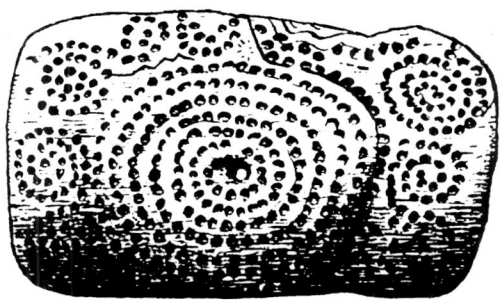

Abb. 2. Schematische Darstellung einer gepunkteten Spirale mit sieben Windungen auf einer Gürtelschnalle, die möglicherweise das Vergehen der Zeit symbolisiert. Jung-Paläolithikum. Mal'ta, Sibirien. Ca. 16 000–13 000 v. Chr.

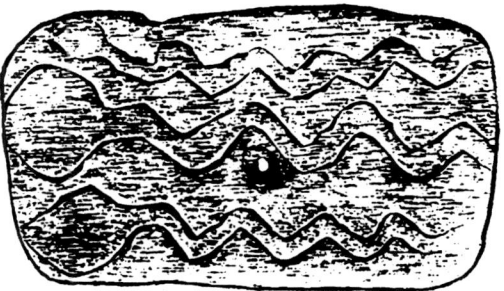

Abb. 3. Rückseite der Gürtelschnalle, die drei Schlangenlinien zeigt. (Aus Encyclopédie Illustrée de L'Homme Préhistorique, S. 452).

Abb. 4. Zusammengerollte Schlange über einer Halbscheibe und zwischen zwei Halbmonden, vermutlich die Mondphasen darstellend. Die Schlangenspirale ist von zwei Regengüssen oder -strömen flankiert, hinter denen zwei zickzackförmige Zeichen in zwei größeren Halbmonden bzw. spitz zulaufenden Ovalen zu erkennen sind. Die Szene ist von einem Regenstrom in Form eines Regenbogens eingeschlossen. Die Linien unter den seitlichen Halbmonden stellen möglicherweise herabfallenden Regen dar. Vasenmalerei. Dimini-Kultur, Asapi-Phase. Sesklo, Thessali, Griechenland. Ca. 5000 v. Chr. (Aus Gimbutas, The Language of the Goddess, S. 286).

Abb. 5. Schlange umgeben von schwarzen Punkten als sich drehende Monde. Mit Graphit bemalter Teller. Gräberfeld von Tangiru, Rumänien. Ostbalkan-Zivilisation. Mitte 5. Jahrhundert v. Chr. (Aus Gimbutas, The Language of the Goddess, S. 283).

Abb. 6. Gravierungen auf Randsteinen in Knowth. Diagrammatische Darstellung der Mondphasen im Laufe eines lunaren Monats. Die Schlangenlinie, die sich von dem zentralen Bild ausbreitet, wird zu Halbmonden und zu einem Kreis oder Vollmond am 14. Tag. Der Rest des Monats ist durch eine Linie getrennt. Zum Ende des Monats kehren die Halbmonde wieder zu der Schlangenlinie im letzten Viertel zurück und stellen einen Monat mit 30 Tagen dar. Ganggrab-Kultur. Mitte 4. Jahrhundert v. Chr. (Aus Brennan, The Stars and the Stones, S. 146).

Abb. 7. Gravierung auf Randsteinen in Knowth. Die Mondphasen werden zuerst von rechts nach links gezählt, beginnend mit einem Halbmond auf der rechten Seite. In der achten Phase oder dem ersten Viertel befindet sich ein Halbmond (in der Mitte). Die Kreise entsprechen den Phasen des Vollmondes. Wird die Zählung umgekehrt, stellt die 20. Phase den Halbmond dar und bildet das letzte Viertel. Mondsicheln erscheinen und verschwinden in einer Spirale, um den sich entfaltenden Mondzyklus darzustellen. Der Balken unter der geschlängelten Linie markiert 12 der 18 Drehungen, die möglicherweise ein Jahr darstellen. Mitte 4. Jahrhundert v. Chr. (Aus Brennan, The Stars and the Stones, S. 148-149).

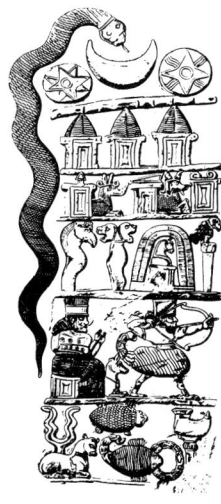

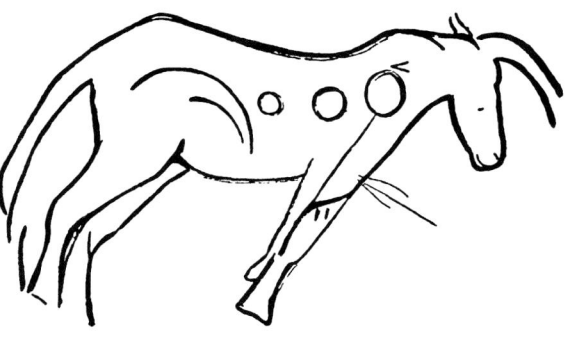

Abb. 8. Schlange, die aus der Mondsichel trinkt. Kudurru oder Grenzstein. Sumer, Kassite. 1125–1104 v. Chr. (Aus Campbell, The Mythic Image, S. 88).

Abb. 9. Pferd mit Mähne wie Hörner sowie Mondsicheln und drei vollen Monden oder Eiern auf dem Körper. Zeichnung auf Höhlenboden. Jung-Paläolithikum, mittleres Magdalénin. Niaux, Ariege, Pyrenäen, Südfrankreich. Ca. 12 000 v. Chr. (Aus Gimbutas, The Language of the Goddess, S. 280).

stier« und »Mondkuh« als Name vieler Mondgötter und -göttinnen und als vorrangigstes kosmologisches Symbol, das die Gesetze des Mondes und der Erde, des Himmels und des Feldes vereinte.

Wenn die Sichel des Neumondes als die Hörner eines jungen Stiers gesehen wurden, dessen Stärke mit dem zunehmenden Mond wuchs, wurde Nanna-Sin »der Mondstier« genannt. Eine Hymne an Sin beginnt wie folgt:

> Stolzes Bullenkalb mit dicken Hörnern und perfekten Proportionen, mit einem Lapis-Bart
> voller Männlichkeit und Überfluss . . .[12]

Nanna-Sins Tochter Inanna-Ishtar wird »prächtige wilde Kuh« genannt, während ihr Körper in einer anderen Hymne als mit Schuppen wie von einer Schlange bedeckt[13] beschrieben wird. Das frühere Bild bringt sie mit Fruchtbarkeit und das spätere mit Wiedergeburt in Verbindung. Andere Erd/Mond-Kühe sind die »kuhäugige« Hera der Griechen und *»Ashtaroth-Karnaim«* (Ashtaroth der zwei Hörner, auch als Astarte bekannt), die in der Genesis erwähnt wird[14] und mit einem gehörnten Halbmond auf dem Kopf dargestellt wurde (siehe Abb. 1). Ashtaroth war auch die Königin des Himmels, der die Frauen Israels ihr Trinkopfer darbrachten, Kuchen opferten und der zu Ehren sie Weihrauch verbrannten – wofür sie vom Propheten Jeremias im Namen seines Herrn getadelt wurden.[15] Die »Hörner der Heiligung« des Stiers, welche den Bezirk des minoischen Palastes in Knossos säumten, waren ebenfalls Zeichen und Symbol der Kräfte des Mondes.[16]

Von dem ägyptischen Gott Ptah aus Memphis hieß es, er sei in einem schwarzen Stier inkarniert, der von einem Mondstrahl gezeugt wurde.[17] Eine ähnliche Legende wurde vom heiligen Apisstier erzählt, der, so Plutarch, von einem Strahl fruchtbaren Lichts, der vom Mond erschien und auf die Kuh, seine Mutter fiel, gezeugt wurde.[18] Apis, der eine Mondscheibe zwischen seinen Hörnern trug, war auch das besondere Tier von Osiris, der selbst als »Stier des Himmels« und »Stier der Unterwelt« bekannt war. Nach dem

Abb. 10. Gegenübergestellte Hörner und Halbmonde. Einige enden in Scheiben, einige treiben
Zweige, und in einer Darstellung windet sich eine
Schlange nach oben. Schwarz auf Rot bemalte
konische Schalen. Cucuteni-B-Phase. Nummer
(1)-(3) aus Sipenitsi, 3900–3700 v. Chr;
(4) und (5) aus Tomashivka, Westukraine,
ca. 3500 v. Chr. (Aus Gimbutas, The Language
of the Goddess, S. 294).

Abb. 11. Drei Stierköpfe unter einem Halbmond. Altorientalisches Zylindersiegel (Datierung unbekannt). Hentze erklärt, dass das Siegel aus sechs
Bildern besteht und die neun Halbmonde in dem ersten Bild neun Mondum-
laufbahnen anzeigen. Wenn das Siegel abgerollt wird, werden drei Stierköpfe
gefolgt von neun Halbmonden abgebildet, so dass die beiden Streifen nebeneinander erscheinen. So wird klar, dass der Halbmond über den Stierköpfen
im Vergleich zu den Halbmonden im nächsten Feld umgekehrt ist und auf den
Wechsel des Mondes in einen neuen Kreislauf hinweist. Auf die neun
Halbmonde folgt ein Feld mit zwei hockenden menschlichen Figuren.
(Aus Hentze, Frühchinesische Bronzen und Kultdarstellungen).

Ritual des Wiegens der Herzen trug Osiris als der Mondstier die Verstorbenen auf seinem Rücken in die
Unterwelt und sorgte dafür, dass sie mit ihm zusammen wie der Mond wieder geboren wurden (Abb. 12).
Toth, der die Ergebnisse des Wiegens aufschrieb, wurde »Stier der Wahrheit« genannt.[19]

Angeblich führte der erste Pharao Menes den Kult des Apisstieres um 3000 v. Chr. ein. Bei den großen
ägyptischen Festen stellte ein Stier, der schwarz und weiß war wie der Mond, die Inkarnation von Apis dar:
Er musste schwarz sein, einen weißen Fleck auf der Stirn und einen weißen Halbmond auf dem Hals und
an den Flanken aufweisen.[20] Man führte ihn in einer feierlichen Zeremonie in den Tempel des lebenden
Apis, wo er für den Rest seiner Tage wie ein König behandelt wurde. Wer seinen Atem einatmete, konnte
weissagen.[21]

Im wedischen Indien wurde der Mond Soma, Chandra oder Indus genannt und als Kuh oder Stier dargestellt. Da der Mond der Spender von Ambrosia war, war er für die alten Inder wie die milchgebende Kuh
des Himmels, auch wenn er männlich war. *Weil* er männlich war, war er auch wie der Stier, der die Kuh
befruchtet. Der Mond war der Freund von Indras, der Sonne – »Ströme, o Mond, und umschließe Indras«,
so eine Zeile aus den *Rig-Veden*. Als Stiere vernichteten die beiden die Ungeheuer der Dunkelheit mit
Feuer.[22]

Im hinduistischen Indien wurden der Mondgott Soma und der Stier Agni häufig als zwei Formen eines
Gottes angesehen, während Shiva, der die Mondsichel in seinem Haar trägt, den Stier Nandi als sein
irdisches Vehikel benutzte. Shiva trägt auch den Dreizack des Meeres, ebenso wie Poseidon, Gott des
Ozeans in Kreta, Mykene und Griechenland, dessen Tier ebenfalls der Stier ist und der den Schicksalsstier
als Zeichen seiner Königswürde aus dem Meer nach Minos schickt. Auch Dionysos, der Ariadne, die Tochter des Minos, heiratet und sie als Sternenkranz am Himmel aufhängt, war als Stiergott bekannt.

In Persien wurde der Mond »Hüter des Samens des Stieres« genannt.[23] Ein Mythos, der älter ist als die
zoroastrische Religion in Persien, erzählt davon, wie der Urstier seinen Samen im Mond hinterließ. Im späteren zoroastrischen Denken wurde der Stier – das erste Tier, das erschaffen wurde – von Ahriman (oder
Angra Mainyu), dem Geist des Bösen, getötet. Anschließend wurde sowohl die Seele als auch der Same

Abb. 12. Osiris in Gestalt eines schwarzweißen Stiers mit sichelförmigen Hörnern trägt seinen Anbeter zur Wiedergeburt in die Unterwelt. 325–30 v.Chr. (Aus Wallis Budge, Osiris and The Egyptian Resurrection, *i, S. 13).*

im Mond aufbewahrt. Der Same des Stiers wurde freigesetzt, als das Böse zum ersten Mal in Form des Todes in die Welt kam.[24] In diesem Mythos wird das Bild des Mondstiers verwendet, um Zeit zu erforschen, denn wenn der Mond den Samen als das, was geboren wird und stirbt (als *bios*), in die Zeit entlässt, stattet er die Seele für das ewige Leben (als *zoe*) aus und verwandelt das Böse in das Gute. Die Legende bietet eine Erklärung für den Tod, denn die Seele des Stieres – und analog die Seele aller erschaffenen Wesen – teilt das Schicksal des wiedergeborenen Mondes, der zwar in die Zeit eintritt, sie aber dennoch zu transzendieren scheint.

Das Faszinierende am »primitiven Geist«, wie Eliade ihn nennt, ist die Tatsache, dass nichts für sich alleine steht. Sobald ein Lebewesen oder ein Stein oder ein Element der Natur als zum Mond gehörig identifiziert ist (aus welchem Grund auch immer), haften ihm auch all die anderen so genannten lunaren Eigenschaften an. Analogien werden zu Affinitäten, die dann symbolisch austauschbar sind. So kommt es, dass der Bär zum Vorfahren der menschlichen Rasse wird, der aztekische Mondgott in einer Schnecke eingeschlossen ist und der feuchte, aber bescheidene Frosch in Ägypten zu einer Göttin der Geburt wird.[25]

FROSCH UND KRÖTE

Frösche und Kröten schwellen an und ab wie der Mond und kommen und gehen wie er. Sie springen in Teiche hinein und wieder heraus, während im Gesicht des Vollmondes ein Frosch oder eine Kröte erscheint, die mit dem abnehmenden Mond wieder verschwindet. »Am zwanzigsten Tag verblassen Kröte und Hase«, so ein altes chinesisches Gedicht.[26] (Der Hase wird in Kapitel 7 besprochen.) In einem Werk aus der Han-Periode (226 v.Chr. – 220 n.Chr.) wird die *Huai-nan-zi*, die dreibeinige Kröte im Mond, als die Seele des Mondes[27] bezeichnet. Und in der chinesischen Provinz Guangxi feiern viele Menschen von Zhuang am ersten Tag des Mondjahres noch immer ein Krötenfest und bitten um eine gute Ernte.[28]

Frösche quaken lauter, wenn es Regen gibt, als seien sie Geschöpfe des Regens, deren Quelle man einst im Mond sah. Vergil nennt Frösche eines der sicheren Wetterzeichen für Regen, wenn sie »im Schlamm ihr altes Klagelied« erheben.[29] In den *Rig-Veden* heißt es: »Wenn das Wasser des Himmels auf sie fällt, wenn sie wie eine getrocknete Haut in dem (ausgetrockneten) Teich liegen, erhebt sich die Stimme der Frösche zu einem Konzert gleich dem Muhen von Kühen, die Kälber haben.«[30] Ihr Quaken rund um den Teich wird (respektvoll) mit dem Gesang Brahmans bei der Opferung von Soma verglichen, und das Gedicht wird für einen Regenzauber gehalten.

Abb. 13. Zwei Ziegen flankieren eine zentrale Säule, auf der verschieden große Monde abgebildet sind, die vermutlich die Mondphasen darstellen. Hell- und Dunkelbraun auf Creme. Protogeometrische Kunst. Knossos, Kreta. 10. Jahrhundert v. Chr. (Aus Gimbutas, The Language of the Goddess, S. 234).

Abb. 14. Zwei Stiere mit sichelförmigen Hörnern ziehen den römischen Mondwagen. Der Halbmond wird häufig durch die Göttin Kybele ersetzt, die in einem ähnlichen Wagen mit dem Halbmond auf dem Kopf gezogen wird. (Aus Lajard, Sur le Culte de Mithra).

In Indien, China, British Columbia, Mexiko, Chile und anderen Ländern glaubte man, Frösche und Kröten würden Regen bringen.[31] Durch den vertrauten logischen Trugschluss *post hoc, ergo propter hoc* wurden Frösche, die Regen ankündigten, zum Bringer des Regens. In Zeiten der Dürre wurden sie mit Zaubersprüchen und Beschwörungsformeln angerufen und sogar erschlagen oder langsam zerquetscht, damit ihr Quaken Regen auf die Erde brachte.[32] Im Gegensatz dazu bemühten sich die Maori, für die der Frosch ein Gott des Wassers, des Regens und der Flüsse war, einem Frosch kein Leid zuzufügen, da er sonst Überschwemmungen bringen konnte, wie er es zu Beginn getan hatte. In China sahen die Menschen Froschlaich mit dem Tau vom Himmel fallen.[33]

Hier liegt eine Kette von Analogien vor, die an jedem Punkt aufgegriffen werden kann und sodann den Rest der Kette heraufbeschwört. Durch jede neue Hinzufügung gewinnt sie an Stärke. Der Geist arbeitet intuitiv und bewegt sich vom Erfassen des Ganzen zu der Eigenschaft der Teile, was zu der Auffassung führt, der Mond zeige sich mit jeder Erscheinung immer voller. In Analogie zum wässerigen Mond, der im Wasser des Himmels verschwindet und wieder aus ihm auftaucht, wird der Frosch mit dem Regen, der vom Mond kommt, mit der Fruchtbarkeit, die der Regen auf die Erde hinabbringt, und mit der Fruchtbarkeit von Menschen und Tieren in Verbindung gebracht, so dass man ihn in Ägypten schließlich als Heqet, Göttin der Geburt, verehrt, die bei Geburten in diese und in die nächste Welt hilft.

Heqet herrschte in Gestalt eines Frosches über die Geburt der Lebensformen, die ihr Gemahl Khnum auf seiner Töpferscheibe gestaltete.[34] Dadurch wurden Frösche mit dem Leben identifiziert, das aus dem dunklen, trüben Wasser des Anfangs kam, aus dem alle Schöpfung entstand und das im ägyptischen Denken mit jeder neuen Geburt wieder aufstieg. Als Hieroglyphe konnte der Frosch »das Leben wiederholen« bedeuten. Man fand Frösche auf Amuletten und in Gräbern aller Perioden, sogar mumifizierte Frösche, welche die letzte Geburt ins Jenseits erleichterten.[35] In späteren Zeiten wurde Heqet mit der Muttergöttin der Fruchtbarkeit identifiziert und war zugegen, als Isis die Form eines Vogels annahm, um das Kind Horus von Osiris zu empfangen. Ägyptische Christen sahen den Frosch auch als ein Bild der Geburt: Auf einer Lampe ist die Figur eines Frosches mit der Bildlegende »Ich bin die Wiederauferstehung« versehen.[36]

In Kirchen in Ungarn, Bayern, Österreich und Jugoslawien werden der Jungfrau Maria noch heute Kröten aus Wachs, Holz und Silber dargebracht, eine Tradition, die auf die Kulturen des alten Europa vor Tausenden von Jahren zurückgeht, als Göttinnen der Geburt als Frösche und Kröten modelliert wurden. Als Bild des dunklen Mondes, der der Wiedergeburt vorausgeht, glaubte man anderswo, der Frosch oder die Kröte verkörpere den Tod und sauge den Menschen das Blut aus, wenn sie schliefen, oder stehle die Milch stillender Mütter.[37] In allen Fällen wurden dem Frosch und der Kröte die Kräfte des Mondes

Abb. 15. Zoroastrischer Mondgott in einem von vier Stieren gezogenen Wagen. Silberteller. Iran. 7. Jahrhundert v. Chr. (Aus der Eremitage in St. Petersburg).

zugeschrieben. Eine Legende des angolanischen Stammes der Kimbundu zieht einige dieser Stränge zusammen:

Vor langer Zeit wollte der König der Erde, dass sein einziger Sohn heirate. »Ich werde dir helfen, eine Frau zu finden.« »Nein«, sagte der Prinz, »ich will nur die Tochter des Mondkönigs heiraten.« Der König der Erde war verwirrt, denn wie soll man zum Mond kommen? Er lud all die Weisen seines Königreiches ein, aber keiner wusste es, bis ein kleiner Frosch sagte: »Ich werde für dich zum Mond reisen.« Voller Zweifel gab der König dem Frosch einen Brief für den Mondkönig und setzte sich, um auf den Abend zu warten. Nun wusste der Frosch, dass die Wasserträger des Mondkönigs jeden Morgen vor Sonnenaufgang zur Erde kamen, um von einer Waldquelle auf einem Hügel Wasser zu holen. So versteckte sich der Frosch in der Quelle, und als ein Träger den ersten Eimer hinabließ, schwamm er in ihn hinein, bevor sie ihn sehen konnten. Als sie auf dem Mond ankamen, sprang der Frosch heraus und sagte: »Bringt mich zu eurem König.« Die Träger taten, was ihnen aufgetragen worden war. Als der Frosch schließlich vor dem Mondkönig stand, gab er ihm den Brief des Königs der Erde. Der Mondkönig las ihn und gab seine Antwort an den Frosch. Der setzte sich daraufhin in den leeren Eimer und wartete darauf, wieder zur Erde zurückgebracht zu werden. Als der Eimer wieder in die Quelle gelassen wurde, schwamm der Frosch heraus und hüpfte bis zum Hof des Königs der Erde. »Ich bin Mainu, der Frosch«, stellte er sich selbst vor, »Botschafter des Mondkönigs. Ich überbringe eine Nachricht Ihrer Mondmajestät.« Der König der Erde nahm der Brief würdevoll an und war erfreut zu lesen, dass der Mondkönig der Hochzeit seiner Tochter mit dem Erdprinzen zustimme, sobald der Brautpreis bezahlt sei. So gab der König der Erde dem Frosch einen riesigen Sack voller Goldstücke, um ihn auf den gleichen Weg wie zuvor zum Mond zu bringen. Diesmal wurde der Frosch angemessen begrüßt. Er dinierte Schwein und Huhn und kehrte mit einer Nachricht zurück, dass die Mondprinzessin die übernächste Nacht zur Erde kommen würde. Keiner glaubte dem Frosch, aber alle zogen sich für alle Fälle fein an, und plötzlich sahen sie wie die Mondprinzessin langsam auf einem silbernen Faden, der von der Mondspinne gesponnen worden war, zur Erde hinabstieg. Als sie den Boden berührte, heiratete sie den Prinzen der Erde.[38]

Abb. 16. Liu Han auf der dreibeinigen Kröte, Münzen als Zeichen von Reichtum und Glück haltend. Bronzestatue. Qing, China. 1723. British Museum.

Abb. 17. Seti I., der der Froschgöttin Heqet ein Opfer dar-bringt. Zeichnung eines Basreliefs. Abydos. Ca. 1300 v. Chr. (Aus Wallis Budge, Osiris, i, S. 279).

Der Anthropologe Gerardo Reichel-Dolmatoff, der über die zeitgenössischen Desano-Indianer in den Regenwäldern des Amazonas schreibt, weist darauf hin, dass eine symbolische oder metaphorische Beziehung nie auf einen Vergleich im Verhältnis eins-zu-eins beschränkt ist; symbolische Bilder werden immer als Ketten von Analogien gesehen. So kann beispielsweise die Milchstraße auf viele verschiedene Arten konzeptualisiert werden: als Fluss, als Pfad durch den Wald, als eine lange Reihe von Menschen, als Samenstrom, als abgestreifte Schlangenhaut und so weiter.[39] Die Kategorien sind austauschbar, erklärt Dolmatoff, denn ein Haus ist auf einer primären Ebene eine Höhle; eine Höhle ist ein Schoß, ein Schoß ist ein Herd, und ein Herdfeuer ist die Sonne. Und daher ist es egal, an welchem Punkt man eine Kette symbolischer Äquivalente beginnt: mit der Kategorie der Artefakte, der sensorischen Elemente, der Natur, der übernatürlichen Wesen oder der Mythen. Die Kette ist nicht linear, sondern windet sich von einer Kategorie zur anderen vor und zurück.[40]

DER BÄR

Der Bär, der dem lunaren Muster folgt und in der Dunkelheit des Winters schläft, um im Licht des Früh-lings wieder aufzutauchen, erhält als Artemis, eine der griechischen Mondgöttinnen, eine göttliche Form. Artemis wurde als die sanfte Bärenmutter verehrt, die ihre Jungen mit der Entschlossenheit eines Jägers bewacht. Auf der Akropolis in Athen gab es einen Bezirk der *Artemis Brauronia*, wo junge Mädchen in braunen Bärenfellen und mit Bärenmasken beim *arkteia*, dem »Bärenfest« für die Göttin, tanzten.

Der Bär hat die älteste bekannte Geschichte aller Tiere. Man fand Bärenschädel in Höhlen, die vor der letzten Eiszeit um 75 000 v. Chr. datieren. Dabei handelte es sich jedoch nicht um willkürliche Schädel-haufen.

Die Neandertaler, die in diesen Höhlen lebten, hatten sie zu einem Muster geordnet, um ein rituelles Empfinden auszudrücken. Paläolithische Zeichnungen von Bären, die aus Maul, Nase und Ohren bluten, weisen auf ein jährliches Opfer des Tieres hin, wie es später in den nördlichen Hemisphären, insbesondere bei den Ainus in Japan, durchgeführt wurde.[41] Im neolithischen Europa waren Bären das heilende Bild einer sicheren Geburt für Mutter und Kind, wie viele Volksmärchen und Skulpturen (und Teddybären) zei-gen. In Ostlitauen wird eine Mutter nach der Entbindung »Bär« (*Meska*) genannt.[42] Sogar die Etymologie des Wortes »gebären« ist viel sagend: die alteuropäische Wurzel *bher*, germanisch *beran*, bedeutet sowohl »Bär« als auch »Kinder gebären«, während das germanische *barnam* »Kind« und das altnorwegische *burdh*

»Geburt« bezeichnet, ebenso ein Wort mit der Wurzel Bär wie das schottische »bairn«.[43] Man vergleiche braun, brown, bruin, Beowulf und Bavaria, während aus der keltischen Wurzel *Art* im sechsten Jahrhundert v. Chr der Name eines keltischen Gottes, Arthur, entstanden ist.[44] Die Bewohner der alten keltischen Stadt Bern in der Schweiz wählten den Bär für ihren Namen und ihr Wappen, da sie den Bär mit der Göttin Artio, dem keltischen Gegenstück zu Artemis, identifizierten, wie eine alte, 1832 entdeckte Bronzestatue (Abb. 18) zeigt. In Acrotiri in der Nähe des alten Kydonia wird auch die Jungfrau Maria als Schutzherrin der Geburt jedes Jahr in einem Fest für *Panagia Arkoudiotissa*, »Sie von dem Bären«, verehrt.[45]

TIERE DES MEERES

Im alten China und im alten Indien gehörten Auster, Miesmuschel und Perle zum Mond, ebenso wie alle anderen Muscheln, die »aus dem Wasser geboren« und »vom Mond geboren« wurden.[46] In einer chinesischen Abhandlung aus dem dritten Jahrhundert v. Chr. heißt es:

> Der Mond ist Wurzel all dessen, was *yin* ist; wenn der Mond voll ist, sind die *pang-* und *ko*-Muscheln voll; alles, was *yin* ist, ist reichlich vorhanden (nimmt zu); wenn der Mond dunkel ist (der letzte Tag des Mondes), sind die *pang-* und *ko*-Muscheln leer; alles, was *yin* ist, leidet Mangel (nimmt ab).[47]

Yin, als die weibliche Energie des Kosmos, ist lunar und »feucht«. Weil der Mond der Ursprung von *yin* ist, so erklärt es Liu Ngan im zweiten Jahrhundert v. Chr., schrumpft das Gehirn der Fische, wenn der Mond leer ist, und die Schalen der einschaligen Muscheln sind nicht mit Fleisch gefüllt, wenn der Mond tot ist.[48] Auch die zweischaligen Muscheln, die Krabben, Perlen und Schildkröten, wachsen und schwinden mit dem Mond. Tacciztecatl, der »Alte Mondgott« der Azteken, wohnte in einem Schneckenhaus und trug eine weiße, spiralförmige Muschel auf dem Rücken.[49] Bei den Azteken repräsentierten Schnecken den gesamten Prozess der Fruchtbarkeit von der Empfängnis über die Schwangerschaft bis zur Geburt, was auf die Ähnlichkeit der Schnecke, der Auster und der Muschel mit den weiblichen Genitalien zurückging. In einer Weiterführung dieser Vorstellung glaubte man in Japan und China, Austern förderten die Fruchtbarkeit sowie eine leichte Geburt[50]. Die Frauen der Akamba trugen sie bis zur Geburt ihres ersten Kindes um die Taille.[51] Noch heute werden Austern als Aphrodisiakum gegessen. Indem man die schöpferischen Energien des Mondes in Anspruch nahm, rief man auch dessen andere Energien der Erneuerung an. In viele römische Grabsteine wurde eine Kammmuschel eingemeißelt, um den Verstorbenen von seinem Tod zu erlösen. Dieser Symbolismus von Muscheln und Perlen dauerte bis in die christliche Kunst fort – denn warum sollte das, was im Leben ernährt, nicht auch im Tod stärken?

DIE PERLE

In China wurde der Mond »Perle des Himmels« genannt, und man glaubte, die »Mondperle« oder »Mondblüte« würde von Zeit zu Zeit auf die Erde fallen und jede Frau, die sie verschluckte, schwanger machen.[52] Dante nennt den Mond »die ewige Perle«, während die Gnostiker die Perle zum Symbol für ihre versteckten, schwer zu erlangenden Wahrheiten machten.[53] Für die Hindus ist die Perle »geboren aus den Tränen des Mondgottes: Da der Mond die Quelle ewiger Ambrosia ist, ist die Perle das Gegenmittel aller Gifte«.[54] Die Perle sollte angeblich auch den Wahnsinn heilen, und in der chinesischen und arabischen Medizin wurde sie zur Behandlung von Augenkrankheiten verwendet. Die Verwendung zu Heilzwecken fand nach dem achten Jahrhundert auch Eingang in die europäische Medizin.

Eine Perle zu tragen, bringt Heilung, denn es ist, als trage man einen Strahl des Mondes. Eine Hymne in den *Arthavaweden* preist die Perle, weil sie die Angst nimmt: »Ich lege dich an für Leben, Kraft und

Abb. 18. Deo Artio. Die Göttin füttert ihr Tier, den Bär, der den belaubten Lebensbaum zu bewachen scheint. Die lateinische Inschrift lautet: »Licinia Sabinella [widmete dies] der Göttin Artio.« Im Sockel befindet sich ein Schlitz für Münzen. Römisch-keltische Bronzestatue. Ca. 200 n. Chr. Bernisches Historisches Museum, Bern, Schweiz.

Stärke, für das Leben von hundert Herbsten. Möge die Perle dich beschützen.«[55] Einen Toten mit Perlen zu bedecken war eine Geste der Erneuerung, durch die der Verstorbene mit den erneuernden Kräften des Mondes vereint werden sollte.[56] Eine Perle in einer Auster ist wie ein Kind im Leib einer Frau, heißt es in einem chinesischen Text aus dem elften Jahrhundert[57]. Damit wird die Frau dem kosmologischen Muster von Mond, Meer, Wasser, Fruchtbarkeit und Erneuerung zugeordnet. Aphrodite wurde »Herrin der Perlen« genannt und später in der Kunst dargestellt, wie sie in der Schale einer Kammmuschel aus dem Meer auftaucht.[58]

Auch wenn im 17. Jahrhundert in Europa bereits viel von der religiösen Bedeutung der Perlen als Mondtränen verloren gegangen war, wurden sie noch immer als Medizin für die gleichen Bereiche des Geistes und des Körpers geschätzt – Wahnsinn, Epilepsie, Angst, Melancholie, Blindheit, Liebe und Jugendlichkeit –, die ursprünglich dem Wirkungsbereich des Mondes angehört hatten. Perlen wurden zu einem Pulver zermahlen, das sich Inder, Chinesen und Araber auf die Augen rieben, und in Europa glaubte man, damit Epilepsie, Wahnsinn, Melancholie (die so genannten »lunaren« Krankheiten) sowie Blindheit heilen zu können. Francis Bacon hielt die Perle für eine Droge, die ein langes Leben schenkt.[59] Die ursprüngliche Heiligkeit des Objekts wird heute auf einer anderen Ebene als »Edelstein« ausgedrückt. Der Reiz der Perle ist ein ästhetischer geworden, sie dient als Talisman und besitzt noch immer die Anziehungskraft, die das Gefühl hervorruft, an ihren alten lunaren Kräften teilzuhaben. Die Bedeutung ändert sich, aber das Bild bleibt bestehen, selbst in den Muschelketten, die Kinder an entlegenen Stränden anbieten.

DER KREBS

Auch Krebse bewegen sich zu den Gezeiten des Mondes hin und her. Im Jahr 1714 schrieb der Alchimist Masenius, dass der Krebs vom Mond abhängt und mit ihm zunimmt, und da er seinen Panzer abstößt, »bedeutet er Auferstehung«.[60] Die Eingeborenen der Insel Nias in Indonesien erzählen eine Ursprungslegende, in der die ersten Menschen, die vom Mond abstammten, sterblich wurden, weil sie Bananen statt Krebse aßen. Hätten sie zuerst Krebse gegessen, wären sie unsterblich geworden, weil Krebse ihren Panzer abstoßen.[61] In Manipur bringen Krebse Regen, wenn man sie in einen Topf mit Wasser hält, auf den Bahamas kurieren sie Ohrenschmerzen und in South Carolina wurde 1882 ein Zauberer »unverwundbar«, indem er sich eine Krebsschere in den Mund steckte (so behauptete er jedenfalls).[62]

Dieses System der Entsprechungen durchdringt den astrologischen Symbolismus, der von Mesopotamien über Ägypten, Griechenland und Rom vererbt wurde. Das vom Mond regierte Sternzeichen ist das Wasserzeichen des Krebs, der in Abhängigkeit vom lunaren Wogen des Meeres lebt und sein Haus auf dem Rücken trägt. Die Glyphe des Zeichens Krebs ist eine aus Brüsten und Scheren zusammengesetzte Figur, die für das Nähren sowie die Beendigung des Lebens steht – Bild des Zu- und Abnehmens in einem. Wenn sich die Sonne kurz nach der Sommersonnenwende auf ihrem Höhepunkt befindet, tritt sie in das Zeichen Krebs ein und verliert mehr und mehr von ihrem Licht an die Dunkelheit. Denn Krebse, die sich vorwärts und seitwärts bewegen können, haben auch einen negativen Aspekt, der in dem medizinischen Begriff »Krebs« (vom griechischen *karkino*) zum Ausdruck kommt und durch die Legende gefördert wurde, derzufolge Krebse die Schiffe von Alexander dem Großen hinab ins Meer gezogen haben sollen.[63] T. S. Elliots Bild ist seltsam verwirrend:

> Mir stünden wohl ein Paar gezackter Klauen,
> Hinhuschend auf dem Grund stiller Meere.[64]

Als einer der »sieben persönlichen Planeten« symbolisiert der Mond in der Astrologie die Dimension der Psyche, die dem unbewussten Leben am nächsten ist: am meisten in Einklang mit den Rhythmen des Körpers und den Mustern des Instinkts und daher am empfänglichsten für versteckte Gefühlsregungen, die an Mutter, Kindheit und die Gewohnheiten der Vergangenheit erinnern. Hier folgt die Astrologie der Mythologie, indem sie den Mond mit der frühesten Erfahrung des Kindes verbindet. Der Mond ist im Sternbild des Stiers oder des Taurus, dem Zeichen des Stiers, »erhöht«, regiert von Venus, die auf Hathor-Isis und Inanna-Ishtar folgt, und herrscht zur Zeit des neuen Wachstums im Frühling.

Der Hummer erscheint in der Tarotkarte des Mondes, der Großen Arkana Nummer XVIII (zweimal die Mondzahl neun). Im Marseille-Tarot (Abb. 19) zeigt die Mondkarte eine Landschaft auf drei Ebenen und untersucht die Beziehung zwischen Mond und Wasser, die im gleichen Dunkelblau dargestellt sind. Zwei Hunde, die jeweils vor einem Turm stehen, heulen den Mond an, während sich tief im Wasser die Gestalt eines Hummers direkt unter dem Gesicht des Mondes versteckt. Blaue, rote und gelbe Tropfen fallen vom Mond auf die gelb gefärbte Erde und deuten »Einfluss« an, während ein blauer Tropfen an der Zunge eines der Hunde herabhängt, als würde er den Mondtau trinken und nach mehr verlangen. Die Interpretationen dieser Karte reichen von Geheimnis, Intuition, Gefühl und Sehnsucht bis zu Betrug, Verwirrung und Enttäuschung. Die Bildsprache der Karte weist auf einen Kontrast zwischen den Paaren der Türme, Hunde und Blumen (der Dualismus des Lebens in der Zeit auf der Erde) und der Singularität des Mondes inmitten der Paare hin. Der einzelne Hummer, der im Wasser unter dem Mond lauert, impliziert die Möglichkeit, diese beiden entgegengesetzten Kräfte in einer neuen Einheit miteinander zu versöhnen.

Das Waite-Tarot aus dem 20. Jahrhundert (Abb. 20) bewahrt zwar den Dualismus von Hunden und Türmen, verändert aber das Gleichgewicht der Energien, denn einer der Hunde wird zu einem Wolf, während der Hummer an Land klettert, als könnten diese versteckten lunaren Kräfte nicht länger im Wasser bleiben.

MONDSTEIN

Auch Mondsteine sind weiß wie der Mond, und daraus schloss man, dass sie an seinem Wesen teilhaben und Dinge kühlen, Bäume Früchte tragen lassen, Glück bringen sowie Epilepsie und Nervosität kurieren. (»Mit weißen Armen« war ein verbreitetes Attribut von Mondgöttinnen in Griechenland.) Die aus Kalifeldspat bestehenden Steine wurden Mondsteine oder Selenite (nach Selene) genannt, weil man glaubte, sie würden mit dem Mond zu- und abnehmen. Die Hindus dachten, dass sie durch Gefrieren der lebensspendenden Strahlen des Mondes entstehen und daher die Essenz der Heilung und Fruchtbarkeit enthalten. Im 15. Jahrhundert besaß Papst Leo X. einen Mondstein, von dem er behauptete, seine Helligkeit würde mit dem Mond zu- und abnehmen (und wer wollte ihm widersprechen?).[65] Im amerikanischen Volksglauben heißt es, wenn man sich bei Vollmond einen Mondstein in den Mund steckt, wird er einem die Zukunft zeigen, während im europäischen Volksglaube der abnehmende Mond als jene Zeit gilt, in der ein Mondstein seinen Träger mit prophetischen Gaben ausstattet; bei zunehmendem Mond ist er ein mächtiger Liebeszauber.[66] Mondamulette, so genannte »lunuli«, hatten die Form der Mondsichel und sollten Schaden abwenden.

DER WOLF UND DER HUND

Ein Hund sein lieber und den Mond ankellen,
Als solch ein Römer.[67]

So sprach Brutus zu Cassius, als er seine Prinzipien verkündete und das Tier durch den Vergleich herabsetzte. Der Wolf oder der wilde Hund, der den Vollmond anheult, ist noch immer ein starkes Bild für die »Anziehungskraft« des Mondes. Kein Film über Wehrwölfe kommt ohne es aus, wenn auf den Armen des Protagonisten bei Vollmond Fell wächst und er sich in einen Wolf verwandelt.[68] Dennoch war die Beziehung von Wolf und Hund zum Mond einst ein Zeichen ihrer Affinität zu dessen Leben spendender Kraft. Die Seneca, ein Indianerstamm im Nordosten der Vereinigten Staaten, erzählen eine andere Geschichte: Am Anfang war es der Geist des Wolfes, der den Mond in den Himmel sang, und deshalb heulen alle Wölfe den Mond an.[69]

In der Jungsteinzeit wurden Hunde häufig gemeinsam mit Monden, Spiralen, Pflanzen, Bäumen und sogar Raupen dargestellt, als würden sie ebenso wie der Mond Wechsel und Wachstum stimulieren.[70] Die Inuit, die den Hund im Mond sahen, betrachteten den »Hund des Mondes« als eine befruchtende Kraft für Tiere und Pflanzen.[71] Für die Hindus hingegen war der Mondhund wild und musste besänftigt werden: »Der Mond ist dieser Himmelshund; er schaut (mit bösem Blick) auf das Vieh des Opfernden, und damit schadet er ihm, es sei denn, es wird Buße getan. Deshalb haben die Menschen Angst, wenn der Mond herabscheint, und flüchten in den Schatten.«[72]

Das babylonische Siegel in Abb. 23 zeigt die Ambivalenz, mit der der Hund im Mythos betrachtet wird – zahm bei zunehmendem und wild bei abnehmendem Mond.[73] Noch häufiger steht der Hund (austauschbar mit dem Wolf) für den abnehmenden Mond und weist den Weg in die Unterwelt – wie Anubis, der schakalköpfige Gott der Ägypter, der zusammen mit dem Wolfsgott Wepawet als »Öffner des Weges« und Führer der Seelen der Toten genannt wurde.[74] Dies ist der Hund/Wolf/Schakal, der Veränderung bewirkt, indem er sich auf die dunklen, unbekannten Pfade vorwagt, die zuvor keine Pfade gewesen sind: Der Weg nach vorne ist der von innen erleuchtete Weg, erschnüffelt mit der langen Nase, die sich nicht vor der Dunkelheit fürchtet. So ist der Hund der Freund des Helden und der Feind des Feiglings.

Der Führer wird in Griechenland zum Wächter, wo der dreiköpfige Hund Cerberus, der auf der Schwelle zwischen Leben und Tod schwebt, den Eingang zum Hades bewacht. Cerberus war der Hund der Hekate, Göttin des dunklen Mondes, der am Scheideweg zur Nacht Hunde geopfert wurden und die einst selbst ein dreiköpfiger Gott war.[75] Hekates Gefährtinnen, die drei Erinnyen oder Rachegöttinnen, die Mörder verfolgten, wurden manchmal mit Köpfen von Hunden und Schlangen dargestellt. Artemis und Hermes wurden von Jagdhunden begleitet, und Selene wurde bisweilen als die Hexe angerufen.[76]

An vielen Orten war »Wolf« (der Leichenfresser) das Wort für Tod.[77] Im altnordischen Mythos gibt es eine Figur, die Managarm, »Hund des Mondes«, genannt wird. Er ist der mächtigste aller Wölfe, die Sonne und Mond bedrohen: Er verschlingt das Fleisch von allem, das stirbt, und er wird den Mond verschlucken und den Himmel und die Luft mit Blut bespritzen.[78] In Skandinavien wurden Wölfe die »Hunde der Nornen« genannt, Hunde jener lunaren Schicksalsgöttinnen, welche die Schlachtfelder säuberten.[79]

Auch wenn der Hund wie der Mond aus der Zeit herausführt, so führt er doch auch hinein in das ewige Reich. Wepwawet führt die Prozession an, mit der die Mysterienspiele des Osiris beginnen, während Anubis die Leichen, die er einbalsamiert, in den ewigen Körper verwandelt, der mit Osiris, dem Mondgott der lebenden Toten, das Leben des Universums leben kann.[80]

DIE KATZE

Sieh die Wolkenkatze, die dort oben mit
Blitzschneller Zunge die Mondmilch vom Himmel leckt![81]

Die Katze, die in der Nacht aktiv ist und im Dunkeln sehen kann, deren Augen größer und kleiner werden, die neun Leben hat und der vertraute Freund von Hexen ist, war das Tier des Mondes besonders dann, wenn sie so schwarz war wie der dunkle Mond. Im 19. Jahrhundert wurden schwarze Katzen in Italien und Deutschland von Kinderwiegen fern gehalten. Eine schwarze Katze auf dem Bett eines Kranken kündigt dessen Tod an.[82] Die australischen Aborigines identifizierten den Mond mit einer wilden Katze, und einige nordamerikanische Indianer sehen eine Katze im Mond, welche die Wolle der schwindenden Tage entwirrt. Der Wagen der nordischen Mondgöttin Freya wurde von Katzen gezogen, und in Ovids *Metamorphosen* nimmt Diana die Gestalt einer Katze an, als die Götter vor den Riesen fliehen.[83] In Ägypten waren Katzen heilig und wurden zusammen mit ihrem Herrn oder ihrer Herrin mumifiziert, um die lunare Katzengöttin Bat oder Bastet zu ehren, die manchmal mit der thebanischen Mut (Gemahlin des Amun) identifiziert wurde und so gelegentlich zur Mutter des Mondgottes Khons oder Khensu oder auch zu einer Schutzherrin der Geburt wurde.[84]

In Europa gab es eine weit verbreitete Verbindung zwischen Katzen und Regen. Eine Abhandlung aus dem 17. Jahrhundert über Ackerbau riet: »Wenn sich die Katze das Gesicht putzt und dabei eine Pfote über das Ohr legt, gibt es Regen.«[85] Wenn man es in Indonesien regnen lassen wollte, musste man eine Katze dazu bringen, sich zu putzen, und im Süden der indonesischen Insel Celebes wurde eine Katze in Zeiten der Dürre sogar in einer Sänfte um ein Feld herumgetragen.[86]

Sobald aus einer Analogie ein Begriff entsteht – etwa die Analogie zwischen den Augen einer Katze, die nachts größer und kleiner werden, und dem größer und kleiner werdenden Mond –, nimmt das Tier die Eigenschaft und die Rolle des gesamten vergleichenden Begriffes an: Katze und Mond werden gleichbedeutend. So kann die Katze, die sich putzt, den Mond dazu »bringen«, dass er »sich putzt« und sein Wasser als Regen abgibt. Was als Analogie beginnt, endet als Übereinstimmung. Was der Katze, der Kröte, dem Stier und all den anderen Tieren geschieht, geschieht auch dem Mond. Wenn eine Kröte weint, so weint auch der Mond – Tränenregen.

DIE SPINNE

Die Spinne, die das Netz aus ihrem eigenen Körper hervorspinnt, ist ein verbreitetes Bild des Mondes, der die Fäden der Zeit mit seiner Lichtkugel spinnt und sie zum schimmernden Netz der Schöpfung webt. Das englische Wort »spider« geht auf das altenglische *spinan* (spinnen) zurück; ebenso das Wort »spinster« (alte Jungfer), das sowohl diejenige, die spinnt bezeichnet, als auch diejenige, die alleine ist und an die jungfräulichen, spinnenden Schicksalsgöttinnen erinnert. Für die Hopi und die Pawnee war die »Spinnenfrau« die ursprüngliche Weberin des Universums, die mit ihren acht Beinen die vier Himmelsrichtungen und die vier Winde schuf: Sie lehrte die Erdenbewohner das Spinnen und webte selbst für sie das erste Alphabet, damit sie ihre Schöpfung benennen konnten.[87]

In Volksmärchen, die in Taos Pueblo in New Mexico erzählt werden, ist es die »Großmutter Spinne«, die sich auf ungewöhnliche Art und Weise mit den Menschen anfreundet. In vielen Mythen der Präriein-

Abb. 19. „Der Mond". Marseilles Tarot. 1748.

Abb. 20. „Der Mond". Waite-Tarot. 1910.

dianer sowie von Stämmen aus Südwest- und Westamerika ist der Spinnenmann oder die Spinnenfrau ein Schöpfer oder ein Gauner, aber fast immer eine hilfreiche Figur, manchmal auch ein Medizinmann oder eine Medizinfrau.[88] Auf den Banks Islands in Melanesien hilft die Spinne dem Mondgott, die Menschheit zu erschaffen.[89] Die ozeanischen Stämme nennen sie »Alte Spinne.«[90]

Mondgöttinnen nehmen häufig die Form einer Spinne an: Inanna-Ishtar (deren Kornspeicher von einer riesigen Spinne bewacht wird), Neith in Ägypten, Holda in Deutschland, Athene in Griechenland. In einer griechischen Legende lehrte Athene die Jungfrau Arachne das Weben, aber Arachne webte so fein, dass die Göttin sie bestrafte, weil sie mit ihr in ihrer Kunst konkurrierte. Athene schlug Arachne auf die Stirn und verwandelte sie in eine Spinne (die Bedeutung ihres Namens – arachne).[91]

Die etymologische Wurzel rak stammt aus dem Altindischen, wo raka für Vollmond steht. In den Rig-Veden heißt es, raka, der Vollmond, helfe der Spinne, in der Nacht die Aurora zu spinnen.[92] Ixchel, die Mond- und Regenbogengöttin der Fruchtbarkeit bei den Maya, die prophezeit und webt, wurde ebenfalls mit der Spinne identifiziert.[93] Sie war als Ix Kanleom bekannt, »das Spinnennetz, das den Morgentau einfängt«.[94]

In Angola webte die Mondspinne einen silbernen Mondstrahl, an dem die Mondprinzessin vom dem Himmel herabklettern konnte, um den Prinzen der Erde zu heiraten. In Borneo wird die Mondgottheit zu einer himmlischen Spinne, welche die Welt erschafft, während sie in der Dunkelheit des endlosen Raumes hängt.[95] In Nias in Indonesien erscheint die Seele des Mondes als Spinne, wenn er stirbt.[96] Die Paresi Zentralbrasiliens sehen den Mond als Spinne, und die Hutoto geben ihren höchsten Himmel einer Spinne.[97] Auf den Loyalty Islands schickt die Spinne Regen im Auftrag des Mondes[98], und an vielen Orten auf der Welt herrscht (entsprechend der jeweiligen Kultur) der Glaube vor, dass es regnet, wenn man eine Spinne tötet bzw. sie verschont. Ein Sprichwort in den Vereinigten Staaten besagt: »Wenn du eine Spinne tötest, wird es regnen.«[99]

Abb. 22. Neolithische Hunde neben Halbmond und Vollmonden. Felder von Vasen aus der Cucuteni-B-Phase. Schwarz auf Rot. Trusesti, Nordost-Rumänien. 3800–3600 v. Chr. (Aus Gimbutas, The Language of the Goddess, S. 233).

Abb. 21. Aztekischer Hund, den Mond anheulend. Terracotta-Vase. Museum für Völkerkunde, Hamburg.

Abb. 23. Babylonischer König auf seinem Thron, als Mondgott Sin verehrt. Der kommende Hund vor und der gehende Hund hinter dem Thron deuten den zu- und abnehmenden Mond an. (Aus Lajard, Culte de Mithra).

Abb. 24. Anubis in seiner Schakalgestalt, über ihm das geflügelte Wedjat-Auge. Glasierte Brustplatte aus verschiedenen Materialien. Ägypten. 19. Dynastie. 1250 v. Chr. British Museum.

Der Aberglaube im Zusammenhang mit Spinnen besteht in der Mondkunde fort. Ihnen wird die Macht des Mondes über Regen, Fruchtbarkeit, Gesundheit, Reichtum und über Omen zugeschrieben. Im englischen Volksglauben heißt es, dass kleine Spinnen »Glück« bringen: Sie werden »money makers« (Geldmacher) oder »money spiders« genannt und dürfen nicht getötet werden, da dies »Unglück« bedeutet. In Polynesien ist es ein Zeichen für ein bevorstehendes Geschenk, wenn man vor sich eine Spinne herabfallen sieht. In Tahiti gelten Spinnen als die Schatten der Götter und werden daher nie verletzt. Die nordamerikanischen Chippewa-Indianer hängen Spinnennetze über die Wiegen von Babys, um die Gefahr in der Luft einzufangen.[100] Das »worldwide web« des 21. Jahrhunderts, ein Netz von Nachrichten, das um den Globus gewebt wird, könnte als ein modernes Äquivalent dieser alten Vorstellung betrachtet werden.

So verleiht die Spinne, die ihr Netz webt, einer Vision Gestalt, derzufolge der Mond mit unsichtbaren Fäden ein Netz von Beziehungen zwischen allen erschaffenen Wesen spinnt, die ebenso mit dem zyklischen Rhythmus des Zu- und Abnehmens wie mit den Gesetzen und Bedingungen des Lebens verbunden sind. Der Mond hat dieses Bild wohl einst inspiriert, aber inzwischen hat es ein Eigenleben angenommen.

* * *

Durch dieses Muster des Verbundenseins gewinnt das, was man den »lunaren Geist« nennen könnte – den wir zwar den frühen Menschen zuschreiben, der jedoch wie alle mythischen Bilder nie vollkommen ausstirbt –, mit jeder neuen Beziehung, die hergestellt werden kann, an Festigkeit. Sobald diese Idee einmal verankert ist, ist es fast unmöglich, sie rational zu widerlegen, denn sie bildet eine Weltsicht, ein Paradigma, das alle Beweise und die Kriterien für die Richtigkeit von Beweisen in sich einschließt. So wirkt alles, um die Idee zu bestätigen, denn je disparater die miteinander in Beziehung gesetzten Phänomene sind, desto mehr zeigt sich die Welt als eine Einheit – wenn auch nur in ihrer außergewöhnlichen Fähigkeit, Beziehungen zwischen scheinbar vollkommen verschiedenen Elementen zu enthüllen. Jeder neue Faden zieht das Gewebe des großen Netzes enger zusammen, so dass es schließlich immer verschlungener wird.

So spiegelt der Mond die Bilder der Menschen wider, die zu ihm aufblicken. Und er bringt diese mit größerer Bedeutung aufgeladenen Bilder zurück, die wiederum in einem unendlichen Prozess sich spiegelnder Spiegel zurückgegeben werden.

KAPITEL 5

MOND UND GEIST

> Der Mond wurde zum Geist und trat in das Herz ein.
> *Aitareya Upanischaden*

Atman, der Erschaffer, schuf Feuer, Wind, Sonne, Mond, und andere Gottheiten. Sie sagten zu ihm: »Find uns eine Behausung wo wir uns niederlassen und essen können.« Atman brachte ihnen ein Pferd. Sie sagten: »Wirklich, das ist uns nicht genug.« Er brachte ihnen einen Bullen. Sie sagten: »Wirklich, das ist uns nicht genug.« Er brachte ihnen einen Menschen. Sie sagten: »Oh! Gut gemacht! Wirklich, ein Mensch ist eine gute Sache.« Er sagte zu ihnen: »Nun betretet eure Behausungen.« Feuer wurde zur Sprache und betrat den Mund. Wind wurde zum Atem und betrat die Nasenlöcher. Die Sonne wird zum Sehen und betrat die Augen. Der Mond wurde zum Geist und betrat das Herz ...[1]

Der hinduistische Mythos aus dem achten oder neunten Jahrhundert v. Chr. deutet darauf hin, dass der Mond die besinnlichste aller Götterwohnungen bezieht, dass er zum »Geist im Herzen« wird, was auf jene Art von Denken verweist, die im gesamten Sein empfunden wird (auch die ägyptische Hieroglyphe für »Denken« war ein Herz). Die Sonne, die als Sehvermögen in die Augen eintritt, wird zur Kraft des äußeren Blicks, während der Mond, der als Geist in das Herz eintritt, zur Kraft des inneren Blicks wird. Darin zeigt sich der Unterschied zwischen dem Tageslicht, das uns sehen lässt, und der Nacht, in der wir nur von innen her sehen können. Der die Nacht erhellende Mond wird zum Licht in der Dunkelheit, das wir Intuition nennen, eine – vielleicht unbewusste – Wahrnehmung jenseits der Sinne, ein Sehen im Dunkeln.

Marshack war der Ansicht, dass Mondsymbole wahrscheinlich der erste Beweis für kognitive Prozesse bei menschlichen Wesen gewesen sind – Zeit bestimmt und Zeit bestimmend.[2] Über die etymologische Herkunft der Begriffe Mond, Maß und Geist stellt sich die Frage, ob Beobachtung und Bezeichnung des Mondes nicht selbst zur Entwicklung dieser und weiterer kognitiver Prozesse beitrugen – denn welcher Gedanke ist nicht zeitbestimmt? Hat der Mond »uns denken gelehrt«?

DIE ETYMOLOGIE DES WORTES »MOND«

Zunächst ist es überraschend, welch enge Beziehung zwischen der etymologischen Geschichte der Wörter für »Mond«, »Maß« und »Geist« besteht. Die außergewöhnliche Bandbreite dieser geistigen Aktivitäten »im Zusammenhang mit dem Mond« verweist auf die Zeit, bevor der Geist in seine verschiedenen so genannten »Funktionen« aufgeteilt wurde. Später kam es zu einer Unterscheidung zwischen dem »Denken« und dem »Fühlen« von Worten: rationale Akte des Messens, Zählens und der logischen Verknüpfung von Begriffen einerseits und Akte des Fühlens andererseits.[3] Die gemeinsame »lunare« Wurzel all dieser Wörter in den indoeuropäischen Sprachen lässt vermuten, dass diese Unterscheidung zwischen Denken und Fühlen ursprünglich nicht existierte, wie das obige Zitat aus den *Upanischaden* bestätigt.

Die faszinierende Vorstellung, dass Worte fossile Gedichte oder Geschichten, die schon lange nicht mehr erzählt werden, transportieren, könnte hilfreich sein bei der weiteren etymologischen Erforschung

Abb. 1. Ein Mann, der zum Mond schaut. Aus »Zehn Bilder des Ochsen«.
Fhu Bun nach Kakunan. 1500 n. Chr. Shokokuji-Tempel, Kyoto, Japan.

der verborgenen Reisen des »Mondes« durch die Sprache. Wenn, wie Shelley in seiner *Verteidigung der Dichtkunst* behauptet, jede Sprache in ihren Anfängen poetisch ist[4], dann enthält der Ursprung eines Wortes – der Augenblick seiner Entstehung – dessen essenzielle Bedeutung. So wird es lebendig, konkret und absolut präzise. Ein bestimmtes Wort kommt in den Sinn, weil es gebraucht wird, um eine bestimmte Wahrnehmung auszudrücken, die zuvor nicht artikuliert worden ist. Man könnte ebenso sagen, dass ein neuer Gedanke formuliert wird, indem dieses Wort ausgesprochen wird. Aber die Vitalität der Sprache lässt schnell nach, denn erst wird sie verallgemeinert und dann abstrakt, so dass die ursprüngliche Bedeutung unklar wird und schließlich häufig in Vergessenheit gerät.[5]

Die gemeinsame Wurzel von »Mond« und »Maß« – *me, ma, men* – dehnt sich in der indoeuropäischen Tradition auf komplexere Vorstellungen der *geistigen* Aktivität aus.[6] Vor allem wurde das altindische Wort *ma*, messen, zu *manas*, was Geist im weitesten Sinne von Intellekt, Intelligenz, Verständnis, Wahrnehmung, Sinn, Bewusstsein und Wille bedeutete.[7] *Mata* oder *mati-h* war Denken, Absicht, Maß, Wissen, und *mantra* war ein Instrument des Denkens, ein Gebet, eine Hymne oder ein Text. Aber *ma* bedeutet auch ausmessen, planen (nach Art eines Schreiners oder Hausbauers), was zu der Idee von *maya* führt – das, was ausgemessen wird, die phänomenale Welt der Zeit.[8] *Manu* war der Name für den großen Lehrer, der die Kultur der Hindus begründete und von dem das Wort »Mann« oder »Mensch« stammt, womit der Mensch als denkendes Wesen definiert wird.[9] Von dem polynesischen Wort *mana* für die immanente, unsichtbare Macht des Universums nahm man an, es sei von Händlern aus Indien überliefert worden.[10]

Vor über viertausend Jahren begannen die Menschen, die das so genannte Proto-Indoeuropäisch sprachen, in Wellen aus Indien auszuwandern. Sie zogen durch Asien und Europa und ließen sich in so weit entfernten Ländern wie Irland, Skandinavien und Griechenland nieder. Die Sprachgruppen, die von der indoeuropäischen Sprache abstammen, sind Romanisch, Slawisch und Indisch, während Griechisch, Latein, Armenisch, Persisch, Germanisch und Keltisch zu den Sprachen gehören, die mit diesen vier Hauptgruppen verwandt sind. Dies erklärt die gemeinsamen linguistischen Wurzeln vieler Wörter, insbesondere im Griechischen und Lateinischen.[11]

Im Griechischen strukturiert die altindische Wurzel *me, ma, men* einen ähnlichen Bereich des Denkens. Ebenso wie Begriffe für Maß ergibt die Wurzel *me* das Wort *metis*, Weisheit, Voraussicht, Klugheit (auch der Name der Mutter von Athene, die im Lateinischen zu Minerva wird); *metiesthai*, meditieren, im Sinn haben, träumen; *menos*, Geist, Absicht, Mut; *menoinan*, geneigt sein, erpicht sein auf, an etwas denken; *mnasthai*, aufmerksam sein, sich erinnern; *mneme*, Erinnerung; *Mnemosune*, die griechische Göttin der Erinnerung; *mnesis*, Gedächtnis; *amnesis*, Vergesslichkeit (Amnesie); *anamnesis*, Erinnerung. Die Wurzel *ma* steckt in *mainomai*, denken, aber auch gedankenverloren sowie toben oder rasen, was zu *mania*, Wahnsinn, Besessenheit, Raserei wird; *mainad* heißt der Rasende, *mantis* Seher und *manteia* Prophezeiung. *Manes* sind die Geister der Vorfahren, von denen man manchmal auch glaubte, sie würden rasen. Von der gleichen Wurzel stammen auch *menix, menos*, Zorn (*menos* bedeutet auch oben); *menuo*, ankündigen, informieren, enthüllen; *meno*, bleiben, nachklingen (das Verweilen von Empfindungen im Geist), das an das altindische Wort *man* für zögern, fest oder standhaft bleiben, erwarten, verweilen erinnert. (Aristoteles sah den Ursprung der Erinnerung und des Denkens in den Eindrücken, die im Geist verweilen.)[12] Dazu zählen auch *manthano*, lernen; *mathesis*, Aktivität des Lernens; *mathemata*, Mathematik (Themen des Geistes).

Im Lateinischen setzt sich die Wurzel fort: *menuo*, hinweisen, enthüllen; *maneo*, bleiben; *meminisse*, erinnern; *rememinissi*, in Erinnerung bringen, in Erinnerung schwelgen; *monere*, warnen, gemahnen (jemanden dazu veranlassen, nachzudenken); *mentire*, erwähnen (ins Gedächtnis rufen) und sogar *mentiri*, lügen. Schließlich das Wort, das wir am besten kennen: *mens, mentis* (feminin) bedeutet Geist und wird zu mental. Das lateinische *luna* wird im Englischen zu lunatic (Wahnsinniger), dem Äquivalent zum griechischen maniac.

Im Wesentlichen strukturieren die Wurzeln *me, ma, men* Wörter, die auf viele Arten »seinen Geist/Verstand gebrauchen« bedeuten. Dieses Denken reicht von einfachen Akten des Messens bis zu jener Art »gemessener« meditativer Reflexion, deren Ergebnis Weisheit ist. Sie erstreckt sich vom logischen Denken über das Denken des Herzens (»*le coeur a ses raisons, que la raison ne connait point*«)[13] bis zur Vorstellungskraft, die zu Poesie und Prophezeiung führt, aber auch zu Wahnsinn und Verblendung. Diese gemeinsame Wurzel von Mond, Maß, Verstand und Geist suggeriert, dass die ursprünglichen Gedanken, die im Verstand als »Gischt« auftauchten, dem Denker als Offenbarungen jenseits ihrer selbst erschienen, »verborgene Gezeiten«, die aus dem Reich des Heiligen kamen – »ein Mond«.

* * *

Im zeitgenössischen Denken hat das Wort »Mond« eine äußere aber keine innere Bedeutung, und das Wort »Geist« hat meist eine innere, aber keine äußere Bedeutung. Man könnte also fragen, wie der äußere, anschauliche Mond, auf den man zeigen kann, in einen inneren Geist übersetzt wurde, auf den man nicht zeigen kann? Owen Barfield behauptet in seinem Buch *Speaker's Meaning*, dass Wörter, die für uns heute nur eine äußere Bedeutung haben, früher auch eine innere besaßen.[14] Das Gleiche gilt auch umgekehrt: Wörter wie beispielsweise Geist, die heute eine innere Bedeutung haben, hatten einst eine äußere Bedeutung – etwa Wind, Luft und Atem (wie im griechischen *pneuma* und im lateinischen *spiritus*). In der deutschen Übersetzung des dritten Buches des Johannesevangeliums beispielsweise wird der Begriff *pneuma* durchgehend zuerst für »Geist«, dann für »Wind« und dann wieder für »Geist« verwendet: »Was vom Fleisch geboren wird, das ist Fleisch, und was vom Geist geboren wird, das ist Geist. Der Wind blaset, wo er will, und du hörst sein Sausen wohl, aber du weißt nicht, von wannen er kommt und wohin er geht: Also ist ein jeglicher, der aus dem Geist geboren wird.«[15] Man würde der Komplexität des ursprünglichen Gedankens nicht gerecht, würde man den Wind nur als eine Metapher für Geist sehen. Dies wäre der Fall, wenn man sagte, dass Geist auf den Wind übertragen wird. Die Herausforderung der poetischen Sprache besteht darin, beide Bedeutungen zusammenzuhalten und sie nicht in die eine *oder* die andere zu trennen, da man dann eine Möglichkeit finden muss, sich von der einen *zu* der anderen zu bewegen.

Ein Beispiel ist das griechische Wort für körperliche Kraft, *menos* (mit seiner lunaren Wurzel *men*), das gleichzeitig einen Geisteszustand bezeichnet. Wenn ein Mensch *menos* empfindet, bemerkt er einen mysteriösen Energieschub, der ihm Zuversicht, Eifer, ein Gefühl der Zielstrebigkeit und die Fähigkeit, instinktiv zu handeln, verleiht. Homer bringt die Kraft und das Geheimnis dieser Energie zum Ausdruck, indem er sagt, dass sie häufig von einem Gott als Antwort auf Gebete verliehen wird. In der *Ilias* gibt Apollo *menos* in das Herz des verwundeten Glaucus, und Athene gibt *menos* in die Brust von Diomede, ihrem Schützling.[16]

Man könnte also dem Wort »Mond« etwas von seiner ursprünglichen Bedeutung zurückgeben, indem man es (mit zeitgenössischen Begriffen) als ein poetisches Bild sieht, das einst für innere und äußere, ursprünglich untrennbare Bedeutungen stand. Die Einheit des poetischen Bildes würde zerstört, wenn man entweder annähme, dass die Mythen, in denen es auftaucht, nur eine unbewusste »Projektion« des inneren Gefühlslebens auf eine unbelebte äußere Welt sind, oder dass die äußere Welt so vital ist, dass sie jegliches innere Leben zu verschlingen droht. In diesem Fall sind Mythen nichts weiter als Versuche, die äußeren Mächte zu besänftigen. W. H. Auden zufolge verhält es sich eher so, dass die »menschliche Sprache von Natur aus mythologisch und metaphorisch ist«.[17] Mythen und Metaphern wurden später, als die geistige Differenziertheit des Menschen zunimmt, nicht absichtlich hinzugefügt. Sprache in ihren Anfängen als »konkret« zu beschreiben, bedeutet also nicht, dass sie genau im Sinne von eindeutig ist. Dazu Barfield: »Nicht-figurative Sprache … ist eine späte Ankunft. Was wir literarische Bedeutung nennen, entweder innere oder äußere, sind nie Beispiele einer Bedeutung in ihrer Kindheit; sie sind immer Bedeutungen in ihrer alten Zeit, Endprodukte eines historischen Prozesses.«[18]

Eine Wiederherstellung der inneren und der äußeren Bedeutung von »Mond« könnte hilfreich für eine Erklärung sein, warum »Mond« und »Geist« einst miteinander verschmolzen, denn das eine konnte ohne das andere nicht vollkommen verstanden werden. Jungs Kommentar, dass der Mensch der Urzeit den Geist auf den Mond projizierte[19], beantwortet nicht die Frage: warum der Mond? Sah der »Mensch der Urzeit« den Verstand im Mond reflektiert, weil der Mond ihm Grund zu reflektieren gegeben hatte? Die Etymologie lässt darauf schließen, dass Mond und Geist das menschliche Bewusstsein sozusagen gemeinsam als Kulmination eines langen Prozesses sich gegenseitig reflektierender Erkenntnisse erreichten. Man könnte die Behauptung wagen, dass Wahrnehmungen und Gedanken über einen bestimmten Zeitraum immer konsistenter wurden, eine Beziehung miteinander eingingen, in dem unsichtbaren Zyklus eine Form fanden, die sie zusammenhielt, und durch die konstante Wiederholung der sichtbaren Phasen sowohl Antizipation als auch Bestätigung erfuhren. Die Erfahrung des »Denkens durch den Mond« (die Phasen des Wachsens und Schwindens ausrechnen, das Muster im Sinn behalten, wenn der Mond »stirbt«, vorhersagen, wann der Mond wieder geboren wird) führt unweigerlich zu der Vorstellung des Ganzen und des Teils, des Ganzen im Teil und des Teils im Ganzen. Aber was ist »das Ganze«? Es ist, als würden die *Upanischaden* die letzte Stufe dieses Prozesses der Bewusstwerdung festhalten, wenn »das Ganze« sowohl der »Mond am Himmel« als auch der »Mond im Geist« ist und wenn die beiden unterschiedlichen Empfindungen in einer neuen Wahrnehmung verschmelzen, die sie beide gleichzeitig sieht. Es ist jener Augenblick, wenn »der Mond zum Geist wird und in das Herz eintritt«. Erst später wird »Geist« oder »Verstand« zu Fähigkeit oder Funktion – ein Zeichen anstelle eines Ereignisses, wie Shelley sagen würde[20] –, aber einst war Geist ein Sprung ins Herz, ebenso wie eine »Idee« im alten Griechenland zuerst vor dem geistigen Auge aufflackerte.

* * *

Die stimulierende Rolle des Mondes im menschlichen Denken kommt auch in der Sprache des Mythos zum Ausdruck, die Mondgottheiten als Götter und Göttinnen der Weisheit, Gebieter über Schicksal, Glück und Gerechtigkeit bezeichnet. Eine hinduistische Schlangengöttin heißt Manasa, was wörtlich »Geist« und »Denken« bedeutet.[21] Wie in Kapitel 3 aufgezeigt wird, führte das hinduistische Ritual, den fermentierten Saft einer Pflanze zu trinken, die ebenso wie der Mond den Namen Soma trägt, zu *manas*, Verstand/Geist. Es wurde auch gesagt: »Als dieses *manas* vor dem Tod bewahrt wurde, wurde es zum Mond.«[22] In den *Kaushitaki Upanischaden* findet man folgende Erklärung: »Diese strahlende, unsterbliche Person in diesem Mond, und diese strahlende, unsterbliche Person, die als Verstand im Körper existiert, sind beide *madhu* (Seele).«[23]

In China wird die Jungfrau/Mutter/Mondgöttin Shing Moo »Perfekte Intelligenz« genannt[24], während der Mondgott Toth in Ägypten der Gott der Schrift und der Weisheit sowie der Gemahl von Maat, der Göttin der Wahrheit war. Isis und Ishtar sind Göttinnen der Weisheit, ebenso wie Sophia im gnostischen Denken. Die Taube als Symbol der Weisheit ist der Bote vieler Mondgöttinnen: Ishtars Taube wurde zu Astartes, dann zu Aphrodites, dann zu Sophias und schließlich zu Marias Taube, als sie als Inkarnation des Heiligen Geistes verstanden wurde.

Andererseits hieß es von Mondgottheiten auch, sie würden Wahnsinn, Besessenheit, schlechte Omen und Tod bringen. Das Licht des Vollmonds wurde von Liebenden und Dichtern zur Inspiration angerufen, aber auch wegen seiner Macht gefürchtet, Menschen verrückt oder blind zu machen, während der dunkle Mond töten oder heilen konnte. Der Neumond konnte den gesamten bevorstehenden Monat ertragreich machen oder verderben – je nachdem, ob man ihn sah, bevor er einen sah, oder wenn er sah, wie man ihn durch Glas anschaute. Es scheint, dass der Mond einerseits »höheres Denken«, andererseits aber auch Aberglauben hervorruft. Wie ist dies möglich?

Die ungeheure Vielzahl von Antworten mag Sinn machen, wenn es um den Unterschied zwischen Zyklus und Phasen geht, da die Fähigkeit, einen Zyklus zu begreifen, im Unterschied zur Beobachtung der vorübergehenden Phasen, eine andere Ebene der Psyche involviert. Über den Zyklus als Ganzes zu reflektieren, erfordert Distanz und schafft Perspektive, und zwar nicht nur in Bezug auf den Mond, sondern auch im Hinblick auf eine erfolgreiche Lebensbewältigung. Im Geist zu bewahren, was für das Auge nicht präsent ist, hängt von der Fähigkeit ab, die unmittelbare Befriedigung des Instinkts verschieben zu können.

Dies erlaubt wiederum einen größeren Spielraum für Imagination und Intellekt, während eine Fokussierung auf jede einzelne Phase ohne Perspektive zur Identifikation prädisponiert, besonders wenn man glaubt, dass sich die Phasen durch das Leben des Menschen und seine Welt ziehen.

Im Mythos besteht der entscheidende lebensbejahende oder lebensverneinende Unterschied immer darin, ob die Geschichte als Tatsache interpretiert wird, oder ob die menschliche Imagination mit ihr spielen und sie als Metapher ansehen darf, weil sie einen poetischen und – wenn die Unterscheidung erforderlich ist – einen spirituellen Wert besitzt.

Vor allem Joseph Campbell hat die Aufmerksamkeit auf den Unterschied zwischen diesen beiden Arten der Auffassung von Mythen gelenkt (wozu er auch die Religionen zählt). Denn der Begriff »Mythos« (wenn er nicht als Äquivalent für Unwahrheit verwendet wird) bezieht sich im Allgemeinen auf eine Religion anderer Menschen, insbesondere (wenn auch nicht immer) solcher, die schont lange tot sind. Niemand würde seine eigene Religion als Mythos bezeichnen.

> Weil Mythologie aus Fantasie geboren wurde, wird jedes Leben oder jede Zivilisation in Form gebracht als ein Ergebnis einer literarischen mythischen Identifikation, als konkrete *imitatio dei*, unweigerlich die Züge eines Alptraums tragen, ein zu ernsthaft gespieltes Traum-Spiel – in anderen Worten, Verrücktheit; während, wenn das gleiche mythologische Bild als Fantasie gelesen wird und sein Einfluss auf das Leben als Kunst und nicht als Natur betrachtet wird – mit Ironie und Anmut, und nicht als dämonischer, leidenschaftlicher Zwang – die psychologischen Energien, die sich früher in Gefangenschaft gezwungener Bilder befanden, nehmen die Bilder in Gefangenschaft und können mit optionaler Spontaneität zur Bereicherung des Lebens angewandt werden. Und da Leben selbst den Stoff bietet, aus dem Träume sind, kann solch ein Transfer des Akzentes zu einem Leben führen, das im noblen Bewusstsein seiner eigenen Natur geführt werden kann.[25]

RATIONALES UND INTUITIVES DENKEN

Wenn wir heute darüber sprechen, wie der rationale Verstand arbeitet, dann denken wir dabei meist an eine analytische Aktivität, bei der Dinge zerlegt und auseinander genommen werden, im Unterschied zur synthetischen Aktivität des intuitiven Verstandes, der viele disparate Elemente als ein Ganzes erfasst. Aber könnte nicht der rationale Verstand synthetisch und der intuitive Verstand analytisch arbeiten? Mit anderen Worten, vielleicht sind diese beiden Aktivitäten ursprünglich – und vielleicht auch essenziell – nicht so voneinander getrennt gewesen, wie sie jetzt zu sein scheinen. Wenn sich das menschliche Bewusstsein verändert, verändern sich die Ideen und damit auch die Bedeutung von Wörtern und die Unterschiede, die zwischen ihnen gemacht werden. Die frühen Mythen des Mondes zeigen, dass beide Richtungen des Verstandes zusammen verfolgt werden können: einerseits die Fähigkeit, Analogien, Affinitäten und Harmonien zu erkennen (wie in der Vorstellung des lunaren Netzes) und andererseits die fortgesetzte Unterscheidung und Trennung, die zu der Fähigkeit führt, zählen und logisch denken zu können.

* * *

Platon fragt in *Epinomis*:

> Wie haben wir zählen gelernt? Wie, frag ich dich, haben wir die Idee von eins und zwei, ... und in all dieser Szene, wenn wir eins mit dem anderen nehmen, welches schönere Spektakel gibt es für den Menschen denn das Gesicht des Tages, von dem er ausgehen kann, immer die Kraft der Vision beibehaltend, bis zum Anblick der Nacht, wenn alle Objekte anders erscheinen. Da Uran nie aufhört, alle Objekte herumzurollen, Tag für Tag, und

Nacht für Nacht, so hört er nie auf, den Menschen das Lied von eins und zwei beizubringen, bis auch der trübeste Student das Zählen gelernt hat. Jeder von uns, der diese Schau verfolgt, wird eine Idee von drei, vier und vielen formen. Und unter diesen von Gott geschaffenen Körpern ist einer, der Mond, der seinen Weg geht, nun zunehmend, nun abnehmend, so wie er einen Tag nach dem anderen erleuchtet, bis er 15 Tage und Nächte erfüllt hat, eine Periode konstituierend, so dass die langsamste Kreatur, wenn ich so sagen darf, der Gott die Fähigkeit des Lernens gegeben hat, es lernen mag ... Ich nehme an, es ist für einen höheren Zweck, so wie für dieses, was Gott im Himmel erschaffen hat, zunehmend und abnehmend, so wie wir bereits gesagt haben, verband er die Monate zu einem Jahr und so begannen alle Kreaturen, von einer glücklichen Vorsehung, eine generelle Einsicht in die Beziehung der Zahlen zu Zahlen zu haben.[26]

Selbst die langsamsten Kreaturen lernen, die Kreisbahn oder den Zyklus des Mondes zu teilen. Wie wir in Kapitel 2 gesehen haben, wurde der Zyklus des Mondes zuerst nach Neumond und Vollmond unterschieden, bevor der abnehmende Mond und schließlich die Phase der Unsichtbarkeit hinzugefügt wurde. Danach, so Nilsson, kann man zwei mögliche Wege einschlagen: Entweder man entwickelt immer sorgfältiger eine genaue Beschreibung der einzelnen Tage anhand der Phase und der Position des Mondes, bis jeder Tag benannt ist, oder man nummeriert einfach die Tage. Das einfache Zählen und Nummerieren aller Tage des Monats, von Neumond bis 29 oder 30, ist die abstrakteste Methode, die man laut Nilsson nur bei den am höchsten entwickelten Völkern findet.[27]

Aber das Zählen in der Frühzeit war nie einfach nur numerisch und begann vermutlich als die praktische Erfahrung von Frauen, die ihren eigenen Zyklus anhand der Zyklen des Mondes verfolgten. In vielen modernen Zählweisen wurde die Nummer aus ihrem ursprünglichen Kontext herausgenommen und steht allein, getrennt von den Dingen, die gezählt werden. In frühen Mythen findet das Zählen jedoch innerhalb einer Geschichte statt, die eine ganze Weltsicht schafft oder bestätigt, eine Weltsicht, die den Stamm in der Natur verortet. Gleichzeitig beschreibt und bietet die Geschichte eine Erklärung für das, was wir heute ein »natürliches Phänomen« nennen würden (womit wir uns implizit von diesem entfernen).

DIE NUMMERIERUNG DES ZYKLUS

ZWEI

Der Unterschied zwischen Helligkeit und Dunkelheit, der zur Unterscheidung zwischen Tag und Nacht führt, ist in der hellen und der dunklen »Hälfte« des Mondes reflektiert. Zwei mit den Rückseiten zueinander platzierte Halbmonde – die zunehmende Sichel ist nach links und die abnehmende Sichel nach rechts geöffnet – waren das Zeichen für einen ganzen Zyklus. Hentze behauptet, dass alle Dualismen in den Phasen des Mondes zwar nicht ihre historische Ursache, aber zumindest ein mythisches und symbolisches Modell finden.[28] Platon legte den Gegensatz von hellem und dunklem Mond für seine dreifache Teilung der Seele zugrunde. Die Seele bestand aus einem geflügelten Wagenlenker und zwei geflügelten Pferden, das eine edel und gut, das andere unehrenhaft und schlecht. Das gute Pferd, das aufrecht und wohl proportioniert ist und dem Wagenlenker gehorcht, ist weiß mit schwarzen Augen, während das andere, von krummem Wuchs, heißblütig, störrisch und schwer zu lenken, schwarz mit grauen Augen ist. Der Wagenlenker ist der Intellekt, der diese ungestümen Pferde lenken muss, deren Sehnsüchte auseinander laufen.[29] Als das christliche Denken diese Analogie für seine eigenen Zwecke übernahm, machte es aus dem weißen Pferd »Geist« und aus dem schwarzen »Natur« und verwandelte so eine lebendige Metapher in ein moralisches Urteil.

Die einfachste Unterteilung des Jahres war die in zwei Perioden: in eine helle und eine dunkle Hälfte. Im keltischen Irland beispielsweise begann die helle, *samh* (Sommer) genannte Hälfte Anfang Mai zum Fest von *Beltane*, dem »Feuer der Sonne«; die dunkle Hälfte, *gamh* (Winter), begann Anfang November zum Fest von *Samhain*, was vermutlich »Ende des Sommers« bedeutet.[30] Auch in Griechenland wurde das Jahr zuerst in eine fruchtbare und eine unfruchtbare Periode aufgeteilt; darauf folgte das »Mondjahr« mit drei und schließlich das »Sonnenjahr« mit vier Jahreszeiten.[31]

Das chinesische Symbol für *Yin* und *Yang* aus der Sung-Zeit (1127–1279) wurde als ein Zeichen für die helle und die dunkle Phase des Mondes angesehen. Jedes enthält das andere im Keim, beide bewegen sich und stehen still, trennen und vereinen sich.[32] Chuang-hung-yang verwendet eine lunare Metapher des Webens, wenn er von *Yin* und *Yang* als der Hin- und Herbewegung des Schiffes auf dem kosmischen Webstuhl spricht.[33] Allgemeiner ausgedrückt repräsentiert das Diagramm als Symbol des Tao das kontinuierliche Wechselspiel von zwei Prinzipien, die von dem Einen kommen und die zehntausend Dinge der Schöpfung hervorbringen. Vom Ursprung her sind diese beiden gleich, aber ihrem Namen nach verschieden. Der Mond war *Yin* und die Sonne war *Yang*.[34] *Yang* korrespondiert mit der zunehmenden Phase des Mondes und war das helle, aktive, heiße, trockene, positive und wohltätige Prinzip, das »männlich« genannt wurde, während *Yin* mit der abnehmenden Phase korrespondierte und das dunkle, passive, kalte, feuchte, negative und bösartige Prinzip war, das »weiblich« genannt wurde. Betrachtet man sie jedoch als ein Ganzes im Verhältnis zueinander, so war *Yin* der Mond und *Yang* die Sonne.

Die Bewohner von Malekula, einer Insel der Neuen Hebriden in Melanesien, richteten in den 1940er Jahren noch immer einen großen Teil ihres Lebens auf den heiligen Keiler aus, dessen Hauer wie zu- und abnehmende Mondsicheln gekrümmt sind. Diese Praxis wird in Kapitel 13 diskutiert, hier aber erinnert die Einfachheit des Designs an die Yin-Yang-Figur (Abb. 3).[35]

In vielen Mondmythen gibt es zwei Gottheiten oder eine lunare Figur mit einem hellen und einem dunklen Aspekt. Hekate und Artemis in Griechenland waren zwei an sich separate Göttinnen, die jedoch häufig als eine doppelte Mondgöttin zusammenkamen: Artemis – jung, wild und schön – steht am Beginn des Zyklus, und Hekate – älter, prophetisch und todbringend – steht am Ende. Gimbutas bemerkt: »... ob Artemis und Hekate als zwei Göttinnen erscheinen oder als eine, sie gehören beide dem Mondzyklus an.«[36] Aber im lunaren Kreislauf steht das Dunkle nicht nur für den Tod, und so überrascht es nicht, dass Hekates Fackeln um die Felder herum getragen wurden, um sie fruchtbar zu machen, und dass sie als Hebamme und Helferin bei Geburten angerufen wurde. Sie brachte Visionen, aber auch Wahnsinn und Tod. Helligkeit und Dunkelheit waren in der Praxis zwischen den beiden Göttinnen aufgeteilt, denn Artemis, die Jägerin, tötet jene Mütter, denen sie ihren Schutz verweigert: Sie konnte töten, aber auch retten und aufziehen. Diese Komplexität zeugt von einer antiken Größe, denn Hekate und Artemis sind beide Überbleibsel der alteuropäischen großen Göttinnen des antiken Griechenlands und Westanatoliens, die nie vollkommen verschwanden, als sich die Indoeuropäer im dritten vorchristlichen Jahrtausend im alten Europa niederließen.[37] Ihre Rollen schienen zur Zeit der griechischen Kultur an Bedeutung verloren zu haben, aber Artemis hatte zu allen Zeiten ihre Tiere bei sich – Bären, Hunde, Schlangen, Stiere, Hirsche, Rehe und Kröten –, jene Kreaturen, so wussten die Ägypter, die sich nicht verändern und immer da sind.[38]

In Hesiods *Theogonie* wird Hekate als die ursprüngliche dreifache Göttin dargestellt: Sie ist die höchste im Himmel, auf der Erde und im Meer, gewährt Siege im Krieg und im Spiel, wird als Patronin der Reiter, Fischer und Seeleute verehrt und vergrößert die Herden und nährt die Jungen. Nach Hesiods Genealogie war Phoebe, die Titanengöttin Heller Mond (die auch Leto, die Mutter von Artemis und Apollo gebar), ihre Großmutter. Ihre Mutter war Asteria, eine Sternengöttin. Hesiod schreibt, dass Zeus ihr keines der Rechte nahm, »die sie bei den Titanen, den früheren Göttern erhalten« hatte.[39] Auch Apollonius Rhodius stellt Hekate an den Anfang der Dinge, indem er sie als eine der Töchter der Nacht bezeichnet.[40] Aber während ihr Titel der dreifachen Göttin blieb, wurde die »drei« später auf die drei Phasen des Mondes beschränkt. Hekate, deren Name »die Ferne« oder »die von Ferne einschlägt« bedeutet, wurde auch die

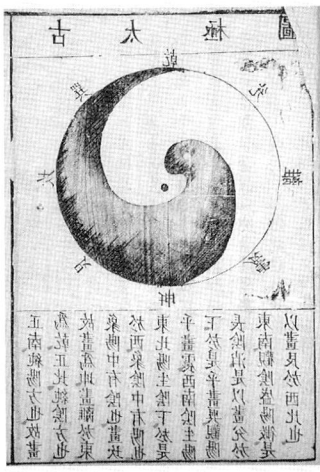

Abb. 2. Zhang Huang, Diagram of the Supreme Ultimate, *aus dem* Compendium of Diagrams. *Ming Dynastie, Tiangi-Herrschaft, datiert 1623. Holzdruck, Tusche auf Papier, 26,3 x 15,5 cm. University of Chicago Library, East Asian Collection.*

Abb. 3 Doppeltes Mondmuster. 20. Jahrhundert. Malekula. Das von den Halbmonden umschlossene Muster stellt ein Gesicht dar. Die Sicheln oben und unten stehen für den abnehmenden und den zunehmenden Mond oder die dunkle und die helle Hälfte des Mondes. (Aus Campbell, The Mythic Image, *S. 460).*

»Göttin mit dem leuchtenden Stirnband« genannt – ein Bild, das an den Mond erinnert, der sich um die schwarze Stirn der Nacht legt. In der homerischen *Hymne an Demeter* hört nur die »sanftmütige« Hekate die Schreie von Persephone, als diese von Hades in die Unterwelt geschleppt wird. Hekate begleitet Demeter auf der Suche nach ihr.[41] Aber die späteren Hellenen betonten eher die destruktiven Auswirkungen ihrer Dunkelheit als ihre kreativen Kräfte, bis das römische Christentum sie schließlich in das Reich von heimlichen Hexenritualen und schwarzer Magie verbannte, die besonders an Stellen stattfanden, wo sich drei Wege kreuzten.

In der *Ilias* wird Artemis *potnia theron*, Herrin der Wilden Dinge, genannt, ein Titel, der ihr altes Erbe aus der paläolithischen Jagd widerspiegelt. Aber in ihrer griechischen Abstammung wird sie als Tochter von Zeus und Leto und Schwester des Apoll der olympischen Familie zugeordnet. Von ihrer früheren Kraft bleibt ihre Rolle als Jägerin, ihre Verkörperung als Bärengöttin und vermutlich auch die monströsen Tier- und Vogelopfer, die ihr jedes Jahr in Patrae, Hierapolis, Tauris und Messene dargebracht wurden und die Pausanias mit eigenen Augen sah. Aber vor allem fängt Artemis die Schönheit der Natur in ihrem ursprünglichen, unberührten Zustand ein – das wundersame Entstehen neuer Wesen aus alten – die Aufregung des Zunehmens in der Natur, die im hellen Mond verkörpert ist. Artemis war auch der Mond in seiner abnehmenden Phase und in seinem Tod. In der *Odyssee* teilt sie mit Apoll die Aufgabe, den Sterblichen den Tod zu bringen, in diesem Fall einen sanften. »Wenn da gealtert sind in der Stadt die Geschlechter der Menschen, kommt mit dem Silberbogen Apollon und Artemis mit ihm; die erlegen sie dann mit ihren sanften Geschossen.«[42] Als der Mond im frühen Griechenland in zwei Hälften geteilt wurde, waren Artemis und Hekate der Mond in seinem dualen Aspekt. Da sie beide austauschbar sind, konnten sie kaum auseinander gehalten werden.

In Melanesien und Neuguinea beispielsweise gab es zwei gegensätzliche Mondgötter – einen hellen, guten und glücklichen für den zunehmenden und einen dunklen, bösen und unglücklichen für den abnehmenden Mond.[43] Zu anderen Zeiten werden diese beiden als die Söhne einer Mondgöttin dargestellt, die sie gebar, indem sie sie zweiteilte. Hier erinnert die Mutter an den Vollmond zwischen der zunehmenden und der abnehmenden Phase und verweist darauf, wie die ursprünglichen Unterscheidungsmerkmale um ein drittes erweitert werden. Sie wird »Rundkopf«, »leuchtende Frau« oder »alte Frau« genannt.⁴⁴ Ähnlich hatte auch bei den nordamerikanischen Indianern die »alte Frau« oder »die Frau, die sich ändert«, zwei Söhne, von denen einer »der Weiße« und der andere »der Schwarze« genannt wurde.⁴⁵ Bei den Navaho hieß der eine der »Lenker des Wassers« und der andere der »Mörder«.⁴⁶

In seinem Buch *The White Goddess* überträgt Robert Graves diese Idee auf die Struktur des Jahres. Demnach hatte die Mondgöttin selbst drei Phasen: die weiße Göttin der Geburt und des Wachstums, die rote Göttin der Fülle und die schwarze Göttin der Prophezeiung und des Todes. Darüber hinaus gibt es zwei Protagonisten des 13-monatigen Dramas des Jahres, in dem der Gott des zunehmenden Jahres und der Gott des abnehmenden Jahres um den Segen der Göttin wetteifern. Diese Interpretation verweist darauf, dass der mythische Wettstreit zwischen den beiden Brüdern erst dann beigelegt werden kann, wenn sie erkennen, dass sie eins sind.⁴⁷ Man wird an Parzival und Feirfiz aus Wolfram von Eschenbachs *Parzival* erinnert, einer Legende voller Mondsymbole.

* * *

Bis eine Unterscheidung zwischen den Phasen des Mondes und »dem Mond« (ob feminin oder maskulin) selbst getroffen wird, scheint einige Verwirrung darüber zu herrschen, wie es dem Mond gelingt, sowohl hell als auch dunkel zu sein, zu sterben und doch nicht zu sterben bzw. fast, aber eben nicht ganz zu sterben. Der Unterschied zwischen Phase und Zyklus wurde im Mythos von Inanna und Dumuzi erörtert (siehe Kapitel 1). Die Geschichte von der Geburt von Inannas Vater Nanna zeigt, dass sich der sumerische Geist mit dem gleichen Problem beschäftigte, jedoch nicht von zwei Begriffen profitierte, mit denen er spielen konnte. *Der Mythos von Enlil und Ninlil: Der Mond und seine Brüder* geht dieser Frage nach und fragt auch, wo der Mond herkommt und warum er drei Brüder hat, die in der Dunkelheit leben.

Als Enlil, Gott der Luft, Sohn des Himmels (An) und der Erde (Ki, Ninhursag), seinen Vater von seiner Mutter hob und damit Himmel und Erde voneinander trennte, brachte er »die Saat des Landes«, alle Bäume, das Korn und alles, was die »Schwarzköpfe«, die Menschen von Sumer, und die gesamte Menschheit »brauchte«.⁴⁸ Vor der Erschaffung des Menschen, als die Götter noch alleine in der Stadt Nippur lebten, sah Enlil die zarte Ninlil in dem klaren Fluss baden, obwohl ihre Mutter Ninshebarganu sie vor dem gewarnt hatte, was passieren würde.

Enlil rief seinen Wesir, der ihn mit einem Boot zu ihr ruderte. Dann vergewaltigte Enlil, der »Vater der Götter«, die Jungfrau Ninlil, während sie über den Fluss segelten, und schwängerte sie mit dem Mondgott Nanna-Sin.

Aber die anderen Götter waren so entsetzt über Enlils Benehmen, dass sie ihn, auch wenn er ihr König war, in die Unterwelt verbannten. Die 50 großen Götter und die sieben Schicksalsgötter packten Enlil und sagten zu ihm: »Enlil, Unsterblicher, verlasse die Stadt.«⁴⁹

Als Ninlil Enlil in die Unterwelt folgte, war Enlil verwirrt, denn sein Sohn Nanna-Sin, den Ninlil unter dem Herzen trug, sollte zum leuchtenden Mond werden und musste nun als Strafe für die Art seiner Zeugung dort leben, wo er geboren wurde – in der dunklen Unterwelt der Verbannung seines Vaters. Aber wie konnte er der Mond sein, wenn er in der Dunkelheit gefangen war? So kam Enlil eine Idee. Auf dem Weg von Nippur in die Unterwelt begegneten einem Reisenden drei Wesen: zuerst der Wächter, der die Tore von Nippur bewacht, dann der »Mann vom Fluss der Unterwelt« und schließlich der Fährmann. Als Ninlil auf der Suche nach Enlil in die Unterwelt ging, den hellen Mond in ihrem Schoß tragend, nahm Enlil die Gestalt dieser Wächter an und schwängerte Ninlil mit drei Gottheiten der Unterwelt, welche die Brüder des Mondes sein sollten. Jetzt könnten *sie* den Platz ihres älteren Bruders Nanna-Sin einnehmen, so dass dieser frei wäre, um als Licht zum Himmel aufzusteigen.⁵⁰

Die numerische Bedeutung der »Drei« ist interessant – als gäbe es für jeden der drei Tage, die der Mond in der Dunkelheit verbringt, eine Unterweltfigur, die ihn befreit und als Licht zum Himmel aufsteigen lässt.

Diese Idee kann mit dem mesopotamischen Glauben in Verbindung gebracht werden, dass jeder, der die Unterwelt betritt oder verlässt, einen anderen an seiner Stelle zurücklassen muss. Wenn man dem Tod einmal begegnet ist, kann man ihm nicht nach Belieben aus dem Weg gehen, selbst wenn man der Mond ist.

DREI

Warum hat der Wagen von Soma (dem hinduistischen Mondgott) drei Räder und nicht vier? Und warum hat die Kröte, die nach chinesischem Glauben im Mond lebt, drei Beine? Einst wurde der Mond in drei sichtbare Phasen eingeteilt. Wenn er voll war, zeigte er sich in perfekter Symmetrie als Kreis. Und er besaß zwei generische Bewegungsformen: zunehmend bis zur Fülle und nach Osten gerichtet, sowie abnehmend nach der Fülle und nach Westen gerichtet. Daher wurden Mondgottheiten häufig als »triform« beschrieben.

Die drei sichtbaren Phasen des Mondes werden an manchen Orten als drei verschiedene Personen aufgefasst: In New Britain heißt der Mond die Weiße Frau. Ihre beiden Söhne sind der zunehmende und der abnehmende Mond.[51] Der dreieinige Mondgott der Ashanti erscheint in zwei Personen schwarz und in der dritten weiß.[52] In altnordischen Mythen wurde der Mond häufig als dreifaltige Gottheit dargestellt: *Nyi*, der Neumond, *Mani*, der Vollmond, und *Nithi*, der abnehmende Mond.[53] Die Nornen, altnordische Schicksalsgöttinnen, waren ebenfalls zu dritt. Die präislamische arabische Göttin Manat, deren Name Schicksal bedeutet, war dreifaltig. Und die teutonische Mondgöttin Holda ist dreieinig, da sie zwei Töchter hat.[54] In Mesopotamien wurde manchmal zwischen Nanna, dem Vollmond, Sin, der Sichel, und Asim-babbar, dem Neumond unterschieden.[55] Auf Kreta gibt es viele dreifache Säulen, die vermuten lassen, dass der Mond dort ebenso wie in Phönizien in dreifacher Form verehrt wurde (Abb. 4).[56]

Die früheste Figurentriade datiert ca. 13 000 bis 11 000 v. Chr. In die Rückwand einer altsteinzeitlichen Höhle in Angles-sur-Anglin im französischen Vienne waren drei riesige weibliche Figuren gehauen, die in einer verwirrenden Komposition aus Bäuchen, Lenden und Schenkeln über dem gehörnten Kopf eines Stiers schwebten. Alle drei genitalen Dreiecke haben genau die gleiche Seitenlänge und treten deutlich hervor. Sie weisen auf das Geheimnis der Geburt hin.[57] Wenn es sich hierbei möglicherweise um Göttinnen der drei sichtbaren Phasen des Mondes handelt, dann symbolisiert der Stier, aus dem sie aufsteigen, vielleicht die vierte, unsichtbare Phase des dunklen Mondes, in der der Tod zur Wiedergeburt wird. Die Heiligkeit des Stiers, schreibt Gimbutas, wird insbesondere durch die Hervorhebung von Hörnern ausgedrückt. Erfüllt von der mysteriösen Kraft des Wachstums, sind die Hörner zu einem Symbol des Mondes geworden, welches vermutlich im Aurignacien des Jung-Paläolithikums entstand, als Reliefs von nackten Frauen auftauchten, die ein Horn hielten.[58] Im Neolithikum waren der Stier und der Gott häufig austauschbar, da die Erscheinung des Gottes damals hauptsächlich die Gestalt eines Stieres hatte.[59] Eine Triade weiblicher Figuren, die von einer vierten Figur – Stier oder Gott – begleitet werden, erscheint auch in klassischen Mythen, in denen Hermes die drei Horai (Jahreszeiten) zum Tanz führt und den Winter auffordert, sich in den Frühling zu verwandeln. *Hermes Psychopompos*, der als Führer der Seelen in die Unterwelt als Einziger die Grenzen zwischen Leben und Tod überschreiten darf, war ursprünglich ein Mondgott. Dadurch wird die Tatsache, dass er beim so genannten Urteil des Paris zusammen mit den drei Mondgöttinnen – Athene, Aphrodite und Hera – erscheint, umso interessanter (siehe Kapitel 10, Abb. 15).

Später, als man sich den Mond als Göttin vorstellte, wurden die drei sichtbaren Phasen oft als die drei Stufen des biologischen Lebens der Frau unterschieden: Jungfrau, Braut und/oder Mutter, alte Frau. Im griechischen Mythos wurden diese drei Phasen als verschiedene Göttinnen personifiziert: Neumond und zunehmender Mond waren die Jungfrau – Persephone oder Artemis; der Vollmond war die Braut, Ehefrau, Mutter oder die Erfüllte – Demeter, Hera, Athene oder Aphrodite; und der abnehmende Mond, Hekate, war das alte Weib (von *chronos*, »Zeit«, und *hagia*, »heilig«, wenn das Licht als die Weisheit des Alters nach innen gerichtet ist). Hekate war selbst zu Shakespeares Zeiten noch dreifaltig – ebenso wie ihr dreiköpfiger Hund Cerberus. Die Römer nannten sie *Triformis* und *Trivia*; sie war dort zu finden, wo die drei Wege sich

Abb. 4. *Phönizische Mondstele. Die mittlere Säule ist länger als die beiden anderen. Über ihr ist ein Kreis dargestellt, der auf den Vollmond zwischen zunehmendem und abnehmendem Mond hindeutet. (Aus Harrison, Themis, S. 192).*

Abb. 5. *Hekate Triformis mit ihrem Hund. (Aus Harding, Woman's Mysteries, S. 217).*

treffen. Selene verkörperte alle drei Phasen gleichzeitig: Wenn sie aus dem Ozean aufsteigt, ist sie für immer eine Jungfrau; wenn sie auf ihren Pferden durch die Dunkelheit reitet, ist sie voll; und wenn sie ihre Strahlen auf Endymion richtet, nimmt sie ab, und ihre Dunkelheit ist sein Tod.[60]

Wenn die aufeinander folgenden Stufen im Leben einer Frau auf die drei Strukturelemente im gesamten Leben – Geburt, Tod und die Qualität des Lebens dazwischen – übertragen werden, werden die Mondgöttinnen zu den als die Parzen bekannten drei Moirai im Mond zusammen mit allen anderen Triaden, durch die ihre Herrschaft ausgeweitet wird: die Musen (zuerst drei, dann neun), die Horai, die Barmherzigen oder »Grazien«, die Erinnyen oder »Furien« oder, wie sie euphemistisch auch genannt werden, die »Eumeniden«, die »Freundlichen«. Dann sind da die Sirenen, die Hesperiden, die Gorgonen und die Graiai (die »Grauen«, Schwestern der drei Gorgonen), die an der Schwelle des Tages leben und gemeinsam ein Auge und einen Zahn haben. Auch die Mänaden, Priesterinnen des Dionysos, waren zu dritt.[61]

Die Zahl drei erscheint an vielen Orten der Welt sowohl als eine Möglichkeit zur Identifikation der sichtbaren Phasen des Mondes als auch zum Strukturieren des Monats, manchmal auch des Jahres. Drei war eine Zahl des Wachstums und der Vollendung, die den Status eines Gesetzes hatte: Bei Ereignissen konnte ein oder zwei Mal willkürlich sein, drei Mal jedoch nicht: »das beste von drei«, »eins, zwei, drei – los«, »zum dritten und letzten Mal«. Ausdrücke wie »der dreifach gelobte Herr« lassen keinen Zweifel zu. Und der Hahn krähte, als Petrus seinen Herrn zum dritten Mal verleugnete. Drei war eine ganze Zahl, die sowohl teilbar als auch unteilbar war, denn sie war differenziert und blieb dennoch eine Einheit. Sie hatte einen Anfang, eine Mitte und ein Ende, und sie löste Gegensätze auf: These, Antithese, Synthese; Schöpfung, Zerstörung, Bewahrung; positiv, negativ, versöhnend. Gurdjieff sprach vom »Gesetz der Drei«.[62] Drei war eine Zahl der Bewegung – Mutter, Vater, Kind –, die schließlich auch zur Ruhe kam – Geburt, Leben und Tod. Drei wird auch als die Anzahl der Tage angegeben, an denen der Mond verschwunden ist (auch wenn es manchmal nur ein oder zwei Tage sind). Aber als eine ganze Zahl der Vollendung wurde sie zur Zahl der Tage, an denen Helden und Retter in der Unterwelt gefangen sind (Inanna), eingesperrt im Bauch des Wals (Jonas), oder abgestiegen in die Hölle (Jesus). Nach seiner Bekehrung in Damaskus war Paulus drei Tage lang blind und fastete.[63]

Drei Weise kamen aus dem Morgenland, um das Christuskind zu besuchen und ihm drei Geschenke zu bringen. Drei Frauen mit Namen Maria wohnten der Kreuzigung bei – Maria, die Mutter Jesu, Maria Magdalena und Maria von Bethanien. Diese Tradition wird in der Provence in *Les Trois Saintes Maries de*

Abb. 6. Ein Symbol, das man an den Wänden der Katakomben in Rom fand und das den Titel »Das Königreich des Himmels« trägt. (Aus Harding, Woman's Mysteries, S. 223).

Abb. 7. Hekate Triformis. Hekate als drei in einer und einer in drei. Römische Grabstele. Musée Calvet, Avignon, Frankreich.

Abb. 8. Die Drehung des Mondes. Die Mondsicheln sind zu Beinen geworden, die sich in einem Kreis von rechts nach links bewegen. Münze aus Sizilien. (Aus Harding, Woman's Mysteries, S. 223).

la Mer fortgesetzt, wo die schwarze Jungfrau Sarah den Platz von Maria von Bethanien einnimmt. In vielen Märchen von den drei schicksalhaften Schwestern sind zwei entstellt, und eine ist schön wie der Vollmond, wie beispielsweise im Märchen von Aschenputtel und den zwei hässlichen Schwestern.[64] In Märchen, in denen drei Wünsche erfüllt werden, hebt der letzte die beiden ersten immer auf. Der jüngste Bruder oder die jüngste Schwester – die Verschmähten, scheinbar Faulen aber Intuitiven – gelangen in das magische Reich und retten ihre anderen beiden Geschwister. Im britischen Volksglauben war es Brauch, sich dreimal vor dem Neumond zu verbeugen. Drei war die magische Zahl: »aller guten Dinge sind drei«; »beim dritten Mal gelingt es« etc.

Im Grunde kann man von allen dreieinigen Göttinnen und Göttern vermuten (wenn auch nicht behaupten), dass sie lunaren Ursprungs sind – wie beispielsweise *Hermes Trismegistos*, der dreifach große Hermes der Gnostiker. Aber auch in der Sonne werden drei Seinsformen erkannt – aufgehend, kulminierend und untergehend –, was vermuten lässt, dass dies ein archetypisches Muster des Gleichgewichts und der Vollendung darstellt.[65]

Die Aufteilung des Mondlichts in drei Phasen hat den menschlichen Geist vielleicht darauf eingestimmt, »in Dreien zu denken«, um ein Ganzes zu definieren, das durch seine Teile verständlich gemacht werden konnte. Diese »Drei« war gleichzeitig »Eins«, die *drei* sichtbaren Phasen und der *eine* Zyklus, oder *ein* Mond, der sich in *drei* Aspekten manifestiert und vielleicht die früheste Dreifaltigkeit zum Ausdruck bringt, die sowohl Drei-in-Einem als auch Eins-in-Drei war.[66]

Aber wie der periodisch wiederkehrende Mond ist »das Eine« mehr als seine sichtbaren Phasen, weil es auch unsichtbar ist und existiert, wenn *sie* nicht existieren. Wie wir in der Legende vom *Abstieg der Inanna* gesehen haben, wird der dunkle Mond zu einer weiteren Phase im kontinuierlichen Zyklus des Mondes, so dass Dunkelheit und Tod in Helligkeit und Leben integriert werden können und aus der »Drei« eine »Vier« wird.

VIER

Wie in Kapitel 1 gezeigt wird, ist die Fähigkeit zum abstrakten Denken möglicherweise aus der Notwendigkeit entstanden, die Phasen des Mondes als vier, statt als drei aufzufassen, da die Dunkelheit des Neumondes ebenfalls als eine Phase betrachtet wird, auch wenn man sie nicht sehen kann. Sie wird von der unmittelbaren Erfahrung abstrahiert und im Geist platziert. Auf diese Art entsteht die Zahl »Vier« logischerweise aus der Zahl 28, da die dunkle Zeit erst dann zu einer Phase wird, wenn der Zyklus von 28 Tagen als dauerhaft registriert wird.

Im Neolithikum wurden die vier Phasen des Mondes häufig als die vier Arme eines Kreuzes in einem Kreis auf Gefäße gezeichnet. Sie entwickeln sich auch zu Hakenkreuzen, deren Haken oder Flügel nach links zeigen und den monatlichen, östlichen Lauf des Mondes darstellen, beispielsweise auf dem Teller aus Bulgarien in Abb. 9, der Mitte des fünften Jahrtausends v. Chr. entstand.

Zu Beginn des vierten Jahrtausends wurden in Ur, später die wichtigste sumerische Stadt der Mondverehrung, Haushaltsgefäße in Gräber gelegt, die vielleicht Essen und Trinken für die Verstorbenen auf ihrem Weg durch die Unterwelt zu einem neuen Leben jenseits des Todes enthielten. In einem solchen Grab fand man auch die mit Mondsicheln dekorierte Schale in Abb. 10. 3000 Jahre später wurde auf dem Kopf der kunstvollen Marmorstatuen vieler römischer Grabsteine der Halbmond angebracht.

Während die »Drei« als »sichtbare« Zahl und damit als Zahl der Zeit angesehen wird – entstehen, wachsen und sterben oder Vergangenheit, Gegenwart und Zukunft –, ist die »Vier« eine Zahl des Raums – Norden, Süden, Osten und Westen, die vier Richtungen des Universums. Als Zahl der Vollständigkeit beschrieb »vier« auch den Lauf des Mondes, der als eine sich im Raum bewegende Figur vorgestellt wurde. Die dunkle Periode zählte als die vierte Phase, die den Kreis vervollständigt. Die »Vier« ist auch das »Eine« in dem Ausspruch der Alchemistin Maria Prophetessa: »Aus eins wird zwei, aus zwei wird drei, und aus dem dritten kommt das Eine als das vierte.«[67]

Das Hakenkreuz oder sich bewegende Kreuz, dessen Enden zu Haken gekrümmt sind, kann entweder nach rechts oder nach links weisen. Lunare Hakenkreuze haben nach links weisende Haken und bewegen sich gegen den Uhrzeigersinn von rechts nach links. Später ziehen sich nach links weisende Hakenkreuze durch die schwarzen Roben von Artemis und Athene wie Sterne in der Nacht. Die früheren, namenlosen Göttinnen des Wassers trugen auf ihren Gewändern ebenfalls lunare Hakenkreuze, die mit kleinen Wasserfällen, Fischen und Wasservögeln verwoben waren. Im Gegensatz dazu bewegen sich solare Hakenkreuze mit nach rechts weisenden Haken im Uhrzeigersinn von links nach rechts und stellen den Lauf der Sonne von Osten nach Westen dar. Sie erscheinen meist zusammen mit Sonnengöttern wie dem zoroastrischen/römischen Gott Mithras.[68]

ACHTUNDZWANZIG

Man muss den gesamten Zyklus in 28 einteilen, um die Nächte des hellen und des dunklen Mondes zählen und ihn in zwei Hälften von jeweils 13 oder 14 teilen zu können. Die 28 kommt also in gewisser Weise »vor« den Zahlen ihrer Bestandteile.

Der hinduistische Mondgott Soma (oder Chandra) war der Sohn von Rishi Atri und Anasuya. Soma heiratete die 28 Töchter von Rishi Daksha, dem »Leuchtenden«, der aus dem rechten Daumen von Brahman hervorgekommen war und mit der Erschaffung aller Lebewesen betraut wurde, die sich bewegten und die sich nicht bewegten. Das Problem war jedoch, dass Soma seine vierte Frau Rohini (eine als »Rote Kuh« bekannte Konstellation) bei weitem bevorzugte, und dies machte die anderen 27 eifersüchtig. Sie gingen zu ihrem Vater Daksha und beschwerten sich über Soma, weil er seine Gunst nicht gleichmäßig auf sie verteilte. Daksha war erzürnt und bestrafte Soma mit Lepra (manche sagen Schwindsucht), so dass die strahlend silberne Farbe von Soma zu verblassen begann. Als sie dies sahen, hatten die Frauen Mitleid mit Soma und sagten ihrem Vater, die Bestrafung sei zu hart. Daksha konnte seinen Fluch zwar nicht mehr zurücknehmen, aber er willigte ein, ihn seiner Töchter zuliebe zu mildern, so dass der Verfall nur vorübergehend und nicht permanent sein würde. Soma, der Mond, wird nun also nach und nach »grauhäutig« und verschwindet schließlich innerhalb von 14 Tagen, aber im Laufe der nächsten 14 Tage nimmt er langsam wieder seine silberne Farbe an. Dann fährt er in einem dreirädrigen Wagen, der von zehn Pferden in Form weißer Jasminblüten gezogen wird, über den Nachthimmel.[69]

Hier wird der Himmel durch die 28 Ehefrauen (Häuser) des Mondes strukturiert. Die Tage, an denen sich der Mond von einer Person/Stelle zur nächsten bewegt, werden als die Prüfungen des häuslichen

Lebens der Urzeit vorgestellt. Ist die vierte Frau ein Hinweis auf den vierten Tag des Mondes, wenn die Sichel des Neumondes zum ersten Mal am Horizont erscheint? Im griechischen Mythos ist es der Tag, an dem Hermes von der Göttin Maia geboren wurde.[70]

Achtundzwanzig ist die zentrale Zahl in der Geschichte von Black Elk, in der der Häuptling der Sioux erklärt, warum und wie das große Festwigwam des Stammes gebaut wurde.

Vor langer Zeit waren zwei Sioux auf der Jagd, als sie eine wunderschöne Frau auf sich zukommen sahen. Sie war in weißes Wildleder gekleidet und trug ein Bündel auf dem Rücken. Einer der Männer verspürte Verlangen nach ihr und sagte es seinem Freund, aber dieser sagte, nein, das ist keine gewöhnliche Frau. Die Frau stand nun vor ihnen und legte ihr Bündel auf den Boden. Dann bat sie den Mann, der Verlangen verspürt hatte, zu ihr zu kommen. Als er dies tat, wurden beide von einer Wolke eingehüllt, und als die Wolke aufstieg, war nichts mehr von dem Mann übrig, bis auf seine Knochen, die von Schlangen verzehrt wurden, die sich zu Füßen der Frau wanden.

»Vergiss nicht, was du siehst«, sagte sie zu dem anderen Mann. »Sag deinem Volk, es soll ein großes Festwigwam für mich bauen. Ich habe ihm etwas sehr Wichtiges zu sagen!«

Der Indianer eilte zurück und berichtete, was er gesehen hatte, und der Häuptling Standing Hollow Horn baute ein Wigwam, wie es die Frau befohlen hatte. Es hatte 28 Pfähle, angeordnet um einen Pfahl in der Mitte als Stütze des Ganzen, ebenso wie der Große Geist Wakan Tanka die Stütze des Universums war. Die Frau trat durch die östliche Tür ein und ging mit der Sonne um den mittleren Pfahl nach Süden, Westen, Norden und wieder zurück nach Osten. Dann gab sie dem Häuptling Standing Hollow Horn ihr Bündel und sagte: »Mit dieser Pfeife wirst du deine Stimmen zu deinem Vater und deinem Großvater schicken. Mit dieser Pfeife wirst du auf der Erde wandeln. Denn die Erde ist deine Mutter und deine Großmutter. Jeder Schritt, der auf ihr gemacht wird, sollte ein Gebet sein.«

Als sie fortging, verwandelte sie sich in ein rotbraunes Kalb. Dann ging sie weiter, legte sich nieder und wurde zum weißen Büffelkalb. Dann ging sie noch etwas weiter, legte sich hin

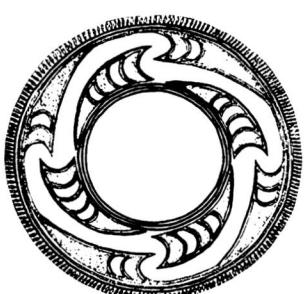

Abb. 9. Mit Graphit bemalter Teller. Ein Strudel aus Halbmonden bewegt sich gegen den Uhrzeigersinn um eine Scheibe, ein Ei oder einen Vollmond. Am äußeren Rand bilden vier Halbmonde einen gegen den Uhrzeigersinn gerichteten Strudel, der den mittleren Strudel verstärkt. Karanovo IV, Devetashka-Höhle, Zentralbulgarien. Mitte 5. Jahrtausend v. Chr. (Aus Gimbutas, The Language of the Goddess, S. 297).

Abb. 10. Bemalte Terracotta-Schale. Der zentrale Ring soll vermutlich den Vollmond darstellen. Vier Gruppen von Halbmonden in Dreierreihen erstrecken sich in einem Kreuz nach außen. Die Halbmonde sind in antithetischen Positionen entlang der vertikalen und der horizontalen Achse wie die Kardinalpunkte des Kompasses angeordnet. So genannte »Ubaid-Keramik«. Gefunden in einem Grab in Ur, Sumer. Frühes 4. Jahrtausend v. Chr. Museum of Mankind, London.

und wurde zu einem schwarzen Büffelkalb, das sich umdrehte, in alle vier Richtungen verbeugte und über dem Berg verschwand.

Dann erklärte Black Elk:

»Wenn man vier Siebener zusammenzählt, erhält man achtundzwanzig. Der Mond lebt achtundzwanzig Tage, und wir bestimmen die Zeit nach dem Mond. Jeder Tag des Mondmonats stellt etwas Heiliges für unser Volk dar: Zwei der Tage stellen den Großen Geist Wakan Tanka dar, der unser Vater und unser Großvater ist; zwei die Erde, unsere Mutter und unsere Großmutter; vier für die vier Winde; einer für den gefleckten Adler; einer für die Sonne, einer für den Mond, einer für den Morgenstern; vier für die vier Zeitalter; sieben für unsere sieben großen Riten; einer für den Büffel; einer für das Feuer; einer für das Wasser; einer für den Stein und einer für den Menschen. Ihr solltet auch wissen, dass der Büffel achtundzwanzig Rippen hat und dass wir in unserem Kriegsschmuck meist achtundzwanzig Federn tragen. Alles hat eine Bedeutung, und es ist gut, wenn der Mensch diese Dinge kennt und sich an sie erinnert.«[71]

Die gehörnten Büffel mit ihren 28 Rippen, die jedes Jahr fortgehen und wiederkehren, werden hier mit dem Mondsymbolismus der zyklischen Erneuerung gleichgesetzt, ebenso wie das Festwigwam, der Kriegsschmuck und alle, die an den 28 heiligen Tagen jedes Zyklus die Pfeife rauchen. Da einer der 28 Pfähle der Mittelpfahl oder die Achse ist, beträgt die Zahl der ihn umgebenden Pfähle 27, zusammengesetzt aus drei mal neun (drei mal drei mal drei). Black Elk fügte hinzu, dass der Büffel das Universum in seinem zeitlichen, lunaren Aspekt symbolisiert, ewig sterbend und ewig wieder geboren, aber mit seiner achtundzwanzigsten Rippe symbolisiert er auch den Großen Geist als das Zentrum, das überall ist, und als die Zeit, die Ewigkeit ist.[72]

Plutarch schreibt, dass die Katze, das Tier des Mondes, immer mehr Junge hervorbringt, bis 28 erreicht sind, »ebenso viele wie es Lichtgestalten des Mondes gibt«.[73]

Ebenso wie Hindus, Buddhisten, Perser, Kopten, Chinesen und Araber teilten auch die Babylonier den Tierkreis in 28 Häuser des Mondes ein.[74] Die spätere islamische Kosmologie legte ebenfalls 28 Häuser des Mondes zugrunde, um verschiedene Systeme numerischer Symbole zu konstruieren und zu zeigen, dass die Mondkugel die Qualitäten aller anderen Himmelskörper synthetisierte und deren Einflüsse auf die sublunare Welt der Elemente übertrug.[75] Der lunare Monat der Maya, die einen sehr genauen Mondkalender besaßen, hatte 29 Tage, wie die Skulptur eines ihrer Gelehrten zeigt, die den Mondzyklus symbolisiert. Der Thron, auf dem der Gelehrte sitzt, ist mit 20 Mondsymbolen versehen, während der Balken und die Punkte die Zahl Neun ergeben.[76] Das Leben von Helden und Rettern wird häufig in Phasen unterteilt: die ersten 28, 29 oder 30 Jahre als der Zyklus gewöhnlicher Menschen, das unbewusste Leben, auf das eine neue Phase der Initiation folgt, die symbolisch als Wiedergeburt dargestellt wird. Osiris herrschte 28 Jahre, bevor er zum Gott der Unterwelt wurde, und Siddhartha verbrachte 29 Jahre in trügerischer Glückseligkeit, bevor er den Palast seines Vaters verließ und Krankheit, Tod und schließlich einem Mönch begegnete, der weder zu leben noch zu sterben verlangte. In der anschließenden Phase wurde er zum Buddha.

* * *

Andere »Mondzahlen« sind die Sieben als das Viertel des Mondmonats, die neun oder zehn Tage einer Woche im dreiwöchigen Monat der Ägypter, die zehn Mondmonate der Schwangerschaft (wobei ein Mondmonat aus 28 Tagen besteht), die 13 Monate des Mondjahres oder die Tage des zunehmenden Mondes in einem hohlen Monat; die 14 Tage des zunehmenden Mondes und der 17. Tag, an dem man beobachten kann, dass der Mond abnimmt, nachdem er scheinbar drei Tage voll gewesen ist. Entsprechend dem Lauf der Sonne durch die zwölf Zeichen des Tierkreises und den zwölf nicht lunaren Monaten von 30 und 31 Tagen wurde die Zwölf zu einer Sonnenzahl.

SIEBEN

Wird der Mondzyklus von 28 Tagen in einem Kreis angeordnet und dieser Kreis senkrecht und waagerecht geteilt, ergeben sich vier Segmente zu je sieben Tagen. Als sieben zur Zahl der Tage in einem vierwöchigen Monat wurde, benannte man die Tage nach den sieben Planeten als der Zahl der Vollendung. Denn sieben ist die Zahl der sichtbaren Planeten (im ursprünglichen, griechischen Sinne des Wortes Planet als »Wanderer«), wozu Sonne und Mond sowie Merkur, Venus, Mars, Jupiter und Saturn zählen. Wenn drei und vier zusammen eine Einheit von Zeit und Raum ergeben, dann überrascht es nicht, dass sieben überall eine Zahl der Totalität ist. Einem englischen Sprichwort zufolge war die Sieben eine Glückszahl: »An dem Tag, an dem du eine gute Tat begehst, wird es sieben neue Monde geben.«[77]

NEUN

Neun als eine Zusammensetzung aus drei mal drei war ebenfalls eine Mondzahl. »Dreimal dein und dreimal mein, und dreimal noch, so macht es neun«, singen die drei Hexen in Macbeth[78], Dienerinnen der dreifachen Göttin Hekate. Die neun griechischen Musen waren ursprünglich drei Hüterinnen der Nacht und der Sterne.[79] Demeter fliegt wie ein »einsamer wilder Vogel«[80], wenn sie neun Tage und Nächte nach ihrer Tochter Persephone sucht. Im Christentum umgeben neun Engelschöre den Thron des Allerhöchsten.[81] Ende des 19. Jahrhunderts hieß es in Yorkshire, wer neunmal auf den Mond zeige, komme nicht in den Himmel, während man in Derbyshire sechs, aber nicht siebenmal auf ihn zeigen durfte und es in Lancashire, Worcestershire und Shrewsbury als Sünde galt, überhaupt auf den Mond zu zeigen.[82]

Der antike Stabkopf des prädynastischen Königs Nanner in Abb. 11 zeigt den König in Verbindung mit einem Gott am oberen Ende einer Treppe auf einem Thron. Entsprechend der Anzahl der Tage der ägyptischen Wochen, von denen es drei in einem lunaren Monat gab, besteht die Treppe aus neun Stufen. Diese Figur wird durch drei Personen hervorgehoben, die dem König zwischen zwei Reihen aus jeweils drei Halbmonden ihren Respekt erweisen. Die eine Reihe zeigt die Sicheln des zunehmenden, die andere die Sicheln des abnehmenden Mondes. Gemeinsam stellen sie einen kompletten Zyklus dar. Auch Osiris wird auf der Spitze von neun Stufen sitzend dargestellt (siehe Kapitel 13, Abb. 7).

DREIZEHN/VIERZEHN

Die 13 Kerben im Horn der schwangeren paläolithischen Göttin von Laussel stellen die früheste und eindrucksvollste Darstellung der Anzahl der Tage in der zunehmenden Phase und vielleicht auch der Anzahl der Monate eines Mondjahres dar.

Die Zweiteilung des Mondzyklus ergibt die (veränderliche) Zahl von 14 Tagen des Zunehmens und 14 Tagen des Abnehmens. Ebenso wie Osiris wurde auch Toth mit dem Auge des Vollmondes an der Spitze von 14 Stufen dargestellt (siehe Kapitel 2, Abb. 4). Seth fand den Körper von Osiris bei Vollmond und zerlegte ihn in 14 Teile, ebenso wie der Mond in Teile zerbricht, wenn er stirbt. Auch die aztekische Mondgöttin Coyauxolqui wurde von ihrem jüngeren Bruder, dem Sonnengott Huizilopochtli, in 14 Teile zerhackt. Er schlug ihr den Kopf ab und schleuderte ihn hinauf in den Himmel, wo er zum Mond wurde.[83]

SIEBZEHN

Der siebzehnte Tag des lunaren Monats ist der Tag, an dem der Mond abzunehmen beginnt, nachdem er sich an den drei Tagen des Vollmondes kaum verändert hat. In der Tradition, von der Plutarch berichtet, wurde Osiris am 17. Tag des Monats Osiris getötet – »an diesem 17. ungefähr lässt der Vollmond Spuren des Abnehmens erkennen« –, weshalb, so fügt Plutarch hinzu, dieser Tag von den Pythagoreern verabscheut und die »Sperre«[84] genannt wird. Vergil empfahl (ohne Angabe von Gründen), Weinstöcke am 17. Tag zu pflanzen (und sie in der dunklen Erde zu verwurzeln, wenn der Mond sich zu verdunkeln begann).[85]

In dem Land, das heute als das »Alte Europa« bekannt ist, blühte lange vor der Ankunft der Indoarier im vierten Jahrhundert v. Chr. eine reiche und würdevolle Zivilisation. Die in Abb. 13 gezeigte Vase aus Rumänien sowie ähnliche aus Ungarn lassen vermuten, dass die 17 Windungen der Mondschlange und die vier Phasen des Mondes im alteuropäischen Denken miteinander verbunden waren.[86] Der Beginn des Abnehmens wird also als die dynamische Lebenskraft der sich windenden Schlange dargestellt und im Kontext zweier vollständiger Zyklen der lunaren Erneuerung platziert (der in vier Teile geteilte Kreis). Beide sind mit einem Horn versehen, das in die entgegengesetzte Richtung des Mondlaufs weist und die Form und Ausrichtung des zunehmenden Halbmondes abbildet. Die Bemalung der Vase lenkt den Gedanken an den Tod also auf das neu geschaffene Leben, vom dunklen auf den hellen Mond und damit vom Winter auf den Frühling der Zeit.

Wie wir in Kapitel 4 gesehen haben, scheinen die wellenförmigen Linien der sich windenden Schlangen auf den megalithischen Steinen von Knowth der Zeitmessung gedient zu haben: Einige der längsten Schlangen haben bis zu 30, viele von ihnen 17 Windungen, welche das Abnehmen des Mondes darstellen.[87]

NEUNZEHN

Nach zehn Jahren der Wanderschaft und zehn Jahre, nachdem er im trojanischen Krieg gekämpft hat, kehrt Odysseus im Winter bei Neumond nach Ithaka zurück, als das Fest des Apollo oder der Wintersonnenwende gefeiert wird – die Zeit (wenn es eine solche gibt), da der alte Zyklus endet und ein neuer triumphierend beginnt. Denn die Wiedervereinigung von Odysseus und Penelope, die lange ihr lunares Netz gewebt und wieder entwirrt hat, findet »im zwanzigsten Jahr« (nach Vollendung des neunzehnten Jahres) statt, wenn der Neumond mit der neuen Sonne der Wintersonnenwende zusammenfällt. Im fünften Jahrhundert suchte der Astronom Methon von Athen nach einer Lösung, um den Mond- und den Sonnenkalender zu koordinieren (d. h., wie die zwölf lunaren Monate der 354 Tage den 364 Tagen des Sonnenjahres anzugleichen seien). Dies führte ihn zu der Formulierung des »Großen Zyklus von 19 Jahren«, den Gilbert Murray wie folgt erklärt: »Am letzten Tag des 19. Jahres, der nach griechischer Rechnung auch der erste Tag des 20. Jahres war, fiel der Neumond mit der Neuen Sonne der Wintersonnenwende zusammen; dies wurde ›Treffen von Sonne und Mond‹ genannt (*Sunodos Helion kat Selenes*) – ein Ereignis, zu dem es volle 19 Jahre vorher nicht gekommen war und zu dem es weitere 19 Jahre nicht kommen würde.«[88] Nachdem Sonne und Mond also 19 Jahre nicht zusammengetroffen waren (und so die Jahreszeiten durcheinander gebracht hatten), trafen sie sich schließlich zur gleichen Zeit und machten die Zeit gleich! Seitdem wiederholen sich die Phasen des Mondes wieder an den gleichen Tagen, wie sie es 19 Jahre vorher getan haben. Aber wie unauffällig ist ein so bedeutendes Ereignis in der Struktur der eigenen Zeit der Geschichte verborgen.[89]

Der griechische Geschichtsschreiber Diodorus Siculus hebt die Bedeutung der 19 Jahre in seiner Beschreibung eines Ortes hervor, der Callanish auf der Isle of Lewis ähnelt. Bei dem megalithischen Steinkreis in Callanish handelt es sich um eine der frühesten auf den Mond ausgerichteten Steinformationen (der Begriff »Mondobservatorium« verbirgt meist die Tatsache, dass dort möglicherweise religiöse Rituale abgehalten wurden). Siculus zitiert eine vergessene Geschichte von *Hecataeus von Abdera* über einen Reisenden im Norden Britanniens, der einen »runden Tempel« auf einer Insel, »nicht kleiner als Sizilien«, gesehen hatte. Er schreibt weiter, dass der Mond, von dieser Insel aus gesehen, nur ein kurzes Stück von der Erde entfernt zu sein scheint, also sehr groß wirken muss, und fährt fort, dass der Gott die Insel alle 19 Jahre besuchte (der 18,61 Jahre dauernde Zyklus des Mondes).[90] In Aubrey Burls Buch *From Carnac to Callanish* erfährt man, dass Callanish auf dem 58. Grad nördlicher Breite liegt – in der Tat eine wichtige Information, da der Mond nirgendwo weiter südlich in Europa zwischen Aufgang und Untergang den

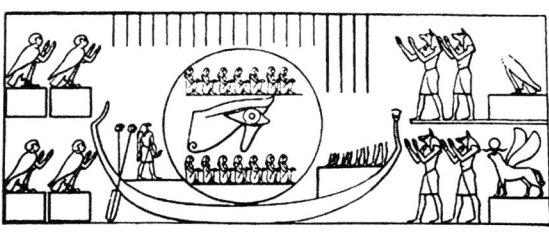

Abb. 12. Die Götter der 14 Tage des abnehmenden Mondes. Ägypten. (Aus Wallis Budge, The gods of the Egyptians, II, S. 321).

Abb. 11. Der Stabkopf von Nanner als Gottkönig der neun Stufen. Prädynastisches Ägypten. (Aus Briffault, The Mothers, II, S. 781).

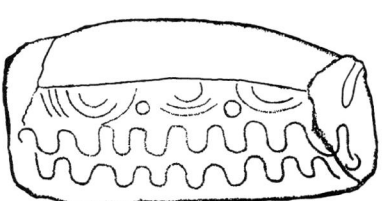

Abb. 14. Schlangenlinien mit Wendung zwischen den Zahlen 14 und 17 als zunehmender Mond. Das obere Register mit 17 Windungen beginnt mit einem Halbmond auf der linken Seite, während darüber konzentrische Halbkreise und Scheiben eingraviert sind, die möglicherweise Vollmonde darstellen. Grabkultur, Knowth NO 6 und SO 3. Boyne River Valley, Cork, Meath, Irland. Mitte der 2. Hälfte des 4. Jahrtausends v. Chr. (Aus Brennan, The Stars and the Stones, S. 202).

Abb. 13. Zentrale zickzackförmige Schlange (mit 17 Windungen), flankiert von zwei in Viertel geteilten Scheiben, die mit Hörnern versehen sind. Polychrome Vase. Cucuteni-A-Phase. Trusetsi, Moldavien, Nordost-Rumänien. 4500 – 4300 v. Chr. (Aus Gimbutas, The Language of the Goddess, S. 288).

Horizont scheinbar berühren kann.[91] Alexander Thoms hat in seinem Buch *Megalithic Lunar Obervatories* [92] gezeigt, dass zeitgenössische Messungen die alten Erzählungen bestätigen. Aufgrund des Breitengrades von Callanish scheint der Lauf des Mondes bei seiner maximalen südlichen Neigung zwei Bergketten zu streifen, von denen eine (die südöstliche) aussieht wie eine Frau, die auf zwei Kissen liegt. Die gälisch sprechende Bevölkerung nennt sie *Cailleach na Mointeach*, was so viel wie »Alte Frau des Mondes« bedeutet, während die englisch sprechenden Inselbewohner sie »Dornröschen« nennen. Wenn er zu dem Punkt seiner maximalen südlichen Neigung aufsteigt, taucht der Mond an einer Stelle aus den Knien und an einer anderen Stelle aus dem Hals von »Dornröschen« auf. Kurz nachdem er untergegangen und nicht mehr zu sehen ist, steigt er wieder aus einem V-förmigen Tal in der südwestlichen Bergkette auf, als würde er neu geboren. Viele der Steine sind so angeordnet, dass sie diese Ereignisse einrahmen.[93]

FÜNFZIG

Es wurde auch erzählt, dass die griechische Mondgöttin Selene Endymion, der seinen ewigen Schlaf in einer Berghöhle schlief, einen nächtlichen Besuch abstattete und 50 Töchter von ihm empfing, während der Fluss *Menios* sanft dahinfloss. (Selene, deren Name von *selas*, »Licht«, abstammt, trug auch den Namen

Mene, die weibliche Form von Men, der Name für »Mond«, »Monat« und den phrygischen Mondgott.)[94] Diese 50 Kinder stellen die Anzahl der Mondmonate zwischen den olympischen Spielen dar, die alle vier Jahre stattfanden (und wieder stattfinden). Genauer, das Intervall zwischen den olympischen Spielen betrug abwechselnd 49 und 50 Monate. Der Zyklus der Spiele war also eine Periode von acht Jahren, in zwei Hälften geteilt – exakt die Periode, welche das hellenische Mondjahr von 354 Tagen mit dem Sonnenjahr von 365¼ Tagen in Einklang bringt.[95] (In acht Jahren ergeben die 11¼ Tage, die das Mondjahr kürzer ist als das Sonnenjahr, 90 Tage. Diese 90 Tage wurden über den Zeitraum von drei im Winter eingeschalteten Monaten verteilt.)

Der Zeitraum von acht Jahren entspricht daher 12 x 8 = 96 + 3 Monate = 99 Monate = 49 + 50. Diese vier Jahre sind genau die Hälfte des achtjährigen Zyklus, die Zeit, die Sonne und Mond brauchen, um den Tierkreis zu durchlaufen und wieder ihren ursprünglichen Ausgangspunkt zu erreichen – der gleiche Punkt am Himmel, an dem dieser Zyklus begann. Versteht man Endymion (in einer seiner Bedeutungen) als die Figur der sinkenden Sonne, die vom Mond unter dem Horizont überholt wird (sein Name bedeutet, »der, der sich im Inneren findet«), macht es Sinn, dass sich sein Grab am Startpunkt der Wettläufe im olympischen Stadion befand[96] und dass die Sieger der beiden Renner – eines für Frauen und eines für Männer – Hera und Zeus in einer heiligen Ehe von Mond und Sonne personifizierten. Wie Frazer bemerkt, sind acht Jahre die Zeit, wenn Mond und Sonne sich treffen, um dann wieder für den gleichen Intervall auseinander zugehen. Sie stehen zwar einmal pro Monat in Konjunktion zueinander (in der Dunkelheit des Neumondes), aber jedes Mal an einer anderen Stelle am Himmel, bis sie sich nach acht Jahren in dem gleichen himmlischen Brautzimmer wieder treffen, wo sie sich zum ersten Mal getroffen haben.[97]

Die Handlung verdichtet sich, wenn man erfährt, dass Endymion (der einer anderen Legende zufolge vom Berg Latmos in Kleinasien stammte) auch ein Sohn des ersten Königs von Elis war. Endymion schickte seine Söhne in ein Wettrennen um das Königreich nach Olympia. Er regierte vielleicht für einen Zeitraum von vier oder acht Jahren. Anschließend mussten sie erneut das Recht auf den Thron in einem Wagenrennen erstreiten.[98] Es ist auch möglich, dass die Spiele ursprünglich ins Leben gerufen wurden, um den regelmäßigen Lauf und die Aktivität der Himmelskörper zu unterstützen.

Die älteren olympischen Spiele der Frauen gehen auf das frühere System der am Mond orientierten Zeitmessung zurück.[99] Die Töchter von Thetis, der Göttin des Meeres, waren ebenfalls 50 an der Zahl. Zumindest zeugen die Spiele von einer empfundenen Übereinstimmung des Rennens auf der Erde mit dem Rennen am Himmel.

Diese kosmischen Geschichten über das Zählen, geschaffen von einem Geist, der noch nicht in rationale und intuitive Fähigkeiten getrennt war, erklären vielleicht, warum Zahlen Symbole von weit reichender Kraft waren, wie etwa in der pythagoreischen Kosmologie. Denn einst erzählte die Zahl selbst die Geschichte der Harmonien des Universums.

DIE ENTSTEHUNG GEISTIGER BILDER

Auch bei der Entwicklung visueller Formen – von Musikinstrumenten bis zum Alphabet – haben die Figuren der Mondphasen vermutlich eine Rolle gespielt. Hermes soll den drei Parzen bei der Erstellung des Alphabets geholfen und die Astronomie, die Tonleiter und die Leier (mit sieben oder drei Saiten) erfunden haben.[100] Musaios, Sohn des Orpheus, dessen Spiel auf der Leier die Tiere verzauberte, wurde »der Mondmann« genannt.[101]

In seinem *Dictionary of Symbols* weist Cirlot darauf hin, dass Schneider behauptet, die progressive Veränderung des Erscheinungsbilds des Mondes – von einer Scheibe zu einem dünnen Lichtfaden – könne zur Entstehung einer mystischen Formentheorie geführt haben, die den Bau von Musikinstrumenten beeinflusst hat. Stuchen, Hommel und Dornseif vertreten darüber hinaus die Ansicht, dass lunare Formen die

Buchstaben des hebräischen und arabischen Alphabets sowie die »graphischen Zeichen« der Babylonier beeinflusst haben. Hommel behauptet, dass zehn oder elf hebräische Buchstaben Ähnlichkeit mit Mondphasen haben: z. B. ist Aleph (»Stier«) das Symbol für den Mond in seiner ersten Woche und auch das Zeichen des Tierkreiszeichens, in dem die Häuser des Mondes beginnen.[102] Selbst mit dem C des englischen Wortes »Crescent« (Halbmond oder Mondsichel) kann man den Mond beschreiben – ein umgekehrtes C für den zunehmenden und ein normales C für den abnehmenden Mond. Den zunehmenden Halbmond kann man als ein »D« darstellen, den Vollmond als einen Kreis oder sogar als eine Null (wie in Hughes' Gedicht *New Moon in January*) oder als ein »O« (wie in Plaths Bild vom Mund des Mondes als »O-mouth«, das Gesicht und Mund als eins zeichnet).[103]

Eliade bemerkt, dass diese Parallelen oder Assimilationen – wenn sie dies denn sind – weniger eine Klassifizierung als vielmehr einen Versuch darstellen, den Menschen und sein Universum in denselben göttlichen Rhythmus zu integrieren. Buchstaben und Klänge funktionieren hier wie Bilder: Man glaubte, die ihnen eigenen Energien würden den Menschen mit Hilfe von Magie oder Kontemplation durch kosmische Ebenen leiten.[104]

DER LUNARE RAHMEN

Nach den unmittelbarer ins Auge springenden Polaritäten von hell und dunkel, Erde und Himmel, sind Sonne und Mond die beiden Himmelskörper, welche die Weite des Raumes sowohl unterbrechen als auch verdeutlichen, da sie dem Auge einen Punkt zum Verweilen bieten und den Geist in Gang setzen. Wie die Figur der Göttin von Laussel impliziert, hat vermutlich zuerst der Mond Anlass zu der Vorstellung einer natürlichen Beziehung zwischen der irdischen und der himmlischen Welt gegeben (indem er Analogien zwischen ihnen hervorrief und förderte). Diese Vorstellung wird sichtbar von der Bewegung der Gezeiten und von den Tieren unterstützt – Hunde, Wölfe, Schakale, Kojoten und Füchse, die nachts den Vollmond anheulen. So findet der Mond die Erde im Raum und weist den Menschen ihren Platz in ihrer Welt zu, wie die folgenden Bilder – unter zahllosen anderen – andeuten:

Masaoka Shiki:

> Direkt aus der Leere
> Der Mond
> Auf den Wellen des Meeres.[105]

Hitamaro:

> Am östlichen Horizont
> Schimmert die Dämmerung
> Über den Feldern, und wenn
> Ich zurückschaue, sehe ich
> Den Mond im Westen untergehen.[106]

Wie auch immer er entstanden ist, der Mond ist sozusagen der erste »Gedanke« der von der Erde hinausgeht und damit der erste imaginative Standpunkt, von dem aus wieder auf die Erde zurückgeblickt werden kann. Als unser nächster Nachbar hat der Mond die Erde stets definiert, ihr einen Wohnort und einen Namen gegeben[107], denn er ist für alle der »Orientierungspunkt« in der Dunkelheit. In dem bewegenden Gedicht *Moonlight Night* denkt der Dichter Tu Fu, der von Rebellen gefangen ist, an seine Frau, die nun alleine ins Mondlicht schaut, während die Kinder schlafen, ihr schwarzes Haar feucht von Tau und ihre Arme fröstelnd vor Kälte, und er fragt:

… wann

Oh wann werden wir wieder zusammen sein
Seite an Seite am Fenster stehen
Und mit getrockneten Augen das Mondlicht betrachten.[108]

In einer Zen-Geschichte wird das Bild des Mondes benutzt, um einen Blick auf das menschliche Leben zu werfen und zu beleuchten, welche Dinge wirklich sind und welche nicht. Die Geschichte trägt den Titel *The Moon Cannot Be Stolen*:

Der Zenmeister Ryokan lebte ein sehr einfaches Leben in einer Hütte am Fuße eines Berges. Eines Abends kam ein Dieb in die Hütte, musste jedoch feststellen, dass es darin nichts zu stehlen gab.

Ryokan kehrte zurück und überraschte ihn. »Du hast wohl einen langen Weg zurückgelegt, um mich zu besuchen«, sagte er zu dem Dieb, »und du sollst nicht mit leeren Händen zurückkehren. Bitte nimm meine Kleider als Geschenk.«

Der Dieb war verblüfft. Er nahm die Kleider und schlich sich davon.

Ryokan saß nackt da und schaute zum Mond. »Armer Kerl«, dachte er. »Ich wünschte, ich hätte ihm diesen wunderbaren Mond geben können.«[109]

KAPITEL 6

DER MOND UND DIE SONNE

And pluck till time and times are done
The silver apples of the moon,
The golden apples of the sun.
W. B. Yeats, *The Song of Wandering Aengus*

Mond, Sonne und Sternenhimmel scheinen unabhängig von unseren Kosmologien zu existieren, auch wenn diese Kosmologien mit der Geschichte des Menschen auf der Erde beginnen. Bei der Lektüre der vielen, zu verschiedenen Zeiten und an verschiedenen Orten der Welt entstandenen Mythen leuchten einem jedoch so viele verschiedene Monde und Sonnen entgegen, dass man sich fragt, ob wir wirklich alle das Gleiche sehen. Der Anthropologe Alfred Bastian (1826–1905) wies als Erster darauf hin, dass mythische Bilder sowohl einen lokalen als auch einen universellen Aspekt haben.[1] In ihren Einzelheiten sind sie für jeden Stamm, jede Gruppe oder Kultur so einzigartig, dass andere sie manchmal nicht wieder erkennen. Aber wenn die Einzelheiten ins Licht gehalten und mit dem betrachtet werden, was Neumann ein »archetypisches Auge«[2] nennt, wird ein gemeinsames Muster erkennbar. In der ungeheuren Vielfalt der lokalen Details zeichnet sich nach und nach ein tieferer Impuls ab, der seinen Ursprung in der menschlichen Vorstellungskraft hat. Die Dimension des mythischen Bildes kann als universell bezeichnet werden.

Es gibt immer eine Geschichte über unsere Welt. Sie wurde so früh und so oft erzählt, dass man sich bisweilen schwer tut, sie zu erkennen, selbst wenn man sich bemüht. Und es ist nicht nur *eine* Geschichte, es sind *viele*. Die menschliche als die universelle Geschichte ist meist die am wenigsten sichtbare, denn sie ist überlagert von der Geschichte der Religion, der Rasse, der Nation, des Dorfes und der Familie sowie von unseren persönlichen Geschichten, die wachsen und sich verändern in dem Versuch, sich mit dem Rest zu verbinden. Während viele dieser Geschichten für sich genommen vielleicht einfach nur das Wunder der Existenz zelebrieren, sind sie jedoch auch immer eine Interpretation, die an zwangsläufig begrenzten Orten erfolgt. »Wo warst du, als ich die Erde gründete?«, wird Hiob von seinem Gott gefragt.[3]

Der kanadische Literaturkritiker Northrop Frye prägte in seinem Buch *The Great Code: The Bible and Literature* den Ausdruck »mythologische Konditionierung«, um zu zeigen, dass sich unsere Wahrnehmung der äußeren Welt unmerklich von Überzeugungen ableitet, die aus den verborgenen Tiefen der inneren Welt stammen:

> Der Mensch lebt nicht wie ein Tier direkt oder nackt in der Natur, sondern in einem mythologischen Universum, einem Gebilde von Annahmen und Vorstellungen, die aus seinen existenziellen Anliegen entwickelt wurden. Das Meiste ist unbewusst, das heißt, dass unsere Vorstellungen eventuell Elemente dessen wieder erkennen, wenn wir es in Kunst und Literatur präsentiert bekommen, ohne bewusst zu verstehen, was es ist, das wir wieder erkennen. Praktisch alles, was wir von diesem Gebilde sehen können, ist sozial konditioniert und kulturell vererbt. Unter dem kulturellen Erbe muss es ein gemeinsames psychologisches Erbe

Abb. 1. Gott erschafft Sonne und Mond. Michelangelo. 1508–1515. Sixtinische Kapelle, Rom.

geben, ansonsten wären Kulturformen für uns nicht verständlich. Aber ich bezweifle, dass wir dieses gemeinsame Erbe direkt erreichen können und die unverwechselbaren Erkennungszeichen unserer eigenen Kultur umgehen können. Eine der praktischen Funktionen von Kritik, bei der ich das bewusste Organisieren einer kulturellen Tradition meine, ist, so glaube ich, uns unsere mythologische Konditionierung bewusster zu machen.[4]

Demnach ist alles, was darauf wartet, ins Bewusstsein vorzudringen, wahrscheinlich zuerst außerhalb von uns in unseren (weitgehend unbewussten) Interpretationen der Welt zu finden. Kunst und Literatur – Bilder, Geschichten und Gedichte – wecken unsere Vorstellungskraft, um die Annahmen über das Universum zu hinterfragen, auf denen unsere Interpretationen gründen. Wenn wir die Elemente unserer Überzeugungen erkennen, wie wir sie in der Kunst präsentiert bekommen, können wir wachsen, indem wir uns ihrer bewusst werden und beobachten, wie wir auf sie reagieren, über sie nachdenken, mit ihnen spielen und sie uns zu Eigen machen, um jene Worte und Bilder zu finden, die sie wahrheitsgetreu reflektieren und deutlich machen.

Jung verwendete den Begriff »Projektion«, um zu beschreiben, wie wir unsere Wahrnehmungen »für« unser inneres Leben in die Natur hinaus-»werfen« (Lateinisch *pro*, für, und *iacere*, werfen).

> Alle mythologischen Prozesse der Natur, so wie Sommer und Winter, die Mondphasen, die Regensaison und so weiter, sind keine Allegorien dieser objektiven Vorkommnisse, sie sind eher symbolische Ausdrücke des inneren, unbewussten Dramas der Psyche, das durch Projektion dem menschlichen Bewusstsein gewahr wird – das heißt, es wird widergespiegelt in den Naturereignissen.[5]

Dies ist zwar bemerkenswert klar, aber die Sprache der »Projektion« läuft vielleicht manchmal Gefahr, eine zu radikale Trennung zwischen der äußeren Welt und dem inneren Drama der Psyche vorzunehmen, so dass fast »eine Lücke entsteht«, die an die Lücke zwischen Gott und dem Finger Adams in Michelangelos Bild der Schöpfung erinnert. Dann werden Natur und Psyche zu verschiedenen Seinsformen. Die eine wird abgeschwächt, wenn wir von der anderen sprechen. Wir brauchen gewissermaßen eine Beziehungssprache, welche die menschliche Psyche mit ihrer Welt verbindet, weil Psyche und Welt der gleichen Realität angehören – selbst wenn die Psyche in ihrer Unbewusstheit dazu neigt, die eine *oder* die andere als ursprünglich zu interpretieren, entweder die Welt der Natur *oder* (neuerdings) die Welt des Menschen. Möglicherweise kann nur die Sprache der Poesie die beiden Welten in unserem Verständnis zusammenhalten.

In unserer Sehnsucht nach Perfektion suchen wir uns Symbole, und einige dieser Symbole finden Ausdruck in Göttinnen und Göttern, die seit Jahrhunderten wegen ihrer Vollkommenheit geliebt werden, so sehr sie im Nachhinein auch idealisiert und welche Schandtaten in ihrem Namen auch begangen worden sein mögen.

Der deutsche Philosoph Ernst Cassirer war der Ansicht, dass der Mensch sein eigenes Sein nur verstehen und erkennen kann, wenn er es in den Bildern seiner Götter sichtbar macht.[6] Diese Göttinnen und Götter, geformt nach dem Vorbild jener, die sie machen, sind also keine Mächte, die über bestimmte Bereiche der Natur und des menschlichen Lebens herrschen, sondern Formen, in denen Natur und menschliche Natur offenbart werden – durch Traum und Vision, in Ekstase, Verwirrung oder Schrecken. Daraus würde folgen, dass die Bilder und Erzählungen des Mythos nicht wörtlich zu nehmen oder historisch als Beschreibungen vergangener oder gegenwärtiger Tatsachen zu behandeln sind. Sie sind eher als *Metaphern* für Seinszustände und Wissensformen zu sehen, als Offenbarungen, die dem Bewusstsein zugänglich, aber noch nicht vollständig als von der menschlichen Vorstellungskraft kommend akzeptiert sind. Wie Campbell so treffend sagte:

Wo immer die Poesie des Mythos als Biographie, Geschichte oder Wissenschaft verstanden wird, stirbt sie ab. Aus den lebendigen Bildern werden entlegene Fakten aus einer fernen Zeit oder einem fernen Himmelsstrich. Außerdem ist es niemals schwer zu zeigen, dass der Mythos als Wissenschaft oder Historie genommen, absurd ist.[7]

Da die Quelle von Symbolen in den Tiefen von Traum und Vision verborgen ist, müssen die Bilder und Geschichten, durch die sie zum Ausdruck gebracht werden, zuerst außerhalb, in scheinbar objektiven Tatsachen entdeckt werden, bevor sie wieder als zu einer menschlichen Erfahrung gehörend beansprucht werden können. Dies bedeutet, dass die menschliche Psyche durch die Göttinnen und Götter, mit denen sie das Universum bevölkert, nach und nach immer mehr für sich selbst sichtbar wird, ein Prozess, durch den das, was unbewusst war, allmählich bewusst wird und der es einer neuen Form des unbewussten Lebens ermöglicht, nach Ausdruck zu streben. Folglich wird – und muss – sich der Charakter unserer Gottheiten ändern, da wir unserem Bedürfnis nach ihnen entwachsen sind, denn selbst die religiösesten Menschen werden zugeben, dass die Bilder unserer Göttinnen und Götter nicht götzendienerisch mit der Quelle der Schöpfung zu verwechseln sind, die sich notwendigerweise jenseits der Kategorien des menschlichen Begriffsvermögens befindet. Hier kommt das zum Tragen, was man die »dynamische Fehlbarkeit« der Psyche nennen könnte. Was bedeutet (sehr vereinfacht ausgedrückt), dass die Psyche wächst, indem sie es falsch versteht, und ebenso wie in jedem anderen Bereich aus ihren »Fehlern« lernt. Aber da die Fehler – oder eher die unvermeidliche Voreingenommenheit – im Schaffen von Gottheiten so deutlich zutage treten, sind auch die Schwierigkeiten, uns von unseren »Götterbildern« zu entfernen, leicht zu erkennen, ebenso wie die Konsequenzen, die es hat, wenn wir an ihnen festhalten, selbst wenn wir ihre Schwächen erkennen. Umgekehrt muss jedes Bild des Göttlichen oder Heiligen als fundamentalster Orientierungspunkt einer Kultur fortwährend hinterfragt werden, damit es besser gesehen und erkannt und schließlich als menschlich akzeptiert werden kann, um es beim nächsten Mal weniger falsch zu verstehen. Eine der Figuren von Samuel Beckett formuliert es so:

Gib dir noch mehr Mühe, scheitere wieder, scheitere besser.[8]

Eine Untersuchung dieser Bilder wirft die Frage auf, ob der Mensch bewusst bei diesem Prozess mitwirken kann. Entsteht ein zukünftiges Symbol, das darauf wartet, in die Welt zu kommen, bereits durch ein Verständnis dessen, welches Ungleichgewicht aufgehoben werden muss? Oder ist ein Symbol so beschaffen, dass wir (hilflos) daneben stehen müssen, während die nächste Phase unseres Wachstums zwar durch uns, aber dennoch ohne uns stattfindet? So oder so stellt sich die Frage, ob wir unsere nächste Niederlage begrüßen dürfen.

SCHÖPFUNGSMYTHEN VON MOND UND SONNE

In den meisten Schöpfungsmythen von Mond und Sonne entstehen die beiden Himmelskörper gemeinsam und werden erst später hinsichtlich ihrer Autorität und ihres Einflusses unterschieden. Ursprungsgeschichten widmen sich den einfachen Fragen, die ein Kind (jeden Alters) stellen könnte. Wer hat Mond und Sonne gemacht? Warum ist der Mond nicht so hell wie die Sonne, und warum verliert der Mond sein Licht? Was sind die Schatten im Gesicht des Mondes? Aber vor allem: Wer hat die Welt gemacht?

Der Versuch, eine Vorstellung von der Schöpfung des Universums zu erlangen, ist für jene, die in ihm geschaffen wurden, unweigerlich zum Scheitern verurteilt. Dennoch muss irgendeine Geschichte gefunden werden. Wenn der menschliche Verstand nach seinen Ursprüngen sucht, schlägt er oft eine von zwei scheinbar unterschiedlichen Richtungen ein, die beide *zusammen* die Komplexität des Bewusstseins reflektieren, jedoch einen Pol auf Kosten des andern hervorheben, wenn sie getrennt werden. Diese Richtungen können (wenn sie polarisiert werden) der »Weg der Natur« und der »Weg des Geistes« genannt werden. Wird der Weg der Natur eingeschlagen, bewegt sich der Verstand zurück zu einem Bild der Welt als einem vollkommen undifferenzierten Zustand – vorgestellt als Leere, Formlosigkeit, Dunkelheit, Stille, Dampf, Nebel, Wasser oder Meer. In differenzierterer Form erscheint dieses Bild der Potentialität als ein Ei. Dieser ursprüngliche Zustand, der manchmal als Chaos bezeichnet wird, muss dann mit Energie aufgeladen oder organisiert werden, damit jene Formen erscheinen, die zur Welt werden. Die beiden schweren Elemente Erde und Wasser werden durch die beiden leichteren Elemente Luft (Wind, Atem) und Feuer (Hitze, Licht) erweckt, die Formen entweder sanft aus der ursprünglichen Formlosigkeit hervorbringen oder sie gewaltsam und explosionsartig entstehen lassen. Manchmal wohnt der »Geist« den Urgewässern inne (wie in dem dunklen Wasser von Nun in Ägypten, das sich als der »Hohe Berg« erhebt oder als das »Erste Licht« sichtbar wird).[9]

Die Idee der Muttergöttin synthetisiert diese beiden Wege der Schöpfung. Die Muttergöttin gehört zum Weg der Natur, weil sie die Welt aus ihrem dunklen, wässerigen Schoß gebiert, aber sie gehört auch zum Geist, weil sie als eine menschliche Figur mit mehr als menschlichen Fähigkeiten vorgestellt wird – ein sowohl immanentes als auch transzendentes Bild. Hier liefert das Wunder der Geburt von Tieren und Menschen die Inspiration für die Geburt des Universums. Wenn der Akt, Leben zu schenken an erster Stelle steht, wird die Muttergöttin mit dem liebenden Charakter einer idealen Mutter ausgestattet, die zur Freude ihrer Nachkommen gebiert. Steht jedoch (im Geist des Mythenschöpfers) der Akt, dieses Leben zu nehmen, an erster Stelle, wird sie als eine unpersönliche Mutter dargestellt, die wahllos gebiert (Leben »hervorbringt«) und ihre Nachkommen Krankheit und Tod preisgibt, ohne sich persönlich um sie als individuelle Kinder zu kümmern.

Der Zyklus des Pflanzenlebens ist das Modell für eine weitere Form des Schöpfungsmythos, in dem das Universum als etwas vorgestellt wird, das aus den zerstückelten Teilen einer ursprünglichen Göttin, eines Gottes oder Urwesens besteht. Dann entsteht Leben aus ihrem Tod, so wie ein Same aus der zerquetschten Frucht der Pflanze der vorherigen Saison zu neuem Leben erblüht.

Am anderen Ende dieses (imaginativen, nicht unbedingt historischen) Kontinuums liegt der Weg des reinen Geistes, auf dem sich die Vorstellungskraft nach vorne zu einer idealisierten Vollkommenheit des Menschen, zu einem überdifferenzierten Zustand bewegt – der fast dem Bild eines körperlosen menschlichen Verstandes gleicht. Dieser wird als höchstes Wesen, als Demiurg, als transzendenter Gott vorgestellt – ein selbst geschaffenes Wesen von reiner Intelligenz und Güte ohne physische Form, wie der Vatergott in der Genesis. Dieser Gott erschafft die Welt in einem Akt, den wir als menschlich erkennen: Er spricht sie als das Wort ins Leben, er wirft sie auf die Töpferscheibe als sein Kunstwerk oder er haucht ihr den Atem des Lebens ein. Der Vatergott erschafft die Welt als etwas, das von ihm getrennt ist. Im Gegensatz dazu steht die Muttergöttin, welche die Schöpfung als Teil ihrer selbst aus ihrer eigenen Substanz hervorbringt.

Die Herausforderung für die Mythen, die mit dem Weg des Geistes beginnen, besteht darin, den Geist wieder in die Natur aufzunehmen, sobald er einmal von ihr getrennt worden ist, und es dem sterblichen Fleisch zu ermöglichen, aus dieser Transzendenz Form zu gewinnen. Als Motiv des Gottes, der die Vorstellung des idealen Vaters verkörpert, wird oft die edelste menschliche Eigenschaft gesehen: bedingungslose Liebe. Aber die so erschaffene Welt wird als ihrem Schöpfer untergeordnet bezeichnet, was zur Idee einer unbelebten Natur, eines gefallenen Universums und ihrem menschlichen Äquivalent, der »Erbsünde« führt. Sie muss erlöst werden, sie kann nicht einfach *sein*. So war die Liebe schließlich bedingt, Belohnung und Bestrafung sind nicht weit entfernt. Der Tod wird zum »Fehler« der Schöpfung, so dass die unübertreffliche Güte des Schöpfers bewahrt werden kann, um ihn uneingeschränkt zu verehren. Dies könnte die Vermutung nahe legen, dass der Gegensatz von Natur und Geist von vornherein falsch aufgefasst wurde.

Es gibt jedoch auch eine andere Art von Geschichte, die von der Fehlbarkeit solcher menschlichen Versuche, sich das Unvorstellbare vorzustellen, ausgeht und damit in jeden Versuch, einen Anfang und ein

Ende zu formulieren, ein Bewusstsein für die Grenzen unseres Denkens einbaut. Solche Perspektiven ermöglichen es, sich darüber im Klaren zu sein, dass es sich um eine Geschichte handelt, und sie dennoch zu erzählen. Diese Mythen vermeiden die Polarisierung von Natur und Geist, indem sie das Bild des Bewusstseins heraufbeschwören, das jedoch nicht nur ein menschliches, sondern ein in allen Dingen vorhandenes Bewusstsein ist. Anders ausgedrückt, es gibt nichts, was nicht Bewusstsein ist. Dieses Bewusstsein existiert jenseits menschlicher Kategorien von Zeit und Raum und damit jenseits der Gegensätze, in denen die Menschen denken, wenn sie über sich selbst nachdenken. Begriffe wie »Traumzeit der Ewigkeit«, *In Illo Tempore*, »In dieser Zeit«, oder der »Weg«, über den nicht gesprochen und der nicht benannt werden kann[10], schaffen das Bild eines Zustandes, der sich einer Definition entzieht. Dieser Zustand beinhaltet und umfasst solche Trennungen – oder unmöglichen Widersprüche –, wie sie von Geschöpfen stammen, die sich ihre eigene Schöpfung vorstellen, wenn die Natur sich ihrer Natur und das Bewusstsein sich seiner selbst bewusst zu werden versucht.

* * *

Mond und Sonne gehören zum Schöpfungsmuster, weil sie die frühesten Wesen sind, die erschaffen wurden, manchmal vor und manchmal nach der Erde. Es folgen einige Beispiele.

In dem finnischen Epos *Kalevala* (Volkslieder und Verse, die erstmals 1849 aufgeschrieben wurden) schwimmt die Muttergöttin in den kosmischen Gewässern, als ihr Schoß vom Wind erweckt und vom Meeresschaum befruchtet wird. Nach 700 Jahren kann sie noch immer nicht gebären und ruft Ukko, den Bewahrer der Welt, zu Hilfe. Er schickt einen Vogel hinab auf die Wellen, der sechs goldene Eier und ein bleiernes Ei legt, die im Wasser umherrollen und in Stücke zerbrechen. Nach und nach setzen sich die Stücke zu einer wunderschönen Form zusammen. Aus der unteren Hälfte eines Eis wurde die Erde, aus der oberen der Himmel.

> Aus dem Eigelb wurde die Sonne,
> Licht des Tages, um auf uns zu scheinen;
> Aus dem Eiweiß wurde der Mond geformt,
> Licht der Nacht, um über uns zu leuchten.

Es vergeht noch mehr Zeit, bis die Wassermutter selbst den Held Vainamoinen gebiert. Nachdem er sich aus dem Schoß seiner Mutter herausgekämpft hat, treibt er fünf Jahre lang in den Wellen und wird schließlich auf eine Landzunge gespült. Dann steht er auf, um die Welt zu sehen:

> Um den Mond im Himmel zu betrachten
> Und sich über das Tageslicht zu wundern. [1]

Die Polynesier der Cook- und der Hervey-Inseln sprechen von der Frau des Anfangs, Vari-Ma-Takere, die in einem winzigen Raum unten in der Welt Kokosnuss lebt, im Land der ewigen Stille, in den Tiefen des Urmeeres. Ihr werden sechs Kinder geboren: Drei pflückt sie von der linken und drei von der rechten Seite ihres Körpers. Avatea, das erste Kind, ist der erste Mann auf der Erde, der auch der Gott des Mondes ist. Als er heranwächst, teilt er sich in der Mitte: Die linke Hälfte ist ein Fisch, und die rechte Hälfte ist ein Mensch. Obwohl er so weit unten war, bewegt er sich nach oben, und nachdem er eine Öffnung in der Oberwelt gefunden hat, erhält er die Erde, um darauf zu leben. Sie wird »Unter dem hellen Mond« genannt. Von den drei Kindern, die Vari-Ma-Takere von ihrer rechten Seite pflückte, war eines eine Frau, die Papa, Erde, genannt wurde.[12]

Die Maori aus Polynesien führen diese Legende weiter: Der Mondgott, der jetzt Vatea heißt, heiratet die Erdgöttin Papatuanuku. Sie schwillt an von all dem Wasser, das sie in ihrem Körper trägt, und platzt schließlich. Zwei Söhne strömen mit dem Wasser aus ihr heraus: der Gott des Meeres und der Gott des Ackerbaus. Tangaroa, der Gott des Meeres, ist so groß, dass er nur zweimal am Tag atmet, einmal bei Ebbe und einmal bei Flut. Er wurde zum Vater der Götter und der Menschen, die somit die Enkel von Mond und Erde sind.[13]

In einer Geschichte von der mikronesischen Insel Nauru gab es am Anfang nur das Meer und die »Alte Spinne« darüber. Eines Tages findet sie eine riesige Muschel. Sie krabbelt hinein und stößt in der Dunkelheit auf zwei Schnecken. Als sie die Muschel erneut öffnet, macht sie aus der kleineren Schnecke den Mond und aus der größeren die Sonne.[14]

Schöpfungsmythen der Zerstückelung sind eine Art zu erklären, wie das Eine zu den Vielen werden und dennoch das Eine bleiben kann, und wie das Universum lebendig sein kann, obwohl es von einem geformt wurde, der tot ist.

In dem altindischen *Rig-Veda* (ca. 1200 v. Chr.) rührt die Schöpfung aus der Zerstückelung des kosmischen Riesen Purusa her. Er wird von »den Göttern« zerstückelt (die »bereits da« sind, ohne dass erklärt wird, wie es dazu kommt). Purusa wird »der Mann« genannt und ist so groß, dass er alle Zeit und alle Materie durchdringt. Er zeugt die Frau Viraj, die wiederum ihn gebiert. Dann wird er geopfert. Aus dem Fett seines Opfers werden alle Lebewesen geboren – zuerst Verse und Gesänge und dann Vögel, Pferde, Kühe, Ziegen, Schafe und Menschen, die Brahmanen aus seinem Mund, die Menschen aus seinen Schenkeln und die Diener aus seinen Füßen: »Der Mond wurde aus seinem Geist geboren, aus seinem Auge die Sonne. Indra und Agni kamen aus seinem Mund, und aus seinem lebenswichtigen Atem wurde der Wind geboren.«[15]

Etwa 400 Jahre später wird dieses Bild des äußeren Universums in einer Geschichte in den *Aitereya Upanischaden* (siehe Kapitel 5) nach innen verlagert, so dass Mond, Sonne, Wind und andere ihre »Behausung« im Menschen finden.[16]

Den altnordischen Mythen zufolge gab es am Anfang eine Ur-Kuh, die aus Dampf entstand. Die Legende wird von dem isländischen Poeten Snorri Sturluson (1179–1241) in seinem Buch *Prosa-Edda* erzählt (so genannt, um sie von der *Poetischen* oder *Älteren Edda* zu unterscheiden, die er als Quelle für seine Synthese der früheren Mythen verwendete). Die Kuh leckt Salz von den Steinen und füttert den Urriesen oder Frostriesen Ymir. Sie leckt die Eisblöcke ab, und nach drei Tagen ist ein vollständiger Mensch entstanden. Er wird Buri genannt. Sein Sohn Bor heiratet Bestla, die Tochter eines der Frostriesen. Bor und Bestla bekommen drei Söhne, von denen einer Odin ist. Aber Bors Söhne töten Ymir und erschaffen die Welt aus seinem Körper.

> Aus Ymirs Fleisch
> Wurde die Erde geschaffen
> Und aus dem Blut das Meer
> die Felsen aus den Knochen
> die Bäume aus den Haaren,
> und aus dem Schädel der Himmel.[17]

Die Söhne von Bor erschaffen die Menschen aus zwei Bäumen. Odin nimmt die Nacht und ihren Sohn, den Tag, gibt ihnen Pferde und Wagen und stellt sie in den Himmel, damit sie alle 24 Stunden um die Welt reiten. Nacht reitet auf Frostmähne, der die Erde jeden Morgen mit Schaum benetzt, während Tag auf Leuchtender Mähne reitet, der die gesamte Erde und den Himmel mit seiner Mähne erleuchtet. Dann muss Odin den Lauf der Sonne und des Mondes bestimmen.

Mond und Sonne waren einst Kinder auf der Erde. Ihr Vater war ein Mann namens Mundilfari, der seinen Sohn Mond und seine Tochter Sonne nannte, weil sie so schön waren. Aber dies brachte die Götter auf und sie ergriffen die Geschwister und versetzten sie hinauf in den Himmel. Sie ließen Sol die Pferde antreiben, die den Wagen der Sonne zogen. Die Götter hatten sie erschaffen, damit sie die Welt erleuchte … Mani lenkt den Lauf des Mondes und bestimmt Vollmond und Neumond.[18]

Ein chinesischer Mythos beginnt mit Yin und Yang, den dualen Kräften des Universums. Ihr Kind P'an Ku (oder Pan Gu) wächst 18 000 Jahre in einem großen kosmischen Ei heran, bis es schlüpft. Die dunklen, schweren Teile des Eis sinken nach unten und werden zur Erde, während die leichten Teile aufsteigen und zum Himmel werden. Die nächsten 18 000 Jahre wächst P'an Ku zehn Fuß pro Tag und schiebt den Himmel von der Erde fort, bis er fest verankert ist. Dann stirbt er, und sein Körper wird zum Rest der Welt: Die Sonne kam aus seinem linken und der Mond aus seinem rechten Auge, die Sterne aus seinen Haaren und seinem Bart, Wind und Wolken aus seinem Atem, der Donner aus seiner Stimme und Regen und Tau aus seinem Schweiß.[19]

In slawischen Mythen wird die Sonne über den Mond gestellt. Am Anfang gibt es zwei große Götter: der Weiße Gott Byelobog, Gott des Lichts und des Tages, und der Schwarze Gott Chernobog, Gott der Dunkelheit und der Nacht. Vor dem Hintergrund des Tages und der Nacht wächst der leuchtende Himmelsgott Svarog, der Sonne und Feuer gebiert. Sie regieren hoch oben über das Universum als die brennende Fackel, die täglich entzündet und gelöscht wird, ebenso wie das Herdfeuer der Menschen unten auf der Erde. Zu Beginn eines jeden Sommers heiratet die Sonne den Mond, ein wunderschönes junges Mädchen namens Myesyats. Sie gebiert viele Sterne, die jedoch zu Erdbeben werden, wenn sie böse aufeinander sind. Jeden Winter verlässt Sonne das Mädchen, kehrt aber jeden Sommer zu ihm zurück. Für die ukrainischen Slawen ist es anders herum: der Mond ist der Mann und die Sonne seine Frau. Ein ukrainisches Lied erzählt vom Himmel als dem »großen Palast, dessen leuchtender Gott Myesyats dort mit seiner Frau, der strahlenden Sonne, und seinen Kindern, den Sternen, wohnt«.[20]

In einem Mythos der Wakaranga aus Simbabwe sind der Mond sowie Morgen- und Abendstern die Schöpfer der Vegetation und der Tiere und werden vom Großen Geist erschaffen. Der erste Mann war der Mond Mwuetsi, dem der Große Geist ein mit Ngona-Öl gefülltes Horn gab und ihn auf den Grund eines Sees setzte. Aber Mwuetsi wollte auf der Erde leben. Als der Große Geist ihn jedoch auf die Erde gebracht hatte, weinte der Mond bitterlich, denn die Erde war kahl – keine Tiere, Gräser, Büsche und Bäume und keine Menschen. Der Große Geist sagte zu ihm: »Ich habe dich gewarnt. Du hast einen Weg gewählt, der zu deinem Tod führen wird. Aber für zwei Jahre will ich dir einen von deiner Art geben.« So gab ihm der Große Geist eine Frau, die Morgenstern (Massassi) hieß und einen Feuermacher mitbrachte. Mit Hilfe von Mwuetsis Horn voll Ngona-Öl brachte sie Gräser, Schilf, Bäume und alle Arten von Pflanzen und Blumen zur Welt. Zwei Jahre vergingen. Der Große Geist rief Morgenstern wieder zurück in den Himmel, und der Mond weinte acht Tage lang. Daher gab der Große Geist dem Mond eine andere Frau, die Abendstern (Morongo) hieß. Nach ihrer ersten gemeinsamen Nacht gebar Abendstern Kühe, Schafe und Ziegen, nach ihrer zweiten Nacht Antilopen und Vögel, und nach ihrer dritten Nacht Jungen und Mädchen. Am vierten Tag, als der Mond wieder mit Abendstern schlafen wollte, riet ihm der Große Geist, die Dinge so zu lassen, wie sie waren, denn der Tag seines Todes nahte. Aber der Mond achtete nicht darauf, und am nächsten Morgen gebar Abendstern Löwen, Leoparden, Schlangen und Skorpione. Dann begehrte der Mond seine Töchter. Sie gebaren viele Kinder, und das machte Abendstern eifersüchtig. Sie schickte eine Schlange, die den Mond biss, so dass er krank wurde. Zur gleichen Zeit hörten die Wolken auf, ihren Regen auf die Erde zu gießen. Seen und Flüsse trockneten aus, die Vegetation verdorrte, und im ganzen Land herrschte eine Hungersnot. Die Kinder des Mondes gaben ihrem Vater die Schuld an der Dürre, erstickten ihn, warfen ihn ins Meer und setzten einen neuen Herrscher an seiner Stelle ein. Aber aus den Tiefen des Meeres erblickte der Mond seine erste Liebe, Morgenstern, und stieg zum Himmel auf, um bei ihr zu sein. Seither verfolgt er sie über den Nachthimmel und erinnert sich daran, wie glücklich sie zusammen waren.[21]

Obwohl der Mond als Schöpfer dargestellt wird, ist er noch immer von der Welt des Werdens und der Veränderung abhängig. Indem er die menschliche Situation der Bewegung und des Verlangens teilt, fordert er sein Schicksal heraus, selbst wenn es seinen Tod bedeutet. Indem er zuerst zeugt, dann krank wird (als der Regen ausbleibt) und schließlich ertrinkt, nimmt er auf der Erde zu und ab, bevor er als der wiedergeborene Mond zum Himmel aufsteigt, woraufhin der Regen wieder einsetzen kann.

An vielen Orten, wie beispielsweise in China und Japan, sind Sonne und Mond die beiden Augen des höchsten Wesens oder, wie in Ägypten, die beiden Augen des Himmels. Auf der Insel Nias in Ozeanien wurden Sonne und Mond aus den Augen des armlosen und beinlosen Wesens geformt, das aus dem dichten Nebel des Anfangs kondensiert wurde. Aus dem Herz dieses Wesens wuchs ein Baum, dessen Knospen der Ursprung von Göttern und Menschen waren. Auf den Cook-Inseln sind Sonne und Mond die Augen des Gottes Vatea.[22]

In einigen Mythen beginnen Sonne und Mond auf der Erde und wandern dann auf die gleiche Art in den Himmel, wie Mond und Sonne jeden Tag und jede Nacht von der Erde aufzusteigen scheinen. Die Navaho-Indianer sprechen von dem Ersten Mann und der Ersten Frau, die aus der Unterwelt an die völlig dunkle Erdoberfläche kommen. Sie nahmen eine Platte aus Quarzkristall, aus der sie zwei Scheiben als Sonne und Mond machten. Auf die Sonnenscheibe legten sie eine Maske aus blauem Türkis, damit sie Hitze und Licht abgab, behängten ihren Rand und ihre Ohrläppchen mit roten Korallen und befestigten Federn von Adler, Lerche und Goldspecht an ihr, die das Licht und die Hitze in die vier Himmelsrichtungen verteilten. Die Kristallscheibe des Mondes bedeckten sie mit weißen Muscheln und dann hängten sie die beiden Scheiben an der Stelle am Himmel auf, von der sie aufsteigen – die Sonne im Osten und den Mond im Westen. Aber Sonne und Mond bewegten sich nicht. Zwei weise alte Männer boten an, den Scheiben ihren Geist zu geben, damit sie leben konnten. Aber welchen Weg sollten sie nehmen? Der erste Mann beobachtete, dass der Adler von seinen Schwanzfedern geleitet wird. Also befestigte er zwölf Adlerfedern an jeder Scheibe, um sie auf den richtigen Weg am Himmel zu bringen. So begann die Sonne ihre Reise nach Westen, und wenn sie unterging, begann der Mond seine Reise nach Osten. Aber in diesem Moment versuchte Windjunge, dem Mond weiterzuhelfen und blies versehentlich die zwölf Adlerfedern in sein Gesicht, so dass er nicht sehen konnte, welchen Weg er nehmen musste. Und deshalb hat der Mond einen unregelmäßigen Lauf am Himmel.[23]

Für die Hopi-Indianer ist der Mond die Mutter der Sonne, und für die Snolquamie-Indianer ist der Mond der Häuptling des Himmels. Der als Biber verkleidete Fuchs findet die Sonne im Haus des Mondes versteckt, ebenso wie Werkzeuge, um Tageslicht zu machen, und Feuer in einem Rauchloch, das er den Menschen auf der Erde bringt.[24]

Die Stämme in Australien erzählen andere Legenden. Die Angehörigen des Stammes der Arunta in Zentralaustralien sagen, dass ein Mann des Opossum-Totems den Mond in seinem Schild mit sich herumtrug, aber am Tag musste er es ablegen und es versteckte sich in einer Felsspalte. Dann sah ein Mann eines anderen Totems den Mond durch die Felsspalte scheinen und lief mit ihm davon. Der Opossum-Mann konnte den Dieb nicht fangen und rief dem Mond zu, er solle zum Himmel aufsteigen und für alle scheinen – was er auch tat, so dass er seitdem am Himmel ist.[25] Die Wongibon aus New South Wales sagen, der Mond sei ein alter Mann, der von einem Fels stürzte und sich am Rücken verletzte, bevor er hinauf in den Himmel ging. Dies sei auch der Grund, warum er so gebeugt gehe. Aber in Queensland sagt man, der Mond sei der Erschaffer der Sonne. Er erschuf sie als Frau mit zwei Beinen. Sie hat aber sehr viele Arme, die wie Strahlen leuchten, wenn sie auf- oder untergeht.[26]

Im alten Griechenland gab es vier verschiedene Schöpfungsgeschichten, die in Chaos, Dunkelheit oder im Meer begannen.[27] Der älteste Mythos stammt von den (prä-hellenischen) Ureinwohnern Nordgriechenlands, den Pelasgern. Demnach stieg die Göttin aller Dinge nackt aus dem Chaos auf und fand nichts außer Meer. Ihr Name war Eurynome, was »weit Wandernde« bedeutet (einer der Namen des Mondes). Sie teilt den Himmel vom Meer und tanzt nach Süden, als der Wind hinter ihr zu blasen beginnt. Sie dreht

Abb. 2. Erde und Himmel mit Sonne und Mond. Navaho-Pollenbild von Jeff King. Ca. 1900. (Aus Maud Oakes und Joseph Campbell, Where the Two Came to Their Father, S. 95).

sich um, fängt den Wind ein und zerreibt ihn zwischen ihren Händen, woraufhin er zur Schlange wird und sich mit ihr paart, so dass sie das Leben empfängt, das kommen wird. Dann nimmt sie die Gestalt einer Taube an und legt das Ei des Universums auf das Wasser. Die Schlange Ophion windet sich siebenmal um das Ei, bis es zerbricht und Mond, Sonne, Sterne, Erde und alles Leben auf der Erde freilässt, darunter auch einen Mann namens Pelasgos.[28]

Zum Schluss lohnt sich ein Vergleich des personifizierten Schöpfers der Genesis mit der unpersönlichen Idee im Tao-te King:

> Am Anfang schuf Gott Himmel und Erde. Und die Erde war wüst und leer, und es war fins-
> ter auf der Tiefe, und der Geist Gottes schwebte auf dem Wasser.
> Und Gott sprach: Es werde Licht! Und es ward Licht.
> Und Gott sah, dass das Licht gut war. Da schied Gott das Licht von der Finsternis und
> nannte das Licht Tag und die Finsternis Nacht. Da ward aus Abend und Morgen der erste
> Tag. [29]

Das Tao-te King beginnt:

> Der Weg (tao), von dem gesprochen werden kann,
> ist nicht der beständige Weg
> Der Name, der genannt werden kann,
> ist nicht der beständige Name.
> Das Namenslose war der Anfang von Himmel und Erde,
> Das Genannte war die Mutter von unzähligen Kreaturen. [30]

DAS GESCHLECHT VON MOND UND SONNE

Für viele Menschen im Westen ist aufgrund ihres jüdisch-christlichen und klassischen Erbes die Sonne männlich und der Mond weiblich. Einige gehen noch weiter und betrachten es als anormal, dass das Geschlecht in manchen Ländern »umgekehrt« aufgefasst wird, dass also die Sonne weiblich und der Mond männlich ist, als sei das Geschlecht in der Natur vorgegeben. Eine »Allianz« in dieser Anomalie wurde sogar als Erklärung für das Militärbündnis zwischen Deutschland und Japan im Zweiten Weltkrieg angeführt, da beide Länder eine weibliche Sonne, ein »Vaterland« und einen männlichen Mond haben.

Andere postulierten die klassische westliche Kultur als ursprünglich, weil sie von der Annahme ausgingen, »primitive« Völker hätten einen männlichen Mond, »weiter entwickelte« Völker hingegen einen weiblichen. Diese Streitfrage wird noch durch die Tatsache kompliziert, dass einige Kulturen, wie wir im Folgenden sehen werden, das Geschlecht ihrer Himmelskörper änderten, als die Sonne den Vorrang vor dem Mond erhielt und die Sonnengöttin durch einen Sonnengott und der Mondgott durch eine Mondgöttin ersetzt wurden.

Diese Geschichten zeigen jedoch, dass der Mond als männlich *oder* weiblich gesehen wird, bzw. manchmal als männlich und manchmal als weiblich (etwa bei den Hottentotten und den Buschmännern, den Mayas und den Azteken des alten Mexiko). Auf den Andaman-Inseln beispielsweise ist der Mond männlich, wenn er zunimmt, und weiblich, wenn er abnimmt.[31] In Melanesien und Neuguinea gibt es zwei Mondgötter, einen hellen und einen dunklen.[32] Bei den Navaho und anderen Stämmen ist der Vollmond weiblich und Mutter von zwei männlichen Göttern des Zu- und des Abnehmens. Bei einigen nordamerikanischen Indianerstämmen wie auch bei den Slawen war der Mond weiblich, während er bei anderen männlich war, obwohl die indianischen Geschichten von christlichen Missionaren dokumentiert wurden, deren Gott und deren Sonne männlich waren, und die daher vermutlich neben der Änderung der Gottheit auch eine Änderung des Geschlechts vorangetrieben haben.[33]

Der Mond kann auch männlich *und* weiblich sein. Und dies entweder abwechselnd oder gleichzeitig, wie etwa bei den Ägyptern und den Mesopotamiern. In Ägypten waren Osiris, Toth, Khons, Horus und Aah Mondgötter, Isis und Neith waren Mondgöttinnen. In Mesopotamien war der Mond ein Gott, Nanna-sin; sein Sohn Shamash war die Sonne und seine Tochter Inanna-Ishtar war der Morgenstern und auch der Mond.

In den Weden sind Sonne und Mond, Surya und Mas, maskulin, obwohl die Sonne im wedischen Kult vermutlich aufgrund einer archaischen, proto-indoeuropäischen Tradition feminin ist – Suryaa, die weibliche Form von Surya.[34]

In Griechenland sprachen viele Schriftsteller von einem männlichen Mond, der Mele genannt wurde (beispielsweise Homer und Pindar), auch wenn der offizielle Mond, Selene, weiblich war. Die orphische Hymne an den Mond beginnt mit Selene und geht dann wie folgt weiter: »Mene, zunehmend und abnehmend, weiblich und männlich.«[35] In Aristophanes' Argument für die Kraft der Liebe in Platons *Symposium* stiegen Hermaphroditen vom Mond herab, »der etwas von jedem Geschlecht hat«, während Männer von der Sonne und Frauen von der Erde stammten.[36]

DER MÄNNLICHE MOND

In allen indoeuropäischen Sprachen, welche die Indoeuropäer während ihrer Jahrtausende langen Wanderung von Indien nach Europa ab etwa 2000 v. Chr. hinterließen, war der Mond männlich, ebenso wie in allen germanischen und semitischen Sprachen. Der Mond war männlich für u. a. die Ainu, Anatolier, Armenier, Südaraber, die australischen Aborigines, Balten, Basken, Deutschen, Eskimos, Finnen, Georgier, Grönländer, Hindus, Hethiter, Hurriter, Japaner, Kanaaniter, Litauer, Melanesier, Mongolen, Perser, Phryger, Polen, die Papua in Neuguinea, die nordamerikanischen Indianer in British Columbia, die Machivanga in Peru, Skandinavier, Slawen, Tartaren und viele afrikanische Stämme.[37] »Das Volk pflegte sich bis auf die spätere Zeit«, so der Volkskundler Jacob Grimm in den 1870er Jahren, »von Sonne und Mond redend, gern auszudrücken ›Frau Sonne‹, ›Herr Mond‹.«[38]

In bulgarischen, russischen und serbokroatischen Liedern wird der Mond Vater oder Großvater genannt. Im Baskischen ist das Wort für Gott das gleiche wie das Wort für Mond. Dort, wo der Mond männlich war, war die Sonne meist weiblich, eine Göttin und kein Gott. Sowohl im Walisischen als auch im Irischen sind die Wörter für Sonne, *huan* und *grian*, feminin, ebenso wie die Wörter für den Mond, *Ilenad* (walisisch) und *gelach* (irisch). *Iuan*, ein anderes Wort für Mond im Irischen, ist jedoch männlich und bezeichnet auch den Glorienschein des Kriegers in der Schlacht. Die kenianischen Massai haben ein feminines Wort für Sonne trotz einer männlichen Sonne und ein maskulines Wort für Mond trotz eines weiblichen Mondes.[39] Diese unvollständige Auflistung relativiert vielleicht die vielen Kommentare zum Mythos, die mit »Der Mond ist weiblich, außer…« beginnen.

DER WEIBLICHE MOND

Andererseits sind die Muttergöttinnen des Paläolithikums, des Neolithikums und der Bronzezeit im Westen alle sowohl Mondgöttinnen als auch Erdgöttinnen, ihre Begleiter sind Mond- und Erdgötter – Isis, Hathor, Nut und Neith in Ägypten, Inanna-Ishtar in Mesopotamien (Sumer und Babylon), die große Muttergöttin der minoischen Kreter, und später Astarte in Kanaan, Aphrodite in Griechenland und Kybele in Anatolien und Rom. Aber Zuschreibungen des Geschlechts in ihrer zeitgenössischen Bedeutung werden durch die Tatsache kompliziert, dass einige Muttergöttinnen des Paläolithikums und des Neolithikums mit

Abb. 3. Der Mondgott in seinem Wagen. Basrelief aus Stein. Angkor Vat, Ostgalerie, südlicher Teil. Kambodscha. Frühes 12. Jahrhundert. Foto Jaroslav Poncar.

einem deutlich phallischen Hals dargestellt wurden, als solle damit betont werden, dass diese heiligen Bilder sich einer simplen menschlichen Klassifizierung entziehen. Göttinnen der Bronzezeit wurden manchmal auch als »Göttin und Gott« bezeichnet, besonders wenn das Männliche als ein Aspekt der Göttin selbst aufgefasst wurde.

Viele griechische Göttinnen der Eisenzeit waren Mondgöttinnen: in erster Linie die »weißarmige« Selene, Artemis und Hekate, aber auch die »weißarmige« Hera, Athene mit den »funkelnden Augen«, die »Schaum geborene« Aphrodite, die Fackeln tragende Persephone und ihre Mutter Demeter, die Korn trägt. In Rom wurde Artemis zu Diana und Selene zu Luna, Hera zu Juno, Demeter zu Ceres und Athene zu Minerva, während Hekate unverändert blieb. Die drei Parzen – Aspekte des Mondes – waren in griechischen, römischen und altnordischen Mythen weiblich. Dieses klassische Erbe ist in Sprachen zu finden, die vom Lateinischen abstammen und das Geschlecht noch bewahrt haben – *la lune, le soleil* im Französischen.

Auch für die Chinesen, Polynesier, Indonesier, Etrusker, Rumänen, einige nordamerikanische Indianerstämme, die Inka in Peru, für Mayas, Azteken, Brasilianer, die Ona, die Yamana und die Selk'nam (oder Ona) in Feuerland sowie für viele andere Völker war der Mond weiblich. Ebenso verhielt es sich bei afrikanischen Stämmen wie den Nuer im Sudan, den Kundu in Kamerun, den Kimbundu in Angola und den Anrainern des Zambesi.[40]

In der englischen Sprache war der Mond sowohl in der Grammatik als auch im Mythos bis ins 16. Jahrhundert männlich und die Sonne weiblich. Chaucer und Milton beispielsweise sprechen von der Sonne als »sie«. In Bishop Latimers *Sermon on St Stephens's Day* von 1552 ist die Sonne noch weiblich: »Damit sich weder die Sonne, noch ihre Substanz verfinstert.« Aber in der Version von 1607 ist *sie* in einer scheinbar bewussten dogmatischen Umkehrung zu *er* geworden.[41] In der englischen Volkskunde ist der männliche Mond der Vorfahren jedoch als »der Mann im Mond« erhalten geblieben.

* * *

In vielen Teilen des Westens haben Sonne und Mond in den letzten zweitausend Jahren als absolute Paradigmen des Männlichen und des Weiblichen gedient, fast so als seien sie in der Natur vorgegeben. Da dies jedoch eindeutig eine relativ späte kulturelle Annahme ist, könnte man sich fragen, was dies über die westliche Kultur aussagt, insbesondere über ihr klassisches und jüdisch-christliches Erbe sowie über die subtile Art, in der natürliche Objekte »sozialisiert« werden, um lokale Bräuche zu reflektieren und zu untermauern.

Welches Geschlecht wir dem Mond auch gegeben haben, interessant ist, dass andere Kulturen ihm zwar ein anderes Geschlecht, aber doch immer noch die gleichen Funktionen von Fruchtbarkeit, Entstehung, Erneuerung und die gleichen Geistesqualitäten zuweisen. Diese Tatsache an sich weist vielleicht über das Geschlecht des Mondes hinaus und sagt etwas über die Rolle aus, die er früher in der Vorstellungskraft aller Völker gespielt hat.

DER MOND ALS SYMBOLISCH WEIBLICH

Aber können wir, wenn wir über moderne, westliche Gleichsetzungen von Mond und Frau, Sonne und Mann hinausgehen, mit Jung, Neumann und anderen immer noch sagen, dass der Mond *symbolisch weiblich* oder *archetypisch weiblich* ist? Das Argument dafür lautet, dass der Mond im Gegensatz zur Sonne ein (sich füllendes und leerendes) Gefäß, eine Schale oder ein Kelch ist, der zur Nacht gehört. Er wurde immer mit Wasser in Verbindung gebracht (das er als Ambrosia in sich trug und als Tau und Regen vergoss), mit der Erde und der großen Muttergöttin gleichgesetzt und im Zeitalter des »matriarchalen Bewusstseins«[42] als vorherrschende Kraft angesehen (ob männlich oder weiblich). Neumann stellt fest, dass viele der Bilder, durch die der Mond verehrt wurde – »Uterus«, »Schoß des Universums«, »selbst erzeugte Frucht«, »wilde Kuh« – Namen sind, die sich an die große Muttergöttin richten, »die wie der Nachthimmel auch der Mond selbst ist, den sie als etwas Männliches hervorbringt«.[43] (Die altindische Etymologie von *ma*, Mutter, und *mas*, Mond (männlich), ist dafür ein Beispiel.) In diesem Fall bringt der Mond als einer der vielen Aspekte der großen Muttergöttin die feminine Dimension zum Ausdruck, die dem Bild des Göttlichen verliehen wird. So berichtet Plutarch beispielsweise, dass der Mond für die Ägypter, ob er nun als weiblich oder als männlich aufgefasst wurde, »das weibliche Prinzip der Natur« verkörperte.[44]

Andere Metaphern im Zusammenhang mit dem Mond, wie »Himmelsstier«, »Stier der Unterwelt«, »Gott der Frauen«, »Ehemann«, »König« und »Vater«, deuten an, dass der männliche Aspekt der großen Mutter differenzierter und als autonom betrachtet wurde, außer wenn der Mond auch zum »Sohn« wird, was an die größere zyklische Wirklichkeit erinnert, welche die wechselnden Rollen ermöglicht. Wieder andere Bilder machen deutlich, dass männlich und weiblich zusammen existieren können. So wird etwa Nanna-Sin, der Mondgott von Ur in Mesopotamien, gleichzeitig angeredet als:

> Mächtiger Bulle mit dicken Hörnern ...
> Mutterleib des Universums ...
> Gütiger, gnädiger Vater,
> der das Leben des gesamten Landes in den Händen hält.[45]

Das unendlich vielfältige Leben des Mondes – auf das in den folgenden Kapiteln näher eingegangen werden soll – mag darauf hinweisen, wie sehr selbst das archetypische Geschlecht im zeitgenössischen Denken vereinfacht ist. In der *Aitareya Brahmana* (einer Verssammlung, die zur Tradition des *Rig-Veda* gehört) ist der Mond männlich und ist ebenso wie Nanna-Sin sowohl der Mächtige Ochse als auch der Schoß. Umgekehrt ist Artemis sowohl weiblich als auch Jäger, Kelch und Klinge.

Offenbar kann das »weibliche Prinzip«, wenn es auf den Mond bezogen wird, männliche *oder* weibliche Form annehmen, was uns daran hindert, das weibliche Prinzip mit der menschlichen Frau und das männliche Prinzip mit dem menschlichen Mann gleichzusetzen. Vielleicht können wir auch von der noch weiter einschränkenden Annahme Abstand nehmen, dass Symbole meistens gleich bleiben und sich nicht entwickeln wie alles andere. Es gehört jedenfalls nicht zu Jungs Idee vom kollektiven Unbewussten, dass sich archetypische Bilder und Symbole nicht verändern[46], als seien die Erinnerungen der Rasse für immer in ihrer ursprünglichen Form gefangen und würden ihrerseits das spätere Bewusstsein (oder spätere Vorstellungen darüber, wie Bewusstsein funktioniert) gefangen halten. Die Essenz der Metapher des »kollektiven Unbewussten«, des »Großen Gedächtnisses«, wie Yeats es sinnträchtiger nennen würde[47], besteht darin, dass sie *in Beziehung* zu dem Bewusstsein jeder Zeit vorgestellt wird. Infolgedessen werden beide ständig, wenn auch unendlich subtil, modifiziert und verändert. Symbole sind Bilder, die, mit Yeats' Worten, als »lebendige Seelen« Geschichten, Biografien und Erinnerungen vergangener Leben nachzeichnen, die bestimmte Zeiten und Orte transzendieren.[48]

Der Mond, der sein oder ihr eigenes Licht erschafft, ist nicht ganz derselbe Mond, der mit geborgtem Licht scheint. Als dieses Phänomen zu verschiedenen Zeiten auf der Welt verstanden wurde, veränderte sich das Symbol des Mondes allmählich. Ähnlich haben auch Licht und Dunkelheit als lebendige Bilder im Laufe der Zeit neue Bedeutungsakzente angenommen. Was sich jedoch nicht verändert hat, ist das menschliche Bedürfnis, durch Betonung eines Gegensatzes Unterscheidungen zu treffen. Die fundamentale Unterscheidung, die zur Verfügung steht, ist die zwischen hell und dunkel in der äußeren und der inneren Welt. Vielleicht kann diese uranfängliche Unterscheidung zwischen hell und dunkel als Ausgangspunkt für die symbolische Benennung als männlich und weiblich angesehen werden, die frei von menschlicher Geschlechtszuweisung ist? Da Dunkelheit die Mutter des Lichts ist (in Schöpfungsmythen ist sie »zuerst da«), kann man vielleicht sagen (aber nur, wenn es erforderlich ist), dass Dunkelheit das weibliche Prinzip symbolisiert, aus dem das Licht kommt, welches das männliche Prinzip symbolisiert (ohne zu vergessen, dass es stets gefährlich ist, von einem Bild zu einem »geschaffenen Prinzip« überzugehen). Dann wird der Mond in diese symbolisch weibliche Nachtwelt als die fluktuierende Figur aufgenommen, die aus der ursprünglichen Dunkelheit schimmert – verbunden mit der Dunkelheit des Schoßes und des Wassers, den Tiefen des Meeres und der Erde und auch mit den Tiefen des menschlichen Geistes.

Metaphorisch gesehen ist der Mond also gleichzeitig anders als die dunklen Orte in der Psyche sowie im Einklang mit ihnen. Er erinnert an den ersten Gedanken, der aus dem Unbewussten aufstieg und der später Intuition genannt werden sollte. Ebenfalls metaphorisch trennt sich die Sonne im Gegensatz zum Mond von den dunklen Orten in der Psyche und erhellt, was im menschlichen Denken schattenhaft und undurchsichtig ist. Sie ermöglicht eine klare Einsicht, die später Vernunft genannt werden sollte.

Es bedarf nur des einfachen Wortes »metaphorisch«, um Sonne und Mond zu Symbolen des menschlichen Bewusstseins zu machen bzw. zu enthüllen, was sie immer getan haben. Denn »Tag-Bewusstsein« gehört zur Sonne wie »Nacht-Bewusstsein« zum Mond gehört, und beide stellen für den menschlichen Geist eine jeweils andere Art Erleuchtung seiner selbst dar. Diese Symbolisierung ist offenbar unvermeidlich, da sich Sonne und Mond im Gegensatz zur Erde, die als unbeweglich erfahren wird, zu bewegen scheinen – ebenso wie die Gedanken und Gefühle (E-Motionen), die das Bewusstsein ausmachen.

Überdies scheinen sich Sonne und Mond vor einem anderen Hintergrund zu bewegen – der eine aus Licht und der andere aus Dunkelheit bestehend. Es macht Sinn, dass ihnen getrennte Wirklichkeiten zugewiesen wurden und dass die Begriffe »solares« und »lunares« Bewusstsein noch heute verwendet werden, um verschiedene Denkarten oder Bewusstseinsformen anzuzeigen, obwohl die Bedeutung dieser Begriffe ebenso viele Veränderungen erfahren hat wie die Bedeutung von Sonne und Mond. Die jeweilige Bedeutung der Geschichte kann daher zu keinem Zeitpunkt »natürlich« sein – der Natur der Sonne und des Mondes inhärent –, sondern muss kulturell sein, es sei denn, Kultur wird als natürlich bezeichnet.

DIE SOLARISATION DES MONDES

So überraschend es Menschen aus gemäßigten Klimazonen (und mit einem jüdisch-christlichen und klassischen Erbe) anfänglich auch erscheinen mag, inzwischen ist unbestritten, dass in den meisten, wenn auch nicht in allen Teilen der Welt der Mond und nicht die Sonne der früheste Fokus des religiösen Lebens war.[49] Gelehrte sind sich einig, dass die Verehrung des Mondes und die Ausrichtung des Lebens nach dem Mondkalender zusammen auftraten und der Verehrung der Sonne und dem Sonnenkalender vorausgingen.[50]

Wie schwierig es ist, hinter unsere eigenen Vorurteile zu blicken, zeigt sich daran, dass die relativ späte Entdeckung der zeitlichen Vorrangstellung des Mondes mit Bedauern oder Erstaunen verkündet wurde. Ende der 1890er Jahre räumte Reverend Timothy Harley in seinem Buch *Moon Love* ein, dass es allgemein anerkannt zu sein scheint, dass keine Form der abgöttischen Verehrung älter ist als die des Mondes.[51] Es ist eine bemerkenswerte Tatsache, dass zuerst dem Mond Vorrang gegeben wurde, schreibt Professor Franz Cumont in den 1940er Jahren.[52] Oder Funk und Wagnall, die Autoren des zeitgenössischen (und sehr umfangreichen) *Standard Dictionary of Folklore, Mythology and Legend*, die in einem Eintrag schreiben, der Mond sei in seinem Einfluss auf weltweiten Volksglauben und Volksbrauch unübertroffen. In einem weiteren Eintrag ist zu lesen, dass der Mond im Vergleich mit der guten Sonne ein böses Prinzip darstellt.[53] Diese letzte Interpretation weist auf das Ausmaß der »Solarisation« in der westlichen Kultur hin.

Die ursprüngliche Macht des Mondes wurde häufig der Tatsache zugeschrieben, dass er der Anzeiger und im frühen Denken damit auch die Ursache von Zeit und Veränderung war, insbesondere der Veränderungen im reproduktiven Leben von Frauen, so dass er als die Quelle der Fruchtbarkeit angesehen wurde. Aber es scheint, dass alles, was dem Überleben diente – der Erfolg der Jagd, das Wachstum von Pflanzen und Tieren, das Fortbestehen des Stammes, die Gesundheit von Babys, die Heilung von Krankheiten, die Gewährleistung von Langlebigkeit und sogar Unsterblichkeit –, einst für Geschenke des Mondes und nicht der Sonne gehalten wurden. Obwohl es offensichtlich gewesen sein muss, dass beispielsweise Pflanzen zur Sonne hin wachsen, wurde der Geist des Wachstums – das, was sie überhaupt wachsen lässt – noch immer dem Mond zugeschrieben. Denn ursprünglich schien der Mond mit seinen zyklischen Rhythmen und seinen Kräften der Erneuerung alles zu beherrschen, was er überschaute. Als aber der Ackerbau zum Fokus des Überlebens wurde, sah man die Sonne als die Quelle der Jahreszeiten an, welche die Ernte regulierte, und daraus folgerte man, dass Wachstum durch die Hitze und das Licht der Sonne und nicht durch das Zu- und Abnehmen des Mondes entstand. Dann verlagerte sich die Berechnung des Jahres allmählich von einer lunaren zu einer solaren Orientierung. Schließlich wurde, wie wir gesehen haben, an den meisten Orten ein lunisolarer Kalender eingeführt.[54]

Aber selbst nach der Entdeckung der Beziehung der Sonne zu den Jahreszeiten blieb der Mond an vielen Orten noch immer vorrangig und spielte seine alten Rollen weitaus länger, als man erwarten würde. Möglicherweise wurde die Gleichsetzung der Erde mit dem Mond als zu tief empfunden, um Jahrhunderte, wenn nicht Jahrtausende der Ehrfurcht, des Staunens und eines zwingenden Gefühls der Affinität aufzugeben. Denn in verschiedenen Kulturen wurde auf unterschiedliche Art zum Ausdruck gebracht, dass Mond und Sonne sich zu demselben dualen Rhythmus des Wachsens und Vergehens bewegten, der offenbar der Rhythmus des Lebens selbst war. Im chinesischen Denken waren Mond und Erde beide Yin und verkörperten das weibliche Prinzip; in Griechenland war der Mond »eine himmlische Erde«.[55] Für die Maori war der Mond (Hine, »die Frau«) eins mit der Erde, da sie glaubten, der Mond sei aus der Erde geformt.[56] Dieses Gefühl fand auch Ausdruck in der Idee, dass der Mond die Quelle aller Leben spendenden Feuchtigkeit auf der Erde und damit der Impuls des Wachstums sei. Diese Vorstellungen sind exemplarisch für viele ähnliche und können als Anwort auf ein Bedürfnis nach Verwandtschaft verstanden werden, das die Sonne nicht erfüllte.

Dies war besonders in heißen Ländern wie Indien, Mesopotamien, Ägypten, Kleinasien und Afrika der Fall, wo die Sonne, zumindest wenn sie im Zenit steht, ein Feind ist.

In Mesopotamien, ebenfalls ein tropisches Land, war Nanna-Sin, der Mond, der Vater von Shamash, der Sonne – eine Vorrangstellung, die in ganz Kleinasien verbreitet war und auch dem anatolischen Mondgott Men eingeräumt wurde. In Ägypten wichen Isis und Osiris nie vollkommen der späteren Souveränität des Sonnengottes Re. Denn selbst als die Priester der Sonne folgten, folgte das Volk weiterhin dem Mond.[57] Diese Ansichten verschmolzen im Bild von Osiris als dem toten Pharao, während der lebende König sich selbst nach dem Vorbild von Horus schuf, der zwar in einer Lesart seines Namens der Sohn von Osiris war (und damit der Neue Mond), in einer anderen jedoch mit Horus, der Sonne, und später mit dem glühenden Licht des Sonnengottes Re identifiziert wurde.

Die Verlagerung des Schwerpunkts ist vielleicht in den zwei Geschichten des Sonnenaufgangs zu erkennen. Die eine wird aus der Perspektive des Mondes und die andere aus der Perspektive der Sonne gesehen, die ohne Widerspruch Seite an Seite existierten.

Im Schöpfungsmythos von Heliopolis (oder Baalbek) war Nut die Himmelsgöttin, die ihren sternenbesäten Körper über ihren Mann Geb, die Erde, wölbte, sich mit den Füßen auf dem östlichen Horizont abstützte und den Westen mit ihren Fingerspitzen streifte. Die Sonne war ihr Sohn, der nachts in ihren Körper schlüpfte und von Westen nach Osten reiste, um im Morgengrauen aus ihrem Schoß geboren zu werden. Dies ist eines der frühesten Bilder des Sohnes als Geliebter.

In einem ähnlichen Bild wurde dem Himmel die Form der Kuhgöttin Hathor verliehen, deren vier Beine die Erde als die vier Himmelsrichtungen überspannten. Ihr Name bedeutete »Haus des Horus«, und ihr Sohn war Horus, der goldene Falke der Sonne, der am Abend in den Mund seiner Mutter flog und tief in ihren sternengeschmückten Körper verschluckt wurde. Dort wurde er, wie die Ägypter sagten, zum »Stier seiner Mutter«,[58] vereinigte sich mit seiner Quelle und wurde im Morgengrauen aus dem Schoß seiner Mutter geboren. In beiden Bildern des Sonnenaufgangs färbt die blutige Geburt durch die Mutter den Himmel bei Tagesanbruch rot.

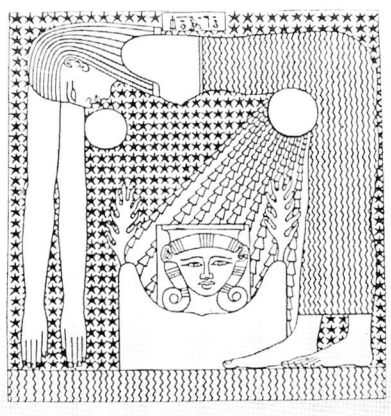

Abb. 4. Die Himmelsgöttin Nut gebiert den Sonnengott, dessen Strahlen das Gesicht der kuhäugigen Hathor beleuchten, hier dargestellt als der Horizont zwischen zwei Hügeln. Ca. 116–34 v. Chr. Hathortempel, Dendera, Ägypten.

Abb. 5. Seth nach seiner Bezwingung durch Horus, wie er Apophis für den Sonnengott Re durchbohrt. Papyrus von Cheritwebeshet. 21. Dynastie. 1085–950 v. Chr. National Museum, Kairo.

Eine spätere Geschichte schreibt das Drama des Sonnenaufgangs dem Sonnengott Re zu. Die Große Kuh wird hier Nut und nicht Hathor genannt (die gemeinsame Identität weist auf die flüchtige Natur von Namen und Formen hin). In ihrem riesigen Leib trägt sie die zwei Boote der Sonne, eines für den Tag und das andere für die Nacht. Der Gott selbst steht im erleuchteten Boot des Tages über ihren Vorderbeinen. In der »Nachtfahrt der Sonne« reiste Re bei Sonnenuntergang in seinem Nachtboot durch den himmlischen Ozean der Großen Kuh, wo er von Apophis, der Schlange der dunkelsten Stunde der Nacht, angegriffen wurde, die drohte, alles Wasser zu verschlucken, auf dem das Boot der Sonne segelte. Jede Nacht musste Apophis besiegt werden. In einer vollkommen anderen »solaren« Bedeutung des Tagesanbruchs färbt hier das Blut der Schlange, das Blut der Schlacht und des Sieges den Himmel im Morgengrauen rot. Dies ist nicht mehr der aus der Nacht geborene Sohn, sondern der Sohn als der Held des Lichts. Die Unterwelt wird zwar noch immer als der schwarze Bauch der Himmelsgöttin gesehen, aber der dramatische Schwerpunkt hat sich von der Mutter, welche die Sonne gebiert, auf die Sonne verlagert, die über die Mutter reitet und ihren Feind, die Schlange der Dunkelheit, besiegt, die sich dann anstelle der Sonne erneuert.

* * *

Selbst als es für das Überleben entscheidend geworden war, die Jahreszeiten zu beachten, bedurfte es im Nahen und Mittleren Osten der Invasion von Nomadenstämmen, die keinen Ackerbau betrieben und Sonnen-, Sturm- und Windgötter verehrten, um den entscheidenden Übergang von der Orientierung am Mond zur Orientierung an der Sonne herbeizuführen. In der späten Bronzezeit, etwa um 3500 v. Chr., setzte eine Reihe von Invasionen der Vieh, Schafe und Ziegen hütenden Völker aus den weiten Grassteppen des Nordens sowie aus der syrisch-arabischen Wüste ein, die schließlich um 2500 v. Chr. in Mesopotamien zu einem Herrschaftswechsel führte. Die matriarchale, an der Mondgöttin orientierte Kultur der Sumerer musste sich jetzt der neuen partriarchalen, an einem Sonnengott orientierten Kultur der semitischen Babylonier anpassen, die von Wüstenkönigen beherrscht wurden. Der erste war Sargon von Agade (ca. 2350 v. Chr.), der zweite Hammurabi von Babylon (ca. 1728–1686 v. Chr.).

Der Schlüsseltext für die Eroberung der Erd- und Mondgöttin durch den Sonnen- und Sturmgott ist das babylonische Schöpfungsepos Enuma Elish, das Marduks Sieg über seine Ur-Ur-Ur-Großmutter Tiamat feiert. Der Mythos, der zur Zeit Hammurabis entstand, wurde in Babylon über tausend Jahre anlässlich der Frühlings-Tagundnachtgleiche rezitiert, obwohl die Version, die für die Nachwelt erhalten blieb, aus der Bibliothek des assyrischen Königs Ashurbanipal (ca. 668–630 v. Chr.) stammte. Dies ist der erste Schöpfungsmythos, in dem Mord mit Wonne dramatisiert, fast personifiziert wurde, was nicht überrascht in einer Zeit, da die irdischen Gegenstücke der Götter das Gleiche taten.

Bei genauerer Betrachtung des Mythos (der bereits in Kapitel 2 erwähnt wird) zeigt sich, dass Tiamat die ursprünglich Mutter der Welt ist, dargestellt als Schlange mit einer Mondsichel auf dem Kopf. Aber es ist nicht mehr die prächtige Mondschlange der Erneuerung, sondern der Drachendämon im Flug, der mit dem Chaos gedroht hatte – ein Bild, das bereits den Standpunkt des Siegers andeutet.

Das Epos beginnt mit Bildern, die noch zum alten Sumer gehören:

> Als die Höhen des Himmels und der Erde noch keinen Namen hatten, als Aspu, ihr Vater, und Tiamat, ihre Mutter, noch ihre Wässer vermischten und noch kein Weideland geformt war und noch keine Götter ins Dasein gerufen worden waren, da wurden die großen Götter aus dem Urpaar geschaffen.[59]

Aber da die neuen Götter und ihre Kinder Apsu durch ihr Geschrei stören, will er sie loswerden. Stattdessen wird er jedoch selbst von seinem eigenen Sohn Ea überlistet und getötet. Marduk ist Eas Sohn und gehört der vierten Generation der Götter des Anfangs an. Es trug sich folgendermaßen zu: Eas älterer Bruder Anu erschafft heftige Winde, die Tiamat »stören«. Ungeheuer kommen aus ihr hervor. Da die Götter glauben, diese Ungeheuer würden den Rest der Schöpfung bedrohen, beschließen sie, Tiamat zu zerstören. Marduks Souveränität wird in seiner Darstellung als Sturmgott zum Ausdruck gebracht – seine Waffen sind heftige Winde, Stürme und Gewitter –, aber seine »Ehrfurcht gebietende Majestät« ist im Bild der Sonne verkörpert.

> Seine Gestalt war verführerisch, seine Augen blitzten, männlich war sein Gang. Von Anfang an war er ein Führer ... er hatte vier Augen und genauso viele Ohren, und wenn sich seine Lippen bewegten, loderte Feuer. Jedes seiner Ohren wurde größer, ebenso seine Augen, um alles zu sehen. Er war ungeheuerlich, bekleidet mit dem Glanze von zehn Göttern, und von einer Majestät, die Angst einflößte.[60]

Marduk erhält von den Göttern Zepter, Thron und Ring und stattet sich mit Bogen, Speer, Stab und Donnerkeil aus. Er schickte Blitze vor sich her und erfüllte seinen Körper mit lodernden Flammen und als er auf seinem Wagen reitet, leuchtet ein strahlender Glorienschein um seinen Kopf.

> Der Herr warf sein Netz aus, um sie zu umhüllen.
> Der böse Wind, der ihm folgte, blies in ihr Gesicht.
> Als Tiamat ihren Mund öffnete, um ihn zu verschlingen,
> fuhr er in den bösen Wind, damit sie nicht ihre Lippen schloss.
> Als ein starker Wind ihren Bauch angriff,
> wurde ihr Körper ausgedehnt, und ihr Mund war weit geöffnet.
> Er schoss seinen Pfeil ab, dieser zerriss ihren Bauch,
> er schnitt durch ihre Innereien, spaltete das Herz.[61]

Marduk zertritt ihre Beine, zerquetscht ihren Schädel, durchtrennt ihre Arterien und spaltet sie wie ein Schalentier in zwei Teile. Die eine Hälfte von ihr wird zur Erde und die andere zum Himmel. Dann beginnt er von neuem, legt das Jahr fest, macht die Konstellationen, weist Sonne und Mond ihren Platz am Himmel zu und gibt dem Mond Instruktionen für sein Verhalten während des Monats (siehe Kapitel 2).

Die Neuschöpfung des Gottes durch die Kraft des Wortes ersetzt hier die ursprüngliche Schöpfung durch die Muttergöttin Tiamat, als müsse das Wort zuerst das Leben zerstören, das es dann wieder entstehen lässt. Dann zerreißt Marduk ihren leblosen Körper und formt daraus die Erde:

> Er schaufelte einen Berg über Tiamats Kopf,
> durchbohrte ihre Augen, um die Quellen des Tigris und Euphrates zu formen,
> und schaufelte ähnliche Berge über ihre Zitzen,
> die er durchbohrte, um Flüsse zu schaffen,
> aus den östlichen Bergen, die in den Tigris fließen.
> Ihren Schwanz bog er in den Himmel, um die Milchstraße zu schaffen,
> und mit ihrem Schritt unterstützte er den Himmel.[62]

Die Neuordnung der Prioritäten bedeutete das Ende für den gegenseitigen Prozess der Transformation, der die Erde an den Mond gebunden hatte (angedeutet in der Mondsichel auf dem Kopf der Schlangenmutter). Die Beziehung von Mond und Erde und sogar deren implizite rhythmische Übereinstimmung war aufgelöst worden. Es war, als sollte der Mond im Namen eines neuen und einer höheren Ordnung entsprechenden himmlischen Musters jetzt ausschließlich auf die Sphäre des Himmels beschränkt werden. Die Tatsache, dass Marduk die Menschheit dann aus dem Blut von Kingu, Tiamats ermordetem Sohn/Geliebten schuf (dem sie die Tafeln des Schicksals anvertraut hatte), deutet auch darauf hin, dass die menschliche Psyche das Vertrauen in sich selbst verloren hatte. Denn war das Leben nicht einst ein Geschenk der Muttergöttin von ihr selbst an sich selbst gewesen?

Hammurabi, der Kriegerkönig, nutzte die Chance, um sich selbst mit der Sonne gleichzusetzen (wie es bis hin zu Ludwig XIV, *Le Roi Soleil*, viele Könige nach ihm taten) und seine eigene zeitlich begrenzte Macht mit der Unsterblichkeit der Sonne zu verbinden. Er erklärte, Marduk und Anu (der Gott des Firmaments) hätten ihn

> aufgefordert, im Land das Gesetz der Rechtschaffenheit geltend zu machen, die Gemeinen und Niederträchtigen auszurotten, die Starken daran zu hindern, die Schwachen zu unterdrücken, wie die Sonne über die menschliche Rasse zu herrschen, das Land zu erleuchten und das Wohl der Menschheit zu fördern.[63]

Campbell sagt dazu:

> Der Himmelskörper, mit dem der Monarch nun verglichen wird, ist nicht mehr der silbrige Mond, der stirbt und wieder aufersteht, der hell und doch dunkel ist, sondern die goldene Sonne, deren Glut unendlich ist und vor der Schatten, Dämonen, Feinde und Unklarheiten flüchten. Das neue Zeitalter des Sonnengottes ist angebrochen, und man kann eine extrem interessante, mythologisch verwirrende Entwicklung (bekannt als Solarisation) daran ablesen, wobei das gesamte symbolische Konzept einer früheren Zeit umgedreht wird, wo der lunare Bulle der mystischen Sphäre des Weiblichen und der Löwe dem solaren Prinzip, dem Männlichen, zugeschrieben wird.[64]

Diese Phase in der Evolution des Bewusstseins ist auch dadurch charakterisiert, dass der Mythos der Göttin durch den Mythos des Gottes ersetzt wird. Das heißt, dass die ultimative Quelle der Schöpfung – jenseits von Mond und Sonne – wieder als ein Himmelsgott und später als ein transzendenter Gott vorgestellt wurde, der die Welt durch von ihm selbst getrennte Worte oder Taten ins Leben rief, sie aber nicht hervorbrachte, wie es die Muttergöttin aus ihrem eigenen Körper als Teil ihrer immanenten Göttlichkeit

Abb. 6. *Marduk tötet Tiamat. Assyrisches Siegel. Ca. 800 v. Chr.*
(Aus Ward, Seal Cylinders of Western Asia, S. 201).

seit Jahrtausenden getan hatte. Das Universum fiel tatsächlich aus der Gunst, aber es war die Gunst der Menschheit, die ihre Wertschätzung daher bezog, dass sie die göttliche Substanz teilte. Mit anderen Worten, je mehr Sonne, Mond, Göttinnen und Götter sich entfernten, desto mehr waren die Menschen allein.

In patriarchalen Mythologien ändert sich das Geschlecht der Himmelskörper häufig, und der Mondgott wird zur Mondgöttin, zur Gemahlin einer nun männlichen Sonne.[65] Diese Umwandlung des männlichen Mondes in einen weiblichen Mond und manchmal auch der weiblichen Sonne in eine männliche Sonne führte zu einem neuen System von Prioritäten – vermutlich mit der Begründung, dass alles, was dominant war, männlich sein musste. Neumann zeigt auf, wie die alten Mondmythen von den neuen Denkweisen subsummiert werden:

> Dieser Trend zu einem neuen patriarchalen Bewusstsein wird durch die Verdrängung weiblicher Mondmythen von männlichen Sonnenmythen reflektiert und kann bis in die primitive Mythologie zurückverfolgt werden. Wo die Mondmythen, selbst wenn der Mond maskulin ist, immer die Abhängigkeit des Bewusstseins und des Lichts an die nächtliche Seite des Lebens, d. h. des Unbewussten, indiziert, ist dies bei patriarchalen Sonnen-Mythologien nicht länger der Fall. Hier ist die Sonne nicht mehr die Morgensonne, die aus der Nacht geboren wird, sondern eine Sonne am Zenith zur Mittagszeit, die das maskuline Bewusstsein symbolisiert. Dies weiß, dass es frei und unabhängig ist, selbst in Relation zu sich selbst, d. h. die kreative Welt von Himmel und Erde.[66]

Sobald die Sonne als überragend angesehen wird, verlieren die anderen Himmels- und Sturmgötter ihren individuellen Charakter und werden der Sonne zugeordnet, so vermutet Sheena McGrath in ihrem Buch *The Sun Godess*.[67] Demnach müsste man die klassische und christliche Sonne eher als einem patriarchalen Standpunkt hinzugefügt sehen und die Sonnengöttinnen anderer Kulturen von Verallgemeinerungen diese Art ausschließen. Denn ebenso wie die Mondgötter sollten auch sie unsichtbar werden.

* * *

Zusammenfassend lässt sich sagen, dass es allgemein vier Phasen der Solarisation gegeben hat: zuerst die Entdeckung des Ackerbaus, der die Sonne ebenso wie den Mond zum Nahrungsspender machte; zweitens die Unterordnung matriarchaler, an Göttinnen orientierter Kulturen unter patriarchale Stämme, deren Modell und Ideal die unveränderlichen Muster des Himmels waren; drittens die Entwicklung der Wissenschaft, die herausfand, dass Mondlicht reflektiertes Sonnenlicht ist; und viertens das Aufkommen des Christentums mit seinem transzendenten Gott und dessen »eingeborenem Sohn«, der durch die Sonne symbolisiert wird.

Diese Phasen erfassen ein zunehmendes Vertrauen in die Autonomie des menschlichen Geistes. Es ist, als würden die Menschen ihr Sehnen auf etwas jenseits des Wandels der Zeit richten, indem sie ihre Abhängigkeit von den scheinbaren Bedingungen des Lebens auf die Probe stellen und danach streben, nicht länger Kinder der Natur, sondern deren Meister zu sein. Denn in dem, was man eine »Solarisation der Werte« nennen könnte, wurde eine vollkommen neue Möglichkeit erkannt, das Leben (und den Tod) zu begreifen und zu ihm in Beziehung zu treten.

Cumont weist darauf hin, dass die »Sonnenanbetung im Wesentlichen ein *erlernter* Kult ist: Sie wuchs mit der Wissenschaft selbst«. Sie entstand nicht instinktiv, sondern musste berechnet werden. Zudem wurde diese Wissenschaft nicht vom Volk, sondern von Priestern betrieben und nur dadurch ermöglicht, dass »sie [die Sonne] immer weiter entfernt im Raum platziert wurde«.[68] Als ein »erlernter Kult« gehören die Mythen der Sonne einer späteren Phase in der Evolution des Bewusstseins an, und es ist bezeichnend, dass dieses Erlernen nur möglich ist, wenn die Himmelskörper aus größerem Abstand und weiter entfernt im Raum gesehen werden, vielleicht als Korrelat zum Bewusstsein der Menschen, die sich immer weiter von ihrer unmittelbaren Erfahrung auf der Erde entfernen. Nur so war es möglich zu begreifen, dass das Licht des Mondes reflektiertes Sonnenlicht ist. Über dieses Wissen verfügten auch die Priester in Ägypten und die griechischen Vorsokratiker, insbesondere Anaxagoras. Später war es im griechischen und römischen Denken allgemein verbreitet. Aber da sich jede radikal neue Idee nur langsam durchsetzt, wurde dieses Phänomen noch im fünften nachchristlichen Jahrhundert von Augustinus diskutiert.[69]

Diese Entdeckung hatte die radikale Erkenntnis zur Folge, dass die menschlichen Sinne nicht die Wahrheit erfassten. Noch heute ist es schwer zu begreifen, dass Mondlicht nicht vom Mond kommt – dass der »Schein« trügt. Die Wahrheit musste also anderswo liegen, jenseits des Wandels der Zeit und der Welt der Phänomene. Diese Sichtweise fand hauptsächlich durch Platon, Aristoteles (dessen Lehren den Westen im zwölften Jahrhundert in lateinischer Übersetzung erreichten) und Cicero Eingang in das westliche Bewusstsein.

MOND UND VERÄNDERLICHKEIT

Im *Kratylos* diskutiert Sokrates die Etymologie des Wortes Mond, *Selene*, und bezieht sich auf Anaxogoras' Entdeckung, dass der Mond sein Licht von der Sonne erhält. Er fügt hinzu, dass das Licht des Mondes immer neu und immer alt ist. Und die Sonne in ihrer Revolution fügt immer neues Licht hinzu.[70] Diese letzte Anmerkung deutet an, wie neu die Entdeckung war! (Anaxagoras starb 428 v. Chr., in dem Jahr, in dem Platon geboren wurde.)

In *Der Staat* sieht Platon das Bild des Guten im Bild der Sonne. Wenn er zum entscheidenden Punkt seines Arguments kommt – »Was ist das Wesen des Guten?« –, definiert er das Gute nicht, sondern sagt, es agiere *wie* die Sonne. Im Dialog mit Glaukon vergleicht er die Wirkungsweise der Sonne im sichtbaren Reich und des Guten im Reich des Verstandes: Wie die Sonne, die selbst nicht das Sehen ist, aber dennoch die Ursache des Sehens ist und gesehen wird, so ist das Gute nicht das Gleiche wie Wissen und Wahrheit, vielmehr verleiht sie Wissen und Wahrheit erst ihre Realität, da sie ihre Quelle ist.[71] Streng genommen stellt Platon nur eine Analogie zwischen den ähnlichen Wirkungsweisen der Sonne und des Guten her, aber für jene, die weniger rigoros sind als Sokrates und Glaukon, besteht der kumulative Effekt darin, die Sonne als das Bild des Guten zu sehen, wie es in den sichtbaren Dingen zum Ausdruck kommt, insbesondere wenn auf diesen Dialog im nächsten Kapitel das Höhlengleichnis folgt. Hier ist die Sonne die unsichtbare Quelle der Schatten an der Höhlenwand, den die Ungebildeten, an ihre Behausung gefesselt und gezwungen, nach vorne auf die Wand zu schauen, unweigerlich für die Wirklichkeit halten.[72]

Platons theoretische Unterscheidung zwischen der Welt der Ideen (die Welt der Formen) und der Welt der Phänomene wurde von Aristoteles auf ein praktisches Denken über die Welt, die wir sehen, übertragen. Der Naturforscher und Astronom Aristoteles (384–322 v. Chr.) teilte die Welt in zwei Bereiche ein: Den unteren Bereich der beständigen Veränderung – Geburt, Wachstum, Fortpflanzung, Verfall und Tod – nannte er Natur, *Physis* (Platons Welt der Phänomene). Den oberen Bereich der regelmäßigen und permanenten Bewegungen der Himmelskörper, die weder wachsen noch vergehen, nannte er Himmel, *Ouranos* (Platons Welt der Ideen).[73] Natur und Himmel werden hier als zwei unterschiedliche, aus verschiedenem Stoff bestehende Dinge behandelt. Da die Natur aus den vier Elementen Erde, Wasser, Feuer und Luft bestand, musste der Himmel aus etwas anderem bestehen. Aber das Wetter, das veränderlich ist, kommt aus der Luft, die der Natur angehört, so dass der Himmel dieser Definition zufolge weiter oben, jenseits der Luft, beginnen muss. Die Substanz des Himmels definierte er als Äther (weil er »immer läuft«, *aei thein*).

Aristoteles legt die Umlaufbahn des Mondes als die entscheidende Grenze zwischen Himmel und Natur fest. Zufälligkeit und Veränderlichkeit gehören demnach ausschließlich dem Mond und der Erde an, während Göttlichkeit (»die göttlichen Körper«) – das, was unvergänglich und ewig ist – dem Himmel angehört, einschließlich der Sonne und den Sternen. Umgekehrt wird der Natur – alles, was unterhalb des Mondes ist – das Göttliche entzogen.[74] Es mag zwar beunruhigend sein, sich die Sonne als »nicht Natur« vorzustellen, aber damit soll nur die Strenge der Definition deutlich gemacht werden, die den Namen »Natur« entheiligt und dem Leben in der Zeit das Göttliche verweigert. Sonne und Mond werden einander gegenübergestellt: die Sonne als ewig und der Mond (zusammen mit der Erde) als veränderlich.

Im römischen Denken wurde diese Position im Besonderen durch Cicero gefestigt, der um 50 v. Chr. ebenfalls *Über den Staat* schrieb. Er beendete sein Werk mit einer Vision, ebenso wie Platon den Mythos von Er an das Ende von *Der Staat* stellte. Ciceros Mythos trägt den Titel *Somnium Scipionis*, der Traum von Scipio Africanus dem Jüngeren. Der junge Scipio träumt von seinem Großvater Scipio Africanus dem Älteren, der in seiner Botschaft (auf die in Kapitel 13 näher eingegangen werden soll) den Standpunkt von Aristoteles wiederholt, demzufolge unterhalb des Mondes nichts ist außer dem, was sterblich ist, außer den Seelen, die den Menschen von den Göttern verliehen wurden, während oberhalb des Mondes alles ewig währt.[75]

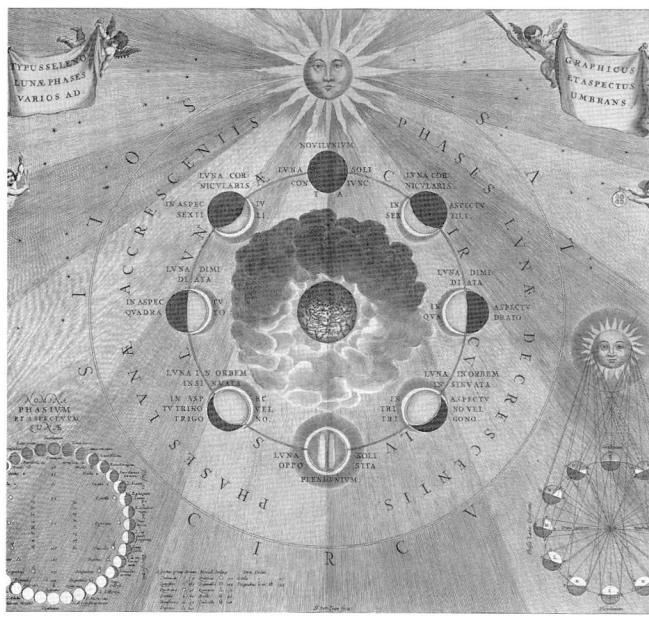

Abb. 7. Die Phasen des Mondes, die Mondlicht als reflektiertes Sonnenlicht zeigen. (Aus Athanasius Kircher, Mundus Subterraneus, 1678).

Im Universum, das einst als ein lebendiges Ganzes aufgefasst wurde, war es zu einer Trennung gekommen: Der Mond und alles unterhalb der Sphäre des Mondes wurde nun streng vom Rest des Universums unterschieden, nicht nur, was den Rang, sondern auch, was das Wesen betraf. Es war der Unterschied zwischen Veränderlichkeit und Beständigkeit. Das Adjektiv »sublunar« (von *sub*, »unterhalb«, und *luna*, »Mond«) war jetzt der Begriff für die Welt des Zufälligen und der Veränderung und stellte noch im Mittelalter und im elisabethanischen Zeitalter einen Prüfstein dar.[76]

Diese Trennung verdeutlichte und förderte wiederum das sich entzweiende Bewusstsein, das sie hervorgerufen hatte – die jüngste Formulierung der Spaltung von Geist und Natur, die zuerst mit den patriarchalen Mythologien der Eisenzeit aufgekommen war. Denn oberhalb des Mondes war alles Geist, und unterhalb des Mondes war alles Natur, die ihrer Definition nach vom Geist getrennt war, abgesehen von den Seelen der Menschen. Folglich war der unverfälschte und (vermeintlich) unverfälschliche Geist der einzige Maßstab des Lebens, das daher zwangsläufig als unvollkommen betrachtet wurde. Dies war im Kern eine neue Formulierung in der anhaltenden und nicht endenden Debatte über den Tod.

Diese radikale Unterscheidung zwischen Natur und Geist könnte dazu gedient haben, das Leben für die Ewigkeit zu »retten«, indem der Tod auf die Natur beschränkt und als ein Ort vorgestellt wurde – Himmel, Äther, Geist, Gott –, an dem es keinen Tod gab und wo die Seele weiterleben konnte. Aber beide Begriffe – »Natur« und »Geist« – tauchen zusammen, im gleichen Moment als Namen für eine Spaltung in der menschlichen Psyche auf, die aus einer neuen Auffassung des Todes als radikales Ende und nicht als Phase in der Totalität des Seins resultiert. Daher weisen diese Begriffe also nach innen und nicht nach außen, so dass jeder Versuch, deren Realität außerhalb der Psyche zu finden eher dazu dient, die Spaltung zu vertiefen, als Möglichkeiten für ein Verständnis der ursprünglichen Dissoziation zu erforschen. Im Gegensatz dazu versucht Spinoza, wenn er sagt, dass Gott und Natur zwei Begriffe für dieselbe Substanz[77] sind, diese Begriffe wieder zu vereinen, indem er sie auf den menschlichen Geist zurückbezieht, der einem gemeinsamen Seinsgrund Namen verleiht, die unterschiedliche Perspektiven zum Ausdruck bringen.

* * *

In frühen Zeiten war der Mond der Stern der Erde, eine bessere Erde im Himmel. Aber als man später herausfand, dass das Licht des Mondes das reflektierte Licht der Sonne war, wurden die meisten Kräfte, die ursprünglich dem Mond zugeschrieben wurden, auf die Sonne übertragen – zumindest in der offiziellen priesterlichen Lesart, denn das Volk hielt erstaunlich hartnäckig an früheren Glaubensgewohnheiten fest. Zur Zeit der Römer hatte das unendliche Staunen über den Mond nachgelassen, und zumindest für Intellektuelle wurde er zur Grenze der Erde, deren Unvollkommenheit er teilte. Jetzt diente die Sonne, die sich nicht verändert, als Modell für irdisches Streben, da *sie* das Bild der Ewigkeit transportierte, das einst der Mond verkörpert hatte. Als der Mond für die Menschen, die unter ihm lebten, das Bild der Ewigkeit verkörperte, war Ewigkeit jedoch kein Gegensatz zu Leben und Tod, sondern das, was Leben und Tod innewohnte. Das in der Sonne verkörperte Bild der Ewigkeit stand jedoch im Gegensatz zum Leben in der Zeit, es versprach Vollendung, frei von den Wechselfällen des Lebens, die jetzt, da sich der Blick geändert hatte, so passend in den wechselhaften Erscheinungsformen des Mondes widergespiegelt wurden. Danach war alles unter dem Mond endlich, den Gesetzen des Werdens und der Zeit unterworfen, die in Verfall und Tod endeten. Schon bald herrschte die Auffassung, der Mond sei nicht nur empfänglich für das Licht des »glorreichen Planeten Sol«, sondern von ihm abhängig und borge oder stehle es sogar.

> Ein Erzdieb ist der Mond,
> Da er wegschnappt sein blasses Licht der Sonne.[78]

Die Sonne hingegen ist souverän und stellt ein Ideal für Könige dar, die den »Rang achten«, wie Ulysses gegenüber Agamemnon erklärt:

> Und deshalb thront der majestät'sche Sol,
> Als Hauptplanet in höchster Herrlichkeit
> Vor allen anderen; sein heilkräftig Auge
> Verbessert den Aspekt bösart'ger Sterne
> Und trifft, wie Königs Machtwort, allbeherrschend
> Auf Gut und Böses.[79]

Wenn also der leidenschaftliche Percy im ersten Teil von Henry IV erklärt:

> Bei Gott!, mich dünkt, es wär ein leichter Sprung,
> Vom blassen Mond die lichte Ehre reißen.[80]

fürchten wir, dass er dem Untergang geweiht ist, trotz oder gerade wegen des Zaubers des Bildes: Er will zu weit, zu hoch hinaus, er »greift nach dem Mond«, »nach den Sternen«. So bedeutet der englische Ausdruck »to be over the moon« in dem neuen Glaubensklima, sich grenzenlos zu freuen, über das hinaus, was wirklich ist.

SONNE UND MOND IM CHRISTENTUM

Das dogmatische Christentum hat der Göttlichkeit des Mondes vermutlich den tödlichen Schlag versetzt, denn der Symbolismus, in den die Göttlichkeit Christi nach seinem Tod gekleidet wurde, stammte von der Sonne. In der damaligen hellenistischen Welt verkörperten sowohl der griechische Sonnengott Helios als auch der persische und römische Sonnengott Mithras das himmlische Drama der Auferstehung durch die aufgegangene Sonne, die jeden Morgen und jedes Jahr zur Wintersonnenwende vom Tode aufersteht. Wie Mithras *Sol Invictus* genannt wurde, so sollte nun Christus die neue »Unbesiegbare Sonne« sein, dessen Geburt (noch Jahrhunderte nach seinem Tod) zur Zeit der Wintersonnenwende im Bild der wieder geborenen Sonne stattfand – ebenso wie die Geburt von Mithras. Als der transzendente Schöpfer der natürlichen Welt war der Gott Christi jenseits von Sonne und Mond, die jedoch in der christlichen Vorstellungswelt durch die Figuren von Christus und Maria eine zentrale Rolle spielten. Sie wurden als Figuren der göttlichen Vollendung angesehen und gehörten damit einer höheren Ordnung an als jene früheren Andeutungen aus heidnischer Vergangenheit, deren Götter sich nun nur als Symbole herausstellten (was sie natürlich auch immer gewesen waren).

»Die wahre Sonne ist Christus«, sagte St. Patrick zu den heidnischen Kelten. Diese Identifikation war noch im England des 17. Jahrhunderts verbreitet, als ein neuer Priester in der Gemeinde Kidderminster feststellte, dass einige aus seiner Herde »dachten, Christus sei die Sonne ... und der Heilige Geist der Mond«.[81] Die frühchristlichen Kirchenväter Ambrosius und Augustinus stellten sich Christus anfänglich als die Sonne und die »leidende« Kirche als den Mond vor, *Luna patiens*, den wahren Mond. Wie Ambrosius schrieb:

> Wenn Luna, in der, vertrauend auf die Worte der Propheten, wir die Bilder der Kirche sehen – wenn diese gleiche Luna wieder geboren wird, um ihren monatlichen Kurs zu laufen, ist sie zuerst von dunklen Schatten versteckt. Langsam aber, wenn ihre Hörner mit Licht gefüllt sind, und wenn sie der Sonne gegenübersteht, leuchtet sie wieder mit der Helligkeit der Sonnenstrahlen.[82]

Später aber, als die Jungfrau Maria in den Herzen und Gedanken der Christen einen immer größeren Platz einnahm, erhielt sie den leuchtenden Mantel des himmlischen Mondes, und mit ihm alle alten Metaphern der Mondgöttinnen, die es vor ihr gab: Inanna-Ishtar, Isis, Astarte, die Jungfrau Artemis, Persephone, Demeter und Aphrodite und viele mehr.[83] Hekate, der Dunkle Mond, wurde offiziell der Hexerei und dem Teufel zugeordnet.

Entsprechend der transzendenten Natur der jüdischen Gottheit war Christus natürlich nicht die Sonne selbst, sondern die »Sonne der Gerechtigkeit« oder die »Sonne der Rechtschaffenheit« und somit ein vergeistigtes Bild, das von der Natur wegführte. Im Gegensatz dazu war die lunare Rolle von Maria eindeutiger. Sie erhielt Namen wie »Mutter Mond«, »Unser Mond«, »Vollkommener und Ewiger Mond«, »Geistiger Mond«, »Mond der Kirche«, *Stella Maris* (Stern der See), »Weit offenes Himmelstor«, *Regina Coeli* (Königin des Himmels). In Frankreich wurde der Mond viele Jahre als *Notre Dame* begrüßt.[84] Noch im 20. Jahrhundert hörte Kardinal Jean Danielou, wie Fischer in der Normandie die Jungfrau als Mond um Hilfe anbeteten:

> Lieber Mond, beschütze uns,
> wenn wir in Not geraten.[85]

Der Mond, der vom Licht der Sonne erfüllt ist und es in die Dunkelheit der Nacht ausstrahlt, wurde zu einem natürlichen Symbol für die Rolle der Jungfrau, die Seelen der Christen mit der ewigen Liebe Christi zu erfüllen. Marias Herrlichkeit, so Bernard, scheint im Himmel und bis in die Hölle, und sie überzieht die Lande, und wegen ihr strahlen die Seelen vor Tugenden.[86] Ebenso wie bereits in der vorchristlichen Welt war der Mond der Mittler zwischen Erde und Sonne, und so konnte Maria als der Mond nicht zwischen die schillernden Sphären des reinen Geistes oben und die »Welt, das Fleisch und der Teufel«, die dunkle, sinnliche Erde unten treten.

Der Heilige Bonaventura bezieht sich auf diese Analogie:

> Wie der Mond zwischen Himmel und Erde steht, so stellt sich Maria zwischen Gott und die Sünder, um unseren Herren zu besänftigen, und um ihre Rückkehr zu Ihm zu erleuchten. [87]

Papst Innozenz III (1198-1216) mahnte die Sündigen, zum Mond zu schauen:

> Zum Mond soll er schauen, der begraben ist in den Schatten zwischen Sünde und Ungerechtigkeit. Die Gnade verloren, entschwindet der Tag und es gibt für ihn keine Sonne mehr, aber der Mond steht immer noch am Horizont. Lass ihn selbst zu Maria sprechen, unter ihrem Einfluss finden jeden Tag Tausende ihren Weg zu Gott.[88]

Hugo macht den Gegensatz von Christus und Maria deutlich, indem er die Gerechten Christus als der Sonne und die Sünder Maria als dem Mond übergibt. Die Sonne, so sagt er,

> ist ein Bild für Jesus Christus, dessen Strahlen die Gerechten erleuchten, die in den Tagen der Gnade leben, der Mond steht für Maria, dessen Schimmer die Sünder in der Mitte der düsteren Nacht der Sünde erleuchtet.[89]

Als Maria aber zu einer Figur des Mondes wurde, zur »Lichtbringerin«, wie Anselm sie nannte[90], besaß sie auch viele der anderen Attribute von Mondgöttinnen und Mondlicht. Denn dies war kein Licht, wie wir es kennen. Es waren Strahlen von immenser Kraft, die nährten, befruchteten, reinigten, wässerten und die Erde mit Tau und Regen benetzten, die Gezeiten und den Menstruationszyklus der Frau im Gleichgewicht hielten, sie fruchtbar machten, ihre Geburten und ihre Tode erleichterten, ihre Kinder und alle Kinder Gottes schützten. Es mag weitgehend an der Gleichsetzung von Maria mit dem Mond gelegen haben, dass sie so selbstverständlich die zentralen Rollen der früheren Göttinnen übernahm und inoffiziell zu einer Patronin derselben fleischlichen Welt wurde, die ihre unzweifelhafte Jungfräulichkeit angeblich überwunden hatte. (Ihre eigene Jungfräulichkeit und die ihrer Mutter – eine ganze Linie unbefleckter Empfängnisse – war für die christliche Lehre die Garantie, dass sie frei war von der Erbsünde der sinnlichen Begierde, die sich nach der Definition des Augustinus als Lust manifestierte.)[91]

Das »große Wunder« der Offenbarung Marias, der eine Frau »die mit der Sonne bekleidet, und der Mond unter ihren Füßen und auf ihrem Haupt eine Krone von zwölf Steren«[92] erschien, wurde häufig mit der Figur Maria verschmolzen oder verwechselt, ebenso wie die »Geliebte« im *Hohen Lied Salomons*, die »hervorbricht wie die Morgenröte, schön wie der Mond, klar wie die Sonne«.[93]

Aber die vielleicht größte Wirkung der lunaren Bildwelt bestand darin, Maria subtil und symbolisch wieder jener Zeit zuzuordnen, in der der Mond als ein Ausdruck der Muttergöttin überragend gewesen war. Der lunare Mythos der Mutter, die ihren verlorenen Sohn sucht und findet, war in Ägypten und im Nahen Osten vorherrschend gewesen, lange bevor die Sonne den Mond in der Vorstellungskraft der Menschen verdrängt hatte.

Nach vielen Jahren der Vernachlässigung im Christentum wurde die ältere Vision scheinbar unwiderstehlich von der Figur der Jungfrau Maria angezogen. Lange nachdem das Buch geschlossen und als Heilige Schrift versiegelt war, wurde sie wieder mit ihren alten Bildern ausgestattet. Denn wenn man die *Bilder* sprechen lässt – und nicht deren dogmatische Interpretation –, erscheint Maria, deren Name »Meer« bedeutet, die den Titel »Mond« trägt und deren Symbol wie das von Inanna und Isis die Sichel und der Stern ist, als eine Göttin.

Als »Königin des Himmels« trägt sie einen sternenbesäten Umhang, dessen Blau das Blau des Himmels und des Meeres ist, und wie der Mond ist sie der Stern des Meeres, *Stella Maris*, die Hüterin der Geburt von Kindern, Mittlerin der Sterbenden und Fürsprecherin der Seelen der Toten. In Legenden vom Kornwunder schießen ganze Kornfelder hinter ihr empor. Legenden von der »Schwarzen Madonna« erzählen, wie sie als der Dunkle Mond die Krankheiten des Körpers und der Seele heilt. Wie alle dreifaltigen Mondgöttinnen ist Maria Jungfrau, Mutter und altes Weib, aber keine Braut, zumindest nicht in dieser Welt: Sie gebiert ihren Sohn als die Mondsichel, nährt ihn bei Vollmond, trauert um ihn in den drei Tagen des Todes, als Jesus die Hölle eggt, um das begrabene Leben zu erwecken und zu befreien, und bereitet seinen Aufstieg als die wiederkehrende Mondsichel vor. Die drei Marien in diesem Drama seiner Passion erinnern an die drei sichtbaren Phasen des Mondes, die Dreifaltigkeit von Schicksalsgöttinnen. In der griechisch-orthodoxen Kirche ist Maria – zumindest ihr sterblicher Teil – an diesen drei Tagen (in der Dunkelheit ihres eigenen Mondes) tot oder schläft, bevor sie in den Himmel aufsteigt, wo sie mit ihrem Sohn in einer Zeremonie wieder vereinigt wird, die zwar »Krönung der Jungfrau« genannt wird, in ihrer Ikonographie jedoch dem heiligen Hochzeitsritus von Mond und Sonne ähnelt.

Die »Offenbarung« des Johannes erlaubte es den Künstlern der Renaissance, Maria wieder mit ihrer alten Macht auszustatten. Denn Maria, um deren Kopf zwölf Sterne wie ein Heiligenschein aus hellem Licht kreisen, wird wieder in der Tradition von Inanna-Ishtar gesehen, die die zwölf Konstellationen, die der Mond in einem Monat und die Sonne in einem Jahr durchlief, als Krone oder Gürtel trug. In Abb. 8 hält Maria, den Kopf fast vollkommen von einer goldenen Mondsichel umhüllt, das Kind als die Fleisch gewordene Mondsichel im Arm. In Abb. 9 ruhen ihre Füße auf der umgekehrten Sichel, aus der die schwarzen Klauen und der Schwanz des Drachens der Sünde herauswachsen. Die Sichel, die einst Königin Astarte als Krone auf dem Kopf getragen hatte, wird hier ebenso wie der Rest der Natur an einen Platz unter Marias Füßen verwiesen, wo auch die Löwen, Drachen und Schlangen der verfemten Liebe dieser Welt erscheinen.

In der lunaren Metapher ist Jesus die Inkarnation von *zoe* als *bios*, der Ewige, der in das Leben in der Zeit eintritt, der sein Leben gibt, damit die unstillbare Quelle erneuert werden kann, und dessen individueller Tod das ewige Leben aller Menschen verspricht. Bilder der Kreuzigung zeigen Jesus häufig zusammen mit Sonne und Mond, entweder mit dem Vollmond oder mit dem sinkenden Mond, während in einem französischen Holzschnitt der Kreuzigungsszene, in der oben Sonne und Mond und unten der von Schlangen umgebene Totenschädel erscheinen, Teile von Gliedmaßen und Köpfe vom Kreuz herabhängen, die das Opfer Jesu der Tradition der zerstückelten Mondgötter zuordnen (siehe Kapitel 12, Abb. 12). Beim Letzten Abendmahl nimmt Jesus zu seinem Gedenken das Brot und den Wein als die Nahrung und das Wasser des Lebens, die in seinen Leib und in sein Blut verwandelt werden sollen, und setzt damit das lange Zeit praktizierte Ritual fort, das fragmentierte Licht von *bios* wieder »zusammenzusetzen«, das beständig im menschlichen Herzen mit seiner *zoe*, seiner ewigen Quelle, wieder vereinigt werden musste.

Die verständliche Ambivalenz bezüglich der Frage, welchen Himmelskörper Christus verklären soll, spiegelt sich in den Zelebrationsriten der Kirche wider. Im Ablauf des christlichen Jahres wird Christus mit der Geburt der Sonne zur Wintersonnenwende inkarniert. Aber das Gedächtnis an das essenzielle Drama seines Lebens und seiner Lehre, seines Todes und seiner Auferstehung ist nach dem Mond ausgerichtet: die Wiedergeburt Christi an Ostern – nach seinem Sieg über die Mächte der Dunkelheit – wird am ersten Tag der Sonne (Sonntag) begangen, der auf den ersten Vollmond nach der Frühjahrs-Tagundnachtgleiche folgt. So strukturiert lunarer Symbolismus die Geschichte Jesu und zeigt ihn als den Letzten in der Tradition sterbender und wieder geborener Götter, die, so wird impliziert, Tausende von Jahren in Erwartung dieser, ihrer letzten Apotheose existiert hatten. In der Sprache der Metapher *ist* Christus also die Sonne, aber er *wird* zum Mond.

DER VERLUST DER GESCHICHTEN DES MONDES

Als die Sonne den Mond verdrängte, löschte sie oft auch die Geschichten des Mondes aus, indem sie neues Leben auf das alte übertrug. Wer würde den Heldenmythos ursprünglich für einen Mondmythos halten? Die Sonne, so lernen wir, tötet den Dämon der Dunkelheit und wird siegreich jeden Morgen und jedes Jahr wieder geboren. Der Held imitiert das Muster der Sonne, wenn er in seinem Kampf des Lichts gegen die Drachen der Dunkelheit und des Todes in die Unterwelt absteigt. Aber ist es nicht merkwürdig, dass der Held in so vielen Mythen für drei Tage tot ist, bevor er wieder geboren wird – gefangen in der Unterwelt, nackt an einem Haken aufgehängt, im Bauch des Wals verschluckt oder in die Hölle absteigend –, die gleichen drei Tage, an denen der Mond verschwunden war und für tot gehalten wurde?

Als der Mond im antiken Griechenland mit der Sonne vermählt wurde, ging das Heldenhafte, den blutigen Spuren von Marduk und Tiamat folgend, auf die Götter Zeus und Apollo in ihren Schlachten mit weiblichen Schlangen und Drachen über. So wurde der Heldenmythos, insofern er durch die Himmelskörper Form erhielt, implizit als die Eroberung des Mondes (lunare Schlangen und Drachen) durch die Sonne neu definiert und ersetzte den ursprünglichen Wettkampf, in dem der Helle Mond den Dunklen Mond besiegt – die Geschichte des Lebens, das den Tod überwindet. In der christlichen Tradition wurde der Heldenmythos in Figuren wie denen des heiligen Michael und des heiligen Georg mit ihren Drachen als der Geist definiert, der die Natur besiegt, woraus schließlich der Kampf des Guten gegen das Böse wurde.

Es kommt vielleicht nicht immer darauf an, ob die Sonne oder der Mond als Vorbild für den Helden dient, aber es besteht ein bedeutender Unterschied in der Betonung, denn wenn die Essenz des Heldenmythos eher lunar als solar ist, ist der eigentliche Schwerpunkt des Dramas nicht Kampf, sondern Transformation. »Solarer Heroismus« ist etwas anderes als »lunarer Heroismus«, wie Mozarts und Schikaneders doppeltes Martyrium von Taminah und Paminah in der *Zauberflöte* zu verstehen gibt: Feuerprobe und Wasserprobe. Anders ausgedrückt, der Heroismus jeder Zeit gehört vielleicht ebenso einem lunaren wie einem solaren Bewusstsein an, mit allen gefühlsmäßigen Unterschieden, die dies impliziert. Denn während das Drama des Heldentums dem modernen, an der Sonne orientierten Geist als solar – und damit als der Dunkelheit entgegengesetzt – erscheinen mag, sind seine Wurzeln eindeutig lunar, was bedeutet, dass die

Dunkelheit eine Dimension des vollständigen Seins ist, in die der Held eintreten muss, um sich selbst zu erkennen.

Anderswo wurden die Geschichten des leuchtenden Mondes zu Geschichten der leuchtenden Sonne. Das Licht des Mondes verblasste, bis er seines inhärenten Dramas beraubt wurde und dem Gefühl nach eher den ganzen Monat über der abnehmende Mond war. Denn in der nächsten Stufe der Neubewertung entstehen neue Geschichten über den Mond, die jedoch jetzt von einem solaren Standpunkt aus erzählt werden. Der Mond wird ausschließlich aus der Perspektive der Sonne gesehen. Ihm wird nicht einmal mehr eine eigene historische Realität zugestanden. Folglich müssen viele der Geschichten des Mondes nun in offiziellen Legenden gesucht werden. Sie verbergen sich in Strukturen und Metaphern, sind in Andeutungen und Anspielungen versteckt und schimmern schwach in Lücken und Spalten oder in den merkwürdigen Gründen auf, die ursprünglich einmal zur Entstehung der Legenden geführt haben.

So erinnert man sich in vielen unterschiedlichen Kulturen noch an eine Zeit, da der Mond so hell war wie die Sonne, nicht nur, was sein Licht, sondern auch, was seine Bedeutung betraf. Aber dann kam es zu einer Veränderung. Auf einer Ebene gibt es eine Fantasie vom »Goldenen Zeitalter«, die perfektes Gleichgewicht und Harmonie an den Anfang der Welt stellt, als Vorstellung und Realität noch dasselbe waren. Auf einer anderen Ebene herrscht vielleicht das Gefühl vor, dass sich Werte verlagert haben. In beiden Fällen, so implizieren die Legenden, ist das schwächere Licht des Mondes aber kein Zeichen für die ihm innewohnende Unterlegenheit, und so verlangt sein schwächer werdendes Licht nach einer Erklärung.

Abb. 8. *Die Jungfrau Maria und Jesus in der Mondsichel. Heures de Rohan. 1415–1416. Bibliotheque Nationale.*

Abb. 9. *Die Verherrlichung Mariens. Geertgen tot St. Jans. Ca. 1490–1495. Museum Boijmans van Beuningen, Rotterdam.*

In einem brahmanischen Text heißt es, dass die Sonne den Mondschein übernommen habe, und obwohl die beiden sich ähnlich seien, der Mond viel weniger schiene, weil ihm sein Strahlen weggenommen worden seien.[94] So dachten auch die Huitoto aus Columbia, dass der Mond einst die Sonne und die Sonne einst der Mond war, aber dass die beiden den Platz getauscht hatten.[95] Einer Legende der nordamerikanischen Pueblo-Indianer zufolge gab der Mond einen Teil seines Lichts auf, damit die Menschen nachts schlafen konnten.[96] In der Genesis ist die Sonne das »größere Licht« und der Mond das »geringere Licht« des Anfangs. In der Literatur des Talmud, in der viele der älteren Ideen ungekürzt erhalten sind, wurden Sonne und Mond jedoch als gleich hell geschaffen.[97] Auch in der islamischen Legende schuf Gott Mond und Sonne von gleicher Helligkeit, aber der Erzengel Gabriel rieb seine Flügel am Mond, der daraufhin seinen Glanz verlor.[98] In den aztekischen Mythen waren Mond und Sonne mit der gleichen Leuchtkraft und Hitze ausgestattet, aber einer der Götter warf einen Hasen in das Gesicht des Mondes, so dass er blass und kalt wurde.[99] Hier wie in vielen anderen Legenden erklärt eine Geschichte sowohl die Zeichnungen im Gesicht des Mondes als auch dessen Tod. Manchmal wird auch einfach kein Grund dafür angegeben: Am Anfang waren die Dinge, wie sie sein sollten, und danach war es anders. Die Maori sagen, dass der Mond früher seine Gliedmaßen über alle Zeit ausstreckte, seitdem aber hat er sich in die Nacht zurückgezogen, obwohl »die Nacht und der Tag zum Mond gehören«.[100]

* * *

Wir (das »wir« der kollektiven westlichen Kultur) haben den Mond lange mit den Augen der Sonne gesehen, ebenso wie wir es gewöhnt sind, die »Göttin« mit den Augen des »Gottes« zu sehen. Aber diese beiden Vorstellungen sind nicht überall gleich ausgeprägt, da der Gott und die Sonne ebenso wenig überall gleich sind wie die Göttin und der Mond.

Ohne von einer absoluten Beziehung auszugehen, kann man zumindest sagen, dass die Geschichten der Göttin ebenso von Geschichten des Gottes überlagert wurden (wobei die Göttin eine neue, abgeschwächte und subversive Rolle erhielt), wie die Sonne die Geschichten des Mondes verdrängte. Es ist nicht zu übersehen, wie rücksichtslos die vorherrschende patriarchale und solare Bewusstseinsform das frühere matriarchale und lunare Bewusstsein, aus dem es entstanden war, ausgeschlossen und sogar verunglimpft hat. In beiden Fällen gehen Geschichten verloren, werden parodiert oder sogar neu erfunden, und mit den Geschichten verschwindet eine bestimmte Art und Weise, mit dem Universum in Beziehung zu treten, was dazu führt, dass eine Dimension des menschlichen Geistes verkümmert oder brach liegt. Die auf die vorherrschende Bewusstseinsform zurückzuführenden jeweiligen Verzerrungen sind einander verwandt, denn beide entfernen uns weiter von der ursprünglichen Vorstellung, dass die Erde Seele, Geist und Bewusstsein hat – oder ist –, und dass das Leben auf der Erde einfach in sich gut sein kann. Auch die Idee, die rhythmischen Muster von Mond und Erde könnten ein berechtigtes Muster im Bewusstsein der Menschen reflektieren, hat sich verloren, und mit ihr ist die Möglichkeit geschwunden, dass die Natur unser Lehrer sein könnte.

* * *

Offensichtlich hatte der zu Beginn der Bronzezeit einsetzende Übergang von der Orientierung am Mond zur Orientierung an der Sonne weit mehr zur Folge, als nur eine Verlagerung der Quelle der Fruchtbarkeit: Er war Ausdruck eines Wertewandels, der das menschliche Bewusstsein subtil, aber unweigerlich von der Welt entfernte, in der es lebte, sich bewegte und seine Existenz hatte. Der Philosoph Owen Barfield beschreibt diese Entwicklung als eine Zurücknahme dessen, was er »ursprüngliche Partizipation« an der Natur nennt. In seinem Buch *Saving the Appearances* betrachtet er unsere mythologische Geschichte aus einer Perspektive, die einen Überblick über die Vergangenheit bietet und ein Muster erkennbar macht, das dem Ort des Übergangs, an dem wir uns jetzt befinden, einen gewissen Sinn verleiht. Für Barfield lässt sich die Evolution des Bewusstseins grob in drei verschiedene Phasen oder Stufen einteilen, die er als

Abb. 10. Mondgott oder Held, der Schlangen mit Mondsicheln auf dem Kopf in den Händen hält und den Seedrachen tötet. Darstellung auf einem Tongefäß der Chimu-Indianer. Moche IV, Peru. Ca. 400–500 n. Chr. (Aus Neumann, Die Große Mutter, S. 180).

verschiedene Arten der Partizipation der Menschen an ihrer Welt beschreibt (wobei er »Partizipation« als einen Akt definiert, in dem Selbst und Nicht-Selbst im gleichen Augenblick der Erfahrung erkannt werden). Diese Phasen nennt er »ursprüngliche Partizipation«, »Rücknahme der Partizipation« und »letzte Partizipation«. Die früheste Phase des Übergangs von einer lunaren, an der Göttin orientierten Jäger- und Sammlerkultur zum Ackerbau – etwa ab dem Paläolithikum bis zur späten Bronzezeit bzw. frühen Eisenzeit – nennt er die »ursprüngliche Partizipation«.

In der »ursprünglichen Partizipation« wurde die Realität hinter oder in all den verschiedenen Arten des natürlichen Lebens mit der menschlichen Realität gleichgesetzt. Es existierte ein heiliges Band zwischen Natur und Mensch, was bedeutete, dass beide das gleiche Wesen, die gleiche »Natur« besaßen. Die menschliche Natur war eine Dimension der gesamten Natur, so dass Menschen und Natur nicht durch verschiedene Erkenntnisformen begriffen werden mussten. Was man mit modernen Begriffen als die objektive, natürliche Welt bezeichnen und der subjektiven, menschlichen Welt gegenüberstellen würde, war einst untrennbar miteinander verbunden, so dass die Natur Furcht einflößender – sowohl liebend als auch erschreckend – *und* persönlicher war – bevölkert mit göttlichen Wesen, die in menschlicher, tierischer und pflanzlicher Form vorgestellt wurden. Dies ist Immanenz, wenn die sichtbaren Erscheinungen und die unsichtbare Quelle ein und dasselbe sind. Das Leben geht sozusagen jenseits der Sinne weiter und tut all die Dinge, die es tut, wenn es gesehen werden kann. Und der menschliche Geist kann sich ebenso in der unsichtbaren Welt zu Hause fühlen wie in seiner sichtbaren Umgebung. Die Worte eines nordamerikanischen Indianers vermitteln die radikale Ambiguität dieses Gefühls, sowohl seine imaginative Freiheit als auch seine Beschränkungen. »Ihr wollt, dass ich den Boden pflüge? Soll ich ein Messer nehmen und meiner Mutter die Brust aufreißen? Wenn ich sterbe, wird sie mich nicht an ihre Brust nehmen, damit ich ausruhen kann.«[101]

Die Erde war die Mutter, die wie die menschliche Mutter war, und der Mond war ebenfalls die Mutter, oder der Vater, oder der Mond mit seinem Sohn oder seiner Tochter. Sie waren wie die menschliche Familie, nur ohne menschliche Einschränkungen. In dieser Art des Denkens erscheint es nicht so seltsam, sich vorzustellen, dass die Menschen auf der Erde ebenso wie der Mond am Himmel sterben und wieder lebendig werden können. Denn in dieser Vorstellung besteht zwischen ihnen kein *intrinsischer* Unterschied. Es ist die Welt, die wir als Kinder erleben und die wir im Theater, in der Kunst, in Romanen und Gedichten und immer dann wieder finden, wenn uns der partizipierende Geist übernimmt und uns dem Schock der Verbindung mit der Natur oder mit menschlichen Wesen ausliefert, an die wir uns später elegisch als eine Vision erinnern, die sowohl real als auch irreal ist: mehr real als irreal, oder mehr irreal als real, je nach dem, wer wir sind.

Die zweite Partizipationsstufe begann um 2000 v. Chr., als die Menschen der Erde die immanente Göttlichkeit entzogen und sie zuerst dem Muster des Himmels mit der Sonne als herrschender Kraft und später der unsichtbaren, über alle Natur erhabenen Welt zuordneten. Das Numinose wurde vor allem in der jüdischen Tradition nun in dem gefunden, was *nicht* gesehen oder berührt werden konnte, einschließlich der unsichtbaren Welt menschlicher Wesen. Man fand es besonders in der menschlichen Fähigkeit, Göttlichkeit – wie die Menschen sie verstanden – zu internalisieren: als das Wort Gottes im Judaismus, aber auch als rationaler Geist im späteren griechischen Denken und noch später als die vermeintlich rettende Kraft der Vernunft im Zeitalter der Aufklärung. Bewusstsein konnte sich nun nach innen ausdehnen und lernen, diese äußeren Phänomene zu benennen und zu kontrollieren, deren Schönheit nun fremd und vom menschlichen Leben und seinen Belangen getrennt erschien. Mythologisch war dies die Zeit, als Himmels-, Sturm- und Sonnengötter die Erdgöttinnen ersetzten – Elil und dann Marduk in Mesopotamien, Atum-Re und Ptah in Ägypten, Yahweh-Elohim im Alten Testament, Zeus und Apollo in Griechenland. Die alte Muttergöttin – wenn es sie denn gab – wurde nicht mehr als Leben spendend betrachtet, sondern als dunkel und chaotisch. Sie musste um Licht und Ordnung willen getötet werden. Die Geschichte von Adam und Eva im Paradies, die am Anfang der christlichen Tradition steht, zeigt diesen Bruch des ursprünglichen Bandes mit der Natur. In diese Phase fällt die Solarisation des Mondes.

Diese Verlagerung des Schwerpunkts ist auch in dem Begriff »Natur« erkennbar. In der Zeit der »ursprünglichen Partizipation« war das, was wir heute Natur nennen, ein »Du«, kein »Es«, eine persönliche, numinose Präsenz und kein unbelebtes Objekt. Aber dieses »Du« meinte sicher nicht »Natur« – ein Begriff, oder eher eine Idee, die von den Vorsokratikern erdacht wurde, um unter Verwendung eines einzigen Namens über die große Vielfalt der Phänomene sprechen zu können.[102] Das griechische *phyhsis*, von dem »physisch« abgeleitet ist, wurde im Lateinischen zu *natura*, von *natus*, Geburt, als das, was geboren wird (und stirbt). Dennoch enthielt die zugrunde liegende Idee von Einheit, die im Namen »Natur« inbegriffen ist, nicht immer alles – eine Auslassung, die Aristoteles übernahm, als er Natur auf das Sublunare beschränkte und sie dem Mond und der Erde darunter zuwies. Auch der christliche Geist des Mittelalters betrachtete Natur nicht als all das, was Gott erschaffen hatte: Der Platz der Natur war nach Aristoteles unterhalb des Mondes.

*Abb. 11. Hottentotten, die unter dem Mond tanzen. Stich aus A Precise and Extensive Description of the Cape of Good Hope von Peter Kolb.
Ca. 1705–1713. Auf einer Tafel unter einem ähnlichen Stich von tanzenden Buschmännern warnt ein Kommentar aus dem späten 20. Jahrhundert, dass »europäische Interpretationen der Khoisan, die unter dem Mond tanzen, die Praxis entweder als eine religiöse anerkannten, oder sie als Unterhaltung abtaten«
In früheren Jahrhunderten wurde die vermeintliche »Mondverehrung« der Hottentotten und Buschmänner vermutlich gegen sie verwendet.*

Scheinbar entstand die Idee der »Natur«, als die einheitliche Vision von Mutter Erde oder von der Göttin zu verblassen begann. Zur gleichen Zeit tritt auch die Idee des Geistes als eigenständiges Gebilde auf, das als natürliche Folge der »Natur«, als Ausgleich für den Verlust von »Mutter Erde« aufgefasst werden kann. Wer annimmt, dass das, was wir Natur nennen, all die Mythen schaffenden Gefühle enthalten kann, die einst auf Mutter Erde, die »Göttinnen« oder die »Muttergöttin« gerichtet waren, sollte sich vielleicht klarmachen, wie sehr unsere Sprache uns in den Gegensatzpaaren einer späteren Bewusstseinsform gefangen hält. In *König Lear* wird die Begrüßung »Natur, du meine Göttin«[103] bezeichnenderweise von Edmond ausgesprochen, dem Mann ohne Gefühle, dessen Huldigung der Natur sein Bündnis mit den niedrigsten, im Stück als wilde Raubtiere verkörperten, Instinkten anzeigen soll.

Barfield beklagt diese Phase in der Evolution des menschlichen Bewusstseins nicht; für ihn ist sie unvermeidlich und notwendig und besitzt eine eigene Brillanz. Diese »Leidenschaft des westlichen Geistes«, die Richard Tarnas in seinem gleichnamigen Buch[104] erforscht, ist uns fast zu nah, um etwas anderes tun zu können, als sie instinktiv zu feiern. Aber die Mahnung von Einstein und Barfield zwingt uns zu der Einsicht, dass diese Leidenschaft zu weit gegangen ist. Für Barfield gibt es eine weitere Stufe, die »den Schein wahren« kann, damit die Welt wieder zurück in unsere Herzen gelangt. Dies nennt er die »letzte Partizipation«, in der das alte partizipierende Bewusstsein auf einer anderen Ebene durch die Vorstellungskraft neu geschaffen werden kann.

SOLARES UND LUNARES BEWUSSTSEIN

In seinem Buch *Joseph und seine Brüder* verwendet Thomas Mann den Ausdruck »lunare Syntax« (oder Mondgrammatik), um zu beschreiben, wie Jakob Joseph von zwei verschiedenen Männern erzählen kann, als seien sie eine Person.[105] Yeats Unterscheidung zwischen den »silbernen Äpfeln des Mondes« und den »goldenen Äpfeln der Sonne« in dem Gedicht am Anfang dieses Kapitels bedeutete für die Hermetic Students of the Golden Dawn noch viel mehr. Für die Anhänger dieses esoterischen Ordens, so Yeats, bedeutete »solar« all das, was vollendet und künstlerisch war, während »lunar« (was Wasser meinte) für alles Einfache, Populäre, Traditionelle und Emotionale stand.[106]

»Solar« und »lunar« sind unweigerlich zu Metaphern für zwei alternative Formen des Denkens und des Seins geworden. Denn während die »solare Syntax« trennt, vereint die »lunare Syntax«. Die fortwährende Debatte zwischen ihnen enthüllt gegensätzliche Wertmodelle, die teilweise deren unterschiedliche Beziehung zur Dunkelheit reflektieren. In solaren Mythen, in denen die Sonne eine Göttin ist, bringt sie das Geschenk der Wärme und des Lichts. Ihre wechselnden Phasen – Aufgang, Zenit, Untergang – werden erfasst und zelebriert: sanft in der Morgendämmerung (häufig die »Tochter« der Sonne genannt), grell am Mittag, besinnlich in der Abenddämmerung. Manchmal sträubt sie sich zu erscheinen, manchmal ist sie diffus und manchmal tanzt sie mit ihren funkelnden Strahlen.[107] Aber selbst wenn ihr ein weiblicher Charakter zugeschrieben wird, muss sie abseits bleiben und kann sich nie mit der Dunkelheit vereinigen, die vor ihr flieht. In solaren Mythen, in denen die Sonne ein Gott ist, wird sie als heldenhaft unabhängig von ihren Ursprüngen gesehen und die menschliche Psyche erlebt sie für immer im Zenit an einem wolkenlosen Tag. Der solare Held tötet den Drachen der Dunkelheit mit der Lanze seiner brennenden Strahlen. Er ist unbesiegt und unbewegt.

Ebenso wie die Sonne die Dunkelheit beendet, sind Leben und Denken in der solaren Sichtweise einander entgegengesetzt – Licht *oder* Dunkelheit, richtig *oder* falsch, gut *oder* böse –, als seien sie verschieden an sich. Die Idee, dass es sich dabei um Unterscheidungen handeln könnte, die ihre Bedeutung durch die größere Geschichte des Lebens erhalten, ist keine »solare Vorstellung«, denn die Sonne hält sich selbst für die größte Geschichte und bestimmt damit die Bedingungen für alle anderen Geschichten. Im »solaren Denken« *ist* ein Ding oder es *ist nicht*: Wo Licht ist, ist nicht Dunkelheit. »Lunares Denken« hingegen verweist auf die Veränderlichkeit und Flüchtigkeit der Formen: wie eine Kerze in der Dunkelheit oder das Spiel einer Maske bietet dieses Denken die Möglichkeit, dass etwas gleichzeitig ist und nicht ist. Licht und Dunkelheit treten zusammen in einem ewigen Drama der Expansion und Kontraktion auf. Nur an den Polen von voll und neu gibt es Licht ohne Dunkelheit und Dunkelheit ohne Licht. Symbolisch evoziert der Mond die imaginative, ungewisse und vieldeutige Welt des Werdens – die gelebte Zeit – im Gegensatz zum absoluten Ideal der Welt des Seins, das durch die Sonne verkörpert wird. Der Mond ist mit den poetischen Wahrheiten von Anwesenheit *und* Abwesenheit, Wahrheit *und* Unwahrheit sowie mit der ultimativen Verschmelzung des Todes im Leben und des Lebens im Tod verbunden.

Da die Sonne in der westlichen Kultur dominant und meist männlich ist, transportierte die solare Auffassung lange Zeit die formale Identifikation der Kultur mit ihren Werten und verband sie mit den Tugenden klarer und deutlicher Ideen – und schließlich mit der »Vernunft« als Ausdruck des höchsten Wertes. Am Ende dieses langen Prozesses der Solarisation, so Eliade, wird die Sonne als die Intelligenz der Erde proklamiert werden.[108] Wenn man dies wörtlich versteht, werden der Mond und das lunare Denken also vornehmlich vom solaren Standpunkt aus gesehen – als das Gegenteil von Klarheit, als irrational und daher unzuverlässig.

Aus der solaren Perspektive erweist sich der Mond oder der lunare Standpunkt nun als unbeständig, wankelmütig, launisch, treulos, ungerichtet, verwirrend, trügerisch, rhetorisch, unrealistisch oder fantastisch und, da er sich einer eindeutigen Definition entzieht, als anfällig für Chaos und Wahnsinn. Mit einem Wort, das lunare Leben wird von Rhythmen beherrscht, die keine Erlösung bieten. Man kann ihm nicht trauen, es führt zum Tod.

> Romeo: Ich schwöre, Fräulein, bei dem heil'gen Mond,
> Der silbern dieser Bäume Wipfel säumt ...
>
> Julia: O, schwöre nicht beim Mond, dem wandelbaren,
> Der immerfort in seiner Scheibe wechselt,
> Damit nicht wandelbar dein Lieben sei![109]

Wenn Intelligenz ausschließlich in solaren Bildern vorgestellt wird, so könnte man fragen, ob es nicht auch eine lunare Intelligenz gibt, eine Sensibilität, die holistisch, animistisch und intuitiv ist und sich einer poetischen Sprache von Bildern und Symbolen bedient, die sowohl vom Denken als auch vom Fühlen ausgeht? Was ist mit emotionaler Intelligenz, angeborenem Verstand, praktischer Weisheit – der Intelligenz des Herzens? Umgekehrt ist die Sonne oder der solare Standpunkt blendend, zu sehr vereinfachend, inflexibel, unnachgiebig, dogmatisch, halsstarrig, übermäßig idealistisch und anfällig für Polarisation und Abstraktion. Es scheint, als finde die anhaltende Debatte zwischen Intuition und Intelligenz, Leidenschaft und Ordnung, Spontaneität und Gesetz, Ausdruck in Metaphern des Mondes und der Sonne. Während der Mond ein Modell der Vollständigkeit bietet, liefert die Sonne ein Modell der Vollkommenheit. Und folglich ist der Mond häufig als ein Bild der Seele gezeichnet worden, die Sonne hingegen als ein Bild des Geistes.

Diese Metaphern haben häufig unter der jüdisch-christlichen Priorität gelitten, dass dem Geist entsprechend der Analogie, dass der Mond nur das Licht der Sonne reflektiert und es nicht selbst erzeugt, ein höherer Wert beigemessen wurde als der Seele.[110] Denn der Mond steht für die Werte des »kosmischen Werdens« – ein Schicksal von Geburt, Tod und Wachstum aus dem Zerfall – während die Sonne die leuchtenden Werte des Intellekts und des ewigen Seins jenseits des Wandels von Zeit und Tod repräsentiert. Die Sonne ist der unbesiegbare Bezwinger des Todes, der Mond aber ergibt sich dem Tod und der Ambivalenz des Lebens in der Zeit. Und trotzdem lebt er, um wieder aufzusteigen – ein Drama, das die Totalität des menschlichen Strebens umfasst.

Dennoch sind *beide* Formen des Bewusstseins für die menschliche Ganzheit notwendig. In den Mythen und Ritualen der Welt gibt es überall einen Impuls, Mond und Sonne zusammenzubringen, entweder durch die »heilige Hochzeit« des Mondes mit der Sonne oder durch das symbolische Leben, das lunare und solare Seinsformen in Einklang zu bringen sucht. Um die solare und die lunare Bewusstseinsform aus einer Position jenseits beider betrachten zu können, müssen wir jedoch zuerst zu dem verlorenen Erbe des Mondes in seinen Mythen, Legenden, Ritualen, in Volksglauben und im schleichenden Aberglauben zurückkehren und uns einer früheren, teilnahmsvolleren Zeit erinnern. Denn wenn es stimmt, dass eine der Möglichkeiten für die Menschen, sich selbst zu erkennen, die Bilder ihrer Göttinnen und Götter sind, dann können diese Bilder nicht einfach ohne Konsequenzen verloren gehen. Ihr Verschwinden oder ihre Verzerrung könnte dazu führen, dass die lebenswichtige Komplexität der menschlichen Psyche, die für die Entstehung der subtilsten Erkenntnisse erforderlich ist, in Mitleidenschaft gezogen wird.

Wir wollen nun zu den Tagen zurückkehren, als wir Kinder waren und zum ersten Mal voller Staunen zum Gesicht des Mondes hinaufschauten, zu der Zeit, als unsere Vorfahren in der imaginativen Kindheit unserer Rasse Figuren im Gesicht des Mondes sahen und sie real nannten.

KAPITEL 7

DAS GESICHT DES MONDES

Wer hätte als Kind nicht mit dem Mond gesprochen, als wäre er real? Wenn der Mond »so hell scheint wie der Tag« nehmen die auf ihm verstreuten Schatten Konturen an und werden zu Bildern, die das Leben jener widerspiegeln, die zu ihm hinaufschauen: ihre Hoffnungen und Träume, ihre Zweifel und Ängste, der Wunsch nach Glück und die Sehnsucht nach Bedeutung. All diese menschlichen Eigenschaften machen das lunare Drama aus – die Götter, Göttinnen, Menschen und Tiere, die im Gesicht des Mondes erscheinen. So lädt die Zeichnung im Gesicht des Mondes, die im Laufe der Jahrhunderte durch das strukturierende Auge der menschlichen Psyche geschaffen wurde, den Mond ein, am menschlichen Drama teilzuhaben, das unter ihm aufgeführt wird. Wie es in einem irischen Lied heißt: »Ich sehe den Mond, und der Mond sieht mich.«[1]

DER MANN IM MOND

Wenn Jungen und Mädchen in England hinausgehen, um zu spielen, sehen sie das freundliche Gesicht des Mannes im Mond, der auf sie herabblickt. Wie sie muss er sein Porridge essen, bevor es kalt wird:

> The man in the Moon
> Came down too soon
> And asked the way to Norwich
> He went by the south
> And burnt his mouth
> With eating hot pease porridge.[2]

In Frankreich ist der Mann im Mond der schwarzweiß kostümierte Clown Pierrot. »*Au clair de la lune / Mon ami Pierrot.*«

Die europäischen Kirchenältesten, welche die Schriften studiert hatten, sahen im Gesicht des Mondes eine moralische Geschichte: ein Mann, der sich auf eine Heugabel stützt und ein Bündel mit Ästen auf dem Rücken trägt. Er wurde gesteinigt, weil er die Äste am Sabbat gesammelt hatte. Der Text stammt aus dem Vierten Buch Mose:

> Als nun die Israeliten in der Wüste waren, fanden sie einen Mann, der Holz auflas am Sabbattag. Und die ihn dabei gefunden hatten, wie er Holz auflas, brachten ihn zu Mose und Aaron und vor die ganze Gemeinde. Und sie legten ihn gefangen, denn es war nicht klar bestimmt, was man mit ihm tun sollte. Der Herr aber sprach zu Mose: Der Mann soll des Todes sterben; die ganze Gemeinde soll ihn steinigen draußen vor dem Lager. Da führte die ganze Gemeinde ihn hinaus vor das Lager und steinigte ihn, so dass er starb, wie der Herr dem Mose geboten hatte.[3]

Abb. 1. Die japanische buddhistische Mondgöttin Gwatten, deren Kopf vom Heiligenschein des Vollmondes umgeben ist, hält einen Korb mit einer Mondsichel vor einer schwarzen Scheibe in den Händen, in dem ein weißer Hase sitzt. Ausschnitt eines japanischen Gemäldes im Sung Stil. Takuma Shoga. 1191 n. Chr. Koy'ogokukuji Temple Museum, Kyoto.

175

Abb. 2. Der Mann im Mond mit seinem Holzbündel auf dem Rücken. (Aus Baring-Gould, Curious Myths of the Middle Ages, *S. 179).*

Abb. 3. Siegel mit der Darstellung eines Mannes in der Mondsichel, der Äste auf dem Rücken trägt und auf zwei Sterne zeigt. Das Siegel befand sich auf einer Urkunde über den Verkauf einer Scheune und vier Hektar Land von Walter de Gendene an seine Mutter Margaret im neunten Jahr von Edward III. Die Legende hat folgenden Wortlaut: Te Waltere docebo cur spinas phebo gero (»Ich werde dich lehren, Walter, warum ich Dornen im Mond trage«). 14. Jahrhundert. (Aus Baring-Gould, Curious Myths of the Middle Ages, *S. 186).*

In der biblischen Geschichte wurde der Mann mit dem Tod bestraft. In den weniger rigorosen Volksgeschichten wird er jedoch vom Boden aufgelesen und auf den Mond befördert, wo er als Beispiel für andere weiterleben darf.[4]

Ein deutsches Volksmärchen folgt zwar der Bibel, aber mit dem Unterschied, dass der Sabbat durch den Übergang vom Judentum zum Christentum auf den Sonntag fällt. Die Empfindung hingegen hat sich nicht geändert:

> Vor langer Zeit ging ein alter Mann eines Sonntagmorgens in den Wald, um Äste zu schlagen. Als er ein Bündel zusammen hatte, band er es an seinen Stab, warf es sich über die Schulter und machte sich auf den Weg nach Hause. Unterwegs traf der Holzfäller einen stattlichen Mann im Sonntagsanzug, der zur Kirche ging. Der Mann hielt den Bündelträger an und fragte ihn:
>
> »Weißt du nicht, dass heute Sonntag auf der Erde ist, wenn alle ihre Arbeit ruhen lassen müssen?
>
> »Sonntag auf der Erde oder Montag im Himmel, das macht für mich keinen Unterschied!«, lachte der Holzfäller.
>
> »Dann trag dein Bündel für immer«, antwortete der Fremde. »Und da du den Sonntag auf der Erde nicht achtest, sollst du einen ewigen Mond-Tag im Himmel haben. Du sollst für immer auf dem Mond stehen als eine Warnung für alle, die den Sabbat nicht achten.«
>
> Der Fremde verschwand, und der Holzfäller wurde mit seinem Stab und seinem Bündel auf den Mond getragen, wo er noch immer steht.[5]

Wie in Dantes *Göttlicher Komödie* trägt der Mann im Mond manchmal ein Bündel Dornen auf dem Rücken und wird manchmal als Kain interpretiert, der seinem Gott noch immer die minderwertigste Gabe des Feldes anbietet:

> Doch komm nun! Kains Dornenbund ragt binnen
> Der Grenze schon von beiden Hemisphären,
> Das Meer jenseits Sevilla gewinnen.
> Du sahst ihn gestern sich zum Vollmond klären.[6]

Zu anderen Zeiten wurde der Mann im Mond als Judas gesehen, der verbannt wurde, weil er Christus verraten hatte, oder als Issak, der Holz trug, um es auf dem Berg Moriah zu opfern.[7]

In Holland und in einigen Teilen Deutschlands war der Mann im Mond ein Dieb. Im 19. Jahrhundert sahen die Nordfriesen einen Mann, der (je nach der Region) entweder Kohlköpfe, Weidenruten oder Schafe gestohlen hatte. Denn der Mann im Mond stammt aus der Zeit, als Wünsche wahr wurden, und als der Dieb erwischt wurde, wünschten ihn seine Nachbarn auf den Mond.[8]

> Der Mann im Mond saß in der Falle,
> weil er die Dornen eines anderen gestohlen hatte.
> Wenn er vorbei gegangen wäre,
> und die Dornen liegen gelassen hätte.
> Wäre er nie zum Mann im Mond geworden.[9]

Die früheste Darstellung dieser Vorstellung stammt von einem englischen Siegel aus dem 14. Jahrhundert, in dem es um einen ungeratenen Sohn geht (Abb. 3).[10]

Verbrechen, Sünde oder der Wille Jahwes wurden unauslöschlich in den europäischen Mond eingraviert, eine Idee, deren dogmatische Bedrohlichkeit Shakespeare im Spiel des Bauern vor den griechischen Geistesgrößen Theseus, Demetrius und ihren Freunden in *Ein Sommernachtstraum* parodiert, die alle darauf warten, dass der Mond aufgeht, bevor sie heiraten:

Prolog:	Der Mann da mit Latern und Hund und Busch von Dorn Den Mondschein präsentiert ...
Mond:	Den wohlgehörnten Mond d' Latern z' erkennen gibt.
Demetrius:	Er sollte die Hörner auf dem Kopfe tragen.
Theseus:	Er ist ein Vollmond, seine Hörner stecken unsichtbar in der Scheibe ...
Mond:	Alles, was ich zu sagen habe ist, euch zu melden, dass diese Laterne der Mond ist; ich der Mann im Monde; dieser Dornbusch mein Dornbusch; und dieser Hund mein Hund.
Demetrius:	Alle diese Dinge sollten also in der Laterne sein, denn sie sind im Monde.[11]

Häufig wird Kain oder dem Dieb ein Hund zur Seite gestellt. So auch in *Der Sturm*, wo der Schurke Stephano die Einfältigkeit von Kaliban ausnutzt, den er »Mondkalb« nennt:

Kaliban:	Bist du nicht vom Himmel gefallen?
Stephano:	Ja, aus dem Monde, glaubs mir! Ich war zu seiner Zeit der Mann im Monde.[12]

Polnischen Kindern erzählt man noch immer das Märchen von Herrn Twardowski, einem Alchemisten aus dem 16. Jahrhundert, der seine Seele für ein Leben in Reichtum an den Teufel verkaufte und glaubte, damit davonzukommen. Als der Teufel ihn mit einer List dazu brachte, sein Wort zu halten – indem er ihn auf Lateinisch daran erinnerte, dass ein Mann zu seinem Wort stehen muss – und ihn hinauf (und nicht *hinab*!) in die Hölle brachte, rief Herr Twardowski als letzte Rettung die Jungfrau Maria an. Sofort verschwand der Teufel, und Herr Twardowski ging zum Mond. Heute singen die Kinder: »Sieh den Herrn Twardowski im Mond.«[13] Hier scheinen Mond und Hölle Alternativen zu sein, zumindest nach der Intervention der Jungfrau Maria (obwohl der alte polnische Name für Mond *ksiezyc*, Prinz, war – der Prinz der Dunkelheit). Im Mittelalter wurde der Mond in manchen Teilen Europas als Sitz der Hölle aufgefasst. Dies bringen auch diese unheilvollen Zeilen eines gewissen M. F. Tupper zum Ausdruck:

> Ich kenne dich gut, oh Mond, dein Höhlenreich,
> Trauriger Satellit, du gigantische Asche des Todes,
> Gottes Firmament beschmutzend, blasses Haus des Verbrechens
> Gefängnis der Sünden, wo verdammte Seelen
> Mit Strafe genährt werden.[14]

Es verwundert nicht, dass Bilder von der Jungfrau Maria mit dem Mond unter ihren Füßen Anlass zu gegensätzlichen Lesarten geben. In der orthodoxen christlichen Lehre wird Maria, die Zeit und Sterblichkeit transzendiert, dem ewigen Reich jenseits des Mondes zugeordnet (wenn der Halbmond, häufig mit dem Gesicht eines Drachens oder Teufels versehen, nach unten geöffnet erscheint, siehe Abb. 4). Dennoch erinnert das Bild einer Mutter Gottes mit blauem Umhang, die auf ihrer leuchtenden Sichel in den Himmel auffährt (wenn der Halbmond nach oben geöffnet ist und kein Gesicht hat außer dem, das über ihm aufsteigt) an die Volkstradition von Maria als »Mutter Mond« (Abb. 5). Andere sagen, der Mond sei Maria Magdalena, und halten die Flecken für ihre Tränen der Reue.[15] In der humanistischen Kultur des Westens wird der Mond oft einfach nur als ein Gesicht gesehen (Abb. 6).

DIE FRAU IM MOND

Außerhalb von Europa sehen viele Stammesvölker eine Frau im Mond, die dort ihre irdische Arbeit in einer einzigen Nacht fortsetzt: Sie versorgt ihr Kind, kocht, kehrt, spinnt, klopft Rinde und holt Holz und Wasser. In Polynesien kocht die Frau im Mond auf ihrem Ofen und schürt das Feuer mit einer Zange oder klopft Baumrinde mit einem Fäustel.[16] Sie heißt Rona oder Hina, in Samoa wird sie Sina genannt. Diese Frauen erlitten alle das gleiche Schicksal, als sie auf der Erde lebten:

> Eines Abends saß Sina vor ihrem Haus und klopfte Rinde, um daraus Stoff zu machen. Es herrschte eine Hungersnot. Ihr Kind war hungrig, und der aufgehende Mond sah aus, als sei er aus Brotfrucht. »Warum kannst du nicht herunterkommen und mein Kind ein kleines Stück von dir abbeißen lassen?«, fragte Sina den Mond. Aber der Mond war beleidigt und fegte Mutter und Kind nach oben, und seither müssen beide im Mond leben. »Dort oben ist Sina mit ihrem Kind, ihrem Hammer und ihrem Brett«, sagen die Menschen in Samoa.[17]

Die Haida-Indianer aus dem Nordwesten Amerikas erzählen eine ähnliche Geschichte von einer Frau, die den Mond beleidigte, woraufhin sie zusammen mit ihrem Eimer und dem Beerenstrauch, an den sie sich klammerte, um sich zu retten, umgehend auf den Mond befördert wurde.[18]

In Longfellows narrativem Gedicht *The Song of Hiawatha* (1855), das auf eine Legende der nordamerikanischen Alonquin-Indianer zurückgeht und im Versmaß des finnischen Epos *Kalevala*[19] geschrieben ist, war Hiawathas Großmutter Nokomis die »Tochter des Mondes.« Sie war vom Vollmond auf die Erde herabgefallen, als ein eifersüchtiger Liebhaber die verschlungenen Weinreben durchschnitt, auf denen sie schaukelte, während sie mit ihren Frauen spielte. Als sie die Wiese erreichte, gebar sie ihre Tochter Wenonah zwischen den Prärielilien, als sei sie bereits schwanger aus dem Samen des Mondes gewesen. Nokomis sagt dem jungen Hiawatha, welcher der Sohn von Wenonah und der Westwind (und damit Großneffe des Mondes) ist, die »Flecken und Schatten« auf dem Mond seien Zeichen einer Großmutter, die von einem ihrer kriegerischen Enkelkinder in einem Wutanfall dort hinaufgeworfen worden war.

Abb. 5. Die Jungfrau Maria in einer aufsteigenden Mondsichel. Holzschnitt, Albrecht Dürer. Aus Epitome in divae partheni-ces Mariae histroiam, 1511.

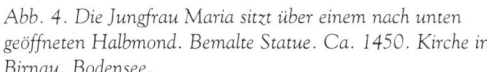

Abb. 4. Die Jungfrau Maria sitzt über einem nach unten geöffneten Halbmond. Bemalte Statue. Ca. 1450. Kirche in Birnau, Bodensee.

> Einmal ein Krieger, sehr verärgert,
> Packte seine Großmutter, und warf sie
> Hoch in den Himmel um Mitternacht;
> Direkt gegen den Mond warf er sie;
> »Dies ist der Körper den du dort siehst.«[20]

Die nordamerikanischen Irokesen sehen im Mond eine Frau, die sich über einen Topf mit Maisbrei beugt und ein Stirnband webt. Neben ihr sitzt ihre Katze. Einmal im Monat legt sie ihr Band ab, um in dem Topf mit kochendem Maisbrei zu rühren, aber dann trennt die Katze ihre Weberei auf, und die Frau muss von neuem beginnen. Da dies jeden Monat geschieht, wird ihre Arbeit bis ans Ende aller Zeiten nicht fertig. Die Shawnee sehen ihre Schöpfergöttin mit einem Kochtopf und manchmal mit einem Hund an ihrer Seite.[21]

Malaiische Fischer hingegen sehen einen alten buckligen Mann, der neben einem Banyan-Baum sitzt und Rindenfäden zu einer Angelschnur flicht. Aber am anderen Ende der Schnur sitzt eine Ratte, die die Schnur einmal im Monat durchnagt, obwohl sie von der Katze des Mannes beobachtet wird. Der Mann will alles auf der Erde fischen und es auf den Mond ziehen, aber er kommt nie dazu, weil er jeden Monat aufs Neue beginnen muss.[22]

In vielen dieser Geschichten reflektiert das lunare Drama das alltägliche Leben der Stämme, aber die Tage werden zu Monaten zusammengefasst und die Monate in den ewigen Zyklus des »seit dieser Zeit« aus-

Abb. 6. Das Gesicht des Mondes. St. Mary's Church, Burnham, Deepdale, Norfolk. Mittelalterliches Buntglas in einer alten Kirche. Der Mond befindet sich an der Spitze eines Fensterquadrats im Portal der Kirche. Ihm gegenüber ist ein ähnliches Porträt der Sonne dargestellt. Die Fensterquadrate von Mond und Sonne flankierten vermutlich eine Kreuzigungsszene in einem Ostfenster.

Abb. 7. Die Frau im Mond mit Wassereimer und Beerenstrauch. Tätowierungsmuster der Haida-Indianer. Nordwestamerika. (Aus Jung, CW V, S. 138).

geweitet. Auf diese Art wird das tägliche in die Zeit eingebettete Leben von dem in Ewigkeit eingebetteten Mond zurückgebracht: wie unten, so oben, so unten.

Wenn die Frau im Mond als die Gemahlin oder Schwester der Sonne vorgestellt wird, dienen die Zeichnungen im Gesicht des Mondes häufig als eine Fabel der Stammesunterweisung. Die Massai in Kenia sehen Sonne und Mond als Mann und Frau, die ständig streiten. Nach ihren Streitereien hat der Mond als Ehefrau einen schiefen Mund und nur noch ein Auge, während die Sonne als Ehemann überhaupt keine Spuren aufweist, aber vor Scham leuchtet.[23] Für die Ona (oder Selk'nam) in Feuerland sind die Flecken auf der Mondfrau Kra die Male von Schlägen, die der Sonnenmann Kran ihr versetzt, weil sie ihn und alle Männer hinterging, um für sich selbst und alle Frauen die Macht zu behalten.[24]

Die Anrainer des Sambesi erzählen die Geschichte vom eifersüchtigen Mond, der auf eine männliche Sonne böse ist:

> Ursprünglich war der Mond blass und leuchtete. Er war eifersüchtig auf die Sonne mit ihren schimmernden Federn aus Licht. Als die Sonne fort war und auf die andere Seite der Erde schien, stahl der Mond einige ihrer Federn. Aber als die Sonne zurückkam und dies entdeckte, wurde sie wütend und bewarf den Mond mit Schlamm, der seither und für immer an ihm haftete. Seitdem sinnt der Mond auf Rache. Alle zehn Jahre überrascht er die Sonne und bewirft sie ebenfalls mit Schlamm. Dann erscheinen große schwarze Flecken auf der Sonne, und einige Stunden lang kann sie nicht scheinen. Die ganze Erde ist traurig und ängstlich, denn alle lieben die Sonne.[25]

In einer Geschichte der Yoruba aus Nigeria ist die Figur im Mond die Mutter des Antilopenbocks, der sie dort versteckte, statt sie in einer Zeit der Hungersnot zu opfern. Sie ließ ein Seil herab, an dem er heraufklettern konnte, um sich satt zu essen, denn Honig floss aus Quellen im Boden, der weich wie Mehl war, und die Häuser waren aus Bries gebaut. Aber während der Bock fett wurde, magerten die anderen Tiere immer mehr ab, bis sie sein Geheimnis entdeckten. Als er fort war, riefen sie seine Mutter, damit sie das Seil vom Mond herablasse, um hinaufklettern zu können. Aber der Antilopenbock kam zurück und rief

Abb. 8. Altenglische Wassermarke vom Mann im Mond. Die Laterne über seiner Schulter endet in der Mondsichel. Die beiden Spiralen mit zickzackförmigen Linien könnten auf den Mond als Quelle des Regens hindeuten. (Aus Huxley, The Way of the Sacred, S. 34)

seiner Mutter zu, sie solle das Seil durchschneiden, so dass die Tiere auf den Boden fielen. So musste die Antilopenmutter auf dem Mond bleiben, und in manchen Nächten kann man sie dort sehen, wie sie noch immer darauf wartet, herunterzukommen.[26]

WASSER IM MOND

Überall auf der Welt haben die Menschen Wasser im Mond gesehen, vielleicht aus dem einfachen Grund, weil sie glauben, dass es da ist. Der Stamm der Tinglit in Alaska sieht Kinder im Mond, die Wasserkrüge tragen. In Deutschland und England trägt der Mann im Mond manchmal einen Krug mit Wasser oder wird mit Spiralen und Zickzacklinien dargestellt, die Regen andeuten (Abb. 8).[27]

Die Jakuten im Nordosten Sibiriens sagen, eines Nachts habe ein Mädchen sich eine Stange, an der zwei Eimer hingen, über die Schulter gelegt und sei im Mondlicht Wasser holen gegangen. Aber sie schaute zum Mond, der sofort beleidigt war und sie nach oben hob, wo sie noch heute mit ihren Wassereimern zu sehen ist.[28] Die Maori in Neuseeland und die Indianer des Gran Chaco sagen, der Mann im Mond sei von der Erde entführt worden, als er Wasser aus einem Brunnen holte.[29]

Eine ähnliche Geschichte wird auch in Skandinavien und in Großbritannien erzählt. In dem bekannten englischen Kinderlied wird der Mond jedoch nicht erwähnt:

> Jack and Jill went up the hill
> To fetch a pail of water;
> Jack fell down and broke his crown,
> And Jill came tumbling after.

Wie die Volkskundlerin Sabine Baring-Gould in ihrem Buch *Curious Myths of the Middle Ages* aus dem 19. Jahrhundert behauptet, stammen Jill und Jack von den skandinavischen Namen *Hjuki* und *Bil* ab: *Hjuki* wird im Altnordischen *Jaki* ausgesprochen, woraus »Jack« wird, während *Bil* zu »Jill« wird, damit es sich reimt.[30] In der Geschichte geht es um das Füllen und Leeren der Schale des wässerigen Lichts des Mondes.

In der Fortsetzung der von Snorri Sturluson in der *Prosa-Edda* erzählten Geschichte, hießen die beiden Kinder, die Mani von der Erde holte, Hjuki und Bil. Er holte sie

> als sie von der Quelle mit Namen Byrgir kamen und auf ihren Schultern den Eimer Soegand trugen, der von der Stange Simul herabhing ... Diese Kinder begleiten den Mond, wie man von der Erde aus sehen kann.[31]

Aber wie Baring-Gould anmerkt, ist der altnordische Mythos nicht nur eine Geschichte, welche die Flecken auf dem Mond erklärt. Seine tiefere Bedeutung steht in Verbindung mit dem Zu- und Abnehmen

Abb. 9. a. Jack und Jill mit vollem Eimer. b. Jack und Jill mit umgekipptem Eimer. c. Jack und Jill auf einer Wippe, das Gleichgewicht suchend. Ca. 1820. (Aus Opie and Opie, The Oxford Nursery Rhyme Book, *S. 42).*

des Mondes und weist durch die Kinder, die Wasser holen und verschütten, auf den Glauben hin, dass Regen von den Phasen des Mondes abhängt. In Skandinavien sprechen die Namen: *Hjuki* stammt von dem Verb *jakka*, »anhäufen«, »sammeln« oder »erhöhen«, und *Bil* stammt von *bila*, »aufbrechen« oder »auflösen«.[32] In Sturlusons Geschichte entfernt der Mond sofort nach der Entscheidung über »die Zeit des Zu- und Abnehmen des Mondes«[33] die Kinder, die Wasser holen, von der Erde, womit eine Verbindung zwischen den Mondphasen und Wasser angedeutet wird.

In Übereinstimmung mit vielen Mythen, in denen die zunehmende Phase männlich und die abnehmende Phase weiblich ist, kann Hjuki als der zunehmende Mond und seine Schwester Bil als der abnehmende Mond verstanden werden.[34] So nimmt der Mond zu, wenn Jack und Jill den Hügel *hinaufgehen* (wo der Tau des Mondes reichlich vorhanden ist)[35], um einen Eimer Wasser zu holen. Aber nachdem sie die Spitze des Hügels erreicht haben – den Vollmond –, fällt Jack hin, das Wasser läuft aus, und Jill stolpert hinterher, genauso wie sich ein Mondfleck nach dem anderen auflöst und in die Dunkelheit fließt, bis es keine Flecken und keinen Mond mehr gibt.

Die zweite Strophe lautet:

> Then up Jack got and home did trot
> As fast as he could caper,
> And went to bed to mend his head
> With vinegar and brown paper.[36]

Fügt man die beiden Geschichten zusammen, so scheint es, als sei Jacks verletzter Kopf auf die gleiche Art bandagiert, wie die »Krone« des Mondes nach seinem »Sturz«. Nachdem sie sich ausgeruht haben, genesen beide wieder. In diesen Reimen werden Wasser und Licht gleichgesetzt, so dass der Verlust des Mondlichts als das Verschütten von Wasser interpretiert und damit angedeutet wird, dass der Mond eine Kugel aus wässerigem Licht oder glänzendem Tau ist. In praktischer Hinsicht weist die Geschichte auch darauf hin, dass es nach Vollmond mehr Regen gibt – ein weitverbreiteter Glaube der lunaren Wetterkunde.[37]

Eine spätere poetische Version des skandinavischen Mythos erinnert daran, dass die Kinder ihren Eimer für alle Zeit aus der Quelle des Mondes füllen, denn auf dem Mond versiegt das Wasser nie:

> Nie ist der Eimer leer
> Nie sind die Kinder alt;
> Selbst wenn der Mond scheint,
> Können wir Kinder sehen.[38]

FROSCH UND KRÖTE IM MOND

Frösche und Kröten, die aus sumpfigen Teichen zum Mond hinaufquaken, findet man ebenfalls in das Gesicht des wässerigen Mondes eingezeichnet, als würde der Teich des Mondlichts die Teiche auf der Erde spiegeln, die ihrerseits den Mond spiegeln, wenn er voll ist. Diese feuchten amphibischen Wesen, die sowohl an Land als auch im Wasser leben und daher als Vermittler zwischen beiden gesehen werden, quaken am lautesten, wenn es Regen gibt, von dem man glaubte, er komme vom Mond. Bei den Indianern Nordamerikas gibt es viele Froschlegenden. Eine oder zwei Froschschwestern wurden von Freiern bedrängt, die so sehr weinten, dass ihre Tränen drohten, sie alle zu ertränken. Also sprangen die Frösche auf den Mond und ließen ihre Freier zurück. In einer anderen Geschichte verschluckte ein Frosch den Mond, der dann wieder den Frosch verschluckte, so dass der Frosch jetzt auf dem Mond sitzt und einen Korb flicht. Einer weiteren Legende zufolge beschützt der Frosch Sonne und Mond, damit sie nicht vom Bären verschluckt werden.[39] Es gab auch eine Urkröte im Mond, die das gesamte Wasser der Welt in sich trug und eine große Überschwemmung verursachte, als sie es über die Welt ausströmen ließ.

Weiter südlich wurde die Große Göttin von Mexiko, die der Mond und der Herrscher des Wassers ist, als ein großer smaragdgrüner Frosch dargestellt. In Tibet wird der Mond der »goldene Frosch« genannt, und in China lebt eine dreibeinige Kröte im Mond oder trägt ihn auf ihrem Rücken. Die Bewohner der Solomon-Inseln stellen den Mond als eine Kröte dar, und die Indianer in Guyana sehen einen Frosch im Mond. Was den schwachen Konturen eines Frosches oder einer Kröte im Mond Leben verleiht, ist das wässerige Element, das angeblich beiden gemeinsam ist und das daher mit ihnen gleichgesetzt wird.[40]

RUSS, ASCHE, BLUT UND SCHLAMM AUF DEM MOND

In vielen Geschichten wird das Gefühl zum Ausdruck gebracht, dass die Flecken auf dem Mond seinen reinen Lichtschein entstellen und verunstalten. In einer Geschichte der Eskimos lebten Mond und Sonne als großer Bruder und kleine Schwester als Menschen auf der Erde.

Der Mond verliebte sich in die Sonne, seine kleine Schwester, und schlich sich in der Dunkelheit an, um bei ihr zu liegen. Da die Sonne nicht sehen konnte, wer er war, rieb sie ihm Ruß von ihrer Lampe ins Gesicht. Als die Lampen brannten, sah sie ihren Bruder Mond mit Ruß im Gesicht und errötete vor Wut und Scham. Mit ihrem sichelförmigen Messer schnitt sie sich die Brüste ab und hielt sie ihrem Bruder hin:
»Hier«, sagte sie, »da du an mir Geschmack zu finden scheinst, so iss auch diese.«
Dann nahm sie ein Stück Lampenmoos, zündete es an und eilte nach draußen, wo sie so lange im Kreis herumlief, bis sie in die Luft aufstieg. Der Mond versuchte es ihr gleichzutun, aber er stolperte, und seine Flamme erlosch. Nur die Glut brannte noch.
Seitdem gibt der Mond zwar Licht, aber keine Wärme ab und versucht, seine geliebte Sonne zu erreichen, die ihm jedoch immer entwischt, außer einmal im Monat, wenn er sie endlich einholt. Dies ist die Zeit des Neumonds, wenn man den Mond nicht sehen kann. Nach drei Tagen befreit sich die Sonne und eilt jeden Tag nach Westen, während der Mond ihr folgt. Aber er kann sie nicht einfangen und fällt jeden Tag weiter zurück. Er entfernt sich immer weiter nach Osten, und der Abstand zwischen ihm und seiner Schwester wird bis zum Vollmond immer größer. Dann schiebt er sich beständig weiter ostwärts und kehrt bei Neumond zur Sonne zurück.
Das Licht des Mondes ist immer blass, weil sein Docht am Anfang zu glühender Kohle herabbrannte. Und sein Licht ist das kalte Licht des Winters. Wenn er im Winter vom Himmel verschwindet, durchquert er das Meer aus Eis mit seinen Hunden, die Nahrung für die

verstorbenen Menschen im Reich der Toten suchen. Aber die Sonne gibt Licht und Wärme ab, besonders im Sommer, wenn das Licht des Mondes blass wird, da ihr Docht am Anfang weiterbrannte.[41]

Auch wenn ihre Beziehung inzestuös und damit für den Stamm verboten ist, so ist ihre himmlische Verbindung dennoch fruchtbar, denn wenn der Mond die Sonne verfolgt, vergießt er seinen Samen als Winterschnee über die Erde, und wenn die Sonne im Frühjahr immer höher über den Horizont aufsteigt, schmelzen ihre warmen Strahlen den Schnee und das Eis zu Wasser, das wie Blut über die Erde strömt. Dann bringen die Seehunde ihre Jungen zur Welt, und Vögel und Tiere erscheinen auf der Erde, als seien sie die Kinder von Sonne und Mond.[42]

Die Cherokee haben eine ähnliche Geschichte, aber hier flieht der Mond vor der Sonne: Die Sonnengöttin Ulenanunhi hatte einen Geliebten, der sie einmal im Monat besuchte, aber sie erfuhr nie, wer er war. Eines Nachts rieb sie sein Gesicht mit Asche ein. Am nächsten Morgen erblickte sie ihren eigenen Bruder mit Asche im Gesicht. Er war so beschämt, dass er sich von ihr trennte und versuchte, sich dünner zu machen, damit sie ihn nicht sehen konnte, wenn sie sich ihm im Westen näherte. Aber einmal im Monat besucht er sie in der Unterwelt und ist daher drei Tage lang nicht zu sehen. Wenn die Sonne verfinstert ist, hat er es gewagt, sie am Tag zu treffen.[43] In einigen Legenden der Indianer Südamerikas reibt die Sonne ihrem Bruder Mond keine Asche, sondern Menstruationsblut ins Gesicht.[44]

Variationen dieser Geschichte sind südlich bis nach Brasilien vorgedrungen. Das Problem ist vielleicht für viele Stämme das Gleiche, denn wenn der Mond die Sonne bei deren »Konjunktion« besucht, wird der Nachthimmel in Dunkelheit gehüllt und die Liebenden können nicht immer genau sagen, wer wer ist. In Brasilien ist der Mond das Mädchen, das sich in seinen Bruder, die Sonne, verliebt. Der aber streicht ihr mit seiner schmutzigen Hand über das Gesicht. Wenn sie sich von ihm entfernte, konnten alle die Flecken sehen, besonders bei Vollmond.[45]

DAS ELIXIER IM MOND

Es gibt eine andere Art von Geschichte über die Zeichnungen im Gesicht des Mondes, in der die Belange des Stammes zurückgestellt werden und stattdessen Ideen von Zeit und Ewigkeit so erforscht werden, dass sie für Kinder wie Philosophen gleichermaßen zugänglich sind.

Der chinesische Mythos von Heng-O (oder Ch'ang O) ist eine solche Geschichte, die eine ganze Kultur durchläuft. Sie entstand vermutlich bereits im vierten Jahrhundert v. Chr.[46] und ist heute noch auf Spiegeln in vielen Chinarestaurants zu lesen, die Tausende von Kilometern von der Heimat entfernt sind.

Es gab einmal neun ungewöhnliche Vögel, die Feuer spuckten und neun zusätzliche Sonnen am Himmel formten, welche die ganze Welt mit ihrer sengenden Hitze auszudörren drohten. Shen I (oder Hou Yi), der treffsichere Bogenschütze, nahm Pfeil und Bogen und schoss auf die Vögel. Als sein Pfeil die Vögel durchbohrte, verwandelten sich die falschen Sonnen in rote Wolken und schmolzen. Nun schien nur noch die echte Sonne. So rettete Shen I die Welt vor dem Verbrennen.

Dann wurde Shen I in den Kampf gegen einen reißenden Fluss geschickt. Er schoss einen Pfeil in die Mitte des Wassers und beobachtete, wie es in seine Quelle zurücklief. Dann sah er einen weiß gekleideten Mann auf einem weißen Pferd, der von einer jungen Frau begleitet wurde. Es war Heng-O, die Schwester des Wassergeistes. Shen I schoss dem Reiter ins Auge und der Frau ins Haar. Sofort dankte sie ihm dafür, dass er ihr das Leben gerettet hatte und willigte ein, seine Frau zu werden.

Abb. 10. Heng-O, die Mondgöttin. Späte Yuan oder frühe Ming Dynastie. Ca. 1300–1400. Anonymes Fächerbild, Tusche und Farbe auf Seide, 25,5 x 26,1 cm. The Art Insitute of Chicago, Samuel M. Nicholson Collection.

Eines Tages kam er zum Palast von Chin Mu, der Königinmutter des Westens.
»Ich habe gehört, dass du das Kraut der Unsterblichkeit besitzt. Ich bitte dich, mir etwas davon zu geben«, sagte er.
»Ich habe gehört, dass du ein großer Architekt bist«, sagte sie. »Bitte baue mir einen Palast am Hang des Berges der weißen Jadeschildkröte.«

Als der Palast fertig war, gab sie ihm eine Pille aus ihrem besonderen Kraut.
»Dies wird dir Unsterblichkeit verleihen«, sagte sie zu ihm, »und dir auch ermöglichen, durch die Luft zu fliegen. Aber du darfst es erst nehmen, wenn du ein Jahr lang Diät gehalten und geübt hast.«
Er dankte ihr und nahm die Pille mit nach Hause, wo er sie unter einem Dachsparren versteckte.
Dann musste Shen I in den Süden gehen, um einen wilden Mann mit einem Meißelzahn zu bändigen. Als er fort war, sah Hen-O einen weißen Lichtstrahl vom Dach herabscheinen und atmete einen köstlichen Duft ein, der jeden Raum erfüllte. Sie kletterte eine Leiter hinauf, und als sie dem Lichtstrahl folgte, entdeckte sie die kostbare Pille und schluckte sie herunter. Sofort wurde sie schwerelos und schwebte hinauf zur Decke, als hätte sie Flügel. Plötzlich kehrte Shen I zurück und wollte seine Pille holen, konnte sie jedoch nicht finden. Also rief er nach seiner Frau, um sie zu fragen, was damit geschehen sei. Heng-O bekam Angst, öffnete das Fenster und flog hinaus, um vor ihrem Mann zu fliehen. Shen I nahm

Abb. 11. Bronzespiegel aus der T'ang Dynastie.
Der Hase steht auf der rechten Seite und mahlt mit dem
Stößel das Pulver in seinem Mörser. Heng-O sitzt links.
Der Zimtbaum steigt durch die Mitte des Spiegels auf,
während sich die Kröte im Zentrum befindet.
618–906 n. Chr. Werner Forman Archive Art Resource,
New York.

Pfeil und Bogen und folgte ihr. Er sah, wie sie zum Vollmond aufstieg und auf die Größe einer Kröte schrumpfte, aber gerade, als er sie fast eingeholt hatte, riss ihn ein Windstoß zu Boden.

Heng-O flog weiter, bis sie eine kalte, gläserne und leuchtende Kugel erreichte. Dort wuchs nichts bis auf einen Zimtbaum. Als sie auf dem Mond landete, erbrach sie die Umhüllung der Pille, die sich in einen Hasen so weiß wie reinste Jade verwandelte. Dies war der Vorfahr von *Yin*, dem weiblichen Prinzip. Heng-O trank ein wenig Mondtau, aß etwas Zimt und machte den Mond zu ihrem Zuhause.

Seit dieser Zeit zerstößt der Hase das Elixier der Unsterblichkeit in einem Mörser, wozu er Zweige von dem Zimtbaum neben sich benutzt, der nie stirbt, weil er immergrün ist. Manchmal gesellt sich eine dreibeinige Kröte zu ihm. Einige sagen, dass sich Heng-O in eine Kröte verwandelte, als sie den ersten Schluck Mondtau nahm, und diese Kröte kann man im Gesicht des Mondes sehen.[47]

In dieser Geschichte verwandelt der Mondhase die Zeit in Ewigkeit, indem er das magische Elixier in dem Mörser zerstößt, der die Form der Mondsichel hat – die Form, in welcher der Mond scheinbar beständig wieder geboren wird. Während Heng-O nur eine Pille aus dem Elixier der Unsterblichkeit schluckte, zerstößt der Mondhase es für alle Zeit. In seinem Buch über chinesische Bronzen beschreibt Carl Hentze den »Hasen im Mond« als das Symbol der Auferstehung. Unter Bezugnahme auf das chinesische Motiv des »Speichels, der aus einem Gefäß fließt«, verbindet Hentze diese Gefäß durch die Handlung des Hasen mit dem Neumond:

> Da der Hase zum Mond gehört, kann sich »Unsterblichkeit« hier nun auf das erneute Aufsteigen (oder die Auferstehung) des Mondes beziehen, so dass der Mörser offensichtlich der Neumond ist, in dem das »Kraut der Unsterblichkeit« zubereitet wird, d. h. aus dem die Verjüngung entspringt.[48]

Dies mag einer der Gründe sein, warum selbst heute noch jedes Jahr am fünfzehnten Tag des achten Monats beim Vollmond der Herbst-Tagundnachtgleiche in China der Geburtstag des Mondes gefeiert wird.

Abb. 12. Bronzespiegel aus der T'ang Dynastie mit dem Hasen im Mond, der das Kraut der Unsterblichkeit zermahlt. 700 n. Chr. British Museum.

Der achte Monat war auch der Monat, in dem der Zimtbaum blühte, den man im Mond zusammen mit Heng-O sehen konnte. Frauen und Kinder in China backen kleine weiße Kuchen in der Form des runden Mondes und des Hasen und opfern sie dem Mond, wenn er über den Dächern ihrer Häuser aufgestiegen ist. In einigen Dörfern gab es eine »Mondkuchen-Gesellschaft«: Arme Familien zahlten dem Bäcker jeden Monat eine geringe Summe und erhielten dafür am Tag des Mondfestes Mondkuchen. Die Mondkuchen-Gesellschaft gibt es zwar nicht mehr, aber die Mondkuchen werden noch immer gebacken.[49] Niemand weiß, wie alt der Brauch ist. Ein Chinareisender berichtete Mitte der 1840er Jahre:

Das als *Yue-Ping* (Laibe des Mondes) bekannte Fest geht auf uralte Zeiten zurück ... An diesem feierlichen Tag ruht alle Arbeit. Die Arbeiter erhalten von ihren Arbeitgebern ein Geldgeschenk, alle ziehen ihre besten Kleider an, und in jeder Familie wird gefeiert. Verwandte und Freunde tauschen Kuchen von verschiedener Größe aus, auf die das Bild des Mondes gestempelt ist, d. h. ein Hase, der zwischen einer kleinen Baumgruppe hockt.[50]

In den 1920er Jahren wurde das Fest bewegend als eine Zeremonie beschrieben, die alle in Glanz erstrahlen ließ:

Die Höfe von Millionen kleiner, ärmlicher Häuser werden in ein Märchenland verwandelt, weil die Göttin sie mit ihren silbernen Fingern berührt. Sie versteckt die Armut und Hässlichkeit der alltäglichen Dinge. Sie glättet die Falten der müden Gesichter und verleiht linkischen Silhouetten Anmut, wenn sie sich ihrer Tafel nähern. Eine nach der anderen treten die Frauen nach vorne und verbeugen sich. Zwei Kerzen werden angezündet, weil es Brauch ist, sie paarweise zu opfern. Bündel von Räucherstäbchen brennen in der Familienurne, aber ihr Licht schimmert nur schwach in den Fluten des Mondscheins. Die gesamte Zeremonie dauert nur ein paar Augenblicke und endet damit, dass ein glänzendes Plakat an eine Wand im Haus geklebt wird – ein Plakat mit dem Mondhasen unter dem Heiligen Kassia-Zimtbaum, der die Pille der Unsterblichkeit in seinem Mörser zermahlt. Dieses wunderliche kleine Tier wird feierlich begrüßt. Dann wird sein Bild abgenommen und verbrannt. Damit enden die religiösen Riten des Mondfestes.[51]

Im 18. Jahrhundert schrieb der Poet Tu Fu ein melancholisches Gedicht mit dem Titel *Mondfest*:

> Die Herbstkonstellationen
> Beginnen aufzusteigen. Das glänzende
> Mondlicht scheint auf die Massen.
> Die Mondkröte schwimmt im Fluss
> Und ertrinkt nicht. Der Mondhase
> Zerstampft die bitteren Kräuter des
> Elixiers des ewigen Lebens.
> Seine Droge macht mein Herz nur
> Noch bitterer. Der silberne Schein
> Macht mein Haar nur noch weißer.
> Ich weiß, dass im Land der Krieg
> Um sich greift. Das Mondlicht
> Bedeutet den Soldaten nichts,
> Die in den Wüsten des Westens
> Lagern.[52]

DER HASE IM MOND

Der Hase im Mond kam möglicherweise im vierten Jahrhundert vor Christus mit dem Buddhismus nach China, aber wahrscheinlicher ist, dass es ihn schon vorher gab. Denn man findet den Hasen im Mond auch in den Kulturen der Maya, Azteken, Tibeter, Ägypter, Mexikaner, Hottentotten, Buschmänner, der nordamerikanischen Indianer, Teutonen, Angelsachsen, Japaner und Indonesier.[53] Die weite Verbreitung des Hasen im Mond mag im Westen zuerst überraschend erscheinen, wo man daran gewöhnt ist, nach einem Gesicht im Mond zu suchen. Wenn man aber irgendwann zwischen dem achten und dem fünfzehnten Tag zu ihm hinaufschaut, erkennt man rechts die langen Ohren. Dann ist es klar, warum der Hase und/oder das Kaninchen eine so überaus große Rolle in den Mythen und der Volkskunde spielt: als Weiser oder Gauner, Schöpfer oder Dieb.

DER HASE IM INDISCHEN MYTHOS

Eine Buddha zugeschriebene Legende erzählt davon, wie er, als er noch ein Bodhisattva war, in einer seiner Inkarnationen als Hase wieder geboren wurde. Er hatte drei Freunde: einen Affen, einen Schakal und einen Otter.

> Als der Hase zum Mond hinaufschaute, sah er, dass der nächste Tag ein Feiertag sein würde, da es Vollmond war. Also riet er seinen Freunden, den heiligen Tag zu achten, indem sie jedem Bettler, der ihnen begegnete, zu essen geben sollten, bevor sie selbst aßen. Jedem der drei Tiere gelang es, einen Menschen dazu zu bringen, ihm Essen zu geben: Der Otter bekam Fisch, der Schakal zwei Fleischpasteten, eine Flasche saure Milch und einen Wassermolch, und der Affe erhielt ein Bündel Mangos. Der Hase dachte bei sich, dass er seinen eigenen Körper als Nahrung opfern würde, wenn ein Bettler zu ihm kommen sollte.
> Derweil saß der Gott Sakka, der »Starke« [eines der Attribute von Indra], im Himmel auf einem Stein, der mit einer Wolldecke bedeckt war, als er spürte, dass der Sitz unter ihm sehr heiß wurde. Er glaubte, dies liege an der Entsagung seines Hasen. So kam er in Gestalt eines Brahmanen auf die Erde, um den Hasen einer Prüfung zu unterziehen. Als er den an-

188

Abb. 14. Mondgöttin der Maya in der Mondsichel mit Kaninchen. Vergrößerter Ausschnitt der graphischen Darstellung des eingeritzten Musters auf einer Keramikvase. Ca. 550–800 n. Chr. American Museum of National History, New York.

Abb. 15. Aztekisches Kaninchen im Mond. Florentiner Kodex. 16. Jahrhundert. Bibliotheca Medicea-Laurenziana, Florenz.

Abb. 13. Mond und Hasen. Utagawa Hiroshige (1797–1858). Edo Periode. 19. Jahrhundert. Tokyo National Museum.

deren Tieren erschien, boten sie ihm ihre Speisen an, aber er lehnte sie ab. Dann stand er vor dem Hasen und sagte:

»Weiser, wenn ich etwas zu essen bekommen könnte, würde ich den heiligen Tag einhalten und könnte meine Pflichten erfüllen.«

Der Bodhisattva in Gestalt des Hasen bat den Brahmanen, Holz zu sammeln, ein Feuer zu machen und ihm zu sagen, wenn er fertig sei:

»Ich werde mich selbst opfern, indem ich ins Feuer springe«, sagte er, »aber wenn mein Fleisch geröstet ist, musst du es essen, damit du deine priesterlichen Pflichten erfüllen kannst.«

Als das Feuer brannte, entfernte der Hase zuerst alle Insekten aus seinem Fell und sprang dann wie ein königlicher Schwan, der auf einem Bett aus Lotusblüten landet, ins Feuer. Aber es war, als sei er in Schnee gesprungen. Der Hase sagte zu Sakka:

»Brahmane, das Feuer, das du gemacht hast, ist zu kalt.«

Sakka sagte zu dem Hasen: »Weiser, ich bin kein Brahmane. Ich bin Sakka, der gekommen ist, deine Tugend auf die Probe zu stellen, und ich sage dir, dass deine Tugend eine ganze Ewigkeit berühmt sein soll.«

Dann presste er den Berg aus, und mit der Essenz des Berges malte er das Bild des Hasen auf die Mondscheibe. Sakka kehrte zurück in den Himmel, und die Freunde lebten in Frieden bis ans Ende ihrer Tage.[54]

In einer einfacheren Version aus Sri Lanka sind Hase und Buddha nicht derselbe, und Buddha selbst bringt den Hasen in den Mond:

Der Buddha wanderte durch einen Wald, als er einen Hasen traf, der ihn fragte, wie es ihm gehe.

»Ich bin arm und hungrig«, antwortete der Buddha.

»Du bist hungrig?«, fragte der Hase. »Mach ein Feuer, Freund, und dann töte, brate und esse mich.«

Der Buddha dankte ihm und entzündete das Feuer. Aber als der Hase in die Flammen sprang, zog der Buddha in heraus und legte ihn in den Mond.[55]

In seinem Buch *The Lady of the Hare* bringt John Layard das Opfer des Hasen in solchen Legenden mit dem Verhalten von Hasen in Kornfeldern in Verbindung, die am Ende der Erntezeit von Bauern abgebrannt werden. Im Gegensatz zu den anderen Tieren flieht der Hase nicht vor den Flammen, sondern bleibt oft im Gestrüpp versteckt, bis es zu spät ist und er verbrennt.[56] In diesen Geschichten wird der Tod des Hasen als Höhepunkt der Erntezeit zu einem bereitwilligen Selbstopfer, das dem größeren Wohl dient. Dazu Layard:

Der Hase repräsentiert den materiellen Teil oder den unerlösten Instinkt des Buddhas, Bodhisattvas oder Gottes, der in Geist verwandelt wird, indem er auf den Mond übertragen wird, von wo aus er in Form der göttlichen Intuition auf die Erde herabscheint.[57]

Wenn die Sonne und die Welt des Tageslichts als Symbole des bewussten, rationalen Verstandes aufgefasst werden können, dann würde der Mond als die »nächtliche Sonne« die Figur der Intuition darstellen: der Gedanke, der in der Dunkelheit sieht und weiter oder tiefer sehen kann, weil er im Inneren sieht. Dann kann das Licht, das die Dunkelheit erhellt, die Essenz der Dinge erleuchten, die bei klarem Tageslicht nicht gesehen werden kann.

Möglicherweise versuchen die Geschichten über den Hasen im Gesicht des Mondes diese Fähigkeit der Intuition zu erforschen, indem sie herauszufinden suchen, wann und wie sie funktioniert – häufig entgegen allen Erwartungen, wie in dieser indischen Geschichte.

In der ersten Geschichte des dritten Buchs des *Pancatantram* geht es um die Hasen, die an den Ufern des *Chandrasaras*, des »Mondsees«, leben. Der König der Hasen wurde *Silimukha* genannt, was »Steingesicht« bedeutet:

Nun geschah es, dass sie von einer Dürre heimgesucht wurden, und viele der anderen Seen und Teiche trockneten aus. Also führte der Elefant *Chaturdanta*, der mit dem Großen Rüssel, seine durstige Herde zum Wasser des Mondsees, wo sie begierig tranken. Als sie wieder verschwunden waren, stellte der Hasenkönig fest, dass die Elefanten viele seiner Untertanen zu Tode getrampelt hatten, und war sehr betrübt. Er rief *Vijaya*, seinen weisesten Hasen zu sich, dessen Name »Sieg« bedeutet, und sagte zu ihm:

»Jetzt, da der Herr der Elefanten das Wasser dieses Sees gekostet hat, wird er immer wiederkommen und uns alle zerstören. Ich möchte, dass du dir etwas Raffiniertes einfallen lässt und ihn davon überzeugst, dass er woanders hingehen soll, um zu trinken. Immer, wenn ich dich um etwas gebeten habe, hast du deine Sache gut gemacht.«

Der weise Hase freute sich, dass er helfen konnte. Er machte sich auf den Weg und folgte den großen Spuren der Elefanten durch das Gestrüpp. Dann sah er den König der Elefanten an der Spitze seiner Herde, und als dieser an einem Fels vorbeikam, der so groß war wie er selbst, sprang der Hase hinauf und begrüßte ihn:

»Ich bin der Botschafter des Mondes, und dies lässt dir der Gott des Mondes durch meinen Mund mitteilen: ›Meine Heimat ist ein See mit Namen *Chandrasaras*, der Mondsee. Dort leben Hasen, deren König ich bin. Ich liebe sie sehr, und daher bin ich als *der kühl Strahlende* und *der mit dem Bild des Hasen Gezeichnete* bekannt. Aber du hast meinen See beschmutzt und meine Hasen getötet. Wenn du dies noch einmal tust, wirst du von mir die Strafe erfahren, die du verdient hast.‹«

Als der König der Elefanten dies hörte, bekam er es mit der Angst zu tun:

»Ich werde es nie wieder tun«, sagte er. »Ich muss diesem schrecklichen Mondgott Respekt erweisen.«

Der Hase sagte: »So komm, mein Freund, ich werde ihn dir zeigen.«

Die Dunkelheit brach herein, als der Hase den Elefantenkönig zurück zum See führte.

»Schau ins Wasser«, sagte der Hase mit gedämpfter Stimme und zeigte auf die Mitte des Sees.

Der Elefant schaute ins Wasser und blickte in das silberweiße Gesicht des Vollmondes, das von der Silhouette eines Hasen überschattet war. Der Elefant tauchte seinen Rüssel in das Wasser, um dem Gott Respekt zu erweisen. Daraufhin zersplitterte der Mond in viele Stücke, die sich über den ganzen See verteilten.

»Was habe ich getan?«, fragte der entsetzte Elefant.

»Der Gott des Mondes ist böse auf dich«, antwortete der Hase.

»Dann schwöre ich, nie mehr wiederzukommen«, sagte der Elefant und lief so schnell er konnte von dem See fort.

Silimukha, der König der Hasen, hatte alles beobachtet und ehrte nun den weisen Hasen, der als sein Botschafter zu den Elefanten gegangen war. Von nun an lebten die Hasen in Frieden an den Ufern ihres Sees.[58]

Im Altindischen ist der Mond so eng mit dem Hasen verbunden, dass die Wörter praktisch die gleichen sind. Das altindische Wort für »Hase« ist *sasa*. Der Mond wird *sasin* genannt, »das, worauf der Hase gezeichnet ist«. Daher sagten die Menschen, Chandra, der Gott des Mondes, gehe mit einem Hasen umher.[59] Noch heute wird der Hase in einigen Regionen Nordindiens auf sogenannte »Hochzeits-Durries« gestickt, Teppiche, welche die Frauen des Dorfes eigens für ihren Hochzeitstag weben und deren Bilder und Muster seit Jahrhunderten relativ unverändert weitergegeben werden.[60]

Mit der Verbreitung des Buddhismus kam auch der Mondhase nach Japan, wie das buddhistische Seidenbild in Abb. 1 zeigt, einer der Wandschirme, welche die Zwölf Devas darstellen.

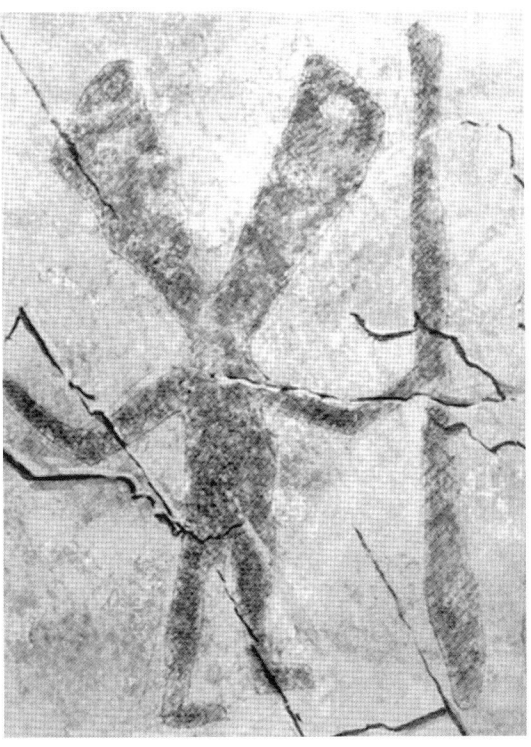

Abb. 16. Ixchel als die Mondgöttin mit ihrem Kaninchen. Bemalte Terrakotta-Statuette der Mayas. Insel Jaina, Campeche, Mexiko. The Art Museum, Princeton University.

Abb. 17. Der Große Hase, vermutlich Manabozho. Felszeichnung. Lake Mazinaw, Südost-Ontario, Kanada. (Aus Campbell, The Mythic Image, S. 186).

DER HASE IN DEN MYTHEN DER MAYAS UND AZTEKEN

Hase und Kaninchen sind im Mythos häufig austauschbar, obwohl Kaninchen in Indien nicht heimisch sind und in Griechenland und Italien erst im ersten Jahrhundert v. Chr. auftauchten.[61] Das Thema des Opfers erscheint auch in einem aztekischen Mythos aus Mexiko, in dem ein Kaninchen das Problem der zwei Sonnen löst, denn einst war der Mond so hell und so heiß wie die Sonne.

In Teotihuacan, dem »Ort, an dem die Götter erschaffen wurden«, versammelten sich die Götter, um die neue Sonne zu schaffen. Vier frühere Sonnen und vier frühere kosmische Zeitalter hatten in Zerstörung geendet, und dies sollte die letzte Sonne sein. Aber einer der Götter musste sich selbst im Feuer opfern, um zur Fünften Sonne zu werden. In der totalen Dunkelheit um Mitternacht versuchten die Götter vor dem heiligen Feuer der Stadt zu entscheiden, wer von ihnen es sein sollte. Schließlich boten sich zwei Götter an: *Tacciztecatl*, der arrogante »Gott der Schneckenmuschel« und *Nanahuatzin*, der krank und verkrüppelt war. Aber als der Gott der Schneckenmuschel in den Abgrund blickte und die lodernden Flammen sah, wich er entsetzt zurück. Der bescheidene *Nanahuatzin* jedoch sprang ohne zu zögern in das Feuer. Dann fand auch *Tacciztecatl* den Mut, ihm zu folgen.
Die anderen Götter warteten in der Dunkelheit der Nacht darauf, dass *Nanahuatzin* erschien, und endlich stieg er im Osten auf, verwandelt in die neue, flammend rote Sonne,

die sich hin und her wiegte. *Tacciztecatl* wurde als der Mond reinkarniert und leuchtete genauso wie die Sonne. Aber keiner von beiden bewegte sich. Nun erkannten die übrigen Götter, dass sie auch sich selbst opfern mussten, wenn die Himmelskörper ihrem vorbestimmten Kurs folgen sollten. Aber bevor sie starben, packte einer der Götter ein Kaninchen und schleuderte es in das Gesicht des Mondes. Das Leuchten des Mondes ließ nach, und er wurde kalt und blass. Als Zeugnis des Opfers des Gottes der Schneckenmuschel und als Zeichen seines ewigen Lebens in neuer Form ist das Kaninchen noch immer zu sehen.[62]

Die Maya, die vor den Azteken in Mexiko lebten, sahen ebenfalls ein Kaninchen im Mond. In dem Steinrelief der Schlange der Vision, die aus dem Mund des Himmelsungeheuers herauskommt (Abb. 14), steigt der Mond zwischen zwei Windungen des Schlangenkörpers auf, als die Vision erscheint. Die junge Göttin, die in der Rundung des Halbmondes sitzt und deren Bein über den Rand herabhängt, hält ein Kaninchen auf dem Schoß. Die Göttin wird manchmal Ixchel genannt.[63]

Der Name Ixchel bedeutet »Königin Regenbogen«, aber besonders in Yukatan wurde sie häufig als eine Mondgöttin dargestellt. Sie war die Gemahlin von Itzamna, Himmelsgott und Gott der Schöpfung, und selbst Göttin der Fruchtbarkeit, der Geburt und des Webens und Heilens – Bereiche, für die viele der Mondgottheiten zuständig waren.[64] Die Statuette von Ixchel mit dem Kaninchen in Abb. 16 stammt von der Insel Jaina, auf der die Toten bestattet wurden. Dies lässt vermuten, dass die Verstorbenen mit dem wieder geborenen Mond identifiziert wurden.[65]

DER HASE IM MYTHOS DER NORDAMERIKANISCHEN INDIANER

Der Schöpfergott der nordamerikanischen Alonquin-Indianer – der Große Manitu oder Große Geist – nahm in einer seiner Manifestationen die Gestalt eines Hasen an. Großer Hase oder Weißer Hase war entweder selbst der Mond, oder er lebte zusammen mit seiner Großmutter im Mond, die selbst der Mond war. Er versorgte die Menschen mit Wasser und Fischen, war der Herr der Winde und der Bruder des Schnees.[66] Andere Stämme, etwa die Ojibwa und die Menomini, identifizierten den Hasen mit Manabhozo, ein Gauner und Held, dem die Gründung der Großen Medizingesellschaft zugeschrieben wird.[67] Die Sioux und die Indianer von British Columbia sehen ebenfalls einen Hasen im Mond.[68]

Karibisch-amerikanische Legenden über den schelmischen Bruder Kaninchen, der Bruder Fuchs und Bruder Bär jedes Mal überlistet, wurden ursprünglich von Sklaven aus Westafrika nach Amerika gebracht. Sie müssen in den Mythen der amerikanischen Indianer ein verblüffendes Echo des Gauners aus ihrer Heimat, des Mondhasen, gefunden haben.[69]

DER MONDHASE ALS FIGUR DES TODES UND DER WIEDERGEBURT

Auch wenn ein Hase im Mond zu erkennen ist, so kann man dennoch fragen, *warum* er dort ist. Der Hase ist schnell und fruchtbar. Wegen seiner Fruchtbarkeit wurde er für das christliche Empfinden zu einem Symbol der sexuellen Lust – Augustinus Definition der »Erbsünde«, die den Tod brachte.[70] Deshalb wurde er manchmal auch zu Füßen der Jungfrau Maria dargestellt, um (ebenso wie der nach unten geöffnete, mit Drachenklauen versehene Halbmond) den Triumph des Geistes über die Natur anzuzeigen. Außerhalb des Christentums aber wurde die Fruchtbarkeit des Hasen wegen ihrer zeitlichen Übereinstimmung mit dem Mondzyklus gefeiert. Die 30-tägige Tragezeit des Hasen – die ungefähr dem Lauf eines Mondes entspricht – suggerierte eine natürliche Affinität zwischen Hase und Mond, so dass das Gebären des Hasen im Kontext der beständigen Wiedergeburt des Mondes gesehen werden konnte. In Japan und China glaubte man, Hasen würden während der Geburt ihrer Jungen zum Mond schauen und ihre Augen nie schließen: »Die

Abb. 18. Sächsischer »Mondgötze« als Göttin mit
Kopf oder Maske eines Hasen. Vor ihrem Bauch
hält sie eine Mondscheibe, auf der ein Gesicht
abgebildet ist, das ihrem eigenen ähnelt – als würde
sie eine zukünftige Form ihrer selbst zur Welt
bringen. (Aus Verstegen, A Restitution of
Decayed Intelligence, 1605).

Einzigen, die mit offenen Augen schlafen, sind der Hase und der Mond«, lautete ein altes chinesisches Sprichwort.[71] Es scheint, als sei der Tod des Hasen im frühen Denken analog zum Tod des Mondes aufgefasst worden: ein Opfer, das eine neue Geburt möglich macht.

In vielen Kulturen war der Hase ein Tabutier, das nicht gegessen, gejagt und noch nicht einmal beim Namen genannt werden durfte. Zu den Ländern, in denen das Tabu, Hasen zu essen, beachtet wurde, gehörten das europäische Russland bis zum Baltikum, der Kaukasus, das Türkische Reich, Spanien, Indien, China, Großbritannien, große Teile des Nahen Ostens sowie das mohammedanische Persien, das christliche Armenien und Somalia.[72] Bis zum viktorianischen Zeitalter wurden Hasen auch in Wales und in County Kerry in Irland nicht getötet. Im *Levitikus* wurde der Hase als »unrein«[73] bezeichnet, und Cäsar bemerkt, dass die Briten es als »ungesetzlich« ansahen, ihn zu essen.[74] Xenophon schreibt, dass Hasen in Griechenland »um Artemis willen«[75] nicht gejagt werden durften. Hekate war von Hasen und Hunden umgeben, und ihr Hauptschrein befand sich in Lagina, der Stadt der Hasen.[76] Es mag so ausgesehen haben, als würde der Mond selbst den Hasen – seine irdische Form – jagen oder verschonen, wenn das Mondlicht auf das dunkle Feld fiel und die Beute plötzlich für den Jäger sichtbar machte. In manchen Kulturen wurde der Hase zwar gejagt, jedoch nicht gegessen, als sei er noch immer ein unheimliches Tier, auch wenn die ursprünglichen Gründe für das ihm anhaftende Numinose in Vergessenheit geraten waren.

Noch bis vor wenigen Jahren galt eine Hasen- oder Kaninchenpfote – der Teil des Tieres, der den Boden berührte und so vielleicht eine Verbindung zwischen Mond und Erde herstellte – in der britischen Volkskunde als Glücksbringer. Ein Korrespondent der Zeitung *Sunday People* aus Norfolk sagte 1981: »Ich hatte immer eine Kaninchenpfote als Glücksbringer bei mir, bis jemand zu mir sagte: ›Der Hase hatte wohl nicht so viel Glück, oder?‹«[77] Soldaten trugen sie im Zweiten Weltkrieg in der Tasche, und Mütter legten sie in die Wiege Neugeborener – Traditionen, die vermutlich auf die Zeit vor den Römern zurückgehen, als die alten Briten Hasen in Weissagungs- und Kriegsritualen einsetzten.[78] Dion Cassius berichtet in seiner *Geschichte Roms* zu Beginn des dritten Jahrhunderts, die britische Königin Boadicea habe die Schlacht gegen ihn begonnen, indem sie einen lebendigen Hasen aus ihrer Brust freiließ, der auf der vermeintlich günstigen Seite über das Feld lief, woraufhin die Menge vor Freude jubelte. Dann hob Boadicea die Hand zum Himmel und sagte: »Ich danke dir, Andraste ... Ich bitte dich demütig um einen Sieg.«[79]

DER OSTERHASE

Man könnte annehmen, dass der Hase im Mond in der Vorstellung des Volkes auf spielerische Art das unvereinbare Paradox von Geburt, Tod und Wiedergeburt verkörperte, das eingehender durch den lunaren Symbolismus der Mysterientraditionen ergründet wurde. Dennoch findet man sogar im christlichen Ritual einen Hasen. Der ehrwürdige Beda, ein eifriger Theologe der frühen christlichen Kirche aus dem siebten Jahrhundert, wies im Zuge seiner Erklärung, warum April *Eostur-monath* genannt wird, darauf hin, dass das Wort Ostern auf die angelsächsische *Eostre* zurückgeht, eine Göttin der Morgenröte, des Frühlings und der Fruchtbarkeit, deren Fest im April gefeiert wurde.[80] Auch die Deutschen sprachen vom *Ostermoneth*, und der »Osterhase« steht noch immer im Mittelpunkt ihres Osterfestes. Grimm gibt der Göttin einen deutschen Namen. Er nennt sie *Ostara* und bezeichnet sie aus etymologischen Gründen als die Gottheit des strahlenden Morgens, deren Bedeutung leicht auf den Tag der Auferstehung des christlichen Gottes übertragen werden könnte.[81] Auch andere germanische Mondgöttinen waren von Hasen umgeben: Holda und Harke kamen mit einem Gefolge von Hasen, die Fackeln trugen, und die skandinavische Freya wurde »von Hasen begleitet, die ihr Licht brachten und ihre Schleppe trugen«.[82]

Abb. 19. Tizian, »La Vierge au Lapin«. 1488–1490. Louvre.

Einige Gelehrte haben Bedas Glaubwürdigkeit angezweifelt, da er der einzige ist, der die angelsächsische *Eostre* erwähnt. Aber soll man daraus schließen, dass der ehrwürdige Beda lügt, nur weil es niemanden gibt, der ihn bestätigt? Wie Grimm es taktvoll ausdrückt: Wäre es nicht willkürlich, diesem berühmten Kirchenvater, der das Heidentum auf Distanz hält und uns weniger darüber mitteilt, als er weiß, die Erfindung dieser Göttin anzulasten?[83] Zudem lebte Beda, der 672 geboren wurde, zur Zeit des Übergangs vom vorchristlichen zum christlichen Ritus, denn die Christianisierung Englands begann im ausgehenden sechsten Jahrhundert und war erst gegen Ende des siebten Jahrhunderts abgeschlossen. Deshalb waren die vorchristlichen, um nicht zu sagen heidnischen Götter und Göttinnen zu Bedas Zeit vermutlich noch sehr lebendig. Es kann sogar sein, dass der Name *Eostre* bewusst für Ostern beibehalten wurde, da Morgendämmerung, Osten und Auferstehung alle Bedeutung des wieder geborenen Lebens vermitteln.[84]

Die Sachsen verehrten eine Mondgöttin mit dem Kopf oder der Maske eines Hasen. Layard zitiert ein 1605 verfasstes Buch über »die alte Lebensweise unserer sächsischen Vorfahren. Von den Götzen, die sie verehrten, als sie Heiden waren und wie sie einen größeren Namen und ein größeres Reich erlangten als alle anderen Völker Deutschlands«.[85] In dem Kapitel über die Gottheiten der einzelnen Wochentage wird der »Götze des Mondes« erwähnt, »von dem wir noch immer den Namen Montag behalten haben«. Hier bringt der Autor seine Verwunderung über die langen Ohren, den kurzen Rock und die spitzen Schuhe des Götzen zum Ausdruck[86] (Abb. 18). In Großbritannien waren Hasen seit der Zeit der Kelten, wenn nicht schon früher[87], heilig gewesen, und in vielen Teilen Europas wurde das Schneiden der letzten Garbe zur Erntezeit »das Töten des Hasen« genannt, wenn der Hase keine Deckung mehr fand und über das Feld rannte, als würde der Korngeist entfliehen, um für eine andere Ernte weiterzuleben.[88]

Weitere Spuren der früheren Heiligkeit des Hasen findet man in Leicesteshire in England. In einem Artikel über den Osterhasen in *Folklore* beschreibt C. J. Billson Ende des 19. Jahrhunderts zwei Osterbräuche. Bei der »Jagd des Osterhasen« verfolgte man am Ostermontag in Leicestershire einen Hasen bis ins Haus des Bürgermeisters und verspeiste ihn danach bei einem Bankett. Beim »Hare-pie and Bottle Kicking« in Hallaton wurde der Hase in einer Prozession auf einem Pfahl getragen, die ebenfalls in einem Fest endete, bei dem Hasenpastete gegessen und anschließend Brotlaibe an die Gemeinde verteilt wurden. Diese Bräuche lassen laut Billson vermuten, dass der Hase ursprünglich bei den »örtlichen Ureinwohnern« ein göttliches Tier war. Möglicherweise sind die Bräuche »Relikte der religiösen Prozession und des jährlichen Opfers Gottes« im Frühling des Jahres.[89] Heute ist außer der Lust an der Jagd nichts mehr von der einstigen Heiligkeit übrig geblieben, aber ein ehemals heiliges Tier bleibt ein unheimliches Tier, ebenso wie ehemalige Götter zu Teufeln werden, wenn ihre Verehrer ihren Glauben ändern. Aus diesem Grund, so Billson, kann man häufig von der gegenwärtigen Unbeliebtheit eines Tieres auf seine frühere Göttlichkeit schließen.[90]

In England hielt man den Hasen bis zum 19. Jahrhundert häufig für den Schutzgeist der Hexe. Dem Volkskundler W. Henderson zufolge war er »in allen Ländern Nordeuropas die häufigste Tarnung der Hexe«.[91] Manchmal konnte ein »Hexenhase« nur mit einer silbernen Sixpence-Münze oder einer silbernen Kugel (das Metall des Mondes) geschossen werden. Eine gewöhnliche Kugel funktionierte nicht.[92] Katherine Briggs erzählt die Geschichte eines Bauern, dessen Kühe keine Milch gaben. Eine weise Frau sagte ihm, jemand müsse die Kühe wohl nachts melken. Also legte er sich auf die Lauer und sah schließlich, wie um Mitternacht ein brauner Hase in den Kuhstall kam. Er schoss ihm mit einer silbernen Sixpence-Münze in die Vorderpfote, und sofort strömte eine Flut von Milch aus ihm heraus. Am nächsten Tag kam der Bauer an einem nahe gelegenen Cottage vorbei, wo er eine alte Frau zusammengekauert neben dem Feuer fand, deren Hand verbunden war. Er verlangte von ihr, den Verband abzunehmen, und sah eine Wunde in ihrer Hand, in deren Mitte ein silbernes Sixpence-Stück steckte. Danach gaben die Kühe des Bauern reichlich Milch.[93] Noch Ende des 19. Jahrhunderts glaubten die Landbewohner in Kerry, die Seelen ihrer Großmütter würden in Hasen wohnen[94] – vielleicht die Seelen, die in früheren Mythen zusammen mit dem Hasen im Mond wohnten.

Man könnte diesen Wechsel von Hexen und Hasen als willkürlich erachten, wenn Hasen und Kaninchen nicht in vielen anderen Hasen-Kaninchen-Bräuchen ebenso wie in den alten Mythen des Mondes mit Tod in Verbindung gebracht würden. Seeleute nahmen keine Hasen oder Kaninchen an Bord, und selbst ihre Namen sollten auf einem Schiff nicht ausgesprochen werden. Im 13. Jahrhundert wurde der Hase »das Tier, das niemand beim Namen zu nennen wagt« genannt.[95] Es war ein schlechtes Omen, wenn einem ein Hase über den Weg lief, besonders für schwangere Frauen, weil ihre Kinder dann mit einer Hasenscharte geboren werden konnten (es sei denn, sie bückten sich sofort und zerrissen ihr Unterhemd).[96] Dies sind zufällige Begegnungen, aber scheinbar kann das böse Omen von Hasen oder Kaninchen zum Guten gewendet werden, wenn man sie gezielt einsetzt (wie mit der Hasen- oder Kaninchenpfote). Noch heute sagen Kinder in England »hares« (oder »rabbits«) in der letzten Nacht des Monats und »rabbits« (oder »hares«) am ersten Tag des Monats, um sich für den ganzen Monat Glück zu wünschen.[97] Als der Monat mit dem Neumond begann, war dieses Ritual sicherlich noch bedeutsamer.

Im 21. Jahrhundert sind »Osterhasen« als Schokoladenfiguren und Ostereier fester Bestandteil des christlichen Festes. In Deutschland und in den Niederlanden ist der alte Brauch, bemalte Eier zu suchen, die im Garten versteckt sind, für Kinder noch immer etwas Aufregendes. Man erzählt ihnen, der Osterhase würde die Eier legen.[98] Die Verbindung zwischen dem »Osterhasen« und dem »Mondhasen« ist lange vergessen, und nur die Bilder erinnern uns daran, dass dieser Hase, der Eier legt, einst die allgegenwärtige Figur des Hasen des Todes und der Wiedergeburt im Mond war.

In Tizians Gemälde aus dem 15. Jahrhundert (Abb. 19) ist der weiße Hase an seinen ursprünglichen Platz auf dem blauen Gewand des Mondes zurückgekrochen, dessen letzte Inkarnation – so deutet das Bild (nicht die Lehre) an – die Jungfrau Maria ist, die auch »Mond unserer Kirche« und »Mutter Mond« genannt wird.[99] Die Jungfrau, die die eine Hand um den Kopf ihres Kindes und die andere auf das weiße Kaninchen gelegt hat, bringt sie miteinander in Verbindung, denn beide verkörpern das erneuerte Leben. Während das Jesuskind gebannt auf das Kaninchen schaut, blickt die Jungfrau zwischen ihnen hindurch.

DER HASE IM AFRIKANISCHEN MYTHOS

In buddhistischen Legenden ist die Beziehung des Hasen zum Tod eine edle: Er opfert sein Leben für einen anderen. In Afrika aber ist der Hase häufig ein Gauner, der die Menschen aus dem unsterblichen Leben herauslockt und ihnen den Tod bringt.[100]

In einer Legende der Hottentotten mit dem Titel *Der Ursprung des Todes* spielt der Mondhase die zentrale Rolle bei der Frage von Tod und Unsterblichkeit:

> Der Mond sagte zum Hasen:
> »Geh zu den Menschen und sage ihnen: ›Wie ich sterbe und wieder zum Leben aufsteige,
> so werdet auch ihr sterben und wieder zum Leben aufsteigen.‹«
> Also ging der Hase zu den Menschen und sagte:
> »Wie ich sterbe und nicht wieder zum Leben aufsteige, so werdet auch ihr sterben und nicht
> wieder zum Leben aufsteigen.«
> Als er zurückkam, erzählte er dem Mond, was er gesagt hatte.
> »Das hast du gesagt?«, fragte der Mond und nahm einen Stock und schlug dem Hasen damit auf die Lippe, die dadurch gespalten wurde.
> Und so entstand die Hasenscharte. Der Hase floh und flieht noch immer.

Der alte Mann, der die Geschichte erzählte, sagte, sie seien böse auf den Hasen, weil er eine so schlechte Nachricht gebracht hatte. Und deshalb würden sie sein Fleisch nicht essen.[101]

In anderen Versionen dieser Geschichte überholt der Hase ein Insekt oder erhebt seine Pfote, nachdem er geschlagen wurde, um dem Mond das Gesicht zu zerkratzen, was dunkle Narben hinterlässt.[102] In der Version der Zulu kommen Mond und Hase nicht vor. Hier schickt das Höchste Wesen (*Unkulunkulu*) ein Chamäleon zu den Menschen, das von einem Salamander überholt wird, der den Menschen die falsche Nachricht überbringt.[103]

Auf den Fidschi-Inseln auf der anderen Seite der Welt wird eine Geschichte erzählt, die der Legende der Hottentotten so ähnlich ist, dass es sich um Variationen aus ein und derselben Quelle zu handeln scheint – auch wenn sich nicht sagen lässt, ob die Quelle ein gemeinsamer Geschichtenerzähler oder ein allen gemeinsamer Geschichten erzählender Geist ist. Die Teilnehmer an dieser Debatte können meist in die beiden traditionellen Lager der Empiriker und der Idealisten eingeteilt werden, und die Frage wird entsprechend des allgemeineren Standpunkts beantwortet. Hier nimmt die Fidschi-Ratte die Rolle des Hottentotten-Hasen ein:

> Zwei alte Götter, *Ra Vula*, der Mond, und *Ra Kalvo*, die Ratte, diskutierten das Schicksal der Menschen. »Sie sollen wie ich sein«, sagte der Mond, »eine Zeit lang verschwinden und dann wieder leben.« »Nein«, sagte die Ratte. »Sie sollen als Ratten sterben.« Und so geschah es.[104]

In einer Geschichte aus der Wüste Kalahari beauftragt der Mond eine Schildkröte damit, den Menschen auf der Erde eine Nachricht zu überbringen: »Sag ihnen, dass sie wie ich sterben und wieder leben werden.« Die Schildkröte war sehr langsam, weil sie die Botschaft ständig wiederholte, um sie nicht zu vergessen. So rief der Mond schließlich den Hasen und schickte ihn ebenfalls mit der Nachricht los. Aber der Hase war so hastig, dass er keine Zeit hatte, sich daran zu erinnern, was der Mond gesagt hatte, und obwohl er lange vor der Schildkröte ankam, überbrachte er den Menschen die falsche Nachricht.[105]

Allen diesen Geschichten liegt die Annahme zugrunde, dass es in der Macht des Mondes liegt, ewiges Leben zu schenken – eine einfache und dramatische Art zu sagen, dass die Idee der Ewigkeit durch den Mond sichtbar gemacht wird. Vielleicht ist das wiederkehrende Motiv des Diebstahls mit einem wahrgenommenen Kontrast zwischen dem Tod der Menschen und der Erneuerung des Lebens im Mond verbunden. In manchen Geschichten entführt der Mond die Menschen von der Erde. Er stiehlt sie aus ihrem Leben, oder er stiehlt ihnen das Leben. Entführung wird zu Diebstahl. Möglicherweise wird die Idee des stehlenden Mondes – wie in dem skandinavischen Mythos von Hjuki und Bil oder dem polynesischen Mythos von Sina und Rona – schließlich zur Idee des Diebes *im* Mond. In afrikanischen Geschichten, in denen Mond und Hase unterschieden werden, ist der Hase der Dieb, der den Menschen das höchste Geschenk des Mondes stiehlt. Der Mond möchte den Menschen Unsterblichkeit verleihen, aber der Hase vereitelt dies: er ist zu hastig, zu nachlässig, und die Chance wird vertan. Es ist einfach zu erkennen, wie sich ein Gefühl des Verlusts in die Zuschreibung eines Diebstahls verwandelt, denn wenn das einmal begonnene Leben als ein Recht empfunden wird, kann es nicht ohne Übertretung genommen werden – es kann nur gestohlen werden. In vielen Mythen wird nach dem Dieb gesucht – ob Hase, Ratte, Schlange, Salamander, Leguan, Chamäleon, Hund oder ein anderes Tier –, jeder, der die Schuld auf sich nehmen und sie verstehen kann.

Der buddhistische Hase hingegen vergisst nicht, dass das Leben ein Geschenk ist, und dass er das Leben, das ihm geschenkt wurde, hingeben muss. Indem er, wie er glaubt, sein Leben für das größere Wohl opfert, erscheint er nicht als Beispiel eines Diebs, sondern als Überbringer eines Geschenks im Mond. So wird das, was er anderen gibt, indem er es selbst bestimmt, als jener Geisteszustand angedeutet, der in Freiheit von einer Bindung an das Leben verkörpert ist und die Befreiung von der Angst vor dem Tod ermöglicht. Ist dies das Elixier des Lebens, das der chinesische Hase in seiner Mondschale zerstößt? Das christliche Ritual der Auferstehung, das »Ostern« genannt wird, bewahrt den Namen und die Bedeutung von *Eostre*, der

Morgengöttin mit dem Mondhasen, und zelebriert ein ähnliches Geschenk: das Opfer Christi am Kreuz, mit dem der Tod – und das Leben – seiner Anhänger verwandelt wird.

Um die zentrale Bedeutung der Auffassung des Todes geht es in der Geschichte der Buschmänner, wie sie dem deutschen Philologen Dr. Bleek in den 1870er Jahren erzählt wurde. Diese vermutlich älteste afrikanische Geschichte des Hasen beginnt mit einem Gebet an den jungen Mond:

> Wenn der Mond wieder zu neuem Leben erwacht ist ... wenn wir ihn sehen, halten wir uns die Hände vor die Augen und rufen aus: »Dort drüben! Nimm mein Gesicht! Du sollst mir dein Gesicht geben – mit dem du, wenn du gestorben bist, lebendig wieder zurückkehrst. Als wir dich nicht gesehen haben, bist du wieder herabgekommen – damit auch ich dir gleichen kann. Denn zur Freude aller besitzt du es immer. Du bist wieder lebendig geworden, als wir dich nicht gesehen haben. Der Hase hat uns gesagt, dass du dies tust. Du hast gesagt, dass auch wir wieder leben sollen, wenn wir gestorben sind.

Folgendes war geschehen: Die Mutter des Hasen war gestorben, der Hase stand neben ihr und weinte bitterlich und erklärte, seine Mutter sei »ganz und gar tot«:

> Der Mond sagte zum Hasen, er solle aufhören zu weinen, denn seine Mutter sei nicht ganz und gar tot und würde wieder lebendig zurückkehren. Der Hase entgegnete, er werde nicht still sein, denn er wisse, dass seine Mutter nicht wieder lebendig zurückkehren würde, weil sie ganz und gar tot sei.
>
> Der Mond würde böse, dass der Hase so sprach und ihm nicht zustimmte. Und er schlug ihn mit der Faust und spaltete seine Lippe. Und während er den Hasen mit der Faust auf den Mund schlug, rief er aus:
>
> »Dieses Wesen, dieser Mund hier, soll ganz und gar so sein, selbst wenn er ein Hase ist, er soll immer eine Narbe an seinem Mund haben. Er soll davonspringen und Haken schlagend zurückkommen. Die Hunde sollen ihn jagen, und wenn sie ihn gefangen haben, sollen sie ihn in Stücke reißen. Er soll ganz und gar sterben.
>
> Und die Menschen sollen nach ihrem Tod ganz und gar sterbend vergehen. Denn er wollte mir nicht zustimmen, als ich ihm sagte, er solle nicht um seine Mutter weinen. Denn seine Mutter würde wieder leben ... ich sagte ihm, dass sie (die Menschen) wie ich sein würden, dass sie, wie ich, wieder lebendig zurückkehren. Er widersprach mir, als ich es ihm sagte.«
>
> Daher, so sagten mir unsere Mütter, sei der Hase einst ein Mensch gewesen. Als er sich so benahm, verfluchte ihn der Mond und machte ihn ganz und gar zum Hasen.
>
> ... Hätte der Hase dem Mond zugestimmt, dann hätten wir, die Menschen, dem Mond gleich sein können. Denn der Mond hatte einst gesagt, dass wir nicht ganz und gar sterben würden. Wegen dem, was der Hase tat, verfluchte uns der Mond, und wir sterben ganz und gar ...[106]

Frazer bemerkt, dass »den Skeptiker eine gerechte Strafe für seine Skepsis ereilt«.[107] Aber was bedeutet es, dass der Hase einst ein Mensch war, bis der Mond ihn verfluchte? Der Fluch, zum Hasen zu werden, und der Fluch des Todes werden als ein und dasselbe dargestellt. Damit wird angedeutet, dass wir unser essenzielles Menschsein verlieren, wenn wir unser Verständnis von Leben und Tod allein auf die sichtbare Welt beschränken. Denn wie Lazarus war die Mutter des Hasen nicht tot. Sie schlief nur, wie der Mond sagte. Handelt es sich hierbei also um eine Geschichte, die durch die Figur des Mondes über die Sinne hinaus weist und impliziert, dass eine vollständige Sicht des Todes nicht ausschließlich unserer Hasen-Sensibilität vorbehalten bleibt, sondern die weitreichendere Erkenntnis enthalten könnte, die in der Vision des Mondes verkörpert ist – er, der das Leben als Feder begann, um die Bitterkeit des Todes fortzuwischen?

WIE MANTIS DEN MOND MACHTE

Bleek wurde auch die Geschichte erzählt, wie Mantis, der Schöpfergott der Buschmänner, den Mond aus einer Straußenfeder machte. Das Wort Mantis stammt eigentlich aus dem Griechischen und bedeutet »Prophet«. Es bezeichnet das feingliedrige grüne Insekt, das »praying mantis« (Gottesanbeterin) genannt wird.

Eines Tages warf Kwammanga-a, der Sohn von Mantis, einen Teil seines Schuhs fort. Mantis hob den Schuh auf und weichte ihn im Wasser zwischen dem Schilf ein. Dann ging er fort und kehrte später zurück. Er sah, wie sich der Schuh im Wasser bewegte. Dann ging er wieder fort, damit der Schuh wachsen konnte.

Als er zurückkam, entdeckte er die Fußspuren eines Tieres im Schlamm. Es waren die Spuren einer Elenantilope, die lange, gerade Hörner hat. Mantis setzte sich ans Wasser und wartete. Als die Elenantilope kam, um zu trinken, rief Mantis: »Kwammanga-as Schuhstück.« Und die Elenantilope kam zu ihrem Vater.

Mantis ging, um Honig zu suchen. Er schnitt eine Wabe aus dem Nest der wilden Bienen und steckte sie in eine Tasche, die er ans Wasser legte. Dann rief er die Elenantilope. Und die Elenantilope kam aus dem Schilf hervor und ging zu ihrem Vater, der sie überall mit Honig einrieb. Mantis blieb drei Nächte lang fort, und in diesen drei Nächten wuchs und wuchs die Elenantilope, bis sie so groß wie ein Ochse war. Am vierten Tag, als die Sonne aufging, kam Mantis zurück und rief die Elenantilope. Sie stand auf und stellte sich vor ihn. Mantis sang:

> »Ah, ein Wesen ist hier!
> Kwammanga-as Schuhstück!
> Meines ältesten Sohnes Schuhstück!«

Während er sang, rieb er den Honig von der Elenantilope ab. Dann ging er nach Hause. Am nächsten Tag bat er seinen Enkel Ichneumon, ihn zum Wasser zu begleiten. Als es Mittag wurde und die Sonne heiß war, sagte Mantis zu Ichneumon, er solle sich schlafen legen und seinen Kopf bedecken.

Dann kam die Elenantilope, um zu trinken. Aber Ichneumon war wach und sah sie.

»Das ist keine Zauberei«, sagte Mantis. »Diese Elenantilope kam aus einem Stück des Schuhs deines Vaters, den er wegwarf.«

Als Ichneumon nach Hause kam, erzählte er dies seinem Vater Kwammanga-a. Kwammanga-a sagte zu seinem Sohn, er solle ihn zu der Elenantilope führen. So zeigte der junge Ichneumon seinem Vater die Stelle, und dieser ging zu der Elenantilope im Wasser und erschlug sie, als Mantis nicht da war. Als Mantis zurückkam, sah er, wie Kwammanga-a und die anderen die Elenantilope zerlegten.

Mantis weinte um die Elenantilope. Er fragte: »Warum habt ihr nicht gewartet, bis ich komme?«

Kwammanga-a sagte: »Sagt Großvater, er soll aufhören! Er muss kommen und für uns Holz sammeln, damit wir essen können, denn dies ist Fleisch.«

Dann kam Mantis und sagte, sie hätten die Elenantilope nicht töten sollen, als er nicht hinsah, denn er allein habe sie gemacht. Als er Holz holen ging, sah er die Galle der Elenantilope an einem Busch hängen. Und er sagte, er werde die Galle aufstechen, er werde darauf springen. Und die Galle sagte: »Ich werde platzen und dich überschütten.« Mantis verließ die Galle und sammelte Holz, aber er ging zurück zu der Galle und sprach wieder mit ihr, und wieder sagte die Galle: »Ich werde platzen und dich überschütten.«

Ichneumon rief Mantis zu: »Was tust du? Warum gehst du immer wieder zu diesem Busch?« Kwammanga-a sagte: »Großvater hat die Galle gesehen. Wir müssen schnell fort, weil Großvater Dummheiten mit diesem Ding macht. Ruf ihn, damit wir gehen können.«

Dann packten sie das Fleisch in ihr Netz ein, während Mantis seinen Schuh aufband und ihn in die Tasche steckte. Es war seine Pfeiltasche, die er sich zusammen mit seinem Köcher umgehängt hatte. Unterwegs sagte Mantis: »Der Schuhriemen ist gerissen.« Und der junge Ichneumon sagte: »Du musst den Schuh eingesteckt haben.« Mantis entgegnete: »Nein, nein, der Schuh muss dort liegen, wo wir die Elenantilope zerlegt haben. Ich muss zurückgehen und ihn holen.«

Und der junge Ichneumon sagte: »Du musst den Schuh eingesteckt haben, du musst in der Mitte der Tasche nachsehen.«

Und Mantis fühlte in der Tasche über dem Schuh. Er sagte: »Sieh, der Schuh ist wirklich nicht da. Ich muss zurückgehen und ihn holen.«

Dann sagte Kwammanga-a: »Lass Großvater gehen! Lass ihn zurückgehen und tun, wie er sagt.«

Dann ging Mantis zurück. Er lief zu der Galle, stach sie auf und brachte sie zum Platzen. Und die Galle platzte und ergoss sich über seinen Kopf. Seine Augen wurden groß, und er konnte nicht mehr sehen. Er tastete umher und suchte den Weg. Er tastete und tastete und tastete und fand schließlich eine Straußenfeder. Er hob sie auf, saugte sie aus und wischte damit die Galle aus seinen Augen. Dann warf er die Feder in die Luft und sagte: »Du musst nun oben im Himmel liegen, du musst von nun an der Mond sein. Du sollst in der Nacht scheinen. Du sollst die Dunkelheit für die Menschen erhellen, bis die Sonne aufsteigt, um alle Dinge für die Menschen zu erhellen. Denn du leuchtest für die Menschen, während die Sonne für die Menschen scheint. Unter ihr gehen die Menschen umher, sie gehen auf die Jagd und kehren nach Hause zurück. Du bist der Mond, du gibst den Menschen Licht. Dann gehst du zurück und kehrst zum Leben zurück, wenn du zurückgegangen bist, du gibst allen Menschen Licht.«

Und dies tut der Mond: Der Mond geht zurück und kehrt zum Leben zurück, und er erleuchtet alle flachen Orte.[108]

KAPITEL 8

MOND UND FRUCHTBARKEIT

When she in all her virginal pride
First trod on the mountain's head
What stir ran through the countryside
Where every foot obeyed her glance!
What manhood led that dance!
W. B. Yeats, *The Crazed Moon*

In der Metapher oder als Analogieschluss wuchs der Mond am Himmel, so wie es Wachstum auf der Erde gab. Die paläolithische Göttin von Laussel, deren sichelförmiges Horn mit ihrem gewölbten Bauch übereinstimmte, implizierte eine Beziehung zwischen ihrer Fruchtbarkeit und dem Mond (siehe Kapitel 1, Abb. 4). Doch mit dem Auftauchen des geschriebenen Wortes wurde deutlich, dass viele frühe Menschen glaubten, die Fruchtbarkeit auf der Erde stamme tatsächlich vom Mond, und der Mond sei tatsächlich die Quelle von Feuchtigkeit, Regen und Tau. Der Mond war also nicht nur der Ursprung der Wasser des Lebens, sondern auch der Entstehung des Lebens von Menschen, Tieren und Pflanzen.

Die Indianer Nordamerikas nannten den Mond »Mutter der Pflanzen« oder »Mutter des Maiskorns«, in Brasilien hieß er »Mutter der Gräser«, in Indien »Gott der Pflanzen«, und in Ägypten und Mesopotamien trug er den Titel »Gott des Viehs«. Dort, wo Mond-/Erdgöttinnen die Formen des Lebens hervorbrachten, wurden sie vom Mond befruchtet und stimuliert. Selbst nüchternere Kommentatoren pflichteten dem bei: Cicero schreibt, dass der Mond »großen Einfluss auf das Wachstum von Pflanzen und Tieren« hatte[1], und für Lydus war »der Mond das Prinzip der Fortpflanzung«.[2]

Eines der ersten »Argumente« dafür war, dass der reproduktive Zyklus der Frau dem Zyklus des Mondes zu folgen schien.

MOND UND MENSTRUATION

Da der Mondzyklus so präzise mit dem Zyklus der Frau übereinstimmt, wurde er im frühen menschlichen Denken mit diesem gleichgesetzt. Eine derart konstante Übereinstimmung konnte nicht willkürlich sein, und daraus folgerte man an vielen Orten der Welt nicht nur, dass der Mond die »Ursache« der Menstruation sei, sondern auch, dass Mond und Frauen in ihrer Natur gleich sind und das gleiche Gesetz verkörpern. Wurde der Mond als weiblich aufgefasst, galt sein periodisches An- und Abschwellen als das Urmuster für Frauen, die dem zyklischen Lauf des Mondes durch Menstruation, Schwangerschaft und Geburt folgten. Wurde der Mond als männlich dargestellt – als Gott, Mann, Stier, Schlange oder Mondstrahl –, glaubte man, er würde tatsächlich in den Körper junger Mädchen eindringen und die erste Blutung und später Empfängnis und Geburt verursachen

In vielen Sprachen sind die Wörter für Mond, Monat und Menstruation identisch. In anderen Sprachen sind sie verwandt und eindeutig identifizierbar. Menstruation wird häufig als »Mond« bezeichnet und meinte ursprünglich auch »Monat«. Hierzu einige Beispiele. Griechisch: *mene*, Mond, *katamenia*, Menstruation; Lateinisch: *mensis*, Monat, *menses*, Menstruation, während *menstruum* sowohl eine monatliche Zahlung oder eine Amtszeit, aber im Plural, *menstrua*, auch das Blut der *menses* bedeutete. *Mensura* für Maß

Abb. 1. Eskimo-Mondmaske als »Person«, die einen Wassereimer trägt und einen Hund oder Eisbär an einer Leine aus Sehnen führt. Der Ring um die Maske ist der »Weltkreis«. An ihm sind mit schwarzen Federn die Tiere der Mondjagd befestigt. Ein blauer Zugvogel mit ausgebreiteten Flügeln, die Eiderente, signalisiert möglicherweise den Übergang zum Winter, die Zeit des Mondes, in der die anderen Tiere auf der Maske gejagt werden: der Fuchs in seinem weißen Winterfell, Seehund, Walross, Kabeljau, Flunder, Krabbe und Lachs. Die über den Weltkreis hinausragenden Hände und Füße deuten den Einflussbereich des Mondes an und bringen ihn mit dem Leben der Menschen auf der Erde in Verbindung. Nationalmuseum, Kopenhagen.

definiert diese verbreitete Idee, da der Lauf des Mondes sowie die Menstruation das Messen von Tagen und damit die Berechnung der Zeit ermöglicht. Die gälischen Wörter für »Menstruation« und »Kalender« sind praktisch die gleichen: *mioach* und *miosachan*. Und in Mittelamerika erklärten die Mayas, ihr großer Kalender sei durch die Abstimmung des weiblichen Menstruationszyklus auf die Mondzyklen entstanden.[3]

In der Geschichte der Rentierhirten der Chukchee, *Das Mädchen und der Mondmann* (S. 49), versuchte der Mond, das Mädchen zu entführen. Damit begannen die langwierigen Verhandlungen, die schließlich in dem Angebot des Mondes gipfelten, das Jahr zu messen, so dass eine Beziehung zwischen Menstruation, Monaten und Zeitmessung suggeriert wurde.[4] Im Polnischen sind die Wörter für Mond und Menstruation gleich; im Französischen wird die Menstruation auch als *le moment de la lune* bezeichnet. Im Kongo wird für Mond und Menstruation das gleiche Wort verwendet (*ngonde*) ebenso wie auf den Inseln der Torres-Straße, in Indien, im Westsudan und in anderen Ländern.[5] Die nordamerikanischen Irokesen glauben, dass die Menstruation mit dem Neumond beginnt, während andere meinen, sie setze bei abnehmendem Mond ein, und wieder andere, sie werde durch den Vollmond ausgelöst. Welche Phase auch als die entscheidende gilt, in allen Fällen wird eine Verbindung gesehen.[6]

Das Wort »Periode« stammt vom griechischen *peri-hodos* ab, was wörtlich übersetzt »Weg herum« also Kreislauf bedeutet. Selbst hier hat das Wort seinen alten lunaren Bezug bewahrt. Aristoteles spricht von den »Perioden des Mondes«, womit er Messpunkte der Phase oder des Zyklus meint.[7]

INITIATION DURCH DEN MONDGOTT

In einer Geschichte der Mataco-Indianer aus Nordargentinien löst der Mond die Menstruation aus und ruft damit den weiblichen Fruchtbarkeitszyklus ins Leben.

> Vor langer Zeit, als der Mond noch jung war, war er ein größer Jäger, aber ein sprunghafter Esser. Wenn er Wild gefangen hatte, aß er ohne Unterbrechung und wurde immer größer und größer, bis er ganz voll war. Dann hungerte er und wurde vierzehn Tage lang immer dünner, bis kaum noch etwas von ihm übrig war. Dann fing er von Neuem an.
>
> Eines Nachts heiratete er ein Mädchen aus dem Dorf, aber sie starb. Er heiratete ein anderes Mädchen, aber auch sie starb. Dann noch eins und noch eins, bis die Menschen sich zu wundern begannen, was los war. Das Merkwürdige war, dass alle Mädchen fünf Tage nach der Hochzeit starben. Aber der Mond konnte sich an nichts erinnern. Er wusste nur noch, dass er mit seiner Frau ins Bett gegangen war und sie am nächsten Morgen tot neben sich liegend gefunden hatte.
>
> Aber der Mond wollte wieder heiraten. Dieses Mal musste das Mädchen seiner Familie versprechen, die ganze Nacht wach zu bleiben, um zu sehen, was passierte. Sie vereinbarten, dass sie am Tag nach Hause kommen sollte, um dort zu schlafen. Zuerst war der Mond sehr nett zu ihr. Aber als die Zeit kam, die Ehe zu vollziehen, beobachtete das gut ausgeruhte und hellwache Mädchen den Mond genau. Sie sah, dass der Mond sie in zwei Hälften spalten würde, und das musste der Grund sein, warum seine anderen Frauen gestorben waren. Also verließ sie ihn um ihrer beider willen, und der Mond war danach viele Jahre alleine.
>
> Einige Jahre später wollte er sein Enkelkind besuchen, das inzwischen 15 Jahre alt war (niemand wusste so genau, wo *sie* hergekommen war). Er bat sie, mit ihm nach Hause zu kommen, und sie willigte ein, denn sie lebte in einem anderen Dorf und wusste nichts davon, was der Mond mit seinen Frauen machte. Eines Nachts während der Reise, als sie schlief, wollte der Mond sich über sie hermachen, aber er drang nur halb in sie ein. Sie wachte schreiend auf, weil sie verletzt war und blutete, aber sie lebte noch und war sehr wütend. Und aus diesem Grund menstruieren seitdem alle Frauen – wegen des Mondes.[8]

Die Metapher der Größe lässt vermuten, dass der Vollzug der Ehe bei Vollmond stattfand, so dass der Tod der Frauen korrespondierend mit dem Abnehmen des Mondes zum Symbol für den Tod wird. Die Enkeltochter jedoch war keine Ehefrau, und die versuchte Penetration war illegitim und »vorzeitig«. Die Tatsache, dass die Enkeltochter überlebte, lässt darauf schließen, dass die Vergewaltigung durch den Mond in der abnehmenden Phase stattfand, als der Mond dünner wurde. Damit wird eine Verbindung zwischen abnehmendem Mond und Menstruation hergestellt. Der Verlust des Lichts am Himmel wird zum Verlust von Blut auf der Erde.

In den meisten frühen Kulturen wurde der Mond als männlich personifiziert, und häufig war er ein verschlagenes männliches Wesen, das Jagd auf Jungfrauen machte und sich nachts in deren Zimmer schlich. Wenn sie aufwachten, stellten sie fest, dass sie bluteten. Daraus schloss man, dass die Menstruation durch den Geschlechtsverkehr mit dem Mond begonnen hatte, was ihm den Titel »Gott der Frauen« einbrachte. Die Uaupe-Indianer am Oberlauf des Amazonas sprechen von der ersten Menstruation eines Mädchens als der »Defloration durch den Mond«.[9] Die Papua dachten, die Menstruation beginne, wenn der Mond ein Mädchen im Schlaf besuche, ein Glaube, der bei den meisten australischen Aborigine-Stämmen und den Bewohnern der Pazifikinseln verbreitet war, für die der Mond fast immer männlich und die Sonne weiblich war.[10] Der Geschlechtsverkehr mit dem Mond wurde unter anderem in Japan, den baltischen Ländern, in Indien, Grönland, Alaska und Feuerland als Ursache der Menstruation angesehen.[11]

In einer Geschichte der Urubu-Indianer aus Brasilien wird die Beziehung zwischen Mond und Menstruation weniger direkt dargestellt. Die Geschichte ist vertraut: Es war einmal ein Mann, der des Nachts bei seiner Schwester lag, aber sie konnte nicht sehen, wer er war. Deshalb schwärzte sie sein Gesicht. Der Bruder lief aus seinem Dorf davon und kletterte in den Himmel, wo er zum Mond wurde, auf dessen Gesicht noch immer die schwarze Farbe zu sehen war. Seine Schwester kletterte ihm hinterher und wurde zum Abendstern. In dem Augenblick, als der Mond am Himmel erschien, menstruierten alle Frauen und riefen: »Ah, wir haben etwas Schlimmes gesehen.«[12]

Briffault sieht in der Tatsache, dass der Mond ursprünglich als männlich personifiziert wurde, eine mögliche Erklärung für die Menstruation:

> Von allen Völkern in den niedrigeren Phasen der Kultur wird der Mond zuerst als männlich gesehen. Dies liegt zweifellos an der Vorstellung, … dass Menstruation auf den Geschlechtsverkehr des Mondgottes mit Frauen zurückzuführen ist. In späteren Phasen wird das Geschlecht der lunaren Macht meist geändert, und der Mond, der »Gott der Frauen«, wird zur Hauptgöttin im mythologischen Pantheon, zur Großen Mutter … Der Kult der Mondgötter, ob männlich oder weiblich, ist überall der spezielle Kult von Frauen.[13]

Briffault schrieb dies im Jahr 1927. Heute lässt sich wohl nicht mehr so genau sagen, was die »niedrigeren Phasen« der Kultur waren, und auch nicht, wie man sie definieren könnte, ohne vorauszusetzen, die Kultur, von der aus man spricht, als eine höhere Phase anzusehen. Aber die weite Verbreitung männlicher Mondgötter in früheren Zeiten muss für jene Kulturen, die annehmen, der Mond sei weiblich, immer wieder betont werden, andere Kulturen, für die der Mond männlich ist, »haben es falsch verstanden.«[14]

MONDBLUT

Die Feuchtigkeit, mit der der Mond in der Vorstellung früher Menschen angefüllt war – ob Tau, Regen oder Soma –, könnte auch als Blut interpretiert werden. Blut ist im Tierreich die Essenz des Wassers des Lebens, und der »Rote Mond« wurde oft als mit Blut angefüllt gesehen. Ovid spricht metaphorisch von »Dianas blutbeflecktem Wagen«.[15] In früheren Zeiten glaubten einige Stämme, die sich den Mond als eine Göttin vorstellten, diese menstruiere selbst – ein Glaube, der in einigen Teilen Indiens bis ins 20. Jahrhundert anhielt.[16] An vielen Orten, etwa in der Schweiz und in Mesopotamien, wurde der abnehmende Mond als »kränkelnd« bezeichnet. Einige nordamerikanische Indianerstämme glaubten, dass der Mond »blutet«, wenn er abnimmt, ebenso wie manche europäische »Bauern«, die vom »roten Regen« des Mondes oder von »himmlischem Blut« sprachen.[17] Ishtars »schlechter Tag« war der Tag des Vollmondes, der *sabattu*, was »Herzruhe« bedeutet (wenn der Mond voll ist und zu ruhen scheint). An diesem Tag waren die einzuhaltenden Tabus – nicht zu arbeiten, keine gekochten Speisen zu essen und keine Reise anzutreten – die gleichen, die menstruierenden Frauen auferlegt wurden.[18]

Man glaubte, »Mondblut« falle vom Himmel. Die Ashanti nannten den Neumondtag den »Tag des Blutes«, während die Yoruba aus Nigeria und die Mendis aus Sierra Leone dachten, Weizen und Reis würden blutrot, wenn sie an diesem Tag auf den Feldern arbeiteten.[19] Die Maori sprechen von der Menstruation als »Mondkrankheit«, *mate marama*, und die afrikanischen Mhuti (Pygmäen) bezeichnen Menstruationsblut als »Mondjungfrau« (*matu*).[20]

Man beachte etwa die »kuhäugige« Hera mit ihren »weißen Armen«, die alte Erdgöttin der Pelasger, die erst in einer späteren Zeit ihrer Verehrung zur Gemahlin des Zeus gemacht wurde.[21] In griechischen Legenden wird der Mond meist Selene genannt (zu bestimmten Zeiten auch Artemis, Hekate, Athene, Demeter und Persephone), die Rituale zu Ehren von Hera zeigen sie jedoch als Mond- *und* als Erdgöttin.[22] Sie galt als eine einzige Göttin in drei Phasen, welche den drei Phasen des sichtbaren Mondes entsprachen: Jungfrau, *Parthenos* oder *Pais* (Halbmond), die Erfüllte oder Ehefrau, *Teleia* (Vollmond) und *Chera*, Witwe (abnehmender und dunkler Mond), nachdem sie Zeus verlassen hatte und zu ihrem See in Stymphalos zurückgekehrt war – womit die Abstinenz des Paares aufgrund der Menstruation angedeutet wird.[23] Die griechische Medizin folgte dem Mythos, und Galen (der Arzt von Marcus Aurelius aus dem zweiten Jahrhundert n. Chr.) erklärte, der Mond steuere die monatliche Periode der Frauen. Kerenyi fügt hinzu, dass die Römer die nach dem lunaren Monat gemessene Periodizität der weiblichen Natur – *provinciam fluorum menstruorum* – Juno zuschrieben (Heras römisches Gegenstück).[24] Die Statue der Hera wurde gebadet, wenn der neugeborene Mond am Himmel aufstieg (womit sie wieder zur Jungfrau gemacht wurde). Und sie wurde bei Vollmond »verheiratet«. Bei Neumond aber, dem »gefährlichsten Aspekt« des Mondes, wenn er unsichtbar war und man annahm, er menstruiere, wurde ihre Statue verhüllt.[25]

Auf einer weniger direkten Ebene bedeutete die Affinität zwischen Mond und Frauen, dass die Frau während des Abnehmens ihres eigenen Mondes Blut verliert, so wie der Mond in der abnehmenden Phase

Abb. 2. »Der Mond auf den Köpfen von Frauen.« Anonymer französischer Stich. Frühes 17. Jahrhundert. Bibliothèque Nationale.

sein Licht verliert – ein Argument, das etwa Aristoteles als Zirkelschluss betrachtet haben mag. Aber damit würde die Logik vor den Mythos gestellt. Dazu Aristoteles selbst in seiner *Geschichte der Tiere*:

> Der Beginn der Menstruation entwickelt sich während des abnehmenden Mondes; daher das sophistische Rätsel – der Mond ist auch weiblich, weil die weibliche Menstruation und die Abnahme des Mondes gleichzeitig auftreten, und nach der Menstruation und dem Abnehmen des Mondes werden beide wieder gefüllt.[26]

Scheinbar erklärt die Menstruation, warum der Mond, je nach Kultur, männlich oder weiblich ist. Aber welches Geschlecht er auch hat, Mond und Frauen sind miteinander verbunden. Eine Aussage der Maori aus dem 19. Jahrhundert könnte für viele ähnliche stehen: »Der Mond ist der ewige oder wahre Ehemann aller Frauen, weil Frauen menstruieren, wenn der Mond erscheint.«[27] Wenn die Tuhoe (ein Maoristamm) den Neumond sehen, sagen sie: »Der *tane* [Ehemann] aller Frauen der Welt ist erschienen.«[28] Ester Harding: »Diese Übereinstimmung zwischen Frau und Mond wird als absoluter Beweis für die ›Tatsache‹ angesehen, dass sie von gleicher Natur sind.«[29] Diese Idee und ihre Implikationen findet man noch in Bräuchen, Sprichwörtern und Traditionen, deren Bedeutung jedoch nur schwach, wenn überhaupt erkannt wird. Viele Tausende von Jahren war der Mond die besondere Gottheit der Frauen in ihrer spezifisch weiblichen Rolle des Gebärens: der, der dabei half, schwanger zu werden, zu gebären und Kinder wachsen ließ. Warum dem Mond eine zentrale Rolle bei dem Wunder der Geburt zugeschrieben wurde, wird verständlicher, wenn man sich vergegenwärtigt, dass die ultimative Errungenschaft in jedem Teil dieses Prozesses niemals unsere eigene ist – Götter treten in den Vordergrund, wenn die Menschen zurücktreten, selbst wenn diese Götter einfach Natur genannt werden.

Während die Männer in Abb. 2 mit ihren Laternen auf unbekanntem Terrain herumzutorkeln oder zu tollen scheinen, tanzen die mit Mondsicheln gekrönten Frauen den Rundtanz des Mondes in einem geordneten Kreis vor den Häusern. Der Kontrast zwischen den Männern und den Frauen suggeriert, dass die Männer sich ihr eigenes Licht mit Hilfe der Laternen machen müssen, während die Frauen die Gaben des Mondes direkt vom Mond erhalten. Die Strahlen des Vollmondes, die in den Mondsicheln auf den Köpfen der Tänzerinnen enden, ziehen sie in seinen Bann und verwandeln sie in »loonies« (Verrückte) oder »Mondmenschen«, ein Begriff, der erst später eine abwertende Bedeutung erhielt.

Ein modernes Märchen der nordamerikanischen Indianer dramatisiert die Affinität der Frauen zum Mond durch das Bild einer Nabelschnur, die Mond und Frau wie Mutter und Kind verbindet. Erst 1981 erzählte Leonard Crow Dog, ein Medizinmann der Sioux, eine Geschichte, von der er behauptete, sie sei noch nie zuvor erzählt worden, aber sie sei so »alt wie das Leben«. Sie wurde ihm in einem Traum aus der »Welt der Seelen« übermittelt:

> Die Sonne schuf alle Dinge zusammen mit Großvater Kraft, *Unwissentlich*, der unsichtbar war, aber trotzdem viele Formen hatte; er war der Große Geist, war aber auch Teil der Sonne, wie die Sonne Teil von ihm war. Als die Sechzehn Ringe entstanden, die Umlaufbahnen der Planeten, die Sterne und die Erde, die Bäume, die miteinander sprechen, die Pflanzen, die vier Jahreszeiten und die vier Himmelsrichtungen – als alles da war –, sagte die große Sonne: »Es ist Zeit, die Geburt-Menschen zu erschaffen, um sie zu Paaren zu formen.« Eine Träne aus dem Auge des Universums der Sonne tropfte auf die Erde und verwandelte sich in einen Blutklumpen, aus dem Blutklumpenjunge wurde. Nach vielen Äonen nahm die Sonne eines ihrer Augen heraus, warf es in den Wind seines Blicks, und es wurde zum Mond. Auf dem Mond erschuf er die Frau. In der Dunkelheit des Neumonds berührte die Sonne die Frau. »Du bist eine Mondjungfrau«, sagte sie zu ihr. »Du sollst auf der Erde wandeln.« So baute die Sonne eine Brücke aus Blitzen, die vom Mond zur Erde führte und

über die die Frau hinunterging. Der Große Geist ließ Blut in sie fließen, und während sie auf den Blitzen ging, »ging sie auch auf einer Blutader, die vom Mond zur Erde führte. Diese Ader war eine Nabelschnur, die in ihren Körper ging, und durch sie ist sie für immer mit dem Mond verbunden«. Dem Mann und der Frau wurde Verstand gegeben, damit sie wussten, dass sie Mann und Frau waren, die selbst erschaffen konnten. Der Verstand des Mannes kam durch den Blitz zu ihm, durch das Blut der Sonne, das in ihm war, und der Verstand der Frau kam durch die Ader des Mondes zu ihr, durch »die Nabelschnur, die sie mit dem Mond verbindet und dessen Kraft sie in ihrer Mondzeit noch immer fühlen kann«. So zeugten der Mann und die Frau Zwillinge, die selbst wieder Kinder hatten. Diese erfuhren in einer Vision vom Weg des heiligen Überlebens, vom Traum, von den heiligen Dingen und vom Verstand. Als der erste Mann und die erste Frau dies den vielen Stämmen verkündeten, die aus ihnen entstanden waren, endeten die sieben Millionen Äonen der Schöpfung.[30]

Eine Ausnahme hinsichtlich der Verbindung zwischen »Mondblut« und Frauen findet man bei den Yanomamo-Indianern in Brasilien, die glauben, der Mond sei voller Blut und so wild wie ihre eigenen Jäger, so dass der Mond »im Blut« der Männer ist. Einem ihrer Schöpfungsmythen zufolge wurden Männer und Frauen aus verschiedenen Quellen erschaffen: die Männer aus dem »Mondblut« und die Frauen aus einer Frucht (*wabu*). Einer der Ahnen hatte dem Mond in den Bauch geschossen, und sein Blut war auf die Erde gefallen und hatte sich in Männer verwandelt. Aber dort, wo am meisten Blut herabfiel, waren die Männer so wild, dass sie einander fast ausrotteten. Wenn das Blut in Tröpfchen herabfiel oder wenn es mit Wasser vermischt war, waren die Männer weniger gewalttätig und hatten größere Chancen zu überleben. Der Begriff der Yanomamo für den Beginn der Zeit lautet »Zeit des Mondblutes«.[31]

ABNEHMENDER MOND UND MENSTRUATION

Es scheint also, als seien das Abnehmen des Mondes und die Menstruation von Frauen einst meist mehr oder weniger gleichgesetzt worden. Die Menstruation war das Abnehmen des eigenen Mondes der Frau (ob sie nun mit dem Abnehmen des wirklichen Mondes zusammenfiel oder nicht). Dies könnte eine weitere Erklärung für die außergewöhnlichen Tabus liefern, die in früherer Zeit bezüglich der Menstruation herrschten. Erschreckende Einzelheiten darüber findet man in Frazers Buch *Der goldene Zweig*.[32] Im frühen Denken war das Abnehmen des Mondes das Vorspiel des Todes in der dunklen Phase des Mondes und wurde daher mit Schrecken als ein böses Omen betrachtet. Harding schreibt, die Menstruation sei häufig auch als der Tod des erwarteten Babys angesehen worden. Und damit bedeutete sie in der Weiterführung der Assoziationskette auch den Tod anderer Lebewesen.[33] In indischen Mythen wurde eine Analogie zum Schöpfungsmythos des Milchozeans hergestellt: Wie die Milch gerann, um die Welt zu bilden, so verklumpte auch das Blut im Schoß zu Babys, während verlorenes Blut nicht verklumpen konnte. Für die Desana-Indianer des Amazonas beispielsweise, für die die männliche Sonne der Samen und der weibliche Mond eine »mit Blut angeschwollene Leber« ist, bedeutet jede Menstruation den Tod eines Kindes.[34]

In seiner *Naturgeschichte* schreibt Plinius der unglücklichen, menstruierenden Frau große Kräfte zu, die sowohl Gutes als auch Böses bewirken können: Ihre Berührung kann Reben, Efeu und Gartenraute verdorren lassen, Samen austrocknen, Früchte von den Bäumen herabfallen lassen, rote Kleider bleichen, Leinen im Waschzuber schwärzen, Kupfer zum Anlaufen bringen, Bienen aus ihren Stöcken vertreiben und zu Fehlgeburten bei Stuten führen, aber sie kann auch ein Feld von Schädlingen befreien, indem sie vor Sonnenaufgang nackt um es herum geht, einen Sturm auf dem Meer beenden, wenn sie ihre Genitalien entblößt, und Geschwüre, Wasserscheu und Unfruchtbarkeit kurieren.[35] Ebenso wie beim Mond kann das »Abnehmen« nutzbar gemacht werden, um unerwünschte Dinge loszuwerden. Der jüdische *Talmud* übertrifft selbst dies mit der Behauptung, wenn eine menstruierende Frau zwischen zwei Männern hindurch

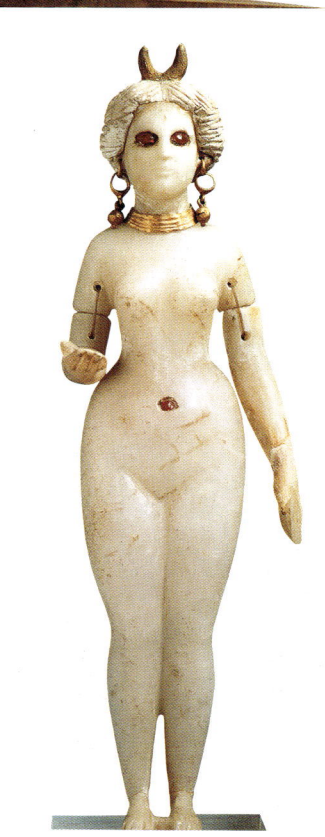

Abb. 3.22

Oben: **Abb. 10.13**, Unten: **Abb. 13.10**

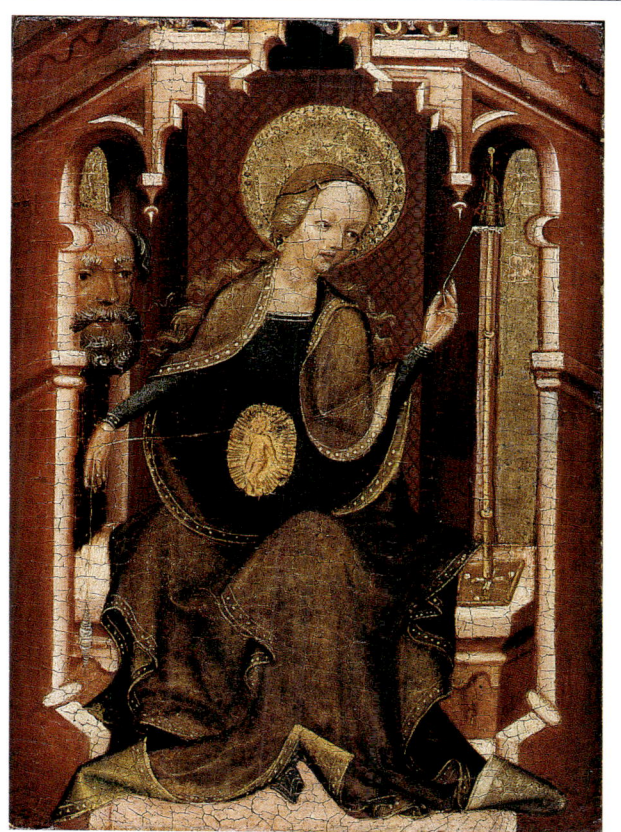

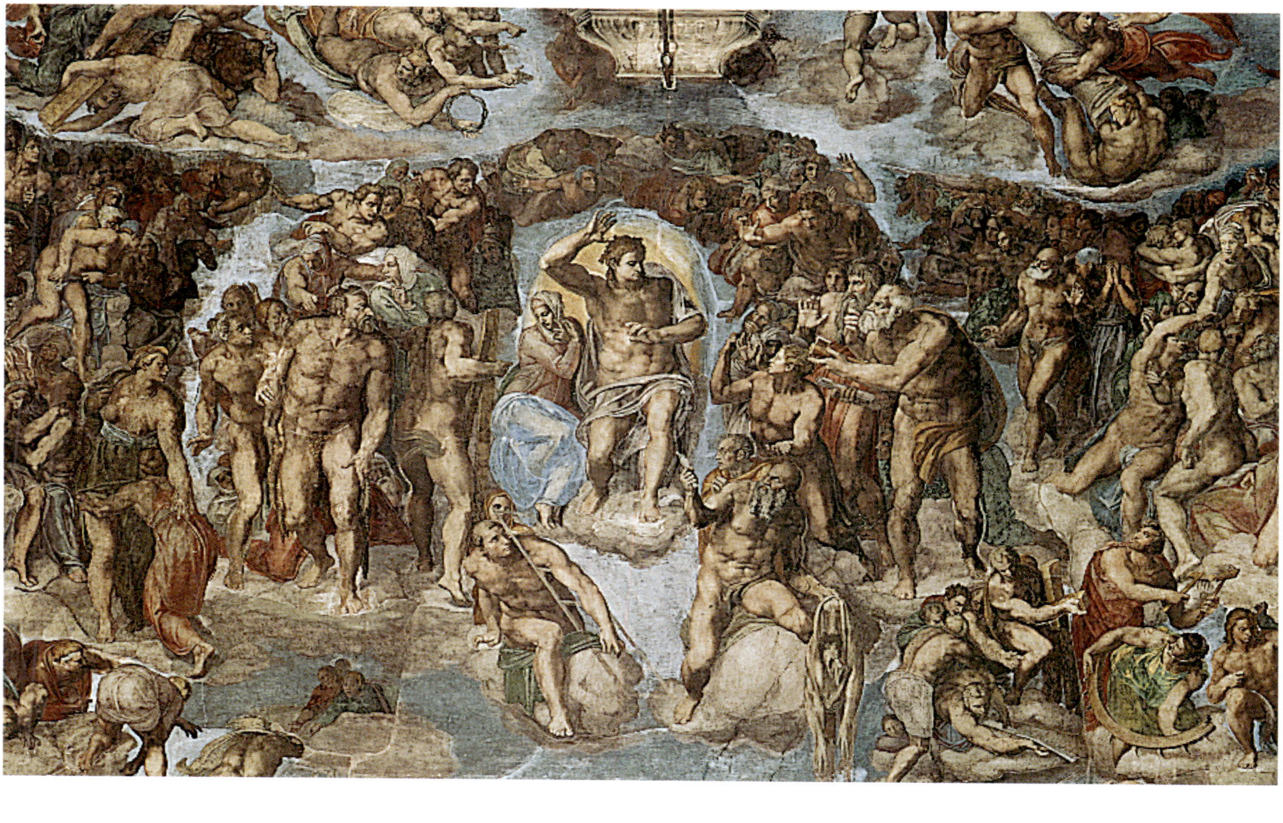

Abb. 9.1

gehe, würde einer von ihnen sterben.[36] Von den Hexen aus Thessalien, über die Sokrates in der *Gorgias* verächtlich schreibt, sie würden »den Mond herabziehen«[37], sagte man, dass sie ihre Zaubersalben aus dem ersten Menstruationsblut herstellten, das während einer Mondfinsternis vergossen wird.[38] Der Tau, den die Hexen bei ihren Zaubereien benutzten, wurde als Mondblut vom Boden aufgesammelt. Graves schreibt, dass die magische Verbindung des Mondes mit der Menstruation stark und weit verbreitet sei.[39] Eine weitere Parallele findet man in einem Text aus der *Manava Dharmasastra*, die manchmal auch die »Gesetze des Manu« genannt wird (zusammengestellt im zweiten Jahrhundert n. Chr.). Darin heißt es, dass »eine Frau während ihrer Periode drei Tage und drei Nächte lang unrein« ist, aber dass sie Monat für Monat von ihren Sünden befreit wird.[40] Hier besteht eine Analogie zu der Vorstellung, dass der dunkle Mond oder die Flut das Alte fortspült, um Platz für das Neue zu machen.

Wie dem Mond wurde auch der menstruierenden Frau in extremen Fällen die Macht über Leben und Tod zugeschrieben. Offenbar wurden die dem abnehmenden Mond zugeschriebenen irrationalen Schrecken auf den Akt der Menstruation übertragen – der Mond, der in der gleichen Periode (oder eher im gleichen imaginativen Raum) Licht vergießt, in der die Frau Blut vergießt. Es könnte auch sein, dass die ursprüngliche Angst vor der Tod bringenden Menstruation auf den abnehmenden Mond übertragen wurde.[41] Die abweichenden Meinungen darüber, welche »Projektion« das Modell für die jeweils andere war, unterstreichen das Problem der Zuweisung von Prioritäten des Denkens, insbesondere wenn keine Option empirische Beweise zulässt. Andererseits führt bereits die Tatsache, dass beide »Wahrheiten« falsch sind, zurück zur menschlichen Psyche, die entweder eine äußere Form findet, um eine innere Verwirrung zu besänftigen, oder (wenn auch unbewusst) nach einer andersartigen Wahrheit sucht.

MOND UND EMPFÄNGNIS

Im alten Indien war Soma, der Gott des Mondes und des Wassers des Lebens, auch der »Erste Ehemann der Frauen« sowie der »Gott der Pflanzen«.[42] Dies lässt vermuten, dass Soma die wundersame Kraft des Wachstums in der Natur ist: das Elixier als Blut, Samen, Saft und Saat im zunehmenden Modus. Diese Kraft ist deshalb wundersam, weil sie das menschliche Verstehen transzendiert: Sie kann beschrieben, aber nicht erklärt werden.

Im *Rig-Veda* erkennt der Bräutigam in der Hochzeitszeremonie an: »Soma hat dich als sein Weib genommen.«[43] Wenn die Frau zur Mutter wird, bringt sie stellvertretend den Samen des Mondes hervor, eine neue Form von Soma. In den *Kaushitaki Upanischaden* wird die Misere eines Menschen beschrieben, der gerade geboren wurde und von einem Weisen gefragt wird: »Wer bist du?« Da er als Regen vom Mond zur Erde zurückgekehrt ist, sollte er antworten:

> Vom weisen Mond, der die Jahreszeiten ordnet, bestehend aus 15 Teilen, wenn er geboren wird, von dem Mond der der Unterschlupf unserer Vorfahren ist, stammt der Samen ab. Diesen Samen, sogar mich, sammelten sie (die Götter) im aktiven Mann, und durch den aktiven Mann brachten sie mich zu einer Mutter. [44]

Damit wird ein weiterer Grund angegeben, warum der Mond der »wahre« Ehemann der Frauen ist. Denn wenn der Mond, wie viele Kulturen glaubten, die Heimstatt der Seelen war, die zu ihm kamen, um wieder geboren zu werden, dann ist er letztlich derjenige, der die Frauen schwängert, damit sie in seiner Obhut die Seelen gebären – ein weiteres Bild der Ewigkeit, welche die Zeit hervorbringt.

Hier gehört der Samen von Soma, ob als Metapher oder als Tatsache aufgefasst, einer Denkungsart an, in der die gesamte zeitliche Welt von der ewigen Welt »besät« wird, so dass die Priorität von Soma der Natur der Dinge innewohnt – selbstverständlich kommt »Er« zuerst. Im persischen *Zend-Awesta* heißt es, dass Haoma den Frauen, die ein Baby wollten, ein gutes Kind gab, eines, das gerecht ist.[45] Einer buddhistischen

Legende zufolge wurde Buddha selbst vom Mond gezeugt und von der Frau des Brishpati geboren.[46] Andere Kulturen bewahrten zwar die Vorstellung von der befruchtenden Kraft des Mondes, betrachteten sie aber eher als eine Bedrohung – eine Vorstellung, die der Warnung von Laertes an Ophelia im *Hamlet* Sinn verleiht:

> Das scheuste Mädchen ist verschwenderisch noch,
> Wenn Sie dem Mond ihren Reiz enthüllt.[47]

So war der Mond als Gott des Lebens im Schoß für viele frühe Menschen der »erste« Vater des neugeborenen Kindes. Aus diesem Grund wurden in Vollmondnächten in Australien, Grönland und in der Bretagne die Vorhänge zugezogen, damit die Mondstrahlen nicht durch das offene Fenster fallen und keusche Mädchen im Schlaf schwängern konnten. In Griechenland spuckten die Frauen in die Hände und rieben sich den Speichel auf den Bauch, bevor sie sich auf den Rücken legten, um zu schlafen.[48] Ein Ehemann, der mit seiner Frau ein Kind zeugen wollte, musste in Uganda bis zum Neumond warten, in Texas bis zum ersten Viertel des Mondes und in Vancouver bis zum Vollmond.[49] Indianerfrauen in Texas stellten sich direkt nach der Hochzeit nackt über einen Eimer mit Wasser, das vom Mondlicht beschienen war, um ein Kind zu empfangen.[50]

Auch in Mitteleuropa tranken die Frauen aus einer Quelle, in der sich das Mondlicht spiegelte, um »den Mond zu schlucken« und schwanger zu werden.[51] Bretonische Frauen gingen zu den megalithischen Dolmen von Cruz-Moquen in der Stadt Carnack und hoben ihre Röcke[52], während es in Kinderliedern aus dem Loiretal hieß: »Frau Mond, Spenderin von Babys.«[53] Einige Stämme in Nigeria glauben, dass die Große Mondmutter den Mondvogel hinab auf die Erde schickt, um den Frauen Babys zu bringen. Diese Geschichte erinnert an den europäischen Storch (ein Vogel, der ebenfalls schwarz und weiß ist), der den Müttern die Babys in seinem Schnabel bringt.[54] Wenn Mütter auf der ganzen Welt in frühen Zeiten ihre Babys zum Mond hinaufhielten, den sie oft »Vater«, »Großvater« oder »Onkel« nannten, baten sie den Mond, ihr Kind wachsen zu lassen.[55]

Halbmondförmige Halsketten, so genannte *lunulae*, wurden zu allen Zeiten getragen, um die Energien des Mondes bei der Geburt zu nutzen. Die »Geburtsperlen«, die afrikanische Sklaven auf den amerikanischen Plantagen während der Geburt als Talisman trugen, hatten meist die Form des Halbmondes.[56] Der Prophet Jesaja prangerte die Töchter Zions an, weil sie »wie der Mond ihre runden Reifen« trugen.[57] Frühe christliche Gallier machten Kommunionskuchen in der Form eines Halbmondes. Im modernen Frankreich heißen sie *Croissants* (von *croisser*, wachsen) und werden im Volksmund »Mondzähne« genannt.[58] Das englische Wort »Crescent« (Halbmond, Mondsichel) bedeutet im Lateinischen »wachsen« – von *creare*, »erschaffen«, und steckt auch in den Wörtern »increase« und »crescendo«. Im Italienischen bedeutet *crescente* zunehmend und *decrescente* abnehmend. In *Antonius und Kleopatra* benutzt Pompeius die Mondmetapher, jedoch vergebens:

> Mein Glück ist Neumond, mein prophetisch Hoffen
> Sieht schon die volle Scheibe.[59]

Zimmer schreibt, dass die »Sichel des neuen Mondes, die schnell größer wird«, im Altindischen ein »vertrauter Begriff für das schnell wachsende Kind« war.[60]

In *Der Regenbogen* von D. H. Lawrence spielt der Mond seine traditionelle Rolle. Ursula, die in der Dunkelheit mit Skrebensky tanzt, dreht sich plötzlich um und sieht:

> Wie ein großer weißer Mond über dem Hügel sie anschaute. Ihre Brust öffnete sich ihm, sie wurde von seinem Licht wie ein durchscheinendes Juwel festgehalten. Sie stand gefüllt vom

Mond, und bot sich selbst an. Ihre beiden Brüste öffneten sich um den Weg für ihn zu ebnen, ihr Körper öffnete sich wie eine bebende Anemone, eine weiche, gedehnte, vom Mond berührte Einladung. Sie wollte den Mond, dass er sie ausfüllt, sie wollte mehr, eine Vereinigung mit dem Mond, die Vollendung. Aber Skrebensky legte den Arm um sie und führte sie weg. [61]

* * *

Die Gefahr der Potenz des Mondes bestand darin, dass sie nicht kontrolliert werden konnte. Frauen in der Bretagne bedeckten ihren Körper, damit die Strahlen des Mondes sie nicht trafen, besonders wenn der Mond im ersten und letzten Viertel (wie ein Stier) »gehörnt« war, da sie sonst »mondsüchtig« (lunée) wurden und ein »Mondkalb«, also ein verrücktes Kind zur Welt brachten. [62] »Mondkalb«, ursprünglich ein Kind des gehörnten Mondstieres, wurde zur Bezeichnung für jemand, der in seiner Liebe zum Mond (»Kalbliebe«) fortgetragen wird. Als die Heiligkeit des Mondes nachließ, meinte man damit jedoch ein uneheliches Kind (das in manchen Fällen aufgrund eines »unheilvollen« Mondes als verkrüppelt angesehen wurde). [63] In Der Sturm nennt Staphano, der betrunkene Diener des Königs von Neapel, Caliban ein »Mondkalb«, weil er verkrüppelt ist, wozu Prospero später hinzufügt: »Er ist so ungeschlacht in seinen Sitten / Als von Gestalt.« [64] Caliban war der Sohn von Sycorax, einer Hexe, die den Mond »kontrollieren« konnte und damit dem Wort »Mondkalb« eine weitere Bedeutung gab. Als Prospero schließlich Caliban zu seiner eigenen moralischen Finsternis erklärt – »Und dies Geschöpf der Finsternis erkenn ich / Für meines an« –, hat der Begriff »Geschöpf der Finsternis« für einen Menschen des elisabethanischen Zeitalters vermutlich einen stärkeren lunaren Bezug gehabt, der die moralische Tragweite vertiefte. [65]

DER MOND ALS BEFRUCHTENDER STIER

Ob sie nun Gutes oder Böses bewirkt, die Potenz des Mondes wird nicht angezweifelt. [66] Es verwundert nicht, dass die Südslawen vom Bräutigam bei einer Hochzeit als »Herr Mondschein« sprechen. [67] Wenn ein Ehemann zum »Hahnrei« gemacht wird (wenn ein anderer sein Nest besetzt), muss er häufig »die Hörner« auf seinem Kopf tragen, als würde er damit die Priorität des gehörnten Mondes anerkennen.

Die Vorstellung vom befruchtenden Mond, der die Form des überaus potenten gehörnten Stiers annimmt, hat eine lange Tradition. In Mesopotamien bat man den Mondgott Nanna-Sin, der auch als Stier vorgestellt wurde, »die Saat des Königreichs ewig zu erneuern«. [68] In Persien wird der Mond angeredet als »du Mond, der in sich den Samen des Bullen trägt«. Wenn dieser Samen im Licht des Mondes gereinigt worden war, wurden aus ihm ein männliches und ein weibliches Geschöpf geformt, die zusammen 272 Arten von Tieren hervorbrachten. [69] In Ägypten setzte man den von einem Mondstrahl gezeugten heiligen Apisstier mit Osiris gleich. [70] Osiris selbst wurde häufig auch als Stier bezeichnet, durch den »viele Empfängnisse stattfinden«:

> Stier, der jeden Tag jung im Himmel wächst ... wenn du in den Himmel aufsteigst, verschwindet das Elend ... wenn du an diesem Tag am Himmel gesehen wirst, finden viele Empfängnisse statt ... die Kraft von Osiris, der Toth ist ... Der Nil erscheint auf dein Wort ..., machte alles, bestellte Land grün, wenn du kommst, große Quelle der Dinge, die blühen, Saft des Getreides und der Kräuter, Herr von Millionen von Jahren, Bewahrer der wilden Tiere, Herr des Viehs ... [71]

Khons oder Khensu, der thebanische Mondgott, der alt und jung wird »wann es ihm gefällt«, wird mit einem feurigen Stier verglichen, wenn er zunimmt, und mit einem alten Ochsen, wenn er abnimmt:

Abb. 3. Votivbild mit griechischer Inschrift für »Men, der Erlöser« (oben links) und »Zuteiler von Reichtümern« (oben rechts). Der Kopf des Gottes in dem Halbmond ruht auf einer Stange. Diese wird von den Hörnern eines einäugigen Stiers gestützt, welche die Form des gehörnten Halbmonds darüber aufgreifen. Die Tiere und Vögel um oder auf dem Pinienzapfen gehören zu seinen Gaben. Ein Merkurstab sowie über 20 Halbmonde zeugen von seinen Transformationskräften. Basrelief aus Marmor, gefunden in Attika. (Aus Cumont, Le Symbolisme Funéraire des Romains).

Der Mond ist seine Form:
Sobald er sich selbst verjüngt hat,
Ist er ein hitziger Stier.
Wenn er alt ist, ist er ein Ochse,
Weil er nur Dunkelheit verursacht.
Sein zunehmender Mond jedoch bringt Licht,
Sorgt dafür, dass der Stier deckt.
Er macht die Kühe trächtig
Und lässt das Ei im Körper wachsen.[72]

An den Wänden des Mondtempels in Theben war folgende Inschrift zu lesen: »Mit seiner Hilfe empfingen Frauen.«[73]

Wie Abb. 3 zeigt, waren der Halbmond und der dazu passende Stier mit halbmondförmigen Hörnern die zentralen Symbole des phrygischen Mondgottes Men. Pinienzapfen, Ziege, Gans, Schaf und andere Tiere waren die Lebewesen, die er fruchtbar machte.

DER MOND ALS VERFÜHRERISCHE SCHLANGE

Die verführerischen Kräfte des Mondes wurden häufig auf die Schlange übertragen, die (nicht nur im Paradies) als besonders erfolgreich galt, weil sie eine phallische Form besaß, sich elegant in Bäumen und Teichen bewegte und ihre Haut abstreifen und sich selbst erneuern konnte. In den Abruzzen sagte man noch in den 1950er Jahren, die Schlange kopuliere mit allen Frauen, eine Überzeugung, die bei den Griechen und Römern erstaunlich verbreitet war.[74] Pausanias berichtete, dass ein gewisser Aratus von Sicyon angeblich ein Sohn von Äskulap war, weil seine Mutter ihn von einer Schlange empfangen hatte, und Sueton und Dio Cassius sagten über die Mutter von Augustus, sie habe im Tempel des Apollon eine Schlange umarmt.[75] Offenbar wurde die Schlange in den Symbolismus der Fruchtbarkeit und Unsterblichkeit aufgenommen, die den Mond umgibt: Sie verführt Frauen, verursacht Menstruation und nimmt die Seelen von Kindern mit, wenn sie von Ort zu Ort gleitet. Zudem bringt sie Regen. Im *Borgia Codex* der Azteken bedeutet eine von einem Pfeil verwundete Schlange Regen, und in den *Grhyasutras* erfährt man, dass die Rituale zur Verehrung der Schlange in Indien beim Vollmond des ersten Monats der Regenzeit beginnen und beim Vollmond des ersten Wintermonats enden.[76]

Beim Stamm der Togos in Afrika wurde beispielsweise noch in den 1950er Jahren erzählt, eine riesige Schlange lebe in einem Teich nahe der Stadt Klewe und empfange alle Kinder der Stadt, bevor deren Mütter sie empfangen. Der höchste Gott Namu gibt sie der Schlange, die sie dann in die Stadt bringt, damit sie geboren werden.[77] Die Komati in der indischen Provinz Mysore machen Schlangen aus Stein, um die Fruchtbarkeit der Frauen zu fördern, und in einigen Zeichnungen der Nagpu sind Frauen abgebildet, die sich mit Kobras paaren. Vom Neolithikum bis zur Bronzezeit und darüber hinaus findet man in allen Darstellungen der Großen Göttinnen Schlangen als deren Begleiter oder als Symbole ihrer Macht der Fruchtbarkeit und Erneuerung. Überreste dieser Tradition sind noch in einigen mitteleuropäischen Formen des Aberglaubens erhalten, demzufolge sich die Haare einer Frau »unter dem Einfluss des Mondes« in Schlangen verwandeln, wenn sie ausgerissen und vergraben werden.[78]

Viele dieser Vorstellungen findet man auch in der Geschichte der Gorgo mit den Schlangenhaaren wieder. Ihren abgeschlagenen Kopf erhielt Perseus von Athene, von deren Gewand Schlangen herabhingen. Athene gibt Asklepios, dem Gott der Heilkunde, zwei Phiolen mit dem Blut der Gorgo: mit Blut aus den Adern der linken Seite des Körpers der Medusa konnte Asklepios die Toten zum Leben erwecken, und mit dem Blut ihrer rechten Seite (oder war es die linke?) konnte er auf der Stelle zerstören – ein verblüffendes Bild der Dualität der Kräfte des Mondes bzw. der Schlange. Als »Schutzgeist« von Asklepios begleitete die Schlange ihn und seine Frau Hygieia und war damit die lunare Schlange, ausgestattet mit der Macht des Mondes über Leben und Tod. Zwei um einen zentralen Stab ineinander verschlungene Schlangen – die beiden Kräfte im perfekten Gleichgewicht – sind noch heute das Zeichen der Heilkunst: der so genannte Äskulapstab.[79]

In Griechenland war es Hermes, der den Äskulapstab immer bei sich trug. Er wurde der Götterbote genannt, war aber einst ein Mondgott und ein Geist der Fruchtbarkeit. Von seinem Gesang verhext, gab Apollo ihm den magischen Äskulapstab, mit dem er die Seelen in die Unterwelt und wieder hinausführte. Diese Bewegung zwischen Leben und Tod verweist auf den Zustand jenseits des Gegensatzes von Zunehmen und Abnehmen, wie es das Bild der ineinander verschlungenen männlichen und weiblichen Schlange suggeriert, das den dritten Aspekt, das erneuerte Leben, schafft. Eine stilisierte Darstellung des Äskulapstab zeigte zwei einander zugewandte Halbmonde über einem Kreis, der an den darunter liegenden Zyklus erinnert und die Phasen betont, um darauf hinzuweisen, dass ein Blick auf das Kommen und Gehen der Wechselfälle des Lebens über diese hinaus führen kann.

DER LÜSTERNE MOND

Für die Balten war der Mond in seiner Beziehung zur Zeugung ein Verführer. Der baltische Mondgott wurde in Lettland *Meness* und in Litauen *Menuo* genannt. Beide Namen sind offensichtlich deshalb noch immer stark mit dem Indoeuropäischen verwandt, weil christliche Missionare sich mit der Aussprache der baltischen Sprachen so schwer taten, dass die heidnische Religion dort länger fortbestand als irgendwo sonst in Europa. *Meness* und *Menuo* haben die gleiche Geschichte: Sie wurden mit *Saule*, der Sonnengöttin, verheiratet, und verführten die Sonnenjungfrau, ihre Tochter, die als Morgendämmerung und Frühling wiederum die jüngere Form der Sonne selbst ist, wenn die Sonne sanft und frisch ist.

Saule hatte drei Männer: *Dievs*, der Himmelsvater, *Perkons*, der Gott des Sturmes und des Regens, und *Meness* – obwohl die drei Ehemänner einst der dreifaltige Mondgott in seinen Phasen des Zunehmens, der Fülle und des Abnehmens gewesen sein könnten.[80] Die Erde ist die Tochter von Sonne und Mond, während die anderen Kinder der Sonne die Sterne sind. Weil der Mond die Sonnenjungfrau, die schöne Tochter der Sonne verführte, wurde der »erste Frühling«, die ursprüngliche Traumzeit zerstört. Denn die Sonnenjungfrau wurde mit *Auseklis*, dem Gott des Morgensterns verlobt, aber *Menuo* verführt sie, als ihre Mutter nicht aufpasst:

> Der Mond heiratete die Sonne
> Im ersten Frühling.
> Die Sonne ging früh am Morgen auf,
> Der Mond wanderte allein
> Und umwarb den Morgenstern.
> Perkunas war zornig,
> Und spaltete den Mond mit einem Schwert.[81]

Diese Spaltung des Mondes durch den Sturmgott zerteilt den Mond in die Teile seiner abnehmenden Phase, die durch die vergebende Sonnenjungfrau wieder zusammengefügt werden, obwohl die Gewalt im Gesicht des Mondgottes erkennbar bleibt. In einer anderen Version wird der Mond von seiner Frau Saule zerteilt, weil er ihre Tochter vergewaltigt hat:

> Die Sonne zerschlug den Mond
> Mit einem scharfen Schwert,
> Weil er die künftige Braut
> Des Morgensterns Auseklis gestohlen hatte.[82]

Danach trennen sich Sonne und Mond und leben alleine weiter. Jetzt reitet Menuo in einer sternengeschmückten Robe auf einem Wagen, der von schwarzen Pferden durch die Nacht gezogen wird, und beschützt Reisende vor Schaden. Aber einst wanderten Mond und Sonne Seite an Seite über den Himmel.[83]

In Grönland kann die verführerische Kraft des Mondes zu einem guten Zweck genutzt werden, denn der Mond, der die Gezeiten des Meeres machte und den Frauen die Menstruation gab, konnte auch schwängern. Einst lief eine unfruchtbare Frau vor ihrem brutalen Mann, der sie schlug, davon und begegnete draußen in der Dunkelheit dem Mond. Er lud sie zu einer Fahrt auf seinem Schlitten ein und nahm sie mit in sein Haus im Himmel. Dort sorgte er dafür, dass sie schwanger wurde und schickte sie, die nun nicht mehr unfruchtbar war, wieder nach Hause.[84]

* * *

Die Volkskunde ist durchdrungen von Überresten der einstigen Macht des Mondes. So glaubte man einst überall in Europa, der Mond kenne die wahre Liebe, und bat ihn darum, sie einem in Träumen zu zeigen. Im 19. Jahrhundert machten viele Frauen in Schottland einen Knicks vor dem neuen Mond. In England verbeugten sie sich dreimal vor ihm, einige sagten dabei »ehrwürdiger Mond, ich grüße dich«, während sich andere auf einen Zaun setzten und hinzufügten:

> Ich bitte dich, guter Mond, sage mir
> Heute Nacht, wer mein Mann sein wird.[85]

In Frankreich sangen die Mädchen:

Lune, lune, belle lune,
faites me voir en mon dormant
le mari que j'aurais de mon vivant.[86]

Bräuche wie die, nur bei zunehmendem Mond oder bei Vollmond zu heiraten, sich nicht dem Licht des Vollmondes auszusetzen, nach Möglichkeit bei Vollmond zu gebären und sich in der Schwangerschaft bei einer Mondfinsternis zu verstecken, führen zurück in eine Zeit, da Zu- und Abnehmen Leben und Tod bedeuten konnten. Daher orientierte man sich in Deutungen von Träumen an diesen Hoffnungen und Befürchtungen. In *A Treatise of the Interpretation of Sundry Dreams* (1601) heißt es: »Ein Mann, der sein Bild im Mond sieht und keine Kinder hat, wird einen Sohn bekommen; aber wenn dies eine Frau träumt, bekommt sie eine Tochter.«[87]

Durch den »silbernen Sixpence« aus dem bekannten Hochzeitsgedicht gelangt der Mond unter dem Deckmantel des Glücksbringers wieder in moderne Hochzeitszeremonien, denn Silber ist das Metall des Mondes: »Something old, something new, something borrowed, something blue, and a silver sixpence in her shoe.«

MOND UND GEBURT

In der Nähe der Höhle von Lascaux in Frankreich fand man die Figur der hochschwangeren paläolithischen Göttin von Lespugue (Abb. 4). Von ihrer Taille bis zu ihrem Gesäß verlaufen zehn vertikale Linien, welche die nach dem Mond gemessenen zehn Monate der Schwangerschaft andeuten. Wenn man die Figur umdreht – der Körper läuft an beiden Enden spitz zu –, werden diese Linien zu Haarsträhnen, so dass sie als eine doppelte Göttin des Lichts und der Dunkelheit erscheint. Welches »Ende« man auch in die Erde steckte (damit sie aufrechtstand), es wurde fruchtbar, denn wie das Zunehmen und das Abnehmen des Mondes verwandelte sich die Dunkelheit in ihr eigenes Licht, und das Licht wurde wieder zur Dunkelheit.

Da der Mond am Himmel älter wurde, sich erneuerte und sogar sich selbst zu gebären schien, ist es nachvollziehbar, dass er zum Modell der Geburt auf der Erde wurde. Mondgottheiten waren immer auch Schutzheilige der Geburt, ob sie nun als männlich oder als weiblich aufgefasst wurden: phrygische Frauen riefen während der Geburt den Mondgott Men als den »Erlöser«[88] an, während die Frauen in Mesopotamien sich an Nanna-Sin und Inanna-Ishatar wandten.

Inanna-Ishtar wurde die »Öffnerin des Schoßes aller Frauen« genannt (ebenso wie zuvor ihre Großmutter Ki-Ninhursag). Mesopotamische Frauen gingen in den heiligen »Kuhstall«, den Tempel von Inanna, um unter ihrem Schutz zu gebären.[89] Bei den Maya gingen schwangere Frauen auf die heiligen Inseln von Ixchel, ihrer Mond-, Regenbogen- und Schlangengöttin, um zu entbinden, oder sie stellten zu Hause ein Bild der Göttin unter ihr Bett.[90] Der umgedrehte Krug, den Ixchel in den Händen hält (siehe Kapitel 3, Abb. 14), signalisiert nicht nur fallenden Regen, sondern stellt auch die Vase des Schoßes dar, der sein Wasser entlässt und die Geburt einleitet. Ishtar, Isis, Heqet (die Froschgöttin), Bast (die Katzengöttin), Neith, Hathor, Artemis, Hekate, Hera, Diana, Juno-Lucina (Juno, die Lichtbringerin), Freya, Holda, die Jungfrau Maria – sie alle sind Göttinnen, die bei der Geburt um Hilfe angerufen werden.

»Möge Artemis, Göttin der weit tragenden Pfeile, mit Gnade auf das Kindbett der Frau herabschauen«, betet der Chor in Aischylos Drama *Die Bittsteller*.[91] Die Frauen in *Hippolytus* von Euripides singen: »Ich spürte dieses Zittern, diesen Schauer in meinem eigenen Schoß, aber ich rief zur himmlischen Bogenschützin, der Göttin Artemis, die über die Geburt herrscht.«[92] Der Schrei der Frauen im animalischen Augenblick der Geburt rief Artemis aus der Wildnis von Himmel und Bergen hinab in die bewohnten Ebenen. In der Hymne von Callimachus sagt sie: »Auf den Bergen wohne ich, und ich mische mich nur dann unter das Stadtvolk, wenn Frauen in den schmerzvollen Wehen mich um Hilfe anrufen.«[93] In der

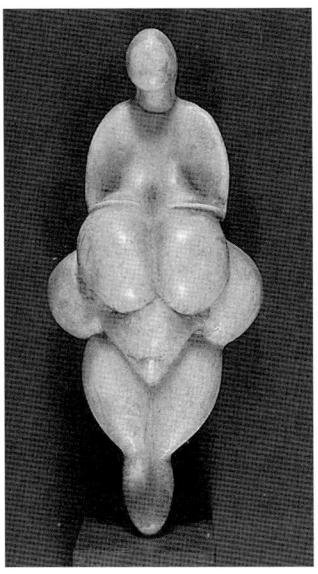

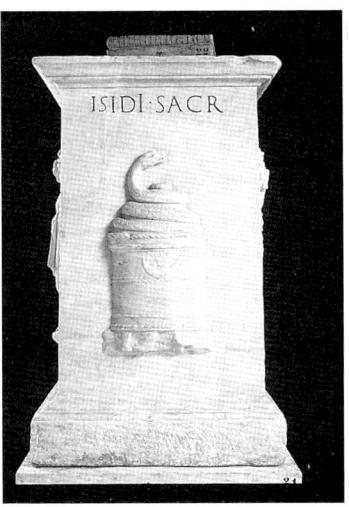

Abb. 4a. Göttin von Lespugue, Vorderansicht. Statue aus Mammutzahn. Ca. 20 000–18 000 v. Chr. Höhe 14 cm. Haute-Garonne, Frankreich.

Abb. 4b. Göttin von Lespugue, Rückansicht. Musée de L'Homme, Paris.

Abb. 5. Der Korb der Isis. Marmoraltar. Aus dem Kelch des Halbmondes sprießen zwei Weizenähren, während sich aus dem Korb eine Schlange als die verwandelnde Kraft der Göttin windet. Aus Caligulas Tempel für Isis. Rom, 1. Jahrhundert n. Chr. Museo Capitolino.

Orphischen Hymne wird sie »Helferin bei Schmerzen, die kein Schmerz berührt« genannt.[94] Auch hilflose Säuglinge riefen nach ihr, damit sie sich um sie kümmere. Daher war sie auch *kourothrophos*, die »Nährmutter der Kinder«.

Die polynesische Mondgöttin in ihrer vollen Phase – Hina-Keha, »Strahlende Herrin« – war auch die Göttin der Geburt, deren Zauberformel für eine leichte Niederkunft noch zu Beginn des 20. Jahrhunderts von Frauen in Neuseeland angewendet wurde. Es hieß, die Mondgöttin sei in ihrer »toten« Phase (wenn sie die »Indigo-Herrin« *Hina-Uri* war) ins Meer hinabgestiegen und habe sich in Seegras verfangen. Die Flut spülte sie in einem Haufen aus verschlungenem Seegras und Tang ans Ufer, wo sie darauf wartete, erlöst zu werden. Rein zufällig fand sie ein Erdenmann, der sie für eine Frau hielt. Die beiden verliebten sich ineinander (obwohl er bereits verheiratet war), und schließlich brachte Hina ihren Sohn Tuhuruhuru zur Welt. Aber da die Geburt schwierig war, komponierte sie einen speziellen Gesang, und während sie ihn rezitierte, wurde sie schnell und sicher von ihrem Kind entbunden.[95] Als dunkler Indigo-Mond besitzt sie das Geheimnis des neuen Lebens, denn auch wenn sie in ein Meer aus Dunkelheit eingetaucht und unter Seegras begraben ist, wird sie bald wieder geboren. Auf diese Art wird das Geheimnis der Wiedergeburt des Mondes zum Geschenk der Geburt an die Welt, denn alle Kinder werden aus dem dunklen Wasser des Schoßes geboren.

Im 17. Jahrhundert beteten indianische Frauen in Peru zum Mond um eine leichte Entbindung.[96] Zwei Jahrhunderte später sangen Hebammen in Ulster einer Frau in den Wehen das Lied *Moon of the Four Quarters* vor. Die Hebammen stellten in jede der vier Ecken des Hauses ein Kreuz der heiligen Brigit, der Feuergöttin und Königin der Bewegungen der Sonne am Himmel, und sangen dann auf der Schwelle:

Four corners to her bed.
Four angels at her head.
Mark, Matthew, Luke and John;
God bless the bed that she lies on.
New moon, new moon, God bless me.
God bless this house and family.[97]

»Zu diesen Klängen«, so Michael Dames, »trat das Neugeborene in die Welt ein.«[98]

GEBURT UND DIE PHASEN DES MONDES

In vielen Mythen stellt der Vollmond die Zeit dar, die eine leichte Geburt für die Mutter und für das Kind einen viel versprechenden Eintritt in die Welt garantiert, da beide an der Fülle von Licht und Leben des Mondes teilhaben. Plutarch, der die Götter als reale Präsenz *und* als Ideen und Prinzipien auffasste, führte die Rolle des Mondes bei der Geburt darauf zurück, dass er die Feuchtigkeit kontrollierte.[99] In Europa riefen die Frauen den Mond als »Befeuchter« und »Taubringerin«, während man in Griechenland und in vielen anderen Ländern einst glaubte, der zunehmende Mond verheiße eine leichte und der abnehmende Mond eine schwere Geburt.[100] Noch heute behaupten viele, dass es bei Vollmond mehr Geburten gibt.[101]

Im Volksglauben herrscht kein Zweifel an der Notwendigkeit, mit dem Mond in Einklang zu leben, wenn das menschliche Wesen alle Hilfe braucht, welche die Natur bieten kann. So wurde die Annahme, dass »Geburten bei zunehmendem Mond leichter sind als in der abnehmenden Phase« durch die Gewissheit bestätigt, dass »Menschen nicht sterben können, wenn der Mond aufgeht, es sei denn, er ist voll gewesen und befindet sich in der abnehmenden Phase«. Eine Geburt bei Vollmond oder bei Flut verhieß ein »glückliches Leben«.[102] In dieser Logik bedeutete es nichts Gutes, wenn man bei dunklem Mond geboren wurde. »Kein Mond, kein Mensch« war bis in die 1920er Jahre[103] ein häufiger Ausspruch in Cornwall, den auch Timothy Fairway in Hardys *Die Rückkehr* benutzt. Fairway unterhält sich mit dem jungen Christian, einem »zögerlichen Mann mit dünnem Haar«, der sich selbst als Mann vorstellt, den keine Frau heiraten will, und hinzufügt, er wisse von seiner Mutter, dass bei seiner Geburt kein Mond geschienen habe. Fairways Antwort ist nicht ermutigend:

> »Kein Mond, kein Mann.« Dies ist eines der wahrsten Sprüche, der je geäußert wurde. Aus dem Jungen wird nie etwas, wenn er an Neumond geboren wurde. Ein schlechter Job, Christian, dass du deine Nase ausgerechnet an diesem Tag des Monats gezeigt hast.«
> »Ich nehme an, dass Vollmond war, als du geboren wurdest«, sagte Christian, mit einem Blick der hoffnungslosen Bewunderung auf Fairway.
> »Nun, es war kein Neumond«, antwortete Mr. Fairway mit desinteressiertem Blick.[104]

Solche Überzeugungen waren weit verbreitet. So sagten beispielsweise Einwanderer aus Schottland oder Irland in West Virginia: »Wenn ein Kind erwartet wird, kommt es direkt nachdem der Mond sich ändert zur Welt.« Oder: »Wenn die Mondstrahlen zur Zeit der Geburt des Kindes stark genug sind, wird es stets leicht Freunde finden.«[105] Ähnlich wird auch in der alten arabischen Tradition ein Traum, in dem eine schwangere Frau eine schöne Mondsichel sieht, so gedeutet, dass »sie ein hübsches Baby haben wird«. Wenn aber ein Ehemann von »einem roten Halbmond« träumt, so bedeutet dies, dass seine »Frau eine Fehlgeburt haben wird«.[106] Die ganz kleinen galten als besonders anfällig für eine bestimmte Mondphase. In Litauen entwöhnte man Jungen bei zunehmendem Mond, damit sie stark wurden, Mädchen jedoch bei abnehmendem Mond, damit sie schlank und anmutig wurden.[107] In Griechenland achteten Kinderschwestern jedoch darauf, kleine Kinder nicht der lösenden Wirkung des Mondes (wenn er voll war) auszusetzen, weil sie, ähnlich wie grünes Holz, bereits genügend Feuchtigkeit in sich trugen und so in Krämpfe und Zuckungen versetzt werden konnten.[108]

DER MOND UND DIE FRUCHTBARKEIT VON TIEREN

Nanna-Sins Kraft, sich selbst zu erneuern, zeigte sich jedes Mal, wenn er wieder als neue Mondsichel erschien:

> … Wie eine Laterne, die am klaren Himmel erscheint,
> Sin, der sich stets selbst erneuert, erleuchtet die Dunkelheit,
> Myriaden von Menschen Licht bringend.[109]

Ur, die Stadt von Nanna-Sin, befand sich am Unterlauf des Euphrat am Rand der Sümpfe, wo Obstgärtner und Viehzüchter an den Flussufern im Schilf lebten. Der Obstgärtner sah den Gott vermutlich als »von selbst gewachsene Frucht«, während er für den Viehzüchter ein »munteres Kalb des Himmels« oder ein Hirte war, der die Sternenherde in seinem halbmondförmigen Boot hütete: »Kalb der Krone, wenn du für die Kälber sorgst.«[110] In der Vorstellung seiner Verehrer war Nanna-Sin somit überaus geeignet, um die Fruchtbarkeit von Vieh und Pflanzen zu fördern, denn sie beteten für die Frühjahrsfluten zu ihm, von der diese Fruchtbarkeit abhing.

In einem sumerischen Lied sendet Nanna eine Botschaft an seine Frau Ningal, die Göttin der Sümpfe, und bittet sie, ihn auf der Spitze seines Zikkurats in Ur zu treffen. Er erzählt ihr von den köstlichen Speisen, die er für sie bereitet hat. Ningal antwortet, dass sie erst dann zu ihm kommen wird, wenn er die Flüsse mit Wasser und die Felder mit Korn gefüllt, Hirsche in die Wälder und Pflanzen in die Wüsten gestellt und für reichlich Honig und Wein in den Obstgärten gesorgt hat, Kresse im Garten wachsen lässt und dem Palast ein langes Leben gewährt. Erst dann, sagt Ningal:

> Werde ich kommen,
> Um in deinem Haus hoch oben zu leben, in deinem geliebten Haus,
> Wenn Kühe und Kälber sich vermehrt haben,
> Werde ich kommen, Oh Nanna,
> Um in deinem Haus in Ur zu leben,
> Oh Herr! In sein Bett will auch ich mich legen![111]

In einigen Teilen Lapplands war es bis in die 1950er Jahre Brauch, ein Rentierkalb zu opfern und dessen Haut in ein Zelt zu hängen. Draußen wurde ein Kupferring an einer Kupferkette an das Zeltdach gehängt, so dass die befruchtenden Strahlen des Mondes daraufallen konnten. Denn der Mond würde dafür sorgen, dass die Rentierkühe eine leichte Geburt hatten und sie vor Schaden bewahren, wenn sie trächtig waren. Die dem Mond geopferten Tiere waren nie schwarz und nie männlich. Sobald der Weihnachtsneumond zu sehen war, herrschte im Zelt vollkommene Stille. Die Frauen durften nicht weben, und die Männer durften keine lauten Arbeiten verrichten. Ein Kupferring wurde in den Rauchabzug des Zelts gehängt, um die Mondstrahlen ins Innere zu lenken, denn wenn sie nicht durchdringen konnten, wurde der Mond zornig und musste mit Opfergaben besänftigt werden.[112]

In Irland wurden Neumondrituale speziell mit dem Wohlergehen des Viehs in Verbindung gebracht. William Lithgo, ein Reisender aus dem 17. Jahrhundert, war offensichtlich kein Einheimischer:

> Beim Anblick jedes neuen Mondes (und das kann ich glaubhaft versichern) geben sie das
> Vieh in ihre Obhut und flehen die Blasse Herrin der Nacht auf abscheuliche Weise an, sie

Abb. 6. Die Kuh, die über den Mond springt. 1880.
(Aus Johnsons, Nursery Rhymes, 1880).

möge ihre Tiere in ebenso gutem Zustand hinterlassen, wie sie sie vorgefunden hatte. Wenn die Tiere krank, verschorft oder wund sind, bitten sie ihre Majestät mit dem jungfräulichen Gesicht, sie möge sie wieder gesund machen.[113]

Auf der karibischen Insel St. Lucia glauben einige Bauern in den Bergen noch heute, dass eine Kuh, die sich in der ersten Mondphase paart, ein männliches Kalb zur Welt bringen wird.[114]

Auch in dem englischen Kinderlied von der Kuh, die über den Mond sprang, findet man noch Überreste der befruchtenden Kräfte des Mondes:

> Hey diddle diddle, the cat and fiddle,
> The cow jumped over the moon.
> The little dog laughed to see such sport,
> And the dish ran away with the spoon.

Der Mondsymbolismus, den wir bislang kennen gelernt haben, gibt Anlass zu der Vermutung, dass diese milchgebende Kuh nicht so wunderlich ist, wie es den Anschein hat. Im skandinavischen *Manavegr* hieß die Milchstraße der »Weg des Mondes«,[115] und in keltischen Ländern wurde sie der »Pfad der Weißen Kuh« genannt.[116] Das Wort »Galaxie«, in der die silberweißen Sterne wie Milchtropfen am Nachthimmel erscheinen, stammt von dem griechischen Wort für Muttermilch (*gala*). Die Galaxie entstand entweder durch die kuhäugige Hera, als sie ihr Kind Herakles säugte, durch Rhea, die Frau des Kronos, die Zeus stillte, oder, wie die Ionier sagten, durch die Mondkuh Io, »die Mondin«, deren Milch in die Dunkelheit strömte.[117] Der bekannte Ausspruch »Der Mond besteht aus grünem Käse«, der zuerst von Sir Thomas More (1478-1535) dann auch von dem Franzosen François Rabelais (1495-1553) verwendet wurde, präsentiert sich als ein ikonoklastisches Bild des gelblichen Gesichts des Mondes, dessen Schatten aussehen wie ein überreifer, mit Schimmel überzogener Käse.[118] Aber eigentlich ist »grüner Käse« neuer Käse, der noch nicht gereift ist und noch nicht angeschnitten wurde. In früheren Zeiten mag er in Farbe und Form dem Vollmond geglichen haben. Doch selbst dieses anheimelnde Bild verweist auf die Vorstellung, die Milch des Mondes, aus der die Milchstraße gemacht war, sei zu einer Käsekugel geronnen. Wie Hiob zu seinem Gott sagte: »Hast du mich nicht ausgegossen wie Milch, wie Käse mich gerinnen lassen?«[119]

Es könnte also sein, dass sich dieses einst verblüffende Kinderlied aus dem 18. Jahrhundert als ein Spiel mit lunarer Metaphorik herausstellt: die Weiße Kuh, die eine Spur ihrer Sternmilch am Himmel hinterlässt, als würde sie ihre Kinder, die Sterne, stillen. Die Mondkuh könnte die sich selbst befruchtende Mutter gewesen sein, oder sie wurde vielleicht vom Mondstier geschwängert – ein Bild, das an den ägyptischen Horus erinnert, der des Nachts in den Mund der Kuh Hathor flog und zum »Stier seiner Mutter« wurde.[120]

Die Katze und der Hund in dem Kinderlied sind beide Mondtiere, während die Schüssel an die sichelförmige Schale des Mondes erinnert, in der sich die ambrosische Milch sammelt.

Ein altindisches Gedicht verleiht dem Bild etwas Betörendes:

> Schwarze Wolken um Mitternacht;
> Tiefer rollender Donner.
> Die Nacht hat den Mond verloren;
> Eine Kuh ruft nach ihrem verlorenen Kalb.[121]

DER MOND ALS JÄGER

Jene, die im Licht des Mondes ihre Beute jagen, sehen sich vielleicht selbst als Beute des jagenden Mondes, wenn er sich als abnehmender Halbmond wie ein Bogen spannt oder als Sichel in der Dunkelheit hängt. Denn der Halbmond, der in der zunehmenden Phase eine Schale mit befruchtendem Wasser oder ein für den Wechsel »neu gespannter« Bogen ist, wird in der abnehmenden Phase verdünnt, zu einer von der Luft geschärften Klinge[122], bereit, das Leben zu durchtrennen, das er einst wachsen ließ.

Viele Mondgötter und -göttinnen werden als Jäger und auch als Spender von Fruchtbarkeit dargestellt, als würden sie in der zunehmenden Phase Leben entstehen lassen und in der abnehmenden Phase töten. Alles hängt davon ab, wessen Leben es ist. Die Buschmänner glaubten, das Leben ihrer Jagdtiere hänge vom Mond ab.[123] Die Jäger der Inuit teilten ihre Fische, Vögel und anderen Tiere mit dem Mond, der sie sowohl erschuf als auch jagte.[124] In Neuguinea blieben die Frauen zu Hause, wenn die Männer jagen gingen, und baten den neuen Mond in Gesängen um eine erfolgreiche Jagd.[125] In England erinnert der große Vollmond nach der Herbst-Tagundnachtgleiche, der »Mond des Jägers« genannt wird, an eine Zeit, da Aktivitäten auf den Mond und nicht auf den Monat abgestimmt waren und silberne Kugeln statt Bleikugeln für »Hexenhasen« und Ungläubige verwendet wurden.[126]

Inanna-Ishtar, die den Schoß der Frauen öffnete, trug auch den Bogen des Sirius. »Welchen deiner Geliebten hast du je für immer geliebt?«, fragt Gilgamesch, weil er fürchtet, ebenfalls abgewiesen oder geopfert zu werden.[127] Im Bild von Inanna-Ishtar als Jägerin wurde der Stern Sirius der »Bogenstern« genannt, da sein Aufstieg bei Sonnenaufgang im Hochsommer starke Hitze und Dürre brachte: Wasser versickerte, Pflanzen verdorrten und die Menschen wurden Opfer von Hunger, Durst und Krankheiten. Im Bild von Dumuzi-Tammus, des »Sohnes« der Göttin, starb die Vegetation der Erde und ging hinab in die Unterwelt, wo Ereshkigal, die Dunkle Mondin, als Königin herrschte.

Artemis, »die bei Nacht umherstreift« und mit ihrem »leuchtenden Auge«[128] blickt, war sowohl Jagdgöttin als auch Göttin der wilden Tiere und der Geburt. Sie inspirierte Heraklit vermutlich zu folgendem Ausspruch: »Leben: ein Name für den Bogen ist Leben, aber seine Arbeit Tod.«[129] In der *Ilias* wirft Hera der Athene vor, sie jage Frauen bei der Niederkunft.[130] Die Kleidung von Frauen, die bei der Geburt starben, wurden Artemis in ihrem Tempel in Brauron geopfert, wo junge Mädchen in Bärenkostümen für sie tanzten.[131] Wenn Artemis zornig ist, so Callimachus, sterben die Frauen im Kindbett, getroffen von ihren Pfeilen, und wenn sie überleben, tragen sie Kinder, die nicht leben können.[132] Ohne die Vorstellung des hellen und des dunklen Mondes – der Kelch und Bogen in einem ist, oder Artemis und Hekate in einer Figur – ist es anfänglich schwer zu verstehen, warum die Göttin, die Frauen bei der Entbindung schützt, auch diejenige sein soll, die sie tötet, es sei denn, Leben und Tod stehen unter ihrem Schutz, und der Schutz der Göttin kann erst dann als selbstverständlich erachtet werden, wenn sie ihn gewährt. Artemis konnte sich im Handumdrehen in Hekate verwandeln und ihre Gaben umkehren: Dies ist die »zweifache Fackel«, von der Sophokles schreibt.[133] Sie bringt Licht *oder* Dunkelheit, führt die Jungen behutsam ins Leben oder jagt sie.

Es ist sicher kein Zufall, dass Artemis mit dem silbernen Bogen und den »rauschenden Pfeilen«, die Göttin des wilden, unbezähmbaren Reiches der Natur, die am meisten gefürchtete Göttin im griechischen Pantheon war. Ihr wurden größere Opfer dargebracht als jedem anderen Gott, denn sie herrschte über die rohe, unbeständige und am weitesten von einer menschlichen Ordnung entfernte Domäne des Lebens. Sie war das Bild des Lichts des Lebens, das auf unerklärliche Weise ausgehen konnte. Diese Vorstellung scheint sehr weit von dem bekannten Ritual entfernt zu sein, in dem ein Kind *alle* Kerzen auf der Geburtstagstorte auspusten muss. Dies war jedoch ursprünglich ein griechischer Ritus zur Feier des Geburtstags von Artemis: An jedem sechsten Tag des Monats wurden auf den Altären in allen Tempeln Kerzen aufgestellt und besondere Kuchen in der Form des Mondes gebacken. Auf dem Höhepunkt der Zeremonie mussten alle Kerzen in einem Atemzug ausgeblasen werden, um sicherzustellen, dass Artemis wohlwollend auf ihre Gläubigen hinabblickte.[134]

Der Symbolismus des einen Atemzugs erinnert an die vollendete Runde des Zyklus, während die vollkommene Dunkelheit, die entsteht, nachdem alle Lichter gelöscht sind, auf die dunkle Phase des Mondes verweist. Sie muss vollständig durchlaufen werden, damit der Halbmond als die nächste »Geburt« von Artemis wieder erscheinen kann, der man dann (mit einiger Erleichterung) »herzlichen Glückwunsch zum Geburtstag« (»many happy returns«) wünschen kann, denn wenn *sie* nicht »wiederkehrt« oder wieder geboren wird, werden auch wir vielleicht nicht wiedergeboren.

Das römische Gegenstück zu Artemis, der »Jägerin des Wilds«, war Diana, die wie die meisten römischen Gottheiten keine vollkommen neuen Geschichten initiierte, sondern den Charakter des griechischen Vorbilds übernahm, jedoch gleichzeitig konkreter und abstrakter wurde, als die vitale Präsenz der Gottheiten nachließ.[135] Cicero nutzte ihren Namen für ein etymologisches Wortspiel: »... hingegen gelten Diana und der Mond als identisch ... Sie wird Diana genannt, weil sie nachts gleichsam den Tag (*dies*) hervorbringt.«[136] Diana wird meist mit einem Hirsch oder einem Hund sowie mit Pfeil und Bogen über der Schulter dargestellt, ein Bild, das Künstler bis zur Renaissance und darüber hinaus inspirierte.

Der germanischen Himmels- und Mondgöttin Holde, Holle, Holl oder Hel, die auf dem Wind ritt und in Seen und Flüssen badete, wurde die inzwischen vertraute Macht zugeschrieben, Leben zu geben und zu nehmen. Sie herrschte über den Anbau und das Spinnen von Flachs, war aber auch Anführerin der »wilden Jagd«. Nach Auffassung der späteren christlichen Theologie gingen die Seelen ungetaufter Säuglinge nach dem Tod in das Reich von Holde ein (das später »Hölle« genannt wurde). Dort folgten sie ihr in der wilden Jagd durch den Himmel und über die Felder, die dann das doppelte der üblichen Ernte hervorbrachten.[137]

Abb. 7. Artemis als Jägerin. Attische Pelike. Ca. 380 v. Chr. British Museum.

Reichel-Dolmatoff berichtet, dass die Phasen des Mondes für die Desano, ein Stamm der Tukano-Indianer des nordwestlichen Amazonas, sowohl die Jagd als auch den Sex regulieren, denn sie stellen einen Kalender für die Geburtenkontrolle, den Schutz des Wildes und die Herstellung vieler Materialien dar. Die Desano beachten die Mondphasen sehr genau und sehen in ihnen eine Verbindung zur weiblichen Fruchtbarkeit und zu den Wachstumszyklen von Tieren und Pflanzen. Zwischen Neumond und dem ersten Mondviertel ist Geschlechtsverkehr verboten, ebenso wie bei abnehmendem Mond und in den drei Nächten des dunklen Mondes. Er schreibt:

> Der Zyklus ist ausgerichtet für Jagd- und Angelaktivitäten: Das Angeln soll in dunklen Nächten am ergiebigsten sein, zwischen Neumond und dem ersten Mondviertel, aber wenn der Mond heller wird, soll das Jagen und Fischen unterbrochen werden, um es in der abnehmenden Mondphase und in den dunklen Nächten wieder aufzunehmen. Schamanen sagen, dass dieses Programm die Absicht hat, die Männer von den Frauen während dieser Nächte fern zu halten. Ältere Frauen unterstützen die Schamanen, und beide sprechen unverblümt über Aspekte der Verhütung in diesem Zusammenhang. [138]

Die Nunivaarmiut, Eskimos von der Insel Nunevak vor der Westküste Alaskas in der Bering See, erzählten 1924 ihre Geschichten dem Forscher Knud Rasmussen und zeigten ihm auch ihre heiligen Masken. Zwar waren Mond und Sonne mit dem jährlichen Zyklus des Jagens und Fischens verbunden, aber wenn eine Jagd gescheitert war, reisten die Schamanen in Trance zum Mond und baten um Jagdglück, gutes Wetter und gute Gesundheit. Der Schamane trug die Maske bei Vollmond, um sich mit dem »Mondmann« zu verbinden, denn der Mond jagte gerne all die Tiere, die von dem »Weltkreis« an seiner Maske herabhingen (siehe Abb. 1).[139] Ein wichtiger Jagdritus bestand also in der Vorstellung, sich mit dem Mond als dem größten Jäger zu identifizieren und sein Wissen und seine Kraft aufzunehmen. Schamanen aus dem benachbarten Kanada oder Grönland sagten, sie wüssten von ihren eigenen Reisen zum Mond, dass der Mond durch seinen »Hund«, der sich auch in einen Polarbär verwandeln konnte, sowohl auf der Erde als auch im Meer Leben schafft.

Der Winter ist die Zeit der Robbenjagd und des Mondes, während der Sommer als die Zeit der Karibujagd zur Sonne gehört. Jeden Monat und jedes Jahr durchleben Mond und Sonne erneut ihre unglückliche Liebesaffäre, als das Gesicht des Mondes mit Ruß eingerieben wurde.[140] Im Winter wird die Sonne blass

Abb. 8. Diana die Jägerin. Marmorstatue, Germain Pilon. Mitte 16. Jahrhundert. Louvre.

Abb. 9. *Isis stillt Horus. Kupferstatue. 2040–1700 v. Chr.*
Staatliche Museen zu Berlin.

Abb. 10. *Maria stillt Jesus. Gemälde auf Holz.*
Sandro Botticelli. Ca. 1470. Musée du Petit Palais, Avignon.

und sinkt bis zur Mitte des Winters immer tiefer, bis sie wieder an Kraft und Schönheit zunimmt und im Frühling unwiderstehlich wird, wenn das Verlangen des Mondes erneut geweckt ist. Im Sommer, wenn die Sonne den Gipfel ihrer Kraft erreicht hat, wird der Mond blass und schwach und erstarkt erst im Winter wieder.[141]

DER KREISLAUF DER WIEDERGEBURT

Ein Kind, das von einer Göttin geboren wird, ist ein aus dem ewigen Reich geborenes Kind. Im Mondsymbolismus ist dies die Sichel des neuen Zyklus, die im Laufe der Jahrtausende als der wieder geborene Dumuzi, Tammuz, Horus, Attis, Dionysos, Persephone, Adonis und Jesus verkörpert war – um nur die zu nennen, deren Namen wir kennen. Ob das göttliche Kind als ein Bild des Menschen im Schoß der Großen Mutter gesehen wird, als Wiederkehr des Frühlings der Natur in Knospen, Keimen und Blättern, in all den Lämmern, Kindern, Fohlen und Kälbern der neuen Mütter des Frühjahrs, oder ob es ein Bild im Herzen ist, das aus den Tiefen des Großen Gedächtnisses oder der Weltseele geboren wird, es ist ein Bild, das jedes Kind, das auf die Welt kommt, umhüllt. In dem Gedicht des Sufi-Dichters Rumi sagt der Erzengel Gabriel zu Maria:

> Oh Maria! Sieh genau, denn meine Gestalt ist schwer auszumachen.
> Ich bin ein neuer Mond. Ich bin ein Bild im Herzen.[142]

KAPITEL 9

DER MOND UND DIE PFLANZEN

The moon like a flower,
In heaven's high bower
With silent delight
Sits and smiles on the night.
William Blake, *Night*

Viele Menschen, die weder glauben, dass der Mond Wasser, Regen oder Tau in sich trägt, noch, dass er die befruchtende Kraft bei der Empfängnis von Menschen und Tieren ist, säen gleichwohl bei zunehmendem Mond oder bei Vollmond aus und ernten bei abnehmendem Mond.[1] Die Verbindung, die zwischen dem Mond und den Wachstumsmustern von Pflanzen hergestellt wird, scheint länger überdauert zu haben als irgendeine andere. Zur Verblüffung all jener, die solche Praktiken bestenfalls als Wunschdenken und schlimmstenfalls als Aberglauben abtun, war 1999 in einer Fernsehserie mit dem Titel *Supernatural* zu erfahren, dass der Mond »tatsächlich einen tief greifenden Einfluss auf Pflanzen hat«.[2] In den 1950er Jahren durchgeführte Experimente ließen darauf schließen, dass Aufgang und Untergang des Mondes den Grad der Sauerstoffaufnahme von Möhren und Kartoffeln beeinflussen. In nachfolgenden Experimenten wurde die Behauptung aufgestellt, dass Pflanzen zu bestimmten Zeiten des Zyklus besser wachsen als zu anderen.[3]

Die jüngere Forschung hat gezeigt, dass Baumstämme dem täglichen Mondzyklus folgen. Wie die Gezeiten schwellen sie an und ab und haben pro Tag zwei »Fluten«. Die moderne Erklärung stellt jedoch keine Verbindung zur Sogwirkung des Mondes auf das Wasser in einem Baum her, sondern zum Magnetfeld der Erde, das zu einem lunaren Rhythmus pulsiert und stärker ist, wenn sich der Mond direkt über oder unter ihm befindet.[4] Der Mond erzeugt auch Gezeiten in der Erdkruste, die sich zum Mond hin auswölbt, wenn er über sie hinweg zieht, als würden im Inneren der Erde Wellen existieren. Forschungen haben angeblich gezeigt, dass Moskau zweimal täglich um ganze 0,5 Meter steigt und wieder fällt, während Europa und Nordamerika sich um 20 Meter annähern und wieder entfernen. Dies würde erklären, warum es um die Zeit des Vollmonds oder Neumonds mehr Erdbeben als zu jedem anderen Zeitpunkt des lunaren Zyklus gibt.[5] Die Frage, ob wir diese Forschungen als gültig betrachten oder nur als eine weitere Phase des unvollkommenen Verständnisses der Schöpfung ansehen, sollte angesichts der Behauptungen über den Mond während der vergangenen fünf Jahrtausende vielleicht besser offen gelassen werden.

Die Gleichsetzung der Zyklen des Pflanzenwachstums mit den Mondphasen hat eine lange und alte Geschichte, die sich ursprünglich auf die Vorstellungskraft der Analogie statt auf Hypothesen und Experimente gründete. Für denjenigen, der sich an himmlischen Zyklen orientiert, nimmt die Vegetation wie der Mond zu und ab. So taucht die Pflanze wie die Mondsichel als ein Keim aus der dunklen Unterwelt des Todes auf, wächst wie der zunehmende Mond zu voller Blüte und Frucht heran, und wenn sie wie der Mond sein Licht ihre Blüten, Blätter, Früchte und Samen abgeworfen hat, verschwindet die Pflanze schließlich wieder in der Dunkelheit, aus der sie hervorkam. Im neuen Jahr des folgenden Frühlings kehrt der Same zurück und wird wie der neue Mond wieder geboren. Dieses Denkmuster begriff das Leben des Mondes und das der Pflanzen als einen Prozess, denn analog zu den anderen Einflussbereichen des Mondes war Licht Leben, weil es Feuchtigkeit und Fruchtbarkeit bedeutete. Plutarch schreibt: »... der Mond habe ein Licht, das befruchtend und befeuchtend wirke, er sei der Zeugung von Lebewesen und dem Kei-

Abb. 1. »Die Sternenhalle der Königin der Nacht«. Aquatinta von C. F. Thiel nach Karl Friedrich Schinkels Bühnenbild für Mozarts Oper Die Zauberflöte. 1815. Universität Köln. Theaterwissenschaftliche Sammlung.

men von Pflanzen gnädig«.[6] Aber der eigentliche Grund, warum dieses feuchte Licht »schwanger« war, bestand möglicherweise darin, dass es aus dem Wasser des ewigen Lebens kam, es enthielt oder selbst dieses Wasser *war*, durch dessen Kraft die Vegetation wieder zum Leben erweckt wurde.

Wenn es sich, wie Ptolemäus in seinen *Tetrabiblos* sagt, einfach so verhalten würde, dass die Sonne wärmt und trocknet, während der Mond befeuchtet[7], dann ist es sehr unwahrscheinlich, dass diese ursprüngliche Präferenz für den Mond als Quelle des Wachstums in gemäßigten Klimazonen vorherrschte. Denn die brennende Sonne, die Pflanzen in heißen Ländern austrocknet und ihnen den Tod bringt, sorgt anderswo für Zeiten der Fruchtbarkeit und für Erlösung von bitterer Kälte. Aber auch in vielen kälteren Ländern – selbst im eisbedeckten Grönland – wurde dem Mond die Kraft des Wachstums zugeschrieben, auch wenn die Sonne das Land erwärmt, den Schnee zum Schmelzen bringt und Sprösslinge aus dem Boden auftauchen lässt. Eliade behauptet, die Beziehung zwischen Mond, Regen und Pflanzenleben sei vor der Entwicklung des Ackerbaus im Neolithikum (8000–3500 v. Chr.) entstanden und wie alles Zyklische vom Gesetz universeller Fruchtbarkeit, wie es der Mond verkörpert, abgeleitet worden.[8] Aber auch als die

Abb. 2. Bohnenähnliche Pflanze innerhalb von ovalen Scheiben oder Eiern, die vermutlich die Mondphasen darstellen und mit sich windenden Schlangen verbunden sind. Schwarz auf rotem Grund. Die Vase als Ganze zeigt den Prozess der Erneuerung. Cucuteni-B-Phase, Koszylowce, Galizien, westliche Ukraine. Ca. 3500 v. Chr. (Aus Gimbutas, Language, S. 222).

Abb. 3. Pflanze oder Baum innerhalb von Kreisen, verbunden durch sich windende Schlangen und durchsetzt mit runden Scheiben, die vermutlich die Mondphasen darstellen. Terrakottavase. Braun auf rotem Grund. Mykene. 14. Jahrhundert v. Chr. (Aus Gimbutas, Language, S. 222).

Menschen begannen, Pflanzen anzubauen und als sie erkannten, in welcher Abhängigkeit diese Pflanzen von den Jahreszeiten standen, die durch die Sonne herbeigeführt wurden, starb der Glaube an die Kräfte des Mondes noch lange nicht aus. Abgesehen von der Tatsache, dass es stets schwierig ist, Glaubensvorstellungen zu ändern, selbst wenn man weiß, dass sie falsch sind, könnte ein Grund für diese Verzögerung der sein, dass man den Mond noch immer für die Quelle des Wassers hielt, die von der Sonne ausgetrocknet wurde. Es könnte auch sein, dass es sich bei diesem Wasser um ambrosisches Wasser handelte, das die Geheimnisse der Lebenskraft in sich trug – ein Code, der noch immer nicht geknackt ist.

MONDGOTTHEITEN DES WASSERS, DER PFLANZEN UND DER BÄUME

Die Beziehung zwischen dem Mond und dem Leben der Pflanzen wurde mythologisch in der Darstellung von Mondgottheiten als Götter und Göttinnen der Vegetation ausgedrückt, insbesondere der Pflanze, von der sich der betreffende Stamm hauptsächlich ernährte. Die »Alte Frau, die niemals stirbt«, wie sie von den nordamerikanischen, Ackerbau treibenden Indianerstämmen verehrt wurde, war die »Mutter des Korns und des Gemüses«.[9] Die mexikanische Große Mutter war die Göttin des Mondes und des Wassers, aber auch die »Herrin der Maispflanze«.[10] Die Perser sagten, dass der Mond »zu den Weiden strömt, um Nahrung zu geben«.[11] Und im Fünften Buch Mose wird der Mond der Träger »aller kostbaren Dinge« genannt.[12] Nach der Aussaat wurden die Fackeln der Mondgöttin Hekate um die Felder herumgetragen, um sie fruchtbar zu machen.[13] Porphyrios (233–304 n. Chr.) schreibt über seine Landsleute, dass sie die produktive Kraft des Korns, die Demeter darstellt, mit dem Mond als dessen produktiver Kraft assoziieren, und fügt hinzu, dass der Mond auch der Erhalter von Kore ist. Sie stellen ihr auch Dionysos zur Seite.[14] In vielen Ländern, unter anderem auch in Schottland, glaubte man bis ins 19. Jahrhundert, der Erntemond, der aufsteigt, wenn die Sonne untergeht, lasse das Getreide reifen, weil er die ganze Nacht scheint.

Wo Reis das Hauptnahrungsmittel war, beispielsweise auf den Inseln Indonesiens, enthielt der Mond den Reisgeist und musste mit Opfern besänftigt werden. Die Mori der Insel Celebes glaubten, der Reisgeist *Omonga* lebe im Mond und esse all den Reis im Speicher auf, wenn er nicht mit Respekt behandelt werde.[15] Die Tomori von der Insel Sulawesi brachten dem Mond Opfer dar, damit er ihnen Reis gebe.[16]

Einer Geschichte aus Peru zufolge gab der Mond den Sterblichen kultivierte Pflanzen, indem er ein junges Mädchen unterwies, das er heiratete. Er sorgte dafür, dass sie von einem Fisch befruchtet wurde, und sie brachte vier Kinder zur Welt: die Sonne des Tages, die Sonne unter der Erde (die Sonne in der Nacht),

Abb. 4. Sin thront auf dem Halbmond als die Frucht des Baumes.
Vor ihm hängt der Morgenstern, seine Tochter Ishtar, die ihn später als
wichtigste Mondgottheit ersetzt und sowohl Mutter als auch Tochter
des Mondes wird. (Aus Harding, Woman's Mysteries, S. 89).

Abb. 5. Mondmann mit »Salatbeerenstrauch« und Eimer.
Holzmodell des Wappens des Haida-Häuptlings
»Der, dessen Stimme befolgt wird«. American Museum
of National History, Skidegate. British Columbia.

den Morgenstern und die Nachtsonne (den Mond), die unsichtbar war, aber die Sterne erleuchtete. Dieses letzte Kind war so heiß, dass es den Schoß seiner Mutter verbrannte und diese starb. Die Mutter des Mädchens war wütend auf den Mond und sagte ihm, er solle den Leichnam seiner Frau essen, da ihre Seele in die Unterwelt eingegangen sei. Der Mond tat, wie ihm geheißen, wurde so zum Leichenfresser und bewegte sich weit von der Erde fort.[17] Wie in anderen Mythen wird der Mond auch hier sowohl mit der Entdeckung von Pflanzen als auch mit Tod und Zersetzung in Verbindung gebracht.

Der mesopotamische Mondgott Nanna-Sin wurde als »der Grüne«, der »Schöpfer der Gräser« und »Herr des Gemüses« gepriesen, ebenso wie Inanna-Ishtar und Dumuzi nach ihm. Inanna-Ishtar wurde »Herrin des Feldes« genannt, »die des sprießenden Grüns«, »die Grüne« oder »Mutter des Weinstocks«.[18] Sin galt als die »Frucht, die aus sich selbst hervorbringt«, und in einem babylonischen Siegel sieht man seine Sichel auf einem Feld liegen.[19] Eine Hymne an Sin preist ihn:

> Dank dir, weht deine Verordnung über uns wie der Wind,
> und Stall und Weide werden fruchtbar!
> Dank dir, wird deine Verordnung auf der Erde ausgeführt,
> und das Gras und grüne Dinge wachsen. [20]

Ähnlich wie der Grüne Mann der späteren europäischen Volkskunde wurde Sin manchmal als ein Baumstamm dargestellt, aus dem Äste und Blätter wachsen (Abb. 4). Inschriften in Keilschrift berichten davon, dass das Heilkraut von Sin »nach Sonnenuntergang und vor Sonnenaufgang geschnitten wird, wenn man sein Haupt verschleiert und einen magischen Kreis aus Mehl um das Heilkraut gezogen hat«.[21]

Der Mond, der so oft zwischen den verschlungenen Ästen von Bäumen hindurchschimmert, als ruhe er auf seinem Weg hinab zur Erde in den Zweigen, hatte in vielen Ländern seinen eigenen Baum, in dem der befruchtende Tau gesammelt und verwandelt wurde. Manchmal konnte dieser Baum auch in Umrissen in der Mondkugel gesehen werden. Dies führte zur Vorstellung des Lebensbaumes, dessen Saft niemals versiegt und dessen Frucht, wie Neumann es formuliert, die kostbare Frucht des Vollmondes ist.[22] In vielen Ländern – darunter in Polynesien, Melanesien, auf den Molukken, in China und in Schweden – sah man Bäume jener Art im Mond, die Immergrün seinen Namen gaben. Wie der Zimtbaum im Mond der Chinesen wuchsen diese Bäume jeden Monat wieder nach, nachdem sie gefällt worden waren.[23] Denn alles, was auf dem Mond wuchs, wurde von seinem ambrosischen Wasser genährt und war unsterblich. Abb. 5 zeigt das Wappen des Häuptlings der nordamerikanischen Haida-Indianer: »Der, dessen Stimme befolgt

Abb. 6. Schrein des heiligen Mondbaums mit Mondsichel unter dem Altar und einem Gläubigen, der um Hilfe bittet. Der Baum ist zu dem Bittsteller geneigt, als würde er auf dessen Gebet antworten. Minoische Gemme aus Kreta. (Aus Harrison, Themis, *S. 190).*

Abb. 7. Heiliger Tanz dreier Priesterinnen neben einem Altar, auf dem drei aufrechte und drei umgekehrte Mondsicheln abgebildet sind. Goldener Siegelring, gefunden auf dem mykenischen Friedhof von Aidonia in der Nähe von Nemea. Peloponnes, Griechenland. Ca. 1500 v. Chr.

wird.« Der Mann im Mond trägt in einer Hand einen »Salatbeerenstrauch« und in der anderen einen Eimer mit Wasser, während der Mondbär die Säule hinaufklettert.

Das Bündel mit Dornen als Feuerholz oder der Dornbusch, den in Europa der Mann im Mond trägt, erhält eine eher biblische Bedeutung, wenn man berücksichtigt, dass Dornbüsche bei den Kelten und Germanen heilig waren und nur für sakrale Zwecke geschnitten und für die Verbrennung der Toten verwendet werden durften.[24] Laut Kapitän Cook hielt man im Südpazifik die Flecken auf dem Mond für Wäldchen, bestehend aus jenen Bäumen, die einst in Otaheite wuchsen. Nachdem sie durch ein Unglück zerstört worden waren, wurden ihre Samen von Tauben dort hinaufgetragen, wo sie nun blühen.[25] Und auch Plutarch hält den Mond für einen idealen Lebensraum:

> Wen wundert es dann, wenn auf dem Mond Wurzeln und Samen und Bäume wachsen, die keinen Regen oder Schnee benötigen, sondern sich natürlich an die verdünnte Luft angepasst haben? Und wieso soll es unwahrscheinlich sein, dass vom Mond erwärmte Winde aufsteigen … und dass zerstreuter und sich ausbreitender Tau und leichte Feuchtigkeit für die Vegetation ausreichen, und dass ihr Temperament nicht feurig und trocken ist, sondern sanft und befeuchtend?[26]

In Kamerun werden Mond und Baum absolut gleichgesetzt: Ein Mondpriester kann den Mond vom Himmel herabholen und ihn wie eine Bananenpalme in seinen Garten pflanzen.[27]

In einem Mythos der Irokesen erleuchtete einst ein strahlender Baum die Oberwelt, und als der Mond herabkam, um die Erde zu erleuchten, tat er all die Dinge, die der erste Baum getan hatte.[28] In Südamerika glaubt man, die heilige Pachimba-Palme sei vom Mond herabgefallen (und verleihe magische Kräfte, wenn man sie kaut), während man auf den Admiralitätsinseln die Kokospalme mit dem Mond gleichsetzt.[29] In Neubritannien glauben die Menschen, der Vollmond komme aus einem Zuckerrohr.[30] Offenbar wird der Mond mit der wichtigsten Nahrungsquelle eines Stammes identifiziert, um ihm die Erzeugung der Früchte der Erde zuschreiben zu können.

In einer minoischen Gemme aus Kreta (siehe Abb. 6) erscheint der Mond unter einem Baum in der Mitte eines Heiligtums als unsichtbare Quelle des Wachstums. »Der Mondkult zur Zeit der Minoer«, so Harrison, »ist eine eindeutig bewiesene Tatsache«, während die Verbindung von Mond und Olivenbaum erst tausend Jahre später im *Pandroseion*, dem Mondschrein in der Akropolis, dem Tempel der Athene, deutlich wird.[31]

Die alte *Hymne von Eridu* (des Volkes, das später Chaldäer, »Mondanbeter«, genannt wurde) platziert den Mondbaum mit den weißen Wurzeln wie die *Axis Mundi* des Lebensbaums in die Mitte der Erde:

Seine Wurzel aus weißem Kristall erstreckte sich in die Tiefe ... Sein Platz war der Mittelpunkt der Erde; sein Laub war das Lager von Zikum, der Urmutter. Das Herz seines heiligen Hauses, das seinen Schatten wie ein Wald ausbreitet, hat noch kein Mensch betreten; dort ist die Heimat der mächtigen Mutter, die über den Himmel zieht; in ihrer Mitte war Tammuz.[32]

Hier wird Tammuz als der Saft und die Frucht des Baumes gesehen – »in der Mitte« –, die Quelle des unsterblichen Saftes als der ewig wiederkehrende Neue Mond, »der Wanderer« oder »mein Herr, der Honigmann«, wie Ishtar ihn nennt.[33] Die »mächtige Mutter, die über den Himmel zieht« ist Ishtar als der Mond, die sich mit ihrem Sohn/Geliebten wieder vereinigt, wenn sie »nach Hause« kommt. Der Mondbaum, der den Mondtau hinab auf die Erde brachte, war in Babylonien und Assyrien sehr verbreitet und wurde manchmal zu einem Pfahl, drei Säulen oder einem Kreuz abstrahiert bzw. zu einer Lotusblüte oder Lilie abgewandelt.

Allgemein herrschte also der Glaube vor, dass die Feuchtigkeit auf der Erde mit dem zunehmenden Mond ebenfalls zunahm, so dass der Saft in einem lunaren Rhythmus stieg und fiel. Pflanzen und Tiere hatten bei zunehmendem Mond den meisten Saft und wuchsen daher schneller, während Lebewesen bei abnehmendem Mond austrockneten und langsamer wurden. Wie es im *Zend Awesta* heißt: »Wenn das Licht des Mondes im Frühling wärmer wird, wachsen goldfarbene Pflanzen aus der Erde.«[34] Die Säfte der Pflanzen sowie die Flüssigkeit, die aus ihren Stängeln und Blättern austraten – Harze, Gummi und Duftstoffe –, wurden als die Konzentration lunarer Kraft angesehen. Die Pflanzensäfte auszupressen, sie zu fermentieren und zu trinken, bedeutete also, die göttliche Essenz des Mondes in sich aufzunehmen. Osiris, Inanna-Ishtar, Tammuz, Men und Dionysos werden mit der Kultivierung des Weines identifiziert. Die südamerikanischen Huitoto glaubten, der Mond selbst nehme zu, wenn er Chicha eine Art Bier, trinke, das als das Blut des Mondes galt.[35]

DIE MONDPHASEN UND DIE ERDE

In einem geistigen Klima, in dem der Mond die Zeit und das Wetter bestimmte, Regen und Tau brachte und die Quelle allen Wachstums war, wäre es töricht gewesen, nicht vom Timing seiner Energierhythmen zu profitieren. Vor allem aber wäre es unvorstellbar gewesen, das himmlische System zu ignorieren. Im Himmel wie auf der Erde war Licht Feuchtigkeit und damit Wachstum. Genauer gesagt bedeutete das zunehmende Licht am Himmel eine Zunahme der Feuchtigkeit und des Wachstums auf der Erde, ein Prozess, der sich bei abnehmendem Mond umkehrte.

Die Annahme hinter dieser Idee bestand also darin, dass das, was mit dem Mond geschieht, auch mit der Erde geschieht. Die Kastration von Tieren, das Scheren der Schafe, das Schneiden des Korns und das Fällen von Bäumen sind »abnehmende« Aktivitäten, denn sowohl der Mond als auch Tiere, Bäume und Pflanzen verlieren etwas und zerbrechen. Umgekehrt wachsen die Dinge auf der Erde, wenn der Mond zunimmt. Pflanzen, das Ausbrüten von Eiern und die Paarung von Tieren sind »zunehmende« Aktivitäten. Dieser Vorstellung lag die Idee zugrunde, dass bei zunehmendem Mond nicht nur alles besser wächst, sondern dass Lebewesen auch stärker und weniger anfällig für Schäden und Zerfall sind. Daraus folgte, dass sie bei abnehmendem Mond schwächer und daher leichter krank wurden und schließlich starben.

Es überrascht also nicht, dass die Aussaat bei zunehmendem Mond stattfand und dass die daraus entstandenen Pflanzen bei abnehmendem Mond geerntet wurden. Auf diese Art arbeitete man in Übereinstimmung mit den Gesetzen der Fruchtbarkeit, die ursprünglich dem Einflussbereich des Mondes zugeschrieben wurden. Viele Autoren der Antike bezogen sich auf diese grundlegende Vorstellung – Hesiod, Aristoteles, Hippokrates, Plutarch, Horaz, Plinius, Galen, Vergil, Cato und Varro, um nur einige zu nennen. Hesiods im achten Jahrhundert v. Chr. verfasstes Lehrgedicht *Werke und Tage* ist das früheste Werk des Westens, in dem Bauern geraten wird, mit den Phasen des Mondes zu arbeiten. »Meide im steigenden Mond den Dreizehnten und beginne nicht mit der Saat; Pflänzlinge freilich nährt er am besten.«[36] Zwiebeln waren jedoch eine Ausnahme, weil sie bei abnehmendem Mond keimen und bei zunehmendem Mond vertrocknen.[37] Auch römische Schriftsteller wie Plinius und Cato schrieben über Regeln, nach dem Mond zu pflanzen und zu ernten, wobei sie in erster Linie zwischen den Aktivitäten unterschieden, die dem zunehmenden bzw. abnehmendem Mond zuzuordnen sind.[38]

Das Ziel bestand zwar darin, die Wachstumskräfte des Mondes für menschliche Zwecke nutzbar zu machen, häufig aber gab es Unterschiede in der Interpretation der dafür eingesetzten Mittel. Dazu einige Beispiele: Schafe mussten bei zunehmendem Mond geschoren werden, damit ihre Wolle so schnell wie möglich nachwachsen konnte. Heu und Getreide aber sollten bei abnehmendem Mond geschnitten werden, um zu verhindern, dass sie faulten oder keimten. Bäume mussten bei abnehmendem Mond gefällt werden, wenn ihre Feuchtigkeit austrocknete – wenn sie bei zunehmendem Mond gefällt wurden, wuchsen sie weiter, und das Holz reifte nicht aus. Dieser Brauch wurde im vorrevolutionären Frankreich zu einem Gesetz erklärt: Holz durfte nur bei abnehmendem Mond geschnitten werden. Bei abnehmendem Mond sollten Früchte geerntet und Vieh kastriert werden, Schweine aber sollten bei zunehmendem Mond geschlachtet werden, denn bei abnehmendem Mond würde »der Schinken mit dem Mond verloren gehen«.[39] Hengste und Stuten sollten sich bei zunehmendem Mond paaren, und Wurzelgemüse sollte »bei dunklem Mond« gepflanzt werden. In *Tusser's Husbandry* (1580) heißt es für den Februar:

> Säe Erbsen und Bohnen bei abnehmendem Mond,
> Wer sie früher sät, sät sie zu früh;
> Damit sie wie der Planet ruhen und steigen,
> Blühen und reichlich Früchte tragen.[40]

Aber was ist mit dem Bauern, der einen ganz anderen Reim kennt?

> Säst du junge Bohnen, wenn der Mond ist rund,
> hängen ihre Schoten bis zum Grund ...[41]

Das in Amerika noch immer benutzte *Old Farmer's Almanac* macht die allgemein verbreitete Vorstellung deutlich:

> Pflanzen und Gemüse, die Früchte über der Erde tragen, pflanze bei HELLEM Mond, also zwischen dem Tag, an dem der Mond neu ist und dem Tag, an dem er voll ist. Pflanzen, die unter der Erde Früchte tragen, pflanze bei DUNKLEM Mond, also zwischen dem Tag nach Vollmond und dem Tag nach Neumond.[42]

Es ist, als würde ein heller Mond Pflanzen dazu bringen, hinauf in das »Licht« zu wachsen, während ein dunkler Mond sie hinab in die Dunkelheit des Bodens zieht. Gleiches schafft Gleiches. Aber woraus besteht diese Gleichheit? Noch heute hält man sich in Wales an ein Sprichwort, demzufolge Kartoffeln erst an Karfreitag gepflanzt werden sollen – dem Tag, an dem Christus in die Dunkelheit der Hölle abstieg. Aber das Datum kann zwischen dem 19. März und dem 21. April liegen, da der Zeitpunkt von Ostern nach dem Mond bestimmt wird. Solch lunarer »Aberglaube«, wie Skeptiker ihn nannten, wurde oft verhöhnt: »Er (der Abergläubische) übergibt den Samen erst der Erde, wenn der Mond es verlangt.«[43] Dr. Johnson tat Aberglaube als »Vulgärphilosophie« ab, für Yeats war es hingegen »Populärpoesie«.[44]

Angesichts der Annahme der »Übereinstimmung« sind diese Prinzipien in sich verständlich, aber manchmal liest sich die schiere Dichte der Details, als würde der Mond gebeten, als Führer und Herrscher aller irdischen Angelegenheiten zu dienen und das Langsame ebenso von Unsicherheit wie von Trägheit zu befreien. Dies sind die Pflichten, die in *The English Housewife* für den März 1683 zu finden sind:

> Im März, wenn der Mond neu ist, säe Knoblauch, Kerbel, Majoran, weißen Mohn, Ringelblumen, Thymian und Veilchen. Bei Vollmond säe Chicorée, Fenchel und Tomaten.
> Bei abnehmendem Mond Artischocken, Basilikum, Gurken, Spinat, Levkojen, Kohl, Salat, Wiesenknopf, Lauch und Bohnenkraut.[45]

Der Hinweis auf ein Paradigma findet sich dann, wenn wir uns erinnern, dass ein Aspekt der Qualitäten des Mondes die übrigen heraufbeschwört. Denkt man an die zersetzende Kraft des Mondes – die Art, wie Plinius sagt, in der er Körpern Feuchtigkeit entzieht, Eis taut und »alles mit befeuchtendem Atem lockert«[46] –, erweist sich ein kleiner, laubwechselnder Farn als besonders interessant, der *Botrychium lunaria* oder Mondwurz heißt, da er dafür bekannt war, dass er die Nägel aus den Hufeisen von Pferden zog, die auf ihn traten. Der Kräuterkundler Nicholas Culpeper berichtete im 17. Jahrhundert, Kommandanten aus Devon hätten 30 Hufeisen der Pferde des Earl of Essex gefunden, die diese aus unerfindlichen Gründen verloren hatten.[47] Auch für die anderen Eigenschaften von Mondwurz werden keine Gründe angegeben. So soll es beispielsweise Türen aufschließen, wenn es im Mondlicht gesammelt und dann in Schlüssellöcher gesteckt wird, es soll Nägel aus Scharnieren lösen und Quecksilber in Edelmetall verwandeln.[48]

Auch die Geschichten, die sich in der Volkskunde um die Alraune oder Mandragore ranken, verweisen auf lange vergessene Quellen. In Mandragore steckte das griechische *drakon*, »Drache« oder »Schlange«. Die Pflanze erhielt ihren Namen wegen der Ähnlichkeit ihrer großen gegabelten Wurzeln mit einem menschlichen Wesen. Aber vielleicht wurde der Name auch einst von »Mond-Drachen« oder »Mond-Schlange« (oder vom Mann-im-Mond-Drachen) abgeleitet, wenn man den ihr anhaftenden lunaren Symbolismus von Tod und Entstehung zugrunde legt. In der Literatur von 30 Jahrhunderten – von der Bibel über die persischen Legenden bis zu Machiavelli und Shakespeare – werden ihr Zauberkräfte zugeschrieben. Bis zum Ende des Mittelalters gab es keine höher geschätzte Pflanze: Sie wurde als Amulett oder Talisman verwendet, zierte die Schilde von Kriegern, wurde Säuglingen um den Hals gewickelt und war das Heilmittel gegen Epilepsie, eine Krankheit, die angeblich durch den Mond »verursacht« wurde. Man glaubte, Mandragore sei aus dem Samen eines am Galgen aufgehängten Mannes gewachsen – und so vom Tod geboren worden –, aber sie brachte auch Empfängnis und Fruchtbarkeit und damit Leben. Sie schreit, wenn sie entwurzelt wird. Und dies kann nur durch einen Hund geschehen, der in der Dunkelheit gräbt und einen Opfertod stirbt, wenn er den Schrei hört, der die Pflanze aus der Unterwelt entlässt.[49]

Das Gift der Mandragore war tödlich, sie hatte aber auch die magische Kraft, den Weg zu verborgenen Schätzen zu weisen, Prophezeiungen zu machen und Unverwundbarkeit zu verleihen. Ihre magische Herkunft wird durch ihren Beinamen »Pflanze der Circe« deutlich, die ihre Opfer in der *Odyssee* betäubte (und auch dadurch, dass sie mit *Moly*, dem zauberabweisenden Kraut gleichgesetzt wird, das Hermes dem Odysseus gab, um die Betäubung aufzuheben).[50] Es hatte einschläfernde Wirkung: »Gib mir Mandragora zu trinken«, sagt Kleopatra, »dass ich die große Kluft der Zeit durchschlafe, wo mein Antonius fort ist.«[51] Und es war ein Aphrodisiakum, die Pflanze wurde auch »Liebesapfel« genannt. Aphrodite erhielt den Titel *Mandragoris*. Aber sowohl Circe als auch Aphrodite stehen mit dem Mond in Verbindung, die eine durch ihr Spinnen und die andere durch ihren Namen *Pasiphaessa*, die Leuchtende. In Palästina und im Nahen Osten glaubte man bis weit ins 20. Jahrhundert hinein, Mandragore könne Unfruchtbarkeit kurieren. Die Araber nennen die Pflanze »Teufelskerze«, weil sie nachts leuchtet.[52]

* * *

Manche Gärtner, Bauern und Kräuterkundige »schwören« noch immer auf die Ausrichtung nach dem Mond. Sie pflanzen bei zunehmendem Mond, schneiden bei abnehmendem Mond und sammeln Kräuter bei Vollmond, wenn sie mit Tau bedeckt und »am stärksten« sind. In Shakespeares Tagen war dies alltäglich: Laertes, der an Gift denkt, spricht von »allen Kräutern unterm Mond, mit Kraft gesegnet«[53], während die Spieler das Gift, das Hamlets Vater tötete, als »schnöder Trank aus mitternächt'gem Kraut, dreimal vom Fluche Hekates betaut«[54] bezeichnen. Im *Kaufmann von Venedig* erinnert sich Jessica, die mit Lorenzo im Mondlicht sitzt, an Medea, die heilen oder vergiften konnte: »In solcher Nacht las einst Medea jene Zauberkräuter, dem Äson zu verjüngen.«[55] Kräuter im Mondlicht zu sammeln, wenn sie mit Tau bedeckt sind, war noch zu Culpeppers Zeit verbreitet.

Heute lehrt man am Emerson College in Sussex »biodynamischen« Gartenbau, die Praxis des Säens, Pflanzens und Umpflanzens nach dem Mond, ausgehend von der Annahme, dass der Mond die Gezeiten beeinflusst und damit auch das Ausdehnen und Zusammenziehen der Zellflüssigkeit von Pflanzen.[56] Samen werden bei zunehmendem Mond ausgesät und bei abnehmendem Mond umgepflanzt. Zudem sollten fruchttragende Pflanzen in einem anderen Mondzyklus gepflanzt werden als jene, deren Blüten, Blätter oder Wurzeln verwertet werden. Diese Methoden gründen sich auf die Ideen des deutschen Philosophen und Mystikers Rudolf Steiner aus dem späten 19. Jahrhundert, der seinerseits von der holistischen Weltsicht Goethes beeinflusst war. Im Loiretal in Frankreich werden heute zwei verschiedene Weinsorten nach biodynamischen Methoden unter Beachtung des Mondkalenders angebaut. Ob die herausragenden Ergebnisse dieser Methode auf die Ausrichtung nach dem Mond, den organischen Boden oder auf menschliche Sorgfalt zurückzuführen sind, wird noch immer diskutiert.[57]

Wendet man diesen Gärtnern gegenüber ein, sie würden einem alten Mythos anhängen, antworten sie verständlicherweise mit eifrigem Empirismus – genaue und praktische Beweise einer lebenslangen Erfahrung –, wie es Menschen, die in Kontakt mit den Rhythmen der Erde sind, immer getan haben.

Aber heute können sie sich auf den Grunionfisch und den Palolowurm berufen.

Das Überleben des kalifornischen Grunionfisches (*Leresthes tenuis*) hängt von einem exakten Timing in Übereinstimmung mit den Mondphasen ab. Von März bis August, kurz nach dem Vollmond, werden die Fische auf den Kämmen der Wellen bei Ebbe an den Strand gespült, wo sie einen Augenblick liegen bleiben und dann auf die nächste Welle springen, die sie wieder hinaus ins Meer trägt. In diesem kurzen Augenblick legen sie ihre Eier in den nassen Sand, wo sie zwei Wochen lang sicher sind, da die Wellen bis zur nächsten Springflut nicht mehr so weit ans Ufer vordringen. Wenn die Wellen nach zwei Wochen bei Neumond zurückkehren, sind die Larven ausgereift und brechen bei der ersten Berührung des Wassers aus ihren Eiern hervor, um sich dann mit der Brandung hinaus ins Meer tragen zu lassen.[58]

Der Palolowurm (*Euncie viridis*), der in den Spalten von Korallenriffen im Südpazifik lebt, vermehrt sich ebenfalls synchron zur Mondzeit. Ohne sich je zu treffen, paaren sich männliche und weibliche Würmer

Abb. 8. Kalifornische Grunionfische, die ihre Eier in den Sand legen. Discovery Images, Jeff Foott Collection.

aus der Entfernung, indem sie ihre Eier bzw. Spermien im hinteren Teil ihres Körpers konzentrieren. Die hinteren Körperteile der Würmer werden dann abgestoßen und steigen an die Meeresoberfläche auf, wo sie aufeinander treffen. Offenbar tun dies alle Würmer zur gleichen Zeit. Und der Mond gibt das Signal dafür. Jedes Jahr im November, wenn der Mond sein letztes Viertel erreicht, stoßen alle Würmer im Morgengrauen ihren hinteren Teil ab. Rund um die Riffe von Samoa und den Fidschi-Inseln färben dann Massen kopulierender Eier und Spermien das Meer rot. Das Timing der Würmer ist so verlässlich, dass die Einheimischen zu diesem Zeitpunkt den Beginn ihres neuen Jahres als den »großen Aufstieg« feiern.[59]

Übereinstimmungen zwischen dem Mond und diesen Meerestieren sowie Experimente zu den magnetischen Rhythmen der Erde lassen es plausibel erscheinen, dass sich zumindest einige der alten Pflanzenbräuche auf einfache empirische Beweise gründen. Viele dieser Übereinstimmungen scheinen auf eine tiefere mythopoetische Denkart zurückzugehen, deren ursprünglicher Impuls den fundamentaleren Grund hatte, mit dem Mond in Einklang zu sein und durch die imaginative Verbindung mit dem Prozess der Wiedergeburt den Tod zu verbannen. In den *Arthava-Veden* sagt der Mondgott Soma zu den Sterblichen: »Sterbt nicht! Ich befreie euch von allem Bösen und aller Krankheit und vereine euch mit dem Leben. Steigt auf mit dem Leben. Vereinigt euch mit dem Leben, mit dem Saft der Pflanzen.«[60] Menschen, die sich dieser Auffassung nach symbolisch mit dem »Saft der Pflanzen« identifizieren, mögen sogar in einem neuen Frühling »mit dem Leben aufsteigen«.

DUNKLER MOND UND WINTER

Der Halbmond, der in der zunehmenden Phase in Gestalt des Stiers mit den sichelförmigen Hörnern die irdischen Felder pflügt, wird in der abnehmenden Phase zu einer silbernen Sichel, die so in der Luft schwebt, dass sie die Saat ernten kann, die sie gesät hat. Saturn, der alte Gott der Landwirtschaft, wurde die Zeit oder der Schnitter (nach dem Vorbild des griechischen Gottes *Kronos*, dessen Name »Zeit« bedeutet) und ist häufig mit einer Sense dargestellt, die wie die abnehmende Mondsichel geformt ist.

Der dunkle Mond und der Winter markieren sowohl das Ende als auch den Beginn der Runde. In den *Katapatha Upanischaden* heißt es: »Wenn er in der Nacht weder im Osten noch im Westen zu sehen ist, liegt dies daran, dass der Mond (*Soma*) die Welt dort unten besucht und in ihre Gewässer und Pflanzen eindringt.«[61] Die Komplexität dieser Beziehung zwischen Mond, Wasser, Pflanzen und Menschen wird durch die Idee von Soma verdeutlicht. Denn Soma ist eine Synthese aus verschiedenen, aber dennoch verwandten Seinsstufen, die alle den gleichen Namen haben: das ewige Wasser des Mondes, die irdische Pflanze, der berauschende Trank und der Mondgott selbst, welcher der »Herr der Pflanzen«, der »Wächter der Kräuter« und der »Erste Ehemann der Frauen« ist. Dies lässt vermuten, dass Soma zwar die Kraft ist, die Dinge keimen und wachsen lässt, aber auch oder *in erster Linie* das ewige Ambrosia, das fortwährend das Leben vor dem Tod rettet.

Das Neumondfest der afrikanischen Pygmäen zeigt, wie der Mond die verschiedenen kosmischen Stufen des Regens, der Pflanzen, der Fruchtbarkeit von Tieren und Menschen sowie der Seelen der Toten beherrscht und miteinander verbindet. Dieses Fest findet kurz vor der Regenzeit statt. Der Mond, der *Pe* genannt wird, gilt laut Eliade als das »Prinzip der Zeugung und die Mutter der Fruchtbarkeit«.[62] Das Neumondfest wird nur von den Frauen und das Sonnenfest nur von den Männern gefeiert. Da der Mond sowohl »die Mutter der lebendigen Dinge« als auch »die Zuflucht der Geister« ist, reiben sich die Frauen mit weißem Lehm und Pflanzensaft ein und sehen im Mondlicht wie Geister aus. Dann tanzen sie und beten zum Mond. Wenn sie vom Tanzen müde werden, trinken sie einen starken Trank aus vergorenen Bananen und rufen den Mond an, dem Stamm viele Kinder, Fische, Wild und Früchte zu schenken und die Seelen der Toten fern zu halten. Währenddessen schweigen die Männer, tanzen nicht und begleiten das Ritual auch nicht auf ihren Tomtoms.

Hier herrscht die lunare Auffassung, dass Leben vom Tod kommt. Zu der Zeit, wenn der Neumond gerade vom Tod aufgestiegen ist, bringen sich die Frauen mit dem Mond in Einklang und »spielen« tot. Sie verkleiden sich als Geister, indem sie sich mit Pflanzensaft und weißem Lehm einreiben. Der Tanz des Todes wird also zum Gebet für das Leben, das an die Mondmutter gerichtet ist, die über Leben und Tod herrscht.

Eine ähnliche Übereinstimmung von Ideen wird in einem Schöpfungsmythos der Tupis aus Brasilien zum Ausdruck gebracht, deren Mond die »Mutter der Gräser und des Gemüses« ist.[63] Dort heißt es, einst sei ein junger weißer, leuchtender Mann einer jungen Frau erschienen, die dann schwanger wurde, ohne mit ihm geschlafen zu haben. Sie gebar ein Kind, das weiß war wie Schnee, aber nach einem Jahr starb. Aus dem Grab des Kindes wuchs eine Pflanze, die Früchte trug, und als die Menschen davon aßen, fühlten sie sich, als sei der Geist eines Gottes in sie eingedrungen. Dies war die erste Maniokpflanze – die Hauptnahrung des Stammes. Der weiße und leuchtende Mann ist wie der Mond in seiner zunehmenden Phase, und das Kind, das weiß ist wie das Mondlicht, stirbt wie der Mond nach einer »Runde« des Lebens. Aus seinem Tod kommt die Pflanze hervor, die Nahrung spendet.

In Japan besucht der Mondgott die Göttin der Nahrung zuerst und tötet sie dann, indem er die Nahrung der Erde aus ihrem zerbrochenen Körper freisetzt. Dies aber befremdet seine Schwester, die Sonne. Denn einst waren Sonne und Mond die beiden Augen des himmlischen Wesens *Izanagi* und blickten zusammen aus dem Gesicht des Himmels. Ein Shinto-Mythos aus dem *Kojiki*, dem ältesten japanischen Annalenwerk aus dem Jahr 712, erzählt davon, wie sieben Generationen von Gottheiten in den Anfängen aus dem öligen Urmeer auftauchten. Die letzten dieser Gottheiten waren die Geschwister *Izanagi* und *Izanami*. Nachdem sie von den Bachstelzen gelernt hatten, sich miteinander zu vereinigen, brachten sie Inseln, Bäume und Berge hervor. Aber als Izanami das Feuer gebar, verbrannte sie und musste die lange, gewundene Straße nach *Yomi*, dem Land der Dunkelheit und der Wurzeln, beschreiten. Izanagi folgte ihr, um sie zurückzubringen. Die beiden trafen sich schließlich an dem Tor zwischen den beiden Welten. Izanami sagte ihm, sie habe von der Nahrung der Toten gegessen und könne daher nicht mit ihm gehen, willigte aber ein, die Götter der Unterwelt zu bitten, sie freizulassen, wenn er dafür versprach, sie nicht anzusehen. Aber Izanagi brach sein Versprechen und demütigte sie. Da er den Tod nur mit den Augen des Lebens betrachtete, sah er seine Frau als einen verwesenden Leichnam, vergaß, wer sie war, und flüchtete vor diesem schrecklichen Anblick. Izanami war wütend und ließ ihn vom Donner und den Dämonen der Unterwelt verfolgen. Unter Aufbietung all seiner magischen Kräfte gelang es Izanagi zu fliehen, einen Fels vor den Eingang zu Yomi zu rollen und die Unterwelt damit für immer zu versiegeln. Um sich vom Schmutz zu reinigen, badete Izanagi in einem Fluss und im Meer, und die Gottheiten von Fluss und Meer stiegen auf. Er wusch sein linkes Auge, und die Sonnengöttin Amaterasu wurde geschaffen. Dann wusch er sein rechtes Auge, und der Mondgott Tsuki-yomi wurde geschaffen. Aus seiner Nase kam Susanowo, der Gott des Sturms, des Erdbebens und des Ozeans hervor. So wurden Sonne und Mond zum rechten und zum linken Auge von Izanagi im Himmel. Ebenso wie in der Geschichte der Buschmänner wurden sie erst nach dem Anblick des Todes geboren.[64]

Amaterasu lebte friedlich mit ihrem anderen Bruder, dem Mondgott Tsuki-yomi, bis zu dem Tag, an dem sie ihn bat, die Nahrungsgöttin Ukemochi zu besuchen, um sich davon zu überzeugen, dass alles in Ordnung war. Als er kam, bot Ukemochi ihm Nahrung von ihrem Körper an. Sie wandte ihr Gesicht dem Land zu, und Reis strömte aus ihrem Mund. Sie wandte ihr Gesicht zum Meer, und Fische sprangen aus ihrem Mund. Sie wandte ihr Gesicht zu den Bergen, und Fleisch kam aus ihrem Mund. Dies war das Festmahl, das sie für ihn bereitete. Aber Tsuki-yomi war entsetzt. Er zog sein Schwert und tötete sie. Als Ukemochi im Sterben lag, tauchten Kühe und Pferde aus ihrem Kopf auf, Getreide wuchs aus ihrer Stirn, Reispflanzen traten aus ihrem Bauch hervor, und Seidenwürmer wanden sich aus ihren Augenbrauen. Als die Sonnengöttin Amaterasu hörte, was Tsuki-yomi getan hatte, war sie erzürnt. Wenn sie wach ist, verlässt der Mondgott den himmlischen Palast und wagt sich erst dann wieder zurück, wenn sie schlafen geht.[65]

Während in der ersten Geschichte Feuer das zerstörerische Prinzip hervorbrachte, das zur Erschaffung der Unterwelt führte, bringt der Mondgott in der zweiten Geschichte den Tod fast in Form einer Offenbarung auf die Erde und zeigt, dass Nahrung vom Tod anderer kommt und Leben von Leben lebt. Diese neue Stufe des Bewusstseins scheint die nächste Stufe möglich zu machen, in der Zeit in Gang gesetzt wird. Der Mond trennt sich von der Sonne, und beide ziehen auf ihrem eigenen Weg über den Himmel. Dann wurde Tsuki-yomi hinabgeschickt, um über das Land der Toten zu herrschen. Daher sein Name: *Tsuki* (»Mond«) und *Yomi* (»von den Toten«). Im Gegensatz dazu besteht der Glanz der Sonne als die große Muttergöttin in der japanischen Überlieferung bis heute fort.[56]

Die Mythen der indonesischen Insel Ceram stellen eine entscheidende Verbindung zwischen dem Tod des Mondes und der Geburt von Pflanzen her und präsentieren den ersten Tod in der Welt als einen Mord, der jedoch um der zukünftigen Fortpflanzung willen notwendig war. Im Mittelpunkt der Mythen stehen zwei Jungfrauen, die im Wesentlichen eins sind: *Rabie*, die Mondjungfrau, und *Hainuwele*, deren Name »Zweig der Kokospalme« bedeutet und die manchmal auch *Rabie-Hainuwele* genannt wird.

Rabie, die Mondjungfrau, wurde von Tuwale, dem Sonnenmann umworben, der die göttliche Jungfrau zur Frau begehrte. Aber ihre Eltern hielten ihn nicht für gut genug und legten ein totes Schwein in das Ehebett. Deshalb gab Tuwale die Mitgift zurück und ging fort. Einige Tage später verließ Rabie das Dorf und stellte sich auf die Wurzeln eines Baumes. Aber als sie dort stand, sanken die Wurzeln mit ihr in den Boden und sie rief um Hilfe. Die Dorfbewohner konnten nicht verhindern, dass sie immer tiefer und tiefer sank. Als sie bis zum Hals im Boden verschwunden war, rief sie zu ihrer Mutter: »Ich sterbe. Der Sonnenmann Tuwale ist gekommen, um mich zu holen. Tötet ein Schwein und feiert mir zu Ehren ein Fest. Aber in drei Tagen, wenn es Abend wird, schau hinauf zum Himmel und du wirst sehen, wie ich als ein Licht auf dich herabscheine.« Und als die Mutter und ihre Verwandten ein Schwein geschlachtet und drei Tage lang das Totenfest gefeiert hatten, blickten sie hinauf und sahen zum ersten Mal den Mond im Osten aufsteigen. In einer anderen Geschichte versteckt sich die Mondjungfrau nach ihrer Hochzeit mit dem Sonnenmann in einem Teich und lebt als Schwein mit ihrem Kind weiter.[67]

Der zweite, verwandte Mythos beginnt mit dem Vater *Ameta*, dessen Name »dunkel« oder »Nacht« bedeutet. Er ging mit seinem Hund auf die Jagd, der die Fährte eines Wildschweins aufnahm und bis zu einem Teich verfolgte. Das Schwein lief ins Wasser und ertrank. Ameta fischte das tote Schwein aus dem Wasser und entdeckte an einem seiner Hauer eine Kokosnuss. Dies war merkwürdig, denn es gab keine Kokospalmen auf der Erde. Als er nach Hause kam, deckte er die Kokosnuss zu wie ein neugeborenes Kind und pflanzte sie in die Erde. In verblüffend kurzer Zeit wuchs daraus die erste Kokospalme, die nach drei Tagen ihre volle Größe erreichte und nach weiteren drei Tagen blühte. Ein Tropfen von Ametas Blut fiel auf eines der Blätter, und in zweimal drei Tagen wurde die Jungfrau *Hainuwele* geformt. Nach weiteren drei Tagen war sie bereit zu heiraten. Daher wurde ein großer Tanz, der Maro-Tanz, abgehalten. Männer und Frauen tanzten in einer neunfachen Spirale, die ein Labyrinth bildete. In der Mitte des Labyrinths stand Hainuwele neben einem großen Loch im Boden. In den Drehungen des Spiraltanzes bewegten sich die Tänzer immer näher auf sie zu, bis sie schließlich in die Grube gestoßen wurde, während die ohrenbetäubenden Maro-Gesänge ihre Schreie übertönten. Erde wurde auf Hainuwele geschaufelt und von den tanzenden Füßen festgetreten. Dann verwandelten sich die begrabenen Teile ihres Körpers in Dinge, die zuvor nicht auf der Erde existiert hatten, besonders in die Knollenfrüchte, welche die Menschen ernährten.[68] Als die Mitglieder einer von Frobenius organisierten Expedition diese Geschichte in den 1930ern zum ersten Mal hörten, waren sie von der Ähnlichkeit mit dem griechischen Mythos von Kore-Persephone überrascht.

Im polynesischen Mythos *Hina und die Kokosnuss* wird erneut eine spezifische Beziehung zwischen dem Tod des Mondes und der Nahrung hergestellt, die das Überleben des Stammes sichert. *Hina* – oder *Ina*, wie sie in einer anderen Variante auf den Cook-Inseln genannt wird – ist die Mondgöttin, die in anderen Geschichten im Gesicht des Mondes erscheint. Hier ist sie eine schöne Jungfrau und badet in einem Teich, in dem ein großer Aal lebt, der sich manchmal um sie schlingt, wenn er vorbeischwimmt. Eines Tages streift er seine Aalgestalt ab und gibt sich als Mann mit Namen *Tuna* (Aal oder Phallus) zu erkennen. Die beiden werden ein Liebespaar. Tuna besucht sie als Mann und verlässt sie als Aal. Aber nach einer Weile sagt er ihr, er müsse sie für immer verlassen. Er werde in seiner Aalgestalt in einer großen Flut zurückkehren und sie müsse seinen Kopf abschneiden und ihn vergraben. Er kam am nächsten Tag, und voller Trauer tat Hina, worum er sie gebeten hatte. Jeden Tag besuchte sie die Stelle, an der sie den Kopf vergraben hatte, bis ein Trieb erschien, der zu einem wunderschönen Baum heranwuchs und Kokosnüsse trug. Wenn man sie schält, erkennt man auf jeder Nuss die Augen und das Gesicht ihres Geliebten, des Aals.[69]

Der Große Aal ist die lokale Version der Mondschlange, die wie der Mond, wenn er voll ist, in einer Flut kommt. Das vertraute mythologische Bild des göttlichen Wesens, dessen zerstückelter Körper zur Nahrung auf der Erde wird, findet sich in vielen, an Pflanzen orientierten Kulturen der Tropen, von Ozeanien über Ägypten bis nach Griechenland.[70] Es fällt auf, dass dieses zerstückelte Wesen häufig mit dem Mond in Verbindung gebracht wird, als biete die Zerstückelung des Mondes und die Zusammensetzung der Fragmente zu einem neuen Ganzen eine Möglichkeit, die Unentwirrbarkeit von Leben und Tod zu bewältigen.

STERBENDE UND AUFERSTANDENE GÖTTER

Alle sterbenden und auferstandenen Götter waren einst Mondgötter. Als sie auf die neuen Gegebenheiten des Ackerbaus übertragen wurden, fand man ihre alte Form im Kommen und Gehen der Jahreszeiten als Entsprechung zum Zyklus des Mondes wieder. Der Mond, der an vielen Orten alleine stand, teilt sich hier in Vater und Sohn. Der Vater entfernt sich weiter, während der Sohn das rhythmische Leben und den Tod der Phasen annimmt. Die Muttergöttin verkörpert die unerschöpfliche Kreativität des ewigen Ganzen, das sowohl in den zyklischen Kreisläufen des Mondes als auch im zyklischen Schoß der Erde erscheint.

Plutarch, der Osiris als Mond und als einen Gott der Vegetation ansieht, erklärt, Osiris sei für Ägypten, was Dionysos für Griechenland sei: Beide wurden in Form eines Stiers dargestellt, zerstückelt und wieder zum Leben erweckt. Beide waren Götter der Feuchtigkeit und des Weins und wurden mit Efeu als ihrer heiligen Pflanze verehrt. Über die Griechen sagt Plutarch: »Dionysos nannte Heys den Herrn der feuchten Natur, welcher kein anderer als Osiris sei.«[71] Übereinstimmungen zwischen den verschiedenen Göttern waren in der Vergangenheit leicht zu erkennen und wurden begrüßt (eine Denkart, die als »Synkretismus« bekannt ist). Im Gegensatz zu den Gottheiten des »Stammes« zeichnen sich die Gottheiten der »Natur« dadurch aus, dass sie eine gemeinsame Wirklichkeit mit der menschlichen Erfahrung verkörpern: eine Wahrnehmung der immanenten Göttlichkeit der erschaffenen Welt. Campbell weist darauf hin, dass Menschen einer Rasse oder eines Landes oft die *Natur*götter und -göttinnen einer anderen Rasse oder eines anderen Landes begrüßen, als würden sie sie bereits kennen: »Den ihr X nennt, nennen wir Y.«[72] Jeder profitiert implizit von der Existenz des anderen. Dies ist natürlich etwas ganz anderes als die beunruhigende Erfahrung einer Zusammenkunft von *Stammes*göttern oder (was das Gleiche zu sein scheint) einer Interpretation von Göttern durch verschiedene Stämme, deren Anhänger glauben, ihre Götter oder ihre Gottesinterpretation seien die einzig richtigen, die der anderen jedoch »Häresie« (ein Begriff, der im Griechischen ursprünglich »wählen«, *airesis*, bedeutete).[73] Der Unterschied zwischen Naturgottheiten und Stammesgottheiten entspricht im Übrigen dem Unterschied zwischen Erde und Territorium: Es ist der gleiche Boden, er wird nur auf verschiedene Art interpretiert.

OSIRIS

So kann also Osiris in Dumuzi-Tammuz, Dionysos und Hades gesehen werden. Dionysos kann in Soma und Osiris wieder erkannt werden und die Rituale von Demeter und Persephone teilen. Orpheus erinnert an Dionysos, und Men lässt sich in den »bacchantischen Riten« wieder finden und mit Attis identifizieren, während die Rufe nach »Tammuz, das heißt Adonis«, dem sterbenden Gott, in den Rufen nach Jesus widerhallen, der Gott, der (wie der heilige Hieronymus selbst bemerkte) fast aus dem gleichen Hain kommt.[74]

Auch die Mütter und Geliebten dieser sterbenden und wieder geborenen Götter sind Bekannte und Verwandte – die Große Göttin mit vielen Namen, deren Epiphanie der Vollmond ist. Die römische Schriftsteller Apulejus aus dem zweiten Jahrhundert n. Chr., der selbst ein Eingeweihter der Isis-Mysterien war, erweckt das Bild in seinem Buch *Der goldene Esel* zum Leben. Das wahre Wesen von Lucius, dessen Name »Licht« bedeutet, ist unklar. Er erforscht die Dunkelheit seines Seins in Gestalt eines Esels. Nachdem er siebenmal in die Wellen eingetaucht ist, mit »Tränen, die über mein haariges Gesicht liefen«, betet er zur Göttin Isis, sie möge ihn von einem Esel in einen Menschen verwandeln. Kaum hat er die Augen geschlossen, sieht er in einer Vision Isis aus dem Meer aufsteigen. Sie ist in einen tiefschwarzen, mit Sternen bestickten Mantel gehüllt, in dessen Mitte ein Vollmond erscheint und »flammendes Feuer« ausatmet:

> Reiche ungezwungene Locken spielten sanft in angenehmer Verwirrung um den Nacken der Göttin; ihren hohen Scheitel schmückte ein reich gestalteter Kranz mit mancherlei Blumen. Über der Mitte der Stirn glänzte mit blassem Schein ein flaches Rund nach Art eines Spiegels oder vielmehr der Scheibe des Mondes, darum her auf beiden Seiten sich gewundene Schlangen aufrichteten und darüber hin wie bei der Ceres Kornähren gelegt waren.
> Ihr Kleid war von feinem Leinen, das bald weiß schimmerte, bald safrangelb leuchtete, bald rosenrot flammte. Es umhüllte sie ein Mantel, der meinen Blick sehr verwirrte, ein Mantel von blendender Schwärze, der unter dem rechten Arm hindurch über die linke Schulter geschlagen war und da einen buckelförmigen Wulst bildete. Der Zipfel fiel in mannigfachen Falten über den Rücken hinab, und die Fransen des Saumes flatterten zierlich im Wind. Sowohl auf der Verbrämung als auf dem Mantel selbst flimmerten zerstreute Sterne, in deren Mitte der Vollmond in seiner ganzen Pracht glänzte, und ein Gewinde allerlei künstlich geordneter Blumen und Früchte irrte allenthalben verloren darüber hin.

Dann wendet sie sich an Lucius:

> Schau, dein Gebet hat mich gerührt. Ich, Allmutter Natur, Beherrscherin der Elemente, erstgeborenes Kind der Zeit, Höchste der Gottheiten, Königin der Geister, Erste der Himmlischen; ich, (...) die alleinige Gottheit, welche unter so mancherlei Gestalt, so verschiedenen Bräuchen und vielerlei Namen der ganze Erdkreis verehrt: Mich nennen die Erstgeborenen aller Menschen, die Phrygier, pessinuntische Göttermutter; ich heiße den Athenern, den Ureinwohnern Attikas, kekropische Minerva, den eiländischen Kypriern paphische Venus, den pfeilführenden Kretern dictynnische Diana, den dreizüngigen Siziliern stygische Proserpina, den Eleusiniern Altgöttin Ceres. Andere nennen mich Juno, andere Bellona, andere Hekate, Rhamnusia andere. Sie aber, welche die aufgehende Sonne mit ihren ersten Strahlen beleuchtet, die Äthopier beider Länder, mit den angemessensten eigensten Gebräuchen mich verehrend, geben meinen wahren Namen mir: Königin Isis.[75]

So kam es, dass »die Sonne um Mitternacht schien«. Der Zustand der Initiation, so wird impliziert, beinhaltet die Fähigkeit, durch die vielen Namen hindurch in das eine Gesicht der Natur zu schauen, welche die universelle Mutter ist. Apulejus großartiges Bild lieferte die Vorlage für Mozarts Königin der Nacht in der *Zauberflöte* (Abb. 1).

Einer der Titel von Osiris war »Herr über Alles«. Als lunarer Gott der Feuchtigkeit und Zeugung war er der Gott der Vegetation, der als das Korn starb, das bei der Ernte fiel, und der im wachsenden Korn der nächsten Saison wieder geboren wurde. Wenn das Korn geschnitten wurde, weinten die Menschen, als würde der Körper des Gottes in Stücke geschnitten.[76] In späterer Zeiten wurden sichelförmige Figuren aus feuchter Erde und Samen angefertigt, wenn Osiris »gefunden« wurde, dessen Samen in Form von Überschwemmungen die Felder bedeckte. Figuren von Osiris wurden auch mit Erde gefüllt, mit Gerste bepflanzt und in den Totenkammern der Königsgräber aufgestellt. Wenn die Gerste zu keimen begann, wurde der

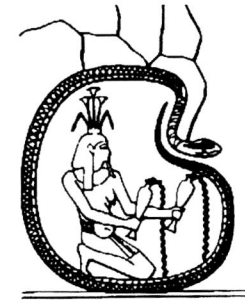

Abb. 9. Osiris in Gestalt von Menu mit Harpokrates, die zusammen vom dritten Tag des Neumonds bis zum 15. Tag in der Mondscheibe sitzen (jeder der zwölf Sterne steht für einen Tag). Darunter trägt der Krokodilgott Sobek die Mumie des Osiris auf seinem Rücken. Links steht Isis, erkennbar an ihrem Kopfschmuck in Form eines Thrones. Basrelief (linke Seite des Hadrianstors). Isistempel in Philae. (Aus Wallis Budge, Osiris and the Egyptian Resurrection, i, S. 21).

Abb. 10. Der Nilgott Hapi als eine Form von Osiris, versteckt in seiner Höhle. Er ist von einer Kobra umgeben und gießt Wasser für die Überschwemmung aus. Die Felsen über ihm sind die Felsen des Nils. Basrelief (am Anfang der rechten Seite des Hadrianstors). Isistempel in Philae. (Aus Lamy, Egyptian Mysteries, S. 5).

Abb. 11. Die kuhköpfige Isis wässert die Pflanzen, die in einem heiligen See wachsen. Aus ihm steigt ein Falke mit Menschenkopf als die Seele von Osiris auf: »Dies ist die schnell aufsteigende Seele von Osiris.« Basrelief (zweite Abbildung auf der rechten Seite des Hadrianstors). Isistempel in Philae. (Aus Wallis Budge, Osiris, i, S. 8).

Abb. 12. Priester, das Korn wässernd, das aus dem Körper von Osiris wächst. Unter ihm sind das Ankh-Zeichen für Leben und Was, das Zepter der Stärke, eingemeißelt. Basrelief (dritte Abbildung auf der rechten Seite des Hadrianstors). Isistempel in Philae. (Aus Wallis Budge, Osiris, i, S. 58).

Verstorbene wieder zum Leben erweckt.[77] Diese so genannten »Osirisbeete« tauchten in Griechenland als die »Gärten des Adonis« wieder auf – flache Körbe mit Salatköpfen und Weizen, die angepflanzt wurden, um in acht Tagen zu leben und zu sterben. Dann wurden die sterbenden Pflanzen zusammen mit dem Bildnis des Adonis in die Wellen geworfen, aus denen sie mit dem Gott nach drei Tagen wieder aufstiegen.

Das Schwinden von Osiris wurde auch durch das Fällen des Lebensbaumes zum Ausdruck gebracht, denn wie Tammuz und Dionysos war auch Osiris die Lebenskraft des Baumes. Sein Sarg ist von dem Tamariskenbaum umschlossen, der dann gefällt wird, um die Säule für den Königspalast zu bilden. Isis wiederum fällt die Säule, um den Sarg von seinem Stamm zu befreien, woraufhin Horus empfangen wird. Zusammen mit dem Pharao stellt sie den Lebensbaum als die *Djed*-Säule an dem Tag wieder auf, an dem die Auferstehung von Osiris gefeiert wird.

Im Isistempel in Philae gibt es eine Reihe bemerkenswerter Reliefs, in denen Osiris als Mondgott mit dem Wachstum von Pflanzen in Verbindung gebracht wird. Wenn man in diesem Tempel steht und durch eine

Öffnung hinausschaut, die einst »Hadrians Tor« genannt wurde, blickt man auf eine Insel, auf der angeblich Osiris begraben lag. Auf der linken Seite des Tors befindet sich ein Relief des toten Osiris, der auf dem Rücken eines Krokodils in die Unterwelt getragen wird. Darüber erscheinen die zwölf Sterne des zunehmenden Mondes, die ab dem dritten Tag nach Neumond sichtbar sind (siehe Abb. 9). Auf der rechten Seite des Tors sind Szenen der Wiedergeburt dargestellt. Das erste Relief zeigt den Nilgott Hapi, eine Form von Osiris, der Wasser für die Überschwemmung ausgießt (siehe Abb. 10). Neben dieser Szene steht die kuhköpfige Isis, die ein Trankopfer auf die Pflanzen schüttet und dadurch die Überschwemmung herbeiführt, die den Seelenvogel von Osiris befreit und die Pflanzen wachsen lässt (siehe Abb. 11). Dann folgt die Darstellung eines Priesters, der die Pflanzen wässert, die aus dem Körper von Osiris wachsen (siehe Abb. 12).

Eine Zauberformel für das Wachstum der Gerste bringt die Beziehung zwischen dem Prinzip der Ewigkeit und dem Leben in der Zeit zum Ausdruck:

> Ich bin die Pflanze des Lebens,
> Die aus Osiris hervorkommt,
> Die auf den Rippen von Osiris wächst,
> Die die Menschen leben lässt ...
> Ich bin Leben, das aus Osiris erscheint.[78]

DIONYSOS

Laut Plutarch ist Dionysos, ebenso wie Osiris, der Herr der Feuchtigkeit und der Entstehung. Ursprünglich war der Gott keine Manifestation des Weins. Vielmehr war der Wein eine der vielen Manifestationen von Dionysos in konzentrierter Form – »ein Trank, der ausgeschenkt wird, ein Gott für einen Gott«.[79] Daher sind der griechische Dionysos und der römische Bacchus mit Soma vergleichbar, sie alle sind Götter der berauschenden Flüssigkeit, ob Soma, Met, Bier oder Wein, Saft aus Kräutern, Honig, Gerste, Roggen oder Trauben. Euripides lässt Dionysos über sich selbst sagen: »Alle Barbaren tanzen seine Riten.«[80] Da Dionysos aus dem Norden Thrakiens kam, wo es zwar Bier, aber keinen Wein gab, war die Gärung von Trauben wahrscheinlich ein spätes »Geschenk« des Gottes, als er nach Süden zog.[81] Auch wenn die spätere Form des Gottes autonom und insbesondere mit Wein identifiziert wurde, zeigen die ihn umgebenden Bilder, dass Dionysos ursprünglich ein Mondgott und auch ein Gott der Vegetation war.[82]

Die Geschichte mag einzigartig sein, aber das Muster ist vertraut: »zweimal geboren«, die Form ändernd, »der Nächtliche«, der Weissager, Führer der Musen, »der Arzt«, Gott des Meeres, der Früchte und des Phallus, dargestellt als Stier, zerstückelt, zerrissen und verschlungen in der ersten Blüte seiner Jugend, wieder zusammengesetzt durch seine göttliche Mutter und jährlich oder alle drei Jahre in seinen Riten wieder hergestellt. Nach dem Tod des Dionysos schoss aus seinem Blut ein Granatapfel hervor, der von dem Tammuz und Adonis geweihten Baum stammte, die Frucht, die Persephone an den Hades band. Denn obwohl

Abb. 13. Dionysos und Semele, gekrönt von Efeublättern und umgeben von Weintrauben. Cyclix, Griechenland. Ca. 550 v. Chr. (Aus Campbell, The Mythic Image, *S. 197).*

die Frucht des Granatapfelbaums sofort verdirbt, sobald sie geöffnet wird – und den Tod ankündigt –, erinnern ihre schwarzen, dicht gedrängten Samen an die Seelen der Myriaden von Verstorbenen, die in der Unterwelt verweilen und auf ihre Wiedergeburt warten. In der christlichen Kunst ziert ein Granatapfel als Versprechen der Auferstehung häufig den Mantel der Jungfrau Maria.

Während Dionysos den Kelch des ambrosischen Nektars als derjenige hochhält, der diesen Kelch jedes Jahr leert und wieder füllt, zeigt seine Mutter Semele, eine Göttin der Erde, auf ihren geschlossenen Mund, vielleicht um darauf hinzuweisen, dass man über die Mysterien nicht sprechen darf und dass die Quelle der Transformation im Inneren zu finden ist. Graves bemerkt, dass Semeles anderer Name Selene ist.[83] Zur Zeit der Römer waren sich Cicero, Ulpian und Eusebius einig, dass Dionysos der Sohn des Mondes war.[84]

Semele war die Tochter von Cadmus, deren mythische Vorfahrin Io war, eine Mondgöttin, die auch als eine der Mütter des Dionysos genannt wird. Sie wird mit Isis in Ägypten und Hera in Griechenland gleichgesetzt. Zeus verwandelte sie in eine Kuh, um sie vor Hera zu verbergen. Wie die drei Mänaden, die Dionysos folgten, wurde auch Semele *Thyone*, »die Rasende«, und *Hye*, »die Regnerische«, genannt.[85] Semele liebte den »Donner liebenden Zeus«, und eine der thebanischen Geschichten erzählte, Semele habe von Zeus den Dionysos empfangen, aber verlangt, dass Zeus sich ihr in seiner wahren Natur zeige. Zornig erschien Zeus als Blitz und Donner vor ihr, und Semele wurde von Flammen verzehrt. Hermes rettete das sechs Monate alte Kind aus dem brennenden Schoß seiner Mutter, nähte es für die nächsten drei Monate in den Oberschenkel von Zeus ein, entband es selbst und übergab es dann den Nymphen der Grotten, die es aufzogen. So wurde Dionysos »zweimal geboren« und »Kind der doppelten Tür« genannt, obwohl er stets der Sohn seiner Mutter blieb. Dies war die Version von Apollodorus und Apollonius Rhodius.[86]

Nonnos, ein Schriftsteller aus dem fünften Jahrhundert, erzählt eine noch ältere Geschichte aus Kreta. »Nächtlich strahlender Dionysos«, wie er ihn nennt, wurde als ein gehörntes Kind geboren und von seinem Vater zum »König aller Götter« erhoben, woraufhin er seine Zeit damit verbrachte, sein Bild im Spiegel zu betrachten. Aber auf Heras Befehl schnitten die Titanen ihn in Stücke – manche sagen in 14 – und verschlangen ihn. Nur sein Herz blieb zurück und wurde von seiner Mutter verzehrt, aus der er dann erneut geboren wurde.[87] In wieder anderen Versionen wird Dionysos *Zagreus*, der »große Jäger«, genannt und als Kind von Persephone und Zeus dargestellt, das die Gestalt einer Schlange annahm und seine Tochter eines Nachts in einer Höhle besuchte.[88]

In der griechischen Kunst wird Dionysos in drei Seinsstufen gezeigt: als Kind, als junger Mann und als alter Mann. In Athen wurde er als der Dreifaltige verehrt. In Patrai wird er in drei Statuen dargestellt. In der frühen, vermutlich aus dem siebten Jahrhundert v. Chr. stammenden homerischen *Hymne an Dionysos* heißt

Abb. 14. Orpheus, der seine Leier hochhält, während er von den Mänaden in Stücke gerissen wird. Schale des Louvre-Malers. 480–470 v. Chr. Cincinnati Art Museum.

Abb. 15. Der gekreuzigte Orpheos-Bakkikos mit der Mondsichel an der Spitze des Kreuzes. Darüber erkennt man die zu einem Halbmond angeordneten sieben Sterne der Plejaden, die als Leier des Orpheus bekannt sind. Rundsiegel aus Hämatit. Ca. 300 n. Chr. (Aus Campbell, Creative Mythology, *S. 9).*

es mehrdeutig: »Er aber teilte in drei …«[89] In Delphi verkörperte Dionysos die Stimme der Schlange *Pytho*, die Apollo offiziell besiegte. Die Orakel wurden aus dem »Grab des Dionysos« verkündet, dem Omphalos (Nabel der Welt). Plutarch bemerkt, dass »Dionysos so viel mit Delphi zu tun hatte wie Apollo«[90], während Nietzsche viele Jahrhunderte später behauptete, die Geburt der Tragödie gehe auf die beständige gegenseitige Zerstörung der in Dionysos und Apollo verkörperten Prinzipien von Energie und Form zurück.[91]

Es ist vielleicht kein Zufall, dass die Tragödie als eine universelle Form des Dramas aus dem Kult des Dionysos entstanden ist, der die Maske der dualen Kräfte des Mondes trägt und dessen rauschhafte Riten das unergründliche Mysterium von Leben und Tod offenbaren. Die Tragödie feiert sowohl den Überschwang der Lebenskraft als auch deren vernichtende Niederlage.

ORPHEUS

Orpheus wurde von den Mänaden in Stücke gerissen, die seinen Kopf in den Fluss Hebrus warfen. Der Sohn der Muse Kalliope und des thrakischen Königs Oeagrus war ein Poet und Musiker, der die Herzen wilder Tiere verzauberte und Bäume und Felsen von ihren Plätzen befreite, damit sie ihm folgten. Apollo gab ihm die Leier, die er einst selbst von Hermes bekommen hatte, und die Musen brachten ihm bei, Musik zu machen, die so süß war wie das Lied der Nachtigall. Als sein abgetrennter Kopf in den Fluss fiel, trieb er singend zum Meer. Die Wellen trugen ihn zu der Insel Lesbos und legten ihn zur Ruhe in eine dem Dionysos geweihte Höhle. Dort sagte er Nacht und Tag voraus, bis sich Apollo über ihn stellte und ihm befahl, damit aufzuhören. Die Musen sammelten seine Gliedmaßen ein und vergruben sie unter dem Berg Olympos, wo nun Nachtigallen süßer singen als irgendwo sonst auf der Welt. Seine Leier wurde zu einer Konstellation am Himmel, den Plejaden.[92]

Wurde Orpheus, wie manche glauben, von Dionysos ermordet, der seine Mänaden auf ihn hetzte, weil der Poet eigene Mysterien besaß, die ohne Orgien und Blutopfer auskamen? Oder war Orpheus ein Priester des Dionysos, so dass ihr Schicksal von späteren Generationen gleichgesetzt wurde?[93] Platon äußert sich geringschätzig über zweifelhafte Mystiker, die sich auf einen Stapel von Büchern über Musaios und Orpheus berufen, von denen sie behaupten, sie seien Söhne des Mondes und der Musen.[94] Platons Standpunkt wird durch seinen Ton nicht vollkommen deutlich, aber der Abschnitt zeigt, dass häufig eine Beziehung zwischen Orpheus und dem Mond sowie zwischen Dionysos und dem Mond hergestellt wurde. In seinem Kommentar zu Platons *Politeia* schreibt Proclus: »Weil Orpheus die Hauptfigur in den dionysischen Riten war, heißt es, er habe das gleiche Schicksal wie der Gott erlitten«[95] (beide reisten in den Hades, Dionysos, um Semele zu erwecken, und Orpheus, um Euridike zurückzubringen), während Apollodorus erklärt, dass Orpheus »die Mysterien des Dionysos erfand«.[96] Gewiss teilten beide die Liebe der Musen, als würde Orpheus die poetische Dimension des früheren Gottes verkörpern und ihr ein eigenes Leben verleihen. Ge-

Abb. 16. Der Mondgott Men mit Halbmond. Er hält ein Zepter und einen Pinienzapfen und sein linker Fuß ruht auf einem Stierkopf. Bronzestatuette. Antalia. Rijksmuseum van Oudheden, Leiden.

Abb. 17. Men mit phrygischer Kappe, Pinienzapfen und Bacchantenstab, den linken Fuß auf einen Stier gestützt. Die griechische Inschrift lautet: »Agathapous aus Kaouala richtet sein Gebet an Men.« Basrelief aus Marmor, Griechenland. Zweites Jahrhundert n. Chr. British Museum.

gen Ende der homerischen *Hymne an Dionysos* heißt es in Worten, die von Orpheus stammen könnten: »Es ist gar nicht möglich, dass einer deiner vergäße, doch heiligen Sanges gedächte.«[97]

Die Figur auf dem außergewöhnlichen Kreuzamulett in Abb. 15 wird griechisch als *Orpheos-Bakkikos* bezeichnet. Orpheus und Bacchus werden dem Namen nach gleichgesetzt und mit Jesus in der Rolle des gekreuzigten Gottes identifiziert. Gekrönt von den sieben Sternen der Plejaden, der Leier des Orpheus, liegt die Mondsichel auf der Spitze des Kreuzes als die Frucht des Lebensbaums und verkündet, dass das Geschenk dieses besonderen Todes das erneuerte Leben ist. Dem Schöpfer des Amuletts wurde vorgeworfen, er habe »vielfache Stärke« angestrebt, indem er die drei Figuren zusammenfasste, oder noch schlimmer, er habe »wahllosem Synkretismus« gefrönt.[98] Aber könnte es nicht sein, dass der Künstler die Gleichheit der drei Erlöser hervorheben wollte, um den Geist über die Form des Einzelnen hinauszuweisen und um, wie Campbell es mit dem Titel seiner vier Bände über Mythen tat, daran zu erinnern, dass diese Figuren und alle anderen, die ihnen gleichen, nur *Masken Gottes* sind?

MEN UND ATTIS

Auch der phrygische Mondgott Men wurde mit Dionysos identifiziert und als Heiler und Bringer von Säuglingen verehrt und häufig »der Erlöser« genannt.[99] Nach dem Zusammenbruch des Reiches der Hethiter im zwölften Jahrhundert v. Chr. erschien er in Anatolien als eine Synthese vieler Mondgötter und wurde für die Menschen dort so bedeutsam wie es Nanna-Sin für die Mesopotamier gewesen war.[100] Er wurde *Menotyranno*, »Men, der Herr«, *Men Ouranos*, »Men des Himmels«, und *Men Katachthonios*, »Men der Unterwelt«, genannt, was darauf schließen lässt, dass er ein Gott des Todes und der Wiedergeburt war. Die Römer nannten ihn häufig Lunus. Er war auch der Herrscher über Wasser, Regen, Flüsse und Pflanzen, und wie Dionysos wurde er oft als Stier dargestellt (siehe Kapitel 8, Abb. 3). Stiere zogen seinen Wagen über den Himmel, der Gott selbst stand auf dem Kopf eines Stiers. Auf vielen Münzen erscheint auf der einen

Abb. 18. »Preisung einer Blume.« Demeter und Persephone wieder vereint. Marmorstele. 460 v. Chr. Louvre.

Abb. 19. Dionysos reicht Demeter einen Kelch. Griechische Steinstele aus Locri, Süditalien. 470–460 v. Chr. Archäologisches Museum, Reggio de Calabria.

Seite der Gott und auf der anderen ein Stier, manchmal wurde er auch auf einem Hahn reitend gezeigt. In seiner zunehmenden Phase nahm er Opfergaben in Form von Stieren, Früchten oder Kuchen an.

In seinem Aspekt des sterbenden und wieder aufsteigenden Gottes wurde Men häufig mit dem phrygischen Gott Attis identifiziert, dem Sohn/Geliebten der Großen Mutter Kybele, der »Ernährerin« und »Mutter aller Götter«, deren Kult sich von Anatolien nach Griechenland und dann nach Rom ausbreitete, wo er Teil der Staatsreligion wurde.[101] Manchmal trägt Kybele den Halbmond als Krone auf dem Kopf (Abb. 18), wie es auch gelegentlich ihr Sohn tut. Skulpturen von Men zeigen ihn mit der spitzen phrygischen Kappe (die auch Attis und Mithras tragen und die auf Hermes überging) oder mit einer konischen Haube, in der einen Hand das Zepter der Macht und in der anderen den Pinienzapfen der Wiedergeburt.

Der Tod und die Wiedergeburt von Attis wurde in Rom an den 13 Tagen zwischen dem 15. und 28. März inszeniert, den Tagen von Vollmond bis zum dunklen Mond, die mit dem Wechsel der Jahreszeiten im Frühjahr zusammenfielen. Ob er wie Adonis bei der Jagd von einem wilden Eber getötet wurde (dem Tier, das Seth bei Vollmond jagte) und ob die halbmondförmige Sichel, die ihn kastrierte, von seiner eigenen Hand oder der anderer geführt wurde, ist so unklar, dass es vermutlich unerheblich ist. In seinen Riten wurde eine Kiefer (immergrün wie das Efeu des Dionysos) gefällt, in Mumientücher gehüllt und mit Bändern und Veilchen behängt. Bei seinem Tod blühten Veilchen aus seinem Blut wie Anemonen aus dem Blut des Adonis hervor. Am 24. März, drei Tage nach der Tagundnachtgleiche, wurde ein Stier geopfert, während *Melissae* (Bienen) genannte Priesterinnen, die auch Demeter, Persephone und Artemis begleiteten, das rituelle Festmahl auftrugen. Die Beziehung des Opferstiers zur Biene wird in einer Bemerkung von Porphyrios deutlich, die nebenbei auch auf die ununterbrochene Linie der Mysterientraditionen verweist – die gleiche, häufig verwirrende Metaphorik, die in verschiedenen Kulturen auftaucht:

> Die Alten gaben den Priesterinnen der Demeter, die Eingeweihte der Göttin der Unterwelt waren, den Namen *Melissae* (»Bienen«); Kore selbst nannten sie Melitodes; auch den Mond (Artemis), dessen Aufgabe es war, die Geburt zu bringen, nannten sie *Melissa*, weil der Mond ein Stier ist, als Stier aufsteigt und Bienen zeugt. Und die Seelen, die in die Erde eingehen, sind vom Stier gezeugt.[102]

Die Priesterinnen, welche die Speisen des Festes darbrachten, hatten symbolisch die Seelen der Toten in ihrer Obhut, die auf ihre Wiedergeburt warteten. So erduldeten auch die Priester ihre Kastration und

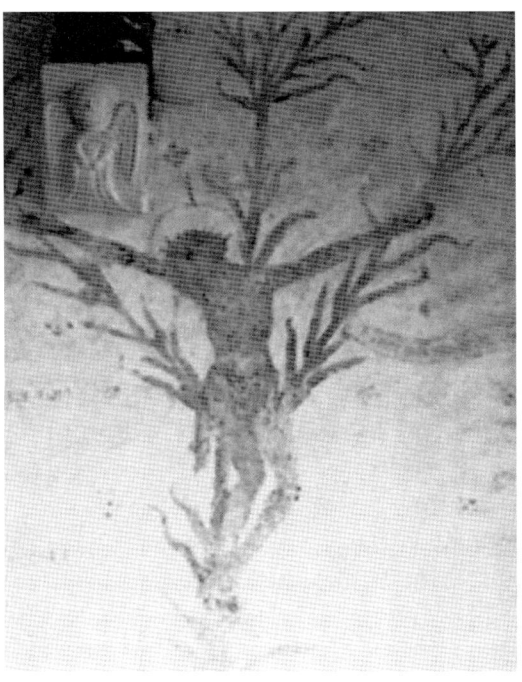

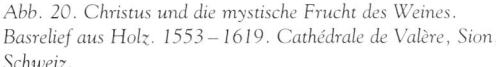

Abb. 20. Christus und die mystische Frucht des Weines. Basrelief aus Holz. 1553 – 1619. Cathédrale de Valère, Sion, Schweiz.

Abb. 21. »Das Lilienkreuz.« Altarbild an der Wand der Godshill Parish Church, Isle of Wight. 14. Jahrhundert.

gaben ihre Fruchtbarkeit der Erde zurück, auf dass die Erde Nahrung zum Wohle aller hervorbringe. Attis wurde in sein Grab gelegt und während der Nacht wurde neben seinem Leichnam Wache gehalten. Als er am Morgen wieder auferstand, wurde *Hilaria*, das Fest der Freude, gefeiert, und der Hohepriester sang: »Seid guten Mutes, Novizen, denn der Gott ist gerettet. Auch wir werden vom Leid erlöst.«

DEMETER UND PERSEPHONE

Der Mythos von Demeter und Persephone zieht sich durch alle Geschichten der Wiedergeburt in der Natur, die gleichzeitig Metaphern für die Transformation der Seele waren. Die eleusinischen Mysterien, die davon erzählen, wie Demeter ihre Tochter Persephone verliert und wieder findet, verdienen ein eigenes Kapitel, hier genügt es vielleicht, auf die lunare Inspiration des Mythos hinzuweisen.[103] Mutter und Mädchen werden »die zwei Göttinnen« oder *Demeteres* genannt. Sie sind eine Wirklichkeit in zwei Verkleidungen – die Mutter als der Zyklus und die Tochter als die Phasen: geboren, zu ihrer vollen Größe herangewachsen und dann von der Dunkelheit erfasst (personifiziert als Hades, Herr der Unterwelt), gestorben als dunkel werdender Mond, die fallende Saat und das scheiternde Leben. Vermählt mit dem Tod, herrscht Persephone zusammen mit Hades in der Unterwelt des dunklen Mondes und isst die honigsüßen Samen des Granatapfels, bis ihre Gefangenschaft endet und sie als der Halbmond und der blühende Frühling zurückkehrt, wenn Mädchen und Mutter wieder eins werden. Das Drama stellt die Mutter in den Mittelpunkt, insbesondere die Liebe der Mutter zu ihrem Kind. Denn Demeter ist sowohl die Quelle von allem – die Große Mutter – als auch die menschliche Mutter, die das verliert, was sie liebt und ihre Tochter so lange sucht, bis sie sie findet und zurückbringt. Demeters Zorn zwingt Zeus dazu, Hermes zu schicken, um Persephone aus der Umklammerung des Hades zu befreien, so dass die, »die in der Dunkelheit leuchtet« (die

Bedeutung von *Persephone*) und der »jungfräuliche Trieb« (die Bedeutung von *Kore*) als der neue Mond am Himmel und die neue Pflanze auf der Erde zurückkommen. Die drei Tage des dunklen Mondes werden zu den drei Monaten der Dunkelheit des Winters, die Zeit, die Persephone mit Hades verbringen muss, weil sie von der Saat der Toten gegessen hat. Wie Kerenyi bemerkt: Die Idee der ursprünglichen Mutter/Tochter-Göttin, die ihrem Ursprung nach ein einziges Wesen ist, ist gleichzeitig die Idee der *Wiedergeburt*.[104]

In den eleusinischen Riten, die bei abnehmendem Mond abgehalten wurden, wird den beiden, die eins sind, ein Kind hinzugefügt. Auf dem Höhepunkt der Zeremonie ruft ein Priester aus: »Die Große Göttin hat ein heiliges Kind geboren. Brimo hat Brimos geboren.« Brimo bedeutet »die Rasende« oder die »Mächtige« und erinnert nicht nur an Demeters mächtigen Zorn, der Persephone ins Leben zurückbrachte, sondern auch an den Zorn von Selene, der Mutter des Dionysos der in einer anderen Geschichte der Sohn der Persephone ist. Hier herrscht eine seltsame Verwirrung von Namen und Rollen, die alle auf ein gemeinsames Erbe hinweisen, ein Geheimnis, das auf verschiedene, aber miteinander verwandte Arten erforscht wird. Eine Statue von *Iacchos* (ein anderer Name für Dionysos), die mit einem Myrtenzweig gekrönt ist und eine Fackel trägt, wurde in einer Prozession von Athen nach Eleusis getragen. Menschen säumten die Strecke und riefen ekstatisch seinen Namen. Dionysos, der in der Rolle seines kretischen Gegenstücks *Zagreus* zerstückelt und wieder geboren wurde, ist hier sanfter und lässt sich in seiner Rolle des mystischen Kindes an der Brust eher der Kultur der beiden Göttinnen zuordnen. Plutarch bemerkt, dass »die Alten Dionysos und Demeter zusammen verehrten«[105]. Hier sind die eleusinischen und dionysischen Mysterien in der Figur des Kindes des Weins, des Korns, des Mondes und des Jahres vereint. Der letzte Akt in Eleusis bestand darin, eine Weizenähre hochzuhalten.

* * *

Korn und Wein gingen im Bild von Christi Leib und Blut auf die christlichen Mysterien über. Sie wurden in Riten gegessen und getrunken, welche die Beteiligten wie in den früheren Mysterien verwandeln sollten.

> Und als sie aßen, nahm Jesus das Brot, dankte und brach's und gab's ihnen und sprach: Nehmt; das ist mein Leib. Und er nahm den Kelch, dankte und gab ihnen den; und sie tranken alle daraus. Und er sprach zu ihnen: »Das ist mein Blut des Bundes, das für viele vergossen wird. Wahrlich, ich sage euch, dass ich nicht mehr von der Frucht des Weinstocks trinken werde, bis zu dem Tag, an dem ich von neuem davon trinken werde im Reich Gottes.«[106]

Im Johannesevangelium wird diesem Bild durch die Worte Jesu Form verliehen:

> Wenn das Weizenkorn nicht in die Erde fällt und stirbt, bleibt es ein einzelnes Korn; wenn es aber stirbt, bringt es viel Frucht.[107]

Was einst ein alter Glaube war – dass der Mond die Kraft war, die Bäume und Pflanzen wachsen ließ –, bietet sich für die christliche Tradition als lunarer Symbolismus des Todes und der Wiedergeburt an. So wird Christus, der am Kreuz als dem Lebensbaum hängt, zur mystischen Frucht des Weins, zur Lilie oder zum Immergrün, das dadurch wiederum zu einem Lebensbaum wird. In Mythen im Zusammenhang mit den Evangelien wurde das Holzkreuz, an das Jesus gekreuzigt wurde, an der Stelle aufgestellt, wo im Paradies der Baum der Erkenntnis stand. Da dies der Ort der Erbsünde der Menschheit war, war es verboten, von der Frucht des Lebensbaums zu essen. Das Opfer Christi am Baum des Kreuzes, auf dessen ausgestreckten Ästen seine Arme liegen, verwandelt den Baum der Erkenntnis in den Baum des Lebens, dessen Blüte und Frucht (also er selbst) die Fleisch gewordene Welt der Sünde und des Todes heilen soll.

KAPITEL 10

MOND UND SCHICKSAL

Meine Tage sind schneller dahingeflogen
als ein Weberschiffchen.
Hiob, 7:6

Für den rationalen Verstand stellt der Mond ein sichtbares Bild des ununterbrochenen Flusses der Zeit dar. Für den mythischen Verstand hingegen *macht* der Mond die Zeit, indem er sie misst, und damit ist er selbst die Zeit. In vielen alten Kulturen war er als die Ursache der Zeit im Leben auch die Ursache der dem Leben zugewiesenen Zeit, die das Schicksal der Menschen, Länge und Muster ihrer Lebensspanne, ja sogar ihren Anteil an Gut und Böse bestimmte – also die Qualität ihres Lebens. Einer ähnlichen Vorstellung zufolge spulte der Mond auf die gleiche Weise Zeitsträhnen von seinem leuchtenden Ball ab, wie ein Spinner den Faden spinnt. So wird der Mond, der die Zeit aus sich selbst hervorspinnt, zum Weber des Netzes der Welt der Phänomene und damit zum Spinner der Fäden des Schicksals und des individuellen Geschicks.

Werden die drei sichtbaren Phasen von Zunehmen, Vollmond und Abnehmen auf das menschliche Leben bezogen, so erfassen sie den Lauf eines Lebens in drei Stufen: geboren werden und aufwachsen, ganz der sein, der man ist, alt werden und sterben. Wie wir gesehen haben, wurden die drei sichtbaren Phasen in Griechenland als separate Göttinnen personifiziert: die Jungfrau Artemis und Kore/Persephone für den zunehmenden Halbmond; Demeter, Hera, Athene, Aphrodite und Phoebe als Vollmond; Hekate als abnehmender Mond. Kaum sichtbar schimmerten hinter oder in diesen Göttinnen jedoch die schemenhaften Umrisse der drei »Schicksalsgöttinnen« oder Moiren auf, die älter als alle Göttinnen und Götter waren.

DIE MOIREN

Geboren aus der Unterwelt und der Nacht als der erste Lichtschimmer, der aus der Dunkelheit aufsteigt, reflektieren die Moiren den ersten Augenblick der Erkenntnis, in dem Geburt, Tod und die Zeit dazwischen in ihrer Gesamtheit als Teile eines Ganzen sowie als ein Ganzes gesehen werden, das aufgeteilt wird.[1] Dies bedeutet, dass sich Geburt und Tod zum ersten Mal direkt begegnen und im Geist eine unwiderrufliche Grenze entsteht, die das Leben des Einzelnen beschränkt und ihm einen Anteil am Ganzen, aber nicht alles bietet. Der Name Moira bedeutet »Teil«, »Anteil« oder »Los« und bezieht sich zunächst auf die Moiren selbst als Figuren der drei »Teile« des Mondes[2] sowie auf deren dreifache Rolle, den Sterblichen (und den Göttern) ihr Los im Leben zuzuteilen: ihren Anfang, ihre Mitte und ihr Ende.[3] Es verwundert nicht, dass die Orphiker den Mond bei seinem ältesten und schrecklichsten Namen nannten: das »Gorgonenhaupt«.[4]

Die Orphiker feierten die lunaren Ursprünge der Moiren und besangen sie als in das »weiße Gewand« des Mondlichts gehüllt.[5] In der orphischen Hymne an die Schicksalsgöttinnen waren diese »Töchter der dunklen Nacht« jene,

Abb. 1. Artemis mit einer Spindel. Elfenbeinstatue. 7. Jahrhundert v. Chr. Archäologisches Museum, Istanbul.

Die in dem himmlischen See, wo weiße Wasser
aus dem Brunnen bersten, versteckt in der Mitte der Nacht,
durch eine dunkle und steinige Höhle gleiten,
eine tiefe Höhle, unsichtbar verweilen. [6]

Im vierten Jahrhundert n. Chr. schrieb der neoplatonische Philosoph Porphyrios, dass »die Moiren der Kraft des Mondes zugeordnet werden«.[7]

Die drei Moiren hatten jeweils verschiedene Aufgaben: *Klotho* spinnt den Lebensfaden und ist bei der Geburt des Kindes zugegen.[8] *Lachesis*, die »Zuteilerin des Lebensloses« webt das Muster oder Gewebe des

247

Abb. 2. Die drei Moiren mit Spindel und Spinnrocken. Ca. 430 v. Chr. Martin von Wagner Museum, Würzburg.

Abb. 3. Moira mit Spindel und Faden. Nekropole der Isola Sacra. Grab Nr. 16. Ostia, Italien. 2. Jahrhundert n. Chr.

Schicksals sowie die Spanne des Lebens. *Atropos*, die »Unabwendbare« durchschneidet den Lebensfaden mit ihrer Schere.[9] Sie ist das unausweichlich bindende Schicksal, das Ende eines Zyklus des Mondes. Zusammen, so Hesiod, »geben [sie] den sterblichen Menschen das Gute und das Böse«.[10] Als die *Lochiaia Moirai*, die »Moiren des Kindbetts«, sind sie in der Stunde der Geburt anwesend. Auf Heras Befehl verzögerten sie sogar die Geburt des Herakles.

Homer nennt die Moiren nach Klotho, der ersten der Schicksalsgöttinnen, *Klothes*, die »Spinnerinnen«, obwohl er meist von einer einzigen Göttin, der Moira oder *Moira Krataia*, der »Starken Moira«[11] spricht, bei der das Schicksal die präzise Bedeutung von Tod annimmt. (Der griechische Begriff *moirai* stammt möglicherweise von der indoeuropäischen Wurzel *mer, mor*, was »sterben« bedeutet; daraus wurde das griechische *moros*, »Schicksal«, und das lateinische *mors*, »Tod«). Dem Gesetz der Moira muss sich selbst Zeus fügen. Denn die Götter können das Schicksal als den Tag des Todes zwar vorhersehen, es aber nicht ändern. In der *Ilias* bringt die Moira die goldene, von Zeus gehaltene Waage des Schicksals zum Ausschlag und macht damit Hektor zum Verlierer in seinem Kampf gegen Achilles:

> Doch als Helios dann die Mitte des Himmels umkreiste,
> Richtete Vater Zeus nun aus die goldene Waage,
> Und er legte zwei Lose hinein des schmerzenden Todes
> Rosse tummelnder Troer und erzgeschirmter Achäer,
> Fasste die Mitte und zog, da senkte sich ab der Achäer Schicksalstag;
> Es sank zur Nahrung spendenden Erde ihr Los,
> das der Troer zum weiten Himmel emporstieg.[12]

Erst dann verlässt Apollo Hektor, Athene nimmt sich Achilles an und die »schicksalhafte« Entscheidung wird als Tod in sein Leben eingewebt.

Im »Mythos von Er« in *Der Staat*, wird Platons Idee von *Anangke*, »Notwendigkeit«, ebenfalls in der lunaren Metapher der Spindel – der »Spindel der Notwendigkeit« – ausgedrückt. In ihren Wirteln sitzen die Sterne und Planeten wie auch die Schicksale der Menschen, die bei deren Geburt von den Moiren gesponnen werden.[13] Die drei Schicksalsgöttinnen, die er »Töchter der Notwendigkeit« nennt, tragen weiße Roben, ihre Köpfe sind mit Girlanden geschmückt, und sie singen zur Musik der Sirenen: »Lachesis der vergangenen Dinge, Klotho der gegenwärtigen Dinge und Atropos der zukünftigen Dinge.« Von Zeit zu Zeit drehen sie die Ränder der Spindel: Klotho dreht den äußeren Rand, Atropos den inneren und Lachesis »dreht abwechselnd den inneren und den äußeren Rand mit der rechten oder der linken Hand«.[14]

Aber Platon reduziert die moralische Wahl nicht auf den Determinismus des »Schicksals«. Die Seelen wählen ihr eigenes Schicksal vor der Geburt und treten erst dann vor Lachesis, die ihnen ihren Schutzengel zuweist. Der Schutzengel bringt die Seele zu Klotho, die das Schicksal bewilligt, und geht schließlich zu Atropos, welche die Fäden des Schicksals spinnt und es unabwendbar macht.[15] So wird die Seele für die Inkarnation in einer bestimmten Zeit und an einem bestimmten Ort umhüllt, oder vielleicht sollte man, dem Bild folgend, diese bestimmte Inkarnation besser als die von der Seele gewählte Umhüllung bezeichnen. Daher sind alle Menschen letzten Endes für ihr Schicksal selbst verantwortlich, auch wenn sie sich vielleicht an nichts mehr erinnern, wenn sie zu viel vom Wasser des *Lethe*, des Flusses des Vergessens getrunken haben.[16]

Platons Bild der Planeten und Sterne, die von der Spindel der Notwendigkeit gesponnen werden, erinnert an das mesopotamische Bild des Tierkreises als »Gürtel« von Innana-Ishtar, der Kreis der Sterne, der als »die verzierten Tücher des Himmels« von dem sich drehenden Mond gewebt wird.[17] Der »seltsam verzierte« Gürtel von *Aphrodite Ourania*, der »himmlischen Aphrodite«, wurde ebenfalls als eine unwiderstehliche Macht erlebt. In der *Ilias* borgte ihn Hera, die »kuhäugige« und »weißarmige« Mondgöttin, um ihren Mann Zeus in eine »goldene, wunderschöne Wolke« zu verzaubern, aus der »schimmernder Tau herabfiel«.[18] Nicht umsonst war Aphrodite in Athen als die »älteste der drei Moiren« bekannt.[19]

Man könnte fragen, warum die Betrachtung des Mondes zur Metapher des Spinnens Anlass gab und warum man glaubte, dieses Spinnen dehne sich auf alles Leben als eine Notwendigkeit aus. Eliade vermutet, dass die zunehmenden und abnehmenden Rhythmen des Mondes analog zum rhythmischen Hin und Her des Weberschiffchens gesehen wurden:

> Die Rhythmen des Mondes weben Harmonien, Symmetrien, Analogien und Partizipationen zusammen, die eine endlose »Struktur«, ein »Netz« unsichtbarer Fäden ergeben, die gleichzeitig Menschheit, Regen, Vegetation, Fruchtbarkeit, Gesundheit, Tiere, Tod, Regeneration, Nachleben und mehr miteinander verbindet. Deshalb wird der Mond in so vielen Traditionen als Gottheit personifiziert, oder als ein mondähnliches Tier, den kosmischen Schleier oder die Schicksale der Menschen webend.[20]

Vielleicht ist diese »kosmische Ausdehnung« auch darauf zurückzuführen, dass der Mond seinen eigenen Lichtkörper zu einem unveränderlichen und damit ewigen Muster auf- und abzurollen scheint, was die Idee eines Gesetzes jenseits der Zeit suggeriert. Diese Auffassung unterstreicht die Idee der einen, die auch drei ist, wenn sich die eine Schicksalsgöttin entfaltet und als die drei Schicksalsgöttinnen des inkarnierten Lebens manifestiert. Briffault schreibt, Manat, die Große Göttin von Arabien, deren Stein bei einer heiligen Quelle stand, sei eine Mondgottheit gewesen, die gleichzeitig eine und drei war: die »drei heiligen Jungfrauen« *Al-Ilat*, *Al-Uzza* und *Manat*:

> »Al-Uzza« ist nur ein kultisches Beiwort, das »Die Mächtige« bedeutet. Al-ilat ist die feminine Form von Ilu, oder Allah, und könnte »Göttin« heißen. Manat, die weibliche Form von Meni, stand besonders für die Idee von Schicksal und Vorsehung. Das Wort »mana« wird immer noch von Arabern im Sinne von »Glück« benutzt. Die dreifache Arabische Göttin entspricht somit in ihrem Charakter den griechischen Moiren, den Schicksalen, und den nordischen Nornen.[21]

Viele der lunaren Schicksalsgöttinnen sind Spinnerinnen und Weberinnen, und der Symbolismus des Fadens und des gewebten Tuchs findet sich auf der ganzen Welt als ein Bild des Schöpfungsaktes. Das Bild der drei Spinnerinnen ist vielleicht von den zahllosen Frauen der Welt inspiriert worden, welche die zum Leben notwendigen Kleider, Teppiche und Decken weben, aber der Symbolismus der Schicksalsgöttinnen

Abb. 4. Die doppelte Maat und das Wiegen des Herzens. Ca. 1450 v. Chr. Louvre.

transzendiert die Erfahrung, die ursprünglich Anlass zu dieser Idee gegeben haben mag. In seinen Ausführungen über die frühen Sumerer (ca. 3200 v. Chr.), insbesondere über deren Entwicklung der Arithmetik, behauptet Campbell:

> Mathematik traf in diesem wichtigen Moment der kulturellen Mutation auf das schon früher bekannte Geheimnis des biologischen Todes und der Generierung, und die beiden verbündeten sich. Der lunare Rhythmus des Unterleibes hatte bereits die Korrespondenz zwischen himmlischen und irdischen Verhältnissen bezeugt. Das mathematische Gesetz verband beide. Und so kommt es, dass in all diesen Mythologien, das Prinzip von *maat*, *dharma*, und *tao*, das in der griechischen Tradition zu *moira* wurde, mythologisch als weiblich gefühlt und repräsentiert wurde. [22]

Die Vorstellung einer Macht hinter den Göttern, deren Urteile unabänderlich sind, ist in vielen Kulturen verbreitet, und es ist überraschend, wie häufig diese ultimative Macht – oft einfach »Schicksal« genannt – direkt oder indirekt mit dem Mond in Verbindung gebracht worden ist. Die Idee des Gesetzes als die eine (der Zyklus) und seiner Inkarnation als die drei (die Anzahl der Phasen) könnte hinter dieser Auffassung des Schicksals stecken, wie sie beispielsweise durch Moira, die eine, und Moiren, die drei, zum Ausdruck gebracht wird. Wenn der Mond als derjenige betrachtet wird, der die Zeit »gibt«, dann macht es Sinn, dass er auch die Qualität der gegebenen Zeit zuteilt und in manchen Kulturen sogar beurteilte, wie diese Zeit »verbracht« wurde. Viele lunare Gottheiten sind Gesetzgeber, insbesondere in der Phase des dunklen Mondes, wenn sie die Unterwelt erleuchten und so das Leben nach dem Tod beherrschen. In Mesopotamien gehörten »die Gesetze«, die als die *me* bekannt waren, einst zu Innana-Ishtar (die deren Verlust beklagt), die sowohl Göttin des Schicksals als auch »spinnende Göttin« genannt wurde, während ihr Vater Nanna-Sin die Gesetze in der Unterwelt erließ, wenn sein Licht vom Himmel verschwunden war: »Vater Nanna … Herr, der das Schicksal bestimmt … Herr des Netzes.«[23] Eine Hymne an Ishtar, die »mächtige Königin des Himmels«, endet mit den Worten: »Möge sie die Bestimmungen (des Schicksals) in der Dunkelheit des Mondes erfüllen.«[24]

In Ägypten verkörperte die Göttin *Maat* die Wahrheit und die rechte Ordnung des Universums. Sie trug eine weiße Straußenfeder auf dem Kopf. Als Gemahlin und weibliches Pendant des Mondgottes *Toth* stand sie neben ihm im Boot des Sonnengottes *Re*, als dieser zum ersten Mal über dem Wasser des Abgrundes

Abb. 5. Penelope an ihrem Webstuhl. Neben ihr steht Telemachos mit zwei Lanzen. Rotfigurige Vase von Skyphos, dem Penelope-Maler. 440 v. Chr. Nationales Museum für Archäologie, Chiusi, Italien.

aufstieg. Seitdem reisen Maat und Toth jeden Tag mit der Sonne in ihrem Boot, das stets dem »unabänderlich richtigen« Kurs folgt.[25] Der Name Maat bedeutete »das, was gerade ist« und bezog sich zuerst auf einen geraden Stab, den Handwerker benötigten, um gerade zu arbeiten, und dann auf die Regel oder das Gesetz, durch das die Menschen »aufrecht« bleiben sollten. Wie in vielen Sprachen ging auch hier die physische Bedeutung in der moralischen Bedeutung auf (das griechische *orthos* bedeutet sowohl gerade als auch richtig; *kanon* bezeichnet einen geraden Stab sowie einen »Kanon«, und auch das englische Wort »ruler« [Lineal und Herrscher] hat ebenso eine doppelte Bedeutung wie das Wort »straight« [gerade und aufrecht]). Nach dem Tod wurde das Herz des Verstorbenen auf die Waage des Urteils gelegt und gegen die Feder von Maat, die Feder der Wahrheit, aufgewogen. Wenn das Herz so leicht wie die Feder war, konnte der Verstorbene vor *Osiris*, den Richter der Toten, treten.[26] Maat war also die Norm, die eine Seele erfüllen musste, um eines Lebens nach dem Tod für würdig erachtet zu werden.

In vielen Darstellungen dieses Ereignisses beobachtet der Seelenvogel die Zeremonie von der Spitze der Waage aus, während der ibisköpfige Toth das Urteil mit seiner Feder als Gesetz niederschreibt. In Abb. 4 wacht Toth in seiner anderen Gestalt als Pavian über das Wiegen des Herzens. Hier wird das Herz gegen ein Sinnbild von Maat aufgewogen – nicht nur gegen ihre Feder, wie es gewöhnlich der Fall ist –, während eine doppelte Figur der Maat auf das Ergebnis wartet. Die Halle des Gerichts wurde die »Halle der zwei Maat-Göttinnen« genannt, d. h. der beiden Göttinnen der Wahrheit. Die eine herrschte über Oberägypten, die andere über Unterägypten – eine Synthese, die wie die doppelte Krone des Osiris eine spirituelle, gegensätzliche Prinzipien versöhnende Einheit symbolisierte. Der kleine gefiederte Kopf, welcher der Maat ähnelt und sie ansieht, befindet sich auf der Spitze der Waage, wo normalerweise der Seelenvogel sitzt. Er könnte den Wunsch des Verstorbenen (links) verkörpern, seine Seele möge »Maat«, also gerade und richtig und damit eins mit der Richtigkeit des Universums werden.

In Griechenland waren die Mondgöttinnen und die Moiren Weberinnen: Artemis, Athene, Aphrodite, Persephone und die Nymphen sowie viele der schicksalhaften Figuren im Leben des Odysseus. Penelope, die Frau des Odysseus, webt ein Netz der Täuschung für ihre Freier und sagt ihnen, sie könne erst dann einen Ehemann wählen, wenn sie das Leichengewand für Laertes, den Vater des Odysseus, fertig gewebt habe. Nach dem vierten Jahr entdecken die Freier, dass sie des Nachts – »beim Licht der Fackeln« – auftrennt, was sie am Tag gewebt hat.[27] Nach dem Bild der Moiren webt Penelope, »die Verschleierte«, also symbolisch das Tuch der Zeit und trennt es wieder auf, um die Fertigstellung ihrer Arbeit aufzuschieben, denn einen von den Freiern auszuwählen, würde den Tod von Odysseus als ihrem Gemahl bedeuten – das Durchtrennen des letzten Fadens.

Abb. 6. Minoisches Labyrinth mit Halbmond in der Mitte. Kretische Münze. Knossos. (Aus D'Alviella, The Migration of Symbols, S. 71).

In gewisser Hinsicht wird Odysseus durch die Aktionen von Calypso und Circe, den beiden anderen Göttinnen, die ebenfalls sein Schicksal weben, wieder zu Penelope zurückgebracht. Die Geschichte beginnt, als Odysseus in der Höhle von Calypso gefangen ist. Später findet Hermes sie, wie sie singend an ihrem Webstuhl sitzt und »mit einem goldenen Schiffchen webt«.[28] Circes Zauber ist erheblich mit ihrem Weben verbunden, denn während sie »ein großes, ewiges Netz« webt, lockt sie mit ihrem Gesang die Kameraden des Odysseus in ihr Haus aus poliertem Stein, um sie zu betäuben und in Schweine zu verwandeln.[29] Mit Hilfe des Hermes gelingt es Odysseus jedoch, Circe zu besiegen. Sie schickt ihn in die Unterwelt, wo er Teiresias um Rat fragen soll. Indirekt bringt sie ihn also zurück zu Penelope, nach Hause in ihr gemeinsames Schlafgemach mit dem Ölbaum. Nach 19 Jahren ist die Vermählung von Sonne und Mond vollbracht (siehe Kapitel Fünf und Sechs).

Ein in der Dunkelheit leuchtender Ball aus silbernem Faden ist das zentrale Bild im Mythos von Theseus und Minotaurus. Es ist der Faden, den Ariadne dem Theseus gab, um ihn durch das Labyrinth zu führen, in dessen Mitte er auf den Stier des Minos traf. In der griechischen Legende kämpft Theseus als Sohn des Königs von Athen gegen den kretischen König Minos. Theseus wird als der Held dargestellt, der den Minotaurus tötet, um die Athener von dem (lunaren) Tribut zu befreien, den sie alle acht Jahre in Form des Opfers von sieben Jünglingen und sieben Jungfrauen an den Minotaurus zahlen müssen. Aber in diesem Symbolismus ist ein älteres minoisches Empfinden erkennbar, nach dem alle weiblichen Charaktere Namen des Mondes und alle männlichen Charaktere Namen der Sonne haben.[30] Demnach hat es den Anschein, als stehe Theseus unter dem Schutz einer langen Linie von Mondgöttinnen: *Telephaessa*, die »weit Scheinende« (auch *Argiope*, die »Weißgesichtige«, genannt), ist die Mutter von Europa, »die mit den großen Augen«, die von Zeus in Gestalt eines Stiers über das Meer nach Kreta getragen wurde. »Mit anderen Worten«, so Kerenyi, »war das Gesicht von Mutter und Tochter das des Mondes.«[31] Europas Sohn Minos heiratete *Pasiphae*, »die für alle scheint«, die Tochter von *Helios*, der (männlichen) Sonne und *Perseis*, dem (weiblichen) Mond, die »Leuchtende«, deren andere Tochter Hekate war und die Persephone ihren Namen gab. Die Tochter von Minos und Pasiphae war *Ariadne*, »die von weitem Sichtbare«[32], die ursprünglich *Arigane*, die »Heilige und Reine« hieß, eine Steigerung von *Hagne* (dem Ursprung des englischen Wortes »hag«, Hexe). Dies war einer der Namen von Persephone als Königin der Unterwelt, die ebenfalls eine Spinnerin war und Hemden für die Toten webte.

In dieser Sichtweise wird Theseus von Ariadnes silbernem Fadenknäuel auf die gleiche Art in die Dunkelheit eingesponnen, wie sich Lichtstränge von der Mondkugel abspulen, bis sie ganz verschwunden ist. Im dunklen Herzen des Labyrinths erschlägt Theseus den Tod in Form des ewig sterbenden und sich ewig erneuernden Stiers (nicht bloß das Ungeheuer, als das er den Griechen später erschien) und wird dann von dem Faden wieder hinaus ins Licht geleitet, als würde er auf seiner Reise von Tod und Wiedergeburt von diesem Faden geführt. Das alle acht Jahre geforderte Opfer von sieben Jünglingen und sieben Jungfrauen an den Stier von Minos fällt mit dem achtjährigen Zyklus des Mondes zusammen, in dem Sonne und Mond »in das gleiche himmlische Hochzeitszimmer [zurückkehren], in dem sie sich einst trafen«[33] (siehe Kapitel 5).

Abb. 7. Die drei römisch-keltischen Matronen mit Säugling, Windel und Utensilien zum Baden, als würden sie das Kind in die Welt der Menschen bringen. Basrelief aus Sandstein. Musée de Chatillon, Vertault, Frankreich.

Das minoische Labyrinth wird häufig mit einem Halbmond in der Mitte dargestellt und war ursprünglich angeblich eine Spirale, eines der ältesten Bilder des rhythmischen Mondes.

DIE PARZEN

Bei den Römern werden aus den Moiren die Parzen (vom lateinischen *parere*, »gebären«), ein Name, der ihre lunare Rolle als Göttinnen der Geburt unterstreicht, die ihre »Gaben« in das Kind hineinspinnen, wenn es geboren wird. Der römische Dichter Catull (87–54 v. Chr.) erzählt von den Parzen, die bei der Hochzeit von Peleus und Thetis ihre Fäden spannen und ein prophetisches Lied des großen Pelides sangen, während die göttlichen Gäste an der Festtafel saßen und speisten.[34] Mit der Ausbreitung des römischen Reiches kamen die Parzen nach Nordeuropa. Noch im elften Jahrhundert, lange nachdem der christliche Glaube zur offiziellen Doktrin geworden war, musste Bischof Burkhardt von Worms Frauen zurechtweisen, weil sie weiterhin an die als Parzen bekannten »drei Frauen« glaubten, welche die Zukunft eines Kindes bestimmten. Er berichtete voller Bedauern, es sei ein verbreiteter Brauch gewesen, den Tisch mit zusätzlichen drei Tellern zu decken, um sie willkommen zu heißen.[35]

DIE MATRONEN

Die Parzen wurden häufig auch mit den Matronen, den »Müttern«, gleichgesetzt, wenn die drei, meist sitzenden keltischen Göttinnen, die manchmal eine Spindel oder Waage tragen und eine Fülle von Gaben aus ihrem Schoß bieten, einen lateinischen Namen erhielten. Julius Cäsar berichtete in *De bello Gallico*, dass es bei den Germanen Brauch sei, dass »die Familienmütter mit Hilfe von Runen und Weissagungen bestimmten, wann es richtig sei, eine Schlacht zu schlagen und wann nicht«.[36] Sie wurden von den Römern, Kelten und Germanen verehrt und waren auch den Angelsachsen bekannt: Beda, der Ehrwürdige, verweist auf sie, wenn er von der Nacht vor Weihnachten als Modraniht, der »Nacht der Mütter«, spricht.[37] In Böhmen herrschte noch zu Beginn des 20. Jahrhunderts der Brauch, den Tisch zu decken und die Lampen anzuzünden, wenn ein Kind geboren wurde, damit sich die »Drei«, wenn sie in der Nacht zu Besuch kamen, willkommen fühlten und das Kind mit ihren Gaben beschenkten. In Griechenland wurde Honig für die Moiren als deren Lieblingsspeise bereitgestellt, und auch in der französischen Volkskunde waren die Feen (deren Namen von dem lateinischen *fata*, »Schicksalsgöttinnen« stammt) bei der Geburt eines Kindes zugegen und entschieden über dessen Schicksal.[38]

Im christlichen Mythos überlebten die Moiren, Parzen und Matronen als die drei Marien, die drei Töchter der heiligen Sophia oder als Glaube, Hoffnung und Liebe. In Les Saintes Maries de la Mer in der Camargue in Südfrankreich ist die schwarze Jungfrau Sarah die dritte, dunkle Figur, die gemeinsam mit den beiden leuchtenden Marien – Marie-Jacobe und Marie-Salome – die lunare Dreifaltigkeit bildet. Häufig blieb die alte klassische Metaphorik in der christlichen Zeit als Allegorie bestehen, die zwar offiziell des Numinosen beraubt war, aber noch immer das alte Mysterium heraufbeschwor.

DIE NORNEN

Auch die drei Nornen des germanischen und skandinavischen Mythos spinnen, weben und zerreißen das Netz des Lebens. Wie die Moiren stehen auch sie für die drei sichtbaren Phasen des Mondes und die Struktur der Inkarnation. Die Nornen *Urd*, *Skuld* und *Werdandi* werden verschiedentlich als »Vom Schicksal bestimmt«, »Geschehend« und »Was sein muss« interpretiert, als »Schicksal« (Urd), »Sein« (Werdandi) und »Notwendigkeit« (Skuld)[39], als »Vergangenheit«, »Gegenwart« und »Zukunft«, oder als »Ursprung«, »Werden« und »Schuld«. Urd war alt, Werdandi war jung und liebreizend, aber Skuld war leicht beleidigt und konnte die Netze der anderen Schwestern zerreißen, wenn sie fast fertig waren.[40] In manchen Geschichten ist Skuld die gleiche Person wie die Göttin Hel; ihr Name hat die Bedeutung von »Schuld« und könnte subtil an den Tod erinnern, welcher der Geburt »geschuldet« wird.[41] Die Nornen erscheinen zuerst im ersten Teil der *Poetischen* (oder *Älteren*) *Edda* von ca. 1000 n. Chr., der *Völuspá* – (ebenfalls verschiedentlich) übersetzt als »Die Prophezeiung der Weisen Frau«, die »Prophezeiung der Seherin« oder das »Lied der Sybille«. In der englischen Übersetzung der Edda von Taylor und Auden, die sie die *Ältere Edda* nennen, kommt Skuld als Zweite vor und wird als die »Runenschreiberin« bezeichnet, während Hollander in seiner Übersetzung, die er *Poetische Edda* nennt, Werdandi als Zweite und Skuld als Dritte sieht.[42] Hier Taylor und Auden:

> Ich kenne einen Esche-Baum, genannt Yggdrasil
> Regentropfen sprenkeln auf seine Blätter

Abb. 8. Der Mond hinter den spinnenden Schicksalsgöttinnen, auf deren Spindel sieben Himmelskörper zu erkennen sind. Frankreich, 16. Jahrhundert. Illustriertes Manuskript von Thenaud, Traite de la Cabale. Bibliothèque Nationale.

> Von denen Tau in die unterliegenden Täler fällt.
> Bei Urds Quelle weht es immergrün,
> steht über diesem stillen Bassin,
> daneben eine Kemenate, aus der sie kommen,
> die Göttinnen des Schicksals, zuerst Urd.
> Als zweites Skuld, Schützerin der Runen,
> dann Werdandi, dritte der Nornen:
> Die Gesetze, die das Leben der Menschen bestimmen
> haben sie für immer bestimmt und ihr Schicksal besiegelt.[43]

Wie die Moiren sind auch die Nornen älter als die Götter und leben bei der »Schicksalsquelle« am Fuß der Wurzeln von Yggdrasil, der Weltesche. Sie benetzen die Äste des Baumes mit ihrer Zauberflüssigkeit, um ihn vor dem Verfall der Zeit zu retten, obwohl er schließlich doch fallen muss. Der isländische Dichter, Gelehrte und Christ Snorri Sturluson schreibt in seiner *Prosa-Edda*, die er um 1220 aus früheren Quellen zusammenstellte:

> Weiter sagt man, dass die Nornen, die am Urdbrunnen wohnen, jeden Tag Wasser aus ihm schöpfen; mit diesem nehmen sie den Sand, der an der Quelle liegt, und werfen ihn über die Esche. Dies dient dazu, dass die Äste weder austrocknen noch verfaulen. Das Wasser ist so heilig, dass alles, was in die Quelle kommt, so weiß wie die Haut wird, die Eischalen-häutchen heißt und eben unter der Eischale liegt, so wie es hier gesagt wird.
> Den Tau, der von dort auf die Erde fällt, nennt man Honigtau, und dort nähren sich die Bienen. Zwei Vögel leben im Urdbrunnen; sie heißen Schwäne, und von ihnen stammt die Vogelart gleichen Names ab.[44]

Die subtilen Verbindungen zwischen Mond, Tau, Honig und Ambrosia sind in allen Einzelheiten vorhanden: Das magische Wasser, das von den unteren Ästen des Weltbaumes fällt, ist weiß (die Farbe des Mondlichts). Es wird zu Bienenhonig und hat die Kraft der Auferstehung. Auch wenn in diesem Teil des Textes nirgendwo gesagt wird, dass dies etwas mit dem Mond zu tun hat, auch nicht als Erinnerung, ist die Bildersprache doch verblüffend vertraut, da sie die Nornen durch das ambrosische Elixier sowie durch das Spinnen von Schicksal und Gesetz mit dem Mond in Verbindung bringt. In einem anderen Gedicht werden die Nornen ausdrücklich auf den Mond bezogen.

In den Eröffnungsversen der *Ersten Weise von Helgi* kommen die Nornen zur Geburt eines Kindes, das einmal ein König sein wird, und spinnen die Fäden seines Schicksals unter dem Mond:

> Dann war Helgi, mit dem riesigen Herz
> geboren in Bralund von Borghild.
>
> Nacht war eingebrochen, als die Nornen kamen,
> die die Tage eines Prinzen bestimmen:
> Sein Schicksal, sagten sie voraus, war Berühmtheit unter den Menschen,
> geschätzt als der beste der tapferen Könige.
>
> Dort in Bralunds großen Höfen
> spannen sie den Faden seines besonderen Schicksals:
> Sie legten Stränge aus Gold aus,
> und befestigten sie unter dem Saal des Mondes.[45]

In der Schlacht nehmen die Nornen die Gestalt der drei »Schicksalsschwestern«, der *Disir* oder »Walküren« an und weben den »Gürtel des Sieges« und die »Kette des Krieges«, die sie als unsichtbares Tuch über dem Schlachtfeld ausbreiten.[46] Das Gedicht *Njals Saga* zeichnet ein erschreckendes Bild des Krieges in Form des Liedes, das die Walküren singen:

> Ein Webstuhl wurde aufgestellt, auf eine Metzelei hinweisend – ein Regen von Blut ergießt sich. Eine Kette menschlicher Wesen erstreckt sich auf ihm – eine Kette grau von Speeren, die die Walküren mit blutroten Schüssen durchsetzen. Die Kette ist geformt aus menschlichen Eingeweiden und wird erschwert durch menschliche Köpfe… wir weben, weben das Netz der Speere. [47]

Hier weben die Walküren die stattfindenden Kämpfe und binden die Krieger an das Muster ihres Webstuhls. Ihr Name bedeutet »Wahl des Todes« (*kjora* wird zu *kyries* und bedeutet »Wahl«, *val* heißt »Tod«).[48]

Im Namen Odins, des Gottes der Weisheit, wählen sie die Krieger, die dazu ausersehen sind, in der Schlacht mit dem Tod belohnt zu werden. Die Wölfe, die am Ende des Tages auf das Schlachtfeld herabkamen, wurden die »Hunde der Nornen« genannt.[49] Das keltische Pendant zu den Walküren waren die Morrigan, die einfache oder dreifache »Große Königin«, Göttin des Todes, welche die Gestalt eines Raben annahmen, ein auf Schlachtfeldern vertrauter Vogel. Von ihnen hat auch die Nemesis von König Artus, seine Schwester Morgan la fée, ihren Namen – la fée bedeutet »das Schicksal«, *Fata Morgana*.[50]

Menschen, die einfach an Altersschwäche oder einer Krankheit starben, gingen in das Reich der Göttin Hel ein. Nur tapfere Krieger waren von Odin begünstigt. Er schickte die Walküren (die auf den Wolken ritten und Tau auf die Erde fallen ließen), um die gefallenen Helden nach Walhalla, die Halle der Gefallenen zu begleiten. Hier werden die Walküren in die Dienerinnen der Gefallenen verwandelt, die am Tisch Met in ihre Becher gießen und das Fleisch wilder Eber auf ihre Teller legen, das nie ausgeht. Von einer Walküre einen Becher Met gereicht zu bekommen (siehe Abb. 10), war eine Einladung zur Unsterblichkeit, ob man wollte oder nicht.

Die Macht des Glaubens an die Nornen blieb bis zur Zeit des Christentums bestehen. Das Aufeinanderprallen der alten, eingeborenen und der neuen, christlichen Kultur wird in der nordischen Geschichte eines Barden mit dem treffenden Namen *Nornagesta* deutlich, der die Gabe der Jugend besaß. Ein Streit bei seiner Geburt leitete auch sein Schicksal ein, denn Skuld – hier die letzte der Nornen – wurde beleidigt. Im Zorn erklärte sie, das Kind werde nur so lange leben, wie die Kerze am Bett brauchen würde, um

Abb. 9. Walküre, die einen Becher Met darbringt. Statuette aus Silber. Gefunden in einem Grab in Kopingsochen, Öland. 11. Jahrhundert. Historiska Museum, Stockholm.

abzubrennen. Alle trauerten, bis eine der anderen Nornen die Kerze einfach ausblies und sagte, wenn sie nicht brenne, könne sie auch nicht niederbrennen. Als Nornagesta aufwuchs, nahm er die Kerze überall hin mit. Im Alter von 300 Jahren war er jedoch gezwungen, Christ zu werden, und um zu beweisen, dass seine Bekehrung echt war, musste er den Kerzenstummel anzünden. Als dieser niedergebrannt war, fiel Nornagesta tot um und bestätigte damit, was keiner bezweifelt hatte: dass die Macht der Nornen größer war als die ihrer christlichen Nachfolger.[51]

Ursprünglich gab es nur eine Norne, die im Altnorwegischen *Urth* (»Schicksal«), im Althochdeutschen *Wurd* und im Angelsächsischen *Wyrd* genannt wurde. Wyrd wurde später zu drei Göttinnen in einer und hieß auch die Mutter der Nornen.[52] Vermutlich führte die klassische Triade der Moiren dazu, dass aus einer Göttin drei wurden. Campbell weist darauf hin, dass Wyrd etymologisch mit dem deutschen Verb »werden« verwandt sein könnte, was ein inhärentes, innerliches Schicksal impliziert, das die »Schicksalsgöttinnen« im Herzen des Einzelnen verortet. Das Wort wird darüber hinaus mit dem althochdeutschen *wirt* oder *wirtel* für »Spindel« und auch mit *Eerde* in Zusammenhang gebracht, was darauf schließen lässt, dass das menschliche Schicksal vom Mond, dem ursprünglichen Spinner der Zeit und des Schicksals, aus dem gleichen Gewebe gesponnen ist wie die Erde.[53]

Das angelsächsische Wort *wyrd* bedeutete häufig »Schicksal« im Sinne von lastendem Verhängnis und wurde im Englischen zu »weird« für etwas Seltsames und Unerklärliches, aber auch etwas von magischer Kraft.[54] In der angelsächsischen Dichtung wird das Schicksal der Menschen »gewoben«, *gewith*. In *Beowulf* (der ältesten umfassenden Geschichte in der nordeuropäischen Literatur) erhalten die Krieger von ihrem Gott »Netze des Kriegsglücks«.[55] Als Beowulf ein alter König war, sah er seinen Tod voraus, denn er hatte das Gefühl, dass *wyrd* nahe war. Er ließ sich ein Schild aus Eisen schmieden und ernannte den Mann, der dem Drachen den goldenen Kelch entrissen hatte, zu seinem Führer. Dann setzte er sich zusammen mit elf Freunden auf die Landspitze, machte sich selbst zum Zwölfter und seinen Führer zum Dreizehnten und sagte seinen Kameraden Lebewohl:

> Sein Herz war traurig,
> Beklommen und zum Tod bereit: wyrd war nah.[56]

DIE SCHICKSALSSCHWESTERN

In *Macbeth* verwandelt Shakespeare die Nornen der Schicksalsquelle in die drei »Schicksalsschwestern«, die Hexen, die auf einer verdorrten Heide um einen Kessel herumsitzen und Macbeth das Schicksal verkünden, das er bereits in seinem Herzen empfangen hat. Die Tatsache, dass Shakespeare die drei Schwestern absichtlich mit den alten Schicksalsgöttinnen verbunden hat, wird im *Kaufmann von Venedig* angedeutet, wenn Lanzelot Gobbo seinem blinden Vater vorspielt, er sei tot:

> Lanzelot: Sprecht nicht von Monsieur Lanzelot, Vater; denn der junge Herr ist (vermöge der Schickungen und Verhängnisse und solcher wunderlichen Redensarten, der Schwestern drei und dergleichen Fächern der Gelehrtheit) in Wahrheit Todes verblichen oder, um es rund herauszusagen, in die Ewigkeit gegangen.[57]

Durch die anklingende Metaphorik von Macbeth und den Hexen greift Shakespeare die Frage auf, ob die Schicksalsschwestern Macbeth die Tiefen seines eigenen Charakters als sein Schicksal vorhersagen oder eher subtil enthüllen. Die drei Hexen führen das Thema ein:

> Schön ist wüst, und wüst ist schön.
> Wirbelt durch Nebel und Wolkenhöhn![58]

Die ersten Worte von Macbeth sind unheilvoll in ihrer Wiederholung, aber trotzdem nicht schlüssig, denn die Waage hat noch nicht zwischen schlimm und schön ausgeschlagen:

> Macbeth: So schön und hässlich sah ich nie den Tag.[59]

Aber Banquo lässt uns tiefer in das Herz von Macbeth blicken:

> Banquo: Was schreckst du, Mann? Erregt dir Furcht, was doch
> So lieblich lautet?[60]

Wie frei ist der Wille, wenn das Netz gewoben ist? Wie bindend ist das Muster des Gewebes? Was wiederum zu der Frage führt: Wer webt das Tuch?

DER SPINNENDE MOND

Das Bild des spinnenden und webenden Mondes bewegt sich über die ganze Welt vor und zurück, von Indien nach Europa, von Brasilien zu den Indianern Nordamerikas und zu den Zigeunern überall. Wie wir in Kapitel Vier gesehen haben, wurde der Mond an vielen Orten als die große Spinne aufgefasst. Anderswo überwiegt die Metapher des Spinnens an sich: In der *Mahabharata* spinnen und weben zwei Frauen Tag und Nacht auf dem Webstuhl des Jahres mit schwarzen und weißen Fäden.[61] Bei den Batak in Sumatra spinnt der Mond Baumwolle, und in einem deutschen Volksmärchen webt sogar der Mondhase auf der Erde ein Tuch für eine gewisse alte Dame, die schneller webte als irgendjemand sonst.[62] In deutschen und slawischen Geschichten wurde eine Frau, die am Sabbat an ihrem Webstuhl arbeitete, auf den Mond transportiert (wo sie dem Mann, der Äste sammelte und Gemüse stahl, Gesellschaft leistet).[63] Shakespeare greift das Bild des Webens im Kommentar eines französischen Lords in *Ende gut, alles gut* auf:

> Das Gewebe unsres Lebens besteht aus gemischtem Garn,
> gut und schlecht durcheinander.[64]

In Ägypten wurde das Weben von *Neith*, einer Jagdgöttin des Mondes, erfunden, deren Symbol ein Schild mit gekreuzten Pfeilen ist und die manchmal ein Weberschiffchen in der Hand hält. Wallis Budge vermutet, dass ihr Name mit der Wurzel *netet*, »stricken« und »weben« verbunden sein könnte. Ihre Knoten und Schnüre wurden bei Totenfeiern verwendet, bei denen man dem Verstorbenen ein Stück gewebtes Leinen in die Hände legte.[65] Neith wurde auch als »Net, die Kuh, die [den Sonnengott] Re gebar« beschrieben und damit wie die Göttin Maat an den Anfang der Dinge gestellt.[66] Das doppelte Bild – Weberin und Jägerin – lässt vermuten, dass sie das Leben in das Sein spinnt und es mit Pfeil und Bogen auch wieder abschneidet. Doch wie der auferstehende Mond webt auch sie die Toten in die Ewigkeit. Neith wurde »die Älteste« genannt und häufig mit Hathor, Nut und Isis in Ägypten sowie mit Athene in Griechenland identifiziert. Plutarch berichtet von einer Inschrift auf einer Statue der Athene, »die sie für Isis halten«, im Tempel von Neith-Isis in Sais, in der die Weberin des kosmischen Schleiers erklärt: »Ich bin alles, was war, was ist und was sein wird. Niemandem ist es bisher gelungen, den Schleier zu lüften, der mich bedeckt.«[67]

Ähnliche Hinweise könnten in dem seltsamen, runden griechischen Stein enthalten sein, der *Omphalos*, der »Nabel« der Erde genannt wird. Er wurde in Delphi gefunden (ein Wort, das sowohl »Schoß« als auch »Delphin« bedeutet), ursprünglich ein Heiligtum von Gaia, der Mutter Erde, bevor Apollo es sich zu Eigen machte. Es hieß, dass »der Omphalos der Erde das Grab der Python« ist, der dämonischen Schlange einer früheren Zeit, welche die Fruchtbarkeit von Erde und Mond verkörperte und eine Form von Dionysos war.[68]

Abb. 10. Neith, Net oder die Herrin des Westens mit Pfeilen und Bogen. (Aus Wallis Budge, The Gods of the Egyptians, i, S. 451).

Plutarch schreibt, dass das Orakel von Delphi in der orphischen Tradition von der Nacht und dem Mond verkündet wurde.[69] Wie ein gewebtes Netz, das die Erde bedeckt, ist der Stein mit einem *Agrenon*, einem Netz aus eingemeißelten Streifen überzogen.

Die Navaho und die Ojibwa in Nordamerika nennen den Mond die »Alte Spinnerin«, während die Irokesen im Gesicht des Mondes eine alte Frau sehen, die webt.[70] Ixchel, die Mondgöttin der Maya, war ebenfalls eine Weberin, die häufig mit einer Spindel dargestellt wurde.[71] Die skandinavische Mondgöttin Freya war ebenso eine Spinnerin wie die germanischen Göttinnen Bertha und Holda. Im mittelalterlichen Europa war Holda die Patronin der Weberinnen. Freyas Spinnrocken war die Konstellation von Orion, die in Schweden heute der Spinnrocken der Jungfrau Maria genannt wird.[72]

Die Verbindung zwischen dem Weben auf dem Webstuhl und dem Muster und der Spanne des Lebens gründet möglicherweise darauf, dass Spinnen und Weben die Arbeit von Frauen war, die als Mütter auch das Gewebe ihrer Kinder auf dem Webstuhl ihres Körpers webten (das holländische Wort für Gewebe ist *weefsel*). Das Durchtrennen der Nabelschnur nach der Geburt findet seine Entsprechung im Durchschneiden des Fadens im Tod, wenn das Weben des Lebenswerks vollendet ist. In diesem Bild des Körpers der Frau und des Handwerks erkennt man das essenzielle Mysterium des nicht manifesten Werdens, das in Raum und Zeit manifest wird und Form annimmt.

DIE JUNGFRAU MARIA ALS WEBERIN

> Sie, wildes Netz, wundersames Gewand,
> Umhüllt das schuldige Land.

Das schrieb Gerard Manley Hopkins in seinem Gedicht *The Blessed Virgin Compared to the Air We Breathe*.[73] Die Jungfrau Maria wird auch manchmal als eine Spinnerin dargestellt, die in ihrem Schoß die Erlösung der Welt spinnt und webt.[74] In einer apokryphen Geschichte wird sie als die Weberin des Tempelschleiers beschrieben.[75] Ihr Spinnrad besteht aus zwei Teilen, die »Jungfrau« und »Mutter aller« genannt werden.[76]

In einem koptischen Manuskript aus dem zwölften Jahrhundert weist die Spindel von Maria auf die Botschaft des Engels hin (siehe Abb. 12), während ihr in Abb. 14 zwei Engel den Faden in die Hände legen und ihn über ihren Schoß ziehen. Die drei imposanten Figuren werden durch ihre roten und blauen Gewänder und ihre ausgestreckten Hände miteinander in Verbindung gebracht. Die beiden Engel zeigen auf die Jungfrau in der Mitte, die den Faden mit ihren Händen führt. Es ist, als sei eine Vasenmalerei der drei Moiren in ein christliches Empfinden verwandelt worden. Die Bedeutung ist einerseits vollkommen neu, andererseits auf eindringliche Art gleich. Hier spinnen die drei Schicksalsgöttinnen das Schicksal der Welt, das durch das Weben von Marias Körper vollendet wird.

In einem deutschen Gemälde aus dem späten 15. Jahrhundert spinnt die sitzende Maria den Faden mit einer Spindel in ihren Schoß. Der Faden läuft direkt durch die Braue des Jesuskinds, das zusammengerollt in ihrem Leib liegt, während Gott in gleichem Abstand zu beiden zuschaut und die Ewigkeit zur Zeit verwebt (Abb. 14).

Maria als die Mutter, die das Kind Gottes webte, wurde im Mittelalter zur Mutter, die zwischen Gott und allen seinen Kindern vermittelte. Die Beziehung zwischen Maria und Gott wurde häufig mit der Art verglichen, auf die der Mond das Licht des Himmels reflektiert und mildert, es in der Nacht ausstrahlt und die Dunkelheit der christlichen Seele erleuchtet. Hier besteht die traditionelle Rolle des Mondes als Bestimmer des Schicksals in dem Bild vom »Einfluss« Marias fort, die Reisende inspiriert und tröstet, wenn sie sich in der Dunkelheit verloren und einsam fühlen.

SPINNEN ALS SCHICKSAL IN MÄRCHEN

Das europäische Märchen von Dornröschen ist ebenfalls von lunarem Symbolismus durchdrungen, denn in seinem Mittelpunkt steht eine Spindel von großer Macht. Der jungen Prinzessin war es verboten zu spinnen, und alle Spindeln im Land wurden vernichtet, weil die dreizehnte der »weisen Frauen«, die der König und die Königin vergessen hatten einzuladen, bei ihrer Taufe den Fluch aussprach, sie werde sich im Alter von 15 Jahren an einer Spindel stechen und sterben. (Das Märchen erinnert an den griechischen Mythos des Hochzeitsfestes von Zeus und Hera, zu dem eine der Göttinnen nicht eingeladen war, sowie an das nordische Märchen von Nornagesta.) Das »Geschenk« der »bösen« dreizehnten weisen Frau war der Tod, aber die gute zwölfte weise Frau, die ihr Geschenk noch nicht überreicht hatte, verwandelte es in Schlaf. Als die Prinzessin 15 Jahre alt ist – die Zahl der Jahre entspricht der Zahl der Tage bis zum abnehmenden Mond –, entdeckt sie jedoch ein verborgenes Zimmer in einem alten Turm, in dem eine alte Frau sitzt und spinnt. Denn zu diesem Zeitpunkt des Zyklus beginnt die spinnende Göttin des Mondes, die Fäden zu lösen, um das rückgängig zu machen, was bis dahin perfekt gewoben war.

Die Prinzessin wird von der Spindel gestochen und fällt mitsamt dem ganzen Hof in eine tiefen Schlaf. Wie der Mond stirbt auch sie nicht, sondern wird von dem Prinzen wach geküsst, der sich 100 Jahre später durch das Dickicht der Rosen kämpft (ein Jahrhundert entspricht einem vollständigen Zyklus). In einigen

Abb. 11. Verkündigung. Der Engel begrüßt Maria, während sie spinnt. Illustriertes koptisches Manuskript. 1179–1180. Bibliothèque Nationale, Paris.

Versionen wird das Spinnen von da ab fortgesetzt, und die weisen Frauen weben der Prinzessin ein Hochzeitskleid. Der nicht eingeladene Gast bei dem Fest war die Göttin des dunklen Mondes oder die letzte der Schicksalsgöttinnen, »die böse Patin«, deren Geschenk des Durchtrennens des Lebensfadens als die letzte Verbindung mit dem Schicksal akzeptiert werden muss. Jede Rose hat Dornen, aber in diesem Märchen wird der tödliche Fluch in einen Schlaf verwandelt, aus dem die Jungfrau schließlich aufwacht, ebenso wie der Mond, der ursprüngliche Spinner, immer wieder aus seinem Todesschlaf erwacht.[77]

Zwei andere Grimm'schen Märchen weisen auf diese archaische Beziehung zwischen Spinnen und Schicksal hin. Ein Waisenkind erhielt einst von seiner sterbenden Patentante eine Spindel, ein Schiffchen und eine Nadel. Nachdem der letzte Mensch, der dem Mädchen nahe stand, gegangen ist, machen diese Werkzeuge sich daran, sein Schicksal zu gestalten. Die Spindel begibt sich auf die Suche nach dem Königssohn, das Schiffchen webt einen wunderbaren Teppich, und die Nadel näht ein schönes Heim, in dem der Prinz willkommen geheißen werden soll. Das Mädchen singt ein Lied, das »die alte Frau manchmal sang«[78], und verleiht den Werkzeugen dadurch ein eigenständiges Leben. Das »kleine Lied« erinnert an den Gesang der Sirenen und das Spinnen des Schicksals in Platons *Der Staat*.

Auch in dem Märchen von der Verwandlung eines faulen Mädchens in die Braut eines Prinzen kommen drei Spinnerinnen vor. Sie sind hässlich, was in Märchen häufig darauf hinweist, dass jemand nicht beachtet und unterschätzt wird. Als sie das Mädchen lustlos am Fenster sehen, bieten sei ihm an, die feinsten Fäden für es zu spinnen (wie die Mutter des Königssohns es als Bedingung für die Hochzeit verlangt). Aber als Gegenleistung muss sie sie als ihre Kusinen anerkennen und darf sich ihrer nicht schämen. »Die erste hatte einen Plattfuß, die zweite hatte eine Unterlippe, die so groß war, dass sie über ihr Kinn herabhing, und die dritte hatte einen breiten Daumen.« Sie spinnen große Mengen feinen Flachs für sie. Im Gegenzug muss sie ihr Versprechen halten. Die drei alten Jungfern kommen in seltsamen Kostümen zur Hochzeit. »Guter Gott«, sagt der Bräutigam. »Wie bist du nur zu so hässlichen Kusinen gekommen?« Er geht zur Ersten und fragt sie: »Wie bist du nur zu diesem Plattfuß gekommen?« »Durch Treten«, antwortet sie.

Abb. 12. Verkündigung. Wandgemälde in der Kirche San Pedro de Sorpe, Spanien. 12. Jahrhundert. Museo d'Arte de Cataluna, Barcelona.

Abb. 13. Die Jungfrau Maria spinnt das Kind in ihrem Schoß. Oberrheinischer Meister. Ca. 1400. Gemäldegalerie, Staatliche Museen zu Berlin.

Er fragt die Zweite: »Wie bist du nur zu dieser hängenden Lippe gekommen?« »Durch Lecken«, antwortet sie. Und er fragt die Dritte: »Wie bist du nur zu diesem breiten Daumen gekommen?« »Durch Fäden spinnen«, antwortet sie. »Wenn das so ist«, erklärt der Prinz, »dann soll meine schöne Braut nie wieder ein Spinnrad anfassen.«[79]

DER SCHLEIER DER MAYA

Die Ambivalenz gegenüber den lunaren Schicksalsgöttinnen, die das Leben beenden, das sie hervorgerufen haben, wird in vielen Märchen durch das Bild der Spinne evoziert, die ein wunderschönes Netz webt und es dann dazu benutzt, ihre Beute einzuspinnen und zu töten. Im hinduistischen Mythos symbolisiert die Spinne Maya, welche die Illusionen der Zeit spinnt und das Netz des Schicksals webt.[80] Zimmer beschreibt Maya mit Worten, die an die Moiren erinnern. Maya ist:

> In Substanz eine, doch in Form und Funktion drei, aufgrund des Spiegeltricks der das Alle in das Viele zerbricht. Maya ist die Mutter. Maya ist der Zauber durch den sich das Leben immer wieder selbst verführt. Maya ist der Unterleib, die ernährende Brust, und das Grab.[81]

Die »große Mutter«, die Weberin der Welt, wird häufig Kali, die »dunkle Frau« genannt. Ihr »Geschenk des Lebens« an den liegenden Shiva sowie die nachfolgende Umarmung der beiden wurde in Kapitel Zwei, Abb. 1 und 9 gezeigt.

Maya bedeutet Illusion, ein Wort, das wie »Mond« von der Wurzel *ma*, »messen, ausmessen, formen, schaffen, bauen, ausstellen«, stammt. Maya bezieht sich, so Campbell, »sowohl auf die Macht, die Illusion schafft, als auch auf die falsche Zurschaustellung selbst«.[82] (Daher die Kompliziertheit des Gedankens.) Sowohl die Kunst des Magiers als auch die Illusion, die er dadurch erzeugt, sind Maya. Sie besitzt angeblich drei Kräfte: eine verschleiernde Kraft, welche die wahre Essenz der Dinge verbirgt; eine projizierende Kraft, die alle Erscheinungen schafft; und eine enthüllende Kraft, die in Kunst, Ritual und Meditation erfahren werden kann, denn hier enthüllen die trügerischen Phänomene selbst, was sie gewöhnlich verschleiern. »In Gedanken verborgenen Gedanken, in Träumen verborgene Träume«, wie Yeats es ausdrückt.[83]

Es scheint eine Bedingung der enthüllenden Kraft zu sein, dass zuerst die verschleiernde Kraft verstanden werden muss. Kunst und Literatur haben stets versucht, uns die Tatsache bewusst zu machen, dass es einen Schleier oder Schatten zwischen uns und dem Leben gibt, zwischen unserer Wahrnehmung und der Wirklichkeit. Der Schleier der Maya, der Schleier der Isis und die Worte auf dem Tempel von Neith-Isis (»Niemand hat meinen Schleier gelüftet«) erinnern uns daran, dass wir die Dinge nicht so sehen, vielleicht gar nicht so sehen können, wie sie sind. Im Höhlengleichnis sagt Platon, dass wir nur Schatten sehen, die auf eine Wand fallen. Wir halten sie unweigerlich für wirklich, da wir so sehr in unseren Wahrnehmungen und Vorstellungen gefangen sind, dass wir uns nicht zu der Quelle des Lichts hinter uns umdrehen und sie somit auch nicht sehen können. Ein Bewusstsein dessen – sich umdrehen (die etymologische Bedeutung von »Konversion«) – ist der Ausgangspunkt für jedes Wachstum: Zu wissen, dass man ein Narr ist, ist der Beginn der Weisheit, so Sokrates.

* * *

Aber was ist mit dem individuellen »Schicksal«? Ist es bereits gesponnen, bevor es uns ereilt? (Atropos hält manchmal eine Schriftrolle in der Hand.) Und ist es willkürlich oder, wie Platon sagt, von der Seele vor der Inkarnation selbst gewählt? Gibt es einen Grund dafür, wie uns das Erbe – der Gene, des Geschlechts, der Familie, des Stammes, der Rasse – mit dem verbindet, was wir als das zufällige Ereignis und Umgebung erfahren? Man könnte fragen, inwiefern die westliche Tradition, über diese unlösbaren Fragen nachzudenken, von diesem alten Mondglauben beeinflusst wurde.

Die Schicksalsgöttinnen, die Moiren, die Parzen, die Matronen und die Nornen können zumindest so verstanden werden, dass sie das biologische Schicksal der Menschen bestimmen, da sie die allen Lebewesen gemeinsamen Phasen von Geburt, Wachstum und Tod personifizieren. Aber für die Menschen, die an sie glaubten, bedeuteten sie offensichtlich mehr als nur eine Möglichkeit, sich den unberechenbaren und unvorhersehbaren Elementen des Lebens zu beugen, die heute wie damals »Glück« oder »Unglück« genannt werden. Es ist, als sei im Augenblick der Erkenntnis der unausweichlichen Beschränkung des Lebens im Herzen ein komplementäres Bild entstanden, das persönlich war und für jede Phase des Lebens eine weibliche Form als identifizierbare Figur annahm. Als könne der Schrecken durch die verschleiernde, projizierende und enthüllende Kraft des Bildes sozusagen benannt und zugeordnet werden. Vielleicht bietet die Vorstellung der Schicksalsgöttinnen dem Geist eine Zuflucht, wenn es um jene Lebensbereiche geht, über die er die wenigste Kontrolle hat: Geburt und Tod, wenn der Faden des Lebens gesponnen und durchtrennt wird. Aber auch die mittlere Schicksalsgöttin, die das Muster dessen webt, was gelebt wird (und was nicht gelebt werden kann), und deren Kunst für ein bereicherndes Leben erbeten werden muss, erhält eine Gestalt. Vielleicht ist dies eine Möglichkeit, jene unpersönlichen Dimensionen des Lebens anzuerkennen und zu akzeptieren, die als »Geschenke« kommen, jene Dinge, die wir uns nicht selbst geben (oder entziehen) können.

* * *

Da eine Vision wie die der enthüllenden Kraft von Maya jedoch nicht immer verfügbar ist, wird der Symbolismus des Spinnens, Drehens, Verbindens und Durchtrennens als eine Metapher des Protests gegen die scheinbare Abwesenheit eines ethischen Universums gebraucht, wenn Freiheit in der Möglichkeit gefunden werden kann, das gewebte Netz des Schicksals abzuwerfen. Die Verbindung zwischen Spinnen und Mond ist hier nur implizit.

Aischylos, der früheste griechische Dramatiker, der am Beginn der westlichen Tradition steht, stellt sich das Schicksal beispielsweise als ein »Netz« oder eine »Schlinge« vor, die aus dem Reich der Götter auf die Menschen herabgeworfen wird – all das, was einer Person hinsichtlich Charakter und Lebensumständen »gegeben« wird. Über Cassandra sagt der Chor, sie sei »in der Schlinge des Schicksals gefangen«. Sie selbst hat eine Vision von Agamemnons Tod unter seiner Robe als ein »Netz des Hades«.[84] In *Oedipus Rex* suggeriert Sophokles, dass nur Wissen eine Wahl ermöglicht. Da Ödipus nicht wusste, wer seine Eltern waren, wählte er folglich auch nicht, den einen umzubringen und die andere zu heiraten. Er brachte seiner Stadt solange Verderben, bis er die Verantwortung für seine Ahnungslosigkeit, für alles, was er nicht wusste und nicht wissen konnte, akzeptierte.[85]

Aischylos stellte die Beschränktheit der menschlichen Wahl als Tragödie dar: »Welcher dieser Wege ist frei von Bösem?«, ruft Agamemnon aus, da der Wind nur dann bereit ist, seine Schiffe nach Troja zu befördern, wenn er seine Tochter Iphigenie auf dem Altar der Mondgöttin Artemis opfert. Dies war das Opfer, das der Priester der Artemis verlangte, weil einer von Agamemnons Männern unwissentlich einem Reh in ihren Wald gefolgt war und den Artemisschrein entweiht hatte. Als Agamemnon zehn Jahre später aus dem Krieg zurückkehrt, nimmt seine Frau Klytemnestra Rache für den Tod ihrer Tochter Iphigenie und bringt ihn um. Den Hinweis gibt Aigisthos (der Geliebte von Klytemnestra), als er über Agamemnon sagt, er liege »in den gewebten Gewändern der Erinnyen«[86], der drei Furien, welche die dunkle, strafende Seite der Morai verkörpern. Sie sagen von sich selbst, dass sie die »Erinnerung des Bösen« bewahren und den »Geist der Vergangenheit« in sich tragen.[87]

Mit den *Eumeniden* stellt Athene den Furien eine andere Form von Intelligenz gegenüber, um Orestes von dem Fluch seines Erbes zu befreien (er ermordete seine Mutter, die seinen Vater ermordete, der seine Schwester ermordete), muss aber einräumen, dass kein Haushalt ohne deren Segen gedeihen wird.[88] In Euripides *Orestes* spricht Elektra, die Schwester des Orestes, über »den Vater von Atreus, für den die Schicksalsgöttinnen den Faden des Krieges webten«.[89]

Betrachtet man diese vertraute Geschichte aus einer lunaren Perspektive, so ist es plötzlich kein Zufall mehr, dass Artemis als Göttin des Mondes und der Jagd in ihrer Wut den schicksalhaften Konflikt auslöst, der den Beginn und das Ende des Krieges definiert. Die Macht solcher Überzeugungen wird durch die Tatsache angedeutet, dass niemand die Forderung der Göttin nach einem Opfer, wie sie durch ihren Priester Calchas übermittelt wird, jemals in Frage stellt. In Euripides *Iphigenie in Aulis* läuft Calchas, bevor er Iphigenie ermordet, mit einem Messer in der Hand um den Altar herum und ruft:

> O Göttin Artemis, Tiertöterin,
> Die du die lichte Scheibe rollst bei dunkler Nacht,
> Empfange dieses Opfer, das wir spenden dir ...
> Und gib den Schiffen unversehrte Fahrt ...[90]

Als das Messer herunterfällt, greift Artemis in den Opferritus ein und setzt ein Reh an die Stelle des Mädchens, das dann zu ihrer Priesterin wird (als solle an jenen Zeitpunkt erinnert werden, als man in Griechenland von Menschenopfern zu Tieropfern überging). Zu Ehren von Artemis, »der Frau mit der goldenen Spindel«, *christelakatos*, wie Homer sie nennt[91], wurden Tiere und Vögel in Holzfeuern verbrannt, damit sie jene begünstige, die die Flammen entzündeten (Abb. 1).

Selbst die Entführung von Helena durch Paris ist von lunarem Symbolismus untermauert. Helena, eine Tochter des Zeus und der Leda, Schwester der himmlischen Zwillinge Kastor und Pollux und Gemahlin des Menelaos, des »Mond-Mannes« (wie die etymologische Wurzel *men* seines Namens impliziert), wurde aus einem Ei geboren, das vom Mond gefallen war. Helena wurde mit Nemesis identifiziert – die Rolle, die sie im Trojanischen Krieg spielt. Für die Gnostiker war ihr Name identisch mit dem von Selene, dem Mond.[92] Das »Urteil des Paris« ist, wie Harrison gezeigt hat, keineswegs ein »banaler Schönheitswettbewerb« zwischen den drei Göttinnen Hera, Athene und Aphrodite.[93] Im Gegenteil, es ist ein Urteil über Paris durch die drei Göttinnen, die alle mit dem Mond verbunden sind und Paris sein besonderes Schicksal zuweisen. Die Göttinnen stehen mit der ganzen unerbittlichen Strenge der drei Moiren vor ihm, von denen eine ihn auserwählen und ihm den Apfel geben wird, der sein besonderes Schicksal besiegelt. Der Gürtel von Aphrodite, deren magischer Einladung niemand widerstehen konnte, enthält vielleicht die tiefere Bedeutung des Schicksals für Paris in seiner vermeintlichen »Wahl« zwischen drei verschiedenen Göttinnen, die drei verschiedene Schicksale bereithalten. Die beharrliche Präsenz von Hermes, des Gottes der Vorstellungskraft, suggeriert eher, dass im Leben von Paris eine Transformation stattfinden wird, die er kaum kontrollieren kann. In der in Abb. 15 gezeigten Vasenmalerei versucht Paris, den drei Furcht erregenden Figuren zu entfliehen, die sich ihm nähern, wird jedoch von Hermes daran gehindert, der die Schwelle zwischen der sichtbaren und der unsichtbaren Welt überschreitet und Paris zwingt, seinem wahren Wesen ins Auge zu sehen. Dann legt die älteste der Moiren für Paris ihren Gürtel an.

So ist es vielleicht auch kein Zufall, dass die Mondgöttin Athene Orestes aus dem endlosen Netz der Vergeltung befreien kann, indem sie zwischen den alten Furien und den Göttern Zeus und Apollo, den Figuren der neuen Ordnung, vermittelt. Athene selbst kennt den Geist der Vergangenheit, aber in ihrer neuen Rolle als »Tochter des Vaters« kann sie die Unausweichlichkeit des zyklischen Kreislaufs auf einer neuen Ebene transzendieren. In der lunaren Vorstellungskraft wird das Schicksal und seine Transzendenz hier also im doppelten Bild von Phase und Zyklus gesehen. Die Erinnyen gestehen den Verlust ihrer Macht ein.

Zweitausend Jahre später ist nur noch das Seil übrig. Lucky aus Becketts *Warten auf Godot* hat ein Seil um den Hals, von dem er sich nicht befreien kann. Er ist der gehorsame Sklave von Pozzo und kommt an Stelle von Godot (womit er ihn symbolisch ersetzt), um die beiden Landstreicher zu treffen und ihrem Warten auf Godot so einen Sinn zu geben. Erst als Lucky seinen Hut aufgesetzt bekommt und »denkt«, zerrt er an dem Seil und ruft:

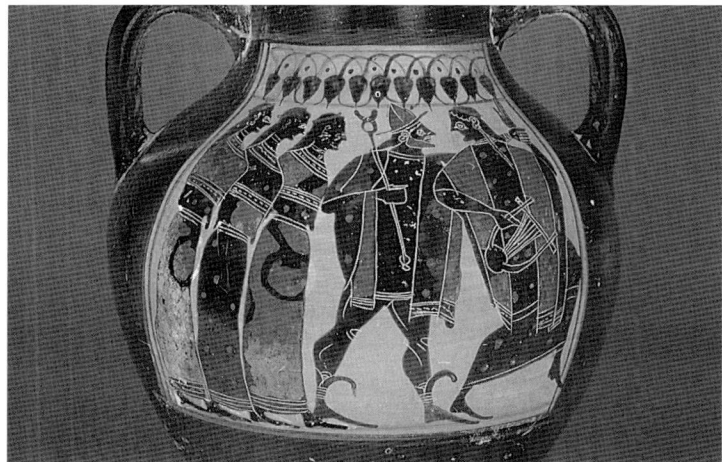

Abb. 14. Paris mit Hermes und den drei Göttinnen Hera, Athene und Aphrodite. Etruskisch. 6. Jahrhundert v. Chr. Louvre.

Auf Grund der sich aus den letzten öffentlichen Arbeiten von Poincon und Wattmann ergebenden Existenz eines persönlichen Gottes kwakwakwakwa mit weißem Bart kwakwa außerhalb von Zeit und Raum, der aus der Höhe seiner göttlichen Apathie göttlichen Athambie göttlichen Aphasie uns lieb hat, bis auf einige Ausnahmen, man weiß nicht warum, aber das kommt noch...[94]

In manchen Inszenierungen kämpft Lucky mit einem Netz das ihn bedeckt.

DAS GLÜCKSRAD

Sophokles bedient sich der Figur des wechselnden Mondes, um die Unbeständigkeit des Schicksals zu erforschen:

> Aber mein Schicksal dreht sich auf dem wandelnden Rad
> Von Gottes Umschwung, immer noch leidend unter dem Wandel.
> Wie das blasse Gesicht des Mondes, das nicht bleiben kann
> Für zwei Nächte im gleichen Antlitz,
> Sondern zuerst ausströmt aus der Dämmerigkeit, dann wächst,
> Mit lieblicher Miene zum Vollmond zunimmt,
> und immer wenn er sich am schönsten zeigt,
> erlöscht und nimmt er wieder ab und wird zum Nichts.[95]

Das Bild des auf einem sich ständig verändernden Rad kreisenden Schicksals wird hier mit dem endlosen Kreislauf des Zunehmens und Abnehmens des Mondes in Verbindung gebracht, was auf die lunaren Ursprünge des bekannten Schicksals- oder Glücksrades hinweist. Als eine Möglichkeit, die Wechselfälle des Lebens aus einer Perspektive jenseits der Höhen und Tiefen und jenseits von Glück oder Unglück zu betrachten, fand das sich drehende Rad Eingang in viele Kulturen.

Die griechische Glücksgöttin *Tyche* wurde manchmal als die mächtigste der drei Moiren angesehen.[96] Im römischen Denken wurde sie zur Göttin Fortuna – manchmal in dreifacher Form –, deren Schicksalsrad sich drehte wie der Mond und das Jahr. Als aber die römischen Legionen in die keltischen Länder eindrangen, stellten sie fest, dass eine der prärömischen Mütter oder Matronen bereits ein Rad in ihrem Schoß

Abb. 15. Das Glücksrad. König, Königin, Edelleute und Leibeigene. Aus dem Manuskript von John Lyndgates Troy Book and Story of Thebes. England, ca. 1516–1523. Die prächtige Robe der Königin oben auf dem Rad kontrastiert mit dem dunkelblauen Kleid der Göttin hinter oder in den Speichen, dessen goldene Kreise wie Sterne aussehen. Die beiden Figuren erinnern an den hellen und den dunklen Mond, die beide das Rad des Schicksals drehen. British Library, London.

hielt. Im Gälischen wird *rath*, das Wort für Rad oder Kreis, auf »Glück« bezogen, da der Vollmond, also der vollständige Kreis, am günstigsten war – *ata rath air* –, während der abnehmende Mond *mi-rath* und jemand, der Pech hat, *at a mi-rath air* genannt wird.[97] Obwohl das Rad im keltischen Mythos überwiegend ein Sonnensymbol war, gab es auch Geschichten über ein großes silbernes Rad, auf dem Helden ritten und das auf seinem Weg nach *Emania*, dem Todesland des Mondes, ins Meer eintauchte.[98]

Die ursprüngliche Vorstellung des Rades und des Füllhorns als ein Geschenk ging nach und nach verloren. Das Symbol des Rades wurde später eher als das unpersönliche Rad der Zeit interpretiert, das sich ewig dreht und einige Menschen hinauf zum Glück und andere hinab zum Unglück beförderte. Lange nachdem die Römer Gallien, Germanien und Britannien verlassen hatten, wurde in den Tarotkarten das Bild des Glücksrades fast unverändert bewahrt, obwohl Tarot im 14. Jahrhundert in Frankreich, Deutschland und Italien verboten war.[99] Manchmal wurde Fortuna mit verbundenen Augen dargestellt, da sie nicht die Guten belohnte und die Schlechten bestrafte und ihre Wahl glücklicher und unglücklicher Menschen somit kein ethisches Universum reflektierte. (In einem anderen Zusammenhang beschwerte sich Hiob bei seinem Gott: »[...] obwohl du weißt, dass ich nicht schuldig bin, und keiner mich deiner Hand entreißt.«)[100] Das »Glücksrad« – die zehnte der Großen Arkana im Tarot – stellt eine Meditation über die Unausweichlichkeit der Veränderung dar, so dass sich der Meditierende, wenn er in einem privaten Ritual die Karten legte, mit der Realität jenseits der Veränderung und nicht mit der Veränderung selbst identifizieren kann. So lautete die Inschrift in dem Sufi-Ring, den die Weisen ihrem rastlosen König gaben, »auch dies wird vergehen«.[101]

Das Rad, dessen inneres Zentrum ruht, während sich sein äußerer Rand dreht, hat das buddhistische Denken zu einem Bild inspiriert, das eine Flucht vor den Erscheinungen zum »Mittelpunkt« ermöglicht, wo Illusionen durch die enthüllende Kraft von Maya als solche erkannt werden können. Ähnlich verhält es sich mit dem Bild des Knotens. Ein früher buddhistischer Text bezieht die Inspiration des Rades indirekt auf den runden Mond: »Der himmlische Schatz des Rades ... erschien dem König am Tag des vollen Mondes.«[102] Das »Rad des Gesetzes, der Wahrheit und des Lebens« ist eines der acht Glückssymbole im chinesischen Buddhismus.[103] Ein ähnlicher Zweck scheint sich hinter dem zu verbergen, was Yeats seine »Parabel des Mondes« nannte, in der das »Große Rad« als ein Modell für das Verständnis des eigenen Typs und der jeweiligen Lebensphase diente.

Yeats sieht den Zyklus des Mondes als das Pendant zum Zyklus eines Menschenlebens (das im Durchschnitt 70 Jahre dauert). In seinem Buch *A Vision* stellt er ein gleichzeitig mythologisches und psychologisches Muster vor, in dem das sterbliche Selbst wie der Mond aus der Dunkelheit auftaucht und am Ende wieder in diese zurückkehrt.

Die Geburt beginnt mit dem sichtbar werdenden Neumond, der 15. Tag des Mondzyklus entspricht dem 35. Lebensjahr – die Zeit, in der Mond und Mensch sich auf ihrem Höhepunkt befinden. Danach setzt das Abnehmen mit einem biblischen dunklen Mond ein und endet mit 70 Jahren.

In seinem Gedicht *The Phases of the Moon* vergleicht er den Charakter der Phasen mit dem Charakter von Menschentypen. Es gibt zunehmende und abnehmende Typen, die nach außen bzw. nach innen orientiert und für ein Leben im Dienst der Öffentlichkeit oder der persönlichen Neigung bestimmt sind. Das Gedicht ist ein Dialog zwischen den Figuren Robartes und Aherne und erinnert an die Präzision früherer Zeiten, als jeder Tag der Mondphasen einen besonderen Namen und Charakter hatte. Hier symbolisieren diese Tage die jeweilige Phase im Leben und den jeweiligen Typ einer Person.[104]

Der zunehmende Halbmond war die Phase der vollkommenen »Subjektivität«. Die Zeit von Vollmond bis zum dunklen Mond die Phase der vollkommenen »Objektivität«. Um Art und das Maß von Subjektivität und Objektivität innerhalb des Mondkreislaufs zu bestimmen, schlug Yeats das Symbol zweier ineinander greifender Dreiecke oder »Kegel« vor: der Kegel des Willens und des kreativen Geistes und dessen Gegenteil, die Maske und der Körper des Schicksals.

Gedicht und Buch würden ein gesondertes Studium erfordern.[105] In mythologischer Hinsicht ist allein interessant, dass der Mond noch immer mit dem Zyklus des menschlichen Lebens und dem größeren Zyklus der Zivilisationen in Zusammenhang gebracht wird, als würden Schicksal und Zeit vom Mond bestimmt.

Auch die Astrologie bezieht sich auf diese Idee der Qualität der Zeit, insbesondere auf die Qualität des Augenblicks der Geburt, wenn das Kind seinen ersten Atemzug in der Welt der Phänomene tut und in die Zeit eintritt. Das Geburtshoroskop erfasst die Positionen aller zehn »Planeten« (einschließlich Sonne und Mond) zum Zeitpunkt der Geburt. Astrologen sehen in der Mondphase, die zum Zeitpunkt der Geburt herrscht, eine Prädisposition für eine bestimmte Orientierung im Leben. Die Beziehung des Mondes zur Sonne wird als bedeutender Teil der astrologischen Beschaffenheit des Charakters eines Menschen aufgefasst (beispielsweise ob der Sonne ein »zunehmender Mond« vorangeht, wie etwa bei Sonne im Widder und Mond im Löwen, oder ob ein »abnehmender Mond« auf die Sonne folgt, wie etwa bei Sonne in der Waage und Sonne in der Jungfrau).[106]

Neumond und Vollmond sind im Geburtshoroskop von besonderer Bedeutung. Bei Neumond stehen Mond und Sonne in »Konjunktion« – der Mond befindet sich zwischen Sonne und Erde und ist nicht sichtbar, weil er kein »eigenes Licht« hat. Die Astrologie interpretiert dies als Harmonisierung der Energien von Mond und Sonne. In vielen Mythen des Mondes und der Sonne wird diese Zeit entweder als eine Periode des beiderseitigen Friedens (wenn Bruder und Schwester sich nicht mehr streiten und Ehemann und Ehefrau einander umarmen) oder als eine Periode des Todes dargestellt (wenn der Mond von der Sonne getötet wird). Bei Vollmond befindet sich der Mond in »Opposition« zur Sonne – er liegt in direkter Linie auf der anderen Seite der Erde in dem der Sonne entgegengesetzten Sternzeichen und ist vollständig erleuchtet. »Sonne in Opposition zum Mond« bedeutet in der Astrologie, dass die Energien von Sonne und Mond klar unterschieden sind und miteinander kollidieren können, da ihre wesentliche Unabhängigkeit deutlich wird. In vielen Mythen rufen Sonne und Mond, die dann beide »gleich« hell und am weitesten voneinander entfernt sind, sich sozusagen in ihrer »Andersartigkeit« gegenseitig auf. Wenn sie Bruder und Schwester sind, erscheinen auf dem Mond die Zeichen der inzestuösen Geschichte der Schuld. Wenn sie Ehemann und Ehefrau sind, ist es häufig die Zeit der »heiligen Hochzeit«, in der die getrennten

Energien des Kosmos wieder ins Gleichgewicht gebracht werden. Aber dieses Gleichgewicht der Energien ist sowohl zeitlich genau festgelegt als auch ständig in Bewegung, denn unmittelbar danach verliert der Mond sein Licht allmählich. (Wie wir gesehen haben, gibt es viele Variationen dieses Mythos. Hier soll nur auf die Parallelen zwischen Astrologie und Mythos hingewiesen werden.)

Auf die Frage, ob er an die tatsächliche Existenz dieser Kreisläufe von Sonne und Mond glaube, antwortete Yeats:

> Manchmal, überwältigt von all den Wundern, wie alle Menschen sein müssen, wenn sie sie erleben, habe ich solche Anlässe wörtlich genommen, mein Verstand hat sich schnell erholt; und nun da das System klar in meiner Vorstellung existiert, betrachte ich sie als stylistische Anordnungen die vergleichbar sind zu den Kuben in den Zeichnungen von Wyndham Lewis und den Skulpturen von Brancusi. Sie haben mir geholfen, einen einzelnen Gedanken Wahrheit und Gerechtigkeit zu erfassen. [107]

DAS SPINNEN DER ZEIT
UND DAS KNÜPFEN DES SCHICKSALS

Was bedeutet es, dass der Mond nicht nur die Zeit, sondern auch das Schicksal spinnt? Die lineare Zeit (der Faden, der gesponnen und dann durchtrennt wird) wird mit der Zeit als Muster in Beziehung gesetzt (wie dieser Faden in das Leben hinein gewebt wird), und diese beiden Auffassungen von »Zeit« ergeben zusammen die Idee der Qualität von Zeit. Das spätere griechische Denken unterschied zwischen *chronos* (das Vergehen der Zeit) und *kairos* (erlebte Zeit oder »Gelegenheit«). Auch der moderne Geist trennt Zeit und Schicksal – und fragt eher, was wir aus der uns zugewiesenen Zeit machen – wie E. M. Forster mit seiner Unterscheidung zwischen »in der Zeit gelebtem Leben« und »nach Wert gelebtem Leben«[108] deutlich macht. Dennoch beziehen wir uns manchmal noch auf die alte Idee, derzufolge eine bestimmte Zeit eine besondere Qualität hat, und implizieren sogar, dass Zeit selbst eine Qualität besitzt, es sei denn, wir missbrauchen sie, sehen nur ihre Quantität und reduzieren sie auf eine Abfolge von undifferenzierten Momenten. In *Macbeth* werden diese beiden Arten von Zeit einander gegenübergestellt, denn erst als das Leben seinen Wert verloren hat – wenn »schön« »schlimm« und »schlimm« »schön« ist – erlebt Macbeth die Zeit als eine bedeutungslose im Tod endende Linie, als es keine »Zeit« gibt, den Tod seiner Frau zu bemerken, da keine Zeitqualität mehr übrig ist:

> Sie hätte sterben können, – es hätte
> Die Zeit sich für ein solches Wort gefunden –
> Morgen, und morgen, und dann wieder morgen,
> Kriecht so mit kleinem Schritt von Tag zu Tag,
> Zur letzten Silb auf unserem Lebensblatt;
> Und alle unsre Gestern führten Narrn
> Den Pfad des stäub'gen Tods. – Aus! Kleines Licht![109]

In Bildern, die einst zu den spinnenden Mondgöttinnen gehörten, wird wertvolle Zeit häufig zelebriert, ihr Verlust betrauert. Es scheint, als würden diese Mythen des Mondes noch immer einigen unserer Vorstellungen über den freien und entschlossenen Willen zugrunde liegen, wenn wir uns fragen, was dem Leben seine bestimmte Form verleiht. Denn der Mond als Spinner der Zeit und des Schicksals rückt jene Erfahrungen in den Brennpunkt, bei denen die Fäden der Zeit zum Schicksal eines Menschen verknüpft werden. Aber die alte lunare Quelle ist größtenteils vergessen, und vielleicht ist die Metaphorik nicht reich genug, um lokalisierbar zu sein und wird daher als »Aberglaube« abgetan.

Wir sprechen noch immer von den »Verknüpfungen«, dem »Band« und den »Windungen« des Schicksals, dem »Band« der Freundschaft und der Ehe oder dem »Band« zwischen Mutter und Kind – Verbindungen der Liebe, Stellen im Netz, an denen die Fäden in die Zeit geknüpft sind und das einzigartige Muster bilden, das Menschen definiert und sie an ihr individuelles Schicksal bindet.[110] Sogar das englische Wort »destiny« (Schicksal) stammt von den lateinischen Verb *destino* ab, das für »bindend« verwendet wurde und dessen ursprüngliche Bedeutung »befestigen« war. [11]

In einem abgelegenen Dorf in Theben wird noch immer eine Hochzeitszeremonie zelebriert, in der der Mann und die Frau zwei Seile zu einem Zopf drehen, den sie dann verbrennen, um den Rauch dem Mond zu opfern.[112] In China sagte man über den »alten Mann im Mond«, *Yueh Lao Yeh*, er besitze Macht über die Ehe und binde die Füße des zukünftigen Ehepaares mit einer unsichtbaren roten Schnur zusammen, die nie zerreißt. Das Sprichwort sagt: »Ehen werden im Himmel geschlossen, aber im Mond vorbereitet.«[113] Die aztekische Einheit der Ehe wurde dadurch zum Ausdruck gebracht, dass der Ehestifter die Kleider des Paares in einem Ritual miteinander verknotete (Abb. 18).[114]

In Europa wurden für die Hochzeitsnacht Bettlaken verknotet, um für eine glückliche Ehe zu sorgen.[115] Damit »der Mann sich nicht mit anderen Frauen abgibt, »et contra«, enthielt die Hochzeit im 17. Jahrhundert ein Ritual, bei dem ein dreimal verknotetes Tuch über die Hände der Eheleute gehalten wurde und der Priester sagte: »Wen Gott zusammengebracht hat, den soll der Teufel erst trennen, wenn diese drei Knoten gelöst sind.«[116]

Man sagt, das Schicksal liege »im Schoß der Götter« (wie die Spindel im Schoß des Spinners liegt), dass der Tod eine Schlinge, ein Seil oder eine Schnur sei oder dass etwas »fatale« Folgen hat. *Yama*, der Totengott der Hindus, führte die Verstorbenen in Fesseln fort[117], während im Krieg eine Zauberformel gesungen wurde, um den Feind in das »Netz von Indra« zu locken.[118] Die nordische Göttin Hel benutzte eine Schnur, und die deutsche Todesgöttin hatte ein Seil.[119] Die Kogi-Indianer binden eine gedrehte Kordel um die Verstorbenen, um sie stehend in das Grab hinabzulassen. Nach sieben Tagen wird die Kordel durchgeschnitten, und die Verstorbenen fallen zurück in den Schoß der Erde.[120] Kinder kreuzen die Finger, wenn sie wollen, dass ein Wunsch in Erfüllung geht, und gekreuzte Finger hinter dem Rücken bedeuten, dass man einen Schwur nicht ernst meint. Ein Knoten im Taschentuch soll uns an etwas erinnern (der Gedanke wird in die Zeit hineingebunden), und wir halten gekreuzte Finger hoch, um einen Fluch oder eine Gefahr abzuwenden (um das Geflecht unseres Wunsches zu festigen). Rituale zu Ehren von Hekate wurden an Wegkreuzungen durchgeführt. Und in dem Drama von Sophokles tötet Ödipus den zornigen Fremden, der sein Vater war, an einer Wegkreuzung – eine Tat, die völlig unwissend geschieht und vielleicht gerade deshalb sein Schicksal besiegelt.

Abb. 16. Das Große Rad. Aus dem Speculum Angelorum et Hominum (Der Spiegel der Engel und der Menschen). 16. Jahrhundert. (Aus Yeats, A Vision, S. 66).

Das Kreuz ist ein Knoten, der entgegengesetzte Kräfte in einer dynamischen Beziehung vereint, und war vielleicht aus diesem Grund in Ägypten und anderswo ein Symbol des Lebens und der Ewigkeit. Auch wenn die Christen später »ihr« Kreuz als ein Symbol der Kreuzigung hoch hielten, um das Böse abzuwehren, war es schon lange Zeit vorher ein universelles Symbol gewesen und tauchte in der christlichen Kunst erst 600 Jahre nach dem Tod Christi auf. Die frühen Christen stellten Christus als den guten Hirten dar, der wie Hermes ein Lamm auf dem Arm trug. Selbst dem so genannten »Hot Cross Bun«, einem traditionell in England an Karfreitag gegessenen Rosinenbrötchen mit eingeritztem Kreuz, gingen in Griechenland und Rom Kuchen mit einem Kreuz voran, die beim Fest von Artemis und Diana oder zur Feier der Sommersonnenwende gegessen wurden. Dort verwiesen die durch das Kreuz gebildeten Viertel des Kuchens auf die Viertel des Mondes – ein Bild der Erneuerung der zyklischen Zeit im Frühling des Jahres.[121]

* * *

In seinem Buch *The Origins of European Thought* behauptet R. B. Onjans, diese Bilder des Spinnens, Verknüpfens und Bindens seien nicht nur Metaphern, sondern eher:

> Anspielungen auf eines der Bilder, mit denen ein ganzes Volk Leben interpretierte und das Wirken des Schicksals, die Aktion der Götter in menschlichen Taten sah ... ein beliebter Glaube an das, was tatsächlich auf der Ebene passiert, auf der sich Göttliches und Menschliches trifft – das Mystische, und für das unprivilegierte Auge, Unsichtbare. Kurz gesagt, es ist Teil einer nationalen Religion, die Philosophie einer Rasse ... ein Mittel göttliche Bestimmung zu verstehen. [122]

Die »Nervosität« im Zusammenhang mit Knoten stellt sich offenbar in bedeutsamen Situationen ein, wenn das Leben sich grundlegend ändert. Plinius riet dem werdenden Vater, bei der Geburt des Kindes seinen Gürtel abzunehmen und ihn mit den Worten »Ich habe es gebunden und ich werde es entbinden« seiner Frau umzulegen, um die Entbindung zu beschleunigen. Dann sollte er den Raum verlassen.[123] In England lösten Hebammen die Knoten in Glücksbändern (vielleicht um das Baby aufzufordern, ins Leben zu kommen und seinen eigenen Knoten in die Zeit einzuweben).[124] In alten britischen Hochzeitsbräuchen stand die Braut mit einem nicht zugebundenen Schuh neben dem Altar, und der Bräutigam musste das Schuhband zum Zeichen der Besiegelung der Ehe zubinden.[125] Ein Knoten, den man nicht selbst gebunden hat, ist jedoch suspekt: Wenn man einen Knoten in seinen Kleidern vorfindet, muss man ihn schnell lösen, denn er könnte von einem Teufel geknüpft worden sein.[126] Der erste Knoten, den die meisten Menschen binden, ist der Knoten der Schuhbänder. In diesem Zusammenhang gibt es viele Omen. Wenn sich das Schuhband zu Beginn einer Unternehmung löst, verheißt dies eine Katastrophe. Wenn die Bänder von Schuhen, die man anziehen will, hingegen bereits gebunden sind, bringt dies Glück.[127] Der »richtige« Knoten konnte Warzen und Verstauchungen heilen. In dem Buch *Shetland Lore* aus dem Jahr 1932 findet man folgende Bemerkung: »Weise Frauen konnten Verstauchungen mit einem Faden aus schwarzer Wolle kurieren, in den sie einen ›Aaba Knoten‹ für jeden Tag des Mondalters knüpften ...«[128] Die Bedeutung des Knotens scheint davon abzuhängen, wer ihn warum geknüpft hat und ob er in Grashalme, Strumpfbänder, Gürtel, Laken, Schuhe oder Leichentücher geknüpft wurde.[129] Strickamulette, Gürtel, Kränze, Kronen, Halsketten und Armbänder konnten die Funktion haben, Leben und Glück zu übertragen, indem sie ein schützendes Band um den Träger legten. Knoten konnten hilfreich oder hinderlich sein, segnen oder verfluchen, aber welche Bedeutung ihnen auch verliehen wurde, man verstand sie stets als etwas, das den Lauf des Lebens verändern konnte.

Die Flucht vor dem Band des Schicksals wird als »Schlupfloch« bezeichnet (dort, wo das Netz nicht sehr fest gewoben ist). Im Griechischen bezeichnete das Wort *kairos* den Raum zwischen zwei Pfeilern, den Weg durch die Gegensätze. In diesem Sinne wird die Krise zur Gelegenheit. Sie ist der Bruch im Muster des

Gewebes, der die Chance bietet, durch die von der Zeit geknüpften Knoten in die ungebundene oder zeitlose Realität zu schlüpfen, wo wir unser eigenes Garn und unsere eigenen Geschichten nach dem Muster des Herzens spinnen können.

* * *

Die Vorstellung, dass der Mond seine charakteristische und einzigartige Zeitqualität in das Tuch des Lebens webt, verleiht allen Ritualen Sinn, in denen menschliche Angelegenheiten mit dem zyklischen Drama des Mondes in Einklang gebracht werden. Man könnte versucht sein, all diese Bräuche als magisches Denken abzutun und sie als Fantasien der Angst und der Hoffnung zu analysieren. Aber die Annahme, auf die sie sich gründen – dass es eine Realität gibt, die das gesamte natürliche Leben sowohl unten als auch oben miteinander verbindet –, ist den mystischen Traditionen inhärent. Sie wird auch von der modernen Physik auf der subatomaren Ebene des Lebens, auf der die Fäden des Netzes für das menschliche Auge unsichtbar sind, entdeckt oder wieder entdeckt.[130] So kann das Bild des kosmischen, vom Mond gewebten Netzes – ein Bild des »verschleiernden« und »projizierenden« Aspekts von Maya – auch die »enthüllende« Kraft von Maya enthalten, eine Kraft, die es denselben Illusionen ermöglicht, etwas über das Wesen der Realität zu verraten.

Denn die gnostische Hymne sagt:

> … was du außerhalb von dir siehst, siehst du im Inneren.
> Es ist sichtbar und es ist dein Gewand.[131]

Abb. 17. Darstellung einer aztekischen Hochzeit, bei der die Kleider von Braut und Bräutigam symbolisch miteinander verknotet sind. Codex Mendoza. 16. Jahrhundert. Bodleian Library, Oxford.

Abb. 18. Buddhistischer Endlosknoten. (Aus Julien, The Mammoth Dictionary of Symbols, S. 227)

KAPITEL 11

DER VOLLMOND

After a lustre of the moon, we say
We have not the need for any paradise.
Wallace Stevens, *Notes Toward a Supreme Fiction*

Die Schönheit des Vollmondes beschäftigt die menschliche Vorstellungskraft bis heute. In früheren Zeiten, als es nur Sterne, Feuer und Kerzen gab, die in der Nacht Licht spendeten, muss der Mond einen überwältigenden Eindruck erzeugt haben. Es überrascht nicht, dass man einst glaubte, die Strahlen des Vollmondes seien physisch greifbar und würden soviel magische Kraft enthalten, dass sie befruchten oder blind machen, berauschen, inspirieren oder in den Wahnsinn treiben konnten. Um die ganze Kraft der Mondstrahlen aufzunehmen, legten sich die Menschen stundenlang auf den Boden und ließen sich von ihnen bescheinen: Frauen, um zu empfangen, Hexen, um zu verzaubern, Schamanen, um zu »fliegen«, und Kranke, um gesund zu werden. Man trank vom Mond beschienenes Wasser, stellte Speisen auf das vom Mond erleuchtete Dach des Hauses und badete in Teichen, die im Mondlicht schimmerten. Auf welche Art das Licht des Mondes auch aufgenommen wurde – über die Haut oder den Mund, indem man es einatmete, aß, trank, darin badete oder darin tanzte –, es kam darauf an, dass es in das Innere vordrang. Weltweit gingen die Meinungen darüber auseinander, ob die Strahlen des Vollmondes Segen oder Fluch waren oder ob sie einfach nur stark waren und sowohl Gutes als auch Schlechtes bewirken konnten. Das geistige Fassungsvermögen der Menschen stieß an seine Grenzen: Zunehmen und Abnehmen waren eindeutig zwei verschiedene Dinge, der Vollmond konnte entweder eins von beiden oder beides sein, und dies hing zumindest teilweise davon ab, ob er mit einem »zunehmenden« oder einem »abnehmenden« Auge betrachtet wurde.

Die Chukchee-Schamanen aus dem Nordosten Sibiriens gehörten zu jenen, die sich nackt auszogen und das Mondlicht auf ihren Körper fallen ließen, um Zauberkräfte zu erlangen.[1] Im 19. Jahrhundert legten sich Hexen auf den Shetland-Inseln die ganze Nacht ins Mondlicht und bündelten ihre Kräfte.[2] Moslems in Indien »tranken den Mond«. Eine silberne Schale wurde mit Wasser gefüllt und in das Licht des Vollmondes gehalten, bis es von den Strahlen gesättigt war. Dann wurde es in einem Zug getrunken, um Herzklopfen und nervöse Beschwerden zu kurieren.[3] Die Hindus und die Chinesen legten Nahrungsmittel auf die Hausdächer, um »das Leben zu verlängern«.[4] Auch Frauen in der Bretagne »tranken den Mond«, um zu empfangen, während sie in Grönland ihren Bauch mit Speichel einrieben, um den Mond fern zu halten.[5] Seeleute weigerten sich, bei hellem Mondlicht auf dem Schiffsdeck zu schlafen, weil sie fürchteten, blind zu werden.[6] Noch heute werden Quarzkristalle in das Licht des Vollmondes gelegt, um deren Heilkräfte zu aktivieren.

Die älteren Bewohner des nordirischen Munster, die in der Nähe des heiligen Sees Lough Gur lebten, erinnerten sich in den 1930er Jahren noch an eine Zeit, da der Vollmond die Kranken heilte:

> In der Nacht des Vollmondes brachten die Leute ihre Kranken zum See, damit sie vom hellen Mondlicht beschienen wurden. Die Älteren nannten diese Nacht »Allheil«, und wenn der Zustand eines Kranken sich bis zum achten oder neunten Tag des Mondes nicht gebessert hatte, hörte er, wie die Ceol Side, die Aine [die Sonnengöttin] sang, um die Sterbenden zu trösten.[7]

Abb. 1. Vollmond über Wilmington in der Nähe von Honiton, Devon, England. 28. Januar 2002. Fotografie von Richard Austin.

Zur Zeit von Plinius hielten die Kelten den Mond für einen großen Heiler. Er beschreibt die Druiden-zeremonie der Mistelzweigernte, deren mondweiße Beeren als die »Kraft der Eiche« verehrt wurden:[8]

> Den Mond begrüßend mit einem nativen Wort was »Alle Dinge heilend« bedeutet, berei-ten sie eine rituelle Opfergabe und ein Bankett unter einem Baum vor und bringen zwei weiße Bullen, deren Hörner zum ersten Mal anlässlich dieses Ereignisses gebunden sind. Ein Priester in weißer Kleidung erklimmt den Baum und mit einer goldenen Sichel schneidet er den Mistelzweig, der sich in seinem weißen Mantel verfängt. Anschließend bringen sie die Opfer um. Beten zu Gott, dass er seine Geschenke freigiebig an die verteilt, für die er sie vorsieht. Sie glauben das der Mistelzweig jedes unfruchtbare Tier mit Fruchtbarkeit seg-net, und dass er ein Gegenmittel für jedes Gift ist.[9]

Wann immer man etwas brauchte, bat man den Mond um eine seiner zahlreichen Gaben – Regen, Tau, Fruchtbarkeit, Empfängnis, eine leichte Geburt, das Wachstum von Kindern, Tieren und Pflanzen, Jagd-

Abb. 2. William Blake »I want, I want«. Druck Nr. 9. »On the shadows of the Moon/Climbing thro' Night's highest noon.«
Aus »The Gates of Paradise«, 1793. Fitzwilliam Museum, Cambridge.

glück, Gesundheit, ein langes Leben, Inspiration für Dichter, Unsterblichkeit und nicht zuletzt Reichtum – alle Dinge, von denen man glaubte, sie würden im irdischen Leben fehlen. Im Englischen wird dies von Skeptikern seit jeher als »crying for the moon« (nach etwas Unmöglichem verlangen) bezeichnet.[10]

Der amerikanische Dichter e. e. cummings spielt mit diesem Gefühl in einem Gedicht, das folgendermaßen beginnt:

> who knows if the moon's
> a balloon, coming out of a keen city
> in the sky – filled with pretty people?
> (…, where
> always
> it's
> Spring) and everyone's
> In love and flowers pick themselves. [11]

Man könnte jedoch fragen, was diese Bräuche über die menschliche Sehnsucht aussagen? Die Tatsache, dass die Menschen zum Mond beteten, wenn er sich änderte – bei Neumond, wenn er wieder geboren wird, und bei Vollmond, wenn er auf seinem Höhepunkt ist –, lässt vermuten, dass sie auf einer tieferen Ebene darum beteten, in den wundersamen Verwandlungsprozess des Mondes eingeschlossen zu werden. Die ultimative Bitte an den Mond war vermutlich die, den Tod in Leben zu verwandeln.

DER VOLLMOND ALS MUSE

Der Halbmond ist der Mond des Wachstums. Bis zum Vollmond ist er, so Plutarch, »guter Absicht«.[12] Aber jegliche Ambivalenz gegenüber dem Mond wird verstärkt, wenn er sich bei Vollmond auf seinem Höhepunkt befindet und entweder eine Muse ist, deren Schönheit zu Visionen jenseits der Grenzen der Sterblichen inspiriert, oder ein kaltes, unnachgiebiges Wesen, dessen schonungsloser Blick in den Wahnsinn treibt. Und wer vermag schon zu sagen, was er wirklich ist?

> Der Tolle nämlich; der Verliebte sieht
> Nicht minder irr…[13]

Für das Auge des unbeteiligten Betrachters ist Inspiration schon immer eine Form des Wahnsinns gewesen, während die verzerrten Wahrheiten des Wahnsinns dazu dienen, soziale Normen zu hinterfragen, die sich in kollektiven Definitionen geistiger Gesundheit verbergen. Die der Inspiration und dem Wahnsinn gemeinsame Ekstase ermöglicht es, sich selbst und die weltlichen Dinge hinter sich zu lassen. So mussten die Initiierten bei den Eleusinischen Mysterien nicht nur deshalb Augen, Ohren und Mund schließen, damit sie anderen die Geheimnisse nicht verrieten (die sie nicht verstehen würden, da sie sie nicht durchlebt hatten), sondern vor allem, um jene Abschottung des Geistes zu erreichen, die eine Person »jungfräulich« macht: verschlossen gegenüber Ablenkungen und bereit für Offenbarungen. Ekstase wurde damals wie heute durch den Rausch unterstützt. Und in Ritualen, die stets bei Vollmond stattfanden, wurden die berauschenden Getränke – Soma, Haoma, Ambrosia, der mexikanische Pulque, Honig, Tau, Met und Wein – von Wahnsinnigen ebenso wie von Gesunden als die flüssige Essenz des Mondes getrunken. Yeats erinnert sich, dass man auch ohne vergorene Getränke mit dem Mond in Verbindung treten konnte: für die alten Kelten, Menschen, die »in einer Welt lebten, in der alles fließen und sich verändern konnte«, gab es stets Orte und Zeiten, wo sie »in den Bergen oder den tiefen Wäldern [tanzten], wo sie von einer überirdischen Ekstase befallen wurden, bis sie selbst die Götter und gottähnlichen Wesen zu sein schienen und das Gefühl hatten, ihre Seelen würden den Mond überragen«.[14]

In Griechenland stammen die Musen von *Mnemosyne*, der Göttin der Erinnerung, deren Name etymologisch auf »Mond« zurückgeht (*mne* = *mene*). *Mosyne* bezeichnet ein »Holzhaus« oder einen »Turm«, so dass die Göttin das »Haus des Geistes und/oder des Mondes« sein konnte. Mnemosyne ist die Figur des Beginns, deren Gesicht der Menschheit zugewandt ist: Erinnerung als Bedingung des Selbstbewusstseins. Sie war das Kind des ersten Elternpaares Gaia und Ouranos, Erde und Himmel, und als sie später neun Nächte lang mit Zeus auf dem Olymp zusammenlag, empfing sie neun Musen, obwohl in Böotien, dem Land Hesiods, manche glaubten, es seien ursprünglich drei gewesen: *Melete*, »Praktizierend«, *Mneme*, »Erinnernd« und *Aoide*, »Singend«.[15] Die Musen konnten die Gestalt von Vögeln annehmen, und wenn sie sangen, standen Meere, Flüsse und Sterne still. Dichter und Musiker behaupteten, sie würden nur wiederholen, was die Musen ihnen »durch ihre schönen Münder«[16] gesagt hatten. Durch die Musen lauschten sie der Stimme von Mnemosyne selbst.

Die Göttin der Erinnerung wurde natürlich nicht als ein unerschöpflicher Schatz aller Dinge der Welt aufgefasst, sondern als eine mit allen zukünftigen Formen schwangere Figur des Ursprungs. Dies bezeichneten die Neuplatoniker später als *anima mundi*, die Künstler der Renaissance als *memoria*, Jung als *kollektives Unbewusstes* und Yeats als *großer Geist* oder *großes Gedächtnis*, das »noch immer die Mutter der Musen ist, obwohl die Menschen nicht mehr daran glauben«.[17] Das große Gedächtnis, so Yeats, ist »die Erinnerung der Natur selbst«, von der unsere eigenen Erinnerungen in einem kontinuierlichen Prozess des gegenseitigen Austauschs ein Teil sind. Diese Erinnerung kann durch Imagination in der Beschäftigung mit Symbolen erlangt werden, denn sie ist »eine Wohnstatt von Symbolen, von Bildern, die lebendige Seelen sind«.[18] Diese Symbole sind zum Teil die des großen Gedächtnisses und zum Teil die unsrigen, denn »alles, worauf sich die Leidenschaften der Menschen konzentriert haben, wird zu einem Symbol in diesem großen Gedächtnis«, und »die Vorstellungskraft versucht immer, die Welt entsprechend den Impulsen und den Mustern dieses großen Geistes und dieses großen Gedächtnisses neu zu schaffen«.[19]

Harrison schreibt, dass Mnemosyne »das Wiedererinnern, die *Anamnese* von Dingen ist, die in Ekstase gesehen werden, wenn die Seele an himmlische Orte entrückt ist«.[20] Platons Begriff *anamnesis*, so Harrison

Abb. 3. Asklepios und Schlange, einen Träumenden heilend. Eine Schlange leckt dem schlafenden Mann im Hintergrund die Schulter, während dieser träumt, er stehe vor dem Gott, der seine Schulter an der gleichen Stelle berührt. Die beiden Bilder von Schlange und Gott deuten die Auffassung des Künstlers von Heilung an: eine Transformation des gesamten Wesens, um Instinkt und Geist in Einklang zu bringen. Votivrelief von Archinos, dem Orakelgott Amphiaraos in Oropos gewidmet. Attika, Griechenland. Ca. 380–370 v. Chr. Archäologisches Museum, Athen.

weiter, ist ein genaueres Wort für die mythologische Mnemosyne, da es ein erneutes Inkraftsetzen eines früheren Wissens zum Ausdruck bringt. Harrison behauptet auch, Platon habe einen großen Teil seiner Metaphorik den lunaren Mysterienritualen des Todes und der Wiedergeburt entlehnt, da die Essenz seiner Idee der Erinnerung in Beziehung zum Zeitlosen stehe. Platons Schema von Erziehung und Philosophie ist der Versuch einer Rationalisierung des primitiven Mystizismus der Initiation, hauptsächlich des tiefen und ewigen Mystizismus des zentralen Durchgangsritus, des Todes und der Wiedergeburt.[21] Daher wurde in den orphischen Mysterien einem verstorbenen Initiierten ein Schild um den Hals gehängt, das ihn daran erinnern sollte, vom kalten Wasser aus dem See der Erinnerung zu trinken und Lethe, die Quelle des Vergessens, zu meiden.[22]

Einer der »Begleiter« von Mnemosyne ist Hermes. In der homerischen *Hymne an Hermes* wird Mnemosyne als Erste von dem Gott angerufen, der noch ein ausgelassenes Kind ist und auf seiner Schildpattleier spielt (die er Apollo gibt, der sie dann Orpheus gibt). Erst nachdem Mnemosyne gepriesen wurde, erweckt Hermes alle unsterblichen Götter und die schwarze Erde, indem er von deren Ursprüngen und der Reihenfolge ihrer Geburt bei der Erschaffung der Welt singt.[23] Erinnerung ist hier die lebendige Tradition, welche die Gegenwart strukturiert und ritualisiert; sie gleicht der »Traumzeit der Ahnen« der Aborigines, in der die Muster der Welt geschaffen wurden, damit jede neue Schöpfung zum Ursprung zurückkehre.[24]

In Mondtempeln wurden auch Traumorakel verkündet. Im Heiligtum von Sin in Harran erhielt König Esarhaddon, der von etwa 680 bis 699 v. Chr. in Assyrien regierte, in einem Traum den Befehl, Ägypten zu erobern, was er dann auch tat.[25] Ein Traumorakel auf dem Peloponnes war der (männlichen) Sonne Helios und dem (weiblichen) Mond Pasiphae (Mutter von Ariadne) gewidmet. Hekate wurde im vierten Jahrhundert v. Chr. auf einem Altar für Asklepios verehrt, bevor dessen erster Tempel gebaut wurde.[26] Hinweise auf die lunaren Ursprünge der Heilkraft von Asklepios (dessen Vater Apollo sich mit dem Mond in Koronis in seiner schwarzen »Krähen«-Phase vereinte) findet man in dem zentralen Ritual, das in seinen Tempeln in Epidauros und anderswo stattfand. In diesem so genannten »Tempelschlaf«, der *incubatio*, hoffte der Patient, den Gott oder seine Schlange im Traum anrufen zu können und geheilt zu erwachen.[27]

In China gibt es eine Legende, welche die Ursprünge des Theaters auf den Mond zurückführt. Im achten Jahrhundert fragte der Kaiser Ming Huang in der 15. Nacht des achten Mondes einen Priester, aus welchem Material der Mond bestehe. »Möchten Eure Majestät es selbst sehen?«, fragte daraufhin der Priester und warf seinen Gürtel in die Luft, nachdem seine Majestät dies bejaht hatte. Dieser verwandelte sich in eine Brücke, über die der Herrscher und der Weise zum Mond hinaufgingen. Sie sahen Heng-O, den Mondhasen und den Zimtbaum, und dann sangen und tanzten die Mondfeen für sie. Als er zur Erde zurückkehrte, brachte der Kaiser, der selbst ein guter Lautenspieler war, diese Lieder und Tänze seinem Volk bei. Damit war das chinesische Theater geboren.[28] Für die Römer war die Schutzherrin des Zirkus die Mondgöttin Luna[29], während Vergil in seinen *Eclogae* behauptet, dass »Lieder sogar den Mond vom Himmel herabholen können«.[30]

* * *

Die Affinität zwischen dem nächtlichen Mond und der Vorstellungskraft in allen ihren Formen ist zu allen Zeiten registriert worden, besonders von den Dichtern und Malern der Romantik, für die der Mond zum Symbol der Fantasie wurde.[31] So schrieb Keats, der »auf den unsichtbaren Flügeln der Poesie« zu seiner Nachtigall flog:

> Schon bei dir! Sanft ist die Nacht,
> Und vielleicht ist die Mondkönigin auf ihrem Thron,
> umdrängt von all ihren Sternenfeen ...[32]

Neumann bringt den Mond symbolisch mit dem kreativen Prozess in Verbindung:

> Der kreative Prozess findet nicht unter den heißen Strahlen der Sonne statt, aber in dem kalten, reflektierten Licht des Mondes, wenn die Dunkelheit des Unbewussten groß ist: Nacht, nicht Tag ist die Zeit der Zeugung. Dunkelheit und Stille, Verborgenheit, Stummheit und Verschleierung sind Teil dessen. Aus diesem Grund steht der Mond als Herr des Lebens und des Wachstums dem tödlichen Charakter der verschlingenden Sonne gegenüber. Die nächtliche Nässe der Mondzeit ist die Zeit des Schlafes, aber auch der Heilung und Erholung ... Die Kraft des Schlafes, die den Körper und seine Wunden regeneriert und die Besserung, die in der Nacht stattfindet, gehört in die nächtliche Domäne des heilenden Mondes, so wie die Ereignisse in der menschlichen Seele, die einen Menschen über sich hinaus wachsen lassen, aus einer unlösbaren Krise führen zu den dunklen Prozessen gehören, die nur vom Herzen wahrgenommen werden.[33]

Wie Wang Wei, der chinesische Poet und Maler aus dem achten Jahrhundert sagte:

> In dem tiefen Bambus-Wald sitze ich allein.
> Laut singe ich und spiele meine Laute.
> Der Wald ist so dicht, dass keiner davon weiß.
> Nur der helle Mond scheint auf mich nieder.[34]

Ein Gedicht von Lorca heißt *La Luna Asoma*.

> Wenn der Mond heraufkommt,
> vergehen die Glocken,
> es erscheinen die Pfade,
> die keiner durchdringt.
>
> Wenn der Mond heraufkommt,
> wallt Meer über die Erde,
> und es fühlt sich das Herz
> im Unendlichen Eiland.

277

Abb. 4. Toth als die Inspiration des Schreibers Nebmeroutef. Skulptur, Schiefer. 1391–1353 v. Chr., Louvre.

In des Vollmondes Schein
isst niemand Orangen.
Man muss grüne, erstarrte
Früchte sich brechen.

Wenn der Mond von hundert
gleichen Gesichtern
zu sich zurückkehrt,
dann schluchzt in der Tasche
die silberne Münze.[35]

* * *

Viele Mondgötter und -göttinnen fungierten als Musen. In Ägypten sagte man beispielsweise:

Der Finger des Schreibers ist der Schnabel des Ibis.
Hüte dich davor, ihn einfach zur Seite zu schieben.[36]

Der Schnabel des Ibis gehörte zum Mondgott Toth. Er war der Schutzheilige der Schreiber, Dichter und Künstler und sandte ihnen ihre Inspiration. In der in Abb. 4 gezeigten Skulptur sitzt der Schreiber Nebmeroutef mit gekreuzten Beinen und hält eine Schriftrolle über seinen Knien, während auf einem Sockel darüber scheinbar unbemerkt (denn der Schreiber hat nur Augen für sein Manuskript) Toth in seiner anderen Form als großer Pavian sitzt und den Schreiber aufmerksam beobachtet. Die Inschrift auf dem Sockel lautet: »Toth ruft jeden Tag die Maat ins Leben« – die Fantasie ruft stetig die Wahrheit ins Leben (hätte Keats sagen können).[37]

Ganesha, der hinduistische Gott mit einem Elefantenkopf und nur einem Stoßzahn, Sohn von Shiva und Parvati, steht ebenfalls in Beziehung zum Mond. Als Gott der Schwellen stand er an den Türen von Häusern und Heiligtümern und hatte die Aufgabe, Hindernisse aufzubauen oder auszuräumen, um Schaden abzuwenden. Er war der Gott der Umsicht und besaß die Weisheit der Voraussicht. Brahma befahl ihm, die *Mahabharata* zu transkribieren und dafür seinen abgebrochenen Stoßzahn zu benutzen, mit dem er einst nach dem Mond geworfen hatte, weshalb der Mond von Zeit zu Zeit sein Licht verliert. So wird die Kunst

Abb. 5. Toth mit dem Auge des Horus. Ptolemäisches Basrelief. Ca. 330 v. Chr., British Museum.

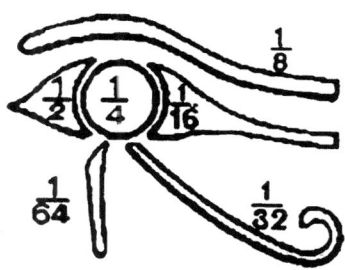

Abb. 6. Das Auge des Horus, bestehend aus verschiedenen Elementen, welche die Ägypter benutzten, um die Bruchteile des Kornmaßes zu notieren. Die einzelnen Bruchteile ergaben zusammen 63/64, etwas weniger als ein Ganzes. Aber der fehlende Teil, das Element, das notwendig war, um die Ganzheit zu erreichen, wurde auf magische Weise von Toth bereitgestellt, der mit seinen Fingern das »gesunde Auge« schuf und zeigte, dass das Ganze größer ist als die Summe seiner Teile. Auf diese Art misst das lunare Auge Volumen, d. h. den dreidimensionalen Raum sowie die Zeit. (Lamy, Egyptian Mythology, S. 16).

des Schreibers und des Poeten mit der Ordnung der Natur in Verbindung gebracht, insbesondere mit der Ordnung des Mondes.[38]

Folgendes war geschehen: Ganesha hatte an seinem Geburtstag zu viel gegessen, und er ritt auf einer Ratte im Mondlicht, als er eine große Schlange sah, die ihm den Weg versperrte und sich nicht rührte. Im letzten Augenblick musste die Ratte zur Seite springen, so dass Ganesha herunterfiel, wobei sein Bauch platzte. Aber findig wie er war, hob er die Schlange auf und band sie sich um den Bauch, so dass nichts herausfallen konnte. Als er wieder auf seine Ratte stieg, hörte er ein großes Gelächter durch den Himmel schallen. Es war der Mond, der sich über ihn lustig machte. Ganesha war so beleidigt, dass er einen seiner Stoßzähne abbrach, damit nach dem Mond warf (der sich hinter den Wolken versteckte) und ihn verfluchte: »Niemand soll an meinem Geburtstag dein Gesicht ansehen. Wenn dich irgendwer wissentlich oder unwissentlich ansieht, wird er in seinem Familienkreis und in der Nachbarschaft aus keinem ersichtlichen Grund völlig falsch verstanden.«[39] In dieser Geschichte verbirgt sich das Thema von Tod und Wiedergeburt, verkörpert durch die Schlange als die irdische Form des Mondes.

Auf die Beziehung, die einst zwischen dem Mond und Shiva, Parvati und Ganesha hergestellt wurde, kann man überall stoßen. In einem Berg im nordindischen Amarnath gibt es eine große Höhle mit einem beeindruckenden Gebilde aus Eis, das in einem Kegel endet – eine Darstellung von Shiva. Der Eisblock auf der rechten Seite stellt Ganesha dar, der kleinere Eisblock auf der linken Seite Parvati. Die Menschen, die zu diesem Schrein pilgern, glauben, dass die Eisblöcke mit dem Mond zu- und abnehmen, am Tag des Vollmondes einen Höhepunkt erreichen und vollständig verschwinden, wenn der Mond dunkel ist.[40]

DER VOLLMOND ALS DAS GEHEILTE AUGE DES HORUS

Die Vorstellung, dass der Vollmond, der selbst von Zerstückelung und Dunkelheit geheilt ist, mit seinem wiederhergestellten Licht andere heilen kann, stammt ebenfalls aus Ägypten. Der Mond ist hier der Arzt, der sich selbst heilt.[41]

In Ägypten war der Vollmond eine Zeit der Freude, weil dann die wahre Natur des Mondes »wiederhergestellt« und er durch Toth, den Hüter der Zeit und der Zeitlosigkeit, den Gott der ewigen Ordnung, »geheilt« war. Denn in einem anderen Mondmythos hatte Horus, der falkenköpfige Gott des Himmels, zwei Augen: Sein rechtes Auge war die Sonne, und sein linkes Auge war der Mond. Diese Geschichte des Mondes verschmilzt mit der Geschichte von Isis und Osiris und deren Sohn, der ebenfalls Horus genannt wurde. (Wie Frankfort bemerkt, ließen die Ägypter bestimmte *begrenzte* Erkenntnisse nebeneinander zu, die *gleichzeitig* für gültig gehalten wurden, jede in ihrem eigenen Kontext und jede in einer festgelegten Art des Zugangs.[42]) Nachdem nun Osiris zum zweiten Mal von Seth getötet und sein Körper in 14 Teile zerhackt worden ist, beschließt sein schnell herangewachsener Sohn Horus, seinen Vater zu rächen und fordert Seth, das Prinzip der Dunkelheit, zum entscheidenden Kampf heraus. Bei diesem Kampf verlieren beide ihre »menschliche« Form und sind drei Tage und drei Nächte unsichtbar, bis Isis sie befreit. Im entscheidenden Augenblick des Kampfes reißt Seth das Auge des Horus heraus und taucht den Himmel in Dunkelheit. (Horus, der Sohn, ist in Horus, dem Himmelsgott aufgegangen, so dass sein/ihr linkes Auge zum Mond geworden ist.) Toth findet die Einzelteile, zählt sie, setzt sie wieder zusammen und gibt Horus das Auge zurück. In den *Sargtexten* sagt Toth:

> Ich kam, um das Auge des Horus zu suchen,
> dass ich es zurückbringen und zählen kann.
> Ich fand es (und nun ist es) vollständig, gezählt und unversehrt,
> so dass es zum Himmel aufflammen kann,
> um oben und unten zu brennen.[43]

In diesem »großen Streit« zwischen Licht und Dunkelheit, wie er in dem Text *Die Kämpfe von Horus und Seth* aus dem Neuen Reich (ca. 1500 v. Chr.) beschrieben wird, symbolisiert das wechselnde Geschick des Horusauges die zyklischen Phasen des Mondes. Wenn das Auge zerschlagen und seines Lichts beraubt wird – von Seth über den Rand der Welt geworfen -, ist der Mond verschwunden und der Himmel ist dunkel. Wenn die in der äußeren Dunkelheit verstreuten Fragmente des Auges gefunden und zu einem Ganzen zusammengesetzt werden, wird der Mond voll und die Dunkelheit ist besiegt. Der Vollmond war die Zeit, in der Toth, der auch »silberne Sonne« und »der Arzt des Horusauges« genannt wurde, das Auge, das der Mond war, »füllte«, »heilte« und »ganz machte«.[44]

Die Geschichte von Toth, der die zerstreuten Fragmente des Horusauges wieder zusammensetzt, ist eine Neuinszenierung der Geschichte des zerstückelten und wieder zusammengesetzten Körpers von Osiris durch Isis, Nephthys und Anubis. In der Geschichte von Osiris steigt Horus hinab in die Unterwelt und überreicht seinem Vater das geopferte Auge, das ihm ewiges Leben schenkt. Dieses »Große Linke Auge« wurde später den einbalsamierten Pharaonen übergeben, um deren Auferstehung in der Welt des Jenseits sicherzustellen:

> Nimm das Auge des Horus, das frei ist von Seth, das du in deinen Mund nehmen und mit
> dem du deinen Mund öffnen sollst.[45]

Das »wieder zusammengesetzte« Auge wurde auch *Wedjat*-Auge genannt (»das Ganze oder Genesene«) und häufig als Talisman benutzt. Es war das »Gute Auge«, das dem ursprünglichen Bild des »Bösen Auges« (des dunklen Mondes) entgegengesetzt wurde. Das *Wedjat*-Auge zierte Amulette und andere Schmuckstücke, Boote und Särge sowie Boote, die in Särge gelegt wurden. Es wurde immer dann verwendet, wenn der Reisende sich vor seiner Reise fürchtete und danach sehnte, den Weg, der vor ihm lag, zu »sehen« – denn das Auge war ein Gebet.[46]

Die Etymologie des englischen Wortes »remembering« (»erinnern«, aber auch »wieder zusammensetzen«) erhält durch das Zerstückeln und erneute Zusammensetzen des Horusauges eine fast physische Bedeutungsebene. Das »member« (Glied, Mitglied, Einzelteil) bezeichnet einen Teil des Ganzen, vor allem ein menschliches Körperteil, und stammt vermutlich von dem altindischen *mas*, »Fleisch«[47], so dass

Abb. 7. Das linke Auge des Horus oder Wedjat-Auge zwischen zwei Kobras in einem Papyrusboot. Über dem Auge sieht man den Halbmond und darin eine dunkle Scheibe mit den Figuren von Toth und Horus. Sie segnen den Pharao in der Mitte, der selbst mit einem Halbmond gekrönt ist. Das Boot wird von dem geflügelten Skarabäus Khepri getragen, einer Form der aufsteigenden Sonne Re. Brustschmuck aus Gold und Edelsteinen aus dem Grab des Tutanchamun. Ca. 1350 v. Chr. Ägyptisches Museum, Kairo.

»dismemberment« die Zerstückelung eines lebendigen Körpers meint. Der Vollmond als das Bild der wieder zusammengesetzten Teile oder Gliedmaßen dient auch als Bild für das Erinnern als geistigen Akt: das Zusammenfügen unterschiedlicher Elemente zu einem ursprünglichen Ganzen, das dann in der Vorstellung als gegenwärtig erfahren werden kann. Auch das englische Wort »recollection« enthält diese Idee, denn es stammt von *re-colligio*, »wieder zusammenbinden«, ab. Es wurde bereits die Vermutung angestellt, dass die Idee von Zeit als Idee des Schwindens entstand (wenn das, was ganz ist, zerschnitten wird), und hier taucht erneut ein ähnliches Motiv auf. Denn Schwinden oder Abnehmen als Zerstückeln ist demnach auch ein Vergessen, bei dem das Ganze verloren geht und nur Teile ohne Zusammenhang, Gliedmaßen ohne Körper übrig bleiben. Greift man erneut die Idee auf, dass das Bewusstsein von Zeit und Tod eine Ewigkeit schuf, die verloren, aber nicht vergessen war, so impliziert dies weiter, dass der volle, ganze Mond das Ewige erkennen lässt, weil er an das Bild des großen Gedächtnisses, des ursprünglichen Ganzen erinnert.

VOLLMOND UND WAHNSINN

Der Vollmond war jedoch nicht nur die Muse von Poeten und Liebenden, sondern auch die »Muse« von Verrückten, insbesondere der Mittsommermond. »Wie, das ist eine wahre Hundtag-Tollheit«, antwortet Olivia auf das untypische, melancholische Benehmen von Malvolio in seinen gekreuzten Strumpfhaltern und seinen gelben Strümpfen.[48] In Drydens *Amphitrion* wird die Frage gestellt: »Was ist es mit diesem Mittsommermond? Ist die ganze Welt verrückt geworden?«[49] Sogar Königin Elisabeth I. scherzt mit dem Earl of Leicester: »Rob, ich fürchte, meine abschweifenden Worte machen Sie glauben, der Mittsommermond habe sich in diesem Monat meines Verstandes bemächtigt.«[50] Womit sie auf die Idee aus dem Mittelalter hinweist, ein wandernder Mond könne den »Verstand verwirren« und dafür sorgen, dass man in viele seltsame Länder reise.[51] Der (englische) Ausspruch »dieser Mittsommermond mit dir« war eine freundliche Art zu sagen »du fantasierst«, eine Ansicht, die in Rowleys prägnantem Aphorismus aus *The Witch of Edmonton* (1685) aus dem Mund des jungen Banks zu einer allgemeinen Feststellung wird: »Wenn der Mond voll ist, nimmt der Verstand ab.«[52]

Die Verbindung zwischen dem Mond und dem inspirierten oder verwirrten Geist wird in den europäischen Sprachen seit über 2000 Jahren hergestellt. Das griechische Wort für Wahnsinn war *mania* und stammte von der altindischen Wurzel *ma*, »Mond«, aus der sich das englische »maniac« ableitet. Das englische Wort »lunatic« stammt vom lateinischen *lunaticus* und ist direkt von *luna* abgeleitet, was sowohl »die Göttin des Mondes« als auch »Mond« bedeutet. Hinzu kommt *tic* für »geschlagen«. »Lunacy« bedeutete ursprünglich, ekstatisch besessen zu sein von der Mondgöttin, die Offenbarung *oder* Wahnsinn bringen konnte. Das griechische *mania* verweist auch auf »mantic«, prophetisch. »Enthusiasmus« stammt von *en theos*, »der Gott in« (uns) oder möglicherweise (wir) »in dem Gott«. »Inspiration« (von *inspirare*) bedeutet, einen Gott einatmen oder von einem Gott eingeatmet werden – der Unterschied zwischen diesen beiden Erfahrungen besteht wahrscheinlich darin, ob man geistig gesund oder verrückt ist. Im Griechischen war das Wort für »lunatics« *seleniazomenoi* – nach der Mondgöttin Selene. Sie wurden später als »silly« (verrückt) bezeichnet, ein Wort, das von Selene abstammen könnte, zumal es einst »gesegnet« bedeutete.[53] Matthäus beschreibt Jesus im Neuen Testament als Heiler der *seleniazomenoi*. In der *Authorized King James Version* (1611)[54] wurde das Wort mit »lunaticks« übersetzt, in der *Revised Version* von 1881 jedoch mit »epileptics«, da man glaubte, Epilepsie werde durch zu viel Feuchtigkeit im Gehirn verursacht und sei daher bei Vollmond schlimmer.[55] Aus dem gleichen Grund erklärte Aristoteles, Krämpfe bei Säuglingen seien »bei Vollmond schlimmer«.[56] In Miltons *Das verlorene Paradies* offenbart der Erzengel Michael Adam die gefallene Zukunft und zeigt ihm einen Ort des Siechtums, an dem es unter anderem folgende Krankheiten gibt:

> Koliken, wilde Tollheit, Schwermutsfälle, mondsüchtiger Wahnsinn,
> grauser Lähmungsschmerz . . .[57]

Der britische Lunacy Act von 1842 definierte einen »Lunatic« als eine verrückte Person, die während der ersten beiden Mondphasen lichte Augenblicke hat und »in der Periode nach dem Vollmond von Albernheit befallen wird«.[58] Noch in den 1940er Jahren gab ein Soldat, der des Mordes an einem Kameraden beschuldigt wurde, zu seiner Verteidigung »Moon madness« an, eine Krankheit, die ihn jeden Monat bei Vollmond befiel.[59]

Das deutsche Wort »mondsüchtig« meint ebenfalls »Wahnsinn«, während verrückt sein im Französischen *avoir des lunes*, im Italienischen *lunatico* und im Englischen *lunatic, loony*, manchmal auch *moonstruck* heißt. In einer Übersetzung des Matthäus-Evangeliums von Sir John Cheke zu Beginn des 17. Jahrhunderts, der darauf bedacht war, »fremde« durch »einheimische« Wörter zu ersetzen, wurde »lunatic« als *moond* wiedergegeben.[60] Lässt man das »n« weg, so erhält man den Ursprung von »mood« (Stimmung, Laune) mit seinen Konnotationen von »moody« (launisch) und »moodyness« – veränderliche Zustände des Gemüts (englisch »humour« vom lateinischen *humor*, »Feuchtigkeit«), vermutlich beeinflusst von einer wechselnden Mondphase. Um den einflussreichen Francis Bacon zu zitieren: »Es ist wahrscheinlich, dass das Gehirn des Menschen bei Vollmond feuchter und voller wird . . . Es ist auch wahrscheinlich, dass die Säfte im Körper des Menschen wie der Mond zunehmen und abnehmen.«[61] Aus solchen Argumenten folgerte er, sein eigener Intellekt würde bei zunehmendem Mond wachsen. »Einfluss« ist ebenfalls ursprünglich ein wässeriger Begriff (abgeleitet von *in* und *fluere*, »fließen«) und bezieht sich auf ein angenommenes ätherisches Fluid »in der Luft«, das vom Mond und von den Sternen kommt und dem im Mittelalter große Bedeutung beigemessen wurde.

Bei Shakespeare meinte »moonish« wechselhaft, veränderlich[62] und *lune* war ein Temperamentsausbruch oder blinder Wahnsinn, sagt Paulina über König Leontes in *Ein Wintermärchen*.[63] Auch der Ausdruck »mooning about« (herumgeistern oder träumen) wird meist mit der Vorstellung von »eine Phase durchmachen« erklärt. Im Französischen bedeutet *être bien/mal luné*, »gute/schlechte Laune« haben. Das gebräuchlichere Wort ist *l'humeur. Comment est-elle lunée ce matin?* (wörtlich: »Wie ist sie heute morgen gemondet?«) bedeutet »in welcher Stimmung ist sie heute morgen?« *Il est encore mal luné* bedeutet, »er hat noch immer schlechte Laune«. Im Italienischen steht der Ausdruck *avere la luna* für »einen Nervenzusammenbruch haben«.

Wie überall gab es auch in Griechenland echte und falsche Musen, ebenso wie es echte und falsche Vögel der Auguren und zwei Arten von Träumen gab: Träume vom Tor aus Horn sprachen die Wahrheit und Träume vom Tor aus Elfenbein täuschten (im Griechischen ein etymologisches Wortspiel mit der gemeinsamen Wurzel von »Elfenbein« und »täuschen«, *elephas* und *elephairo*, während das Wort für »Horn«, *keras*, mit dem Wort *karanoo* verwandt war, was »vollenden, leisten« bedeutete).[64] Das eine mit dem anderen zu verwechseln, führte zu ebenso großer Verwirrung, wie die Figuren eines Traumes oder einer Vision wörtlich zu nehmen und sie als objektive Realitäten aufzufassen. Vielleicht verweist die Verbindung, die zwischen den beiden Arten von »Muse« und dem Mond hergestellt wird, durch die Erfahrung der Verzauberung letztlich auf den menschlichen Geist als die Quelle wenn nicht des »Einflusses«, so doch zumindest einer Interpretation, die ihrerseits beeinflusst, wie wir uns auf den Mond beziehen. Jung bemerkt:

> Der Mond ist auch ein Störer des Schlafes, und auch ein Unterschlupf für verlorene Seelen, da in der Nacht die Toten in Träumen zurückkehren, und die Phantome der Vergangenheit die Schlaflosen verschrecken. Daher bedeutet der Mond auch Verrücktheit. Solche Bilder haben sich im Geist eingeschrieben, eher noch als das Bild des sich verändernden Mondes. Es sind nicht Stürme, nicht Blitz und Donner, nicht Regen und Wolken die als Bilder in der Psyche hängen bleiben, sondern Fantasien.... Hunger macht aus Nahrung Götter. [65]

Der Mond wurde nicht nur für Launen und Wahnsinn verantwortlich gemacht, sondern auch für Albträume, was im Englischen »nightmares« heißt und sich aus dem altenglischen »night« und »mara« (Geist oder Gespenst) zusammensetzt. Ein Albtraum war demnach ein Geist oder Inkubus, der im Schlaf auf die Brust der Menschen drückte. Diesen Geist stellte man sich als eine Hexe vor. In Frankreich wurde sie Diana genannt, die zur Zeit der Römer angeblich jeden in den Wahnsinn trieb, der ihren Zorn auf sich zog.[66] In Griechenland und in Rom wurde Hekate manchmal auf einem Pferd reitend dargestellt (daher im Englischen die Verwechslung von Gespenst und Stute, *mara* und *mare*). Sie brachte Träume, Albträume und nächtliche Erscheinungen wie die *Empusa*, eine Art Inkubus, der dem Träumenden die Energie abzapfte – ebenso wie es angeblich der dunkle Mond tat, von dem er stammte.[67] Selbst Hippokrates, den man den Vater der modernen Medizin nannte, glaubte daran.[68] Einer jüdischen Legende zufolge ist es gefährlich, im Mondlicht zu schlafen, da *Agrat Bat Mahalat*, die Königin der Dämonen und Konkubine von *Samael*, dem König der Dämonen, zu dieser Zeit auf der Erde umgeht und ihre Beute jagt.[69]

Robert Louis Stevensons Dr. Jekyll mordete bei Vollmond als Mr Hyde.[70] Da Wölfe den Vollmond anheulen, glaubte man, der Vollmond wecke den Wolfshunger bei Menschen. Während der Inquisition im 15. und 16. Jahrhundert wurden Männer als Werwölfe und Frauen als Hexen angeklagt und von der Kirche als Ketzer verurteilt. Im zwölften Jahrhundert schrieb ein gewisser Gervais von Tilbury offenbar ohne empirische Bedenken, dass »wir in England häufig Männer sehen, die sich beim Wechsel des Mondes in Wölfe verwandeln«.[71]

Ein solches Klima der Vorurteile mag erklären, warum der Terror der Inquisition nicht angefochten wurde. Wer bereitwillig akzeptierte, dass sich Menschen bei Vollmond in Werwölfe und Wahnsinnige verwandeln, findet es auch nicht verwunderlich, dass Teufel dem Einfluss des Mondes unterliegen, insbesondere solche, die Wahnsinnige heimsuchen. Das berüchtigte Duo Sprenger und Kramer, das viele Menschen verfolgte und zum Tode verurteilte, erklärte 1486 im *Hexenhammer*:

> Die Sterne können selbst die Teufel beeinflussen. [Als Beweis dafür] werden bestimmte Männer, die man Lunatiker nennt, zu bestimmten Zeiten öfter von Teufeln heimgesucht als zu anderen; und die Teufel ... würden sie immer heimsuchen, wären sie nicht selbst stark von bestimmten Phasen des Mondes beeinflusst.[72]

Diese Form der geistlichen Argumentation war auch die des heiligen Hieronymus, der (während er die Bibel aus dem Hebräischen ins Lateinische übersetzte) mehr darauf bedacht war, die Kräfte vom Mond auf den Schöpfer zu übertragen, als sich darum zu kümmern, wie er dies tat: »Lunatiker wurden nicht wirklich vom Mond heimgesucht, sondern man glaubte, dies geschehe durch die Gerissenheit der Dämonen, die durch Beachtung der Mondwechsel der Kreatur einen Ruf als Gotteslästerer einzubringen suchten.«[73] Dies ist ein etwas anderer Ton als der des amerikanischen Liedes mit dem Titel *It's That Old Devil Moon in Your Eyes*.[74]

Wenn jemand »mondsüchtig« war, so war er nicht nur verrückt, sondern konnte auch blind sein. Das *Sailor's Word Book* aus dem 19. Jahrhundert definiert »mondsüchtig« als »ein dem Mond zugeschriebener Einfluss . . ., durch den Fische verderben. Es heißt, dass auch Menschen Schaden nehmen können, wenn sie im Mondlicht schlafen«.[75] In Ägypten, Griechenland, Armenien, Brasilien und vielen anderen Ländern glaubte man, die Sehkraft würde geschwächt, wenn das Mondlicht im Schlaf auf die Augen fällt.[76] »Mondblindheit« konnte auch Pferde befallen, die dann »Mondaugen« bekamen, aber sie konnten geheilt werden, indem man die Augen mit Mondtau wusch (besonders am Morgen des ersten Mai) oder mit zermahlenen Perlen oder neun Haaren einer schwarzen Katze einrieb.[77]

In einer Geschichte der Buschmänner aus der Kalahari erblindet Mantis durch die Splitter des Mondlichts. Hier handelt Mantis nicht wie der Schöpfer des Mondes, sondern wie eine seiner allzu menschlichen Kreaturen.

Mantis wollte den Mond einfangen, um sich auf ihn zu setzen und jede Nacht über den Himmel zu fliegen. Dann würden alle Tiere sagen: »Dort ist Mantis, der auf dem Mond reist.« Aber der Mond war sehr schwer zu fangen, weil er nie still stand. Wenn er über dem Horizont hervorschaute, war er zu groß, und wenn er weiß war und hoch oben stand, war er zu weit weg. Einmal verfing er sich in den Ästen eines Akazienbaumes, und Mantis flog mit schwirrenden Flügeln hinauf, aber dann zog der Mond weiter zu dem Affenbrotbaum. Wenn der Mond abnahm, stieg er jede Nacht später auf, und Mantis, der ihn ständig beobachtete, wurde schläfrig und verpasste ihn. Dann war überhaupt kein Mond mehr da, und die Tiere der Wüste fürchteten, er würde nicht mehr wiederkommen. Schließlich versuchte Mantis, den jungen Mond zu fangen, aber er war zu schnell für ihn, und selbst die Akazien mit ihren scharfen Dornen konnten ihn nicht festhalten. Also machte Mantis zuerst eine Schlinge aus getrocknetem Gras, um den Mond damit zu fangen, dann einen Pflock, um ihn damit aufzuspießen. Aber nichts von all dem funktionierte. Der Mond wurde wieder voll, und Mantis folgte ihm, um zu sehen, wohin er ging, wenn er hinter dem Horizont versank. Er sah ein Wasserloch mit den Spuren vieler Hufe, auf dessen Grund der Mond lag, gefangen im Wasser. Viele Male versuchte Mantis, den Mond aus dem Wasser herauszulocken, aber es gelang ihm nicht. In seiner Wut verfluchte er den Mond und warf einen Stein nach ihm. Der Stein zerschmetterte die Spiegelung des Mondes im Wasser, und Tausende von Splittern aus Mondlicht drangen in Mantis Augen, so dass er nichts mehr sehen konnte. Er kroch den Dornbaum hinauf, und als der Mond aufstieg, kreuzte er seine Vorderbeine und betete zum Mond, er möge ihm sein Augenlicht zurückgeben. Er beugte den Kopf und schaukelte sanft auf dem Zweig – er war nur ein kleines Insekt und wollte nicht mehr auf dem Mond reiten. Als der Tag anbrach, öffnete Mantis die Augen. Er konnte sehen! Er konnte die Vögel fliegen sehen, die Schatten ihrer Flügel hinter ihnen und auf der staubigen Erde, und da wusste er, dass der Mond alle Splitter aus seinen Augen entfernt hatte. Deshalb beten alle seine Kinder und alle Kinder seiner Kinder zum Mond.[78]

Es scheint, als habe ihn der Mond, dessen zersplitterte Strahlen ihn in der Nacht blind gemacht hatten, mit seinem Morgentau wieder geheilt.

* * *

Während manche noch immer davon überzeugt sind, der Mond verändere das Verhalten der Menschen, streiten andere dies ebenso vehement ab. Entsprechend fällt auch die Interpretation von Experimenten aus. Was für die einen selbstverständlich ist, betrachten die anderen als fehlerhaft. Entweder haben die Hypothesen die Ergebnisse beeinflusst, die statistische Erhebung ist nicht repräsentativ, der Umfang des Experiments zu beschränkt, oder der Beweis ist »anekdotisch«, und in allen Fällen ist der Beobachter dem Beobachteten gegenüber nie vollkommen neutral (auch nicht gegenüber dem, was nicht beobachtet wird, könnte man hinzufügen).[79] Die selektive Erinnerung kann auf beide Hypothesen zutreffen. Warum ist es so schwierig, sich zu einigen?

Was soll man beispielsweise von der Geschichte *A Bar of Shadow* von Laurens van der Post halten, in der der japanische Wächter Hara, »eine vom Mond gebeutelte vom Mond besessene und verfolgte Seele«, seine grausamsten Taten bei Vollmond begeht (obwohl van der Post in seinem Buch über Jung sagt, die schlimmste Zeit sei die des abnehmenden Mondes).[80] Was ist mit all den vielen Menschen, die sagen, dass sie sich bei Vollmond »anders fühlen«?

Es wurde bereits die Vermutung angestellt, dass beständig divergierende Standpunkte schließlich zur Idee eines Paradigmas führen, aus dem die jeweilige Meinung entsteht. Die Frage, in welchem Verhältnis die Erde zum Mond steht, muss letztlich auch die Frage beinhalten, in welchem Verhältnis die Erde zum Universum steht und ganz allgemein, ob der Schwerpunkt auf Verwandtschaft oder auf Einzigartigkeit liegt. Selbst innerhalb dieses Spektrums gibt es weitere Prioritäten des Denkens oder der »Lebensstile«. Eine scheinbar so einfache Angelegenheit wie »Veränderung« kann von dem beherrscht werden, was James Hillman »archetypische Fantasien«[81] genannt hat, beispielsweise die Frage, ob Charakter und Handeln eher durch äußere Einflüsse als durch individuelle Wahl und Willen bestimmt werden. Werden Verhaltensänderungen eher durch Einflüsse herbeigeführt, die sich unserer Kontrolle entziehen – von genetischer Codierung, sozialen Bedingungen und Erziehung bis hin zu elektromagnetischen Feldern? Oder entsteht Veränderung vielmehr dadurch, dass Menschen an ihren Einstellungen und Überzeugungen arbeiten und ihr Verhalten aus sich heraus ändern? Oder hängt die bloße Idee von Veränderung zum Guten von einer »Entwicklungs«-Fantasie ab, während es für jene mit der Fantasie vom »Goldenen Zeitalter« nur eine Veränderung zum Schlechten geben kann? Wo liegt die ultimative Autorität? Der einfache Akt, hinauf zum Mond und hinab auf uns selbst zu schauen, kann in diese fundamentalen Ausrichtungen des Lebens hineinreichen und sich darauf auswirken, wie wir das, was wir sehen, interpretieren, und sogar beeinflussen, was wir sehen – »wie ein Mensch ist, so sieht er auch«[82] –, so dass statistische Erhebungen für beide Seiten oberflächlich und ohne Beweiskraft bleiben.

MOND UND MAGIE

Magie und Mondlicht haben immer zusammengehört, sie haben die Grenzen des Geistes verschoben sowie die Unterschiede aufgelöst, die den jeweiligen Geisteshaltungen zugrunde liegen. Nach der Definition von Harrison ist Magie der Umgang mit dem Heiligen, die Manipulation von *mana*[83], und verschmilzt so mit dem religiösen Ritual als der unsichtbaren, unergründlichen Dimension, die zu Veränderung führt, wenn rationale Mittel versagen. Magie funktioniert durch Verzauberung – sowohl innerhalb als auch außerhalb eines religiösen Rahmens – und verleitet das Herz dazu, an unmögliche Visionen zu glauben, denn »unter dem Einfluss«, sich in sie zu verlieben, ist die Wahrscheinlichkeit größer, dass sie »wahr werden«.

Die ursprüngliche Quelle der Magie ist natürlich die Natur. Aber im engeren Sinne kann in einer magischen Welt alles magisch sein – ein Blick, der Flug der Vögel, ein krankes Tier, eine bestimmte Wolkenformation, die Farbe des Mondes –, alles, was plötzlich, unerwartet und ohne ersichtlichen Grund geschieht. Der Verdacht fällt fast immer auf die am meisten gefürchtete Person oder am wenigsten verstandene Sache, der dadurch, wenn auch unbewusst, die größte Macht verliehen wird. In vielen Kulturen war dies der Mond und häufig auch dessen vermeintliche Vertreter auf der Erde: Frauen, denen im frühen Denken sehr viele magische Kräfte zugeschrieben wurden, darunter auch die Fähigkeit, sich in Hexen zu verwandeln. Im *Arthavaveda*, dem Veda über Magie, wird behauptet, die Schönheit der Frauen stamme vom Mond und könne vermehrt werden, indem sie das Fleisch des Mondhasen essen.[84]

Dies scheint lange her zu sein, aber noch im zehnten Jahrhundert war Papst Johannes XIII. überzeugt, dass Hexen »mit Diana reiten«.[85] So sagte man auch in Deutschland über Frauen, die im Verdacht standen, Hexen zu sein, sie würden »mit Holde reiten«, der germanischen Mond- und Himmelsgöttin, die durch die Luft flog und im Wasser verschwand.[86] Angeblich änderten sie ihre Gestalt, indem sie vor allem an Montagen im Mondlicht tanzten.[87] Alle Tiere, von denen Hexen begleitet wurden, waren Mondtiere: Katzen, Hunde, Frösche, Schlangen und vor allem Hasen, in die sie sich im Handumdrehen verwandeln konnten. Man konnte sogar den »Hexenbesen« im Mond sehen, wenn er nicht fegte.[88] Zur Zeit von John Clare gehörten Geschichten über Hexen der verlorenen Magie der Kindheit an. In seinem *Shephards Calendar* (1827) erinnert er sich, dass seine Mutter ihm Geschichten von Hexen erzählt hatte, die auf Schafen aus der Herde reiten:

> Um Mitternacht die geheimnisvolle Schar
> Wo Hexen sich treffen das ganze Jahr
> Und überrascht man sie im Grase
> Sich verwandeln in Katze oder Hase
> Durch die Lüfte sausen geschwind
> Bis sie nicht mehr zu sehen sind …[89]

Coleridge erzählt die Geschichte 1851 aus der Perspektive der Katze: »Wieso sollte sich Birgits Katze Sorgen machen? Wieso, denn sie war schließlich schwarz, ein Kobold der Dunkelheit, eine Verwandte der Hexe, nein, vielleicht sogar selbst eine getarnte Hexe.«[90]

An manchen Orten, wie etwa in Ghana, ist das Wort für Mond und Magie das gleiche. Um Zauberkräfte zu erlangen, kaute man in Brasilien eine bestimmte Rinde, die vom Mond fiel.[91] Worte von magischer Kraft kommen von Mondgöttern und -göttinnen: Toth lehrte Isis die magischen Worte, mit denen sie Osiris und später auch Horus wieder zum Leben erweckte, als er von einem Skorpion gestochen worden war. Die nordische Mondgöttin Freya, deren Wagen von Katzen gezogen wurde, war die Herrin der Magie und der Weissagung. Die griechischen Prophetinnen wurden »Sibyllen« genannt, von denen es einst jedoch nur eine gab. Laut Pausanias war »Sibylle« ein anderer Name für Artemis, und vielleicht sagt Plutarch deshalb, man könne das Gesicht der Sibylle im Mond sehen.[92] Der Okkultist Cornelius Agrippa (1486–1535) popularisierte diese Ideen, indem er behauptete, die magische Kraft komme zwar von allen Himmelskörpern, könne aber nur durch die Vermittlung des Mondes auf die Bewohner der Erde übertragen werden.[93]

Angefangen mit dem Horn, dem der Mond seinen Stempel aufgedrückt hatte, wurde allem, was die Form des Halbmondes besaß, magische Kraft zugeschrieben. Halbmondförmige Hörner schmückten die Köpfe von Göttern oder die Helme von Kriegern und wurden allgemein dazu verwendet, das »böse Auge« abzuwenden.[94] In Neapel reichte es sogar, das Wort *corno* auszusprechen, wenn ein geeignetes, halbmondförmiges Objekt fehlte. Dabei streckte man die *mano cornuta* aus, eine Geste, bei der Mittelfinger und kleiner Finger »das Horn« bilden. Zeigt man damit auf das Kinn, meint man einen Mann, der zum Hahnrei gemacht wurde – »ein alter Hahnrei mit Hörnern auf dem Kopf«.[95] Sogar Moses wurden Hörner aufgesetzt, obwohl fraglich ist, ob dies durch Zufall oder mit Absicht geschah. Im Hebräischen werden ein »strahlender« und ein »gehörnter« Kopf mit demselben Wort bezeichnet, und in der Vulgata (der lateinischen Übersetzung des Alten und Neuen Testaments aus dem fünften Jahrhundert) wird Moses, als er vom Berg Sinai, dem Berg des Mondes, herabsteigt, als *cornuta fuit facies ejus* beschrieben. Dieses Bild griff Michelangelo in seiner Statue des Moses auf (siehe Abb. 8). Auch die Form des Füllhorns und des Hufeisens, das mit der Öffnung nach oben noch heute in vielen Ställen und Scheunen als Glücksbringer aufgehängt wird, verweist auf lunare Ursprünge.[96]

Zwischen Magie und orakelhafter Prophezeiung, die beide mit dem Mond in Verbindung gebracht wurden, lässt sich nur schwer, wenn überhaupt, eine Grenze ziehen. So war beispielsweise das Medizinschild von Arapoosh, dem Häuptling der nordamerikanischen Crow-Indianer, mit der schwarzen Figur des »Mondes als ein Wesen im Himmel« bemalt. Der Häuptling sagte, in seiner Jugend habe ihn in einer Vision eine schwarze Figur, der Mondgeist, besucht. Dieser Mondgeist sagte ihm, er sei Arapooshs Schutzgeist und würde Schaden vom ihm abwenden. Daher wurde vor jeder Schlacht das Schild befragt, indem man es durch die Reihe der Wigwams rollen ließ, bis es umkippte. Erschien die Figur des Mondgeistes oben, war der Sieg gewiss. Wenn nicht, wurde der Kampf aufgegeben[97] (siehe Abb. 9).

Viele Schamanen rufen den Mond an, damit er sie verzaubert und ihnen eine neue Vision bringt. Dies mag der Grund sein, warum die Schamanen der Lappen einen Halbmond auf ihre magischen Trommeln malten. Für die nordamerikanischen Schamanen war der Mond der Häuptling der *manitus* oder Zauberer. Die Eskimos glaubten, die Kraft des Schamanen komme vom Mond, denn wenn er in Trance fiel, wurde sein Geist im magischen Flug auf den Mond befördert (während sein mit Seilen gefesselter Körper auf der Erde blieb). Manchmal bekam ein schamanischer Meister vom Geist des Mondes eine mystische Gabe für seinen Schüler, die *qaumaneq* genannt wurde.[98] In einer Geschichte der Eskimos von Baffin Island wurde ein Schamane von seinem hilfreichen Geist, einem Bär, auf den Mond gebracht, wo er den Mann im Mond und dessen Frau, die Sonne, traf.[99] In anderen Geschichten der Eskimos war der Mond die Wohnstatt der toten Seelen, und so könnte es sein, dass Schamanen den Mond aufsuchten, um etwas über den Tod zu erfahren und das Leben von der »anderen Seite« zu sehen.

Um Magie, die Ungläubige Hexerei und Gläubige Wunder nennen, während sie in der *Concise Encyclopedia of Islam* als Allegorie bezeichnet wird, geht es auch in einer Geschichte des Propheten Mohammed. Der Text im Koran lautet:

Die Stunde des Untergangs naht, und der Mond bricht entzwei. Doch, wenn sie ein Zeichen sehen, kehren ihm die Ungläubigen den Rücken zu und sagen: »Ausgeklügelte Hexerei!«[100]

Abb. 8. Moses. Skulptur von Michelangelo. 1513–1516. San Pietro in Vinculi, Rom.

Abb. 9. Der Mond als Wesen im Himmel. Medizinschild des Häuptlings Arapoosh der nordamerikanischen Crow. Mit Erdfarben bemalte Büffelhaut mit Teilen von Vögeln und Tieren. Montana, USA. Ca. 1830. Museum of the American Indies, Heye Foundation, New York.

Daraus entstand die Geschichte, dass Habib der Weise von Mohammed verlangte, er solle seine Mission beweisen und den Mond in zwei Hälften spalten. Also erhob Mohammed die Hände zum Himmel und befahl dem Mond, zu tun, was Habib verlangt hatte. Der Mond stieg hinab auf die Spitze der *Kaaba* (die angeblich von Ismael und Abraham erbaut wurde und den schwarzen Stein enthält) und umkreiste sie siebenmal. Dann schwebte er herunter zu Mohammed, schlüpfte in dessen rechten Ärmel und kam durch den linken Ärmel wieder hinaus, rutschte durch den Kragen seines Gewands hinab bis zum Boden und spaltete sich selbst in zwei Zöpfe, von denen der eine am östlichen und der andere am westlichen Himmel erschien. Schließlich vereinigten sich die beiden Teile wieder.[101]

* * *

Was für manche göttliche Epiphanie und für andere Magie ist, ist für wieder andere Aberglaube. Während diese Klassifikationen eine absteigende Wertehierarchie reflektieren, liegt allen die Annahme zugrunde, dass die »Gesetze der Natur« außer Kraft gesetzt worden sind. Aberglaube (ebenso wie Mythos) wird meist »anderen Leuten« zugeschrieben, und natürlich ist das, was man als abergläubische Praktiken bezeichnet, bei anderen leichter zu erkennen als bei einem selbst. Dies ist nirgendwo offensichtlicher als bei einem »Wandel des Numinosen«, wenn, so der indische Gelehrte Ananda Coomaraswami, die Götter einer älteren Religion zu den Teufeln der nachfolgenden Religion werden.[102] Die tieferen Impulse der Wertezuteilung sind indirekt in der scheinbar zufälligen Metaphorik erkennbar, welche die Hauptdogmen des Glaubens umgibt. Man denke etwa an die Energie, die mit der heutigen Unglückszahl 13 verbunden ist und der Zahl selbst magischen Status verleiht.

Dreizehn ist eine Zahl des Mondes (13 lunare Monate in einem Jahr), während die Zahl Zwölf zur Sonne gehört. In der christlichen Tradition wurde die alte lunare Zahl 13 zu einer »heidnischen«, Unglück bringenden Zahl, während die solare Zwölf als Zahl der Vollständigkeit galt – die zwölf Zeichen des Sternkreises, den die Sonne in einem Jahr durchläuft. Mit der Bezeichnung Christi als *Sol Invictus* wurde der neuen Zeiteinteilung nach der Sonne ein göttlicher Status verliehen und die alte lunare Zeit dem Teufel zugeordnet – 13 galt als »des Teufels Dutzend« oder »des Bäckers Dutzend« (12 und eins für den Teufel) und wurde zu einer Zahl, die man nicht auszusprechen wagte. Christus wurde als der dreizehnte der 12 Apostel angesehen, woraus man schloss, 13 sei die Zahl des Todes (obwohl man genauso hätte schließen können, 13 sei eine ewige Zahl jenseits der Zeit). Manchmal wurde auch Judas Ischariot als der dreizehnte Apostel beim letzten Abendmahl gezählt.[103] Der »lunar orientierte« Yeats hingegen vertrat in seinem Buch A Vision die Ansicht, der »dreizehnte Zyklus« habe die Macht, »uns von den zwölf Zyklen der Zeit und des Raumes zu erlösen«.[104] Alles hängt davon ab, wo Ewigkeit (und Tod) einzuordnen sind.

Die 13 ist eine Unglückszahl geblieben. In manchen Gebäuden wird der 13. Stock ausgelassen. Aussagen wie die, dass »es traditionell als unheilvoll gilt, wenn ein Schiff seine Fahrt an einem 13. beginnt, besonders wenn er auf einen Freitag fällt«[105], verschlimmern das Problem, da sie gar nicht erst um eine Erklärung bemüht sind. Denn es stellt sich die Frage, warum der Teufel an einem Freitag, dem 13. siegen und das »Glück« zu Ende sein sollte?

Als die »solare Zeit« heilig und die »lunare Zeit« profan wurde, entwickelte sich der Tag der Sonne zum Tag der Auferstehung. Wenn man drei Tage zurückzählte, bedeutete dies, dass Jesus an einem Freitag in sein Grab gelegt wurde. Aber diese drei Tage, in denen Jesus der christlichen Lehre zufolge in die Hölle hinabstieg, sind auch die drei Tage, an denen der Mond dunkel war und sich »in der Unterwelt« befand, so dass sich im Sol Invictus die Luna Renata verbirgt! Damit wurde der Freitag zum Tag des Todes. Als die noch profanere 13 hinzukam, ergab dies natürlich eine tödliche Kombination.

Zur Zeit der Römer war der Freitag (der im Englischen eine Abkürzung von »Freya's day«, dem Tag der nordischen lunaren Fruchtbarkeitsgöttin ist) ursprünglich der Tag von Venus, der dies Veneris, was er im Italienischen (venerdi) und Französischen (vendredi) auch heute noch ist. Venus war die Göttin der Liebe. In Griechenland war Aphrodite, die Göttin der Liebe in der Natur, ihr Pendant, und in Ägypten die Göttin Hathor-Isis. Ob ägyptisch, griechisch, römisch oder nordisch, sie alle waren Göttinnen der Liebe, der Fruchtbarkeit und des Schicksals – Bilder der inzwischen profanen Liebe zu dem, was die Kirchenmänner »diese Welt« nannten. Der Tag der Venus war der Tag des Lebens und nicht des Todes, an dem Fisch gegessen wurde, weil er der Aphrodite geweiht war.

Aber dies waren die Gottheiten der Religionen, die durch die christliche Kirche ersetzt werden sollten. Und wie in so vielen Bereichen des heidnischen Denkens wurden die alten Bilder umgekehrt, und das in ihnen zum Ausdruck gebrachte schöpferische Leben wurde in Tod verwandelt. Während die Skandinavier und Deutschen ihre Hochzeiten an Freyas Tag abhielten, dem glücklichsten Tag der Woche, brandmarkten die Kirchenmänner des Mittelalters die an diesem Tag durchgeführten Rituale als »Teufelsanbetung«, aßen aber trotzdem weiterhin Fisch, allerdings als Opfer.[106]

Auch »links« und »rechts« als Orientierungspunkte werden noch immer magische Eigenschaften zugeschrieben. In der Weissagung anhand des Vogelflugs bedeutete es Unglück, Vögel auf der linken Seite zu sehen. Das lateinische Wort für »links« ist sinister (italienisch sinistra) und trägt alle doppelten Bedeutungen, die es in der altenglischen Volkskunde hat, wo der Teufel stets auf der linken Seite erscheint. Wenn man auf dem Tisch Salz verschüttet, so bringt dies Unglück und wird sogar als Todesomen betrachtet, es sei denn, man wirft sich sofort eine Prise Salz über die linke Schulter, »direkt in das Auge des Teufels«. Es bringt Unglück, den Mond über die linke Schulter anzusehen, aber Glück, wenn man ihn über die rechte Schulter ansieht.[107] Liegt dies alles nur daran, wie im Oxford English Dictionary behauptet wird, dass die rechte Hand »normalerweise die stärkere Hand« ist – die geschicktere (englisch »dextrous« vom lateinischen dexter, »rechts«)?[108] Dies würde die andere Hand jedoch kaum sinister machen oder die doppelte Bedeutung von »rechts« erklären – wie in »rechtes Verhalten« oder im französischen droit für rechte Seite und le droit, das Gesetz.

Es überrascht also nicht, dass »die rechte Seite« mit dem zunehmenden und »die linke Seite« mit dem abnehmenden Mond assoziiert wurde. Der zunehmende Mond, so Funk und Wagnall, ist der rechtshändige Mond, da die von Zeigefinger und Daumen der rechten Hand gebildete Kurve der Form des zunehmenden

Halbmonds folgt. Das Gleiche gilt für die linke Hand und den abnehmenden Mond.[109] Selbst wenn man mit dem Kreis des Vollmondes beginnt, kann man sehen, wie sich die Seite, die wir die rechte nennen (die rechte Seite des Kreises), in der zunehmenden Phase mit Licht/Leben füllt, während die linke Seite in der abnehmenden Phase Licht/Leben verliert. Diese Wertezuweisung findet man in vielen Mythen. Die hinduistische Göttin Kali (»Schwarze Zeit«) wurde in die rechte und die linke Seite geteilt: Auf ihrer rechten Seite war sie die universelle Mutter und Wohltäterin, auf ihrer linken jedoch ein wildes Ungeheuer, das den Tod brachte. In Neubritannien gab es einen hellen Gott, *Kabinana*, der Weise, und einen dunklen Gott, *Karvuvu*, der Narr. Kabinana wurde der »rechtshändige Gott« genannt und versuchte, den Menschen Unsterblichkeit zu verleihen, aber Kavuvu, der »linkshändige Gott«, verhinderte dies.[110] Plutarch berichtet, dass die Pythagoreer eine Vielzahl von Begriffen in zwei Kategorien zusammenfassten: »Zum Guten zählten sie Einheit, das Bestimmte, das Dauerhafte … das Rechtshändige, das Helle; zum Schlechten zählten sie Dualität, das Unbestimmte, das Bewegliche … das Linkshändige, das Dunkle, in der Annahme, dies seien die Prinzipien, die der Schöpfung zugrunde liegen.«[111] Wieder wird rechtshändig und hell von linkshändig und dunkel unterschieden. Im zeitgenössischen Denken symbolisiert links manchmal das Unbewusste, rechts hingegen das Bewusste.

Im Altenglischen, der Sprache der englischen Grafschaft Kent sowie im Deutschen wird das Wort »links« für schwach, wertlos und krank benutzt – Bezeichnungen, die auch auf den abnehmenden Mond angewendet werden (altenglisch *lyft* wie in *lyftadl*, »Links-Krankheit«, Lähmung). Graves überträgt die Dichotomie von links und rechts auf das Pflanzenwachstum (obwohl sie auch auf die verwandten Themen Leben und Tod übertragen werden könnte):

> Da Pflanzen bei zunehmendem Mond besser wachsen als bei abnehmendem Mond, ist die rechte Hand immer mit Wachstum und Stärke assoziiert worden, die linke jedoch mit Schwäche und Verfall. Daher bedeutet das Wort links im Altgermanischen »schwach, alt, gelähmt«. Glückstänze von Anhängern des Mondes wurden daher nach rechts oder im Uhrzeigersinn durchgeführt, um Wohlstand herbeizuführen. Tänze, die Unglück bringen und Schaden oder Tod verursachen sollten, wurden links herum oder »widdershins« getanzt. Ähnlich brachte das sich nach rechts drehende Feuerrad oder Hakenkreuz Glück, während das sich nach links drehende (von den Nazis übernommene) Hakenkreuz Unglück brachte.[112]

Allgemeiner ausgedrückt, bewegt sich die Sonne nach rechts im Uhrzeigersinn, und obwohl auch der Mond von links nach rechts zieht, steigt er in der abnehmenden Phase jede Nacht ein wenig weiter links auf. So sind die linke Seite und der abnehmende Mond in einer anderen Art der Berechnung miteinander verbunden. Kein Wunder, dass sich der Teufel links versteckte. Aber zumindest wusste man, wo er war!

MOND UND SCHWARZE MAGIE

> Ein Tropfen gift'ger Dünste voll
> An einem Horne des Mondes blinkt;
> Den fang ich, eh er niedersinkt[113]

Dies ist Hekate in ihrer reduzierten Rolle als Herrin der drei Hexen in *Macbeth*. Als Göttin des abnehmenden und des dunklen Mondes, Königin der Nacht, Herrin der Wegkreuzungen und des Todes war sie in der späten griechischen, römischen und christlichen Lehre die Patronin der Magie. Hier zieht sie den »dunstigen Tropfen« herab, einen Tropfen Tau oder Blut, von dem man glaubte, er falle als das Wasser des Todes vom Mond – eine direkte Umkehrung des Glaubens, der Mond spende das Wasser des Lebens. Aus diesem Tropfen, »destilliert mit Zauberflüchen«, kommen künstliche Kobolde hervor, die Macbeth so sehr verwirren, dass er das Schicksal verspottet, den Tod verachtet und an seine eigenen Hoffnungen jenseits aller Angst, Weisheit und Sicherheit glaubt. Hexerei wurde bei dunklem Mond praktiziert, aber die dunkelste Magie wurde für die Mondfinsternis aufgespart: »Eibenreis, vom Stamm gerissen / In des Mondes Finsternissen«[114] – singen die Hexen, als sie um ihren dampfenden Kessel tanzen, aus dem Macbeth trinken wird. Dies war schwarze Magie, die zum schwarzen Mond gehörte. In der von Apollonius Rhodius Mitte des dritten Jahrhunderts verfassten *Argonautica* äußert sich der weibliche Mond recht gefühllos über Medea, eine von Hekates Priesterinnen, die sich vor Liebe zu Jason verzehrt. »So«, sagt Frau Mond,

> ich bin nicht die Einzige, die für die Liebe davonläuft, ich, die für den wunderschönen Endymion entflammt ist und ihn in der Latmianhöhle sucht. Wie oft, wenn ich in Liebe entbrannt war, habt Ihr mich mit Euren Zauberformeln aus der Bahn geworfen, die Nacht mondlos werden lassen, so dass Ihr Eure Hexerei ungestört vollführen könnt.[115]

Hier wird impliziert, Medea könne tatsächlich das Licht des Mondes forttragen, wie es auch Sycorax, Calibans Mutter in *Der Sturm*, konnte, die so stark war, dass sie »Den Mond in Zwang hielt, Ebbe und Flut machte ...«[116]

Im magischen Denken kann das lunare Gewebe des Lebens durch das Weben und Binden von Zaubern auf der Erde aufgetrennt und neu zusammengefügt werden. Denn der Mond, der das Schicksal zuteilt, kann angerufen werden, um dieses Schicksal zu verändern – so die Lehre der zeremoniellen Magie, die das Symbol wörtlich auslegt und versucht, sich die Macht des Mondes über Leben und Tod anzueignen.

Das primitive Denken dieser Form der Magie scheint darin zu bestehen, den Mond näher an die Erde heranzuziehen, ausgehend von der Annahme, dass sein Einfluss denn größer ist und leichter aufgenommen werden kann. Als Othello vom Mord an Rodrigo erfährt, ruft er aus:

> Das hat wahrhaftig nur der Mond verschuldet:
> Er kommt der Erde näher, als er pflegt,
> Und macht die Menschen rasend.[117]

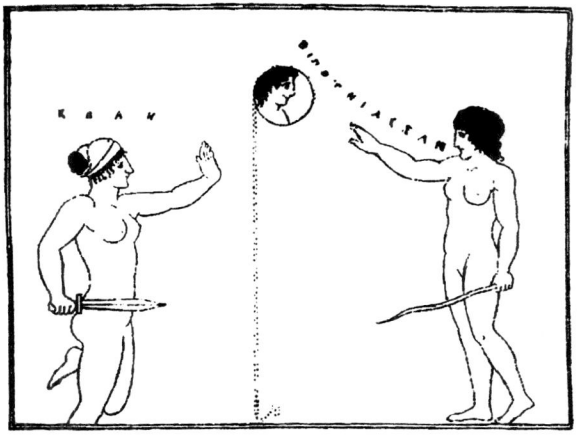

Abb. 10. *Priesterinnen ziehen den Mond herab, der das Gesicht der rechten Priesterin widerspiegelt. Griechische Vasenmalerei. 2. Jahrhundert v. Chr. (Aus Roschor, Über Selene und Verwandtes, S. 209).*

Abb. 11. *Thessalischer Mondschwur. Terrakottagefäß, Griechenland. 400–280 v. Chr. British Museum.*

In der *Gorgias* äußert sich Platon abfällig über »diese thessalischen Hexen, die den Mond herunter-ziehen«[118], während Plinius glaubte, dass »Orpheus der Erste war, der die Kunst [den Mond herabzurufen] seinen nächsten Nachbarn brachte« und hinzufügte, natürlich sei ganz Thrakien, die Heimat von Orpheus, »von Magie vergiftet«.[119] Der griechische Dichter Pinda sagt, Aphrodite, der helle Mond, habe ihrem Sohn Jason beigebracht, wie er »den dunklen Mond herabrufen« konnte (der auch Aphrodite *Melaina*, »die Schwarze« genannt wurde), wenn er magische Kräfte brauchte.[120]

Bei den Griechen gab es einen Zauber, der *diabole* genannt wurde. Er bestand darin, seine Feinde an den Mond zu verraten und ihn zu bitten, sie zu bestrafen. Vom 17. bis zum 19. Jahrhundert waren in Europa Zauberbücher, die so genannten *Grimoires*, sehr populär. Der Zauber aus dem *Grand Grimoire*, »Wie du ein Mädchen dazu bringst, dich auszuwählen, so züchtig sie auch sein mag«, beginnt (nach unzähligen Ritua-len) mit der Anweisung, folgende Worte zu sprechen:

> Ich grüße dich und rufe dich, O schöner Mond, O schöner Stern, O helles Licht, das ich in meiner Hand halte ... Ich rufe dich erneut bei all deinen göttlichen Namen, dass du Körper, Geist, Seele und fünf Sinne von N befällst, sie quälst und verfolgst, deren Name hier unten geschrieben steht, damit sie zu mir kommt und meinem Willen gehorcht ...[121]

In Indien war es nicht besser. In den *Upanischaden* werden die Gläubigen ermahnt, »am Tag des Voll-mondes, wenn er im Osten erscheint, zu beten und zu sagen: ›Du bist Soma, der König, der Weise, der mit fünf Mündern, der Herr aller Kreaturen ... nimm nicht unser Leben, unsere Nachkommen und unser Vieh, nimm das Leben, die Nachkommen und das Vieh von dem, der uns hasst und den wir hassen.‹«[122] (Wie der Heilige Augustinus später sagte: »Irrtum hat keine Rechte«, womit er die heilige Kirche und die Inquisition zusammen anerkannte.[123])

* * *

Die magische Kraft des Mondes konnte jedoch auch »weiß« sein und angerufen werden, um zu segnen, besonders an den Tagen des hellen, weißen Vollmondes sowie beim ersten Schimmer des Neumondes. Das Ritual, »den Mond herabzuziehen« wird auch in der modernen Hexerei, der sogenannten *Wicca* (aus dem Angelsächsischen für »witch«, Hexe) noch praktiziert. In diesem heiligen Ritual wird das Göttliche mit dem Weiblichen vereint, jedoch ohne die sinisteren Implikationen, die den Thrakern zugeschrieben wurden (wenn dies überhaupt je berechtigt war). Ronald Hutton zitiert in seinem Buch *The Triumph of the Moon: A History of Modern Pagan Witchcraft* Gerald Gardners Beschreibung einer Mittwinter-Zeremonie, bei der die Göttin des Mondes in die Hohepriesterin hinein beschworen wird, die in der Mitte des Kreises neben einem brodelnden Kessel steht. Angeführt von einem Hohepriester tanzen Hexen in einem Ritus mit dem Namen »der Kessel der Erneuerung und der Tanz des Rades« um sie herum.[124] In ihrem Buch *Drawing Down the Moon* beschreibt Margot Adler die moderne Durchführung des Rituals »Hinabziehen des Mondes«, bei der ein Wicca-Priester »die Göttin oder dreifache Göttin, symbolisiert durch die Phasen des Mondes, in die Priesterin *hinein* oder aus ihr *heraus* beschwört«.[125] Dies ist die Göttin der Tausend Namen, von der Apulejus spricht. Die Anrufung erinnert an die Worte von Isis 2000 Jahre früher: »Hört auf die Worte der großen Mutter, die einst auch Artemis, Astarte, Melusine, Aphrodite, Diana, Brigit und bei vielen anderen Namen genannt wurde ...«[126]

Die Vasenmalerei in Abb. 15 zeigt Hekate mit den Fackeln, die Licht und Leben in der Dunkelheit auf-rechterhalten und Persephone helfen, als der wiederkehrende Halbmond aus der Unterwelt aufzusteigen. Die Gegenwart von Hermes deutet darauf hin, dass ein Übergang zwischen Leben und Tod stattfindet. Wie in so vielen anderen Darstellungen geht es auch hier um den Aufstieg von Persephone als der Frühling nach ihren drei Monaten der Dunkelheit des Winters. Doch das Drama der Wiedergeburt hat vielleicht mit dem Aufstieg des Neumondes aus der Dunkelheit und den drei Tagen des Todes am Ende der abnehmenden Phase begonnen.[127] Alle drei Mondgöttinnen sind anwesend: Hekate, der dunkle Mond, zieht Persephone mit der Kraft ihrer Fackeln, dem Licht in der Dunkelheit, nach oben. Hinter ihr steht Demeter als der Vollmond, wenn Mutter und Tochter sich umarmen werden. Dann sieht Demeter voller Ehrfurcht, wie ihre Tochter als Neumond aufsteigt. Hermes ist der Führer der Seelen, die sich zwischen Leben und Tod bewegen. Hier ist er das Symbol für den Augenblick der Verwandlung – von Hekate in Persephone und von Dunkelheit in Licht. Für die frühen Menschen, für Kinder und gewiss für den Maler des Bildes war dies Magie.

DIE HEILIGE HOCHZEIT VON MOND UND SONNE

In der 14. oder 15. Nacht gibt es einen Moment der vollkommenen Ausgewogenheit, wenn der aufsteigende Mond im Osten über dem Horizont erscheint und der untergehenden Sonne am westlichen Horizont gegenübersteht. In manchen Monaten des Jahres sind die beiden Himmelskörper einander in Licht und Größe so ähnlich, dass sie auf den ersten Blick gleich aussehen, als würde die Sonne der Nacht den Mond des Tages treffen. Wenn diese beiden großen Lichter also im gleichen Winkel zur Erdoberfläche stehen – das eine aufsteigend und das andere absteigend –, glaubten viele Menschen bei diesem Anblick, sie seien Zeuge der heiligen Hochzeit von Mond und Sonne.

Im alten China war der Vollmond die Zeit, in der die Prinzipien von *Yin* und *Yang* wieder vereint wurden. Die Geschichte von Heng-O und Shen I geht weiter, als Shen I, der Jäger, von der Sonne zum Mond fliegt, um seine Frau zu besuchen. Als er sie einst auf den Mond verfolgte, wurde er plötzlich von einem Wirbelsturm auf einen hohen Berg gefegt, wo der Gott der Unsterblichen zu ihm sprach:

> »Sei nicht böse auf deine Frau; auch du wirst unsterblich werden. Ich selbst habe den Wirbelsturm geschickt und dich hierher gebracht. Heng-O ist jetzt eine Unsterbliche im Palast des Mondes. Du sollst mit dem Palast der Sonne belohnt werden. Damit werden *Yin* und *Yang* in einer Hochzeit vereint.«
>
> Dann bot er ihm einen Sarsaparilla-Kuchen mit einem Mondtalisman darauf an.
>
> »Iss diesen Kuchen«, sagte er. »Er wird dich vor der Hitze der Sonne schützen. Und wenn du diesen Mondtalisman trägst, kannst du den Mondpalast von Heng-O aufsuchen, wann immer du willst. Aber sie kann nicht kommen, dich zu besuchen.«
>
> Deshalb kommt das Licht des Mondes von der Sonne, und deshalb verändert der Mond seine Gestalt entsprechend dem Licht der Sonne und seiner Entfernung zu ihr.
>
> Shen I wurde auf dem Himmelsvogel, dem Hahn des Himmels, zur Sonne getragen, wo er um die Mittagszeit landete. Aber schon bald fühlte er sich einsam und flog auf einem Sonnenstrahl zum Mond, wo er seine Frau frierend in der großen Kälte fand.
>
> »Hab keine Angst«, sagte er, »ärgere dich nicht über die Vergangenheit.«
>
> Er fällte ein paar Zimtbäume, aus denen er Säulen machte, und baute ihr einen wunderschönen Palast, den er »Palast der großen Kälte« nannte. Als er zur Sonne zurückkehrte, baute er auch sich selbst einen Palast, den »Palast des einsamen Parks«.
>
> Seitdem – seit dem 49. Jahr der Herrschaft von Yao (2309 v. Chr.) – besucht Shen I am 15. Tag jedes Mondes Heng-O in ihrem Palast, und deshalb scheint der Mond so hell, wenn er voll ist. Dies ist die Vereinigung von *Yin* und *Yang*, des weiblichen und des männlichen Prinzips.[128]

Wenn *Yin* und *Yang* in einer Person vereint sind, kommt es zur Erleuchtung. Das chinesische Schriftzeichen *ming*, das erleuchtet und auch strahlend und hell bedeutet, ist eine Verbindung der Bilder von Mond und Sonne. Wie Rose Quong erklärt: »Nichts kann so hell strahlen wie diese beiden himmlischen

Abb. 12. Die Rückkehr von Persephone.
Die aufsteigende Persephone als Neumond
mit Hermes, Hekate und Demeter.
Rotfiguriger Bell-Krater von dem Perse-
phone-Maler. Süditalien, Terrakotta.
Ca. 440 v. Chr. The Metropolitan
Museum of Art, New York.

Lichter, und so kombinierte der Mensch Sonne und Mond miteinander ... Laotse sagte: ›Wer andere kennt, ist klug; wer sich selbst kennt, ist erleuchtet (*ming*).‹«[129]

Die Vereinigung von Vollmond und Sonne war eine Form dieser heiligen Hochzeit, die in Griechenland und vielen Teilen der antiken Welt im Hochsommer gefeiert wurde, wenn die Sonne ebenfalls »voll« und auf dem Höhepunkt ihrer Kraft war. Die Hochzeit von Selene und Helios wurde von den *Kurenten* (jungen Männern) angekündigt, die Schilde aneinander schlugen und tanzten, wie sie auch für die Sonne tanzten, wenn sie jeden Morgen aufging, und für den Jahresgott, wenn er jedes Jahr im Frühling wieder geboren wurde.[130]

Es scheint, als blicke der Künstler in Abb. 13 mit dem Auge des Delphins von West nach Ost und wieder zurück über das Meer und stelle sich die untergehende Sonne und den aufgehenden Mond in einem Wagen vereint vor. Sie werden von dem Delphin über die Wellen getragen, der sich selbst in ein Boot verwandelt hat. Gekrönt mit einem Heiligenschein aus Strahlen, sitzt Helios neben Selene, welche die sichelförmigen Hörner auf dem Kopf trägt und deren langes Haar wie die Mähnen ihrer Pferde in Locken herabhängt. Zwei Paar Pferde, die in entgegengesetzte Richtungen lospreschen, ziehen den Wagen. Das kurz geschorene Paar auf der linken Seite gehört zu Helios und dem Tag, während das Paar mit der lockigen Mähne auf der rechten Seite zu Selene und der Nacht gehört. Die Beine der beiden äußeren Pferde und die Speichen des Rades sind wie das Schilf am Rand des fernen Horizonts ineinander verschlungen, während die beiden inneren Pferde einander ansehen, als finde die Hochzeit in dem atemlosen Augenblick zwischen Tag und Nacht statt. Durch das Auseinanderstreben der Pferde sichtbar gemacht, schauen Sonne und Mond einander in ihrer Vereinigung an. Beide halten die Zügel der Pferde und lenken den Wagen gemeinsam. Vor dem Wagen steht Pan, der Gott der wilden Natur, dessen Umhang wie ein Segel auf dem Meer im Wind flattert. Er trägt eine vierfache Fackel und weist den Pferden der Sonne den Weg. Hinter dem Wagen sieht man einen tanzenden *Kurenten* mit noch immer erhobenem Schwert, der gerade seine Schilde aneinander geschlagen hat, um das himmlische Paar zu begrüßen und ihre Hochzeit zu verkünden, als sie vorbeischweben.

Eine noch ältere Verbindung – von Selene und Zeus – wird in der homerischen *Hymne an Selene* erwähnt. Hier vereinigt sich Selene (deren Name von *selas*, »Licht«, stammt) mit Zeus und gebiert *Pandia*, deren Name »vollständig leuchtend« bedeutet, ein Bild des strahlenden Vollmondes.[131] Beim Fest der

Abb. 13. Rotfiguriger Krater mit Darstellung der Hochzeit von Helios und Selene. Griechisch, aus Basilicata, Süditalien. Ende 4. Jahrhundert v. Chr. Louvre.

Pandia wurden runde Mondkuchen gegessen. Wie wir in Kapitel Zehn gesehen haben, drehten sich viele griechische Legenden um die Zusammenkunft des solaren Helden und der lunaren Heldin, beispielsweise Odysseus und Penelope oder Theseus und Ariadne. Von den alten Geschichten über eine Mondgöttin in Kuhgestalt, welche die Ehe mit dem Stier der Sonne vollzog, sind in Griechenland nur noch die Stiere übrig geblieben, die in einigen Darstellungen den Wagen von Selene über den Himmel ziehen.[132]

In den Geschichten nordamerikanischer Indianer und Eskimos war der Vollmond eine Zeit der Harmonie, wenn Ehemann und Ehefrau oder Bruder und Schwester zusammenkamen, um gemeinsam drei Tage auszuruhen (die Zeit, wenn der Vollmond sich nicht zu bewegen scheint), bevor sie sich wieder trennten und voneinander entfernten.[133]

An vielen Orten wurde die heilige Hochzeit von Mond und Sonne auch zur Zeit des Neumondes gefeiert, wenn der Mond sich astronomisch »in Konjunktion« zur Sonne befindet. An diesen drei Tagen der Hochzeitszeremonie ist der Mond unsichtbar – verschleiert in der himmlischen Umarmung. Später behauptete Plutarch, der Mond eile zur Vereinigung mit der Sonne, damit er von ihrem Licht befruchtet werde – weshalb Hochzeiten in Griechenland sowohl bei dunklem Mond als auch bei Vollmond stattfanden.[134]

Das mythische Bild der heiligen Hochzeit findet man auch in der Hochzeit von Erde und Himmel, Göttin und Gott, *Luna* und *Sol* in der Alchemie sowie der weiblichen und männlichen Schlange des Äskulapstabes. All diese Hochzeiten symbolisieren auf verschiedenen Ebenen die Vereinigung von lunarem und solarem Bewusstsein, wie auch immer diese Begriffe ursprünglich aufgefasst wurden. Diesen verschiedenen Bildern ist die Vorstellung gemeinsam, dass die Vereinigung zweier scheinbar entgegengesetzter Prinzipien eine dritte, versöhnende Kategorie schafft. Dieses »Kind« ihrer Vereinigung brachte dem Land Fruchtbarkeit und dem Herzen visionäre Kraft. Die transformierende Wahrnehmung, die alle diese Traditionen teilen, scheint eine neue Sichtweise der Kategorien zu sein, die sich selbst als Gegensätze präsentieren. Sie macht deutlich, dass die Gegensätzlichkeit der Kategorien letztlich eine Illusion ist, entstanden durch die Beschränkungen des dualistischen Denkens.

Seit der Bronzezeit und vermutlich schon lange vorher hatten die auf der Erde zur Feier der Vereinigung im Himmel abgehaltenen Rituale auch den Zweck, die äußere Welt der Natur und die innere Welt der Menschen wieder zu vereinen. Campbell schreibt, dass die grundlegende Idee darin bestand, dass:

Das In-Sich-Kehren des Geistes (symbolisiert durch den Sonnenuntergang) sollte in der Realisierung der Identität des Individuums (Mikrokosmos) und des Universums (Makrokosmos) gipfeln, die, wenn erreicht, den Akt der Realisierung des Prinzips der Ewigkeit und Zeit, Sonne und Mond, männlich und weiblich ... und die zwei Schlangen des Äskulap beinhaltet.[135]

Aber warum ist eine solche Aussöhnung so wichtig? Warum ist diese Übereinstimmung so schwer, ja unmöglich zu erreichen? Das Problem des Selbstbewusstseins besteht darin, dass es kontinuierlich den Boden seiner eigenen Existenz untergräbt. Alles, worüber das Subjekt nachdenkt, wird zum Objekt, das sich vom Subjekt unterscheidet und von ihm getrennt ist, selbst wenn das Subjekt reflexiv über sich selbst nachdenkt. Wenn Adam und Eva den Apfel essen, der »ihre Augen öffnet« und ihnen das Wissen um Gut und Böse vermittelt, sehen sie sich an und erkennen, dass sie nackt sind. Körper und Geist, oder Körper und Seele haben sich voneinander abgespalten, so dass die instinktive Harmonie mit der Natur, das ehemals nicht angezweifelte Band der Übereinstimmung, verloren geht, sobald sie bewusst gemacht wird. Man könnte auch sagen, dass sich der bewusste Geist selbst von seiner Quelle im Unbewussten entfremdet, die mit allem Leben verschmilzt oder ein Teil davon ist. Denn das Erkennen und Benennen des Unterschiedes zwischen hell und dunkel, aus dem die endlose Flut von »Gegensätzen« entsteht – gut und böse, ich und du, Geist und Körper, Geist und Natur, Leben und Tod, bewusst und unbewusst etc. – hat unweigerlich zur Folge, dass die einmal erfahrene Wahrnehmung nicht aufgehoben werden kann. Jene, die sich ihrer selbst bewusst geworden sind, können immer feinere Unterschiede wahrnehmen, aber sie können nicht in die einheitliche Welt zurückkehren, in der die ursprüngliche Wahrnehmung stattfand. Die Wahrnehmung selbst, die einst eine so große Errungenschaft war, ist gewissermaßen von dem erregenden Einblick in ihre eigene Entstehung ausgeschlossen.

Aber immer wenn der Verstand auf gegensätzliche Kategorien trifft – welche Namen er ihnen auch geben mag –, scheint er bemüht zu sein, sie wieder zusammenzubringen und eine Ganzheit schaffen, von der er »das Gefühl hat, als solle sie da sein«. Die Ironie besteht darin, dass der Verstand in »Gegensätzen« denkt, die aus dem Bewusstsein als höchster Akt der Differenzierung entstanden sind und sich schon bald nach seiner eigenen Auflösung nach einer neuen Einheit sehnt, um die ursprünglichen Gefühle der Partizipation zurückzuerlangen, die er in dem Augenblick verloren hat, als er sie erkannte. Auf die Selbsterkenntnis von Adam und Eva folgte ihre Vertreibung aus dem Paradies. Und der Baum des Lebens wurde für immer unerreichbar, weil sie vom Baum der Erkenntnis gegessen hatten. In diesem Sinne ist Selbstbewusstsein ein tragischer Akt, weil es notwendig ist und Werte schafft, aber in seinen unvorhergesehenen und unvorhersehbaren Konsequenzen unvermeidbar und unwiderruflich ist.

Dies unterscheidet sich deutlich von der wörtlichen, jüdisch-christlichen Interpretation von Bewusstsein als Fluch, ein unversöhnliches »in Ungnade fallen«, herbeigeführt durch die Sünde. Vielleicht wird Bewusstsein im Nachhinein erfahren – und wie sonst? – als das erste Opfer, das den Menschen abgerungen wurde, bevor sie verstanden, was es bedeutete. Die sterbenden Götter werden ebenfalls geopfert, und Jesus Christus – vielleicht die letzte Inkarnation dieses Archetyps sterbender und auferstandener Götter – wird gepriesen, weil er sich selbst *bereitwillig* opfert und *versteht*, was es bedeutet. Eines der »Sprichwörter der Hölle« von Blake – »wenn der Narr auf seiner Narrheit bestehen würde, würde er weise«[136] – könnte darauf hindeuten, dass Bewusstsein sich selbst heilen könnte, würde es fortgesetzt. Dies könnte man jedenfalls aus den zahllosen Mythen lesen, die auf eine neue Vereinigung dessen hoffen, was getrennt wurde. In der Geschichte aus der jüdischen *Midrasch*, die zum Teil in Kapitel Sechs erzählt wurde, fällt der Symbolismus von Vereinigung, Trennung und Wiedervereinigung in das vertraute Muster der Dynamik des Bewusstseins, die hier durch das Bild von Mond und Sonne zum Ausdruck gebracht wird: Mond und Sonne, die am Anfang gleich und vereint waren, sind in der Gegenwart verschieden, werden aber am Ende wieder gleich und vereint sein. Denn obwohl die Sonne zum einzigen Herrscher des Himmels geworden ist und für Klarheit und Ordnung gesorgt hat, stört dies gleichzeitig die Harmonie, die am Anfang existierte. Aber Gott gibt dem Mond ein Versprechen:

> In den Tagen, die kommen, wirst du wieder groß sein wie die Sonne; und das Strahlen des Mondes wird wie das Strahlen der Sonne sein.[137]

* * *

Im Yoga dient der Symbolismus von Sonne und Mond dazu, den Geist des Praktizierenden über die Dualitäten der Zeit hinaus in eine Zeit der ewigen Gegenwart zu führen. Es heißt, der Yogi, dessen mystischer Körper zu einem Mikrokosmos des Universums wird, atme die Sonne ein und den Mond aus und vereine damit die beiden polaren Ströme in sich, von denen alle Gegensätze ausgehen. Die »Schlangenkraft« der Kundalini soll über den zentralen Kanal des Rückgrats aufsteigen, indem der Yogi die beiden polaren Ströme oder spirituellen Kanäle – der eine solar und der andere lunar – miteinander in Einklang bringt. »Dadurch«, so Eliade:

> Der Atemrhythmus des Yogi schließlich tritt ein in den Rhythmus der Großen Kosmischen Zeit ... die Vereinigung dieser beiden polaren Strömungen ist gleichbedeutend mit der Vereinigung von Sonne und Mond. Das ist die Abschaffung des Kosmos, die Wiedervereinigung von Gegensätzlichkeiten, die darauf hinausläuft, dass gesagt wird, dass der Yogi das geschaffene Universum und die es beherrschende Zeit transzendiert.[138]

In dem Detail der elamischen Schale aus dem dritten Jahrhundert in Abb. 15 befinden sich Sonne und Mond im gleichen Abstand zum Baum des Lebens in der Mitte, der *axis mundi* (der Ort, an dem »der Mond nicht abnimmt und die Sonne nicht untergeht«).[139] Die lunare Schlange der Transformation, die sich um den Stamm windet, symbolisiert den Lebenssaft, der zwar steigt und fällt, aber niemals versiegt.

Wie wir bereits in Kapitel Sechs gesehen haben, bedient sich auch das Christentum des Symbolismus von Sonne und Mond und stellt Christus im Bild der männlichen Sonne als den Bräutigam und entweder die Kirche oder die Jungfrau Maria als den weiblichen Mond seine Braut, dar.[140] In einem Gedicht von Anastasius Sinaita aus dem siebten Jahrhundert wird der Mond »ewig leuchtende Selene« genannt und in diesem Bild angesprochen:

> Du Gemahlin und Begleiterin der Sonne Christus,
> Der dich als dein Bräutigam in Licht hüllt ...[141]

Abb. 14. *Yogi bei der Kundalini-Meditation. Die solaren und lunaren Ströme werden als Wiedervereinigung von Sonne und Mond zusammengebracht. (Aus Cook,* The Tree of Life, *S. 113).*

Abb. 15. *Der Weltbaum mit Sonne und Mond. Detail einer elamischen Schale. Spätes Sassanidenreich, 226–641. (Aus Cook,* The Tree of Life, *S. 114).*

Später ging die Brautsymbolik auf Maria über, die auf Erden die Mutter Christi ist, im Himmel jedoch zu seiner Braut wurde. Die christliche Lehre nennt die Darstellung in Abb. 16 zwar die Krönung der Jungfrau, aber das Bild (S. 298) kündet von der heiligen Hochzeit bis dahin entgegengesetzter Prinzipien, einer Vereinigung, die symbolisch die beiden Realitäten von *zoe* und *bios*, Ewigkeit und Zeit oder des Göttlichen und des Fleisch gewordenen wieder miteinander verbindet. Im Thomasevangelium heilt diese Vision die Wunde des Bewusstseins und gibt ihm ein Zuhause. Jesus sagt:

> Wenn ihr die zwei (zu) einem macht und wenn ihr das Innere wie das Äußere macht und das Äußere wie das Innere und das Obere wie das Untere und wenn ihr das Männliche und das Weibliche zu einem einzigen macht, damit das Männliche nicht männlich ist (und) das Weibliche (nicht) weiblich ist, wenn ihr Augen macht statt eines Auges und eine Hand statt einer Hand und einen Fuß statt eines Fußes, ein Bild statt eines Bildes, dann werdet ihr [in das Königreich] eingehen.[142]

In Abb. 17 befindet sich Christus selbst jenseits der Gegensätze von Sonne und Mond als die Figur, in der sie miteinander versöhnt werden, oder als das Bild des Geisteszustandes, der sie versöhnt.

* * *

Eine Herausforderung für das orthodoxe Denken der Kirche im 15. und 16. Jahrhundert war die Alchemie, die Suche nach dem Lebenselixier oder dem Stein der Weisen, der unedle Metalle in Gold verwandeln sollte. Das Ziel des großen Werks der Alchemisten wurde unter anderem durch die Vereinigung von Sol und Luna zum Ausdruck gebracht, ohne die das Elixier nicht gefunden werden konnte. Psychologisch ausgedrückt, wandelt das Werk das Unedle der inneren Welt – die *prima materia*, das Chaos, das entsteht, wenn Gegensätze aufeinander prallen – in eine Vision der Einheit um, wenn Konflikte beigelegt sind. Die äußere Welt konnte nicht ohne die innere Welt existieren und umgekehrt. Auf diese Art sollten Natur und Geist ihre essenzielle Einheit offenbaren – Ketzerei im Vergleich zur wörtlich ausgelegten Lehre der Kirche von einem gefallenen Universum, in dem Jahwe den Geist der Natur zu Staub verwandelt hatte. In der alchemistischen Symbolik wurde das innere Werk des Alchemisten als Geist bezeichnet, das äußere Material, mit dem er arbeitete, war die Natur, in der der Geist gefangen und verborgen war, jedoch durch das Werk freigelassen und offenbart werden konnte.

Alchemisten beschrieben das Werk auf viele verschiedene Arten und in vielen verschiedenen Verkleidungen, denn seine zentrale Lehre – dass sich Göttlichkeit in der Natur verbirgt – stand in direktem Widerspruch zu der offiziellen Definition der Kirche, der zufolge Göttlichkeit notwendigerweise jenseits der Natur in ihrem transzendenten Schöpfer existierte. Dennoch sind manche Dinge konstant. Das Werk bestand aus drei bis vier Stufen: *Nigredo* (Schwärzung), *Albedo* (Weißung), *Citrinitas* (Gelbung, manchmal ausgelassen) und *Rubedo* (Rötung). Im Laufe dieser vier Stufen werden die vier Elemente umgewandelt: Erde wird zu Wasser, Wasser zu Luft und Luft zu Feuer. Ohne hier auf die ungeheure Komplexität der Texte einzugehen[143], kann der Verlauf des Werkes dennoch anhand der sich verändernden Beziehung von König und Königin verfolgt werden, die auf der irdischen Ebene den Alchemisten und dessen mystische Schwester und auf der himmlischen Ebene Sol und Luna verkörperten. Sol und Luna repräsentierten das männliche und das weibliche Prinzip, durch deren Versöhnung in der heiligen Hochzeit das Werk vollendet wurde. Das Prinzip der fortwährenden Transformation wurde vom Quecksilbergeist des Mercurius verkörpert (die letzte Inkarnation des geflügelten Psychopompus Hermes), der Anfang und Ende sowie das Mittel zur Vollendung des Werkes war. Mercurius wurde auch »Kreis des Mondes« oder der »himmlische Tau« genannt.[144]

In der ersten Stufe des Werks (*Nigredo*) stehen König und Königin im Konflikt und verkörpern den himmlischen Gegensatz von Sol und Luna. In Abb. 18 trägt die Sonne den Mond auf ihrem Schild, wie

Abb. 16. Die Krönung der Jungfrau (1358). Christus krönt die Jungfrau Maria. Zu ihren Füßen Darstellungen der Sonne und des Mondes. Paolo und Giovanni Veneziano (aktiv 1321–1358). Frick Gallery, New York.

der Mond die Sonne auf seinem Schild trägt, so dass sich ihre Lanzen im Schild des anderen spiegeln und andeuten, dass dieser Konflikt letztlich im Inneren liegt.

In der nächsten Stufe des Werks werden die Gegensätze aufgelöst und verlieren ihre Identität – König und Königin im merkurischen Bad, der chemischen Lösung, in der Erde zu Wasser wird. Abb. 19 zeigt einen Stich aus dem *Rosarium Philosophorum* (Rosengarten des Philosophen), der Text darunter lautet:

> O Luna, durch meyn umbgeben und süsse mynne
> Wirstu schön, starck und gewaltig als ich bin.
> O Sol, du bist über alle liecht zu erkennen,
> So bedarfftu doch mein als der han der hennen.[145]

In manchen Texten ist die Rede von einer zweiten und einer dritten *Conjunctio*, einer »lunaren Wiedergeburt« und einer »solaren Wiedergeburt«. In Abb. 20 sind König und Königin in der lunaren Wiedergeburt als geflügelter Hermaphrodit vereint. Sie halten Schlangen und steigen gemeinsam aus dem Halbmond auf. Der Mondbaum, dessen eiförmige Früchte wie Vollmonde aussehen, spiegelt das Motiv des Kükens, das aus dem Mondei schlüpft und dem Königspaar die Kraft zu fliegen verleiht, um sich über den vorherigen, polarisierten Zustand zu erheben.

Ebenso wie die Seele in den *Upanischaden* auf ihrer Reise nach dem Tod vom Mond zur Sonne wandert, folgt in der alchemistischen Symbolik auf eine lunare eine solare Wiedergeburt: »Hye hat der lune leben gar ein end/Der geyst steigt in die höhe behend«, lautet das Motto des vierzehnten Holzschnittes des

Abb. 17. Christus zieht eine Seele aus dem goldenen Drachen der Sonne und dem silbernen Drachen des Mondes. Fresko an der Nordwand der Abteikirche in Brauweiler. 12. Jahrhundert.

Abb. 18. Luna (rechts) auf einem Greif im Kampf gegen Sol (links) auf einem Löwen. Der Konflikt der Gegensätze als die erste Stufe des alchemistischen Werks. Aurora Consurgens, die »Aufsteigende Morgenröte«, 16. Jahrhundert. Zentralbibliothek, Zürich.

Rosariums, der den Übergang von der Gelbung zur Rötung zeigt. Durch die Reinigung soll das »wässrige« Element aus dem »Stein der Weisen« entfernt werden. Fabricius merkt an: »Der Stein in seiner feuchten und lunaren Form ist weniger verfeinert als der Stein in seiner trockenen und solaren Form.«[146]

Das *Rosarium* endet mit der Auferstehung Christi aus dem Grab. Andere Alchemisten fassen die letzte Stufe des Werks als himmlische Hochzeit von Sonne und Mond auf (siehe Abb. 22), sehen diese Hochzeit im Alchemisten internalisiert oder begreifen sie als die Versöhnung der Gegensätze in Mercurius, dem »Welt erschaffenden Geist, verborgen oder gefangen in Materie«.[147]

Den Wettkampf zwischen dem lunaren Greif und dem solaren Löwen findet man auch in dem Kampf zwischen lunarem Einhorn und solarem Löwen wieder, eine spätere Version des Mondstiers und des Sonnenlöwen.

Das Horn des Einhorns ist das himmlische Horn des Mondes, der von der Sonne »besiegt« und ausgelöscht wird. In Analogie zu dem Löwen, der einen Baum hinaufklettert, um seinem gehörnten Verfolger zu entfliehen, und dann hinunterspringt, um ihn zu töten, suggeriert der Mythos, dass die Löwensonne vom aufsteigenden Einhornmond hinabfliegt und sich hinter dem Baum der Unterwelt versteckt. Der daraufhin sinkende Mond verfängt sich im Baum der Unterwelt und wird getötet.[148] Dieses Motiv ziert seit 1603 das königliche Wappen Großbritanniens, womit die Heraldik vermutlich unbewusst das uralte Wechselspiel der Himmelskörper feiert.

In dem prächtigen Wandteppich *La Dame à la Licorne* (siehe Abb. 24) werden der Löwe und das Einhorn, die mit weißen Halbmonden verzierte Flaggen tragen, als das »seul désir« der Herrin jenseits der zeitlichen Welt der fünf Sinne miteinander in Einklang gebracht, die in den fünf vorherigen Wandteppichen dargestellt sind. Jung bemerkt, dass Löwe und Einhorn Allegorien von Christus und der Kirche sind und daher ebenso wie Sonne und Mond oder König und Königin »für die innere Spannung der Gegensätze in Mercurius« stehen. Mercurius, so Jung, ist »der Hermaphrodit des Anfangs, der sich in die klassische Dualität von Bruder und Schwester aufspaltet und in der *conjunctio* wiedervereint wird, um am Ende erneut in der strahlenden Form des *lumen novum*, des Steins zu erscheinen«.[149] Diese Bewegung von der unbewussten Einheit über den Gegensatz von Bewusstheit und Unbewusstheit zu einer bewussten, den Gegensatz versöhnenden neuen Einheit, war in Jungs späterem Leben sein wichtigstes symbolisches Modell für das, was er die Reise der Individuation nannte.

* * *

Die Hochzeit von Sonne und Mond – entweder sichtbar, wenn sie als gleiche an gegenüberliegenden Horizonten erscheinen, oder unsichtbar, wenn sie sich in der Dunkelheit der schwarzen Nacht vereinigen, oder noch unsichtbarer, wenn sie sich in der menschlichen Vorstellungskraft in harmonischer Übereinstimmung befinden – wurde in der Welt der Antike als wundersame Vereinigung von Ewigkeit und Zeit aufgefasst. Sobald der Mond zum geringeren Licht geworden war, übernahm er die Rolle der Zeit, und die Sonne übernahm die Rolle der Ewigkeit. In dieser Vorstellung der Vereinigung oder Wiedervereinigung wird die Sonne als erhellendes Licht des ewigen Seins eins mit dem Mond als dem erleuchteten Licht der Zeit. Damit zeigt sich, dass ewiges und zeitliches Leben nicht grundlegend verschieden sind, sondern aus einer einzigen Essenz bestehen, die sich in dualen Aspekten manifestiert. Da das Licht des Mondes aber eigentlich das reflektierte Licht der Sonne ist, wird das zeitliche Leben zur Reflexion des ewigen Lebens, zum Spiegel, in dem das Ewige sein Gesicht in der Zeit sehen kann. In Ägypten wurde diese Vorstellung durch ein linkes Auge (der Mond) in der Mitte eines runden Handspiegels ausgedrückt (siehe Abb. 25).[150] So sah der Betrachter im Spiegel sein eigenes Gesicht als eins mit dem Gesicht des Mondes, der das Licht der Sonne, des ewigen, in der Zeit operierenden Prinzips, empfing und reflektierte:

> Licht der Nacht, Bild des linken Auges …
> Das im Osten aufgeht, wenn die Sonne im Westen ist …
> Das linke Auge empfängt das Licht des rechten Auges (der Sonne).[151]

Wie das chinesische *ming* ist auch das Auge ein komplexes Symbol, in dem das Auge des Mondes, das seine Quelle kennt, zum Auge der inneren Erleuchtung wird.

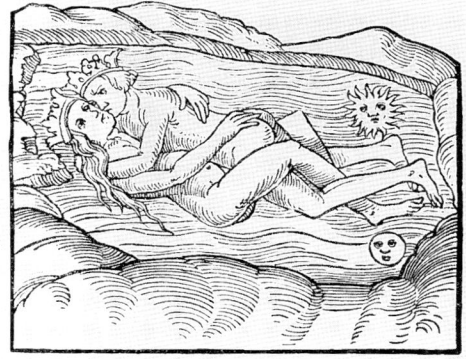

Abb. 19. Conjunctio sive coitus. König und Königin vereint im »Urmeer«. Darunter Sonne und Mond. Rosarium Philosophorum, 16. Jahrhundert. (Aus Jung, CW 12, S. 330).

Abb. 20. Lunare Wiedergeburt. Geflügelter Hermaphrodit mit Mondbaum und Schlangen. Zehnter Holzschnitt des Rosarium Philosophorum. (Aus Fabricius, Alchemy, S. 130).

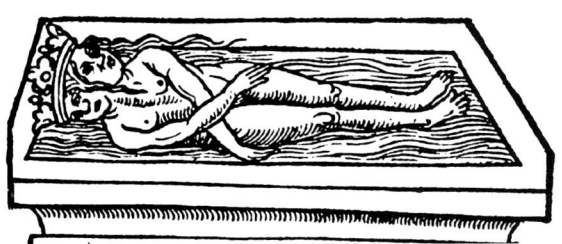

Abb. 21. Wiedergeburt der Sonne: Spiritueller Aufstieg in den Himmel. König und Königin im Bad mit Geist, der in den Himmel aufsteigt. Vierzehnter Holzschnitt des Rosarium Philosophorum. (Aus Fabricius, Alchemy, S. 152).

Abb. 22. Die himmlische Hochzeit von Sol und Luna in einem Ring aus goldenen Sternen, den Globus umfassend. (Aus Jung, CW 12, S. 125).

Abb. 23. Mercurius als »vereinendes Symbol«. Valentinus, »Duodecim claves« in Musaeum hermeticum (1678). (Aus Jung, CW 12, S. 292).

* * *

In einer taoistischen Geschichte bietet der vorbeiziehende Vollmond Einblick in Zeit und Vergänglichkeit. Man schrieb das Jahr 1081, und der siebte Mond begann gerade abzunehmen. Zwei Freunde befanden sich auf einer Bootsreise zur Roten Mauer, und einer von ihnen erzählt:

Ich füllte den Becher meines Freundes und bat ihn, er solle auf seinem Flageolett für den leuchtenden Mond spielen, während ich ein trauriges Lied sang, das mit den Worten »große, tote Helden, wo seid ihr jetzt?«, endete. Ich fragte meinen Freund, wieso er so wunderbar spielen könne, und er antwortete:
»Ach, das Leben ist nur ein Augenblick in der Zeit. Ich wünschte, ich wäre wie der große Fluss, der ohne Ende dahinfließt ... Damit ich den leuchtenden Mond in meine Arme

Abb. 24. Der Löwe und das Einhorn. »A Mon Seul Desir«, Titel des sechsten und letzten Wandteppichs der Reihe La Dame a la Licorne. Spätes 15. Jahrhundert. Musée de Cluny, Paris.

schließen und für immer bei ihm sein kann! Mir bleibt nur, dieses Bedauern in die sanfte Melodie der Musik zu hüllen.« »Aber begreifst du«, so fragte ich ihn, »das Geheimnis dieses Flusses und dieses Mondes? Das Wasser fließt vorbei, aber es verschwindet nie: Der Mond nimmt nur ab, um wieder zuzunehmen. Relativ gesehen ist Zeit selbst nur ein Augenblick in der Zeit; absolut gesehen werden du und ich, die wir mit aller Materie eins sind, für alle Ewigkeit existieren. Wozu dann die Sehnsucht, von der du sprichst? Die klare Brise, die über diesen Strom weht, der leuchtende Mond, der über die Berge zieht, dies sind die ewigen Gaben Gottes, an denen sich jedermann erfreuen kann. Du und ich erfreuen uns jetzt an ihnen.«

Mein Freund lächelte, füllte seinen Weinbecher, und wir legten uns im Boot nieder, um uns auszuruhen: Denn Lichtstrahlen aus dem Osten hatten sich unbemerkt an uns herangeschlichen.[152]

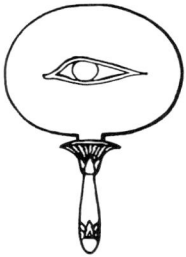

Abb. 25. Ägyptischer Handspiegel mit dem Mondauge in der Mitte. (Aus Lamy, Egyptian Mysteries, S. 16).

KAPITEL 12

ABNEHMENDER MOND

And like a dying lady, lean and pale,
Who totters forth, wrapped in a gauzy veil …
Shelley, *The Waning Moon*

Das Schwinden des Mondes und der Prozess des Alterns als die erste Ankündigung der Sterblichkeit haben seit jeher nach einer Erklärung verlangt. In Mythos und Volksglauben wird der Tod des Menschen meistens als ein Irrtum oder Makel erklärt, der den wahren Plan der Dinge gestört hat. Der Tod kommt etwa als Folge eines banalen Fehlers (wenn der Hase, die Eidechse oder das Chamäleon die Botschaft falsch versteht)[1] oder eines unglücklichen Zufalls (wenn die Schlange als Einzige wach ist, um die Frage zu beantworten »wer möchte nicht sterben?«)[2]. Er kann auf einen unvorhersehbaren Augenblick der Boshaftigkeit zurückzuführen sein (wenn der Hund absichtlich die falsche Botschaft übermittelt)[3] oder auf die Unfähigkeit, ein Problem zu lösen (etwa dem, was man mit der Haut des Alters machen soll).[4] Möglicherweise ist er auch das Ergebnis eines Tricks (wenn die Schlange oder die Eidechse die Unsterblichkeit stiehlt).[5] Der Tod kann als Bestrafung für einen Makel in der menschlichen Natur kommen (die »Erbsünde«)[6], vielleicht ist er auch nur auf eine falsche Sichtweise zurückzuführen (wenn der Hase der Buschmänner darauf besteht, dass seine Mutter nicht schläft, sondern tot ist).[7] Als letzte Möglichkeit, wenn niemandem die Schuld gegeben werden kann, wird der Tod meist einem unerklärlichen Bösen zugeschrieben, das alles verdirbt.

In einer früheren Zeit des menschlichen Bewusstseins veranlasste meist der Anblick des Todes und der Wiedergeburt des Mondes zum Nachdenken über den Tod. Genauer gesagt, es war die *Interpretation* des Verschwindens und Wiedererscheinens des Mondes *als* Tod und Wiedergeburt, die dieses Nachdenken möglich machte. Als würde sich ein Drama des »realen Lebens« auf einer scheinbar objektiven Bühne abspielen, auf der die Charaktere der menschlichen Geschichte ihre Rollen spielten. Die entscheidende Herausforderung der Handlung bestand natürlich darin, dass Mond, Sonne, Menschen, Tiere, Pflanzen und alles andere, außer vielleicht den Steinen, zu sterben schien, während nur Mond und Sonne wiedergeboren wurden.

Die Menschen in früheren Zeiten betrauerten den Tod des Mondes ebenso wie sie den Tod ihrer Liebsten betrauerten. Abnehmen war wie alt werden. Und verschwinden war wie sterben. Ein universelles Gesetz, das den Mond ebenso einschloss wie die Menschheit. Wenn der Mond abnahm oder dunkel war, schien die Tragödie das Schicksal der lunaren und der menschlichen Situation zu sein.

Wenn er abnimmt, steigt der Mond jede Nacht später auf (als würde ihm die Kraft ausgehen). Und jede Nacht wird er weniger, bis schließlich nichts mehr von ihm übrig ist. Drei dunkle Nächte lang erscheinen nur Sterne. Dann (als sei es das erste Mal) kündigt ein geschwungener Lichtschimmer an, dass der Mond wieder geboren wird. Wenn Mond und Menschen wirklich gleich waren, dann würden auch die Menschen nach ihrem Tod wieder geboren. Die überall auf der Welt erklingenden Rufe der Menschen zur Begrüßung des ersten Schimmers des wiederkehrenden Halbmondes zeigen, wie sehr sie sich mit dem Mond identifizierten. Niemand weiß, wie weit dieses »erste Mal« zurückliegt – aber auf jeden Fall lange bevor ganze Zyklen des Mondes etwa um 30 000 v. Chr in die Hörner von Tieren geritzt wurden. Und noch im 19. Jahrhundert tanzten die alten Männer eines kalifornischen Indianerstammes zu Ehren des aufsteigenden Neumondes im Kreis und sagten:

Abb. 1. Die zerstückelte Coyolxauhqui. Tuffsteinrelief, 1469. Templo Mayor, Instituto Nacional de Antropologia e Historia, Mexico City.

Wie der Mond stirbt und wieder ins Leben zurückkehrt, werden auch wir, die wir sterben müssen, wieder leben.[8]

Damit die Tragödie in einen Mythos umgewandelt werden konnte, mussten Menschen und Mond irgendwie eins werden. Doch die mythische Vision, die das Versprechen eines Lebens über den Tod hinaus birgt, hängt nicht nur von dem *Wunsch* der Menschen ab, dem Mond gleich zu sein, sondern auch davon, dass dieser Wunsch *für wahr gehalten wird*. Dies ist allerdings eine Unterscheidung des modernen Bewusstseins, das trennt – und trennen muss –, was für einen früheren Geist vermutlich untrennbar war. Wie Harrison sagt, müssen wir »uns selbst in die urzeitliche Verschmelzung der Dinge zurückdenken, eine Verschmelzung, die immer unbewusst im Geist von Poeten und Primitiven präsent ist«.[9] Im Ritual fand diese *participation mystique*, welche die Menschen mit dem Mond verband, in einer lebhaften Gegenwart statt, wenn die Menschen sangen, tanzten, schauspielerten und Masken trugen – was man in einem anderen Kontext als beten bezeichnen könnte. Diese Rituale *zwingen* die Verschmelzung gewissermaßen, im gegenwärtigen Augenblick stattzufinden. In den Legenden gehört diese Einheit von Menschen und Mond

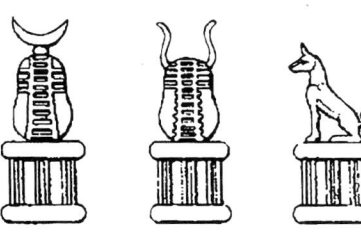

Abb. 2. Drei Altäre der dreifachen Mondgottheit. Der zunehmende Mond ist durch den Halbmond auf dem ersten Stein links angedeutet, der Vollmond durch die Hörner auf dem größeren Stein in der Mitte, und den Platz des abnehmenden Mondes nimmt der Hund ein, der den Vollmond anschaut, als wolle er ein Stück aus ihm herausbeißen. Mesopotamischer Altar. (Aus Harding, Woman's Mysteries, *S. 217).*

jedoch immer einer früheren Zeit an, einem »Goldenen Zeitalter«, als die Dinge waren, wie sie sein sollten, bevor alles schief ging. Damals starben die Menschen, wenn der Mond starb, und wenn der Mond nach drei Tagen wiedergeboren wurde, wurden auch die Menschen wiedergeboren, als hätten sie drei Tage geschlafen und nun wieder aufwachen müssten.

DAS BAND MIT DEM MOND

Auf den Caroline Islands sagte man im 18. Jahrhundert, in alter Zeit sei der Tod nur ein kurzer Schlaf gewesen. Die Menschen starben am letzten Tag des abnehmenden Mondes und erwachten drei Tage später, wenn der Neumond erschien, als würden sie aus einem tiefen Schlaf geweckt. Aber dann erschien ein böser Geist, der dafür sorgte, dass die Menschen nicht wieder aus dem Schlaf des Todes aufwachten.[10] Eine ähnliche Geschichte findet man bei den Cheyenne in Nordamerika, die glaubten, die Menschen, die der »Weise dort oben«, der Mond, zuerst gemacht hatte, seien nicht für immer gestorben. »Wenn sie starben, waren sie nur vier Nächte lang tot und lebten dann wieder.«[11] Auch die australischen Aborigines glaubten, dass die Menschen wie der Mond nur drei Tage tot waren und am dritten Tag wieder auferstanden.[12] Aber wenn es darum ging zu erläutern, was schief gelaufen war, hatte jeder Stamm eine andere Erklärung. Die Wotjobaluk behaupten, wenn die Menschen früherer Zeit starben, hätte der Mond einfach gesagt »steh wieder auf«, und alle seien aufgestanden und ihrer Arbeit nachgegangen. Aber es gab einen alten Mann, der sagte: »Sie sollen tot bleiben.« Und von da ab kam keiner von ihnen je wieder ins Leben zurück, außer dem Mond, der wieder aufging wie er es immer getan hatte.[13] Andere Stämme glaubten, sie hätten das Wohlwollen des Mondes verloren. Einer Legende des australischen Stammes der Kulin zufolge wollte der Mond den Menschen einen Schluck Wasser geben, der sie nach dem Tod wieder zum Leben erwecken würde. Aber der Pinguin mit bronzenen Flügeln wollte dies nicht zulassen, woraufhin der Mond sehr böse wurde. Bei den Stämmen aus New South Wales bat der Mond ein paar Männer, seine Schlangen zu tragen, aber sie hatten Angst, und der Mond sagte: »Da ihr nicht tut, worum ich euch gebeten habe, habt ihr für immer die Chance vertan, nach dem Tod wieder aufzustehen.« Die Arunta aus Ozeanien sagten, der Mond habe einst unter ihnen gelebt, sei gestorben und begraben worden, aber nach drei Tagen als junger Mann wieder auferstanden. Die Menschen liefen davon, und der Mond sagte: »Lauft nicht fort, oder ihr werdet für immer sterben; auch ich werde sterben, aber am Himmel wieder aufsteigen.«[14]

Niemand weiß, warum die Ratte in der Geschichte von den Fidschiinseln (siehe Kapitel 7), die verlangte, dass die Menschen sterben sollten wie die Ratten, über den Mond siegte, der wünschte, dass sie wie er selbst wieder geboren würden.[15] Auch in vielen anderen Geschichten versucht der Mond den Menschen Unsterblichkeit zu schenken, wird aber durch die Dummheit des Boten oder derjenigen, die die Botschaft erhalten, daran gehindert. So war beispielsweise der Hase manchmal der törichte Überbringer (wie in der Geschichte der Hottentotten) und manchmal (wie in der Geschichte der Buschmänner) derjenige, der zu dumm ist, um die Botschaft des Mondes zu verstehen: dass seine Mutter wie der Mond wieder auferstehen würde.[16] In Afrika gibt es viele Variationen dieses Mythos. Die Wa-Sania aus Ostafrika etwa glaubten, dass die Menschen erst gestorben seien, als die Eidechse zu ihnen sagte: »Ihr wisst, dass der Mond stirbt und wieder aufsteigt, aber die Menschen werden sterben und nicht mehr aufstehen.«[17]

Häufig gibt es zwei Boten, einer für das unsterbliche Leben und einer für den Tod. Scheinbar unvermeidlich erreicht der Überbringer der Botschaft des Todes die Menschen zuerst. Der zweite Bote kann dies nicht mehr rückgängig machen. Die Überbringer der Botschaft sind meist Tiere oder Reptilien, vielleicht weil es in ihrer Botschaft um das geht, was wir mit Tieren und Reptilien gemeinsam haben. So ist bei den Bantu eine Eidechse der Überbringer der Todesbotschaft und ein Chamäleon der Überbringer der Lebensbotschaft, während bei den Basuto die Eidechse für Leben und das Chamäleon für Tod steht.[18] Es scheint nicht darauf anzukommen, wer die Botschaft überbringt: Der Tod kommt schließlich doch.

In der Legende der Nandi aus Ostafrika steht der Hund dem Band der Menschen mit dem Mond im Weg. Eines Tages kam der Hund zu den ersten Menschen auf der Erde und sagte: »Alle werden sterben wie der Mond, aber im Gegensatz zum Mond werdet ihr nicht wieder ins Leben zurückkehren, wenn ihr mir nicht etwas Milch aus eurem Kürbis und Bier mit einem Strohhalm zu trinken gebt.« Aber die Menschen lachten über den Hund und gaben ihm die Milch und das Bier auf einem Hocker, damit er trinken solle wie ein Hund. Der Hund trank die Milch und das Bier, war aber sehr wütend, weil er nicht wie ein Mensch bedient worden war. Und so ging er fort mit den Worten: »Alle Menschen werden sterben und nur der Mond wird ins Leben zurückkehren.«[19] Interessant daran ist, dass die Menschen, die sein wollten wie der Mond, nicht wollten, dass der Hund wie sie selbst war. Der Hund, der zweifellos die Nachricht vom Mond überbracht hatte, ist jedoch häufig die Personifizierung des Mondes in seiner abnehmenden Phase. Wenn der Hund der Nandi auf einer tieferen Ebene die Figur des abnehmenden Mondes ist, dann ist das Todesurteil möglicherweise eine Antwort auf mangelnde Vorstellungskraft und weist darauf hin, dass es ohne Abnehmen kein Zunehmen gibt und dass alle Geschöpfe unter dem Mond gleich sind.

DIE HAUT DES TODES ABSTREIFEN

Daher lautet das nächste Argument implizit, wenn die Menschen dem Mond ähnlicher wären, könnten sie die Haut des Alters abstreifen wie der Mond seine Schatten wirft und die Schlange sich häutet. Das Problem der Erneuerung in der Zeit wird damit auf die faltige Haut eines alternden Körpers übertragen, welcher der Vorstellung, wie ein Baby wieder geboren zu werden, zu spotten scheint. In Melanesien lautet der Ausdruck für Ewigkeit »wie der Mond seine Haut abstreifen«. So sagten Missionare, die den Eingeborenen erklären wollten, Gott sei ewig: »Er streift seine Haut ab wie der Mond.«[20] Für die Baluba im Kongo waren der Mondgott und seine beiden Frauen die ersten Menschen, die sich selbst erneuerten, indem sie wie Schlangen ihre Haut wechselten. Aatensic, die Mondgöttin der Algonquin, wurde entweder als alte Frau oder als Schlange dargestellt.[21]

Eine Geschichte, in der das Problem aus der praktischen Sicht eines Kindes betrachtet wird, findet man auf allen Inseln des Pazifik. Die Version von der Insel Celebes, wie sie von holländischen Missionaren im 19. Jahrhundert erzählt wurde, lautet folgendermaßen: Als die Menschen in alter Zeit noch ihre alte faltige Haut abstreiften, ins Wasser stiegen und so gut wie neu wieder herauskamen, gab es eine alte Großmutter die ihren Enkel sehr liebte. Einmal ging sie ins Wasser, um zu baden, und hängte ihre alte Haut an einen Baum. Danach kam sie als junges Mädchen nach Hause, aber ihr Enkel erkannte sie nicht: »Du bist nicht meine Großmutter«, sagte der kleine Junge. »Meine Großmutter war alt, und du bist jung.« Und er wollte nichts mit ihr zu tun haben. Also verließ die Großmutter das Haus, nahm ihre Haut vom Baum, stieg erneut in das Wasser und kam alt wieder heraus. Seitdem müssen die Menschen die Haut, die sie bekamen, behalten und sterben.[22]

In einer Variation dieses Themas kommt die alte Frau verführerisch jung aus dem Meer zurück, und als sie an ihren beiden Söhnen vorbeigeht, sagt der eine: »Nun, sie mag deine Mutter sein, aber sie wird meine Frau.« Aber seine Mutter hörte, was er sagte und legte schnell wieder ihre alte Haut an.[23] Die »alte Frau« in allen diesen Geschichten ist einer der Namen für den Mond, der auch »Mutter«, »unsere Großmutter«, »leuchtende Frau«, »Rundkopf« und »Frau, die den Himmel verändert« genannt wurde.[24]

Die alten Griechen verwendeten für Alter und für die abgestreifte Haut einer Schlange das gleiche Wort – *yeras*.[25] Die Geschichte von Glaucus, dem Sohn von König Minos auf Kreta, macht diese Auffassung deutlich. Eines Tages fiel Glaucus in einen großen Trog voll Honig und starb. Minos rief Polyidos, den weisesten Mann, den er kannte, zu sich, aber Polyidos wusste keinen Rat. Plötzlich glitt eine Schlange über das Bett des Kindes, und Polyidos nahm einen Stein und tötete sie. Dann kam noch eine Schlange, die jedoch wieder verschwand, als sie ihren toten Gefährten sah. Bald kehrte sie mit ein paar Kräutern im Maul zurück, die sie auf die tote Schlange legte und sie dadurch wieder zum Leben erweckte. Polyidos nahm die Kräuter und rieb den Körper von Glaucus damit ein, der ebenfalls wieder zum Leben erwachte.[26]

Statt zu versuchen, wie der Mond zu werden, betet der Verstorbene im ägyptischen Totenbuch um ewiges Leben und darum, eine Schlange zu werden: »Ich bin die Schlange *Sata*, reich an Jahren«, sagt er. »Ich sterbe und werde wieder geboren, ich erneuere mich selbst und werde jedes Mal wieder jung.«[27]

Die Schlange, die ihre Haut mühelos wechseln kann, wird häufig beschuldigt, die Unsterblichkeit, die für die Menschen bestimmt war, gestohlen zu haben. Im *Gilgamesch-Epos*, das im zweiten vorchristlichen Jahrtausend in Mesopotamien entstand, nimmt die Schlange die Kräuter der Unsterblichkeit dem schlafenden Helden Gilgamesch weg. Enkidu, Gilgameschs Freund und Bruder, hatte den Schenkel des Himmelsbullen im Zorn auf die Mondgöttin Ishtar geworfen, die ihn tötete, um die Beleidigung zu rächen. So reist Gilgamesch auf der Suche nach dem ewigen Leben, das seinem Bruder versagt wurde, durch den Berg der Unterwelt zu Utnapishtim, dem alten Mann, der die große Flut überlebt hatte, um ihn um Rat zu fragen. Utnapishtim stellt ihn auf die Probe: Schafft er es, lediglich sieben Nächte wach zu bleiben, wenn er für alle Ewigkeit wach bleiben will? Aber Gilgamesch kann nicht einmal eine Nacht wach bleiben, ganz zu schweigen sieben, wie es von ihm verlangt wurde. Jeden Morgen wacht er auf und findet einen Laib Brot vor seiner Tür. Nach einer Woche sind es sieben Laibe, und Gilgamesch muss sein Schicksal akzeptieren. Als er verzweifelt nach Hause aufbricht, steckt ihm Utnapishtims Frau das Kraut der Unsterblichkeit zu, das »alter Mann wird jung« genannt wurde. Auf dem Weg zurück schläft Gilgamesch (wieder) ein und lässt das kostbare Kraut auf einem Fels neben sich liegen. Die stets wachsame Schlange steigt aus dem Meer auf, verschluckt das Kraut und beraubt Gilgamesch damit seiner letzten Chance. Als Gilgamesch aufwacht,

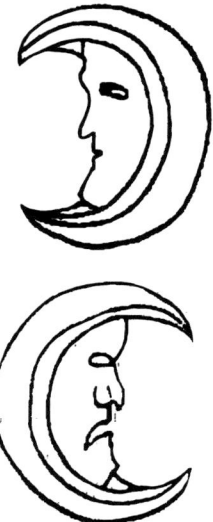

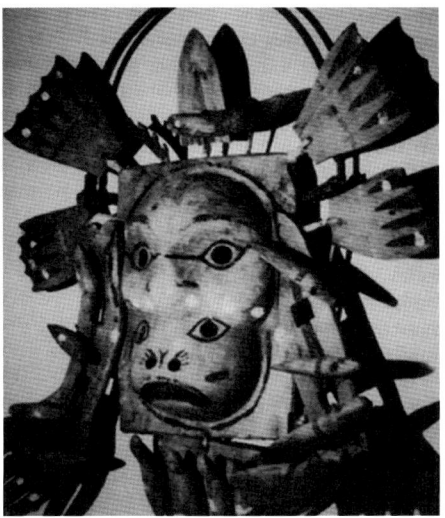

Abb. 3. *Zunehmender Mond (oben) und abnehmender Mond (unten). Englische Wasserzeichen. (Aus Bayley,* The Lost Language of Symbolism, *S. 180).*

Abb. 4. *Mondmaske der Eskimos in Form eines Seehundes. Die beiden Gesichter deuten die verschiedenen Charaktere des zunehmenden und des abnehmenden Mondes an. American Museum of Natural History, New York.*

findet er auf dem Felsen, wo das Kraut der Unsterblichkeit gelegen hatte, die abgestreifte Haut der Schlange. »Ewiges Leben ist nicht deine Bestimmung«, teilen ihm die Götter in einem Traum mit.[28]

Selbst in der Genesis, wo die Leben spendende Kraft der Schlange unterwandert wird, hängt sie vom Baum der Erkenntnis herab, flüstert von Unsterblichkeit und bringt so den Tod. Wie Frazer bemerkt, fehlt dieser Geschichte zur »Vervollständigung ihrer Ähnlichkeit« mit anderen Mythen von Schlangen, Menschen und ewigem Leben nur, dass die Schlange von der Frucht des Lebensbaums isst und selbst Unsterblichkeit erlangt.[29] Stattdessen wird die Schlange zusammen mit Eva, deren Namen sie teilt – das hebräische *Hawwah*, Eva, ist dem arabischen und aramäischen Wort für Schlange sehr ähnlich –,[30] mit Adam und dem Rest der Natur von Jahwe mit dem Tod bestraft, der die Unsterblichkeit wie der wütende Mond für sich allein beansprucht.

DER MOND ALS ÜBERBRINGER DES TODES

Paradoxerweise kann der Mond, der als die Quelle der ewigen Erneuerung gefeiert wird, auch als die Ursache des Todes gefürchtet werden. Es macht jedoch Sinn, dass derjenige, dem die Macht zugeschrieben wird, Leben zu geben, implizit auch die Macht hat, den Tod zu bringen. Es ist das Paradox aller äußeren Autorität, dass ihre Mächte zweifacher Natur sind: gewähren und verweigern, Gutes und Böses tun oder, wie hier, Leben und Tod bringen. Betrachtet man die Beziehung des Mondes zu den Menschen als die eines autoritären Elternteils zu einem hilflosen Kind, dann sieht es so aus, als würde der Mond dieses ersehnte Band zwischen ihnen verweigern (indem er den Menschen nicht gestattet, wie er selbst unsterblich zu sein), weil er entweder böse auf sie ist oder weil sie ihm egal sind. Das griechische Wort für Mond, *men*, ist auch die Wurzel des Verbs *menaio*, »wütend sein«, »rasen«, als habe einst eine Verbindung zwischen den Vorstellungen von Mond, Zeit, Tod und Wut bestanden.

Wird Wut unterdrückt, so wird sie häufig zur eingebildeten Wut des anderen auf einen selbst. Rituale zum Schutz der Lebenden vor der vermeintlichen Wut der gerade Verstorbenen sind in Kulturen wie der von Malekula sehr verbreitet.[31] Daher kann es sein, dass die Wut über den Tod, die ursprünglich die der Menschen war, zur Wut des Mondes auf die Menschen wurde, die zu ihrem Tod führte. Soma wird »der Rasende«, aber auch »Heiler und Seher« genannt, ebenso wie der ägyptische Kohns, die drei Mänaden (Priesterinnen des Dionysos) und die drei Erinnyen.[32] Das Wort »Schamane« bedeutet ebenfalls »der Rasende«. Auch der alte englische Ausdruck »with a wanion« – wie in Shakespeares »Come away, or I'll fetch th' with a wanion« (»Mach fort, oder ich werde dir übers Fell kommen«)[33] –, der im 17. und 18. Jahrhundert aus der Mode kam, aber von Sir Walter Scott wieder belebt wurde, bedeutet »wie besessen«.[34] Die Abwandlung »in a wanion« meint, in »schlechter Laune zu sein«.

Die Maori nannten den Mond »Menschenfresser«, die Quelle des Todes.[35] Manche Stämme in Äquatorialafrika sagten, der Mond »schaut auf das Land herab und sucht nach Menschen, die er verschlingen kann, und deshalb haben wir große Angst vor ihm und verstecken uns in dieser Nacht«.[36] Die Tataren in Zentralasien glaubten, im Mond lebe ein Riese, der Menschen frisst.[37] Für die Tupi aus Brasilien kamen »alle verderblichen Einflüsse, Donner und Fluten vom Mond«.[38] Ein Mythos der südamerikanischen Taulipang erzählt davon, wie der Mond die Seele eines Kindes mitgenommen und unter einem Topf versteckt hatte. Der Schamane reiste zum Mond, fand den Topf und befreite die Seele des Kindes.[39]

Im polynesischen Mythos wird die Mondgöttin Hina als den Menschen gegenüber gleichgültig dargestellt (wenn sie ihnen nicht hilft zu gebären). Maui, der Gott aus alter Zeit, bat seine Mutter Hina, den Menschen Unsterblichkeit zu schenken. »Lass die Menschen sterben und wieder leben, so wie du, der Mond, stirbst und wieder lebst«, sagte er. Aber Hina antwortete: »Nein, sie sollen sterben und den Boden vermehren und nie wieder zum Leben erwachen.« Maui gab nicht auf: »Lass den Tod sehr kurz sein. Lass die Menschen sterben und wieder leben, damit sie ewig leben.« Aber Hina sagte: »Der Tod soll sehr lang sein, damit die Menschen seufzen und trauern können.«[40]

In einer japanischen Geschichte geht es um das Mädchen Kaguya, das nicht größer als eine Hand war und in einem Bambusfeld gefunden wurde. Als sie heranwuchs, war sie die Schönste im Land. Alle Prinzen warben um sie, sogar der Kaiser selbst hielt um ihre Hand an. Aber als der Kaiser zum Bambusfeld kam, um sie mit in seinen Palast zu nehmen, war sie nirgends zu finden. Tsuki-yomi, der Mondkönig, hatte lange über ihre Schönheit gewacht und ihr um Mitternacht einen silbernen Thron geschickt, auf dem er sie hinauf in seinen Palast holte, ein riesiges Rund aus weißem Kristall. Dort lebten 30 Prinzen, 15 von ihnen trugen weiße und 15 schwarze Roben, und jeder von ihnen beherrschte den Mond für einen Tag. Vergeblich schossen die Wachen des Königs ihre Pfeile auf den Mond. Kaguya ward nie mehr auf der Erde gesehen.[41]

Geschichten vom Mond als Entführer aus Europa, vom beleidigten Mond aus Samoa und Nordwestamerika oder vom Mond als Jäger aus Griechenland, Rom und dem Nahen Osten zeigen den Mond als Verursacher des Todes.[42] Durch den hier aufgestellten Gegensatz zwischen Menschen und Mond wird der Mond implizit beschuldigt, er habe das ursprüngliche Band zerstört und lasse die Menschen alleine sterben. Aber barg der Mond nicht auch das Versprechen des ewigen Lebens? Möglicherweise war die Ehrfurcht gegenüber dem Mond in der Kindheit der Rasse zu überwältigend, um Unterscheidungen treffen zu können, so dass der Mond jederzeit Leben oder Tod bringen konnte, wie es ihm gefiel. Sobald jedoch Unterscheidungen möglich waren und das Leben in Gegensatzpaaren begriffen wurde – hell und dunkel, Leben und Tod, gut und böse –, wurde vermutlich auch die »Natur« des Mondes zweigeteilt. So konnte die Dualität der »Gaben« des Mondes einfach in Zunehmen und Abnehmen aufgeteilt werden: Wenn er zunahm, so Plutarch, hatte er »gute Absichten«, und wenn er abnahm, hatte er böse Absichten, denn »in der abnehmenden Phase bringt der Mond Krankheit und Tod«.[43]

Zumindest waren die Stimmungen des Mondes auf diese Art für alle deutlich zu erkennen. In der Geschichte *Die Alte Frau und die Haut* aus Melanesien waren die beiden Söhne der alten Frau Mondgötter, der eine der Gott des leuchtenden Mondes, der andere der Gott des dunklen, abnehmenden Mondes. Der Gott des leuchtenden Mondes war weise, gut und brachte Glück, der Gott des dunklen Mondes hingegen war dumm, böse und brachte Unglück.[44] Auf Neubritannien, einer Insel des Bismarckarchipels östlich von Neuguinea, kannte man diese beiden Götter unter anderen Namen: Kabinana, der Weise, und Karvuvu, der Narr. Es überrascht nicht, dass Kabinana, der »rechtshändige Gott«, den Menschen die Botschaft der Unsterblichkeit überbringen wollte, aber Karvuvu, der »linkshändige Gott«, die Botschaft stattdessen an die Schlange weitergab.[45] In der symbolischen Form der listigen Schlange, der gemeinen Eidechse oder des einfältigen Hasen scheint der Mond in seiner abnehmenden Phase den Menschen die Unsterblichkeit zu stehlen oder sie in der Dunkelheit seines eigenen Todes zu verschlingen.

Wenn man einst glaubte, der zunehmende Mond würde Leben und der abnehmende Mond Tod bringen, dann werden die Unheil abwehrenden Rituale im Zusammenhang mit dem abnehmenden Mond verständlich, denn wie sonst sollte der Schaden abgewendet werden, den er anrichten konnte? Der frühen jüdischen Lehre zufolge vermehrten sich die Kräfte des Bösen bei abnehmendem Mond. Bei einigen jüdischen Mystikern ist zu lesen, dass es überhaupt verboten war, den Mond anzuschauen, obwohl man einen flüchtigen Blick auf ihn werfen durfte, wenn *kiddish levanah*, der Segen des neuen Mondes rezitiert wurde (*levanah* ist das hebräische Wort für »Mond«).[46] Noch im 19. Jahrhundert wurden an vielen Orten der Welt bei abnehmendem Mond Reisen und Hochzeiten verschoben, Säuglinge versteckt und nicht entwöhnt, und es wurde nichts gepflanzt (außer Wurzelgemüse, dessen Energie hinab in die Dunkelheit geht).

Diese alte Angst klingt in vielen abergläubischen Überzeugungen späterer Zeit nach, auch wenn das ursprüngliche Gefühl und die Weltsicht, die durch sie entstanden, lange vergessen sind. Der Volksglaube, dass Menschen und Tiere eher während des dunklen Mondes oder bei Ebbe sterben, könnte ein Überbleibsel dieser Vorstellung sein. Noch in den 1970er Jahren sagten Fischer in Cornwall im Südwesten Englands, das Leben komme mit der Flut und gehe mit der Ebbe.[47]

Die Sprache hat einige dieser Gedanken in ihrer ursprünglichen Form wie Fossilien bewahrt, die freigelegt werden können, wenn man nur ein bisschen kratzt. »Waxing« (zunehmen) und »waning« (abnehmen) stammen aus dem Altenglischen. Das Verb »to wax« geht auf das altenglische *weaxan* und das althochdeutsche *wahsan* zurück. Beide bedeuten »wachsen, vermehren« und sind mit dem lateinischen *auxi*, »ich ließ es wachsen«, verwandt. Das Verb »to wane« hat seine Wurzel im altenglischen *wanian*, im althochdeutschen *wan* und im altnordischen *vanr* und bedeutet »verringern, abnehmen, schwinden«, insofern ist der Rückgang von Licht und Größe auch ein Rückgang von Kraft und steht für unzulänglich, mangelhaft und reduziert.

»Wane«, abgekürzt zu »wan«, wurde auch als ein negatives Präfix mit der Bedeutung von »nicht« »un-« »ohne«, »schlecht« oder »falsch« verwendet, wie beispielsweise in *wanhope*, »Verzweiflung« (im Englischen heute selten, aber noch immer im Holländischen benutzt); *wanchance*, »Unglück«; *wandought*, »winzig«, »schwächlich«; *wansonry*, »schädlich«, und in *wanweird*, *wanhap*, *wanruly*, *wanrest*, *wanthriven*, *wanthrift*, *wanwordy*, *wanworth* und sogar in *wanton*, »mutwillig«, »zügellos« (vom altenglischen *teon*, »Gefolge«, »Disziplin«).[48] So auch das deutsche *Wahnwitz* und *Wahnsinn* oder das holländische *wanrode*, »Chaos«, sowie *wanbeleid*, »widerspenstig«. »Wane« muss sowohl eine allgemeine als auch eine eindeutig abwertende Bedeutung gehabt haben, wenn es so leicht zu der Negation »wan-» vereinfacht werden konnte. Bei vielen dieser, mit »wan« beginnenden, Wörter sind Gesetz und Ordnung verschwunden und durch Zufall (und die Angst vor dem Unbekannten) ersetzt worden. Daher die Eröffnungszeile in Heinrich IV.: »Erschüttert wie wir sind, vor Sorge bleich...« (»So shaken as we are, so wan with care...«)[49]

Zudem findet sich »wane« in »want«, einem der meist verwendeten Wörter der englischen Sprache. Das mittelenglische »want«, abgeleitet von »wane« in seiner ursprünglichen Bedeutung von »Mangel, Schwäche«, findet man noch in Ausdrücken wie »being in want and penury« (etwa »Mangel und Not leiden«) oder in dem Kinderreim: »For want of a horse, the kingdom was lost.« (Man vergleiche die französische Redewendung *il me faut*.) »Wane« ist auch mit dem lateinischen *uanus*, »leer«, »ohne Substanz«, verwandt, was »vain« ergibt und indoeuropäische Wurzeln hat: altindisch *unas*, »mangelhaft«, griechisch *eunis*, »beraubt«, gotisch *wand* und altnordisch *vanr*, »unzulänglich«, *vanta*, »Mangel«. *Uanus* ergibt »vanish« (verschwinden) und »vaunt« (prahlen) und ist verwandt mit *uacere*, »leer«, und mit *uastus*, »weit«, »verwüsten«, »verschwenden«, »Ödland«.[50] »In vain« (vergeblich) und »vainglorious« (hochmütig, prahlerisch) haben die negative Bedeutung des Präfixes »wan«. Der Begriff »vanity« (Eitelkeit) in der Bedeutung von »ohne Substanz« lässt jedoch eine frühere Zeit anklingen, als die Rhythmen des Mondes ein wesentlicher Bestandteil der Lebensauffassung waren. Das Abnehmen des Mondes, das so bald nach seinem Zunehmen einsetzt, hatte (zumindest etymologische) Implikationen für die Vergänglichkeit der geschaffenen Formen: »Alles ist Eitelkeit«, sagt der Prediger.

Andererseits war der abnehmende Mond die Zeit, um sich mit dem Abnehmen irdischer Dinge in Einklang zu bringen: »Wie der Mond schwindet, mögen auch meine Schmerzen schwinden«, wie man in Deutschland sagte.[51] Selbst in seiner abnehmenden Phase konnte der Mond heilen, indem er die Krankheit mit sich fortnahm. Viele Südslawen und Italiener glaubten, dass Warzen, Geschwüre, geschwollene Drüsen, Kröpfe, Krampfadern oder auch weniger sichtbare Leiden verschwinden würden, wenn die betroffenen Körperstellen im Augenblick des Mondwechsels berührt würden, dass also der Mond die Krankheit selbst auf sich nehme und den betroffenen Menschen geheilt zurücklasse.[52]

DER TOD ALS STRAFE

Eine Weiterentwicklung der Vorstellung, der Mond oder eine andere Gottheit habe den Menschen den Tod gebracht, findet man in der Auffassung, der Tod sei die Strafe für einen Fehler in der menschlichen Natur. Enkidu war arrogant, der Hase der Buschmänner war stur, Eva war gierig, Adam schwach, und beide waren ungehorsam. Die Nandi waren unfreundlich, die Arunta feige, Epimetheus mangelte es an Voraussicht, als er die Büchse der Pandora öffnete und den Tod herausließ, während sein Bruder Prometheus unfähig war.[53] Mütter von Kindern, die von Göttinnen versorgt werden, sind zu unwissend, um den

Methoden der Göttinnen zu vertrauen: Sie schreien und die Unsterblichkeit ist verloren.[54] Hier sind alle menschlichen Fehlbarkeiten vertreten: Angst, Hochmut, Ungehorsam, Ungeduld, Unaufmerksamkeit, Unwissenheit oder, wie bei Gilgamesch in der ältesten Geschichte, einfach die Schwachheit des Fleisches, die Müdigkeit des menschlichen Körpers, der ihm gegeben wurde.

In einem Mythos der Tiwi aus Ozeanien kommt der Tod als Fluch über die Rasse, weil die Mutter ihr Kind vernachlässigte, als sie mit dem Mond Ehebruch beging. Wieder ist es der Mond, der die menschliche Schwäche ausnutzt und für den Tod verantwortlich ist. Folgendes war geschehen: *Bima* war mit *Purukapali*, dem großen Ahnen, verheiratet. Als *Tjapara*, der Mondmann, *Bima* begegnete, ging er mit ihr ins Gebüsch, um mit ihr zu schlafen, und sie ließ ihren kleinen Jungen viel zu lange alleine. Als *Purukapali* zurückkehrte, fand er seinen kleinen Jungen tot. Entsetzt suchte er *Tjapara* und tötete ihn. Dann nahm er seinen Sohn in die Arme, ging zurück zum Meer und sprach den Fluch des Todes aus, der zum Gesetz wurde: »Wie mein Sohn gestorben ist und nie mehr zurückkehren wird, so soll es auch den Menschen geschehen.« *Purukapali* und sein Sohn kamen nie mehr wieder, aber der Mond *Tjapara* kehrte nach drei Tagen von den Toten zurück.[55]

DER TOD ALS WAHL

Gelegentlich wird der Tod jedoch auch als eine Wahl dargestellt. Auf der malaiischen Halbinsel, der Insel Nias, auf Celebes, den Gilbertinseln und Madagaskar mussten die Menschen zwischen dem Mond und der Banane wählen.

Die Mantras der malaiischen Halbinsel, die dachten, die Menschen in früheren Zeiten seien nicht gestorben, sondern dünn und dick geworden, wie der Mond abnahm und zunahm, standen vor einem Dilemma. Die Bevölkerung wuchs so schnell, dass der Sohn des ersten Mannes seinen Vater fragen musste, was zu tun sei. »Lass die Dinge, wie sie sind«, antwortete der Vater, ein unbekümmerter Mann. Aber sein jüngerer Bruder sagte: »Nein, die Menschen sollen sterben wie die Banane und ihre Kinder zurücklassen.« Die Angelegenheit wurde dem Herrn der Unterwelt vorgetragen, der sich für den Tod entschied. Von nun an erneuerten die vielen Menschen ihre Jugend nicht mehr wie der Mond, sondern wurden alt und starben wie die Banane.[56] Der Tod wird hier in ein Verhältnis zum Ganzen durch die Vorstellung vom Erbe und von der Qualität des Lebens gesetzt.

Diese Mythen, welche die tief greifendsten Fragen der menschlichen Existenz behandeln, scheinen ihr Thema häufig zu trivialisieren. Dies ist vielleicht verständlich, weil keine Antwort auf die Frage gefunden wird. Die zahllosen mythischen Antworten auf die Tatsache des Todes scheinen in das gleiche Muster zu fallen wie die Antworten auf einige andere hartnäckige Probleme des Lebens: Ablehnung, Trennung, Fantasie, Wut (als Schuld nach innen und als Vorwurf nach außen gerichtet), Resignation, Apathie, Verzweiflung. Es ist die Aufgabe von Mythen, den menschlichen Geist von diesen Positionen fortzubringen und ihm zu zeigen, dass es möglich ist, eine Perspektive jenseits von Leben und Tod einzunehmen und beide zusammen als Teil eines größeren Ganzen zu begreifen, damit das Leben ohne Furcht gelebt werden kann. Eine weitere Gruppe von Mythen scheint den Geist jedoch davon abzuhalten, diese Möglichkeit zu erforschen, indem sie die Angst der Menschen vor ihrem eigenen Tod auf den Tod des Mondes übertragen.

DER STERBENDE MOND

Eine instinktive Identifikation mit dem Mond setzt voraus, dass der Mond selbst nicht sterben soll wie die Menschen, denn dann sterben die Menschen wie der Mond. Der kreisförmige Charakter eines solchen Arguments ist weniger offensichtlich, wenn sein Gegenstand die letzte Hoffnung zu sein scheint. Denn angesichts der Übereinstimmung, die in der Vorstellungskraft zwischen Menschen und Mond herrschte, und ungeachtet einiger gegenteiliger Erzählungen, betrachteten viele Menschen die Wiedergeburt des Mondes scheinbar als die beste, wenn nicht die einzige Hoffnung auf ihre eigene Wiedergeburt. Also war es entscheidend, dass der Mond am Leben gehalten wurde.

»Mama Quilla, Mutter Mond, stirb nicht, denn sonst müssen wir alle untergehen«, riefen die alten Peruaner. »So kann auch ich mein Leben erneuern, wie du erneuert wirst«, begrüßten die Frauen in Luango im Kongo den Mond, wenn er wieder aufstieg. »Er ist aufgestiegen! Gott hat dich wieder aufsteigen lassen. Möge Gott uns alle wieder aufsteigen lassen!«, beteten Christen in Abessinien zum Neumond.[57] Briffault bemerkt, dass die Auffassung vorherrschte, »die Kraft der Menschen, jeden Monat zu überleben, oder die Hoffnung, nach dem Tod weiterzuleben, stamme vom Mond und sei abhängig von dessen Fähigkeit, jeden Monat wieder geboren zu werden, nachdem er gestorben ist«.[58]

Um das Chaos der herannahenden Dunkelheit zu überleben, musste das Abnehmen des Mondes begriffen werden. Denn die Bestürzung über sein Verschwinden konnte durch eine Geschichte gelindert werden, die erklärte, was geschah, und so das Versprechen der Wiedergeburt des Mondes aufrechterhielt. Im Gegensatz zu den relativ heiteren Mythen von Menschen, die durch Versehen, Irrtum oder Fehler sterben, ermöglichte das Schwinden des Mondes bis zum Tod häufig, ein tief empfundenes Gefühl der Verletzung zum Ausdruck zu bringen. Es ist fast so, als würden die Beschränkungen der Trauer aufgehoben und als könne das, was verweigert wurde, durch diese Verlagerung offen erfahren und erforscht werden. Vielleicht kann die Wut über den Tod des Mondes deshalb tiefer empfunden werden, weil er nicht endgültig und nicht der Tod der Menschen ist. Denn das Sterben des Mondlichts ist niemals das Ergebnis eines scheinbar beiläufigen Fehlers oder eines herzlosen Tricks, sondern wird eher damit erklärt, dass der Mond von einem unversöhnlichen Gegner gefressen, verschluckt oder in Stücke geschnitten wird – entweder von der brennenden Sonne, einem gierigen Ungeheuer, einem gefräßigen Hund oder von einem anderen unvorstellbar grausamen Wesen. Eine andere Möglichkeit ist die, dass der Mond an einer schleichenden Krankheit, durch Verhungern, einen Fluch oder das Versiegen der ambrosischen Flüssigkeit stirbt. Es gab viele verschiedene Erklärungen, warum der Mond seine Form, sein Licht und sein Leben verlor, aber alle sagten voraus, dass er wiederkehren und sein Leben, sein Licht und seine Form zurückerlangen würde.

Wir wollen noch einmal zu ein paar der bereits vorgestellten Geschichten zurückkehren. In einer Fortsetzung der Geschichte der Maori über den Mond, der Rona mit ihrem Wassereimer entführte, ging ihr Mann, der ebenfalls Rona hieß, zum Mond, um sie zurückzuholen. Er aß den Mond, der daraufhin ihn aß. Nun verbringen sie ihr Leben damit, sich gegenseitig aufzuessen, weshalb der Mond weniger wird. Dann baden sie beide im belebenden Wasser von Tane, erhalten ihre Kraft zurück und beginnen den Kampf aufs Neue.[59] Der männliche Rona könnte eine Verkörperung des dunklen Mondes sein, der den leuchtenden Mond in ihrem fortgesetzten Konflikt verschlingt.

Um einen Wettstreit zwischen zwei Aspekten der Mondgottheit geht es in der Tafel in Abb. 5. Hier ringt der babylonische Sin mit dem dunklen Mond, der anderen Hälfte seiner selbst, die als Löwe oder Hund dargestellt ist. In einem akkadischen Mythos soll Sin »den *Labbu* töten«, ein Wort, das Drache oder auch »der Rasende« bedeutet und häufig für »Löwe« verwendet wurde. Es erinnert an den Mythos der sieben Teufel (von denen einer Labbu hieß), die den Mond umzingelten und damit seine dunkle Phase am Ende des Monats verursachten. Wie auch immer die Dunkelheit aufgefasst wird, sie muss bekämpft und überwunden werden, wenn der leuchtende Mond überleben soll – eine Geschichte, die später auf die Sonne überging.[60]

Wenn der männliche Mond im Verhältnis zur weiblichen Sonne gesehen wurde, glaubte man häufig, er würde sich vor Scham über etwas zurückziehen, was er in seiner zunehmenden Phase begangen hatte.[61] Dies wird oft umgekehrt, wenn der Mond weiblich und die Sonne männlich ist. Dann zieht sich der weibliche Mond vor Kummer zurück und ist drei Tage lang tot, wie etwa in der Geschichte von Tuwale, dem Sonnenmann, und Rabia, der Mondjungfrau, die auf der Insel Ceram erzählt wird.[62]

Oft dachte man, der Mond sei krank, wenn er abnahm. So nannten die Sumerer die dunklen Tage von Nanna-Sin »die Tage des Niederlegens«. Der wedische Gott Soma war von seinem Schwiegervater mit Lepra bestraft worden und wurde deshalb »grauhäutig«[63] oder »wan«, wie man im Englischen sagt – ein

Abb. 5. Der Wettkampf zwischen dem babylonischen Mondgott Sin und einem Löwen oder Hund als der dunkle Mond. Der Mondgott wird im Sternzeichen des Stiers gezeigt (rechts), auf der linken Seite die Plejaden. Astronomische Tafel. Persische Periode. (Aus Langdon, The Mythology of All Races, *v, S. 305).*

Wort, das »grau«, »schwarz«, »dunkel« im späteren Sinne von »blass« bedeutet und über die Idee von »Mangel« an Farbe mit »dunkel« verbunden ist, wie in »wane« (abnehmen).[64] In einem anderen Bild füllt sich die Schale des Mondes mit Soma und leert sich wieder, wenn die Götter es als Elixier der Unsterblichkeit austrinken. Soma als der Mond kann sich auch mit den Seelen der Toten füllen und sie zur Sonne bringen. Wenn die Seelen eine nach der anderen das Mondboot verlassen, leert sich Soma wieder.[65] In einer hinduistischen Geschichte wird der Mond von Genesha verflucht, weil er ihn ausgelacht hat.[66] Der Mond der Mataco-Indianer hungerte sich schlank.[67] Wenn der Mond als eine Göttin vorgestellt wurde, dachte man häufig, sie menstruiere und vergieße ihr flüssiges Licht wie Blut.[68] Oder man glaubte, der Mond streife nach und nach Schichten seines Lichts ab wie die Schlange ihre Haut.

Manchmal wird die abnehmende Phase durch die Metapher vom Abwerfen der Lichtschleier ausgedrückt, beispielsweise wenn Inanna-Ishtar ihre sieben leuchtenden Juwelen des Himmels ablegt, bevor sie von der Oberwelt in die Unterwelt absteigt, bis sie nackt (dunkel) ist. Wenn sie aufsteigt, legt sie ihre Juwelen und den Lichtschleier wieder an.[69]

Das Verschwinden des Mondes wird manchmal auch darauf zurückgeführt, dass er auf der Erde gefangen ist, begraben unter einem See, einem Fluss oder im Meer, in das er als Vollmond hineinfiel. In einer anderen Geschichte aus Polynesien liegt der weibliche Mond Hina in seiner »toten« Phase in Seetang verfangen am Strand, bis ein Mann ihn findet und zu seiner Geliebten macht. Nachdem Hina einen Sohn geboren hat, kehrt sie zurück in den Himmel – und der Zyklus ist vollendet.[70] Im englischen Lincolnshire war der Mond im Wasser des Sumpfes gefangen und gab erst wieder Licht, als er von den Dorfbewohnern befreit wurde.[71]

In einer noch einfacheren Variante verliert der Mond seine leuchtenden Kleider auf der Erde und muss sie zurückbekommen, um wieder an den Himmel aufzusteigen. In einer japanischen Version der Geschichte findet ein Fischer einen Mantel aus weißen Federn am Strand. Ein strahlendes Mädchen steigt aus dem Meer und bittet ihn, ihr den Mantel zu geben, denn ohne ihre Federn könne sie nicht nach Hause an den Himmel zurückkehren. Als er ihr den gefiederten Mantel zurückgibt, breitet sie ihre weißen Flügel aus und fliegt hinauf zum Vollmond.[72]

Oft wird das Verschwinden und Wiedererscheinen des Mondes durch zwei Figuren zum Ausdruck gebracht. Plutarch schreibt, die Ägypter hätten von Osiris als »verloren« und von Isis als »gefunden« gesprochen, ebenso wie später Persephone von Demeter »verloren« und »gefunden« wurde. Wie Seth seinen Bruder Osiris in dem dunklen Sarg einsperrte, so sperrte Hades später Persephone im »Hades« ein. Erst als Zeus eingreift, weil er von Demeter bedroht wird, erlaubt er, dass sie mit Hermes zurückkehrt. Als Seth mit seinen Hunden bei Vollmond auf der Jagd nach Wildschweinen war, zerriss er den Körper von Osiris in 14 Teile, eines für jeden Tag des abnehmenden Mondes. Hier spielt Seth die Rolle des dunklen Mondes, der den hellen Mond Stück für Stück, Nacht für Nacht zerlegt. Die Begräbnisrituale für Osiris in Dendera wurden in den neun Tagen des abnehmenden Mondes begangen, dem letzten Drittel eines dreiwöchigen Monats.[73] Plutarch beschreibt die Rituale wie folgt:

Am Neunzehnten aber gehen sie nachts zum Meer hinunter, der heilige Schrein mit einem goldenen Kästchen drinnen wird von den Bekleidern und den Priestern herausgebracht, sie nehmen Süßwasser und gießen es in das Kästchen, Geschrei ertönt von den Anwesenden: Osiris sei gefunden. Dann verkneten sie fruchtbare erde mit diesem Wasser, mischen Gewürze und Räucherwerk kostbarer Art hinein und formen daraus ein kleines halbmond-förmiges Bildwerk, bekleiden und schmücken es; damit geben sie zu erkennen, Dass eben diese Götter nach ihrer Meinung die Substanz von Erde und Wasser sind.[74]

ABNEHMEN ALS ZERSTÜCKELUNG

Zerstückelung ist die häufigste Metapher für die Art, mit der der Mond Nacht für Nacht etwas mehr von seinem kostbaren, Leben spendenden Licht verliert, bis es schließlich gänzlich verschwunden ist. Diese Zerstückelung des Mondes wird meist so interpretiert, dass er von der Sonne getötet wird, weil nicht beide gemeinsam existieren können.

Wenn der Mond voll ist, scheint er der Sonne in Form, Größe und Helligkeit gleich zu sein. Die Tat-sache, dass er sofort abzunehmen beginnt, nachdem er der Sonne direkt gegenübergestanden hat, lässt die Vorstellung entstehen, dass die Strahlen der Sonne den Mond tödlich verletzen, so wie sie auf der Erde das Wasser versiegen lassen und die Vegetation ausdörren. Die Buschmänner waren einst Jäger und glaub-ten, der Mond werde von den messerscharfen Strahlen der Sonne, des größten Jägers von allen, solange zerschnitten, bis nur noch ein winziges Stück von ihm übrig war. Der Mond, der in den Geschichten der Buschmänner von Mantis aus einer Feder oder aus einem alten Schuh geformt wurde, wird als ein Mann dargestellt, der den Zorn des großen Jägers auf sich gezogen hat und die Sonne nun bitten muss, ein klei-nes bisschen von sich selbst für seine Kinder zu lassen. »Oh Sonne! Lass den Kindern das Rückgrat!« Die Sonne willigt ein, und der Mond schwindet unter Schmerzen. Aus dem kleinen Stück, das von ihm übrig ist, wächst er wieder langsam heran, bis er voll ist und die Sonne wieder auf ihn einsticht und ihn zer-schneidet.[75] Die nordamerikanischen Dakota-Indianer glaubten dass Mäuse am Mond nagten, während die Klamath-Indianer aus Oregon den Mond als »der in Stücke zerbrochen ist« bezeichneten.[76]

Das mythische Bild des lahmen Helden oder verstümmelten Königs wird oft auf den Mond bezogen. Yu, der chinesische Held der Flut, wurde durch eine Krankheit gelähmt, die seinen Körper zur Hälfte ein-schrumpfen ließ. Der Volkslegende zufolge war auch Noah gelähmt, als er auf der Fahrt in der Arche die Pranke eines Löwen, des Tieres der Sonne, berührte. In der Gralsburg in Eschenbachs *Parzival* wohnen zwei verstümmelte Könige: Titurel, der in einem inneren, für die Welt unsichtbaren Heiligtum verborgen ist und dem dunklen, alten Mond entspricht, und der junge Fischerkönig, der dem neuen, sichtbaren Mond entspricht und dessen Schmerz »zur Zeit des Mondwechsels« am größten ist. Dies ist der gegenwärtige König des unerschöpflichen Grals, der wie die Schale des Mondes immer wieder mit der Speise und dem Trank der Unsterblichkeit gefüllt wird.[77]

* * *

Eine weitere Gruppe von Mythen fällt in das Muster des vertrauten Rituals der Zerstückelung durch die Familie. Im lettischen Mythos wurde der Mondgott Meness von seiner Frau Saule, der Sonne, in Stücke geschnitten, weil er untreu war:

Die Sonne zerschmetterte den Mond/Mit einem scharfen Schwert.[78]

Anderen Versionen zufolge wurde der Mond von dem Donnergott Perkons (lettisch Perkunas), einem von Saules drei Ehemännern, in Stücke geschnitten, weil er seine eigene Tochter verführt hatte:

Perkunas war zornig/Er spaltete den Mond mit einem Schwert.[79]

In der aztekischen Legende wurde der Mondgöttin Coyolxauhqui von ihrem Halbbruder Huitzilopochtli, dem erbarmungslosen Gott der Sonne, des Sturmes und des Krieges im Augenblick seiner Geburt der Kopf abgeschnitten.[80] Diese erste Enthauptung wird in langsamerer Form jeden Monat nachgespielt, wenn die Sonne Nacht für Nacht Teile vom Körper des Mondes abschneidet, bis nichts mehr von ihm übrig ist.

Am Anfang lebte die Erdgöttin Coatlicue, die Mutter aller Götter – »die mit der Haut von Schlangen«[81] –, in einem Palast auf dem Gipfel von Coatepec, dem »Schlangenberg«, wo die Welt begann. Eines Tages fegte sie den Hof, als eine Feder vom Himmel herabfiel:

> Sofort hob Coatlicue sie auf;
> Sie legte sie an ihren Busen.
> Als sie mit dem Fegen fertig war,
> Suchte sie die Feder, die sie an ihren Busen gelegt hatte,
> Aber dort fand sie nichts.

In diesem Augenblick wurde Coatlicue schwanger.[82]

Ihre Tochter Coyolxauhqui war wütend darüber, dass ihre Mutter ihre Kinder enthert hatte und wiegelte ihre Sternenbrüder, die »Vierhundert des Südens« auf, ihre Mutter vor der Niederkunft zu töten. Aber einer der Sterne brachte Huitzilopochtli eine Nachricht, als dieser noch ungeboren im Schoß seiner Mutter lag. Huitzilopochtli beruhigte seine Mutter (weise, wie er bereits war):

> Hab keine Angst, ich weiß, was ich tun muss.

Plötzlich sprang Huitzilopochtli voll bewaffnet aus dem Schoß seiner Mutter, den Körper mit Kriegsbemalung bedeckt. Federn sprossen aus seiner Stirn, seinen Ohren und seinen Füßen. Adlerfedern bedeckten seine Seite als Schild, und in der Hand hielt er Pfeile und einen Feuerstock. Sofort schlug er den Kopf von Coyolxauhqui ab. Ihr Körper fiel herab und zerbrach in 14 Teile:

> Der Körper von Coyolxauhqui
> Rollte herab.
> Er zerfiel in Stücke,
> An verschiedene Orte fielen ihre Hände,
> Ihre Beine, ihr Rumpf.

Dann tötete er die Sterne. Er löschte sie vollkommen aus.[83] So wird die Sonne nach Art eines echten aztekischen Kriegers geboren und bestätigt damit Jungs Behauptung, dass das Sternengewölbe des Himmels in Wahrheit das offene Buch der kosmischen Projektion ist.[84] Die Sonne war der höchste Stammesgott der Azteken, geboren, um Mond und Sterne zu besiegen und die Dunkelheit mit der ganzen Grausamkeit der sengenden Mittagssonne zu vertreiben.[85] Die gewaltsamen Handlungen der Sonne boten ein himmlisches Verhaltensmodell, das die gleichen Bräuche der Azteken auf der Erde rechtfertigte – obwohl diese das himmlische Modell erst geschaffen hatten. Von aztekischen Sonnen kann man also nicht sagen, dass sie einfach »aufgehen«, wenn Mond und Sterne »ausgehen«.

Der Name Huitzilopochtli stammt von *huitziln*, was »Kolibri« bedeutet. Dies lässt vermuten, dass er der wahre Sohn der herabfallenden Feder war, die seine Mutter schwängerte, als sie an ihrem Busen lag – ein unerwartet schönes Bild der kreativen Kräfte der großen Mutter Erde. Verfolgt man dieses Bild der Empfängnis bis zur Geburt der männlichen Sonne weiter, sieht man sie aus dem Körper der Erde über den Brusthügeln des Horizonts aufsteigen. Schon bald werden die Strahlen der Sonne dem langen, spitzen Schnabel des Kolibris ähneln.

Abb. 6. Coatlicue mit Rock aus Schlangen und einer Kette aus menschlichen Herzen und Händen sowie einem Kopf aus zwei Klapperschlangen. Zwei mit dem Rücken zueinander gewandte Halbmonde ragen wie Stoßzähne heraus. Skulptur aus Andesit. Tenochtitlan, spätes 15. Jahrhundert. Museo Nacional de Antropología, Mexico City.

Abb. 7. Huitzilopochtli in Form eines Kolibris, kampfbereit auf der Spitze des Templo Mayor. Die Pyramide symbolisierte Coatepec, den heiligen »Schlangenberg« des Beginns der Welt. Der Berg, aus dem Schlangen herausspringen, stellt den Ursprung dar, während die Pyramide darüber als menschliches Bauwerk erscheint. Aus dem Codex Azcatitlan, einem nach der spanischen Eroberung entstandenen Manuskript mit Bildunterschriften in Nahuatl. Bibliothèque Nationale.

Das bemerkenswerte Steinrelief aus dem 16. Jahrhundert in Abb. 1 zeigt die Zerstückelung des abnehmenden Mondes. Es wurde erst 1978 im »Templo Mayor« entdeckt, einst der Haupttempel der Azteken in ihrer alten Hauptstadt Tenochtitlan, dem »Ort der Kaktusfrucht«, auf deren Ruinen Mexico City erbaut wurde. Der als Stufenpyramide gebaute Tempel symbolisierte Coatepec, den heiligen Berg des Anfangs, und stellte die gesamte Welt dar, so dass seine vier Seiten den vier Richtungen des Universums entsprachen. Auf seiner Spitze befand sich ein Doppelschrein. Der linke war Tlaloc, dem Gott des Regens und des Ackerbaus und der rechte Huitzilopochtli geweiht. Coyolxauhquis Kopf wurde am Fuß der Tempeltreppe gefunden, die zu Huitzilopochtlis Schrein führte, wo viele Menschen in Anlehnung an diesen ersten Mord geopfert worden waren. Denn wenn man den Krieg des Stammes gegen seine Feinde mit dem Krieg der Sonne gegen die Dunkelheit identifiziert – Huitzilopochtli war der Gott der Sonne *und* des Krieges –, dann folgt daraus in der unerbittlichen Logik des Stammes, dass die Herzen, die den in der Schlacht verwundeten Kriegern bei lebendigem Leib aus der Brust gerissen werden, dazu bestimmt sind weiterzuschlagen wie der Rhythmus der Sonne in ihren Bewegungen am Himmel.

In seinem Buch *Archetypal Body* bemerkt George Elder zu dieser Skulptur, dass der Künstler vor dem Hintergrund der gewaltsamen Zerstückelung das Bild eines »transformierten Körpers« geschaffen hat, in dem die einzelnen Körperteile von Coyolxauhqui zu einer »Ganzheit« angeordnet sind, einem Kreis aus Körperteilen, die noch immer lebendig zu sein scheinen.[86] Der Körper mag zerstückelt sein, aber die Schlangen sind lebendig und winden sich wie das Lebensprinzip aus dem Tod hinaus, verknoten sich um Coyolxauhquis abgetrennte Arme und Beine und schlingen sich wie ein Gürtel um ihre Taille, der von einem Schädel zusammengehalten wird. Wie der Saum aus Schlangen am Rock ihrer Mutter – der »großen Mutter aller« – wird der Tod durch die Schlangen wieder der unerschöpflichen Quelle des Lebens zugeordnet. Angesichts des monatlichen Dramas der Zerstückelung des Mondes (in 14 Teile) wollte der Künst-

Abb. 8. Coyolxauhqui als der Vollmond mit goldenen Glocken auf dem Gesicht und Ohrringen, die wie die Glyphe für Mond geformt sind. Jadeskulptur. 1400–1521. Peabody Museum of Archaeology, Harvard, Cambridge.

Abb. 9. Sonnenvogel, den Mondstier fressend. Terrakottaplatte aus Sumer. Ca. 2500 v. Chr. University of Pennsylvania Museum, Philadelphia.

ler vermutlich ein Gleichgewicht zwischen Leben und Tod schaffen, eine Komposition, die den Tod des Mondes als rechtmäßig, aber nicht als endgültig darstellt.

In Anlehnung an das Potenzial des Mondes, sowohl Gutes als auch Böses zu bewirken, oder vielleicht an den Unterschied zwischen Zunehmen und Abnehmen im menschlichen Empfinden, trifft die Mondgöttin in einer anderen Version dieses Mythos keine Schuld. Denn Coyolxauhqui – oder »goldene Glocken«, so die Bedeutung ihres Namens – hörte, wie sich ihre Brüder gegen ihre Mutter verschworen, und wollte sie warnen. Aber Huitzilopochtli war gerade geboren worden, und als er sah, wie Coyolxauhqui atemlos in die Höhle rannte, hielt er sie für eine Mörderin und brachte sie um. Dann ging er hinaus und tötete auch alle Sterne. Nach dem Kampf kam er stolz zurück zu seiner Mutter, aber diese sagte ihm, seine Schwester sei immer ein gutes Mädchen gewesen und habe niemandem etwas zu Leide getan. Also hob Huitzilopochtli den reglosen Körper von Coyolxauhqui auf und schnitt ihr den Kopf ab; er warf ihn hoch in den Himmel, wo die goldenen Glocken ihrer Wangen für immer scheinen sollten[87] (siehe Abb. 8).

Bei den Sumerern wurde der Mondstier vom Sonnenlöwen getötet.[88] Der Mondstier mit den sichelförmigen Hörnern in Abb. 9 schwebt erhaben über der Erdkugel, auf seinem Gesicht das Lächeln der Jahrhunderte, während der winzige, löwenköpfige Adler der Sonne an seinem Rücken nagt. Der monatliche Biss des Löwenvogels scheint den Stier kaum zu kümmern, dessen Vertrauen in das ewige Rund jenseits der Wechselfälle der Zeit ungebrochen ist. Im gesamten Nahen Osten und in Griechenland wurde der Stier rituell als der Sohn/Geliebte der Göttin getötet, denn der Mondstier als Figur der zeitlichen Phasen gibt sein Leben um der unendlichen Quelle willen hin, die in dem stets unveränderten Zyklus des Mondes und der Jahreszeiten gesehen und als die »große Mutter Göttin« der vielen Namen vorgestellt wird. Auch der Stier hatte viele Namen: Dumuzi, Tammuz, Nanna-Sin, Osiris, Apis, Khons, Dionysos oder Men. Hinzu kommen all die namenlosen Tiere – Stiere, Ziegen, Schweine und Pferde –, die rituell ausgewählt wurden und den neuen Mond, das neue Jahr und den Geist der Wiedergeburt in der Natur verkörperten.

Die griechische Mondgöttin Artemis, deren Hunde in der zunehmenden Phase Sterne und in der abnehmenden Phase Jagdhunde sind, badete im Fluss Partenius – wie der im Wasser treibende Vollmond. Aber der Jäger Aktaion sah die unverschleierte Göttin, als er an einem Fels in Orchmenus lehnte und wandte seinen Blick nicht von ihr ab. Artemis wurde daraufhin sofort zur Jägerin und verwandelte Aktaion

Abb. 10. Artemis tötet Aktaion. Rotfiguriger Bell-Krater des Pan-Malers aus Attika. Frühe klassische Periode. Ca. 470 v. Chr. Museum of Fine Arts, Boston.

in einen Hirsch. Seine eigenen Hunde, die ihn nicht wieder erkannten, rissen ihn in Stücke.[89] Dies ist die übliche Lesart der Geschichte.

Aber die Symbolik der in Abb. 10 gezeigten Vasenmalerei verweist auf eine ältere Geschichte, die eine Zerstückelung nach Vollmond beschreibt. Artemis zielt mit ihrem Pfeil auf Aktaion, als schieße sie selbst die beiden Hunde ab, die ihn in den Bauch und den Hals beißen. Es ist wahrscheinlich kein Zufall, dass ihre Priesterinnen die Masken von Jagdhunden trugen, während Männer bei einem der Feste zu Ehren von Artemis Hirschgeweihe auf dem Kopf hatten.[90] Zwischen den beiden Figuren auf der Vase gibt es eine Verbindung: Über der Schulter der Göttin hängt die Haut einer Hirschkuh, eine Tierform, die sie manchmal annahm, während Aktaion zu ihrem Hirsch wird, die männliche Version der Göttin selbst, die den gehörnten Gott personifiziert. Aktaion spielt also die Rolle des Sohnes/Geliebten, der bei Vollmond ihr Begleiter ist und bei abnehmendem Mond geopfert und von den Hunden der Dunkelheit in Stücke gerissen wird, damit die Göttin Mond erneuert aus dem ewigen Wasser auftauchen kann. Aktaions Mutter Autonoe sammelte die Teile seines zerstückelten Körpers wieder ein, so wie es Isis für Osiris getan hatte.[91]

In Aktaions vermutlich unschicklichem Blick auf den nackten Körper von Artemis schwingen alle profanen Interpretationen eines früheren Ritus der heiligen Hochzeit mit, von der man hörte oder eine Ahnung hatte, die man aber nicht mehr verstand. Die Vereinigung von Hirschkuh und Hirsch erinnert an das minoische Fest der heiligen Hochzeit der Kuhgöttin und des Stiergottes, die König und Königin in Kuh- und Stierhäuten zur Feier der Wiedervereinigung von Sonne und Mond alle acht Jahre in Szene setzten. Aktaion hatte 50 Hunde, eine rituelle Zahl, die auf die 50 Monate von vier Jahren verweist, das Intervall, in denen die Olympischen Spiele abgehalten wurden. Bezeichnenderweise hatte Hekates Hund Cerberus zuerst 50 Köpfe, wie die Hundemeute, die Aktaion in Stücke zerriss. Später hatte er jedoch drei Köpfe, wie seine Herrin Hekate, die niemand anderes als Artemis in ihrer abnehmenden Phase war. Harrison weist darauf hin, dass Hekate »einst selbst ein dreiköpfiger Hund war«.[92]

Die Legende von Endymion und Selene könnte in einer weiteren Bedeutung der Geschichte ebenfalls zu dieser Tradition gehören. Denn Endymion, der die inzwischen magische Zahl von 50 Kindern mit Selene hatte, stirbt ebenfalls durch seine Begegnung mit dem Mond, und wie der Jäger wird auch der Hirte häufig mit seinem Hund dargestellt. In Abb. 11 scheint Selene in ihrem wirbelnden Mantel, den Arm zum Schlag erhoben, selbst der jagende Endymion zu sein, während sich dieser, halb kniend und gerade aus dem Schlaf erwacht, umschaut, als sei er überrascht worden. Der über Endymion schwebende Eros hat bereits sämtlichen Widerstand aufgegeben, als er sein Schwert Selene gab. Ist dies Liebe oder Tod?

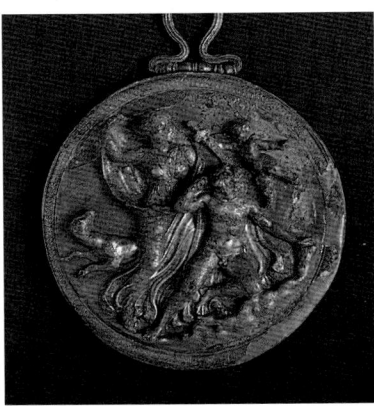

Abb. 11. Selene weckt Endymion auf. Bronzespiegel mit Basrelief. Ca. 310 v. Chr. Nationalmuseum, Athen.

LUNARE MYSTERIEN DER ZERSTÜCKELUNG

Mythen, in denen es um verschlingen, enthaupten und zerstückeln geht, dramatisieren den Tod des Mondes als Mord. Und da das Leben des Mondes mit dem Leben der Menschen gleichgesetzt wird, kann der Tod des Mondes den Tod der Menschen darstellen und so dem Gefühl Ausdruck verleihen, dass der Tod der Menschen ebenfalls Mord ist. Aber die Tatsache, dass das Licht des Mondes aus seiner eigenen Dunkelheit zurückkehrt, gibt Anlass zu der Vermutung, dass zwar jeder Tod wie ein Mord zu sein scheint, aber dennoch Leben mit sich bringt. Diese Auffassung wird zudem durch die Idee bekräftigt, dass die Schale des Mondes das Elixier seiner eigenen Unsterblichkeit enthält.

Aus dieser Perspektive scheint Leben aus sich selbst zu leben, in dem Sinne, dass alles Leben sich von Leben ernährt. Die Menschen müssen sich als Teil des Lebens ebenfalls von Leben ernähren und töten, um zu leben, indem sie jene Tiere und Pflanzen umwandeln, die Nahrung genannt werden. Dadurch wird eine synthetisierende Erkenntnis der Gegenseitigkeit von Leben und Tod im Universum möglich: dass Leben vom Tod und Tod vom Leben kommt. Denn in der gesamten Schöpfung bringt der Tod Leben in Form von Nahrung, und dasselbe Leben opfert sich im Tod als Leben für andere. Es ist, als würde sich das Leben selbst für das Leben opfern.

Damit erklärt sich auch die Bedeutung, welche die Vorstellung des *bereitwilligen* Opfers der Götter für die Menschheit in der westlichen Mysterientradition hat, denn hier wird dieser natürliche Prozess der Gegenseitigkeit um des Ganzen willen bewusst gemacht und begrüßt. Zerstückelung kann dann als eine Metapher für das Leben in der Zeit gesehen werden, die Situation aller geschaffenen Wesen. Die weitere Unterscheidung zwischen *bios* – das bestimmte, individuelle Leben – und *zoe* – das unbestimmte, überindividuelle Leben des Kosmos – ermöglicht die Idee der Transformation von einer Ebene zu einer anderen. Denn was auf der Ebene von *bios* als Zerstückelung erscheint, präsentiert sich auf der Ebene von *zoe* als Transformation. Die Aufgabe der Mysterienrituale bestand darin, das Bewusstsein der Teilnehmer von *bios* zu *zoe* zu verlagern, von der Betrachtung des Lebens in Stücken zur Erfahrung des Lebens als vollständiges Ganzes.

* * *

Die meisten Mythen beginnen in einer Zeit und an einem Ort jenseits von Schmerzen und Tod, wo die höchsten Hoffnungen des Lebens erfüllt werden und das, was ersehnt wird, erforscht und erreicht werden kann. Eliade nennt dies *in illo tempore*, »in dieser Zeit«, die »mythische Zeit ..., als das Fundament der Welt erschien«.[93] Dies ist der »Garten Eden« der Juden und Christen, die »Traumzeit der Ahnen« der australischen Aborigines, das »Goldene Zeitalter« der Griechen und Römer, das »am Anfang« des Verfassers des

Johannesevangeliums – das »es war einmal« der Märchen. Auf diese Stufe des Mythos folgt meist ein Drama, das erklären soll, warum dies nicht mehr der Fall ist, was warum schief gelaufen ist. Wie wir bereits gesehen haben, enden manche Mythen an diesem Punkt und betonen damit die Tragödie der menschlichen Situation, ohne sich um eine Lösung zu bemühen, die entweder die Vorstellung eines anderen Endes oder eine andere Einstellung gegenüber dem ermöglicht, was jenseits der Veränderung liegt.

Wie Gedichte und Menschen können auch Mythen naiv, selbstgefällig, selbstgerecht und missmutig sein, auch komplex, einschließend, mutig, liebevoll und großzügig – sie teilen Verwirrtheit mit, verbergen sie nicht. Sehr vereinfacht ausgedrückt, können Mythen das Wunder des Universums entweder feiern und erforschen, indem sie zu verstehen versuchen, warum und auf welche Art es wunderbar ist, oder es geht ihnen darum, das Wirken des Universums zu erklären, um das Leben des Stammes zu organisieren, ihm eine Ordnung und eine Richtung zu geben. Viele Stammesmythen gehen davon aus, dass sie all dies zusammen tun, und bewegen sich ohne Reflexion von einem Pol zum anderen – vom Pragmatischen zum Mystischen –, in der Annahme, dass die jeweilige Stammesordnung die Ordnung der Natur widerspiegelt. Diese Position lädt zu dem Glauben ein, dass andere Stämme mit anderen Ordnungsformen das Universum sozusagen falsch verstanden haben. Dann scheint es für jenen Stamm, der das »höchste Wesen« wie kein anderer verstanden hat, nur gerecht zu sein, die anderen aufzuklären, um dieses Wesen – unter welchem Namen auch immer – wieder einzusetzen. Deshalb auch die »Heiligen Kriege« der Geschichte, die immer dann ausbrechen, wenn ein Stammesbewusstsein beansprucht, für das Bewusstsein der Menschheit zu sprechen. Mythen werden immer auch dann herangezogen, wenn es um das Machtstreben des Stammes geht, was den oftmals schlechten Ruf der Mythen begründet, die häufig als Fiktion im Sinne von Erfindung oder Lüge interpretiert werden – »wahr ist's, ist schade / Und schade, dass es wahr ist.«[94]

Als Konstruktionen der menschlichen Psyche variieren die Prioritäten des Mythos natürlich, und ihr Wert ist keineswegs gleich, obwohl sie alle den gleichen Namen, »Mythos«, erhalten oder im Falle des eigenen Mythos »Religion« genannt werden (die im Gegensatz dazu als göttliche Offenbarung definiert ist). Folglich ist es nicht immer möglich, sich mit einem Werturteil über die Mythen der Welt zurückzuhalten. Notwendig ist es auch, Gründe dafür anzugeben, warum ein Mythos höher geschätzt wird als ein anderer (vor allem, wenn der Mythos die Religion eines anderen ist – wie es alle Mythen sind oder waren). Dies mag vielleicht umstritten sein, aber man könnte es auch als die fortgesetzte Kulturdebatte betrachten, die sich auf der Ebene der vergleichenden Mythologie fruchtbarer führen lässt, weil es ihr leichter fällt, den Unglauben abzulegen, wie Coleridge empfiehlt, und sei es nur aus dem einfachen Grund, weil sie nicht glauben *muss*.[95] Der Beitrag, den ein Studium der Mythen dem kulturellen Forum zu bieten hat, dürfte wohl in der Behauptung liegen, dass *alle* Mythen und Religionen, egal wie sie heißen, Menschen die Möglichkeit bieten, einen Aspekt ihrer selbst genauer kennen zu lernen. Denn die Göttinnen und Götter, Kühe, Stiere, Hirsche, Hunde und zahllosen anderen Kreaturen des Firmaments inszenieren auf ihrer Himmelsbühne die widerstreitenden Definitionen des Menschseins, die von den Wesen auf der Erde stammen, verliebt in das Leben und sich des eigenen Todes bewusst. »Die Seele, gefesselt an ein sterbendes Tier«, wie Yeats es ausdrückt.[96]

In ihrem weitesten Sinn zieht sich die Metapher der Zerstückelung durch alle mystischen Traditionen, in denen die Mysterien eines Gottes oder einer Göttin zelebriert wurden, die starben und wieder auferstanden: Inanna-Ishtar, und Dumuzi-Tammuz, Isis und Osiris, Kybele und Attis, Aphrodite und Adonis, Persephone, Dionysos, Orpheus oder Jesus. Viele dieser Götter wurden in den Legenden tatsächlich zerstückelt – sogar Jesus wird in der Kunst manchmal als Trauben dargestellt, die in der Weinpresse zerquetscht werden, oder mit Gliedmaßen, die von seinem Kreuz herabhängen und aus denen nach seinem Tod der Baum des Lebens erblüht (siehe Abb. 12 und 13). Aber fast alle diese Figuren steigen für drei Tage in die Unterwelt des Todes hinab, sterben wie der Mond stirbt und steigen am dritten Tag wieder auf.

Das »Geheimnis« der Mysterien war vor allem die Auferstehung des Gottes oder der Göttin nach dem Tod (oder des halb menschlichen, halb göttlichen Wesens, das durch die Auferstehung zu einem Gott oder

Abb. 12. Die Kreuzigung. Holzschnitt. Rennes, Frankreich. Ca. 1830. (Aus Waits, Myth and Ritual in Christianity, *S. 155)*

einer Göttin wurde). Aber das tiefere Mysterium bestand vielleicht in der Tatsache, dass jene, die an der Passion des göttlichen Wesens Teil hatten, indem sie sie rituell nachstellten, von der Angst vor dem Tod befreit wurden. In Mysterien, in denen die Körper rituell in einem grausamen Schauspiel zerrissen oder symbolisch als ein Gefäß zerschlagen wurden, scheint der nachfolgende Akt, in dem der Körper wieder zusammengesetzt wurde, eine Erinnerung an die Quelle ermöglicht zu haben – sterben und wieder geboren werden im großen Gedächtnis. Wie wir bereits gesehen haben, sind diese Traditionen im Grunde lunare Traditionen, und wenn sie nicht wörtlich ausgelegt werden, wird der Mond (und das lunare Drama) zu einem Symbol und muss nicht weiter ein sichtbarer Akteur am Himmel sein.

Darauf soll in Kapitel 14 näher eingegangen werden. Bis hierher kann man aber sagen, dass alle diese Mythen durch ein Verständnis der ewigen Quelle *und* eines Lebens in der Zeit funktionieren, das dem lunaren Modell des Zyklus und der Phasen entspricht. Der Zyklus ist eine imaginative Schlussfolgerung und daher nicht zu sehen, aber dennoch den sichtbaren Phasen immanent. Er darf jedoch nicht mit seiner ewigen Quelle gleichgesetzt werden, als würden sie sich auf der gleichen Vorstellungsebene befinden. Der Zyklus wird eher zu einer *Metapher* für die ewige Quelle, ebenso wie die Mondphasen zu einer Metapher für die Phasen des menschlichen Lebens und das Kommen und Gehen aller erschaffenen Wesen werden.

Mythen haben die Aufgabe, den Geist von einer Identifikation mit der Sterblichkeit wegzuführen und ihn mit der ewigen Quelle zu vereinen oder wieder zu vereinen, die das Leben in der Zeit transzendiert. Denn betrachtet man die Schöpfung als ein erschaffenes Wesen, kann man anfänglich das Ganze nur als eine mächtige Summe seiner Teile sehen, jedoch nie, wie die Teile aus der Perspektive des Ganzen Gestalt

Abb. 13. Christus mit dem Kreuz in der Weinpresse. Bemalte Steinfigur, 1650. Kreuzkapelle Ediger Eller

annehmen. Unsere besten Bemühungen können daher nicht mehr sein, als ein erneutes Zusammensetzen getrennter Teile – wie das Zusammensetzen des Körpers von Osiris, Dionysos oder Orpheus –, das uns zwar den Gott, aber nicht seine Bedeutung zurückgibt, nicht den Grund, warum er zerstückelt und wieder zusammengesetzt wurde, und auch nicht die Lebenskraft des Dramas der menschlichen Geschichte. Die Beschreibungen der *Mystes* lassen vermuten, dass sie durch eine Art Schock im Geist entstehen, der Erfahrungen auf vorgefasste Kategorien reduziert und dann einen veränderten Bewusstseinszustand hervorruft, der die Metapher als Realität akzeptiert. Nachdem sie an den eleusinischen Mysterien teilgenommen hatten, sagten viele Menschen – darunter Sophokles, Pindar und Cicero –, sie hätten keine Angst mehr vor dem Tod. Daher ist die Frage, die sich durch das Zeugnis der *Mystes* stellt, ob die Praxis der Mysterien eine Vision eines Seinszustandes jenseits der Gegensätze von Leben und Tod erzwungen hat, Ich und Du, und Du und Das? Wenn dem so war, woher wussten sie es?

KAPITEL 13

DER DUNKLE MOND UND DER TOD

…the cold spirits that are born
When the old moon is vanished from the sky
And the new still hides her horn
W. B. Yeats, *The Double Vision of Michael Robartes*

MONDFINSTERNIS

Bei einer Mondfinsternis verdunkelt sich der Vollmond (wenn er in den Schatten der Erde eintritt). Der untere Rand der Mondscheibe wird blutrot. Die Dunkelheit einer Mondfinsternis unterscheidet sich zudem von der allmählich größer werdenden Dunkelheit des abnehmenden Mondes, die Jahrhunderte lang einem Erwartungsmuster entsprochen hatte und damit zu einem Gesetz geworden war. Für viele Menschen der Frühzeit bedeutete die abrupte Verdunklung des hellen Vollmondes, dass die natürliche Ordnung verletzt worden und das Leben dem Untergang geweiht war.

Das Wort »Eklipse« stammt vom griechischen *ekleipsis* und bedeutet »Ausbleiben« oder »Verschwinden«, was darauf hindeutet, dass die Menschen sich von »ihrem« Mond und »ihrer« Sonne verlassen fühlten, als sei das Band zwischen den Himmelskörpern und der Menschheit durchtrennt worden. Heute erscheint eine »Eklipse« der Sonne dramatischer – man denke nur an die Angst, die bei der Sonnenfinsternis 1995 in Indien herrschte, oder an die Aufregung 1999 in Cornwall. In früheren Zeiten hingegen bedeutete vor allem eine Mondfinsternis (besonders in den lunaren Kulturen), dass das Wasser und die Nahrung des Lebens sowie die Hoffnung auf eine Erneuerung des Lebens verloren waren.

Überall auf der Welt zeugen Rituale von der Angst vor dem unerwarteten Tod des Mondes, der den Zyklus aus keinem ersichtlichen Grund unterbrach, und überall versuchten die Menschen etwas dagegen zu unternehmen. Die Massai warfen Sand in die Luft, die nordamerikanischen Indianer klapperten mit Löffeln und Töpfen. Einige entzündeten Feuer, andere schossen mit brennenden Pfeilen auf den Mond, um den Mörder des Mondlichts zu töten. Die Bewohner der Halbinsel Kamtschatka holten Feuer aus ihren Hütten und boten es als Opfer dar. Die Anrainer des Orinoko brannten ihre Feuer unter der Erde ab, damit sie nicht ausgingen, wenn das Feuer des Mondes erlosch.[1] Die Römer warfen brennende Holzscheite in die Luft und paradierten mit leuchtenden Fackeln, während die Hindus mit Löffeln auf Töpfe und Pfannen schlugen. Die Chinesen schlugen auf Spiegel, um den Drachen, der den Mond verschlang, dazu zu bringen, ihn wieder auszuspucken. *Shih*, das Wort für »Eklipse« im Chinesischen, bedeutet »essen«.[2]

Selbst wenn eine Mondfinsternis vorhergesagt werden konnte, versetzte sie die Menschen dennoch in Angst. Die babylonischen Priester von Uruk, die zumindest einige der Mondfinsternisse voraussagen konnten, stellten Altäre auf und riefen zum Mond, er möge ihre Stadt vor einer Katastrophe bewahren. Sie holten ihre Kupfertrompeten, Harfen und Trommeln aus den Tempeln und zogen damit durch die Straßen. Aber die bloße Vorhersage einer Mondfinsternis war nichts im Vergleich zur Bedeutung der Mondfinsternis selbst, die von einer Stadt zur anderen variieren konnte. Natürlich musste jeder König wissen, wie es um seine eigene Stadt bestellt war. Ein Astrologe beschwichtigt seinen König:

Abb. 1. Dante und Beatrice im Himmel des Mondes. Bibliotheca Apostolica Vaticana, Rom.

Am vierzehnten Tag wird es eine Mondfinsternis geben; sie ist schlecht für Elam und Aharru (zwei Städte) und gut für den König, mein Herr. Der König kann beruhigt sein, mein Herr. Venus wird nicht zu sehen sein. Dem König sage ich: »Es wird eine Mondfinsternis geben.«[3]

Während der Sonnenfinsternis vom 24. Oktober 1995 konnte man beobachten, dass viele der alten Rituale unverändert geblieben waren. Indische Astrologen sagten vorher, dass über jeden, der vom Schatten des Mondes berührt wird (wenn er sich über die Sonne bewegte) ein Unglück kommen würde, besonders über schwangere Frauen, die ein verkrüppeltes Kind zur Welt bringen würden. Tausende sprangen in die heiligen Flüsse, um gereinigt zu werden, viele fasteten. Die Tatsache, dass eine Sonnenfinsternis mit dem jährlichen Lichtfest *Divali* zusammenfiel, machte den Gegensatz zwischen Licht und Dunkelheit auf ungewöhnliche Art und Weise deutlich. In Angkor Wat in Kambodscha versuchten Mönche mit speziellen Schutzbrillen zu sehen, ob die Sonne den Mond auffraß, oder – was noch schlimmer gewesen wäre – ob der Mond die Sonne auffraß.[4]

Abb. 2. Mondfinsternis über Taschkent am 16. Dezember 1880.
(Aus Flammarion, L'Astronomie).

Gefressen werden war verständlicherweise die am weitesten verbreitete Erklärung für eine Mond- oder Sonnenfinsternis, denn dies war der ursprüngliche Schrecken der Menschen, gegen den es keine Verteidigung gab. Die Identifikation mit dem vorzeitigen Tod des Mondes vereinten Mond und Stämme gegen einen gemeinsamen Feind: Beide können zur Beute von Ungeheuern werden und auf dem Höhepunkt ihres Lebens sterben. Dann blutet der Mond (in seiner rötlichen Farbe) wie die Menschen und stirbt ohne Ritual durch einen unerwarteten Angriff.

Die Vorstellung von überall auf der Welt versammelten Mondjägern weist weit zurück zu dem Furcht einflößenden Aspekt des urzeitlichen Lebens: das Überleben in dichten Wäldern und offenen Ebenen, und vor allem in der Nacht. Viele verschiedene Tiere machen Jagd auf den sich verfinsternden Mond, der sich um die Erde dreht: Jaguare, Löwen, Klapperschlangen, Wölfe, riesige Hunde, große Fische, Feuerhunde, Riesenvögel und –fledermäuse, Schlangen, Ameisen, Totengeister, Drachen, Vampire, Werwölfe, Hexen, Menschen fressende Monster oder unbestimmbare Wesen mit unaussprechlichen Namen.[5]

Für die Skandinavier war der Himmel mit reißenden Wölfen bevölkert, die jederzeit herabspringen konnten. In einem der Gedichte aus der *Älteren Edda* wird der Mond von *Hati* gejagt, dem Wolf, dessen Name »Hass« bedeutet und dessen Vater der schreckliche Fenrir-Wolf ist. Die Sonne, die dem Mond folgt, wird von dem Wolf *Skoll* gejagt, dessen Name »Abscheu« bedeutet. Beide Wölfe, deren Mütter Riesinnen sind, lechzen danach, den Mond und die Sonne zu verschlingen, und es steht geschrieben, dass sie es am Ende, kurz vor *Ragnarok*, dem Zwielicht der Götter, auch tun werden.[6] Hin und wieder holen *Hati* und *Skoll* die Sonne und den Mond ein. In Erwartung dieses Endes, beißen sie ein großes Stück aus ihnen heraus, und es kommt zu einer Finsternis. Wenn die Menschen dies sehen, schreien sie und schlagen auf ihre Kessel, um die Wölfe zu verjagen. *Hati*, der Wolf des Mondes, könnte der gleiche sein wie *Managarm*, der Hund des Mondes, den Snorri Sturluson beschreibt: »Er verschlingt das Fleisch von allem, das stirbt, und er verschluckt den Mond und bespritzt den Himmel und die Luft mit Blut.«[7]

In der rumänischen Volkskunde kommt es zu einer Finsternis, weil Sonne oder Mond von hundeähnlichen Kreaturen mit saugenden Mäulern gefressen werden, den *Varcolaci*. Sonne und Mond sind besonders in Gefahr, wenn Frauen in der Nacht ohne Kerzenlicht bei Mondschein spinnen, denn dann können sich die *Varcolaci* an dem Faden festkrallen und an ihm hinauf zum Mond klettern, um ihn zu beißen. »Er ist mit Blut bedeckt und schließlich ganz verschwunden. Aber wenn der Faden durchtrennt wird, verlieren sie ihre Macht und wandern an einen anderen Teil des Himmels.«[8] Die *Varcolaci* sind mit den Vampiren verwandt. Eine der frühesten Bedeutungen (aus dem Serbischen) von »Vampir« war »Drache, der Finsternisse fraß«.[9] Auch die Altai-Tataren glaubten, eine Finsternis werde durch einen Vampir verursacht, der auf einem Stern lebt.[10]

*   *   *

Als in der Fortsetzung der hinduistischen Geschichte *Das Quirlen des Milchozeans* schließlich Amrita und Soma erschienen, stahl ein Ungeheuer mit Namen *Rahu* den ersten Schluck des göttlichen Tranks, bevor irgendjemand anderes die Gelegenheit dazu hatte. Sonne und Mond erzählten Vishnu davon, der *Rahu* mit einem Schlag enthauptete. Doch *Rahu* hatte bereits den Somatrank durch seinen Mund und seinen Hals fließen lassen, die daraufhin unsterblich waren.

Der Rest seines Körpers starb und fiel hinab auf die Erde. Aber der abgeschnittene Kopf, der nach einem weiteren Schluck lechzte, machte sich sofort auf die Jagd nach dem Elixier Soma, das auch der Mond war. Seitdem wird der Mond gejagt. Wenn *Rahu* ihn einholt und verschlingt, kommt es zu einer Finsternis, aber der Mond gelangt so schnell durch den Mund und den Hals von *Rahu*, dass er bald wieder auftaucht. Dann beginnt die Jagd von neuem.[11] In einer anderen Version jagt *Rahu* die Sonne und den Mond aus Rache, weil sie ihn denunziert haben.[12] Wieder ist es Hass, der die moralische Ordnung der Welt zerstört.

Rahu wurde »Dämon der Eklipse« (astronomisch der »aufsteigende Mondknoten«) und die andere Hälfte seines Körpers *Ketu* genannt (der »absteigende Mondknoten«). Mondknoten sind jene Punkte, an denen die Umlaufbahn des Mondes die Ekliptik, die Ebene der Erdbahn um die Sonne, kreuzt. Die Zeit, die der Mond braucht, um wieder zu dem gleichen Knoten zurückzukehren, wird drakonischer Monat genannt (von griechisch *drakon*, Drache). In Europa ist der aufsteigende Mondknoten noch immer als »Drachenkopf« und der absteigende Mondknoten als »Drachenschwanz« bekannt – Überreste der alten Vorstellung, dass eine Finsternis durch himmlische Drachen verursacht wird.[13]

(Zu einer Mondfinsternis kommt es, wenn Sonne, Mond und Erde fast exakt in einer Linie stehen. Sonne und Mond scheinen gleich groß zu sein: Der Durchmesser der Sonne ist zwar 400mal größer als der des Mondes, aber sie ist auch 400mal weiter entfernt. Es würde bei jedem Vollmond zu einer Mondfinsternis [und bei jedem Neumond zu einer Sonnenfinsternis] kommen, wenn die Umlaufbahn des Mondes im Verhältnis zur Erde nicht um [ungefähr] fünf Grad geneigt wäre. Dies bedeutet, dass der Mond meist ein wenig über oder unter dem Schatten der Erde vorbeizieht. Wenn sich der Mond jedoch in der Nähe eines seiner Knoten befindet, ist die Linie von Sonne, Mond und Erde fast gerade. Dann wandert der Vollmond durch den Erdschatten und wird im Schattenkegel der Erde »gefangen«.[14])

Manche Stämme glaubten, eine Finsternis sei eine Privatangelegenheit von Mond und Sonne, die beiden könnten nun endlich in Frieden zusammenkommen. Die Bangala in Afrika glaubten, die Sonne liebe den Mond so sehr, dass sie ihn ewig am Himmel verfolgt. Bei einer Finsternis holt sie ihn endlich ein, und die beiden Liebenden vergessen sich selbst in ihrer Leidenschaft, die von der Dunkelheit verborgen wird.[15] Diesen Glauben teilten auch die Tlingit-Indianer aus Alaska sowie die australischen Aborigines.[16] Die Eskimos, für die Sonne und Mond Bruder und Schwester sind, glaubten hingegen, sie würden sich heimlich treffen, um sich in der Dunkelheit zu lieben und damit das Stammestabu zu brechen. Die Arawaks aus dem südamerikanischen Guyana hielten eine Finsternis für das Ergebnis eines »Nahkampfs« zwischen Sonne und Mond, oder glaubten, der Mond sei auf dem Pfad der Sonne eingeschlafen und werde überholt, bevor er den Weg frei machen kann. Der Krach, den die Arawaks schlugen, sollte keine Ungeheuer vertreiben, sondern den Mond aufwecken.[17]

Abb. 3. Frenrir-Wolf. Detail einer Inschrift auf einem Runenstein. Dies ist der Große Wolf, der freigelassen wurde, nachdem die anderen beiden Wölfe, Hati und Skoll, den Mond und die Sonne in Ragnarok verschluckt haben. Kulturen Museum, Lund, Schweden.

Abb. 4. Rahu als Kopf, der den Mond verschlingt. Gemälde aus dem späten 19. Jahrhundert, Thailand. (Aus Krupp, Beyond the Blue Horizon, S. 168).

* * *

Wie immer sie interpretiert wird, eine Finsternis verheißt nichts Gutes für die Erde. Thukydides berichtet davon, dass das Heer der Athener im Jahr 431 v. Chr. zur Schlacht gegen die Syrakuser aufbrechen wollte, als es plötzlich zu einer Mondfinsternis kam. Die Soldaten waren sehr besorgt und baten die Generäle zu warten. Der Kommandant Nicias (der, so Thukydides, »zu sehr unter dem Einfluss von Weissagung und Omen« stand) befahl, dreimal neun Tage zu warten, wie es die Wahrsager empfohlen hatten – mit dem Ergebnis, dass die weniger abergläubischen Syrakuser zuerst angriffen und die Schlacht gewannen. Die Athener erlangten nie wieder ihre vorherige Stärke – ein Beispiel dafür, wie der Lauf der Geschichte von dem Glauben an die Macht des Mondes beeinflusst wurde.[18]

In *König Lear* parodiert Shakespeare die konventionellen Ideen von Gloucester, indem er ihn gegenüber seinem skeptischen Sohn Edmund davon sprechen lässt, statt sein eigenes Herz zu prüfen:

> Jene letzten Verfinsterungen an Sonne und Mond weissagen uns nichts Gutes: ... Liebe erkaltet, Freundschaft fällt ab, Brüder entzweien sich; in Städten Meuterei, auf dem Lande Zwietracht, in Palästen Verrat; das Band zwischen Vater und Sohn zerrissen: dieser mein Bube bestätigt dieses Vorzeichen; da ist Sohn gegen Vater.[19]

In der christlichen Ikonographie kann eine Finsternis auch das Zeichen für eine Aussetzung der natürlichen Ordnung sein. In Darstellungen der Kreuzigung Christi nimmt der Mond häufig entweder ab oder er verfinstert sich. Er erscheint auf der einen Seite des Kreuzes, während die Sonne zum Ausgleich auf der anderen Seite erscheint. Die in den Evangelien beschriebene Wiederkunft des Herrn soll von einer Verfinsterung der Sonne und des Mondes angekündigt werden: »Sogleich aber nach der Bedrängnis dieser Zeit wird die Sonne sich verfinstern und der Mond seinen Schein verlieren und die Sterne werden vom Himmel fallen und die Kräfte der Himmel werden ins Wanken kommen.«[20]

Ähnlich die Vision der Apokalypse in der *Offenbarung des Johannes*: »und die Sonne wurde finster wie ein schwarzer Sack, und der Mond wurde wie Blut, und die Sterne des Himmels fielen auf die Erde.«[21]

Es überrascht nicht, dass der Volksglaube der traditionellen Angst vor einer Finsternis folgt, indem sie schlechtes Wetter vorhersagt: »Das Wetter nach einer Mondfinsternis ist stürmisch, und der Bauer sollte sich nicht darauf verlassen.« Es gibt starke Winde, aber keinen Regen.[22] Aber der rote Mond kündigte Tod an. In Shakespeares *Richard II.* sagt ein Hauptmann, der auf Richard wartet:

> Man glaubt den König tot: wir warten nicht!
> Die Lorbeerbäum im Lande sind verdorrt,
> Und Meteore drohn den festen Sternen:
> Der blasse Mond scheint blutig auf die Erde,
> Hohläugig flüstern Seher furchtbaren Wechsel…
> Weil für gewiss sie Richards Tod erfahren![23]

Ovid erwähnt den »blutbefleckten« Wagen von Luna als eines der Zeichen, das die Götter senden, um den Sterblichen den Tod Cäsars anzukündigen.[24] Beim Anblick des roten Mondes fliegen die Ona-Schamanen aus Feuerland zum Mond, um ihn zu besänftigen, denn die Farbe Rot drückt sein Missfallen aus, und er kann Leben oder Tod senden, wie es ihm beliebt.[25] Ein Hof um den Mond kann ebenfalls ein Todeszeichen sein. Der spanische Dichter Lorca schreibt einfach:

> Der Mond hat einen Hof,
> meine Liebe ist gestorben.[26]

DER MOND UND DAS OPFER

Bei einer Mond- oder Sonnenfinsternis schlugen manche Menschen in früheren Zeiten nicht nur auf Töpfe oder schossen Pfeile in die Luft, sie töteten auch Lebewesen und brachten sie dem Mond als Opfer dar, damit er die Welt vor dem Chaos bewahre. So wurden beispielsweise in Mexiko Zwerge und Menschen mit einem Buckel sofort getötet, bei nordamerikanischen Indianern wurden Hunde geschlagen und Säuglinge zum Weinen gebracht.[27] Das Problem ist, dass dies immer funktionierte.

Denn eine Mondfinsternis ist so schnell vorbei, dass es im Nachhinein so aussieht, als sei der Mond vor dem Tod gerettet worden. Aber wenn der Mond in seiner abnehmenden Phase immer mehr von seinem Licht an die Dunkelheit verliert und schließlich ganz verschwunden ist, dann – so die Überlegung – muss er jetzt all sein Licht verloren haben, und da Licht Leben ist, müsste er eigentlich tot sein. Die Angst bei einer Finsternis war also ebenso groß wie die bei dunklem Mond. Und die meisten Kulturen reagierten darauf mit einem Ritual: Sie tanzten, sangen oder hielten einen Ruhetag ein. Einige Stämme brachten dem Mond auch Opfer dar, um entweder denjenigen zu besänftigen, der den Tod bringt, oder um bei der Wiedergeburt desjenigen zu helfen, der stirbt und dessen Rückkehr vom Tod für das Überleben des Stammes als notwendig erachtet wurde. An vielen Orten der Welt dachte man offenbar, dass der Tod eines Lebewesens – Tier oder Mensch – vielen anderen Menschen die Auferstehung vom Tod ermöglichen würde. Ein Leben wurde durch ein anderes ersetzt, als seien sie austauschbar. Könige und Königinnen konnten beide Rollen einnehmen und entweder Mörder oder Ermordete sein. Dahinter verbarg sich offenbar die Idee, dass jemand wieder leben kann wie der Mond wieder lebt, wenn ein anderer stirbt wie auch der Mond stirbt. Nach diesem Prinzip ist die Identifikation mit dem Mond in jedem erschreckenden Detail vollkommen.

Auf Malekula, einer Insel der Neuen Hebriden in Melanesien, widmen die Menschen einen großen Teil ihres Lebens der Vorbereitung auf die Reise nach dem Tod. Dazu wird ein Keiler aufgezogen, dessen Hauer sich zu exakten Halbmonden krümmen müssen, damit sie wie der Mond in allen seinen Phasen aussehen.

In seinem Buch *Stone Men of Malekula* beschrieb John Layard in den 1940er Jahren eine Kultur, die von einer ständigen Angst vor dem Leben nach dem Tod geprägt ist. Wenn ein Malekulaner stirbt, tritt er seine Reise in das Land der Toten an, aber bevor er dort hingelangt, muss er einem Ungeheuer gegenübertreten. Das Jenseits wird von einem weiblichen Geist bewacht, der ein Labyrinth auf den Boden zeichnet und es zur Hälfte wieder auswischt, wenn sich der Verstorbene nähert. Bevor dieser vorbeigelassen wird, muss er das Labyrinth wieder vervollständigen und dem Geist einen Keiler opfern, um nicht selbst von ihm gefressen zu werden. Der Geist akzeptiert nur einen Keiler, den der Verstorbene selbst ab dem sechsten Lebensjahr aufgezogen und mehrmals geweiht hat – die Summe seiner lebenslangen Mühe. Diesem Keiler werden zuerst in einer besonderen Zeremonie die oberen Eckzähne gezogen, damit die unteren Hauer ungehindert nach außen wachsen können. Sie krümmen sich nach unten und wachsen durch den Unterkiefer wieder nach oben, so dass sie schließlich eine Spirale bilden, die bis zu drei Windungen haben kann. Auf diese Art entsteht der Keiler mit den »dreimal geschwungenen Hauern«. Das Tier erleidet solche Schmerzen, dass es kaum fressen kann, aber seine Magerkeit gilt als Beweis für eine starke Spiritualität. Layard erklärt:

> Das wirklich fundamentale Konzept der Hauer ist nicht, dass sie eine Spirale bilden sollen, sondern dass sie gebogen oder sichelförmig geschwungen sind, und so, auf einer symbolischen Ebene, den zunehmenden und abnehmenden Mond darstellen. Beide Monde sind somit zusammen auf je einer Seite der Schnauze des zu opfernden Tieres dargestellt... Der schwarze Körper des Keilers zwischen den Hauern korrespondiert mit dem ›neuen‹ oder ›schwarzen‹ unsichtbaren Mond zum Zeitpunkt des scheinbaren Todes.[28]

Sowohl Mensch als auch Keiler werden mit dem Mond identifiziert: Der Keiler stirbt, wie der Mond stirbt, verschluckt von der Wächterin der Unterwelt, damit der Mensch im Jenseits leben kann wie die zunehmende Sichel des wiederkehrenden Mondes. Je größer das Opfer – je größer die Zahl der von den Hauern gebildeten Mondkreise –, desto größer die magische Kraft des Mannes und seiner Familie in diesem und dem nächsten Leben. Manchmal wurde zusammen mit dem Keiler ein Junge geopfert.

In der von dem deutschen Anthropologen Frobenius als »südafrikanische eritreische Zone« bezeichnetem Gebiet findet man das mit dem Mond verbundene Ritual des Königsmords. Frobenius bemerkt, es sei entscheidend gewesen, dass der Tod des Königs und seiner Gefährtin immer bei Neumond stattfand. Er fügt hinzu: » ... der König, der die große Gottheit repräsentierte, trug sogar den Namen ›Mond‹; seine zweite Frau war die Geliebte des Mondes, der Planet Venus.«[29] Nachdem König und Königen erdrosselt worden waren, wurden die Leichen des »himmlischen Paares« in einer Berghöhle beigesetzt, aus der sie als Neumond und Venus wieder auferstehen würden. Es scheint, als würde der König hier seinem Stamm als das heilige Opfer dienen, das stirbt wie der Mond, so dass der König und seine Gefährtin, der Abendstern, nach drei Nächten, wenn der Mond wieder über dem Berg erscheint, aus der Höhle der Erde aufsteigen und das Land als der wieder geborene Mond befruchten können. Die Parallelen zu den Schöpfungsmythen der Wahamarunga aus Simbabwe sind nicht zu übersehen.

Im Sudan fand der Königsmord (bis 1812) alle sieben Jahre in einer Neumondnacht statt, bevor der erste Regen fiel und die erste Saat gesät wurde. Danach wurden die Knochen des Königs in eine Stierhaut eingewickelt.[30] Frobenius bemerkt, dass diese afrikanischen Riten:

> uns dazu nötigen, ein Bild zu rekonstruieren, das dem der Sumerer und der indischen Kunde des Lebens und der Götter ähnelt, wie ein Ei dem anderen. Der Mondgott wird als großer Bulle dargestellt, seine Frau als der Planet Venus; die Göttin bietet ihr Leben für ihren Gatten, als Morgenstern ist sie die Göttin des Krieges, als Abendstern, eine Göttin der verbotenen Liebe, und nebenbei eine universelle Mutter.[31]

Frobenius vermutet, dass diese Kulturen den Himmel und die Dramen, die sich an ihm abspielten, so präzise imitierten, dass die himmlischen Muster zum Modell und Schicksal des Lebens wurden und ironischerweise vielleicht sogar zu einer der frühesten Formen eines Staates anregten.

In einer Höhle in Simbabwe fand man im 19. Jahrhundert eine außergewöhnliche Malerei, die ein rituelles Opfer zeigt. Frobenius interpretiert diese Szene von Tod und feierlicher Handlung als eine späte Version des rituellen Königsmordes der Bronzezeit, die Frazer in seinem Buch *Der Goldene Zweig* beschreibt:

> Hier liegt der König in der typischen Haltung der Toten der steingemalten »Pietas« dieser Region. Das ornamentale Hüftband ist typisch, ebenso der in enge Bänder gehüllte Leichnam. Über dem Gesicht ist eine gehörnte Maske. Die obere Hand umschließt ein undefinierbares Objekt. Auf seinem erhöhten Knie sitzt ein kleiner Vogel. Eine Anzahl schreitender und aufsteigender menschlicher Figuren sind um ihn herum dargestellt, und rechts neben ihm liegt eine größere Figur zwischen scheinbaren Felsen. Währenddessen, neben und von der Gruppe durch ein paar gewellte parallele Linien abgesetzt, befinden sich viele Leute neben Opfergaben. Solch gewellte parallele Linien können durch andere Beispiele dieser Region gedeutet werden, sie sollen das Ufer der mythischen Nebenwelt darstellen: Dsivoa.[32]

Die Königsgräber in Ur, der sumerischen Stadt des Mondgottes Nanna, trugen ebenfalls die Zeichen grausamer Opfer. Leonard Woolley, der die Gräber freilegte, beschreibt den Prunk einer Begräbniszeremonie am Königshof: König A-bar-gi wurde zusammen mit 68 Frauen in einer Reihe begraben, die in blutrote Gewänder gehüllt und mit großen runden Ohrringen und Halsketten aus Gold geschmückt waren. Die über und über mit Perlen aus Gold, Silber und Lapislazuli bedeckte Königin Shub-ad wurde später in einem Grab über ihrem König bestattet, ebenso »wie der Mond untergeht und der Planet Venus ihm folgt«, wie Campbell anmerkt.[33] Eine der Harfen war mit einem goldenen Stierkopf versehen, dessen Augen, Barthaare und Hornspitzen aus Lapis bestanden. Dies war der ursprüngliche Mondstier, folgert Campbell in seiner Erörterung der Erkenntnisse von Woolley, der als »Symbol des lunaren Schicksals aller Dinge und der Mathematik des Universums ... für diese Menschen das Lied ihrer Träume sang«.[34]

In Ägypten war das Opferritual in der ersten Dynastie vom Mondkönig der vordynastischen Zeit auf den Mondstier übergegangen. Nachdem der Apisstier 25 Jahre mit allen einem König gebührenden Zeremonien gelebt hatte, wurde er getötet, einbalsamiert, im *Serapeum*, einem aus Fels gehauenen Grabmal, bestattet und in der Nekropole von Sakkara (wo man noch immer viele Stiere in ihren Originalgräbern sehen kann) zur ewigen Ruhe gebettet. Danach wurde sofort ein neuer Stier ausgewählt, der schwarz war wie der dunkle Mond und an Hals und Stirn weiße Zeichnungen aufweisen musste. Er verkörperte das Prinzip des ewigen Lebens, aus dem das zeitliche Leben kommt, ebenso wie der neue, weiße Mond aus der Dunkelheit des alten Mondes geboren wird.[35]

Wie wir bereits in Kapitel Zwölf gesehen haben, hielt man das Abnehmen des Mondes ursprünglich für eine Störung der »natürlichen Ordnung« der Dinge, die implizit als eine Ordnung definiert wurde, der zufolge der Mond für immer scheinen und die Menschen für immer leben sollten. Es ist verständlich, dass eine allgemeine Trauer herrscht und der Versuch unternommen wird, den Mond wieder zum Leben zu erwecken, wenn die abnehmende Phase ihr Ende erreicht hat und die schlimmsten Voraussagen eingetroffen sind. Aber was ist zu tun oder zu geben? Die Buschmänner gaben ihre Tänze, die Indianer Nordamerikas ihre Tänze und Gesänge, die Griechen ihre Tiere und Vögel, die Malekulaner ihre Keiler, die Azteken ihre Feinde, und die frühen Sumerer und ehemaligen Rhodesier ihre Könige und Königinnen. Aber reicht das? In der Formel *Do ut Des*, »Ich gebe Dir, damit Du geben kannst«, geht es eher um das, was zurückkommt, als um das, was gegeben wird. Sie macht die Ungleichheit zwischen dem kleinen, die Bitte vortragenden »Ich« und dem größeren »Du« deutlich, das sie gewähren kann oder auch nicht.

Abb. 5. »Der Mondkönig und sein Volk«. Felszeichnung.
Diana Vow Farm, Rusapi District, Simbabwe.
Aus dem Frobenius-Institut an der J. W. Goethe-
Universität, Frankfurt am Main.

Da diese Rituale jedoch offenbar erfolgreich waren – denn auf den Tod des Mondes folgte stets seine Wiedergeburt –, mag die Idee entstanden sein, der Tod sei für das Leben *notwendig*, genauer, der Tod eines Teils, also ein bestimmter Tod, sei für das Leben des Ganzen notwendig. Dies führt zum Tod anderer, der als Sieg des Guten über das Böse gerechtfertigt wird. Daher der »andere« Stamm, der »Feind« des Staates, der »Ketzer«, die »Hexe«, der »Sündenbock«, das »seelenlose« Tier, die immer dann geopfert werden, wenn der Tod eines anderen den eigenen Tod ersetzen kann. Im psychologischen, esoterischen oder mystischen Denken führt das Opfer zur bereitwilligen Aufgabe eines Teils seiner selbst für das Wohl des Ganzen. Diese Idee wird in den Mysterientraditionen erforscht, die zeigen, dass der Tod der Göttin, des Gottes oder des Tieres nichts weiter als eine Manifestation einer tieferen, zeitlosen Schicht in der Zeit ist.

In einem seiner letzten Bücher, *Die Mitte ist überall – Die Sprache von Mythos, Religion und Kunst*, überträgt Campbell dieses Argument auf den Bereich des Bewusstseins:

> Der Mond, ständig sterbend und wieder wachsend, steht symbolisch für das Bewusstsein, das in allen Lebewesen verankert ist, ein jedes leidend unter den Schmerzen der Wünsche der verfliegenden Freuden des zeitlichen Lebens, jedes Opfer des Todes und doch durch des To- des Nachkommenschaft erneuert.

Es ist das himmlische Zeichen für die Notwendigkeit des Opfers: Für jedes sich Hingeben an den Tod, wird lunares Leben (das von der singulären Lunation unterschieden werden muss) aufrechterhalten.[36]

DER MOND ALS AHNE UND RICHTER

Wenn der Mond am dritten Tag vom Tod aufersteht, entsteht die Idee, dass er den Tod besiegen und ihn sogar in Leben umwandeln kann. Für den Mond ist der Tod also nicht endgültig, und die Toten der Erde gehen zum Mond, damit der Tod sozusagen in seinem sicheren Gewahrsam ist und das Leben, wenn auch nicht für den Körper, so doch für die Seele, weitergehen kann. Es gibt also zumindest ein »Leben im Tod«.

Kein »Wilder«, wie Frazer die Menschen einer früheren Zeit bezeichnet, glaubt, dass der Tod endgültig ist, sondern nur eine Veränderung der Form.[37] Daher konnte man sich vorstellen, dass die Toten eine andere Art »Leben« auf dem auferstehenden Mond führten und die Mühsal des irdischen Lebens abschüttelten wie der Mond seinen Schatten wirft und die Schlange ihre Haut abstreift. Wie der Mond sein eigenes Licht nach drei Tagen des Todes zurückfordert, so könnte auch die Seele ihren Körper zurückfordern und zur Erde zurückkehren, wenn sie ihre Zeit des Todes hinter sich hat. Es scheint in der Tat so zu sein, dass das »Primitive« in den Menschen aller Zeiten unweigerlich erwartet, für immer zu leben. Sich den eigenen Tod vorzustellen, ist weniger schwierig, wenn es ein Zuhause gibt, das man aufsuchen kann, sowie Essen und Wasser für die Reise und die Aussicht, von jenen willkommen geheißen zu werden, die vor einem gegangen sind. Ein solches Zuhause war einst der Mond.

In gewisser Hinsicht ist der Mond der erste, der stirbt, und da der Vorfahr des Stammes der erste ist, der auf der Erde stirbt, macht es Sinn, dass er den Mond bewohnt, um von dort aus seinen Erben Führung und Gesetz zu geben – eine brillante Konstellation der Erinnerung. In den *Kaushitaki-Upanischaden* heißt es, der Mond sei »die Heimat unserer Ahnen«[38], und in früheren Zeiten stellte man sich oft vor, die Menschen würden im Tod mit den Ahnen verbunden, was auch in der jüdischen Idee, in »Abrahams Schoß« aufgehoben zu sein, zum Ausdruck kommt. Abraham, der aus Nanna-Sins beiden Städten Ur und Harran stammte und dessen ursprünglicher Name *Ab-sin*, »Mondvater«, lautete, erhielt im Alter von 75 Jahren den Befehl, ein Volk zu zeugen, und wurde damit zum Vorfahren seiner Rasse.[39]

Manchmal wird der Mond selbst als der Vorfahre des Stammes bezeichnet, was an die sehr alten Ursprünge der Mondverehrung erinnert.[40] Osiris und Isis wurden in der dynastischen Periode als die Vorfahren der Könige von Ägypten betrachtet. Osiris wurde später zum großen Ahnen ganz Ägyptens, mit dem die Ägypter hofften, im Tod versöhnt zu werden. Könige »tranken an der Brust« oder »saßen auf dem Schoß« von Isis, die den Thron auf ihrem Kopf trug, und erhielten von ihr das Recht zu herrschen.[41]

In manchen Mythen, wie etwa dem Arunta-Mythos aus Ozeanien, war der Mond ursprünglich das erste Wesen, das auf der Erde lebte. Als es starb, ging es in den Himmel und wurde zum Mond.[42] Der Stamm und die menschliche Rasse werden meist für dasselbe gehalten, da ein Stamm in seinen Mythen immer im Mittelpunkt der Welt steht und sich daher die Mitglieder für die ersten Menschen auf der Erde halten, von denen alle anderen abstammten. (Man denkt an Adam und Eva, aber, wie Häuptling Black Elk sagt, »der Mittelpunkt der Welt ist überall«.[43]) Die Inkas glaubten, sie seien durch eine Vereinigung von Sonne und Mond entstanden. Mama Quilla, der Mond, heiratete die Sonne und gebar eine kleine Sonne und einen kleinen Mond: Mama Ogllo, die Mondjungfrau (deren Name »Ei« bedeutet), und ihren Bruder, den Sonnenmann. Schwester und Bruder vereinten sich und gründeten in Cuzco, dem »Nabel«, also an dem Ort, der in der Kosmologie der Inkas der Mittelpunkt der Welt ist, die königliche Linie der Inkas.[44]

Abb. 6. Graphische Darstellung eines Men Ouranios, »Men des Himmels«, gewidmeten Basreliefs, das in Athen gefunden wurde. Der siebenzackige Stern mit der Mondsichel war ein verbreitetes Symbol der Einheit von Sonne und Mond, das bis in die römische Zeit fortbestand.
(Aus Cumont, Le Symbolisme Funéraire des Romains, S. 207).

Abb. 7. Osiris als Richter der Toten in der Halle des Gerichts. Grab von Ramses VI. Ca. 1135 v. Chr. (Aus Wallis Budge, Osiris, i, S. 42).

Abb. 8. Toth, die Maat erschaffend. Papyrus von Lady Taucherit. 1085-950 v. Chr. Rijksmuseum van Oudheden, Leiden.

Die Buschmänner bezeichneten den Mond als »Großer Häuptling« und »Unser Großvater«[45], während die Algonquin die Mondgöttin Aatensic »Großmutter«[46] nannten. Die vielen Mütter auf der Welt, die ihre Babys hinauf zum Mond halten, zeugen ebenfalls von einem lunaren Erbe. Soma oder Chandra war der Vorfahr der Rasse lunarer Könige, von denen Krishna, der achte Avatar des Gottes Vishnu, abstammte.[47] Manu, der die Menschheit vor der Flut rettete und damit wie Noah der Vorfahr seines Volkes war, gab der menschlichen Rasse ihren Namen: *manava*.[48] Die Könige von Burundi in Afrika leiteten ihre Herkunft von der Mondgottheit ab und glaubten, der König würde bei seinem Tod zum Mond zurückkehren.[49] Der mongolische Eroberer Dschingis Khan (1167–1227) stammte von einem König ab, der von einem Mondstrahl gezeugt worden war.[50] Manchmal ist der Mond der Vorfahr der Frauen und die Sonne der Vorfahr der Männer.[51] Selbst lokale Mythen (obwohl alle Mythen lokal sind) bedienen sich dieser Idee. Der Heilige Maedoc aus Ard Ladran in Irland, der an der Küste von Leinster eine Kirche baute, wurde empfangen, als seine Mutter sah, wie der Mond in den Mund ihres Mannes eindrang, während dieser im selben Augenblick sah, wie ein Stern in den Mund seiner Frau eindrang.[52]

In vielen Ländern war der Mond der Gesetzgeber und Richter der Toten, wie es der Vorfahr des Stammes für die Lebenden auf der Erde gewesen war. In den meisten Eskimo-Kulturen beispielsweise sorgt der Mond als das wachsame Auge des Himmels dafür, dass die Stammestabus auf der Erde eingehalten werden, obwohl seine Rolle auf der Insel Nunevak von seinem engen Verbündeten, dem Wolfsgeist, übernommen wird.[53] Es steckt eine gewisse Logik in der Idee, dass der Mond am Himmel dunkel, unten jedoch hell ist und Licht in die Unterwelt bringt, wo er sich, entsprechend dem Leben, das sie auf der Erde geführt haben, um die Verstorbenen kümmert.

Nanna-Sin, Inanna-Ishtar, Osiris und Isis, Dionysos, Demeter und Persephone, der anatolische Men, sie alle sind sowohl chtonische als auch lunare Gottheiten.[54] So wurde etwa *Men Katachthonios*, »Men der Unterwelt«, in ganz Kleinasien in Inschriften auf Grabmalen angerufen, von den Küsten der Ägäis bis zu den Bergen von Pont – obwohl aus den (griechischen) Inschriften und der Ikonographie (ohne die heilige Literatur, von der bedauernswerterweise nichts mehr erhalten ist) nur hervorgeht, dass Men der Beschützer der Toten war. So bleibt es dem vergleichenden lunaren Symbolismus überlassen, sich zu fragen, wie und warum.[55]

In Sumer bestimmte der Mondgott Nanna-Sin zusammen mit seinem Sohn Utu, dem Sonnengott, das Schicksal der Toten, wenn er als der dunkle Mond seinen »Tag der Ruhe und des Schlafes« in der Unterwelt verbrachte.[56] Eine Hymne an »Vater Nanna« hat folgenden Wortlaut:

Wenn du die Tage des Mondes gezählt hast,
wenn du diesen Tag erreicht hast…
wenn du den Leuten gezeigt hast
deinen »Tag des Niederlegens« eines kompletten Monats,
kannst du beurteilen, oh Herr, Gesetzesfälle
in der Niederwelt, großartig Entscheidungen fällen…
gerechte Urteile legst du in alle Munde.
machst das Richtige sichtbar
stellst die ehrlichen Herzen zufrieden,
die administrativen Entscheidungen triffst du ehrlich.[57]

Auch Inanna-Ishtar »kannte den Übeltäter«:

Gegen den Übeltäter fällt sie ein harsches Urteil,
zerstört die Boshaften,
sie schaut mit freundlichen Augen auf die Aufrichtigen,
gibt ihnen ihren Segen.[58]

Osiris war Herr und Richter der Toten in Ägypten. Er war der »Herr der *Maat*«, ein ebenso gerechter wie gütiger Gott. Er war frei von Missetaten, und da er bereits auf der Erde gelebt und gelitten hatte, konnte er die menschliche Schwäche verstehen. Die Gottlosen, deren Herz zu schwer oder zu leicht war, um der Maat »gleich« zu sein, wurden von dem Ungeheuer *Am-mit* verschlungen (eine Mischung aus Nilpferd, Löwe und Krokodil). *Am-mit* sitzt auf der rechten Waagschale und wartet auf das Ergebnis des Wiegens, das von Toth in seiner Rolle als »Herr der Waage« ermittelt wird. All dies findet in Gegenwart von Osiris statt.[59]

In Abbildung 7 trägt Osiris die Doppelkrone von Süd- und Nordägypten (ein Bild der Einheit) und hält ein Zepter sowie das Symbol des »Lebens« in den Händen (meist ein Dreschflegel). Vor ihm steht die Waage des Urteils, während die neun Stufen, die zum Thron führen, auf die neun Tage der lunaren Woche verweisen und jeweils einen der neun Götter aus seiner »Gesellschaft« zeigen. In dem von zwei Affen bewachten Boot sieht man Seth in Gestalt eines Schweins – ein Hinweis auf den Sieg von Osiris über Seth.

Auf der Waage des Urteils liegt die Feder der *Maat* als die Verkörperung der Wahrheit, gegen die das Herz des Verstorbenen aufgewogen wird. Manchmal wird die doppelte *Maat* mit Isis und Nephthys als den beiden Göttinnen der Wahrheit[60] gleichgesetzt. Im lebendigen Drama ihrer Trauer zeigen sie die leidenschaftslosen Normen der *Maat* für rechtes Verhalten. Die Gleichsetzung von Toth und *Maat* wird nir-

Abb. 10. Das Jüngste Gericht. Michelangelo. 1508–1512. Sixtinische Kapelle, Vatikan.

gendwo deutlicher als in dem Papyrus in Abb. 8, wo der Mondgott Toth die *Maat*, das Gesetz, erschafft, ebenso wie die Könige und alle ihre Untertanen jeden Tag »*Maat* erschaffen« mussten, wenn sie in Harmonie mit der Wahrheit des Universums leben wollten.

Isis ist auch beim Gericht über die Toten anwesend. Als die Einheit der hellen und der dunklen Hälfte des Mondes steht sie mit ihrer Schwester Nephthys hinter Osiris auf dem Thron. In ihrer anderen Doppelrolle als Morgen- und Abendstern (der eine Stern in zwei Erscheinungen) erinnern sie an die rhodesische Kosmologie weiter südlich. Im ägyptischen *Totenbuch* wird Isis als die Ernährerin der Toten bezeichnet. Sie kümmert sich um die Bedürfnisse des Verstorbenen und gibt ihm und seiner Seele (die nun eins sind) das Wasser, die Nahrung und den Atem des Lebens sowie das Mitgefühl für diesen neuen und seltsamen Seinszustand (siehe Abb. 9).

Die Beziehung, die zwischen Osiris, dem Spender der Gerechtigkeit, und Isis, der Ernährerin und Trösterin, im Jenseits herrscht, klingt manchmal in den Darstellungen von Jesus und Maria in Kunst und Ritual nach. Die christliche Ikonographie stellt Christus oft als den distanzierten und strengen Richter der Lebenden und der Toten dar und macht Maria zur mitfühlenden Vermittlerin, was angesichts der deutlichen Vision der erlösenden Kraft der Liebe von Jesus in den Evangelien merkwürdig erscheint. Andererseits macht dies im Hinblick auf die zugrundeliegende Symbolik von Christus als Sonne und Maria als Mond jedoch Sinn, denn die Einheit mit Christus als das ultimative Ziel wird durch die Vergebung und Vermittlung Marias ermöglicht, die uns stets nah ist – der Mond, der noch immer zwischen Erde und Sonne vermittelt (siehe Abb. 10).

Demeter wurde in Griechenland *thesmophoria*, die Gesetzgeberin genannt, und die Toten waren ihre Kinder, *Demetreoi*.[61] Man glaubte auch, auf dem Mond sitze eine der Furien, der kein Fehlverhalten auf der Erde entging.[62]

Die Zeit der Dunkelheit des Mondes war die Zeit des Gerichts. Obwohl er schon 19 Jahre fort ist, wird Odysseus in den Tagen des dunklen Mondes zurückerwartet, um Recht zu sprechen. »Noch im Laufe des

Abb. 11. Schlaf und Tod, die den Körper von Sarpedon zu Lycia bringen. Signiert von Euxitheos (Töpfer) und Euphronius (Maler). Calyx-Krater, rotfigurige Vase. Ca. 515 v.Chr. The Metropolitan Museum of Art, New York.

Jahres wird hierherkommen Odysseus. Dann, wenn schwindet der alte Mond und der neue sich einstellt, wird er nach Hause kehren und wird er jeden bestrafen, der jetzt den strahlenden Sohn und seine Gemahlin missachtet.«[63] Als Odysseus die Freier getötet hat, führt Hermes sie in die Unterwelt. Mit seinem goldenen Stab ruft er ihre Geister, die in ihrer dunklen, seltsamen Höhle wie Fledermäuse schnattern und ihm folgen.[64]

In Griechenland ist *Hypnos*, der Schlaf, der Bruder von *Thanatos*, dem Tod. Sie sind die Söhne der Göttin Nacht, nicht nur, weil die Toten in ihrem »Todesschlaf« den Lebenden in ihrem Schlaf ähneln, sondern vielleicht auch, weil der Schlaf Träume bringt, und Träume lüften den Schleier zwischen der Welt der Lebenden und der Welt der Toten, zwischen Vergangenheit, Gegenwart und Zukunft. Es ist, als würden die Toten für den schlafenden Geist sichtbar, wie der Mond die Nacht zum Leuchten bringt. In Abb. 11 wurde Hermes in die ursprüngliche Geschichte aus der *Ilias* eingefügt, als wolle der Künstler darauf hinweisen, dass ein Ritual notwendig war, um das Reich des Jenseits zu betreten (oder sich vorzustellen), das die Brüder Schlaf und Tod selbst nicht bieten. So wie einer, der einst selbst ein Mondgott war, geleitet Hermes *Psychopompus* (»Führer der Seelen«) die Seelen mit seinem alten Stab der ineinander verschlungenen Schlangen über die Grenze zwischen Leben und Tod.[65]

Alle Zeichen sind vorhanden: Hermes wird in einer Höhle am Vierten des Monats geboren, dem ersten Tag der hellen Sichel nach drei Tagen der Dunkelheit. Er spielt mit *Herse*, Göttin des Taus und Tochter von Selene, und trägt als Vermehrer der Herden ein Lamm auf der Schulter. In Arkadien wurde er am Rand von Sümpfen und Quellen verehrt, und seine *herms*, Steinhaufen für den müden Wanderer, wiesen den Weg zur nächsten Quelle. Er wird häufig ithyphallisch als ein alter Fruchtbarkeitsgott dargestellt und mit Attributen versehen, die ihn mit der Nacht in Verbindung bringen: *nuxios*, »der aus der Nacht«, und *opopeter*, »der in der Nacht sieht«, oder »Gefährte der schwarzen Nacht«, wie Apollo ihn nennt.[66] Das gleiche Thema taucht implizit in Hermes häufigstem Attribut auf: *Argeiphontes*, »Mörder von Argus«. Argus war der Riese mit den hundert Augen, von denen eines immer geöffnet war, wie das Licht des Tages (und der Vernunft). Auf Befehl von Hera bewachte er Io, die von Zeus – aus Furcht vor der Entdeckung seiner Liebschaft – in eine Kuh verwandelt wurde. Auf Befehl von Zeus wiederum versucht Hermes – teils mit Gesprächen, teils durch sein Spiel auf der Flöte – Argus dazu zu bringen, die Augen zu schließen. Als ihm dies schließlich gelingt, tötet er ihn und befreit Io. Argus ist vielleicht das Überbleibsel eines alten Gottes des abnehmenden Mondes, der Io als den neuen Mond gefangen hält und den Hermes töten muss, auch wenn er inzwischen ein sanfter Gott geworden ist. Einer späteren Deutung zufolge befreit Hermes, der Gott der Vorstellungskraft, die lunare Intuition von einem allzu wachsamen Auge, das sie gefangen hält.[67] Ein weiterer Name von Hermes ist *Propulaios*, »am Tor«, also derjenige, der am Tor der Unterwelt, an der Schwelle zwischen der menschlichen und der göttlichen Welt, am Ort der Transformation steht. Sein halb schwarzer, halb weißer Hut entspricht seiner zweifachen Natur, denn er wohnt abwechselnd in der leuchtenden Höhe und in der Dunkelheit der Unterwelt. Bei jedem Neumond wurden Hermes und Hekate, eine weitere lunare Wächterin von Toren und Wegkreuzungen, Kuchen und geräucherte Opfergaben in der Hoffnung auf einen günstigen Monat dargebracht.[68]

DER MOND ALS WOHNSTATT DER SEELE

Jeder, der stirbt, wird zu einem »Vorfahr« der Lebenden. In den *Kaushitaki-Upanischaden* heißt es:

> Alle die diese Welt (oder diesen Körper) verlassen, gehen zum Mond. In der ersten (der hellen) Hälfte, erfreut sich der Mond an ihren Geistern, in der anderen (der dunklen) Hälfte, schickt der Mond sie weiter, damit sie wieder geboren werden können.[69]

Die Vorstellung vom Mond als Wohnstatt der Seele findet man bei vielen Völkern, so bei den Buschmännern, bei den Polynesiern, den Hindus, Japanern, Babyloniern, Ägyptern, Assyrern, Phöniziern, Hethitern, Anatoliern, Manichäern, Griechen (Orphiker, Phytagoräer), Slawen, Gnostikern, bei den Roma und im gesamten römischen Reich.[70]

Im ägyptischen *Totenbuch* atmet Isis den Wunsch für Osiris, »dass seine Seele in der Scheibe des Mondes zum Himmel aufsteigen möge«.[71] Der Verstorbene »wird Osiris«, um so »sein Leben wie der Mond zu erneuern«, heißt es in einem rituellen Papyrus über die Einbalsamierung der Toten.[72] Der Mond wurde die »Wohnstatt von Osiris« genannt.[73] Ursprünglich beanspruchten die Pharaonen die Unsterblichkeit für sich allein, und nur sie konnten »Osiris werden«, obwohl sich dies im Neuen Reich änderte (ebenso wie in einigen polynesischen Stämmen der Mond den religiösen oder politischen Führern vorbehalten war).[74] In einem Pyramidentext wird der verstorbene König Bruder des Mondes genannt. Und in einer Inschrift in Abydos wurde Seti I. gepriesen:

> Du sollst deine Jugend erneuern; du sollst wieder blühen wie der Mond-Toth,
> wenn er ein Kind ist.[75]

Plutarch zufolge siedelte Pythagoras die eleusinischen Felder auf der Seite des Mondes an, die stets dem Himmel zugewandt und für die Menschen nie zu sehen ist. Dorthin gingen die Cäsaren und Helden nach dem Tod.[76] Manche glaubten sogar, Pythagoras selbst sei ein vom Mond herabgestiegener Geist.[77] Epiphanius schreibt, dass »die Scheibe des Mondes mit Seelen angefüllt ist«[78], während römische Senatoren laut Kastor von Rhodos Schuhe trugen, die mit Halbmonden aus Elfenbein (Lunulen) verziert waren, um anzuzeigen, dass sie nach ihrem Tod auf dem Mond wohnen würden.[79] Lange bevor die Römer kamen, versahen die Kelten in Gallien ihre Gräber mit den Symbolen des Halbmondes. Und der Halbmond auf den Urnen und Grabsteinen der gewöhnlichen Römer auf dem Land, in der Stadt und in den Kolonien fern der Heimat war das Geschenk und die beste Hoffnung für die, die zurückgelassen worden waren.

Selene und Endymion erscheinen auch im römischen Reich auf kunstvoll gearbeiteten Grabsteinen als Symbol der Seele. Wie Endymion war auch die Seele in einen ewigen Schlaf gefallen. Weder erwacht sie, noch wird sie älter. Und viele ruhen friedlich in der Umarmung des Mondes. Über dieses Thema wurden lebhafte Debatten geführt. Welchen Zweck hat Selenes Kuss, fragte Cicero, wenn der Schlafende ihn nicht wahrnehmen kann? Aber die Pythagoreer sagten, der Schlafende sei eigentlich wach. Sie erklärten, die Seelen seien bereits ebenso mit der Welt der Träume wie auch mit den Seelen der Verstorbenen vertraut, denn sie hätten schon oft die eine besucht und mit den anderen gesprochen, während die Person der Seele geschlafen habe. Daher sei der Tod kein friedlicher Schlaf, sondern ein Erwachen, bei dem das Leben als ein Traum erkannt werde – ein Traum, an den die Seele glaubt, während sie noch im Körper gefangen ist, den sie jedoch als das erkennt, was er ist, sobald sie befreit ist.[80] Je nachdem, wie die Geschichte von Selene und Endymion interpretiert wurde, konnte der Mythos beide Auffassungen bestätigen, was wiederum davon abhing, ob der Mond in erster Linie als ein Ort des Todes oder als ein Ort der Wiedergeburt vorgestellt wurde. Lag der Schwerpunkt auf der Wiedergeburt, dann ging der Verstorbene in den Mond ein, um an dessen Erneuerung teilzuhaben. In dem Relief von Argos in Abb. 12 befindet sich der Halbmond auf dem Kopf einer Frau, die von den Zeichen des Sternkreises und von den sieben Sternen der Plejaden eingerahmt ist (ein Hinweis auf Unsterblichkeit wie auch bei den sieben Jungfrauen, die nach ihrem Tod in Sterne verwandelt werden). Es ist nicht klar, ob dies Selene, Sophia (die gnostische Jungfrau des Lichts) oder einfach eine junge Frau ist, die gestorben war und derer Familie hoffte, sie werde wie der Mond ein neues Leben erhalten.[81]

Dieser Gedanke könnte sehr alt sein, denn möglicherweise fand im englischen Stonehenge einst ein Fest für die Toten in ihrer Beziehung zum Mond statt. An der Stelle, die das südlichste Aufsteigen des Mondes in süd-südöstlicher Richtung markierte, fand man Überreste verbrannter Körper und einen Siegelstab aus poliertem Stein, die aus der zweiten Bauphase des Steinkreises (ca. 2950–2500 v. Chr.) stammen.

Auch im Nordosten Schottlands gab es liegende Steine, die den Auf- und Untergang des Mondes markierten, und um sie herum waren häufig Quarze verteilt, die bei Vollmond leuchteten. Die Archäologen Tony Spawforth und Aubrey Burl vermuteten, dass die Ausrichtung des Steines nach dem Mond dazu gedient haben könnte, dessen Kräfte der Wiedergeburt nutzbar zu machen – als seien die sterblichen Überreste strategisch so angeordnet worden, dass der Mond die Seelen an der Grenze seiner Bahn zu sich hinaufholen und sie zu ihrer letzten Ruhestätte bringen konnte.[82]

Diese Vermutung wird durch frühe Praktiken in anderen Teilen der Welt erhärtet. Wenn beispielsweise die Buschmänner eine nach oben geöffnete Mondsichel sahen, glaubten sie, sie würde die Toten mitnehmen. Im Jahr 1875 erzählte ein Buschmann dem Anthropologen Bleek, was er von seinen Eltern erfahren und selbst gesehen hatte: Wenn ein Mensch starb, blies der Wind seine Fußspuren fort, sein Haar wurde zu Wolken, und seine grüne Galle erschien am Himmel:

Abb. 12. Selene, Sophia oder verstorbene Frau als Mond. Basrelief aus Argos.
2.–3. Jahrhundert. British Museum.

Abb. 13. Säule und Mond. Paul Nash, 1932. Tate Gallery, London.

… Mutter pflegte dies zu tun, wenn der liegende Mond kam, (wenn) der Mond geöffnet war. Mutter sprach und sagte: »Der Mond nimmt die Menschen mit, die tot sind … Er ist geöffnet, weil er sich selbst tötet, (indem) er die Menschen trägt, die tot sind. Deshalb ist er geöffnet…, denn es ist ein Mond der Verdorbenheit… Daher kannst du (erwarten zu) hören, was passiert ist, wenn der Mond so ist.«[83]

Noch in den 1970er Jahren schickte ein japanischer Schiffskapitän, als ihn ein Freund über den Tod eines gemeinsamen Freundes informierte, ein Telegramm zurück, in dem er schrieb: »Mond ging auf, als traurige Nachricht eintraf; nahm meine shakuhachi [Flöte] und spielte zum Mond, wo die Seelen der Verstorbenen auf ihrem Weg ins Jenseits ausruhen.«[84]

DER MOND ALS EINE STUFE AUF DER REISE ZUR SONNE

Wenn Erde, Mond und Sonne beim Nachdenken über den Tod miteinander in Verbindung gebracht werden, bilden sie meist eine aufsteigende Linie, die mit der Erde beginnt und mit der Sonne endet. Der Mond als der Himmelskörper, welcher der Erde am nächsten ist, nimmt die mittlere Position ein und wird zur ersten Stufe einer himmlischen Reise zur Sonne. In dieser Hinsicht entspricht die Beziehung zwischen Mond und Sonne für das christliche Empfinden dem Unterschied zwischen Fegefeuer und Paradies.

In den *Upanischaden* konnten die Verstorbenen einen von zwei Pfaden beschreiten, je nachdem, wie sie ihre Zeit auf der Erde verbracht hatten. Beide Pfade führten zum Mond und teilten sich anschließend. Der eine führte schließlich wieder zurück zur Erde, der andere weiter zur Sonne und dann zur Vereinigung mit Brahman, die das Ende des Kreislaufs der Wiedergeburten bedeutete.

In den *Brihadaranyaka-Upanischaden* endete der erste Pfad, der »Pfad der Seelen« oder »Pfad der Ahnen« genannt wurde, auf dem Mond und wurde als die »Straße des Rauchs« bezeichnet. Wer die Welten durch Opfer, Nächstenliebe und Enthaltsamkeit besiegt (aber noch nicht das Wissen ›des Wahren‹ besitzt),

geht zum Rauch, vom Rauch zur Nacht, von der Nacht zum abnehmenden Mond, zu den sechs Monaten, wenn die Sonne Richtung Süden zieht, von diesen Monaten zu der Welt der Väter, von der Welt der Väter zum Mond. Wenn sie den Mond erreichen, werden sie zur Nahrung, und die Devas ernähren sich von ihnen, so wie Opferspender sich von Soma

Abb. 14. Das Mondboot als Sichel mit den sieben Seelen. Indische Stele. (Aus Henderson und Oakes, The Wisdom of the Serpent).

Abb. 15. Der Mond als Wohnstatt der Seele, dargestellt als ein sichelförmiges Boot, das über sieben Sterne (die Planeten) segelt. Gemme aus Chalcedon 1. Jahrhundert. (Aus Cumont, Le Symbolisme Funéraire des Romains, S. 93).

ernähren, da es abnimmt und zunimmt. Aber wenn dies aufhört (das Ergebnis ihrer guten Arbeit auf der Erde), kehren sie zu diesem Äther zurück, vom Äther in die Luft, von der Luft in den Regen, vom Regen zur Erde. Und wenn sie die Erde erreichen, bekommen sie Essen, werden sie erneut im Altar-Feuer geopfert, das ein Mann ist, und werden dann im Feuer den Zyklus erneuern.[85]

In den *Khandogya-Upanischaden* ist zu lesen, dass die Devas einen lieben, wenn man von ihnen gefressen wird.[86] Der zweite Pfad, der »Pfad der Götter«, führte zuerst zum Mond und dann zur Sonne und wurde als die »Straße der Flamme« bezeichnet. Wer Wissen besitzt und es anwendet,

geht zum Licht, vom Licht zum Tag, vom Tag zur zunehmenden Hälfte (des Mondes), von der zunehmenden Hälfte zu den sechs Monaten, wenn die Sonne Richtung Norden zieht, von diesen sechs Monaten in die Welt der Devas, von der Welt der Devas zu der Sonne, von der Sonne zum Ort des Blitzes. Wenn sie den Ort des Blitzes erreicht haben, tritt ein Geist auf sie zu und führt sie in die Welt der Brahmanen. In dieser Welt der Brahmanen verweilen sie verzückt für immer. Für sie gibt es keine Rückkehr.[87]

Mond und Sonne werden hier als Boote interpretiert, welche die Seelen durch das blauschwarze Wasser des Himmels befördern. Wenn der Mond zunahm, war er voller Seelen. Er brachte sie zu den »Äonen des Lichts«, die sie in die »Säule des Ruhmes«, ihre letzte Ruhestätte, betteten.[88] Dann kehrte der Mond nach Westen zurück, um eine neue Bootsladung von Seelen abzuholen, aber er war jetzt viel kleiner als zuvor. Dieses schöne Bild des zunehmenden und des abnehmenden Mondes, der von der Ladung der Seelen anschwillt und wieder schrumpft, wenn er sie zur Sonne gebracht hat, findet man auch in China. Die Gnostiker sahen den Mond ebenfalls als ein himmlisches Schiff, das die Seelen der Verstorbenen beförderte.[89] Die Manichäer, die im dritten Jahrhundert im Königreich der Sassaniden lebten, passten die alten indo-iranischen Glaubensvorstellungen über den Mond ihrem eigenen System an. Mani sagte, dass sich der Mond, das »Gefäß des Lichts«, das über den Himmel wandert, jeden Monat mit Seelen füllt, die er zu dem größeren Schiff der Sonne bringt.[90]

Der Aufstieg der Seelen in den Himmel ist eine Metapher des Todes, die man in vielen Kulturen findet. Die Menschen im Iran stellten sich das Leben nach dem Tod als eine gefährliche Reise zum Mond, zur Sonne und den Sternen vor. In den ersten drei Tagen nach dem Tod wurden Zeremonien durchgeführt, die dem Verstorbenen bei seiner Reise helfen sollten. Dazu gehörte auch die Überquerung der Cinvat-Brücke (scharf wie ein Rasiermesser für die Gottlosen und flach und breit für die Rechtschaffenen), die auf der Spitze eines Berges begann und im Paradies endete.[91] Nachdem die Seelen der Toten die Brücke überquert hatten, gingen sie weiter zu den Sternen. Die Guten gingen zuerst zum Mond und dann zur Sonne, während die sehr Guten in das ewige Licht von *Ahura Mazda* eintraten.[92]

Die sibirischen Inuit fassten den Tod als Verlust der Seele auf, die hinauf zum Mond und dann weiter zur Sonne reist.[93] Auch Zigeuner, von denen viele ursprünglich als Sklaven aus Indien kamen, beanspruchten einen eigenen Erlöser, der die Seelen zum Mond beförderte.[94]

In allen diesen Mythen ist der Mond sowohl ein Ort – das Land der Toten – als auch eine aktiv beschützende Präsenz, deren Rolle darin besteht, die Seelen zu läutern und zu erneuern.

DER MOND ALS DAS TOR ZUR EWIGKEIT

Die Vorstellung vom Mond als Tür, Tor oder Spiegel, der sich in die »nächste« oder eine andere Welt öffnet, ist weit verbreitet. Der Mond wird zu einer Trennungslinie oder einem Ort des Übergangs zwischen der zeitlichen Welt des Werdens und der ewigen Welt des Seins. Die oben zitierte Passage aus den *Kaushitaki-Upanischaden* geht wie folgt weiter:

> Wahrhaftig, der Mond ist die Tür zur Svarga Welt (die himmlische Welt). Nun, wenn ein Mensch gegen den Mond Einspruch erhebt (wenn er mit dem Leben dort nicht zufrieden ist), lässt der Mond ihn frei. Aber wenn der Mensch keinen Einspruch erhebt, dann schickt der Mond ihn als Regen auf die Erde.[95]

Der Römer Lydus berichtet, der Hohepriester Praetextus habe gesagt, Janus schicke die göttlicheren Seelen zur lunaren Schar.[96] Janus, der Gott mit den zwei Gesichtern, war der Wächter der Tür und gab dem Januar seinen Namen – der Monat, der in beide Richtungen weist. Sein Name stammt von *ianua*, eine Tür oder ein Eingangstor mit zwei Seiten, und stellt auch die maskuline Form der römischen Mondgöttin Diana dar, die das Tor zum Leben und zum Tod verköperte.[97] In manchen buddhistischen Tempeln ebenso wie auch in einigen englischen Gärten gibt es »Mondtüren« oder »Mondtore« als Schwellen der Initiation von einer Wirklichkeit in eine andere (siehe Abb. 16).

Die logische Erklärung für diese gedachte Trennungslinie liefert Cicero: *Supra lunam sunt aeterna omnia*, »Über dem Mond sind alle Dinge ewig«[98], d. h. nur das, was jenseits des Mondes ist, befindet sich jenseits der Welt der Phänomene von Zeit und Veränderung – eine Unterscheidung, die auf Aristoteles zurückgeht.[99] Damit wird der Mond zum Vermittler zwischen Erde und Sonne, der die Seelen der Verstorbenen nicht nur empfängt, sondern auch erneuert, damit sie ihre Reise zur Sonne fortsetzen können.

Plutarch beendet seinen Dialog über das Gesicht, das auf der Mondscheibe erscheint, mit einer Geschichte, die nach dem Vorbild von Platons *Timaios* von einem Fremden unbekannter Herkunft erzählt wird. Dieser Fremde erzählte die Geschichte Sulla, dem letzten der Redner, der die Idee weitergibt, der Mond solle besonders geehrt werden, weil er die Heimat der Seelen der Gerechten sei und sie läutere, bevor sie ihre Reise zur Sonne fortsetzen. Der Mond ist auch die Heimat der Seelen, die noch nicht geboren sind.

Sulla erfuhr, dass eine Person aus drei Faktoren besteht: Die Erde liefert *soma*, den Körper, der Mond *psyche*, die Seele, und die Sonne *nous*, den Geist oder Verstand, und gibt dem Mond sein Licht.[100] Diese Aspekte einer Person sterben in drei Stufen, wobei jeder Aspekt zu seinem Ursprungsort zurückkehrt. Der erste Tod findet auf der Erde im Reich von Demeter statt (weshalb die Toten *Demetreoi*, »das Volk Demeters«, genannt werden), wenn sich der Körper von *psyche* und *nous* trennt.[101] Der zweite Tod ereignet sich

Abb. 16. Die »Mondtür« eines buddhistischen Klosters. Wu-Shi, China. (Aus Alastair Shearer, Buddha, S. 58).

auf dem Mond, im Reich seiner Tochter Persephone, die *psyche* sanft von *nous* trennt, obwohl die Seele sich noch eine Zeit lang sowohl an Träume als auch an Erinnerungen an das Leben klammert.[102] Wie der Körper in die Erde eingeht, so geht die Seele in den Mond ein, sobald die Sonne *nous* wieder in sich aufgenommen hat. Aber während der Mond die Seelen der Gerechten akzeptiert und schon bald in sich aufnimmt, werden die Seelen der Ungerechten von ihm »abgewiesen und hinweggefegt« und dazu verdammt, so lange im Reich zwischen Erde und Mond zu verweilen, bis die Strafe für ihre Vergehen bezahlt ist. Aber jene, die »festen Halt« auf dem Mond gewinnen, erblicken dessen »Größe, Schönheit und Natur«. Und damit beginnt der Prozess der Läuterung.[103] Persephone befreit also die Seele für die Liebe zum »Bild in der Sonne«, in dem das Göttliche aufleuchtet, nach dem sich die gesamte Natur sehnt:

> Es muss aus Liebe für die Sonne sein, dass der Mond seine Runden dreht, und mit ihr eine Verbindung eingeht, in der Hoffnung, von ihr zu bekommen, was am fruchtbarsten ist.[104]

Es gibt also in Plutarchs Denken eine Hierarchie von Sonne, Mond und Erde, in der der Mond als Vermittler fungiert, denn er ist laut Plutarch eine »Mischung aus Dingen von unten und von oben« und steht daher im gleichen Verhältnis zur Sonne, wie die Erde zum Mond.[105] Während die Erde nimmt und die Sonne gibt, nimmt und gibt der Mond, er verbindet und trennt. Auch die drei Moiren werden diesen Sphären des absteigenden Einflusses zugeordnet: Atropos »thront auf der Sonne und setzt die Zeugung in Gang«, Klotho auf dem Mond »vermischt und verbindet«, während Lachesis auf der Erde »den größten Anteil am Zufall« hat. Wenn die Sonne mit ihrer vitalen Kraft auf dem Mond erneut *nous* gesät hat, liefert der Mond neue Seelen, die dann auf die Erde hinabsteigen, wo sie ihre Körper für die Geburt erhalten. Hier wird der Mond von der Sonne befruchtet, ebenso wie der Mond wiederum seinerseits die Erde befruchtet.

Plutarchs Anordnung von Erde, Mond und Sonne war von Platon inspiriert, insbesondere von dessen Vision der Sonne als Bild des Guten in *Der Staat*.[106] Eine ähnliche Kosmologie (die diese hierarchische Perspektive auf das Geschlecht anwendet) erscheint in Aristophanes Ausführungen über die Liebe in Platons *Symposium*: Aristophanes stellt die Überlegung an, dass es einst drei Arten von Menschen gegeben hat: Die männliche Art stammte ursprünglich von der Sonne und die weibliche Art von der Erde, während das gleichzeitig männliche und weibliche Geschlecht vom Mond kam, weil der Mond die Natur von Sonne und Erde teilt.[107] Xenokrates, der die Akademie von 339 bis 315 v. Chr. leitete, stellte als Erster die These auf, dass die planetarische Hierarchie von Sonne, Mond und Erde als eine korrespondierende Triade – aus Geist, Seele und Körper – bei den Menschen existiert, wobei der Geist der Sonne, die Seele dem Mond und der Körper der Erde entspricht.[108] Dieses hierarchische Modell, in dem der Makrokosmos des Universums in den Menschen als Mikrokosmos reflektiert wird, ging in das römische Denken und schließlich auch in das von Dante ein.

Ciceros »Traum von Scipio Africanus dem Jüngeren« aus seinem Werk *De Re Publica* schildert die Vision des jungen Scipio von seinem Großvater, Scipio Arfricanus dem Älteren, der ihm in einem Traum erscheint, aber erschreckenderweise eher wie seine Marmorbüste als wie der alte Mann aussieht, den er einst kannte. »Nur Mut, Scipio, hab keine Angst«, sagt sein Großvater zu ihm, »sondern präge diese Worte in dein Gedächtnis ein.«[109]

Dann findet sich der junge Scipio an »einem erhabenen Ort, gebadet in klares Sternenlicht« wieder, offenbar über und jenseits von Erde und Mond und näher bei den Sternen, die von der Erde aus nicht zu sehen sind. Der ältere Scipio führt ihn zu seinem Vater Paulus, der vor kurzem »aus der Knechtschaft des Körpers wie aus einem Gefängnis« entflohen ist und jetzt auf der Milchstraße lebt. Er sagt seinem Sohn, er solle sein Vaterland ehren und auf seinen Großvater hören.[110] Dann zeigt Scipio Africanus der Ältere seinem Enkel die neun himmlischen Sphären, durch die »das Ganze verbunden ist«. Gott ist die äußere Sphäre, der Himmel, der alles Übrige enthält. Hier befinden sich die Fixsterne in ihren ewigen Kreisbahnen und unter ihnen die sieben anderen Sphären, die sich in die entgegengesetzte Richtung drehen: Saturn, Jupiter, Mars, Sonne, Venus, Merkur und Mond, der »von den Strahlen der Sonne in Brand gesteckt wird«. Entsprechend der Geschwindigkeit ihrer Umdrehung hat jede Sphäre ihren eigenen Klang oder Ton. Alle Sphären zusammen erzeugen eine himmlische Harmonie, wobei der Mond den tiefsten Ton hat, weil er sich am langsamsten bewegt.

Die Erde als die neunte und letzte Sphäre bleibt »für immer reglos und unverändert« im Mittelpunkt des Universums. Niemand auf der Erde kann diese himmlische Harmonie hören, denn die menschlichen Ohren, in denen für immer das Lied des Universums klingt, sind dafür taub geworden. Als er geht, hinterlässt Scipio der Ältere seinem Enkel einerseits das erhebende Bild seines unsterblichen Geistes (der sich, wie Gott, selbst bewegt) und andererseits das heilsame Bild von gequälten Geistern, die sich sinnlichen Vergnügungen hingaben und nun viele qualvolle Jahre dicht über der Erde umherfliegen müssen. Schließlich wacht Scipio der Jüngere verwundert aus seinem Schlaf auf.

Die Idee der Melodie des Universums, die sich aus den Klängen der einzelnen Sterne und Planeten zusammensetzt und zu einer gigantischen himmlischen Harmonie orchestriert wird, hat das westliche Vorstellungsvermögen – von Platon über Cicero und die Neuplatoniker bis zu Shakespeare – vielleicht schon deshalb immer fasziniert, weil es ein Bild der Inkarnation liefert, das die Schönheit des Ganzen bewahrt hat. Wir können diese Harmonie erahnen, auch wenn wir die Klänge des Gesangs nicht hören können. In *Der Kaufmann von Venedig* erreicht diese uralte Harmonie die Liebenden dank der Reinheit des »schlafenden« Mondlichts. Lorenzo sagt zu Jessica:

Abb. 17. Fragment eines römischen Basreliefs aus einem Sarkophag. Die verschleierte Frau mit einem Halbmond auf der Stirn scheint der Mond zu sein. Sie übergibt der Sonne, erkennbar an den sieben Strahlen, die aus ihrem Kopf kommen, ein geflügeltes, nacktes Kind (die Seele des Kindes). Vatikan-Museum, Rom.

Wie süß das Mondlicht auf dem Hügel schläft!
Hier sitzen wir und lassen die Musik
Zum Ohre schlüpfen, sanfte Still und Nacht,
Sie werden Tasten süßer Harmonie.
Komm, Jessica, sieh, wie die Himmelsflur
Ist eingelegt mit Scheiben lichten Goldes!
Auch nicht der kleinste Kreis, den du da siehst,
Der nicht im Schwung wie ein Engel singt,
Zum Chor der hellgeäugten Cherubim.
So voller Harmonie sind ew'ge Geister:
Nur wir, weil dies hinfäll'ge Kleid von Staub
Ihn grob umhüllt, wir können sie nicht hören.
(Musikanten kommen)
He! Kommt und weckt Diana auf mit Hymnen.[111]

Obwohl aus den klassischen Sirenen Engel geworden sind, klingt das Lied des Universums noch immer in den unsterblichen Seelen nach. Lorenzos Gedanke endet mit dem »Wecken von Diana«, womit die Muse freigelassen wird, die das schlafende Mondlicht bringt. Als die Musik aufhört und beim Anblick von Lorenzo und Jessica sagt jedoch Porzia: »Still! Luna schläft ja beim Endymion und will nicht aufgeweckt sein.«[112]

Auf einer eher prosaischen Ebene wurde die durch den Mond markierte Trennungslinie zwischen dem Zeitlichen und dem Ewigen zu einer Denkart, deren Einfluss auf den westlichen Geist Shakepeare in *Heinrich VIII.* parodiert. Der König sagt:

Doch ich fürchte,
Es weilt sein Trachten unterm Mond, unwert
So eifriger Beratung.[113]

Wenn der Mond, wie in Plutarchs Kosmologie, mit der Erde und der Sonne in Beziehung gesetzt wird, scheint er zu der einfachen Idee der Läuterung Anlass zu geben, wobei die Ewigkeit oder das Paradies auf der Sonne angesiedelt wird. Wird der Mond als eine der neun planetarischen Sphären jedoch mit dem Ganzen der sichtbaren und unsichtbaren Galaxie in Beziehung gesetzt, dann wird er, wie bei Cicero, zur äußeren Grenze der Welt der Phänomene und damit, wie bei Dante, zur ersten von neun Stufen auf der Reise von der Erde ins Paradies. In diesem Fall bietet der Mond, wenn auch von sehr weiter Entfernung, einen ersten Blick auf das Paradies. Dantes Kosmologie in der *Göttlichen Komödie* steht in der intellektuellen Tradition von Platon, Aristoteles, Augustinus und Albertus Magnus, dem Gelehrten des 13. Jahrhunderts, sowie dessen Schüler Thomas von Aquin. Sie enthält neun, um die Erde als Mittelpunkt angeordnete Sphären. Die Erde ist von Sphären aus Luft und Feuer umgeben, wobei das Feuer bis hinauf zum Mond reicht. Hinter dem Mond folgen in ihrer sichtbaren planetarischen Ordnung Merkur, Venus, Sonne, Mars, Jupiter, Saturn und die Fixsterne, welche die Sphäre des Primum Mobile, der Ersten Bewegung bewohnen. Diese Sphäre ordnet und beherrscht die Bewegungen des Ganzen in Zeit und Raum. Jede dieser Sphären untersteht einer der Ordnungen der Engel, die einen besonderen Einfluss auf das irdische Leben haben.[114]

In diesem vollkommen spiritualisierten Universum gehen die Seelen nicht einfach zum Mond und später vielleicht zur Sonne. Die gesamte Galaxie ist mit Seelen bevölkert, die in direkter Entsprechung zu dem Leben, das sie auf der Erde geführt haben, auf den Planeten verteilt sind. Im *Inferno*, der Hölle, sind die Unerlösten hinter verschlossenen Toren eingesperrt, wo alle Hoffnung fahren gelassen wird. Im *Purgatorio*, dem Fegefeuer, reinigen sie sich auf den sieben Terrassen des Inselberges von den sieben Todsünden,

Abb. 18. Das ptolemäische Universum. Umlaufbahnen der Planeten mit der Erde als festem Punkt in der Mitte. Stich von A. Cellarius. Harmonica Macrocosmica 1668.

und im *Paradiso* beginnt der Aufstieg durch die Sphären zum *Empyreum*, dem obersten Himmel. Der Mond als der erste Planet, der auf die Erde folgt, erhält die ersten Sünder, die der Erlösung fähig sind. Die Seelen auf dem Mond haben zwar gesündigt, aber eher aus Willensschwäche und Verwirrung, denn aus wirklicher Bosheit. Die Seelen, deren Handeln von tugendhaften Motiven beherrscht war, gelangen zur Sonne als der vierten Sphäre und weiter zu Saturn als der achten Sphäre. In den letzten beiden Sphären treffen sich die Heiligen und die Engel, und jenseits von alledem befindet sich das *Empyreum*, wo die Gottheit verweilt und wo es weder Zeit, Ort noch Licht gibt. So ist das Universum geordnet, wie Beatrice Dante in *Paradiso*, Canto II, erklärt, »Grad für Grade, von oben treu nach abwärts weitergeben«.[115]

Im *Paradies*, dem dritten und letzten Buch der *Göttlichen Komödie* (das unmittelbar vor Dantes Tod im Jahr 1321 entstand), erreicht Dante den Mond. Im *Inferno* war er von Vergil in die Hölle geführt worden. Am Karfreitag war er bei Einbruch der Nacht durch das Tor eingetreten und am Morgen des dritten Tages am Eingang zum Fegefeuer erschienen. Vergil verlässt ihn gegen Ende des Fegefeuers, da er nicht weitergehen kann, und am Mittag, der Zeit, als Christus in den Himmel aufstieg, folgt Dante seiner Muse Beatrice. Sie führt ihn durch die himmlischen Sphären, welche die Sphären des zunehmenden Verstehens reflektieren. Während Beatrice zur Sonne blickt, schaut Dante Beatrice an. Und dieser Anblick führt zu seiner Verwandlung, die ihm die Kraft gibt, durch die Sphären aufzusteigen. Die erste Sphäre ist die des Mondes.

In Abb. 19 hebt Minervas goldener Atem (oben links) Dante (in Blau) hinauf in die Luft, wo er von Apollo (in goldenem Rot) weitergezogen wird. Unter ihm erscheint sein schwarzer Rabe. Apollo zeigt auf einen Stern auf der anderen Seite der neun Musen, die ihrerseits auf einen Stern, den Großen Bären, zeigen – eine wörtliche Darstellung der Zeilen acht und neun: »Minerva haucht, Apoll wird leiten/Und die neun Musen zeigen mir die Bären.« Den beiden Personen in der kleinen Barke, die Dante gefolgt sind, wird jetzt geraten umzukehren, denn er dringt in Gewässer vor, die noch nie zuvor befahren worden sind. Wenn sie ihr Boot in sein Fahrwasser lenken würden, wären sie noch mehr erstaunt als die Argonauten

Abb. 19. Dante und Beatrice steigen zum Himmel des Mondes auf. (Paradiso, Canto II). Giovanni di Paolo. Ca. 1445. (Aus Pope-Hennessy, Paradiso. Illuminations to Dantes Divine Comedy by Giovanni di Paolo, S. 74).

Abb. 20. Dante spricht mit Piccarda dei Donati und der Kaiserin Constanza im Himmel des Mondes. (Aus Pope-Hennessy, ebenda, S. 76).

beim Anblick von Jason, der in Colchis ein Feld mit wilden Stieren pflügte (unten links). Dantes zurückgelehnte Haltung deutet darauf hin, dass auch er noch immer in der Vergangenheit gefangen ist und sich vor der nächsten Stufe fürchtet, auf die Apollo und die Musen zeigen. Eine Reihe von Wolken verläuft diagonal durch die Mitte des Bildes und trennt diese erste Szene von dem gemeinsamen Aufstieg von Dante und Beatrice auf der linken Seite, der die Zeilen 31 bis 33 illustriert: »Mir schiens, dass eine Wolke, eine dichte/Uns einschloss: reingeschliffen, fest und helle/Wie ein Diamant funkelnd im Sonnenlichte.« Sie steigen gemeinsam über schneeweiße Berge auf, die Hände ausgestreckt (wie man in einem Traum fliegt), und erreichen den Himmel des Mondes. Die Sichel ist auf der linken Seite in der Farbe weißer Milch erleuchtet, wie es im *Ottimo Canto* heißt, und auf der rechten Seite dunkel. Damit wird Dantes Frage nach den dunklen Stellen auf dem Mond illustriert, welche die Menschen auf der Erde dazu veranlassen, die Geschichte von Kain zu erzählen.[116]

Der Mond wird bezeichnenderweise durch die traditionellen Metaphern von Wasser und Milch zum Leben erweckt, die an Soma erinnern. Dante beschreibt seine Landung auf dem Mond anhand der Analogie von Wasser, in das Licht eindringt: »Die ewige Perle nahm uns auf so schnelle/Wie Wasserfluten in sich dringen lassen/Das Licht, doch ohne dass es sie zerpelle.[117]

In Abb. 20 schweben zwei Nonnen und drei nackte Seelen in der großen Mondsichel. Die Nonnen haben die Arme zum Gruß erhoben. Sie werden von Dante (in Blau), der die Sonne der Liebe vor der Brust trägt, und Beatrice (in Rosa) willkommen geheißen, die über ihm schwebt und halb von einer Wolke verdeckt ist. Darunter sieht man zwei kleine Figuren; die linke schaut in einen Spiegel und die rechte (in Rot) betrachtet wie Narziss ihr Spiegelbild im Wasser des Brunnens. Diese Figuren illustrieren Dantes Verwirrung darüber, was klar und wirklich ist. In einer weiteren Anspielung auf die weiße, perlenartige und wässrige Natur des Mondes sagt Dante:

> Wie uns aus Scheiben, aus durchsichtig blassen,
> Und Wassern, welche rein und ruhig fließen
> Und ihren seichten Grund erkennen lassen,
> Sich unsere Züge nur so blass erschließen,
> Dass eher noch auf Stirnen weiß und helle,
> Sich matte Perlen unterscheiden ließen,
> So sah ich wortbereit an dieser Stelle
> Manch Antlitz, das den Gegenwahn mir weckte
> Entflammter Liebe zwischen Mensch und Quelle.[118]

Dante erfährt von der Nonne Piccarda Donati, dass sie zwar durch Willensschwäche angesichts von Versuchungen auf dem Mond gelandet seien, aber dass eben dieser Wille, geschult durch die Nächstenliebe, gelernt habe, »nur das zu wollen, was wir haben und nach nichts anderem zu dürsten«.[119] Sie wollen nicht an einem »besseren« Ort sein, denn dort, wo sie sind, ist es am besten. Auf diese Art wird der persönliche Wille eins mit dem göttlichen Willen und beginnt seine Reise ins Paradies. Die Sünde korrigiert sich durch Erkennen selbst.

* * *

In einer Erörterung über »Tod und Wiedergeburt im Lichte Indiens« beschreibt Zimmer den Wandel vom »lunaren« zum »solaren« Bewusstsein. Er schreibt zwar speziell über Indien, aber ein ähnlicher Wertewandel fand auch im Westen und in den meisten anderen Kulturen der Welt statt, als die Sonne den Mond als Fokus des menschlichen Strebens und insbesondere im Zusammenhang mit dem Nachdenken über den Tod ersetzte:

> Der Weg der Väter oder Vorfahren, der Kreis in der sublunaren Zone, ist der ältere Weg. Früher war der Mond, immer wieder neu geboren nach seinem totalen Verschwinden, ein tröstender Erinnerer daran, dass Tod, wie die mondlosen schwarzen Nächte, nur eine Passage der kindlichen Sichel ist. Die wiederkehrenden Mondphasen waren ein sichtbares Versprechen der ewig erneuten Wiedergeburt. Aber diese lunare Ära des menschlichen Geistes mit seiner Hoffnung auf Unsterblichkeit, basierend auf ewiger Veränderung, gab den Weg frei für die solare Ära, wenn die unverwechselbare Ewigkeit der solaren Existenz denjenigen versprochen wurde, die durch »Wissen« initiiert waren. Der Mond, ehemals ein Symbol der großen Tröstung und sichtbaren Hoffnung, stand nun für den Teufelskreis von Tod und Leben, wenn nur ein esoterischer Kenner in eine höhere transzendentierte Welt flüchten konnte.[120]

Die neuere Reise zur Sonne bot ein Bild der Unsterblichkeit, das den früheren Mondanbetern eher unbekannt war, da diese, wie es nun den Anschein hatte, im endlosen Kreislauf von Tod und Wiedergeburt gefangen waren. Legt man sie wörtlich aus, so war die Vorherrschaft des solaren Prinzips, in der »Wissen« zur Erlangung der »Ewigkeit« erforderlich war, eine weitere Stufe in der Trennung der Menschen von der Natur, so dass abstrakte Ideen schließlich eine größere Bedeutung erhielten als die gelebte Erfahrung. Was

Abb. 21. Karte des Mondes. Stich von Giovanni Riccioli, Bologna 1651. Bibliothek der Universität Utrecht, Holland.

einst als das Geburtsrecht einer Person angesehen wurde, musste nun durch Wissen verdient werden, wie immer dieses Wissen auch definiert war. Aber, so fügt Zimmer hinzu, obwohl das solare Prinzip das archaische lunare Prinzip verdrängt, darf man nicht vergessen, dass beide Prinzipien – ebenso wie alle Lehren über den Kosmos – Symbole der psychischen Realität sind. Besonders für die Angehörigen der Tradition des Yoga, die dies erkannten, führte das innere Selbst (*atman*) aller Lebewesen zu »allem Maya der Welt und des Egos«, so dass »alle Stufen der Reise dorthin sich in uns selbst befinden, in dem inneren Kosmos«.[121] Daher gibt es letztlich keine Trennung zwischen ihnen.

Kehrt man zur (scheinbar) nicht symbolischen Welt zurück, so blieb der Mond nach dem Übergang vom lunaren zum solaren Zeitalter dennoch – wenn auch irrtümlich – einer der sieben »Planeten«, die sich um eine unbewegliche Erde drehen. Der Stich der Mondkarte aus dem 17. Jahrhundert in Abb. 21 liest sich noch immer wie die Karte eines irdischen Paradieses: ein Land des Friedens und der Fülle, ein Ort der Heiterkeit, der Ruhe und der Fruchtbarkeit, die Heimat von Wolken, Regen, Wasser, Nektar und Manna – *Mare Serenitatis, Mare Tranquilitatis, Mare Fecunditatis, Mare Nubium, Mare Imbrium, Mare Humorum, Mare Nectaris* und *Mare Manna.* Man sieht Endymion, Hermes, Merkurius, Herkules, Atlas und sogar Kopernikus, dessen Idee des heliozentrischen Universums 1543, nur hundert Jahre zuvor, veröffentlicht worden war.

Die Revolution im menschlichen Denken, die durch die allgemeine Akzeptanz des heliozentrischen Universums im 18. Jahrhundert herbeigeführt wurde, veränderte die gesamte mystische Geografie des Todes und des Lebens. Denn der Mond, den Galileo zum ersten Mal im Jahr 1610 durch sein Teleskop sah, war nun vollkommen aus dem Himmelsmuster verdrängt worden. Der Mond hatte zudem 1655 Newton zu der Idee der universellen Gravitation inspiriert. Er hatte herausgefunden, dass der Mond wie ein Ball oder ein Apfel in Richtung Erde fällt, sich aber so schnell bewegt, dass »sie« die Erde ständig verfehlt.[122] Vor allem aber wurde der Mond durch Newtons Gravitationstheorie schließlich dessen beraubt, was von seiner Autonomie noch übrig war. Ihm wurde eine untergeordnete Position im Verhältnis zur Erde zugewiesen, die nicht mehr das unbewegliche Zentrum war, sondern sich drehte wie der Mond. Diese Verdrängung hatte zur Folge, dass der Mond in der Vorstellungskraft nicht einmal mehr als die erste Stufe auf einer himmlischen Reise dienen konnte, auf der die Seele ausruhen konnte. Als ein Satellit der Erde wurde er sozusagen zu ihrem Ödland.

DER MOND ALS DAS ÖDLAND DER ERDE

> … till this outworn earth be dead as yon dead world
> the moon.[123]

Diese neue Vorstellung vom Mond, wie sie in dem Gedicht von Tennyson zum Ausdruck gebracht wird, verkörpert nicht nur den gleichen Kreislauf von Tod und Geburt, den man auf der Erde findet (für die »solare Auffassung« ein »verderbter« Kreislauf). Sie stellt auch all die Laster des »sublunaren Reiches« dar, des Reiches von Verfall und Auflösung. Manchmal wurde die christliche »Hölle« auf dem Mond angesiedelt. Noch in den 1980er Jahren riet ein weiblicher indischer Guru seinen Anhängern, keine Mondfinsternis anzuschauen, da der Mond hinabkommen würde, um die Sünden der Welt zu »essen«.[124] Aus einer Gottheit war ein Sündenbock, aus der Hoffnung der Tod der Hoffnung geworden.

In dieser neuen Denkart wird der Mond als der Ort des Todes ohne Wiedergeburt gesehen. Diese Vorstellung wird vielleicht durch die Tatsache intensiviert, dass die abgewandte Seite des Mondes von der Erde aus nie zu sehen ist. Wie in der Hölle und der Unterwelt muss also dort ewige Dunkelheit herrschen. Denn der Mond dreht sich zwar in einer Ellipse um die Erde, aber er dreht sich auch um seine eigene Achse, so dass eine Seite von ihm (die »andere Seite«) stets von der Erde abgewandt ist.

In Ariostos *Der Rasende Roland*, einem komischen Gedicht aus dem 16. Jahrhundert, wird diese Vorstellung vom Mond als Ort, der die auf der Erde begangenen Torheiten beherbergt, aufgegriffen. Als er den Mond besucht, stellt Astolpho fest, dass dort Bestechungen an goldenen und silbernen Haken hängen, Gefälligkeiten des Prinzen in Blasebalgen versteckt sind und verschwendetes Talent in Vasen aufbewahrt wird, die jeweils mit einem Namen markiert sind.[125] In Popes 1711 verfasstem Epos *Der Lockenraub* ist der Mond der Ort der Dinge, die »auf der Erde verloren« wurden oder der Dinge, die fortgeschickt wurden, um vergessen zu werden. Als die Locke, »mit Schuld empfangen und mit Schmerz behalten«, verschwand[126], sagten einige, sie sei auf den Mond gegangen.

Giacomo Leopardi stellte den Mond 1898 als einen Ort der Eitelkeiten dar, wo Dinge, die auf der Erde für immer verloren waren, wieder gefunden werden können: Tränen und Seufzer von Liebenden, vergebliche Projekte, vergebliche Sehnsüchte, Geschenke an Prinzen und längst vergessene Almosen.[127] Der Mond, der einst »das Licht der Welt« war, ist jetzt der »Schatten« der Erde, der Verwahrungsort menschlicher Torheiten und Misserfolge.[128]

Die Degradierung des Mondes ist auch in den Lehren Gurdijeffs impliziert. Hier wird er in Bildern präsentiert, die an eine moderne, elektromagnetische Hölle erinnern. Der charismatische spirituelle Lehrer Gurdijeff wollte in den 1950er Jahren offenbar nicht metaphorisch verstanden werden, als er sagte, dass die »Seelen zum Mond gehen«.[129] Es verhält sich demnach eher so, dass das »organische Leben auf der Erde den Mond ernährt«, damit dieser existieren und wachsen kann. Der Schwerpunkt liegt hier auf dem, was die Seelen für den Mond tun können und nicht, was der Mond für die Seelen tun kann. Gurdijeffs Schüler Ouspensky zitiert seinen Lehrer in dem Buch *Auf der Suche nach dem Wunderbaren*, wenn er sagt, dass die beim Tod freigesetzte Energie vom Mond wie von einem riesigen Elektromagneten angezogen und in die Wärme und das Leben umgewandelt wird, von dem sein Wachstum abhängt.[130] Der Mond befindet sich am *Ende* des »Strahls der Schöpfung«, der wie die große Kette des Seins von oben nach unten verläuft. Damit ist er für die Seelen, die auf ihm landen, wirklich das Ende der Welt. Dies ist die »äußere Dunkelheit« der christlichen Lehre »wo Heulen und Zähneknirschen sein wird«.[131] Der Mond wird sogar als räuberisch vorgestellt: Er kontrolliert das organische Leben und »saugt dessen Vitalität aus«, und der »Mensch«

> kann nicht, in den gewöhnlichen Lebenssituationen sich vom Mond loslösen. All seine Bewegungen und damit auch all seine Taten werden vom Mond kontrolliert. Wenn er einen anderen Menschen tötet, tut der Mond es; wenn er sich für andere opfert, tut der Mond es. (Demzufolge), ist die Freiheit die mit dem Wachsen der mentalen Kräfte und Fähigkeiten kommt die Loslösung vom Mod. Der mechanische Teil unseres Lebens (wenn uns nicht bewusst ist, was wir tun) ist dem Mond ausgeliefert. Wenn wir in uns selbst Bewusstsein und Willen entwickeln, und unser mechanisches Leben und all unsere mechanischen Erscheinungsformen diesem unterordnen, können wir vor der Macht des Mondes flüchten. [132]

Gurdijeffs Quellen waren stets mysteriös und sein Bild des Mondes erinnert an die alte indianische Auffassung von den Toten als »Nahrung« für die Götter – wenn auch ohne die zusätzlichen Aspekte der Liebe und Erneuerung für die Seelen. Hier scheint der Mond um des Strahls der Schöpfung willen erneuert zu werden. Es ist, als seien moderne Theorien über die Gesetze der Schwerkraft hier in das alte mystische Gefüge hineingezogen worden, was vermuten lässt, dass die alten, längst tot oder verschwunden geglaubten Mythen nicht nur in Träumen und Visionen als Symbole fortbestehen, sondern auch in Ideen.

Eines dieser Symbole ist die drei Nächte während Dunkelheit des Mondes.

Abb. 22. Le Voyage dans la Lune.
Szenenbild von Georges Méliès, 1902.
British Film Museum.

KAPITEL 14

DER NEUMOND: WIEDERGEBURT

Ich bin die Auferstehung und das Leben.
Wer an mich glaubt, der wird leben, selbst wenn er stirbt;
und wer lebt und an mich glaubt, der wird niemals sterben.
Johannes 11:25

Der Tod Jesu, sein Abstieg in die Hölle und seine Wiedergeburt wurden in der Metaphorik der Zeit als die untergehende Sonne und ihre Reise durch den Hades aufgefasst. Jesus starb am 14. Tag des Monats Nisan, der auf einen Freitag fiel (der Tag der Venus), wurde am Samstag in sein Grab gelegt (der Tag des Saturn) und am »ersten Tag der Woche«, einem Sonntag (dem Tag von Helios), als die aufgegangene Sonne wieder geboren.[1] Die Bedeutung seiner Auferstehung am dritten Tag fand Eingang in das Apostolische Glaubensbekenntnis und verdeutlichte die wichtigsten christlichen Glaubenssätze: »... gekreuzigt, gestorben und begraben, hinabgestiegen in das Reich des Todes, am dritten Tage auferstanden von den Toten, aufgefahren in den Himmel; er sitzt zur Rechten Gottes, des allmächtigen Vaters; von dort wird er kommen, zu richten die Lebenden und die Toten.«[2]

Aber wie so oft verbirgt sich hinter dem späteren Bild der aufgegangenen Sonne die frühere Figur des aufgegangenen Mondes. Die Geschichte der Auferstehung scheint auf einer tieferen Ebene von der alten lunaren Bildsprache durchdrungen zu sein. Denn »geboren von der Jungfrau Maria« als der neue Halbmond, stirbt Jesus auf dem Höhepunkt seiner Kräfte bei Vollmond, am 14. Tag des Monats, nach dem der Mond abnehmen wird. In der Figur des dunklen Mondes steigt Jesus hinab in die Unterwelt und steigt am dritten Tag wieder auf, wenn er zum Neumond des ewigen Kreislaufs wird. Krappe bemerkt, dass alle göttlichen Helden am dritten Tag nach ihrem Tod auferstehen, denn sie haben ihre Urform und ihren Ursprung im Verschwinden und Wiedererscheinen des Mondes:

> Das Mythos der Auferstehung des göttlichen Helden, am dritten Tag nach seinem Tode, ist gut bekannt durch die Legende des Attis und der Evangelien, hat seinen Prototyp und seinen Ursprung im Verschwinden und Wiedererscheinen des Mondes.[3]

Ursprünglich gelangten die drei Tage des Abstiegs in die Dunkelheit durch die Analogie, die zwischen der Auferstehung von Jonas und Christus hergestellt wurde, in die christliche Symbolik. In der jüdischen Tradition wurde Jonas, der vor seinem Herrn flieht, in einem Sturm ins Meer geschleudert:

> »Aber der Herr ließ einen großen Fisch kommen, Jona zu verschlingen. Und Jona war im Leibe des Fisches drei Tage und drei Nächte.«[4]

Im Matthäusevangelium, das mindestens eine Generation nach dem Tod von Jesus geschrieben wurde, stellt Jesus dar, wie er selbst die Analogie herstellt:

Abb. 1. Die Erde im Weltall, wie sie die Besatzung von Apollo 7 auf ihrer Reise zum Mond am 7. Dezember 1972 sah. NASA.

> Denn wie Jona drei Tage und drei Nächte im Bauch des Fisches war, so wird der Menschensohn drei Tage und drei Nächte im Schoß der Erde sein.[5]

In den Illustrationen aus einer Bibel aus dem 15. Jahrhundert (siehe Abb. 2) sollten offensichtlich die Ähnlichkeiten zwischen Jonas, der in das Maul des Wals fällt, Joseph, der in die Grube geworfen wird, und Jesus, der in sein Grab gelegt wird, aufgezeigt werden. In Abb. 3 tritt Samson an die Stelle von Joseph und Jonas wird wieder ausgespuckt, während Christus wieder geboren wird.

Da der Mond für zwei oder drei Nächte verschwinden konnte, ist Jesus zwei Nächte lang tot und steht am dritten Tag wieder auf. Wie die lunaren Götter für die Toten die Unterwelt erleuchtet und manchmal die Ungeheuer der Dunkelheit getötet hatten, wird auch Jesus häufig gezeigt, wie er die Seelen vom Tod

Abb. 2. Joseph im Brunnen. Die Grablegung Christi.
Jonas und der Wal. Illustration aus der Biblia Pauperum.
Deutsche Ausgabe, 1471.

Abb. 3. Samson mit den Toren des Tempels. Jesus, der aus
seinem Grab aufersteht. Jonas, der von dem Wal ausgespuckt
wird. Illustration aus der Biblia Pauperum.
Deutsche Ausgabe, 1471.

befreit, indem er das Ungeheuer der Hölle tötet, das man sich als einen Wal vorstellte. Betrachtet man das Bild, ohne den Text zu lesen, erscheint Jesus hier in der Rolle des leuchtenden Mondes, der den Drachen des dunklen Mondes tötet und so die Wiedergeburt bringt.

Angesichts dieses Modells ist es vorherzusehen, dass die Bekehrung von Saulus auf der Straße nach Damaskus zu drei Tagen der Blindheit und des Fastens führt.[6] Auch Dante geht am Karfreitag durch das Tor der Hölle und erreicht das Paradies am Ostersonntag (wozu er wie Christus drei Tage, aber nur zwei Nächte braucht).[7]

Die christliche Tradition hat sich also eines universellen Symbols des Todes und der Wiedergeburt bedient, das man in Volksmärchen und Religionen der ganzen Welt findet. Wir wollen noch einmal einige seiner Erscheinungsformen betrachten.

* * *

Die sumerische Mondgöttin Inanna-Ishtar hing drei Tage und drei Nächte tot an einem Haken im »Großen Unten«, bis sie durch das Wasser und die Nahrung des Lebens wieder erwachte und in das »Große Oben« aufstieg.[8] Das »Linke Auge« des Horus wurde in Stücke gerissen und für drei Nächte in die äußere Dunkelheit geworfen, bis Toth es wieder zusammensetzte.[9] Der ozeanische Mondgott Tjapara, der in einem Todeskampf mit jenem Mann starb, dessen Frau er genommen hatte, erschien drei Nächte später am Himmel, während der Sterbliche im Meer ertrank.[10] Als die ceramesische Jungfrau Rabi von dem Sonnenmann Tuwale vergewaltigt wurde und starb, feierte ihre Familie drei Tage lang das Totenfest und sah anschließend den Mond zum ersten Mal im Osten aufsteigen.[11] Im wedischen Indien wurden die Seelen, die im alten Mond starben, drei Nächte später im wiederkehrenden Halbmond reinkarniert und fielen als *Soma*-Regen in den Schoß ihrer neuen Mütter.[12] Im alten Persien schwebte die Seele drei Tage lang um den Körper herum (als sei sie selbst in Gefahr zu sterben), während die Familien Zeremonien durchführten, um den Verstorbenen beim Beginn ihrer Reise ins Paradies zu helfen.[13]

Die sibirischen Yakuten sagen, dass der »künftige Schamane ›stirbt‹ und drei Tage in seinem Zelt liegt, ohne zu essen und zu trinken«. Dreimal musste sich der Kandidat dieser Prüfung unterziehen, bei der er nach dem Vorbild des Mondes »in Stücke geschnitten« wurde.[14] Der irische Held Cuchulainn kämpfte von Sommer bis Frühling ununterbrochen zur Verteidigung von Ulster, brach dann zusammen und schlief drei Tage und drei Nächte, während sein Vater aus dem Jenseits über ihn wachte. Als er aufwachte, waren seine

Abb. 4. Christus befreit Seelen aus dem Schlund der Hölle, der als ein Wal dargestellt ist. Winchester Bibel. 12. Jahrhundert. Winchester Cathedral.

Abb. 5. Jason wird von dem Drachen ausgespuckt, hinter dem das goldene Vlies am Baum des Lebens hängt. Die Anwesenheit von Athene deutet auf ein lunares Muster des Befreiungsrituals hin. Attische rotfigurige Vase von dem Duris-Maler. 5. Jahrhundert v. Chr. Gregoriano Etrusco, Vatikan-Museum, Rom.

Verletzungen wie durch ein Wunder geheilt.[15] Als Buddha starb, versammelten sich die Tiere der Erde um ihn und weinten bitterlich. »Weint nicht«, sagte er zu ihnen. »Schaut zum Mond! Wie der Mond stirbt und sich selbst erneuert, so werde auch ich sterben und wieder erneuert werden.«[16] Die Trauerrituale für Adonis, den Geliebten von Aphrodite, der von den Hauern des Keilers durchbohrt worden war, dauerten drei Nächte: Unter Wehklagen wurden Bildnisse des Gottes in die Wellen geworfen und drei Tage später wieder geborgen; dann sangen und tanzten die Menschen, denn war nicht der Gott aufgestiegen, um wieder zu leben?«[17]

DER LUNARE MYTHOS DER TRANSFORMATION

Was geschieht hier? Es muss ein archetypisches Modell am Werk sein, das all diese verschiedenen Geschichten aus einem anderen Grund als dem, der in den Geschichten selbst angegeben wird, durchdringt. Das Symbol (des Todes und der Wiedergeburt) hat mit einem Widerspruch zu kämpfen, denn auf der Ebene der gewöhnlichen Erfahrung schließen sich Leben und Tod gegenseitig aus. Wo das eine ist, ist das andere nicht. Dennoch scheint hier auf der tiefsten Ebene eine Verschmelzung zu einer einzigen Realität stattzufinden, so dass das, was Tod *war*, zu Leben *wird*. Daraus folgt, dass es einen Zustand geben muss, aus dem Leben *und* Tod entstehen. Leben und Tod sind die Parameter von Zeit wie wir sie verstehen. Dieser Zustand muss also jenseits von Zeit sein, sogar jenseits von dem, woher die Zeit kommt, also – um ihm einen Namen zu geben – aus der Ewigkeit. Folglich muss der sichtbare Mond – der Mond der Sinne – diese Reise vom Zeitlichen zum Ewigen unternehmen, um an dem »Stoff der Ewigkeit« teilzuhaben, in das heilige Reich einzutreten und eins mit dem Ewigen zu werden. Wenn »das Ewige« die neue Form des Mondes hervorbringt, die Neumond genannt wird, imitiert es den ursprünglichen Schöpfungsakt, in dem Form aus der Formlosigkeit und Licht aus der Dunkelheit hervorkam. Denn der Tod des Mondes war eine Rückkehr zur

Abb. 6. »The New Moon«.
J. M. W. Turner. Öl auf Mahagoni, 1840.
The Tate Gallery, London.

ursprünglichen Ganzheit des Beginns. Das Alte musste vollständig sterben, die alten Strukturen und die alten Mächte mussten weichen, bevor etwas Neues kommen konnte. Wenn sie nicht bereitwillig oder aus eigenem Antrieb gingen, mussten sie geopfert werden. Sie mussten in die ursprüngliche Einheit der Ewigkeit eingehen, aus der alle zeitlichen Formen hervorkommen.

Der Mond durchläuft also einen Übergangsritus vom Profanen (Zeit, die erschöpft ist) zum Heiligen (das Ewige), das die Zeit und folglich auch die Welt erneuert, die nicht als von der Zeit getrennt aufgefasst werden kann – womit heilige Zeit und Welt zu einer »schönen neuen Welt« werden. Daher scheint der Mond das Versprechen der Erneuerung im Bild des Anfangs zu bergen (*in illo tempore*), der natürlich auch »der Anfang« des an »dieselben« Kategorien von Raum und Zeit gebundenen Geistes ist. Dennoch folgen auch jene Helden, Erlöser und Schamanen – im Grunde jeder, der in seinem eigenen Leben auch nur für einen Augenblick die heroische, schamanische Rolle erduldet – nach dem Vorbild des Mondes diesem Übergangsritus vom Profanen zum Heiligen in ein verwandeltes Leben in der Zeit.

Diese Idee der Verschmelzung der Zeit mit der Ewigkeit oder der Durchdringung der Zeit von der Ewigkeit findet man in Geschichten über jede Seinsebene. Es scheint eine konsistente Struktur in den Geschichten der Transformation zu geben. Die erste Phase ist die Auflösung aller Formen. Auf der kosmischen Ebene muss die Ordnung in Chaos enden (wie bei Flut, Sintflut, Millennium, Apokalypse oder dem »Ende der Welt«). Auf der Stammesebene müssen sich die lebenden Priester von der Vergangenheit leeren, um von dem Traum der Ahnen erfüllt zu werden. Auf der sozialen Ebene müssen Verhaltensnormen außer Kraft gesetzt oder umgekehrt werden (wie bei den Neujahrsorgien der Saturnalien, Silvester und Karneval am Ende des Winters). Auf der individuellen Ebene muss sich das bewusste Selbst verlieren, um offen für das Unbewusste zu sein. Auf der pflanzlichen Ebene muss sich die Frucht im dichten, dunklen Boden zersetzen (Kore, Persephone, Dionysos), bevor die Saat abgeworfen werden und die Lebenskraft zurückkehren kann. Feste der Trauer im Herbst und der Freude im Frühling sollten die Lebenskraft in ihrer vielfältigen Metamorphose unterstützen. Dieser Abstieg in die Dunkelheit kann durch schamanische Initiationszeremonien erfolgen, durch die Gemeinschaftsrituale der alten Mysterien, durch den Ritus der Taufe (die Auflösung der Formen in Wasser), die Teilnahme an der Messe oder der Heiligen Kommunion, durch die Aussetzung des Individuellen im rituellen Gebet oder durch viele andere religiöse Formen. Er kann auch auf moderne Art, meist ohne die Führung der Gemeinschaft in der Isolation privater Verzweiflung durchgeführt werden.

Viele Neujahrszeremonien fielen auf die letzte mondlose Nacht vor dem Wiedererscheinen des Neumondes. Einige Indianerstämme in Kalifornien glaubten, dieses kosmische Timing würde sie mit den unsterblichen Wesen verbinden, welche die Welt vor den Menschen bewohnten, so dass gegenwärtige Stammesangehörige die ursprüngliche kosmogonische Zeremonie, die von ihren Ahnen in der »Traumzeit« eingeführt wurde, in zeitgenössischen Ritualen neu inszenieren können. Sie nennen dies »Pfosten unter die Welt stellen«.[18] Hier wird Zeit durch die Wiederholung des ursprünglichen Schöpfungsaktes symbolisch erneuert, ein Bestreben, das am Ende vieler Gebete zum Ausdruck gebracht wird: »Wie am Anfang, so für alle Zeit, in Ewigkeit, Amen.«

In einer anderen Geschichte aus Kalifornien geht es um die dunkle Zeit von drei Tagen oder drei Jahren. Axiwalic, ein Zauberer der Chumash, erkrankte an der Schwindsucht und verließ sein Dorf, um sich einen Ort zu suchen, an dem er sterben konnte. Er folgte einem seltsamen Licht zu einem Tier, das ihn durch ein Bad wieder gesund machte und ihn durch eine Quelle (Taufe durch Wasser) wieder nach Hause in sein Dorf schickte. Als er zurückkehrte, stellte er erstaunt fest, dass er drei Jahre fort gewesen war, die ihm wie drei Tage vorgekommen waren.[19] Joan Halifax kommentiert die Geschichte in ihrem Buch *Shaman*: »Drei Tage tot, drei Jahre tot, wie der dunkle Mond. Dies ist die Pause zwischen der persönlichen Vergangenheit und einem realisierten transtemporalen Leben.«[20] Demzufolge verschmelzen das Persönliche und das Zeitliche in diesem heiligen Intervall mit dem Unpersönlichen, dem Transtemporalen oder dem Ewigen, und diese Verschmelzung führt auf einer neuen Ebene zu dem Zustandswandel, den wir Erneuerung nennen.

Aber der Begriff »ewig« ist noch immer nur eine Idee, eine erklärende Hypothese. Er ist so unklar wie der Zustand, auf den er verweist, und so unwiderlegbar wie jedes Urbild, das nicht verschwindet. Wenn diese Idee in einer Erzählung zum Ausdruck gebracht wird, erscheint sie meist als ein Zustand jenseits aller Gegensätze, jenseits des unvermeidlichen Dualismus vom Leben in der Zeit. Im normalen Bewusstsein konfrontiert uns die Differenzierung mit Polaritäten: Leben *oder* Tod, Zeit *oder* Ewigkeit, männlich *oder* weiblich, Ich *oder* Du, Du *oder* Das.

Somit macht es Sinn, dass es in der vorgestellten Dunkelheit des Anfangs – vor der Entstehung der Kategorien, die Zeit und Raum genannt werden sollten, also bevor das Bewusstsein sich selbst erkennen konnte – eine Einheit von Wirklichkeiten gab, die im normalen Leben als unterschiedlich oder sich gegenseitig ausschließend erfahren werden. Eine Rückkehr zu diesem Zustand wäre eine Rückkehr zu dem Zustand vor der Dualität. Auf der mythologischen Ebene würde dies eine Einheit oder Wiedervereinigung des Menschlichen und des Göttlichen bedeuten, auf der psychologischen Ebene eine Wiedervereinigung des Bewussten und des Unbewussten und auf der epistemologischen Ebene eine Wiedervereinigung von Verstand und Intuition als Formen der Erkenntnis. Ein männlicher Held würde eins mit seiner inneren femininen Natur, eine weibliche Heldin eins mit ihrer inneren männlichen Natur. Das suchende maskuline Bewusstsein würde sich wieder mit dem Femininen, dem Ursprung seines Seins vereinen.

Im himmlischen Symbolismus ist dies die heilige Hochzeit von Sonne und Mond, oder von Himmel und Erde. In der Alchemie ist es die *Conjunctio* von Sol und Luna. Folglich führt diese heilige Hochzeit bislang getrennter, ja gegensätzlicher Realitäten zur Wiedergeburt auf einer neuen Ebene der Synthese – zum »Kind« der Ehe, dem transformierten Wesen.

* * *

Der Zyklus des Todes und der Wiedergeburt des Mondes, der als ein Versprechen der Wiedergeburt nach dem Tod für die Menschen interpretiert wurde, kann jetzt symbolisch als eine mögliche Struktur der Transformation gelesen werden, in der sich das Individuum vom alten Selbst lossagt und in eine neue Seinsform hineingeboren wird. Man könnte einwenden, dass die Prämissen, auf die sich diese frühen Schlussfolgerungen gründeten, eindeutig illusorisch waren und es daher keine Grundlage gibt, um ihnen überhaupt einen symbolischen oder sonstigen Sinn zu verleihen.

Es mag auch ironisch erscheinen, dass viele der Religionen den Symbolismus des Mondes herangezogen haben, um das Verhältnis des zeitlichen Lebens zur Ewigkeit zu erforschen, da der Symbolismus einzig aus den Beschränkungen des menschlichen Geistes zu kommen scheint. Aber sobald frühere Überzeugungen keine Gültigkeit mehr haben, können sie die ursprünglichen Impulse reflektieren, die sich einst hinter ihnen verbargen – das authentische Bedürfnis der Psyche innerhalb der alten, wörtlichen, ja falschen Interpretation der Welt. Solche Überzeugungen führen zurück zum Archetypus und machen ihn auf eine Art transparent, die schwierig, wenn nicht gar unmöglich zu erreichen ist, solange das Bild, durch das der Archetypus ausgedrückt wird, in unserer Vorstellungskraft noch immer als objektiv wahr empfunden wird.

Die Geschichten des Mondes suggerieren, dass die unbewusste Psyche sich nach Transformation sehnt. Wie sie ist, so sieht sie. Den Mond wie die Menschen früherer Zeit als ein lebendiges Wesen aufzufassen, das wächst, stirbt und wieder geboren wird, scheint rückblickend darauf zu verweisen, wie die unbewusste Psyche sich selbst sieht und dass sie ihre eigene Realität letztlich in diesem äußeren Muster interpretiert. Auf der tiefsten Ebene könnte man also folgern, dass Formen des Fühlens, Denkens und Seins sich selbst in ständiger Bewegung erfahren; sie wachsen, verringern sich und bilden sich zu einem eigenen Rhythmus neu. Aus unsichtbaren Tiefen aufsteigend, nehmen sie Gestalt und Charakter an, wachsen zu ihrer vollständigsten Manifestation heran und schwinden, wenn sie ihren Zweck erfüllt haben. Ihre Überzeugung verblasst und sie gehen (wenn wir es zulassen) wieder in eine tiefere Schicht der Psyche ein, wo sie aufgefrischt und in neuer Form wieder geboren werden, erneut im Einklang mit dem, was sie durch diesen jüngsten Ausdruck ihrer selbst gelernt haben.

Aber der unbewusste Geist ist meist versucht, an der alten Form festzuhalten und zu verhindern, dass er sich fort bewegt und aus eigenem Antrieb verändert (d. h. in Übereinstimmung mit den Gesetzen des Unbewussten). Da diese Gesetze nicht vom bewussten Geist formuliert werden und ihm anfangs häufig nicht zugänglich sind, werden sie leicht als willkürlich abgetan. Denn der bewusste Geist zieht es vor, sich mit dem zu identifizieren, was er kennt, was bislang funktioniert hat und was er glaubt zu sein oder sein möchte. Dann besteht die Gefahr, den Strom der Erfahrungen aufzuhalten, ihn in eine Idee zu verwandeln, auf »Kultur« zu beschränken und zu vergessen, dass er »Natur« ist, so dass er leben und sterben muss, indem er seine Form verändert. Der Mond, so Yeats, »ist das unbeständigste aller Symbole, nicht nur, weil er das Symbol der Veränderung ist«.[21] Es ist, als müsse das alte Selbst wie der Mond sterben, bevor wieder ein neues Selbst aus der Dunkelheit seines eigenen Seins wie ein neuer Mond auftauchen kann – und zwar nicht nur einmal, sondern ständig. Goethes Gedicht »Selige Sehnsucht« endet mit den Worten:

> Und solang du das nicht hast,
> Dieses: Stirb und werde!
> Bist du nur ein trüber Gast
> auf der dunklen Erde.[22]

Wenn Jesus im Johannesevangelium von Wiedergeburt spricht, scheint er damit eher Transformation als Unsterblichkeit zu meinen (und das »Königreich Gottes« psychologisch auszulegen):

> »Wahrlich, wahrlich, ich sage dir: Wenn jemand nicht von neuem geboren wird, kann er das Reich Gottes nicht sehen.« Nikodemus sagte zu ihm: »Wie kann ein Mensch geboren werden, wenn er alt ist? Kann er denn wieder in den Leib seiner Mutter kommen und geboren werden?« Jesus antwortete: »Wahrlich, wahrlich, ich sage dir: Wenn jemand nicht durch Wasser und Geist geboren wird, kann er nicht in das Reich Gottes kommen.«[23]

Im Thomasevangelium wird das »Königreich Gottes« explizit als ein Geisteszustand dargestellt:

Seine Jünger sagten zu ihm: »Das Königreich, an welchem Tag wird es kommen?« Jesus sagte: »Es wird nicht kommen, wenn man Ausschau nach ihm hält. Man wird nicht sagen: ›Siehe hier oder sieh dort‹, sondern das Königreich des Vaters ist ausgebreitet über die Erde, und die Menschen sehen es nicht.«[24]

Paulus bringt eine ähnliche Idee zum Ausdruck, wenn er sagt: »Nicht ich bin es, der lebt, sondern Christus, der in mir lebt.«[25]

In seinem *Mysterium Coniunctionis* erklärt Jung den alchimistischen Symbolismus der *Coniunctio* anhand des lunaren Symbolismus und weist darauf hin, dass die *Coniunctio*, die Vereinigung von Sonne und Mond, nicht bei Vollmond, sondern in der dunkelsten Nacht des Neumondes stattfindet.[26] Von Franz fügt hinzu: »Die Coniunctio ereignet sich in der Unterwelt ... die neue Persönlichkeit wird in der tiefsten Depression, der tiefsten Einsamkeit geboren.«[27] Was Johannes vom Kreuz »die dunkle Nacht der Seele«[28] nannte, ist somit eine *notwendige* Stufe in der Transformation der Persönlichkeit und nicht nur ein unwiederbringlicher Verlust »des Lichts der Seele«.

Wie wir gesehen haben, wurden auch die Teilnehmer an den ägyptischen, griechischen und christlichen Mysterien aufgefordert, ja gezwungen, ihre Identifikation mit der Struktur der Sterblichkeit aufzugeben – die als *bios* lebt und stirbt – und sie stattdessen in der ewigen Quelle zu finden, in *zoe*. Was aufgegeben oder geopfert wurde, war Biografie, das persönliche Ego, das zeitliche Selbst, und gefunden wurde das, was sich in diesem oder jedem anderen Augenblick in der Zeit jenseits des Individuellen befindet. Wie vielleicht in jeder echten Kunst werden die Menschen ihrem gewohnten Selbst entrückt. Für die Dauer des Rituals werden sie selbst zu Göttern und haben Teil an der »Ewigkeit« – vollkommen überzeugt von Werten, welche die Wechselfälle der Zeit transzendieren. Erst wenn die Epiphanie erreicht und der Ritus vollendet ist, werden die Priester und die Menschen wieder zu den Personen, die sie vorher waren, aber genau genommen sind sie es nicht mehr, da sie jetzt verwandelt, erfüllt von *zoe* und erneuert sind.

Die Tatsache, dass die Menschen in Ägypten und Griechenland Jahr für Jahr wieder zu den Mysterien gingen (und dass die Mysterien selbst Tausende von Jahren andauerten), lässt vermuten, dass die unweigerliche Rückkehr zum Leben in der Zeit einer periodischen Auflösung in der Zeitlosigkeit bedurfte, wenn die Erinnerung der Quelle nicht verblassen sollte. Andernfalls läuft die Erfahrung Gefahr, theoretisch zu

Abb. 7. Horus und Seth flankieren den Kopf von Hathor. Darüber die Augen von Sonne und Mond. Goldene Brustplatte. 12. Dynastie. Ca. 2050–1750 v. Chr. Eton College Library, Meyer's Collection.

werden und nur noch eine Idee zu sein – die unvermeidliche Konsequenz, wenn Wissen von Sein getrennt wird. Eines der Geheimnisse der Mysterien, das nie verraten wurde (da es nur durch einen veränderten Bewusstseinszustand zu begreifen war), bestand darin, dass die Mörder oder Verräter (Seth, Hades, Judas) auf der Bühne zwar die Feinde derjenigen waren, die sie opferten, hinter den Kulissen – wo es keine Polarität der Gegensätze gibt – jedoch Mörder und Ermordeter eines Geistes waren: Opfernder und Opfer, Held und Drache waren ein und dasselbe. Daher treten sich Seth und Horus als Gleiche gegenüber, Persephone »heiratet« Hades, Jesus »liebt« seinen Feind und küsst ihn. Nur im Egobewusstsein gibt es eine Trennung zwischen beiden (Abb. 7).

Die Teilnehmer an den Mysterien mussten sich dem hingeben, was geschehen würde, und was geschah, war eine Veränderung der Wahrnehmung. Denn diese lunaren Mysterien scheinen nicht in erster Linie narrative Bestätigungen einer Wiedergeburt analog zur Wiedergeburt des Mondes gewesen zu sein. Sie waren im Wesentlichen Möglichkeiten der Transformation, die sich radikal darauf auswirkten, wie das Leben in der Gegenwart gelebt werden musste. »Osiris ist ebenso hilfreich hier auf der Erde, wie für die, die gestorben sind«, schrieb ein Ägypter auf seine Grabstele.[29]

Nur die Erfahrung des Numinosen, so Jung, führt zur Transformation.[30] So ist das, was *zoe* oder das »ewige Leben« genannt wird, zwangsläufig unbeschreiblich, außer durch Metaphern oder Analogien, und jeder Versuch, es in die Sprache der Zeit zu übersetzen, endet in Banalität oder bestenfalls im Paradox: »Zeige mir dein ursprüngliches Gesicht«, verlangt der Zenmeister.[31] Yeats Mädchen blickt nachdenklich in einen Spiegel nach dem anderen und beantwortet die Frage eines imaginären Geliebten: »Ich suche nach dem Gesicht, das ich hatte / Bevor die Welt erschaffen wurde.«[32]

Die Ägypter stellten sich den Sonnenvogel Benu vor, den sie nach dem Laut, den der Reiher ausstößt, wenn er fortfliegt, *ka* nannten. Nachdem sich die Verstorbenen mit ihrer persönlichen *ba*-Seele (ein Vogel mit ihrem Gesicht) vereint hatten, trafen sie ihre kosmische Seele *Ka*, die »Mutter der Transformationen«[33] (Abb. 8). Ägyptische Christen übertrugen *Ka* auf den Heiligen Geist, und andere Christen stell-

Abb. 8. Ein Verstorbener trifft sein Ka in Gestalt des Sonnenvogels Benu, die Krone von Osiris tragend. Grab von Anhurkhawl, Deir el-Medina, Theben. Ca. 1190–1085 v. Chr.

ten sich Engel vor – Boten aus dem göttlichen Reich, so die Bedeutung des griechischen Wortes *angellos*. Die Römer hatten ihren *genius*, und Blake, für den »der Ewige Körper des Menschen die Imagination« ist, schreibt jedem Menschen seinen eigenen »poetischen Genius« zu.[34] Die Dimension des Ewigen, die der Menschheit von menschlichen Wesen zugeteilt wurde, wurde auch schon immer einfach »Seele« genannt.

* * *

Allgemeiner ausgedrückt, lässt eine Untersuchung der Mondmythen vermuten, dass das Bild der Ewigkeit von jemand oder etwas Ewigem zu den Menschen gebracht werden muss, damit sie eine Beziehung zu ihrem ewigen Selbst herstellen können. Das »Ewige« kann viele Namen haben: die große Muttergöttin, Mutter Erde, Mondgott oder Mondgöttin, Sonnengott oder Sonnengöttin, Vater Gott, Gott, Göttin, Tao, »Alles, was ist«, oder das Gute, das Wahre und das Schöne. Es wird durch Wesen vermittelt, die auf der Erde gelebt haben, wie etwa Buddha, Christus oder Mohammed, oder es kann in der menschlichen Psyche als »das Selbst«, »die Mitte« oder »die Seele« verortet werden. Es wird auch als »der Archetypus der Ganzheit« beschrieben und durch Werte zum Ausdruck gebracht, die zu den Menschen aufgrund ihres Menschseins gehören und durch die Menschsein definiert ist. Die Bezeichnungen für »das Ewige« sind ebenso zahlreich wie die verschiedenen Bedeutungen, die der »Ewigkeit« gegeben wurden, aber die Funktion ist stets ähnlich: die Zuschreibung des höchsten Wertes, dem alle anderen Werte untergeordnet sind. Dieser höchste Wert wird immer als über die Zeit hinausgehend und unantastbar, also als heilig aufgefasst (die Begriffe »ewig« und »heilig« gehören zusammen).

Eliade hat in seinem Buch *A History of Religious Ideas* gezeigt, dass die Erfahrung einer heiligen Dimension des Lebens in den Kulturen aller Zeiten auftritt. Dies lässt vermuten, dass »das Heilige« keine Stufe in der Entwicklung des Bewusstseins ist, der die Menschen entwachsen, wenn sie komplexer werden, sondern ein inhärenter, vermutlich der essenzielle Teil der *Struktur* des Bewusstseins.[35] Wenn also ein Bild des Heiligen seine numinose Kraft verliert, wird die Rolle des Heiligen auf ein anderes Bild übertragen. Jemand oder etwas muss es tragen – wenn nicht ein würdiger, dann eben ein unwürdiger Überbringer, wie verschiedene kollektive Inbesitznahmen der Rasse gezeigt haben.

Deshalb kann es sein, dass der Versuch, die Quelle und die Strömung der alten Sehnsucht zu verstehen, auf einer mythischen Ebene ebenso notwendig ist, wie der Versuch, unsere eigenen veralteten Gedanken und Handlungen auf einer persönlichen Ebene zu verstehen, um die tieferen Impulse zu erkennen, die sie antreiben. Andernfalls besteht die Gefahr, dass diese alten Überzeugungen (wie unsere früheren, inzwischen abgelegten Verhaftungen) lediglich ihre letzte provisorische Form abnutzen. Wenn ihre Quellen nicht erkannt werden, erscheinen sie einfach in einer neuen, nicht weniger unverständlichen Verkleidung, und die unbewusste Identifikation beginnt erneut mit kaum mehr Verständnis als zuvor.

Jung beschreibt die religiösen Gefühle, die einst »als Götter in den Raum projiziert und mit Opfern angebetet« wurden, als »Mächte«, die »noch immer in unserer unbewussten Psyche lebendig und aktiv sind«.[36] Daher müssen sie weiterhin in irgendeiner Form respektiert werden, wenn sie nicht erneut auf einen Gegenstand, eine Person, eine Mission, ein Idol oder einen Gott übertragen werden sollen – alles (um mit Conrad zu sprechen), was »aufgestellt werden kann, um sich davor zu verbeugen oder ihm Opfer darzubringen ...«[37]

* * *

Als der Vatergott die Rolle des Heiligen von der Muttergöttin übernahm, wurde die Ewigkeit oder das Heilige neu definiert. Dies war auch der Fall, als die Sonne die Rolle des Mondes und der Erde übernahm. Wenn diese früheren Übertragungen des Heiligen effektiv sein sollten, musste sein früherer Träger in der neuen Ordnung bestenfalls als unterlegen und schlimmstenfalls als zerstörerisch umdefiniert werden. So lange dieser Prozess der Übertragung des Heiligen von einem Bild auf ein anderes unbewusst stattfindet, ist dies vermutlich unvermeidlich. Als der Vatergott die höchste Stelle einnahm, wurde die Muttergöttin, die alles Leben hervorgebracht hatte, als chaotisch oder unbelebt definiert (bevor sie unsichtbar wurde), und mit dem Aufstieg der Sonne verhieß der Mond, der einst die Hoffnung der Wiedergeburt war, nun den Tod. So verkörperten der Mond und die Erde unter ihm (vom höchsten Himmel aus gesehen) das abschätzige Bild der Zeit als Auflösung und Zerfall, im Gegensatz zu der ewigen und unveränderlichen Sonne, die nun der Himmelskörper jenseits des Todes war. Als der jüdische transzendente Gott, der sich jenseits aller Götzenbilder befand, die Rolle des Vatergottes in reinen Geist verwandelte, wurde Ewigkeit wieder neu als jenseits von allem definiert, was man hören, sehen oder benennen konnte. Die Welt der Phänomene und die Welt der Zeit wurden »gestürzt« – die Sonne ebenso wie der Mond und die Erde –, so dass alles, was wir heute Natur nennen, entheiligt wurde (ein Verlust, der bis heute spürbar ist). Die christliche Kirche übernahm diese Tradition und sprach geringschätzig von »dieser Welt« im Gegensatz zu »der nächsten Welt«, welche die wirkliche Welt der göttlichen Einheit nach dem Tod war. (Die Angleichung von Aristoteles an das christliche Denken durch Thomas von Aquin im Mittelalter bedeutete, dass die Sonne metaphorisch vom Fluch der Welt der Phänomene gerettet wurde und als ein Symbol Christi fortbestehen konnte.) Angesichts des allgemein nachlassenden Glaubens an die christliche Geschichte der göttlichen Offenbarung stellt sich nun die Frage, wo das Bild der Ewigkeit als Nächstes zu finden sein wird.

An diesem (äußerst vereinfachten) Muster kann man erkennen, dass Zeit und Raum, im Grunde die gesamte Interpretation der Struktur und der Werte unserer Welt, von dort stammen, wo die Ewigkeit angesiedelt wird. Denn nur die Ewigkeit – in welcher Form auch immer – kann in der Vorstellung die Zeit ablösen und den Tod in Wiedergeburt verwandeln. Andererseits wird alles profan, in dem das Heilige nicht gefunden wird.

Nun scheint klar zu sein, dass alle alten Kräfte des Mondes von seinem *ewigen* Sein, seiner Fähigkeit zur Wiedergeburt stammten. Das »Wasser des Lebens« kam aus dem ambrosischen Kelch des Nektars der Unsterblichkeit, der natürlich die Sichel des wieder geborenen Mondes war. Die befruchtende Macht über Empfängnis und Geburt stammte von seiner Fähigkeit, sich selbst zu gebären, ebenso wie sein Einfluss auf die Pflanzenwelt, in der neues Leben aus dem Tod des Alten zu entstehen scheint. Seine Herrschaft über Schicksal und Zeit stammte von den Zeitqualitäten, mit denen er ausgestattet war, denn wer könnte besser das Schicksal zuteilen, als derjenige, der die unerbittlichen Gesetze seiner Folgen außer Kraft setzen kann? Natürlich sind dies Stärken, die allen Göttinnen und Göttern eigen sind, egal, in welchem Himmelskörper sie sichtbar gemacht werden. Aber als Überzeugungen, denen nur noch wenige Menschen anhängen, können sie mit ausreichender Distanz betrachtet werden, um die Intensität des unbewussten Bedürfnisses widerzuspiegeln, wie immer dies auch dem skeptischen, bewussten Geist erscheinen mag.

MYTHOS ALS SYMBOL UND METAPHER

> Begreife, dass du eine eigene kleine Welt bist und in dir die Sonne, den Mond und auch die Sterne trägst.[38]

Damit nahm Origenes, der frühchristliche Kirchenlehrer, bereits im dritten Jahrhundert Zimmers Analyse der zeitgenössischen Bewertung des Mythos vorweg:

> All die Bilder und Andeutungen aus seiner Tiefe, die der Mensch beinahe seit der Steinzeit bis heute auf das schimmernde Bild des Universums projiziert, sind zum Menschen selbst zurückgeflossen.[39]

Ob Mythen poetische Bilder der Rasse, kollektive Träume der menschlichen Psyche oder Geschichten des Stammes genannt, und ob sie dem »großen Gedächtnis«, der *Anima Mundi*, dem kollektiven Unbewussten, der imaginablen Welt oder der Seele der Menschheit zugeschrieben werden sollen, sie bieten uns einen, wenn auch kleinen und flüchtigen Einblick in das, was es heißt, ein Mensch zu sein. Denn Mythen können uns zeigen, wie wir denken, aber nur, wenn wir uns auf sie einlassen und gleichzeitig durch sie »hindurchsehen« – der »doppelte Blick«, den Blake als Möglichkeit vorschlägt, zu Kunst und Leben zu finden.[40] Behandelt man sie geringschätzig, dann verschwinden sie. Nimmt man sie wörtlich, dann sind sie im Weg. Man könnte sagen, dass die Aufgabe der Mythologie erst dann erfüllt ist, wenn deutlich wird, dass sich die Quelle von Mythen in der menschlichen Vorstellungskraft befindet. Dann sind Göttinnen und Götter, Dämonen, Drachen und der ganze Pantheon übernatürlicher Wesen in diesem Sinne Metaphern für Geisteszustände, Bilder von Entwicklungsmöglichkeiten in uns selbst. Sie sind Figuren der Leidenschaft, die unseren tiefsten Sehnsüchten und Ängsten Energie und Form geben, indem sie ihre Geschichte erzählen und sie zu Erzählungen machen, die Ideen prüfen und erforschen. Um es noch einmal zu versuchen, Mythen sind zumindest eine Möglichkeit, ein universelles Gefühl des Staunens zu ergründen und das Mysterium des Numinosen zu begreifen und nachzuvollziehen (ein Begriff, der wörtlich das Zwinkern eines Gottes und eher allgemein das Lebendigwerden einer göttlichen Präsenz bedeutet). Mythen können als Symbole gelesen werden, deren Bedeutung nicht allein durch den Intellekt erkannt werden kann. Dennoch entfalten sich ihre vielfachen Bedeutungen, je eifriger ihnen nachgegangen wird – etwas, was man auch über Träume sagen könnte, die aus der gleichen überpersönlichen oder transpersonalen Quelle stammen. Denn der Traum, wie Campbell so treffend bemerkte, ist der personifizierte Mythos, und der Mythos ist der entpersonifizierte Traum.[41] Im weitesten Sinne repräsentieren Mythen durch Analogie das zeitlose Abenteuer der Seele.

Somit ist es letztlich ein inneres Drama, das jene immerwährenden Mythen antreibt, die Epochen und Kulturen überleben und keine Lösungen anbieten, aber immer komplexere Reaktionen und immer mehr Gedankentiefe verlangen. »Der primitive Mensch« (diese äußerst ungerechte, aber unerlässliche Kategorie), wie Jung sagt, wusste einfach nicht, dass die Psyche alle Bilder beinhaltet, die jemals Mythen haben aufkommen lassen, und dass unser Unterbewusstsein ein agierendes, leidendes Subjekt eines inneren Dramas ist, welches der primitive Mensch mit Hilfe der Analogie, in den großen und kleinen Prozessen der Natur wieder entdeckt hat.[42] Aber *wir* wissen es. Folglich kann man in den alten Mythen eine poetische Formulierung psychologischer Wahrheiten finden, die frei sind von Dogmen, Schulen und Doktrinen und sich nur gegenüber dem Urteil eines verständigen Herzens verantworten müssen.

Heute können wir die essenzielle Einheit der menschlichen Rasse in ihren nicht endenden Versuchen, sich selbst zu verstehen, erkennen. Im späten 18. Jahrhundert wurden die altindischen Texte der Weden und der Upanischaden ins Englische übersetzt und enthüllten eine gemeinsame, indoeuropäische linguistische Wurzel, die Anlass zu der Idee einer gemeinsamen indoeuropäischen Familie gab. Im Jahr 1821 wurden die ägyptischen Hieroglyphen des Steins von Rosette entschlüsselt. Sie zeigten ein unerwartet hoch entwickeltes Denken, das etwa 2000 Jahre älter war als die Bibel. Darauf folgten 1850 Layards Ausgrabungen in Babylon, die einen Schlüssel zu Mesopotamien boten, und 1875 hatte Schliemann Troja und Mykene freigelegt und Arthur Evans dazu inspiriert, nach den Ursprüngen der Insel Kreta zu suchen, die er dann in den 1920er Jahren fand.

Zu Beginn des 20. Jahrhunderts wurden die großen paläolithischen Höhlen entdeckt und 1940 schließlich die in all ihrer Schönheit erhaltene Höhle von Lascaux. Mit der Entzifferung der mykenischen Schrift im Jahr 1954 wurden die prä-homerischen Ursprünge des klassischen Griechenland offenbart, und in den 1950er und 1960er Jahren legte Marija Gimbutas die fehlenden neolithischen Schichten der Zivilisation frei – das, was sie das »alte Europa« nannte –, während James Mellaart bei Ausgrabungen in der Türkei, dem einstigen Anatolien, auf einen Ort namens Catal Huyuk stieß, der seit dem siebten Jahrtausend v. Chr. bewohnt war. Im Jahr 1969 erhielten wir das erste Bild der Erde als ein Planet im Raum, vom Mond aus gemacht.

All diese Entdeckungen haben die einstigen Vermutungen einer linearen Entwicklung in Frage gestellt, bei denen »früher« immer auch »primitiver« bedeutete – »das Dunkle, Langsame und Unergründliche der

Zeit«[43] –, und eine offenere geistige Einstellung hinsichtlich dessen gefördert, was kulturelles Leben ausmacht. Vergleicht man die mythischen Bilder dieser äußerst unterschiedlichen Kulturen miteinander, werden Motive erkennbar, die ihnen allen gemeinsam sind – Bilder, Rituale und Geschichten, die wie in einem Dialog in Einzelheiten übereinstimmen oder voneinander abweichen, aber auf der tiefsten Ebene an einer gemeinsamen Aufgabe zu arbeiten scheinen. Bilder des Mondes können dafür als Beispiele dienen. Denn obwohl die spezifischen, auf den Mond ausgerichteten Ideen zu einem lokalen Volk in seiner lokalen Landschaft gehören, enthüllt ihre Ähnlichkeit mit den Ideen anderer, fremder Völker eine universelle Bezugnahme. Wenn Menschen nicht nur als Mitglieder einer sozialen Gruppe denken, ist diese Art zu denken für andere Menschen nachvollziehbar, egal, wo und wann sie leben. Und als ein menschliches Wesen zu denken, bedeutet in dieser Hinsicht, die Menschheit im Verhältnis zum Universum als Ganzes zu betrachten.

Vielleicht liegt es daran, dass der Gegenstand des Denkens über die eigenen und die Interessen des Stammes hinausgeht, dass mythische Bilder in ihrer *universellen* Dimension so oft mit der Tradition der »immerwährenden Philosophie« in Verbindung gebracht wurden – die Erforschung und Überlieferung urzeitlicher Wahrheiten in der gesamten Geschichte, aus welcher Kultur oder Zeit sie auch stammen.[44] Coomaraswamy beispielsweise schreibt über die »Philosophia Perennis, deren spezifisch indische Form wedisch ist« und nennt sie »das Erbe und Geburtsrecht der ganzen Menschheit und nicht nur dieses oder jenes auserwählten Volkes«.[45] Sie ist keineswegs nur auf die Aspekte der großen Mythen und Religionen der Welt beschränkt. Man findet ihre Signatur im Volksglauben und in Märchen, in Legenden, Bräuchen und Riten – überall dort, wo ein beständiger unterirdischer Strom menschlicher Weisheit fließt.

Können wir also aus diesen alten Mythen etwas herauslesen, das für die Fragen unserer heutigen Zeit relevant ist, also nicht im Hinblick darauf, was die Götter tun oder nicht tun, sondern im Hinblick darauf, was die Psyche für ihr Wachstum braucht, oder, im Sinne der größeren griechischen Bedeutung von *psyche*, was die Seele braucht? Denn wenn Mythen ihre alte Macht verloren haben, lösen sie sich von der äußeren Welt und ziehen sich wieder in die menschliche Psyche zurück, die sie einst nach außen getrieben hat, um sie zu betrachten. Und sobald die Seele kein Echo ihrer selbst in der kollektiven Religion mehr findet oder wenn die unbewusste Psyche ihr »objektives Korrelat« verliert (um den Satz von Eliot auszuweiten[46]), muss das Individuum die heroische Reise nach innen unternehmen, um neue Formen zu finden, d. h. neue Metaphern der Wirklichkeit.

NEUMOND

Man könnte also metaphorisch fragen: Was ist der Neumond unserer Zeit? Menschen aller Zeiten haben sich selbst an der Schwelle zu einer neuen Weltordnung gesehen, und manch eine persönliche Sehnsucht nach Erneuerung gewinnt an Glaubwürdigkeit, wenn sie auf der sozialen oder kosmischen Ebene dargestellt wird. Dennoch ist es äußerst wahrscheinlich, dass die Vielzahl solcher Ahnungen einer Krise tatsächlich auf eine Veränderung kollektiver Bewusstseinsformen hindeuten. Zudem könnte die Tatsache, dass viele Menschen von einem Paradigmenwechsel sprechen, selbst Ausdruck eines wechselnden Paradigmas sein, denn der Verstand, der logisch argumentiert und kommuniziert, ist der letzte Aspekt der Psyche, der etwas von einer Veränderung erfährt, die bereits in den tiefsten Ursprüngen ihres Seins stattgefunden hat. Campbell hat diese Auffassung in der Metapher des Todes und der Wiedergeburt zum Ausdruck gebracht:

> Die alten Götter sind tot oder sterben und überall suchen die Leute, fragen sich: Wie wird die neue Mythologie aussehen, die Mythologie dieser vereinten Erde, dieses einen harmonischen Wesens? [47]

Der Astronom Fred Hoyle erklärte: »Sobald eine von außen aufgenommene Photographie der Erde verfügbar ist – sobald die schiere Isolation der Erde deutlich wird –, wird eine neue Idee losgelassen, die so mächtig ist, wie jede andere in der Geschichte.«[48] Ironischerweise war es der Mond, seit Jahrtausenden ein Symbol der Transformation, der diese neue Idee ermöglichte, weil er den Standpunkt bot, der notwendig war, um unseren Blick zu verändern – der Blick auf den Planeten Erde als Ganzes. Und von dem Augenblick an, da man die Erde vom Mond aus sehen konnte – die so aussah, wie der Mond von der Erde aus immer ausgesehen hatte –, wurde eine neue Beziehung zur Erde unvermeidlich. Das Ereignis, aber in erster Linie das Bild, wurde in der ganzen Welt mit dem gleichen Staunen aufgenommen, welches das frühe mythopoetische Denken bestimmt hatte – als sei die menschliche Vorstellungskraft erneut erwacht.[49] Zum ersten Mal konnten wir unsere Heimat betrachten, ohne länger nach einem anderen, weit entfernten Ort suchen zu müssen.

Wie im frühen mythopoetischen Denken ermöglicht es dieses Bild der Erde, wieder sowohl numinos als auch persönlich zu werden, jedoch mit dem radikalen Unterschied, dass diese Erde nicht mehr wie in früheren Tagen als ein lokal begrenztes Stück Boden begriffen wird, sondern als einheitliche Erde, die allen gehört und für die daher alle verantwortlich sind. Wieder ist es das erste Mal, dass wir die Erde als einen sich im Weltraum drehenden Planeten erfahren können, indem wir das, was wir sehen, mit dem in Einklang bringen, was wir wissen und zwei bis dahin verschiedene Aspekte der Psyche miteinander harmonisieren. Denn obwohl wir seit Kopernikus von dem heliozentrischen Universum wissen, empfinden die meisten den Sonnenaufgang und den Sonnenuntergang, als sei unsere Erde noch immer der ruhende Punkt in einer sich drehenden Welt. Aber es ist möglich, dass wir beim Anblick unseres Planeten, der vor dem weiten, schwarzen Hintergrund des Weltraums schwebt und dessen physische Grenzen so deutlich gegen die Leere abgehoben sind, schließlich davon überzeugt werden können, dass wir nirgendwo anders hingehen können.

Wenn man sich nun aber vorstellt, man stünde auf dem Mond und würde hinabschauen auf die Erde, was würde man »mit seinen Augen« sehen? Sieht man, wie Platon, ein lebendiges Wesen, *zoon*, zusammengesetzt aus anderen Lebewesen, die in gegenseitiger und intimer Beziehung miteinander verbunden und für ihr Überleben und ihre Bedeutung voneinander abhängig sind? Wenn dem so ist, dann sehen wir eine Gemeinschaft von Subjekten und keine Ansammlung von unbelebten Objekten, die nur durch den menschlichen Verstand zum Leben erweckt werden. Aus dieser Perspektive ist die Würde, ein »Subjekt« zu sein, nicht auf die Menschheit beschränkt, sondern dehnt sich auf alle Manifestationen des Lebens auf der Erde aus – Tiere, Pflanzen und Mineralien, mit einem Wort, Natur (auch wenn dieses Wort häufig missbraucht wird). Dann wird die Natur wieder zu einem »Du«, aber ein Du mit der ganzen Komplexität einer persönlichen Beziehung, welche die allen kommunizierenden Subjekten gemeinsamen Rechte und Pflichten einschließt.

Dies erinnert an Barfields erste Phase der Evolution des Bewusstseins. Wie bereits in Kapitel 6 erwähnt, nennt Barfield die erste Stufe »ursprüngliche (unbewusste) Partizipation«, die zweite »Trennung« und die dritte »letzte (bewusste) Partizipation«. Die erste Phase könnte als eine instinktive Einheit mit der Welt bezeichnet und allgemein unter die Kultur der Göttin subsumiert werden. Die zweite beinhaltet eine radikale Rücknahme der Partizipation an der Welt, die damit in Opposition zur Menschheit gesetzt wird, damit sie besser verstanden und kontrolliert werden kann. Diese Phase wird durch das vorherrschende Bild des Gottes widergespiegelt. Die dritte Phase, die »letzte Partizipation«, wird als eine Rückkehr zu der alten teilnehmenden Beziehung zur Natur definiert, jedoch nicht auf die alte, ursprüngliche Art – was ohnehin unmöglich ist, da sich das Bewusstsein unweigerlich weiterbewegt –, sondern auf einer neuen *Ebene* durch »die Vorstellungskraft«.[50]

Dies beinhaltet, so Barfield, eine doppelte Beziehung zur Natur, die unsere Erfahrung der Natur als von uns getrennt bestätigt, aber durch die bewusste oder unbewusste Teilnahme an der natürlichen Welt eine neue poetische Einheit schafft. Dadurch entsteht eine neue Art der Beziehung zur Natur, welche unsere essenzielle Identität anerkennt und gleichzeitig die spezifisch menschliche Rolle des Bewusstseins in ihr erforscht.

In beiden früheren, von Barfield beschriebenen Phasen bleibt das mythische Bild zum größten Teil unbewusst, in dem Sinne, dass an es geglaubt wird, als habe es nichts mit der menschlichen Psyche zu tun. Es wird nicht als eine Geschichte betrachtet, die von menschlichen Wesen stammt, sondern als die Wahrheit über eine Göttin oder einen Gott – das, was sie gesagt und getan haben. In der dritten, der gegenwärtigen Phase, so behauptet Barfield, könnten wir uns unserer Mythen bewusst werden, indem wir sie fantasievoll als Geschichten sehen, die sowohl provisorisch als auch notwendig sind. Die gleiche imaginative Sympathie könnte uns wieder dahin führen, an einer einheitlichen Erde in einer neuen Seinsform teilzuhaben. Barfields Art, unser Sehen wieder mit Poesie auszustatten, ähnelt der Art von Thomas Mann, den Mythos wieder als eine »späte und reife« Phase im Leben des Individuums einzusetzen, die aus der frühen jugendlichen Beschäftigung mit dem Mythos entsteht, ihn jedoch bewusst macht, so dass man ihn leben kann und nicht von ihm gelebt wird.[51]

Betrachtet man die mythischen Bilder des Mondes vor dem Hintergrund der verschiedenen Arten der Partizipation, scheinen die Geschichten über den Mond eine frühe Phase der Erforschung von Fragen über das Leben auf der Erde zu beinhalten. Man könnte behaupten, dass diese Geschichten eine notwendige Stufe in der Formulierung dieser Fragen darstellen, auch wenn einige Geschichten aus einer späteren Perspektive nicht wahr sind und unsinnig erscheinen, während andere nicht mehr bezaubern und deshalb nicht mehr erzählt werden können. Aber vielleicht ist es möglich, die Essenz zu bewahren, während man die Form aufgibt, in der diese Essenz ursprünglich ausgedrückt wurde. Mit anderen Worten, die Vision einer einheitlichen Welt, wie sie vom lunaren Mythos verkörpert wurde, wird nicht unbedingt wegen der stark vereinfachenden Art, in der sie einst verstanden wurde, aufgegeben. Es ist wohl eher so, dass das Bewusstsein sie – vielleicht zwangsläufig – auf einer zu wörtlichen Ebene erforscht hat. Denn mythische Bilder sterben nicht aus, sie ändern nur ihre Form, und wir träumen sie weiter in neuen Kleidern und unter neuen Namen.[52] Auf der langen Reise von der ursprünglichen zur letzten Partizipation könnte man erwarten, dass Bilder einer einheitlichen Welt auf einer anderen Verständnisebene wirklich werden, so dass das, was einst Glaube war, zur Metapher wird.

Das Bild des Universums als ein vollständiges Ganzes – das aus einem Geflecht von Beziehungen zusammengesetzt ist, ein Meer von Energie, enthält eine implizite sowie eine explizite Ordnung und einen kontinuierlichen Prozess der Bewegung ohne absoluten Ruhepunkt darstellt – ist ein Bild aus der modernen subatomaren Physik. Im Gegensatz dazu wurden diese Bilder im Mythos der Göttin, von denen der Mond eine Ausdrucksform war, für wahr gehalten, weil alles Leben aus der Substanz der Göttin bestand, die unter tausend Namen verehrt wurde. Gleichwohl erinnert uns die Sprache der neuen Wissenschaft daran, dass alle großen mystischen Lehrer eine holistische Vision hatten, die in einer Leidenschaft für das rechte Leben verkörpert war: die buddhistische Vorstellung des Bewusstseins in allen Dingen, die hinduistische Vision von *Das bist Du* (*tat twam asi*) und die Worte Jesu im Thomasevangelium:

> Spaltet ein Holzstück, ich bin da.
> Hebt den Stein auf und ihr werdet mich dort finden.[53]

In Barfields Diskussion geht es um die Evolution des Bewusstseins und darum, wie wir uns wieder mit der natürlichen Welt vereinen können, ohne die Errungenschaften der vergangenen 2000 Jahre aufzugeben: die beharrliche Differenzierung des menschlichen Intellekts, die schwer erkämpfte, dem Griff und dem Bann verschiedener Religionen entrissene Autonomie des menschlichen Willens und der Vernunft, die schmerzhafte Erschaffung des inneren Wesens und des subjektiven Selbst sowie die Hervorbringung des Individuellen als Gegenpol zu den kollektiven Normen des Stammes. Es war sowohl eine Bedingung als auch eine Konsequenz dieser Entdeckungen, dass die objektive Welt das Numinose verlor und dass die Entzauberung der Natur zu Arroganz und Entfremdung sowie zu der Sehnsucht nach einer Rückkehr zu dem ursprünglichen Seinsgrund führte. Was kann uns also voranbringen? Barfields Antwort ist imaginative Partizipation, aber was, wenn gerade das Attribut, das wir für unsere Rettung brauchen, in den Jahrhunderten, in denen es nicht verwendet wurde, verkümmert ist? Was, um zu der früheren Frage zurückzukehren, wenn uns die letzten 2000 Jahre der »mythologischen Konditionierung« daran hindern, für den Ausweg offen zu sein?

Jung verwendet den Ausdruck »Trägheit des Unbewussten«, um darauf hinzuweisen, wie wir eine neue intellektuelle Position einnehmen, die tiefen Ebenen der Psyche, die sich einer Veränderung entziehen, aber ignorieren können:

> Wir denken, dass wir nur einen akzeptierten Absatz des Glaubens als inkorrekt und ungültig erklären müssen, dass wir dann psychologisch von allen traditionellen Effekten des Christentum und des Judentums befreit sind. Wir glauben an die Aufklärung, als ob ein intellektueller Frontenwechsel einen tiefen Einfluss auf emotionale Prozesse oder gar das Unterbewusstsein hätte. Wir haben vollends vergessen, dass die Religion der letzten zweihundert Jahre eine psychologische Einstellung ist, eine definitive Art der Aneignung der Welt, die eine definitive kulturelle Struktur darlegt und eine Atmosphäre schafft, die völlig unbeeinflusst von intellektuellen Verleugnungen bleibt. Ein Frontenwechsel ist natürlich symptomatisch, aber auf tieferen Ebenen verbleibt die Psyche noch auf lange Zeit der alten Haltung verhaftet, den Gesetzen des psychischen Beharrungsvermögens folgend.[54]

Es scheint notwendig, den hermetischen Weg einzuschlagen und »auf Umwegen Auswege zu finden«.[55] In vielen Märchen wird der erwachsene Deuter dazu ermutigt, die Struktur der Familie zu betrachten und herauszufinden, wo die Störungen liegen. Doch was fehlt, damit durch die Dynamik des Märchens alles wieder gut wird? Betrachtet man die jüdisch-christliche »Familie« göttlicher Bilder, findet man einen göttlichen Vater, aber keine göttliche Mutter (und nicht einmal eine böse Stiefmutter, die es zu überlisten oder zu bekehren gilt). In der spezifisch christlichen Familie gibt es einen Sohn (aber keine Tochter) und einen Geist, der nicht nur heilig, sondern auch männlich ist. Dies ließe vermuten, dass das archetypisch Maskuline derart über das archetypisch Feminine dominiert hat, dass zwischen den so genannten maskulinen und femininen Werten unserer Zeit ein radikales Ungleichgewicht herrscht. In einem Märchen würde man erwarten, auf eine oder mehrere Konsequenzen eines solchen Ungleichgewichts zu stoßen: eine stärkere Bewertung der Vernunft gegenüber dem Gefühl, des Intellekts gegenüber der Intuition, des Geistes gegenüber der Natur, des Verstandes gegenüber der Materie, des geschriebenen Wortes gegenüber dem Bild, der Hierarchie gegenüber der Partnerschaft, der Transzendenz gegenüber der Immanenz, der Autorität gegenüber der Liebe.

Analog dazu kann man erwarten, dass wir im Westen (kollektiv) von unseren jeweiligen Mythen dahingehend konditioniert worden sind, dass wir annehmen, das Göttliche, das Ewige, das Heilige – wie immer man es auch nennen mag – sei zwangsläufig transzendent, da es sich *notwendigerweise* jenseits der Natur befindet. In der Geschichte von Adam und Eva im Garten Eden klingt noch immer der Fluch Jahwes nach, auch wenn wir ihn nicht mehr hören. Daher ist es weniger wahrscheinlich, dass wir instinktiv nach Bewusstsein in der Natur suchen – noch weniger nach Natur *als* Bewusstsein oder nach *Bewusstsein als Natur*. Wir haben dieses Vorrecht ausschließlich uns selbst vorbehalten, weil nur menschliche Wesen nach dem Bild ihres Gottes erschaffen wurden (und eine Seele haben). Wir lesen diese Aussage nicht als Tautologie. Man könnte weiter annehmen, dass die Vernunft als offenbar nächster menschlicher Verwandter der Transzendenz unsere gottähnlichste Fähigkeit ist und sie anderen, per Definition weniger gottähnlichen Fähigkeiten wie Gefühl, oder, noch schlimmer, Leidenschaft und Instinkt, gegenüberstellen, die wir mit allen anderen Kreaturen teilen. Daher überschätzen wir vermutlich unsere Einstellungen und unsere Macht, die Welt zu verändern, und akzeptieren unkritisch den derivativen Mythos von Vernunft und menschlichem Willen. Wir werden nicht daran gewöhnt sein, zwischen verschiedenen Arten des Gefühls zu unterscheiden (wie wir automatisch zwischen verschiedenen Arten der Argumentation unterscheiden) und daher nicht in der Lage sein, *einigen* unserer Gefühle intuitive Einsicht, Intelligenz und moralische Führung zuzutrauen. Wir werden also nicht instinktiv wissen, was Vorstellungskraft ist, und uns der »letzten Partizipation« widersetzen, ohne uns ihr überhaupt bewusst zu sein.

Wir wollen dies anhand eines Beispiels überprüfen: Aus der Auffassung einer lebendigen Erde als einer Gemeinschaft von Subjekten würde folgen, dass diesen Subjekten im Prinzip die gleichen Rechte zustehen, die menschliche Wesen für sich selbst beanspruchen. Um den Kulturhistoriker und Ökologen Thomas Berry zu zitieren:

> Die natürliche Welt auf der Erde bezieht ihre Rechte aus derselben Quelle wie die Menschen – von dem Universum, das sie hervorbrachte. Jedes Mitglied der Erd-gemeinschaft hat drei Rechte: das Recht zu Sein, das Recht auf Lebensraum, und das Recht und die Verantwortung seiner Rolle im sich ewig-erneuernden Prozess der Erdgemeinschaft. Alle Rechte sind artenspezifisch und begrenzt. Flüsse haben Flussrechte. Vögel haben Vogelrechte. Insekten haben Insektenrechte. Menschen haben Menschenrechte. Unterschiede in den Rechten sind qualitativ, nicht quantitativ. Die Rechte eines Insekts wären für einen Baum oder Fisch ohne Nutzen. Menschenrechte verweigern nicht anderen Lebewesen deren Recht in natürlichen Bedingungen zu existieren. Menschliche Besitzrechte sind nicht uneingeschränkt. Jedes Mitglied der Erdgemeinschaft ist für seine Ernährung und andere Bedürfnisse seines Überlebens direkt oder indirekt abhängig von den anderen Mitgliedern der Gemeinschaft. Diese gegenseitige Ernährung, die das Jäger-Beute Verhältnis beinhaltet, ist ein integraler Teil der Rolle, die jedes Mitglied der Erdgemeinschaft in dieser umfassenden Gemeinschaft der Existenz spielt.[56]

Aber können wir dies wirklich *fühlen*? Ist unsere imaginative Sympathie ausreichend *geübt*, um unseren »Kreis des Mitgefühls zu erweitern«, wie Einstein sagt. Es lohnt sich, die betreffende Aussage vollständig zu zitieren:

> Ein menschliches Lebewesen ist Teil eines Ganzen, das von uns Universum genannt wird, begrenzt in Zeit und Raum. Es erfährt sich selbst, seine Gedanken und Gefühle, als etwas Separates – eine Art optische Täuschung seines Bewusstseins. Diese Täuschung ist für uns eine Art Gefängnis, wir beschränken uns auf unsere persönlichen Wünsche und Zuneigungen für eine paar wenige Personen in unserer nächsten Umgebung. Unsere Aufgabe muss es sein, sich aus diesem Gefängnis zu befreien, unseren Kreis des Verstehens und Mitgefühls zu erweitern, um alle lebenden Kreaturen und die ganze Natur und ihre Schönheit zu umfassen.[57]

Natürlich fühlen viele Menschen solche Dinge intuitiv und haben es immer getan. Die Frage bezieht sich nur auf solche Zeiten, in denen wir »kollektiv«, als Mitglieder einer Kultur denken und eher deren Werte als unsere persönlichen Erfahrungen ausdrücken. In diesen Momenten mögen wir Ideen wie denen von Einstein und Berry zuerst zustimmen – da sie logisch und *organisch* aus dem ursprünglichen Anblick der Erde vom Mond aus folgen. Organisch in dem Sinn, den die romantischen Dichter vertraten, um zu erklären, wie ein Bild oder ein Gedanke in einem Gedicht natürlich und unweigerlich aus dem vorherigen hervorgeht. Aber kehren wir anschließend (in einem kollektiven Moment) mit einiger Verwirrung zu dem Argument zurück – nicht fähig, es zu durchdenken, und letztlich auch nicht fähig, es uns in all seinen

Folgen *vorzustellen*? Könnte es uns möglicherweise nur als »aufgeklärtes Selbstinteresse« verkauft werden? Das hieße also (und hier schließt sich der Kreis) durch Berufung auf rationale Überlegungen, die von unserem Gefühl für Werte getrennt sind.

Dieser Vorschlag wurde jedoch als Selbstzweck, als inhärent gut präsentiert, ohne Hinweis darauf, wie Menschen davon profitieren könnten. Er besagt nicht, dass die Erde als eine Ressource besser »gemanagt« werden kann, wenn sie nicht verschmutzt worden ist. Er besagt, dass allen Existenzformen Rechte zustehen, und jene, die dies verstehen (und in einer Position sind, sie zu fördern oder zu verweigern), müssen individuelle Verantwortung übernehmen und sicherstellen, dass die Erde und alle Bewohner der Erde dieser Rechte nicht länger beraubt werden. Dies ist eine Vision, die speziell auf jene Ethik abgestimmt ist, in dieser Zeit und in unserer sowie in der Geschichte der Erde ein Mensch zu sein.

Reaktionsformen und die mythischen Strukturen, in die sie, wenn auch noch so schwach, eingebettet sind, sind äußerst schwierig auszumachen, wie die Geschichte uns so oft gezeigt hat. Ein Paradigma wie der jüdisch-christliche Mythos und die derivative Polarisation von Geist und Natur, welche die Erde und die Geschöpfe der Erde (außer dem »Menschen«) als Natur ohne Geist betrachtet, etabliert eine Art zu sehen und zu bewerten, die nicht innerhalb des Paradigmas widerlegt werden kann; sie ist nicht falsifizierbar, weil sie bereits die Methoden der Falsifikation subsumiert hat. Aber selbst wenn wir die grundlegenden Annahmen des Paradigmas nicht widerlegen können, wir können sie trotzdem erkennen und ablehnen: von Argumenten, die ausschließlich anthropozentrisch, oppositionell, mechanistisch und materialistisch sind, können wir vermuten, das sie zu der letzten Phase der Evolution des Bewusstseins gehören und nicht zu dem holistischen Paradigma, das im Entstehen ist. Letztlich kann ein Paradigma nur durch ein anderes Paradigma, eine vollkommen neue Vision, ersetzt werden. Richard Tarnas gibt einen ausgezeichneten Überblick darüber, wie sich Paradigmen verändern:

> Jedes Paradigma ist eine Stufe in einer sich entfaltenden evolutionären Sequenz, und wenn das Paradigma seinen Zweck erfüllt hat, wenn es sich aufs Vollste entwickelt hat und ausgenutzt worden ist, dann verliert es seine Numinosität, es verliert seine Triebhaftigkeit, es wird als bedrückend empfunden, als begrenzend, blass, etwas, was überwunden werden muss – während das neu auftauchende Paradigma, als befreiende Geburt in ein neues, erhelltes, lesbares Universum empfunden wird.[58]

Es lohnt sich, darüber nachzudenken, ob das entstehende Paradigma dadurch belebt wird, dass man sich vorstellt, es sei bereits vollständig wirksam, und reagiert, *als ob* seine Lehren wahr wären, so dass die neue Art, das Leben zu begreifen, auf den tieferen, instinktiven Ebenen der Psyche erforscht werden kann. Wenn wir uns in das »Andere« hineinversetzen – ob dieses »Andere« nun Menschen, Tiere, Pflanzen oder der Körper der Erde ist –, können wir für dessen Rechte eintreten, als wären es unsere eigenen. So zu tun *als ob*, durch die Gegenwart hindurch in die Zukunft zu sehen, gehört zur Essenz der Vorstellungskraft, die, wie Coleridge sagt, auflöst, vermischt und vertreibt was ist, um zu schaffen, was sein könnte und zu diesem Zweck »die ganze Seele des Menschen in Aktivität versetzt«. Sie zeigt sich beispielsweise in der Wahl des Namens *Gaia* für James Lovelocks Theorie der »Gaia Hypothese«, da er das Gefühl der ursprünglichen kreativen Kraft, die einst zu der griechischen Muttergöttin Erde gehörte, evoziert und dem Verstand präsent macht.[59]

Bezug nehmend auf das lunare Muster des Heldenmythos soll daran erinnert werden, dass die alte Form geopfert werden musste, bevor die neue erscheinen konnte. Wir könnten unsere Vernunft »opfern«, indem wir sie zeitweilig in der Schwebe halten (unseren Unglauben aufgeben), so dass Gefühl und Vorstellungskraft hervorkommen können, ohne kommentiert und ohne anhand vorhandener Denkarten kategorisiert zu werden. Die »Trägheit« des Unbewussten, vor der Jung warnt, manifestiert sich dadurch, dass es fortfährt, einen Aspekt des Lebens abzuspalten und ihn in eine absolute hierarchische und oppositionelle Beziehung zu einem anderen oder zu den übrigen zu setzen. So steht der »Mensch« über dem Kosmos, ein bestimmter Stamm oder eine Art, Religion, Rasse oder Kultur über einer anderen, ein Selbst über einem anderen Selbst, eine Fähigkeit der Psyche über ihren anderen Fähigkeiten. Allgemein kommt dies dadurch zum Ausdruck, dass ein Teil vom Ganzen und die Mittel vom Zweck getrennt werden. Dieses »partielle Denken« wird durch die Gewohnheit des Argumentierens aus dem Gefühl heraus ohne Berücksichtigung der anderen Aspekte der Psyche und durch die Sprache der Gegensätze unterstützt, in der die Gewohnheit eingeschlossen und gefangen ist. Nur die poetische Sprache ist fließend und flexibel genug, um neue Ideen im Bewusstsein auftauchen zu lassen, denn sie appelliert ebenso an Gefühl und Intuition wie an Denken und Vernunft. Dies bedeutet, auf eine Sensibilität zurückzugreifen, die man lunar nennen könnte, da sie ambivalent bleiben und Widersprüche aushalten kann, bis sich von selbst eine Lösung präsentiert. Wie Rumi sagt:

> Ein neuer Mond lehrt das Sukzessive,
> und Bedächtigkeit und wie man sich selbst langsam gebiert.
> Geduld mit kleinen Details
> machen ein großes Werk perfekt,
> wie das Universum.[60]

Es kann also sein, dass man dieser »Trägheit«, wie dem Drachen aus alten Zeiten, zuerst begegnet, indem man ihren Bedingungen nicht zustimmt, denn letztlich ist dieses Ungeheuer der Dunkelheit wie jedes andere Ungeheuer das äußere Bild der Angst des Helden. Hier handelt es sich vielleicht um die Angst vor Veränderung, insbesondere die Angst vor dem Verlust der Autonomie. Aber woher kommt eine solche Weigerung? Die Kraft, den Drachen der Trägheit zu verwandeln – so suggeriert der lunare Mythos – stammt von einer größeren Bindung, von einer imaginativen Sympathie für einen Wert, der hinter der Angst entdeckt wird. Dies ist das heroische Äquivalent der drei Tage der Dunkelheit, die Reise vom Profanen zum Heiligen, bei der die alten Formen oder gegenwärtigen Verhaftungen im ewigen Reich untergehen müssen, wo neue Werte geschmiedet werden. Nur diese neuen Werte können die Helden über die einsame Schwelle der Angst tragen und sie mit einer verwandelten Vision in die Gemeinschaft zurückbringen.

Abb. 9. Erdsichel. Aufnahme der Erde von Apollo 12. 14. November 1969. NASA.

ANMERKUNGEN

VORWORT

1. Albert Einstein, *New York Times Magazin*, 2. August 1964
2. John Campbell, *Die Mitte ist überall. Die Sprache von Mythos, Religion und Kunst*
3. Shakespeare, *Hamlet III*, ii, 26
4. Carl Gustav Jung, *Collected Works*; Ernst Cassier, *Philosophie der symbolischen Formen*; Mircea Eliade, *Patterns in Comparative Religion*; Owen Barfield, *Saving the Appearances: A Study in Idolatry*
5. vgl. Northrop Frye, *The Great Code: The Bible and Literature*, S. 18

KAPITEL 1

1. Homerische Hymnen, *Hymne an Selene*
2. Apllodurus, *Bibliotheka*, Pausanias, *Beschreibung Griechenlands. Eine Reise- und Kulturführer aus der Antike*; Cicero, *Tusculanae disputationes*
3. vgl. Henri Briffault, *The Mothers*, Bd. 2, S. 578
4. Alexander Marshack, *The Roots of Civilization*, S. 35 (Übersetzung: Verlag)
5. ebenda, S. 45 (Übersetzung: Verlag)
6. vgl. Mircea Eliade, *Geschichte der religiösen Ideen*, Bd. 1
7. vgl. Alexander Marshack, *The Roots of Civilization*, S. 57-59
8. ebenda, S. 127 (Übersetzung: Verlag)
9. David Bohm, *Wholeness and the Implicate Order*
10. Leo Tolstoi, *Anna Karenina*, S. 9
11. Psalm 121
12. Genesis I, 5, 16
13. vgl. Idries Shah, *Die fabelhaften Heldentaten des weisen Narren Mulla Nasrudin* (Übersetzung: Verlag)
14. Erich Neumann, *Die Große Mutter*, S. 66
15. Alexander Marshack, *The Roots of Civilization*, S. 333-340
16. Wörtlich: »Das, was oben ist, ist wie das, was unten ist.« vgl. Frances A.Yates, *Giordano Bruno and the Hermetic Tradition*, der den Inspruch der Smaragdtafel Hermes Trismegistros zuschreibt.
17. Joseph Campell, *The Way of the Animal Powers*, S. 68 (Übersetzung: Verlag)
18. Shakespeare, *Wie es euch gefällt*, II, vii, 26-28
19. vgl. Mircea Eliade, *Patterns in Comparative Religion*, S. 155
20. vgl. ebenda, S. 155 (Übersetzung: Verlag)
21. vgl. Fritjoff Capra, *Wendesteine, Bausteine für ein neues Weltbild*
22. Giuseppe Ungaretti, *Selected Poems* (Übersetzung: Verlag)
23. vgl. J. J. Bachofen, *Das Mutterecht*
24. Erich Neumann, *Die Große Mutter*, S. 185
25. Shakespeare, *Wie es euch gefällt*, II, vii, 165-166
26. Zitiert in: Maryam Sachs, *The Moon* (Übersetzung: Verlag)
27. Oswald Spengler, *Der Untergang des Abendlandes*
28. Shakespeare, *Sonette XIX*

29. Mircea Eliade, *Images and Symbols*, S. 72 (Übersetzung: Verlag)
30. vgl. Mircea Eliade, *Das Mysterium der Wiedergeburt*
31. vgl. Carl Kerenyi, *Zeus and Hera: Archetypal Image of Father, Husband and Wife*, S. 3-20
32. vgl. Stephen H. Langdon, *Semitic Mythology, The Mythology of all Races*, Bd. 5., S. 97
33. Thorkild Jacobson, *The Treasures of Darkness*, S. 138-139 (Übersetzung: Verlag)
34. Samuel Noah Kramer, *From the Poetry of Sumer*, S. 86 (Übersetzung: Verlag)
35. Langdon, *Sumerian and Babylonian Psalms* (Übersetzung: Verlag)
36. Thorkild Jacobson, *The Treasures of Darkness*, S. 136-137 (Übersetzung: Verlag)
37. Diane Wolkenstein und Samuel Noah Kramer, *Inanna – Queen of Heaven and Earth*, S. 38 (Übersetzung: Verlag)
38. Thorkild Jacobson, *The Treasures of Darkness*, S. 33 (Übersetzung: Verlag)
39. ebenda, S. 46 (Übersetzung: Verlag)
40. ebenda, S. 46 (Übersetzung: Verlag)
41. Diane Wolkenstein und Samuel Noah Kramer, *Inanna – Queen of Heaven and Earth*, S. 52 (Übersetzung: Verlag)
42. ebenda, S. 55 (Übersetzung: Verlag)
43. ebenda, S. 56-57 (Übersetzung: Verlag)
44. ebenda, S. 60 (Übersetzung: Verlag)
45. ebenda, S. 64 (Übersetzung: Verlag)
46. ebenda, S. 68 (Übersetzung: Verlag)
47. ebenda, S. 71 (Übersetzung: Verlag)
48. Langdon, *Sumerian and Babylonian Psalms*, S. 332 (Übersetzung: Verlag)
49. Marija Gimbutas, *Die Sprache der Göttin*
50. vgl. Carl Kerenyi, *Dionysos: Archetypal Image of Indestructible Life* (Übersetzung: Verlag)
51. ebenda (Übersetzung: Verlag)
52. ebenda, vgl. Plotin, *Enneades III*, 7, 11, 43
53. Platon, *Phaidros*, 105 DE
54. Carl Kerenyi, *Dionysos: Archetypal Image of Indestructible Life*, S. 38, 114
55. ebenda, S. 202
56. Dionysos ist beides: Mondgott und Gott der Fruchtbarkeit.
57. vgl. Anne Baring und Jules Cashford, *The Myth of the Goddess: Evolution of an Image*, bes. Kapitel 4
58. R. O. Faulkner, *The Ancient Egyptian Pyramid Texts*, 732, S. 135
59. ebenda, 1012, S. 170
60. Henri Frankfort, *Kingship and the Gods*, S. 196 (Übersetzung: Verlag)
61. ebenda, S. 190 (Übersetzung: Verlag)
62. Plutarch, *Isis und Osiris*; siehe auch Jules Cahsford, *The Myth of Isis and Osiris*
63. ebenda
64. R.T. Rundle Clark, *Myth and Symbol in Ancient Egypt*, S. 142, Coffin Text 330, (Übersetzung: Verlag)

65. Henri Frankfort, *Kingship and the Gods*, S. 195
66. Janet McCrickard, *Eclipse of the Sun – An Investigation into Sun and Moon Myths*, S. 197

KAPITEL 2

1. Martin P. Nilsson, *Primitive Time-Reckoning – A Study in the Origins and First Development of the Art of Counting Time among the Primitive and Early Culture People.* S. 148 ff.; siehe auch Hutton Webster, *Rest Days*, S. 173 ff.
2. Coleridge, *Biographia Literaria*, Kap. XIV, S. 169
3. Platon, *Timaios*, 37, C, D
4. C. S. Lewis, *The Discarded Image*, S. 89
5. Shakespeare, *Der Raub der Lucretia*, 967
6. Platon, *Euthydemus*, 284, D
7. Henri-Charles Puech, »Gnosis and Time«, in: *Man and Time, Papers From the Eranos Yearbooks*, Hrsg. Campbell, S. 40 f.
8. Henri Briffault, *The Mothers*, Bd. 2, S. 601; Bd. 3, S. 3-4
9. E. A. Wallis Budge, *The Gods of the Egyptians*, S. 412
10. Thorkild Jacobson, *The Treasures of Darkness*, S. 122.
11. Henri Briffault, *The Mothers*, Bd. 2, S. 602
12. vgl. Heinrich Zimmer, *Indische Mythen und Symbole*; John Layard, *The Lady and the Hare*, S. 125-132
13. J. White, *Ancient History of the Maori*, ii, S. 87
14. Psalm, 89: 37
15. vgl. W. H. I. Bleek, *Reynard the Fox in South African, Hottentot Fables and Tales*, S. 71; W. H. I. Bleek, und L. C. Lloyd, »The Origin of Death« in: *Bushmen Folklore*, S. 57-65
16. Die Indo-Europäische Sprachfamilie beinhaltet die folgenden Sprachen: Keltisch (Irisches Gälisch, Walisisch, Schottisches Gälisch etc.), Germanisch (Dänisch, Deutsch, Englisch, Holländisch, Isländisch, Jiddisch, Norwegisch etc.), Italisch (Latein, Italienisch, Spanisch, Französisch etc.), Griechisch, Balto-Slawisch (Bulgarisch, Slowakisch, Lettisch, Russisch, Tschechisch, Polnisch etc.), Albanisch, Armenisch, Indo-Iranisch (Sanskrit, Bengali, Hindu und Persisch); siehe auch Heinrich Zimmer, *Philosophies of India*, S. 8-9
17. Eric Partridge, *Origins: A Short Etymological Dictionary of Modern English*, S. 415
18. Owen Barfield, *History in English Words*, S. 87 f.
19. Eric Partridge, *Origins: A Short Etymological Dictionary of Modern English*, S. 390-394
20. Martin P. Nilsson, *Primitive Time-Reckoning*, S. 148
21. ebenda, S. 13-16
22. Hutton Webster, *Rest Days*, S. 173-222
23. Martin P. Nilsson, *Primitive Time-Reckoning*, S. 13
24. Barbara C. Walker, *The Woman's Encyclopedia of Myth and Secrets*, S. 647

25. Martin P. Nilsson, *Primitive Time-Reckoning*, S. 13 ff.

26. Caesar, *Der Gallische Krieg*, VI, 18

27. Tacitus, *Germania*, 11

28. Henri Briffault, *The Mothers*, Bd. 2, S. 589.

29. Shakespeare, *Macbeth*, I, iii, 21-22.

30. Henri Briffault, *The Mothers*, Bd. 2, S. 72.

31. Genesis, I:5; Psalms, 55:17

32. New Grange und Knowth werden auch in Kapitel 4 diskutiert; siehe auch Abb. 6 und 7.

33. Henri Briffault, *The Mothers*, Bd. 3, S. 73

34. Alexander Thom, *Megalithic Lunar Observatories*, 1978; C.L.N. Ruggles, Hrsg., *Records in Ston: Papers in Memory of Alexander Thom*

35. Im Durchschnitt steigt der Mond jeden Tag fast eine Stunde später auf und bewegt sich in seiner Drehung um die Erde etwa 13 Grad pro Tag nach Osten. Er bewegt sich jedoch nicht in einem Kreis, sondern in einer Ellipse um die Erde, und die Erde befindet sich nicht im Zentrum der Ellipse, sondern an einer ihrer Brennpunkte. Der Mond ist der Erde also in Intervallen von zwei Wochen abwechselnd am nächsten und am fernsten. Er bewegt sich am schnellsten, wenn er der Erde am nächsten ist [Perigäum – von Griechisch peri, »nah«, und Ge, »Erde«] und am langsamsten, wenn er am weitesten von ihr entfernt ist [Apogäum –von Griechisch apo, »fort«, und Ge, »Erde«]. Diese wechselnde Geschwindigkeit des Mondes in seiner Umlaufbahn um die Erde beeinflusst den Zeitpunkt seines Aufgangs und seines Untergangs. Dementsprechend lässt sich dieser Zeitpunkt sehr schwer vorhersagen; siehe auch Clyde Fisher, *The Story of the Moon*, S. 56

36. vgl. Marija Gimbutas, *Die Sprache der Göttin*, S. 223

37. George Terence Meaden, *The Goddess of the Stones*, S. 184 f.; Iain Nicholson, *Heavenly Bodies*, S. 58

38. siehe auch Michael Dames, *The Silbury Treasure*, S. 58 ff

39. Franz Cumont, *Astrology and Religion among the Greeks and the Romans*, S. 60 ff.

40. Manilius, *Astronomica*, i, 495

41. Franz Cumont, *Astrology and Religion among the Greeks and the Romans*, S. 60

42. Cicero, *Über das Wesen der Götter*, II, 21; 63

43. vgl. Immanuel Kant, *Kritik der reinen Vernunft*

44. Franz Cumont, *Astrology and Religion among the Greeks and the Romans*, S. 60 f.

45. Koran, Sure, 5

46. »The Lay of Vafthrudnir«, Vers 25, in Paul B. Taylor und W.H. Auden, *The Elder Edda: A Selection translated from the Icelandic*, S. 74 (Übersetzung: Verlag)

47. »The Words of the All-Wise«, Vers 13, 14, ebenda, S. 80 (Übersetzung: Verlag)

48. Psalm, 104: 19

49. Garth Fowden, *The Egyptian Hermes*, S. 22

50. Patrick Boylan, *Thoth: The Hermes of Egypt*, S. 83-86

51. Patrick Boylan, *Thoth: The Hermes of Egypt*, S. 86

52. E. A. Wallis Budge, *The Gods of the Egyptians*, ii, S. 400; vgl. Garth Fowden, *The Egyptian Hermes*, S. 2 f.

53. Bezüglich Wedjat siehe auch ebenda, Kapitel 11

54. vgl. Hilary Wilson, *Hieroglyphen lesen*, und Hutton Webster, *Rest Days*

55. E. A. Wallis Budge, *Osiris and the Egyptian Resurrection*, ii, S. 402

56. E. A. Wallis Budge, *The Gods of the Egyptians*, Kap. 10, Abb. 4

57. Garth Fowden, *The Egyptian Hermes*, S. 22

58. Thorkild Jacobson, *The Treasures of Darkness*, S. 121

59. Henri Briffault, *The Mothers*, Bd. 3, S. 87

60. Stephen H. Langdon, *Semitic Mythology, The Mythology of all Races*, Bd. 5., S. 152

61. Thorkild Jacobson, *The Treasures of Darkness*, S. 122

62. Henri Briffault, *The Mothers*, Bd. 3, S. 87

63. Henri Briffault, *The Mothers*, Bd. 2, S. 81

64. Thorkild Jacobson, *The Treasures of Darkness*, S. 179

65. Jean Rhys Bram, »Moon«, in: Mircea Eliade, *Encylopaedia of Religion*, Bd. 10, S. 84

66. Thorkild Jacobson, *The Treasures of Darkness*, S. 122

67. Stephen H. Langdon, *Semitic Mythology, The Mythology of all Races*, Bd. 5., S. 153

68. vgl. Arthur Cotterell, *Die Enzyklopädie der Mythologie. Klassisch, nordisch, keltisch*

69. Exodus, 32:1-6; siehe auch Jean Rhys Bram, »Moon« in: Mircea Eliade, *Encyclopaedia of Religion*

70. Exodus, 34:35

71. Genesis, 11:31

72. John Gray, *Near Eastern Mythology*, S. 20

73. John Campbell, *Mythologie des Ostens*, S. 115 f.

74. Henri Briffault, *The Mothers*, Bd. 3, S. 108, Anm. 4.

75. Thomas Mann, *Joseph und seine Brüder*, Kapitel 2

76. Hutton Webster, *Rest Days*, S. 169 f.

77. Homer, *Odyssee*, xxi, 258 ff.

78. Hesiod, *Werke und Tage*, 770

79. Orphische *Hymne an den Mond*, 9, Ze le 5

80. Jean Rhys Bram, *The Moon*, S. 84 f.

81. Shakespeare, *Julius Caesar*, I, ii, 19

82. Hutton Webster, *Rest Days*, S. 248 ff.

83. vgl. Nicholson, *Heavenly Bodies*, S. 50

84. Jeanette Winter, *The Girl and the Moon Man*, (Übersetzung: Verlag)

85. Martin P. Nilsson, *Primitive Time-Reckoning*, S. 190

86. Ted Hughes, *The Harvest Moon*, Selected Poems: 1957-1981, S. 148

87. Martin P. Nilsson, *Primitive Time-Reckoning*, S. 241-281

88. Plutarch, *Isis und Osiris*, 12

89. Jean Rhys Bram, *The Moon*, S. 85

90. Aristophanes, *Die Wolken*, 610

91. ebenda, 618

92. Jean Rhys Bram, *The Moon*, S. 85

93. vgl. Paul Katzeff, *Moon Madness and Other Effects of the Full Moon*, xvii

94. vgl. Robert Graves, *Die Weiße Göttin. Sprache des Mythos*, S. 96

95. vgl. ebenda, S. 94 f.

96. vgl. James George Frazer, *The Golden Bough*

97. ebenda

98. ebenda

99. vgl. Alan Untermann, *Dictionary of Jewish Lore and Legend*, S. 146 f.

100. ebenda, S. 147

101. ebenda, S. 147

102. David Ewing Duncan, *The Calendar*, S. 175-191

103. Jan Knappert, *The Aquarian Guide to African Mythology*, S. 166

104. Martin P. Nilsson, *Primitive Time-Reckoning*, S. 151-154

105. Heraklit; siehe auch Ananda K. Coomaraswamy, *Time and Eternity*, S. 37 ff.

106. Oswald Spengler, *Der Untergang des Abendlandes*, S. 3-70

107. Plinius, *Naturkunde*, Bd II, CII (Nr. 221), (Übersetzung: Verlag)

108. Plutarch, *Moralia* XV, 111, 101

109. Macrobius, *Saturnalia*, vii, 10; Comment. in somnium Scipionis, 1, 11, 7. (siehe auch W.H. Roscher, *Über Selene und Verwandtes*, S. 61 ff.

110. Jacob Grimm, *Deutsche Mythologie*, S. S. 708-716

111. Ptolemy, Tetrabiblos, III. 13. 168; (Übersetzung: Verlag); siehe auch Keith Thomas, *Religion and the Decline of Magic*, S. 351 ff.

112. James George Frazer, »The Doctrine of Lunar Sympathy«, in: *The Golden Bough*, Bd. 2, S. 140 ff. (Übersetzung: Verlag)

113. vgl. ebenda, S. 140

114. John Downer, *Supernatural: The Unseen Powers of Animals*, S. 104

115. James George Frazer, *The Golden Bough*, Bd.2, S. 140.

116. D. F. A. Hervey, »The Mentra Traditions«, in: *Journal of the Straits Branch of the Royal Asiatic Society*, Nr. 10 (Singapore, 183), S. 190

117. vgl. Plutarch, *Table Talk*, III, 10, 659,A, in.: Loeb, S. 277

118. Carl Gustav Jung, *Modern Man in Search of a Soul*, S. 129 f. (Übersetzung: Verlag)

119. Anton Tschechow, *Meisternovellen*, Krankenzimmer Nr. 6, S. 41, DTV, Manesse, 1993

120. ebenda

121. Martin P. Nilsson, *Primitive Time-Reckoning*, S. 155-165

122. vgl. Hollis, *The Nandi*, S. 95 ff.

123. Henri Briffault, *The Mothers*, Bd. 2, S. 748.

124. I. H. N. Evans, »Some Sakai Beliefs and Customs«, in: *Journal of the Royal Anthropological Institute*, lviii, S. 19

125. Henri Briffault, *The Mothers*, Bd. 2, S. 654.

126. Hutton Webster, *Rest Days*, S. 141

127. Hutton Webster, *Rest Days*, S. 141

128. Jan Knappert, *The Aquarian Guide to African Mythology*, S. 166

129. Bleek and Lloyd, *Specimens of Bushman Folklore*, S. 415

130. Jan Knappert, *The Aquarian Guide to African Mythology*, S. 166

131. vgl. James George Frazer, *The Golden Bough*, ii, S. 142; siehe auch Martin P. Nilsson, *Primitive Time-Reckoning*, S. 151-167; und Hutton Webster, *Rest Days*, S. 141-172

132. vgl. G. W. Stow, *The Native Races of South Africa*, S. 112.
133. Bleek and Lloyd, *Bushman Folklore* (Übersetzung: Verlag)
134. James George Frazer, *The Golden Bough*, ii,, S. 141
135. Homer, *Odyssee*, XIV, 162
136. Platon, *Gesetze*, X, 887.D,E.
137. Herodot, *Historien*, vi, 106
138. Caesar, *Der Gallische Krieg*, I, 50
139. Jacob Grimm, *Deutsche Mythologie*, S. 714
140. Tacitus, *Germania*, S. 10
141. Shakespeare, *Ein Sommernachtstraum*, I, i, 2-11
142. Shakespeare, *Ein Sommernachtstraum*, II, ii, 60
143. Shakespeare, *Ein Sommernachtstraum*, V, i, 357
144. Martin P. Nilsson, *Primitive Time-Reckoning*, S. 154. Zeremonien wurden auch von Chinesen, Ägyptern, Babylonern, Iranern, Hindus, Buddhisten, Griechen und Römern Arabern und vielen anderen abgehalten.
145. Strabo, *Geographica*, iii, 4, 16
146. Euripides, *Iphigeniein Aulis*, 717
147. vgl. Loeb, S. 163, 447.
148. vgl. Hutton Webster, *Rest Days*, S. 131-172
149. Robert Louis Stevenson, »The Moon«, in: *A Child's Garden of Verses*, S. 59; siehe auch Pablo Neruda, *Twenty Love Poems*, S. 53.
150. Unterhaltung mit Anna Papakaliati-Kaianaki, Oktober, 2000, in Elounda, Kreta
151. Aus Daniel Defoe, *Memoirs of Mr Campbell* , S. 62 (Übersetzung: Verlag); siehe auch Iona Opie, Moira Tatem, *A Dictionary of Superstitions*, S. 279-283
152. Iona und Peter Opie, *The Oxford Nursery Rhyme Book*, S. 264.
153. Martin P. Nilsson, *Primitive Time-Reckoning*, S. 155-167
154. Hutton Webster, *Rest Days*, S. 183-189
155. Hutton Webster, *Rest Days*, S. 185
156. Homer, *Odyssee*, XIV, 162; XIX, 307; Hesiod, *Werke und Tage*, V, 780
157. Martin P. Nilsson, *Primitive Time-Reckoning*, S. 167
158. Hesiod, *Werk und Tage*, 765 ff.
159. Hutton Webster, *Rest Days*, S. 188-193
160. Martin P. Nilsson, *Primitive Time-Reckoning*, S. 156
161. Henri Briffault, *The Mothers*, Bd. 2, S. 434.
162. Hutton Webster, *Rest Days*, S. 242-271
163. ebenda, S. 246-250
164. Das 1. Buch Samuel, 20: 5; 24-29
165. Das 2. Buch der Könige, 4: 23
166. Der Prophet Amos, viii, 4 f.
167. Der Prophet Hosea, ii, 13
168. Jesaja, 1, 13
169. Jesaja, 66, 23
170. Hutton Webster, *Rest Days*, S. 253
171. Hiob, 31: 26 ff.
172. Hiob, 31: 244
173. Exodus, 31: 14; 35: 2
174. Hutton Webster, *Rest Days*, S. 200-220
175. Hutton Webster, *Rest Days*, S. 122 f.
176. Der Brief an die Kolosser, 2: 16 f.
177. Jamieson, *Scottish Dictionary*, Einleitung zu Mononday, in: Iona Opie, Moira Tatem, *A Dictionary of Superstitions*, S. 258 f.
178. Eric Partridge, *Origins: A Short Etymological Dictionary of Modern English*, S. 720
179. ebenda
180. vgl. Onians, *Dictionary of English Etymology*, S. 626
181. Eric Partridge, *Origins: A Short Etymological Dictionary of Modern English*, S. 701
182. Hesiod, *Theogonie*, 116-218
183. Huxley, *The Way of the Sacred*, S. 192
184. Shakespeare, *Sonnet* 60
185. Bhagavad-Gita, XI, 12
186. Heinrich Zimmer, *The Art of Indian Asia*, S. 94
187. ebenda, S. 155
188. ebenda, S. 214
189. ebenda, S. 204-209

KAPITEL 3

1. vgl. Henri Briffault, *The Mothers*, Bd. 2, S. 632-40; Mircea Eliade, *Patterns in Comparative Religion*, S. 159-161; Edward C. Krupp, *Beyond the Blue Horizon*, S. 74 f.)
2. Jan Knappert,: *The Aquarian Guide to African Mythology*, S. 166 (Übersetzung Verlag)
3. Bleek and Lloyd, *Specimens of Bushman Folklore*, S. 67
4. Thorkild Jacobson, *The Treasures of Darkness*, S. 136-137
5. Stephen H. Langdon, *Tammuz and Ishtar*, S. 47 (Übersetzung: Verlag)
6. L.W. King, *Legends of Babylonia and Egypt in Relation to Hebrew Tradition*, S. 111.
7. Diane Wolkstein und Samuel Noah Kramer, *Inanna, Queen of Heaven and Earth*, S. 39. (Übersetzung: Verlag)
8. Mircea Eliade, *Patterns in Comparative Religion*, S 159 (Übersetzung: Verlag)
9. E. A. Wallis Budge, *The Gods of the Egyptians*, S. 436
10. Dominique Collon, *First Impressions*, S. 167
11. Mircea Eliade, *Patterns in Comparative Religion*, S. 159 (Übersetzung: Verlag)
12. Plutarch, *Isis und Osiris*, 34, S. 193
13. ebenda, S. 209
14. Pyramiden Texte, 2063
15. Pyramiden Texte, 1944, 2113-2117 (Übersetzung: Verlag); siehe auch Lucie Lamie, *Egyptian Mysteries*, S. 5
16. Plutarch, *Isis und Osiris*, S. 205
17. ebenda, S. 195
18. ebenda, S. 226 f.
19. Coffin Texts, 11, S. 104
20. Rig-Veda, i, 105, 1; Aitareya Brahmana, viii, 28, 15
21. Edward C. Krupp, *Beyond the Blue Horizon*, S. 75
22. ebenda
23. Jan Knappert, *Indian Mythology: An Encyclopedia of Myth and Legend*, S. 224
24. Henri Briffault, *The Mothers*, Bd. 2, S. 632-638
25. ebenda, S. 633
26. Mircea Eliade, *Patterns in Comparative Religion*, S. 159 (Übersetzung: Verlag)
27. ebenda, (Übersetzung: Verlag)
28. Henri Briffault, *The Mothers*, Bd. 2, S. 636
29. ebenda, S. 633
30. Edward C. Krupp, *Beyond the Blue Horizon*, S. 74 f.
31. Sabine Baring-Gould, *Curious Myths of the Middle Ages*, S. 201 ff.
32. Henri Briffault, *The Mothers*, Bd. 2, S. 636.
33. ebenda, S. 632-635
34. Edward C. Krupp, *Beyond the Blue Horizon*, S. 74 f. sowie Henri Briffault, *The Mothers*, Bd. 2, S. 632
35. Henri Briffault, *The Mothers*, Bd. 2, S. 636 ff.
36. Shakespeare, *Hamlet*, I, i, 119
37. G.B. Dalla Porta, *Natural Magick*, S. 11
38. Cornelius Agrippa, *De Occulta Philosophia* (Übersetzung: Verlag)
39. vgl. Henri Briffault, *The Mothers*, Bd. 2, S. 637
40. Shakespeare, *Richard III.*, II, ii, 66-70
41. Shakespeare, *Ein Sommernachtstraum*, II, i, 162
42. Jane E. Harrison, *Themis*, S. 185
43. Rosemary Ellen Guiley, *Der Mond-Almanach*, S. 110
44. Ad de Vries, *Dictionary of Symbols and Imagery*, S. 328 (Übersetzung: Verlag)
45. vgl. R. L. Tongue, »Two Moons in May«, in: *Folklore*, Vol 77, 1966, S. 41 ff.
46. Virgil, *Georgica – Vom Landbau*, übers. und hrsg. von Otto Schönberger, I, 427-435, S. 33
47. Charles Kightly. *Almanack*, Einleitung zum 8. Juni, (Übersetzung: Verlag)
48. Jean Aubrey, *Observations*, 1685; in: Charles Kightly, *Almanack*, Einleitung zum 9. August (Übersetzung: Verlag)
49. Macrobius, *Saturnalia*, vii, 10 (Übersetzung: Verlag)
50. Stephen H. Langdon, *Tammuz and Ishtar*, S. 47
51. Plutarch, Orb, 940
52. Porphyrius, De antro. nymph., x.; siehe auch Robert Graves, *Greek Myths*, S. 102 f.
53. Jane E. Harrison, *Themis*, S. 191
54. Clyde Fisher, *The Story of the Moon*, S. 96
55. Harrison beschreibt die Geburt der Athene aus Zeus als »a desperate theological expedient to rid an earth-born Kore of her matriarchal conditions«. *Prolegomena*, S. 302.
56. Jane E. Harrison, *Themis*, S. 191
57. Euripides, Fragment (Nauck 997); in: Harrison, *Themis*, S. 191
58. Ann Shearer, *Athene: Image and Energy*, S. 23-40
59. New Larousse, *Encyclopedia of Mythology*, S. 207
60. Shakespeare, *Timon von Athen*, IV, iii, 441-442
61. Nicholson, *Heavenly Bodies*, S. 66-68
62. Alexander H. Krappe, *La Genèse des Mythes*, S. 110
63. Timothy Harley, *Moon Lore*, S. 134
64. vgl. Chaucer, »The Franklin's Tale«, *The Canterbury Tales*, F 1052, S. 156
65. Jan Knappert, *Pacific Mythology*, S. 291
66. New Larousse, *Encyclopedia of Mythology*; Edward C. Krupp, *Beyond the Blue Horizon*, S. 74
67. Guiley, *Lunar Almanac*, S. 67
68. Jan Knappert, *Pacific Mythology*, S. 114-115.
69. Hyginus, 197; in: Henri Briffault, *The Mothers*, Bd. 3, S. 89.
70. Hesiod, *Theogonie*, 176-210; Homer, *Hymne an Aphrodite*, 4-5

71. Carl Kerenyi, *The Gods of the Greeks*, S. 81
72. Yves Bonnefoy, *Greek and Egyptian Mythologies*, S. 249.
73. siehe such Carl Gustav Jungs Diskussion über die etymologischen Verbindungen zwischen Meer, Mutter, Schicksal und Tod. Carl Gustav Jung, *Collected Works*, S. 250.
74. Katzeff, *Moon Madness*, S. 48.
75. vgl. Plinius, *Naturkunde*, II. C. 1, in: Katzeff, *Moon Madness*, S. 16.
76. Shakespeare, *Henry IV*, I, ii, 25-32
77. Shakespeare, *Henry V*, II, iii, 11 f.
78. Claudia de Lys, *What's So Lucky About A Four-leaf Clover*, S. 399
79. Keith Thomas, *Religion and the Decline of Magic*, S. 396 (Übersetzung: Verlag)
80. Shakespeare, *Julius Caesar*, IV, ii
81. Shakespeare, *Ein Sommernachtstraum*, II, i, 103-108
82. Shakespeare, *Antonius und Kleopatra*, IV, ix, 17-20
83. Plutarch, *Moralia*, XV, 61
84. Macrobius, *Saturnalia*, lib. VII, Kap. XVI
85. Macrobius, *Commentary on the Dream of Scipio*, I, xi, p. 131; siehe auch Carl Gustav Jung, *Collected Works* 14, S. 145
86. ebenda, I, xi p. 131; siehe auch Plutarch, *Moralia*, XV
87. Erich Neumann, *Die Große Mutter*, S. 181 ff.
88. Genesis, 8:21
89. Esther Harding, *Woman's Mysteries*, S. 107
90. Genesis, 9:20-21
91. vgl. Esther Harding, *Woman's Mysteries*, S. 223.
92. Funk & Wagnall, Dictionary, S. 675
93. Max S.Shapiro and Rhoda A. Hendricks, *A Dictionary of Mythologies*, S. 117.
94. Mircea Eliade, *Patterns in Comparative Religion*, S. 160
95. Jan Knappert, *Pacific Mythology*, S. 83
96. H. Krappe, »The Lunar Frog«, in: *Folklore*, Bd. LI, 1940, S. 161 ff.
97. Mircea Eliade, *Patterns in Comparative Religion*, S. 161
98. Hentze, *Mythes et Symboles Lunaires*, S. 14, 24, ff.
99. vgl. Jan Knappert, *Pacific Mythology*
100. Hesiod, *Theogony*, 977.
101. D.H. Lawrence, *Women in Love*, S. 243-245.
102. Ovid, *Fasti*, III, 275; siehe auch James George Frazer, *The Golden Bough*, Bd.1
103. Katherine Briggs, The Dead Moon, in: *British Folktales*, S. 21-23 (Übersetzung: Verlag)
104. Funk & Wagnall, Dictionary, S. 325
105. Idries Shah, *The Pleasantries of the Incredible Mulla Nasrudin*, S. 43 (Übersetzung: Verlag)
106. Shakespeare, *Liebes Leid und Lust*, V, ii, 208
107. Erste Geschichte: *Notes and Queries*, Ser.4, IV, 1869, 57, (paraphrasiert). Zweite Geschichte: ebenda., 165, (paraphrasiert). Für diese Quellen und weitere Märchen von den Britischen Inseln siehe auch Jennifer Westwood, Albion: *A Guide to Legendary Britain*
108. Alexander H. Krappe, *La Genèse des Mythes*, S. 104
109. *Flowers and Moonlight on the Spring River*, von Yang-ti (605-617), Kaiser der Sui Dynasty, in: Waley, *170 Chinese Poems*, S. 71 (Übersetzung: Verlag)

110. J. White, *The Ancient History of the Maori*, Bd. i, S. 142; Bd. ii, S. 91. in: Henri Briffault, *The Mothers*, Bd. II, S. 657; 673.
111. Julian David, *Interweaving Symbols of Individuation in African and European Fairy Tales*, S. 78 f.
112. »The Moon with the Face of the Gorgon«, in: Payne Knight, S. 130; siehe auch Ann Shearer, »Remembering Medusa«, *Athene*, S. 60-73; George Elder, *Archetypal Body*, S. 123-125.
113. Edward C. Krupp, *Beyond the Blue Horizon*, S. 63-65; Katzeff, *Moon Madness*, xvii-xix
114. Marija Gimbutas, *The Goddesses and Gods of Old Europe*, S. 199
115. Ian Nicholson, *Heavenly Bodies*, S. 69
116. *The Times*, 6. März 1998
117. Heinrich Zimmer, *Indische Myther und Symbole*, S. 60
118. »The Dying Round the Holy Power«, Aitareya Brahmana, in Zimmer, *Philosophies of India*, S. 70 f. (Übersetzung: Verlag)
119. *Brihadaranyak Upanishad*, 2,5,7.
120. Funk & Wagnall, Dictionary, S. 1032
121. Rig-Veda, x, lxxxv.5; McGrath, *Eclipse of the Sun*, S. 125.
122. Wendy Doniger, *Hindu Myths*, S. 276.
123. ebenda, S.. 274-277. Andere Versionen geben eine andere Reihenfolge. vgl. Rupa, *Myths and Legends of India*, 1-6; Robert Graves, New Larousse, *Encyclopedia of Mythology*, S. 362-367.
124. Rig-Veda, 8:48 (Übersetzung: Verlag)
125. Rig-Veda, 8:100
126. Rig-Veda, 10:34.1; 82.3
127. Henri Briffault, *The Mothers*, Bd. 3, S. 131.
128. Rig-Veda, 10:119 (Übersetzung: Verlag)
129. New Larousse, *Encyclopedia of Mythology*, S. 331
130. Satapatha-Brahamana, 9.4.8.
131. Funk & Wagnall, Dictionary, S. 479
132. M. Monier-Williams, *Sanskrit Dictionary*
133. Eric Partridge, *Origins: A Short Etymological Dictionary of Modern English*, S. 640
134. Carl Gustav Jung, Collected Works 5, xxiv
135. Platon, *Phaedon*, 72a - 92a
136. Exodus, 16:4-14
137. Alan Unterman, *Dictionary of Jewish Lore and Legend*, S. 127
138. Exodus, 16:31
139. Alan Unterman, *Dictionary of Jewish Lore and Legend*, S. 127
140. *Das 5. Buch Mose*, 33:28
141. vgl. Stephen H. Langdon, *Semitic Mythology, The Mythology of all Races*, Bd. 5., S. 95-99
142. Alan Unterman, *Dictionary of Jewish Lore and Legend*, S. 62; 167 (Übersetzung: Verlag)
143. Alan Untermann, *Dictionary of Jewish Lore and Legend*, S. 181
144. John Keats, *La Belle Dame Sans Merci*, Vers vii
145. Coleridge, *Kubla Khan*, 51-54
146. Bleek und Lloyd, *Bushman Folklore*, S. 57 (Übersetzung: Verlag)
147. Plutarch, Orb, 938.
148. Euripides, Hippolytus, 555
149. Es gab Zeiten, da mussten alle Gäste einer Hochzeit Honig für einen vollen Mond trinken.

Peter Lorie, *Superstitions: The Book of Ancient Lore*, S. 224.
150. Carl Kerenyi, *Dionysos: Archetypal Image of Indestructible Life*, S. 35
151. Harold Bayley, *The Lost Language of Symbolism*, S. 242 f.
152. Zitiert in: Biedermann, *Dictionary of Symbolism*, S. 95
153. Adolphus Senior, *De Chemica*, S. 35 f.
154. Iona Opie, Moira Tatem, *A Dictionary of Superstitions*, S. 245 f.
155. Lorie, *Superstitions*, S. 62, 68
156. Joseph Campbell, *Atlas*, ii, pt. 3, S. 341.
157. Maspero, *The Dawn of Civilization*, S. 695 ff.
158. Shakespeare, *König Lear*, IV, vi, 145-149
159. Joseph Campbell, *The Mythic Image*, S. 284, Abb. 253.
160. Wolfram von Eschenbach, *Parzival*
161. John Grant, *Der Mythos der Wikinger. Sagen, Götter und Legenden*
162. vgl. Funk & Wagnall, *Dictionary*, S. 697
163. Mircea Eliade, *From Primitives to Zen*, S. 247 f.
164. vgl. Kenneth Rexroth, *One Hundred Poems from the Chinese*, S. 65 f. (Übersetzung: Verlag)
165. Amritabindu Upanishad, 11 und 12; Zimmer, *Philosophies of India*, S. 371. (Übersetzung: Verlag)
166. Anne Bancroft, *Zen: Direct Pointing to Reality*, S. 83. (Übersetzung: Verlag)
167. »No Water, No Moon«, *Zen Flesh, Zen Bones*, S. 40. (Übersetzung: Verlag)

KAPITEL 4

1. William Blake, *Poetry and Prose of William Blake*, S. 860.
2. vgl. Mircea Eliade, *Ewige Bilder und Sinnbilder*
3. William Blake, *Poetry and Prose of William Blake*, S. 148.
4. vgl. Jane E. Harrison, *Prolegomena to the Study of Greek Religion*, S 164 (Übersetzung: Verlag)
5. vgl. Mircea Eliade, *Patterns in Comparative Religion*, S. 167-171
6. Aristoteles, *Geschichte der Tiere*, ii. 12. 12; Plinius, *Naturkunde*, xi. 82.
7. vgl. Alexander Marshack, *The Roots of Civilization*, S. 336 f.
8. vgl. Marija Gimbutas, *The Goddesses and Gods of Old Europe*, S. 93-101
9. Martin Brennan, *The Stars and the Stones*, S. 137.
10. vgl. Joseph Campbell, *The Mythic Image*, S. 88 f.
11. Thomas, *Religion and the Decline of Magic*, S. 224 ff; Margaret Baker, *Discovering The Folklore of Plants*, S. 79.
12. vgl. Stephen H. Langdon, *Oxford Editions of Cuneiform Texts*, t, IV, S. 6 (Übersetzung: Verlag)
13. vgl. Edward C. Krupp, *Beyond the Blue Horizon*, S. 193
14. Genesis, 14: 5
15. Jeremia, 7: 18; 44: 25
16. vgl. Marija Gimbutas, *The Goddesses and Gods of Old Europe*, S. 93
17. vgl. John Campbell, *Mythologie des Ostens*,
18. vgl. Plutarch, *Isis und Osiris*, 43

19. Rosalie David, *A Guide to the Religious Ritual at Abydos*, S. 136.
20. Plinius, *Naturkunde*, viii, 72.
21. Herodot, *Geschichte der Persischen Kriege*, 11, S. 153
22. *Rig-Veda*, viii, 80, 1, 3; vii. 104, 1. Gubernatis, »The Cow and the Bull«, *Zoological Mythology*, Kapitel 1, S. 1-282
23. *Vendidad*, xxi. iii. b. 9; in: *The Sacred Books of the East*, Bd. iv, p. 226.
24. See Madanjeet Singh, Hrsg., *The Sun in Myth and Art*, S. 235-24
25. vgl. Mircea Eliade, *Patterns in Comparative Religion*, S. 159; 161
26. vgl. »Seventeen Old Poems«, Nr. 16, in Arthur Waley, *Chinese Poems*, S. 57.
27. Singh, *Sun*, S. 159.
28. ebenda, S. 165.
29. Virgil, *Georgica – Vom Landbau*, I, 380
30. *Rig-Veda*, VII, 103, 2; in: J. Muir, *Original Sanscrit Texts*, V, S. 431.
31. vgl. Alexander H. Krappe, *The Lunar Frog*, *Folklore*, Bd. LI, 1940, S. 162-165
32. vgl. Henri Briffault, *The Mothers*, Bd. 2, S. 634
33. Biedermann, *Dictionary of Symbolism*, S. 146
34. Frankfort, *Kingship and the Gods*, S. 146
35. Beverley Moon, *Archetypal Symbolism*, p. 75
36. vgl. E.A. Wallis Budge, *Osiris and the Egyptian Resurrection*, i, S. 279 f.
37. Moon, *Archetypal Symbolism*, S. 76 f.
38. vgl. Jan Knappert, *The Aquarian Guide to African Mythology*, S. 166 f.
39. vgl. Gerardo Reichel-Dolmatof, *Rainforest Shamans*, S. 265
40. vgl. Gerardo Reichel-Dolmatof, *Astronomical Models of Social Behavior Among Some Indians of Colombia*, S. 170
41. vgl. Alexander Marshack, *The Roots of Civilization*, S. 237
42. Marija Gimbutas, *Die Sprache der Göttin*, S. 116
43. ebenda, S. 116
44. Campbell, *The Way of the Animal Powers*, S. 155 ff.
45. vgl. Marija Gimbutas, *The Goddesses and Gods of Old Europe*, S. 200
46. ebenda
47. ebenda
48. vgl. Mircea Eliade, *Patterns in Comparative Religion*, S. 439; *Images and Symbols*, pp. 125-150.
49. Arthur Cotterell, *A Dictionary of World Mythology*, S. 190.
50. Mircea Eliade, *Images*, S. 129.
51. Andersson, *Children of the Yellow Earth: Studies in Pre-historic China*, S. 304.
52. Donald A. Mackenzie, *China and Japan*, S. 157; Wolfram Eberhard, *A Dictionary of Chinese Symbols*, S. 193.
53. Dante, *Paradiso*, II, 34.
54. vgl. Mircea Eliade, *Patterns in Comparative Religion*, S. 439
55. vgl. *Atharva Veda*, iv, 10 (Übersetzung: Verlag)
56. vgl. Mircea Eliade, *Patterns in Comparative Religion*, S. 440
57. Karlgren, *Some Fecundity Symbols in Ancient China*, pp. 30-36.

58. vgl. Mircea Eliade, *Ewige Bilder und Sinnbilder*
59. ebenda
60. Jacobus Masenius, *Speculum imaginum veritatis occultae* (1714), LXVII, 30
61. vgl. Funk & Wagnall, *Dictionary*, S. 258
62. ebenda
63. Gubernatis, *Zoological Mythology*, ii, S. 356.
64. T.S. Eliot, *J. Alfred Prufrocks Liebesgesang*, in: *Gedichte*, S. 11
65. vgl. Funk & Wagnall, *Dictionary*, S. 745
66. ebenda, S. 328
67. Shakespeare, *Julius Cäsar*, IV, iii, 29-30
68. Zum Beispiel der Film »Wolf« mit Jack Nicholson und Michelle Pfeiffer aus dem Jahre 1997.
69. Guiley, *Lunar Almanac*, S. 51.
70. Marija Gimbutas, *Die Sprache der Göttin*, S. 233 f.
71. Birgitte Sonne, *Agayut: Eskimo Masks from The 5th Thule Expedition*, S. 278; siehe auch Kapitel 8, Abb. 1
72. vgl. *Satapatha Brahmayana* xi, 1.5.1,2 (Übersetzung: Verlag)
73. vgl. Coomaraswamy, *What is Civilization?* S. 100-103 für die Verbindung zwischen Mond, Hund und Hasen.
74. vgl. E.A. Wallis Budge, *Osiris and the Egyptian Resurrection*, ii, S. 263.
75. Harrison, *Themis*, S. 199.
76. Carl Gustav Jung, »Luna«:, »The Dog, *Collected Works* 14, S. 146-160
77. vgl. Alexander H. Krappe, *La Genèse des Mythes*, S. 226 ff.
78. vgl. *Die Edda des Snorri Sturluson*, S. 39
79. vgl. Funk & Wagnall, *Dictionary*, S. 798
80. vgl. Moon, *Archetypal Symbolism*, S. 99 ff.
81. Yogesvara, Nr. 218; John Brough, *Poems from the Sanskrit*, S. 126.
82. Gubernatis, *Zoological Mythology*, ii, p. 63
83. *Die Edda des Snorri Sturluson*, S. 53; Ovid, *Metamorphosen*, v. 325-332
84. vgl. E.A. Wallis Budge, *Osiris and the Egyptian Resurrection*, ii, S. 444-450
85. Worlidge, *Systema Agriculturae*, 1697, in: Kightly, *Almanack*, 16 March
86. vgl. Henri Briffault, *The Mothers*, Bd. 2, S. 621
87. vgl. Buffie Johnson, *Lady of the Beasts*, S. 212
88. vgl. Funk & Wagnall, *Dictionary*, S. 1074
89. H.R. Codrington, *The Melanesians*, S. 159 ff.
90. G.H. Luquet, »Oceanic Mythology« in: New Larousse, *Encyclopedia of Mythology*, S. 457
91. Robert Graves, *Griechische Mythologie. Quellen und Deutung* Bd. 1, S. 98.
92. Gubernatis, *Zoological Mythology*, S. 163
93. Miller and Taube, *An Illustrated Dictionary of The Gods and Symbols of Ancient Mexico and the Maya*, S. 156
94. *The Hutchison Dictionary of World Myth*, S. 106
95. vgl. Henri Briffault, *The Mothers*, Bd. 2, S. 624
96. ebenda
97. ebenda
98. vgl. Buffie Johnson, *Lady of the Beasts*, S. 360
99. vgl. Funk & Wagnall, *Dictionary*, S. 1047
100. vgl. Buffie Johnson, *Lady of the Beasts*, S. 211

KAPITEL 5

1. vgl. *Aitareya Upanishad*, 2: 1-4, ins Englische übersetzt von Robert Ernest Hume, *The Thirteen Principal Upanishads*, Oxford, 1921, S. 295 (Übersetzung: Verlag)
2. vgl. Alexander Marshack, *The Roots of Civilization*, S. 35
3. Carl Gustav Jung, »Two Kinds of Thinking«, in: *Collected Works*, S. 7-33
4. Percy Bysshe Shelley, *Defence of Poetry*: »The savage is to ages what the child is to years«. Zeilen 45-48
5. ebenda, Zeilen 99-108
6. vgl. Eric Partridge, *Origins: A Short Etymological Dictionary of Modern English*, S. 404 f.
7. *Sanskrit Dictionary*, S. 783
8. vgl. Heinrich Zimmer, *Indische Mythen und Symbole*
9. Owen Barfield, *History in English Words*, S. 98
10. vgl. Eric Partridge, *Origins: A Short Etymological Dictionary of Modern English*, S. 375
11. McGrath, *The Sun Goddess*, S. 10
12. vgl. Max Muller, *Biographies of Words*, S. 24 f.
13. Pascal, *PensÚes* (1670, Hrsg. L. Brunschvicg, 1909), sect 7, Nr. 455. (»The heart has its reasons which reason knows not.«)
14. vgl. Owen Barfield, *Der Sprecher und sein Wort*
15. *Johnnesevangelium*, 3: 6-8.
16. Homer, *Ilias*, 16, 529; 5, 125 f., 136
17. vgl. W. H. Auden, Vorwortzu Owen Barfields *Poetic Diction*, S. 9 (Übersetzung: Verlag)
18. vgl. Owen Barfield, *Poetic Diction*, S. 204 (Übersetzung: Verlag)
19. Carl Gustav Jung, Lecture VI, 13/11/29, *Dream Analysis: Notes of a Seminar Given 1928-1930*, S. 384.
20. Shelley, *Defence of Poetry*, Zeilen 102-103
21. vgl. Funk & Wagnall, *Dictionary*, S. 671
22. vgl. *Brihadaranyaka Upanishad*, i, 3, 16 (Übersetzung: Verlag)
23. vgl. *Kaushitaki Upanishad*, 4, 4 (Übersetzung: Verlag)
24. vgl. Esther Harding, *Woman's Mysteries*, S. 101
25. vgl. Joseph Campbell, *Oriental Mythology*, S. 96 (Übersetzung: Verlag)
26. Platon, *Epinomis*, 978b-979a, Platon, *The Collected Dialogues*, S. 1521-1522 (Übersetzung: Verlag)
27. vgl. Martin P. Nilsson, *Primitive Time-Reckoning*, S. 159; 234
28. Hentze, *Objets Rituels*, S. 55; vgl. Mircea Eliade, *Patterns in Comparative Religion*, S. 183; J.E. Cirlot, *A Dictionary of Symbols*, S. 217
29. Platon, *Phaedrus*, 246b-253e
30. Brennan, *The Stars and the Stones*, S. 15
31. Harrison, *Themis*, S. 189
32. vgl. Joseph Campbell, *Mythologie des Ostens*
33. vgl. J.C. Cooper, *Symbolism: The Universal Language*, S. 23
34. *Tao Te Ching*, 1. 3
35. vgl. John Layard, *The Stone Men of Malekula*
36. vgl. Marija Gimbutas, *The Goddesses and Gods of Old Europe*, S. 97
37. vgl. Marija Gimbutas, *The Goddesses and Gods of Old Europe*, S. 196-210
38. Frankfort, *Ancient Egyptian Religion*, S. 13

39. Hesiod, *Theogonie*, 422-423
40. Apollonius Rhodius, *The Voyage of Argo*, 3. 467
41. Homer, *Hymne an Demeter*, 57 f.
42. Homer, *Odyssee*, XV, 408 ff.
43. vgl. Henri Briffault, *The Mothers*, Bd. 2, S. 683
44. R.H. Codrington, *The Melanesians*, S. 168 f.
45. vgl. Henri Briffault, *The Mothers*, Bd. 2, S. 729-733
46. W. Matthews, »Some Deities and Demons of the Navahos«, *The American Naturalist*, xx, S. 846 ff.
47. vgl. Robert Graves, *Die Weiße Göttin. Sprache des Mythos*,
48. vgl. Samuel Noah Kramer, *The Sumerians*, S. 145
49. ebenda, S. 146
50. ebenda, S. 147
51. vgl. Henri Briffault, *The Mothers*, Bd. 2, S. 603
52. ebenda, S. 606
53. B. Thorpe, *Northern Mythology*, i, S. 6
54. vgl. Henri Briffault, *The Mothers*, Bd. 3, S. 80
55. vgl. Thorkild Jacobson, *The Treasures of Darkness*, S. 121
56. Harrison, *Themis*, S..192 f.
57. Joseph Campbell, *The Way of the Animal Powers*, S. 68 f.
58. vgl. Marija Gimbutas, *The Goddesses and Gods of Old Europe*, S. 93
59. ebenda, S. 93; 224
60. Nonnus, *Dionysiaca*, vi, 236, siehe auch Ronald Hutton, *The Triumph of the Moon*, S. 179
61. Harrison, *Themis*, S. 189-190
62. P.D. Ouspensky, *In Search of the Miraculous*, S. 77 ff.
63. Apostelgeschichte, 9:9
64. Harold Bayley, »Cinderella«, *The Lost Language of Symbolism*, S. 196-231
65. McCrickard, *Eclipse of the Sun*, S. 37 f.
66. Anordnungen in Triaden ist in der Religionsgeschichte ein Archetyp, der höchst wahrscheinlich die Grundlage der christlichen Trinität bildete. Siehe auch Carl Gustav Jung, *Collected Works* 11, S. 113 ff.
67. Carl Gustav Jung, *Collected Works* 12, S. 160.
68. Goblet d'Alviella, *The Migration of Symbols*, S. 71.
69. vgl. Jan Knappert, *Indian Mythology: An Encyclopedia of Myth and Legend*, S. 235 f.
70. Homer, *Hymne an Hermes*, 28
71. vgl. Joseph Epes Brown, *The Sacred Pipe*, S. 80 (Übersetzung: Verlag)
72. vgl. Joseph Campbell, *The Wild Gander*, S. 83
73. Plutarch, *Isis und Osiris*, 376. Herwig Görgemanns Hrsg., S. 243
74. Hastings, *Encyclopedia*, S. 76
75. vgl. Carmen Blacker and Michael Loewe, *Ancient Cosmologies*, S. 154
76. Guiley, *The Lunar Almanac*, S. 87
77. Claremont Books, *Dictionary of Proverbs*, S. 250; John Matthews and Christine Rhone, *Twelve-Tribe Nations and the Science of Enchanting the Landscape*, S. 16 ff.
78. Shakespeare, *Macbeth*, I, iii, 33 f.
79. Hesiod, *Theogonie*, 60, 76
80. Homer, *Hymne an Demeter*, 47
81. vgl. Joseph Campbell, *The Mythic Dimension*, S. 92-147

82. vgl. Iona Opie, Moira Tatem, *A Dictionary of Superstitions*, S. 264
83. The Florentine Codex, in: *Historia de las cosas de la Neuva Espana*; vgl. Edward C. Krupp, *Beyond the Blue Horizon*, S. 57-58
84. Plutarch, *Isis und Osiris*, Herwig Görgemann, Hrsg., 42 (367), S. 207
85. Virgil, *Georgica – Vom Landbau*, 285
86. vgl. Marija Gimbutas, *Die Sprache der Göttin*, S. 286 ff.
87. Brennan, *The Stars and the Stones*, S. 152.
88. vgl. Gilbert Murray, *The Rise of the Greek Epic*, S. 211
89. Homer, *Odyssee*, XXIII, 102, 170
90. Diodorus Siculus, *The Library of History*, Buch II, 35-IV, 58, in: Loeb, Kapitel 41, 47)
91. Aubrey Burl, *From Carnac to Callanish*, S. 64.
92. Alexander Thom, *Megalithic Lunar Observatories*
93. Margaret Ponting, »Megalithic Ca lanish«, in: *Records in Stone: Papers in Memory of Alexander Thom*, Hrsg., C.L.N. Ruggles, S. 423-441
94. Pausanias, v. i. 4. Apollodorus, *Bibliotheka*, i, 7; siehe auch vgl. Carl Kerenyi, *The Gods of the Greeks*, S. 197
95. F.M. Cornford, in Harrison, *Themis*, S. 224-229
96. Pausanias, vi. 20. 9. (vgl. Loeb, S. 123)
97. James George Frazer, *The Golden Bough.*, Bd. iii, Nr. 4, S. 74
98. Pausanias, v.i.4; James George Frazer, *The Golden Bough*, Bd. 3, Nr. 4, S. 91; Apollonius Rhodius, 4. 57; vgl. Carl Kerenyi, *The Gods of the Greeks*, S. 198
99. Cornford, in: Harrison, *Themis*, S. 229
100. vgl. Robert Graves, *Griechische Mytaologie. Quellen und Deutung*
101. Orphica Fragm., iv; Platon, *Republic*, 364; Henri Briffault, *The Mothers*, Bd. 3, S. 178.
102. J.E. Cirlot, *A Dictionary of Symbols*, S. 216; vgl. Mircea Eliade, *Patterns :Comparative Religion*, S. 178
103. Ted Hughes, »New Moon in January«, *Wodwo*, S. 158; Sylvia Plath, »The Rival«, *Ariel*, S. 48; siehe auch Biedermann, *Dictionary of Symbolism*, S. 226
104. vgl. Mircea Eliade, *Patterns in Comparative Religion*, S. 178
105. vgl. Kenneth Rexroth, *One Hundred More Poems from the Japanese*, S. 109 (Übersetzung: Verlag)
106. vgl. Kenneth Rexroth, *One Hundred More Poems from the Japanese*, S. 23 (Übersetzung: Verlag)
107. Shakespeare, *Ein Sommernachtstraum*, V, i
108. Tu Fu, *Selected Poems*, S. 31.
109. vgl. Paul Reps, *Zen Flesh, Zen Bones*, S. 23 (Übersetzung: Verlag)

KAPITEL 6

1. Joseph Campbell, *The Inner Reaches of Outer Space*, S. 11; siehe auch Anthony Stevens, *Archetype: A Natural History of the Self*, S. 39-76; Mircea Eliade, *A History of Religious Ideas*, Preface, Bd. i. xv.
2. Erich Neumann, *Die Große Mutter*, S. 93
3. Hiob, 38:4

4. Northrop Frye, *The Great Code: The Bible and Literature*, p. xviii. (Übersetzung: Verlag)
5. Carl Gustav Jung, *Collected Works*, IX, S. 6 (Übersetzung: Verlag)
6. Ernst Cassirer, *Philosophie der symbolischen Formen*, Bd. 2, S 218
7. John Campbell, *Der Heros in tausend Gestalten*, S. 241
8. Samuel Beckett, *Westward Ho*, S. 7
9. Pyramid Text, Utterance 600, in: R.T. Rundle Clark, *Myth and Symbol in Ancient Egypt*, S. 37.
10. Mircea Eliade, *The Myth of the Eternal Return*, S. 4; 91 f; Lao Tzu, *Tao Te Ching*, Verse 1-2, S. 57
11. vgl. Eino Friberg, Hrsg., *The Kalevala: Epic of the Finnish People*, S. 42-46 (Übersetzung: Verlag)
12. Michael Jordan, *Encylopedia of Gods*, S. 325; vgl. Jan Knappert, *Pacific Mythology*, S. 93
13. Knappert, vgl. Jan Knappert, *Pacific Mythology*, S. 291
14. New Larousse, *Encyclopedia of Mythology*, S. 457
15. vgl. Purusa-Sukta, oder *The Hymn of Man*, Rig-Veda, Vers 6, S. 30; Verse 13, S. 31 (Übersetzung: Verlag)
16. Aiteraya Upanishad 2: 1-4, in: Robert Ernest Hume, *The Thirteen Principal Upanishads*, S. 295.
17. *Die Edda des Snorri Sturluson*, S. 22
18. ebenda, S. 24
19. *The Hutchison Dictionary of World Myth*, S. 165; Cotterell, *A Dictionary of World Mythology*, S. 112
20. New Larousse, *Encyclopedia of Mythology*, S. 283 ff.
21. Ngangar Mbitu und Ranchor Prime, *Essential African Mythology*, S. 58 ff.; Cotterell, *A Dictionary of Mythology*, S. 211; Joseph Campbell, *Der Heros in tausend Gestalten*, S. 259.
22. New Larousse, *Encyclopedia of Mythology*, S. 457; 464
23. Guiley, *The Lunar Almanac*, S. 47 f.
24. Erdoes & Ortiz, *American Indian Myths and Legends*, S. 147, 168
25. New Larousse, *Encyclopedia of Mythology*, S. 464
26. New Larousse, *Encyclopedia of Mythology*, S. 464 f.
27. Dies waren die Pelasgianischen, Orphischen, Homerischen und Hesiodischen Schöpfungsmythen. vgl. Robert Graves, *Griechische Mythologie. Quellen und Deutung*
28. ebenda
29. Genesis, 1:1-5
30. vgl. Lao Tzu, *Tao Te Ching*, Vers 1 f., S. 57 (Übersetzung: Verlag)
31. vgl. Funk & Wagnall, *Dictionary*, S. 743
32. vgl. Henri Briffault, *The Mothers*, Bd. 2, S. 679
33. Janet McCrickard, *Eclipse of the Sun*, S. 134; Carolyne Larrington, Hrsg., *Feminist Mythology*, S. 343
34. vgl. Sheena McGrath, *The Sun Goddess*, S. 178
35. Athanassakis, *The Orphic Hymns*, »To the Moon«, Nr. 9, Zeilen 3-4
36. Platon, *Symposium*, 190 b
37. vgl. Henri Briffault, *The Mothers*, Bd. 2, S. 592-597
38. Jacob Grimm, *Deutsche Mythologie*, Bd. 1, S. 587
39. vgl. Sheena McGrath, *Eclipse of the Sun*, S. 54, 121; Hastings, *Encyclopaedia*, S. 62

40. Joseph Campbell, *The Way of the Animal Powers*, S. 258 f.; vgl. Jan Knappert, *The Aquarian Guide to African Mythology*, S. 166; vgl. auch Jan Knappert, *Pacific Mythology*, S. 195; vgl. Funk & Wagnall, *Dictionary*, S. 744 f.

41. Rev. George Elwes Corrie, Hrsg., *The Works of Hugh Latimer, Bishop of Worcester* (ca. 1485-1555), The Parker Society Publications, 2 Bände

42. vgl. Carl Gustav Jung, *Collected Works* 12, S. 404

43. Neumann, The Moon and Matriarchal Consciousness, in: *The Origins and History of Consciousnes* , S. 78.

44. Plutarch, *Isis und Osiris*, 41, 367 D; siehe auch Joan Chamberlain Engelsman, *The Feminine Dimension of the Divine*, besonders Kapitel 2, »The Feminine Archetypes«, S. 26-29.

45. A. Ungnad, Hrsg., *Die Religion der Babylonier und Assyrer*, S. 165

46. vgl. Carl Gustav Jung,Collected Works 9: i, S. 48 ff.; siehe auch Cashford, *Reflecting Mirrors: Ideas of Personal and Archetypal Gender*, 1998

47. vgl. Yeats, *Essays and Introductions*, S. 50

48. vgl. Yeats, *Essays and Introductions*, S. 80

49. Marshack, *The Origins of Civilization*. vgl. auch Hutton Webster, *Rest Days*, S. 124 ff.

50. Martin P. Nilsson, *Primitive Time-Reckoning*, S. 241-281

51. Timothy Harley, *Moon Love*, S. 89

52. Franz Cumont, *Astrology and Religion among the Greeks and the Romans*, S. 69. vgl. E.B.Tylor, *Primitive Culture*, Bd. 2, S. 272

53. Funk & Wagnall, *Dictionary*, S. 672, 744

54. Harrison, *Themis*, S. 184-190; vgl. Martin P. Nilsson, *Primitive Time-Reckoning*, S. 241-281

55. Plutarch, *De defect. orac.*, xiii; Proclus, *Commentarius in Platonis Timoeum*, i, 23e

56. Henri Briffault, *The Mothers*, Bd. 3, S. 60

57. Franz Cumont, *Astrology and Religion among the Greeks and the Romans*, S. 70

58. Joseph Campbell, The Mythic Image, S. 29

59. L. W. King, »The Epic of Creation«, Zeilen 35-143, in: *Babylonian Religion and Mythology*, S. 72-78 (Übersetzung: Verlag)

60. ebenda (Übersetzung: Verlag)

61. ebenda (Übersetzung: Verlag)

62. vgl. Thorkild Jacobson, *The Treasures of Darkness*, S. 179 (Übersetzung: Verlag)

63. vgl. Campbell, *Occidental Mythology*, S. 75 (Übersetzung: Verlag)

64. vgl. Campbell, *The Mythic Image*, S. 75 (Übersetzung: Verlag)

65. vgl. Esther Harding, *Woman's Mysteries*, S. 94; siehe auch Harrison, *Themis*, S. 388. vgl. Cirlot: *A Dictionary of Symbols*, S. 215

66. vgl. Neumann, *The Origins and History of Consciousness*, S. 340, Anm. 15 (Übersetzung: Verlag)

67. vgl. Sheena McGrath, *The Sun Goddess*, S. 129

68. vgl. Franz Cumont, *Astrology and Religion among the Greeks and the Romans*, S. 71.

69. Neumann, »The Moon and Matriarchal Consciousness«, in: *The Origins and History of Consciousness*, S. 68

70. Platon, *Cratylus*, 409 b

71. Platon, *Der Staat*, 508 f.

72. ebenda, 512-521

73. Aristoteles, *Metaphysik*, 1072, b; *De Caelo*, I, 3, 270, b5

74. C. S. Lewis, *The Discarded Image*, S. 3 ff., 108 f.

75. vgl. Cicero, *De Re Publica*, VI, 17, 17

76. Tillyard, *The Elizabethan World View*, S. 46; siehe auch Francis A. Yates, *The Occult Philosophy in the Elizabethan Age*, S. 141 f.

77. Spinoza, Ethics, vii

78. Shakespeare, *Timon von Athen*, IV, iii, 339 f.

79. Shakespeare, *Troilus und Cressida*, I, iii, 88-94

80. Shakespeare, *Henry IV (Erster Teil)*, I, iii, 199-200

81. McCrickard, *Eclipse of the Sun*, S 96. Thomas, *Religion and the Decline of Magic*, S. 456 f.

82. Ambrose, *Epistola*, 18, 24

83. Warner, »The Moon and the Stars«, in: *Alone of All Her Sex*, S. 255-69

84. vgl. Henri Briffault, *The Mothers*, Bd. 3, S. 184

85. vgl. Marina Warner, *Alone of All her Sex*, S. 259

86. ebenda, S. 262 f.

87. vgl. Henri Briffault, *The Mothers*, Bd. 3, S. 184

88. ebenda

89. ebenda

90. vgl. Marina Warner, *Alone of All her Sex*, S. 386

91. ebenda, S. 53

92. *Die Offenbarung des Johannes*, 12: 1

93. *Das Hohelied Salomos*, 6:10

94. vgl. *Satapatha-Brahmana*, xi. 9. 4. 3. *The Sacred Books of the East*, Bd. xliv, S. 130

95. K. T. Preuss, *Religion und Mythologie der Uitoto*, Bd. 1, S. 52

96. Hastings, *Encyclopaedia*, S. 68

97. Genesis, 1: 16

98. Muhammad Abu Jafar al-Tabari, *Chroniques*, Bd. 1, S. 11, 24

99. vgl. Edward C. Krupp, *Beyond the Blue Horizon*, S. 77-78

100. J. White, *Ancient History of the Maori*, Bd.1, S. 37

101. Pippa Skotnes, Hrsg., *Miscast: Negotiating the Presence of the Bushmen*, S. 53

102. vgl. Mircea Eliade, *Patterns in Comparative Religion*, S. 246

103. Shakespeare, *König Lear*, I, ii, 1

104. Richard Tarnas, *The Passion of the Western Mind*

105. vgl. Thomas Mann, *Joseph und seine Brüder*, Kapitel 2, Jakob und Esau

106. Benedict Kiely, *Yeats' Ireland*, S. 116.

107. vgl. McCrickard, *Eclipse of the Sun* und McGrath, *The Sun Goddess*

108. Mircea Eliade, *The Sacred and the Profane*, S. 157 f.

109. Shakespeare, *Romeo und Julia*, II, ii, 151-156

110. vgl. J. J. Bachofen, Mutterrecht, Bd. 2, S. 600; siehe auch Erich Neumann, *Die Große Mutter*, S. 63

KAPITEL 7

1. vgl. Iona and Peter Opie, *The Oxford Nursery Rhyme Book*, S. 264

2. vgl. Timothy Harley, *Moon Love*, S. 6

3. 4. Buch Mose, 9: 32-36

4. vgl. Jacob Grimm, *Deutsche Mythologie*, S. 716 f.

5. vgl. Sabine Baring-Gould, *Curious Myths of the Middle Ages*, (1866), S. 197.

6. Dante, *Die Hölle*, XX, 124-127

7. vgl. Jacob Grimm, *Deutsche Mythologie*, S. 719 f.

8. vgl. Timothy Harley, *Moon Lore*, S. 23 f.

9. Iona and Peter Opie, *The Oxford Nursery Rhyme Book*, S. 81

10. vgl. Timothy Harley, *Moon Love*, S. 28 f.

11. Shakespeare, *Ein Sommernachtstraum*, V, i, 235-256

12. Shakespeare, *Der Sturm*, II, ii, 135-140

13. vgl. Krzysztof Zarzycki und Eura Basiura, *Legendy Starego Krakowa*, Krakow, 1977

14. vgl. Timothy Harley, *Moon Lore*, S. 50

15. Jacob Grimm, *Deutsche Mythologie*, S. 720

16. vgl. Timothy Harley, *Moon Lore*, S. 59

17. vgl. Timothy Harley, *Moon Lore*, S. 59

18. Carl Gustav Jung, CW 5, p. 317, Anm. 20.

19. Eino Friberg , Hrsg., *The Kalevala: Epic of the Finnish People*

20. Henry Wadsworth Longfellow, *The Song of Hiawatha*, III, Zeilen 122-126, S. 211 (Übersetzung: Verlag)

21. Erminie A. Smith, »Myths of the Iroquios«, in: Alta Jablow, Carl Withers, *The Man in the Moon: Sky Tales from Many Lands*, S. 14; vgl. Jean Rhys Bram, *The Moon*, S. 90

22. »The Old Man and his Fishing Line«, in: W.W. Skeat, *Malay Magic*, S. 21; vgl. Alta Jablow, Carl Withers, *The Man in the Moon*, S. 21 f.

23. vgl. Alta Jablow, Carl Withers, *The Man in the Moon*, S. 19

24. Johannes Wilbert, *Folk Literature of the Selk'nam Indians*, S. 147- 158

25. Version von Max Fauconnet, in: New Larousse, *Encyclopedia of Mythology*, S. 474 f.

26. Mbitu and Prime, *Essential African Mythology*, S. 149-152

27. vgl. Henri Briffault, *The Mothers*, Bd. 2, S. 632

28. vgl. Alta Jablow, Carl Withers, *The Man in the Moon*, S. 19

29. vgl. Henri Briffault, *The Mothers*, Bd. 2, S. 633

30. vgl. Sabine Baring-Gould, *Curious Myths of the Middle Ages*, S. 189

31. vgl. *Die Edda des Snorri Sturluson*, S. 38

32. vgl. Sabine Baring-Gould, *Curious Myths of the Middle Ages*, S. 189-190

33. Für eine ausführlichere Version siehe auch Kapitel 7

34. vgl. John Grant, *Der Mythos der Wikinger. Sagen, Götter und Legenden*, S. 24.

35. Lewis Spence, *Myth and Ritual in Dance, Game and Rhyme*, S. 178 f.

36. Aus Iona and Peter Opie, *The Oxford Nursery Rhyme Book*, S. 42

37. ebenda, S. 226

38. Guiley, *The Lunar Almanac*

39. vgl. Funk & Wagnall, *Dictionary*, S. 672.

40. vgl. Alexander H. Krappe, *The Lunar Frog*, Folklore, Bd. LI, 1940, S. 161-171

41. vgl. Birgitte Sonne, »Mythology of the Eskimos«, in: *The Feminist Companion to Mythology*, edited by Carolyn Larrington, S. 166

42. ebenda, S. 168

43. Hartley Burr Alexander, »North American Mythology«, in: *Mythology of All Races*, edited by Louis H. Gray, 1964, Bd. 4, S. 55 f.

44. vgl. Jean Rhys Bram, *The Moon*, S. 90

45. vgl. Timothy Harley, *Moon Love*, S. 57

46. vgl. John Layard, *The Stone Men of Malekula*, S. 125

47. vgl. Werner, *Myths and Legends of China*, S. 182-188

48. vgl. Carl Hentze, *Frühchinesische Bronzen und Kultdarstellungen*, S. 131 f.

49. Eberhard, *A Dictionary of Chinese Symbols: Hidden Symbols in Chinese Life and Thought*, S. 194

50. vgl. Timothy Harley, *Moon Lore*, S. 105

51. Bredon and Mitrophanow, *The Chinese Moon Year*, S. 401

52. vgl. Kenneth Rexroth, *One Hundred poems from the Chinese*, S. 8. (Übersetzung: Verlag)

53. vgl. Timothy Harley, *Moon Lore*, S. 64

54. vgl. John Layard, *The Stone Men of Malekula*, S. 108 ff. Dies ist eine Version aus dem Südlichen (Hinayana) Buddhismus. Andere Versionen haben andere Tiere: Affen, Blässhühner oder Füchse; siehe auch Sabine Baring-Gould, *Curious Myths of the Middle Ages*, S. 191; und vgl. Timothy Harley, *Moon Lore*, S. 60

55. W.G. Black, »The Hare in Folklore«, in: *Folklore Journal*, i, S. 88.

56. vgl. John Layard, *The Stone Men of Malekula*, S. 106 f.

57. vgl. John Layard, *The Stone Men of Malekula*, S. 115

58. vgl. Sabine Baring-Gould, *Curious Myths of the Middle Ages*, S. 193 ff.

59. vgl. Timothy Harley, *Moon Lore*, S. 60

60. vgl. Ann Shankar and Jenny Housego, *Bridal Durries of India*, S. 62

61. vgl. John Layard, *The Stone Men of Malekula*, S. 231

62. vgl. Edward C. Krupp, *Beyond the Blue Horizon*, S. 77-78

63. vgl. Hentze, *Mythes et Symboles Lunaires*, S. 172. Auch die Maya entwickelten einen lunaren Kalender, der es ihnen ermöglichte, Mond- und Sonnenfinsternisse zu berechnen, die beide von ihnen sehr gefürchtet waren.

54. vgl. Edward C. Krupp, *Beyond the Blue Horizon*, S. 74

55. Mary Ellen Miller, *Jaina Figurines: A Study of Maya Iconography*, S. 30

66. vgl. Henri Briffault, *The Mothers*, Bd. 2, S. 735

67. vgl. Funk & Wagnall, *Dictionary*, S. 480

68. Alexander H. Krappe, *The Lunar Frog, Folklore*, Bd. LIII und LIV, 1942/43, S. 200 f.

69. Tales of Brer Rabbit, gesammelt in: Joel Chandler Harris, *Uncle Remus: His Songs and his Sayings*

70. St. Augustine, City of God (413-6 AD.), zitiert in: Marina Warner, *Alone of All her Sex*, S. 55 ff.

71. Bredon and Mitrophanow, *The Chinese Moon Year*, S. 406 (Übersetzung: Verlag)

72. vgl. Alexander H. Krappe, *The Lunar Frog, Folklore*, Bd. LIII und LIV, 1942/43, S. 199

73. »The hare, because she cheweth the cud but parteth not the hoof, she is unclean unto you«, Leviticus, xi: 6.

74. Caesar, *Der Gallische Krieg*, v, 12

75. Xenophon, *Venatio*, Bd.14; in: Henri Briffault, *The Mothers*, Bd. 2, S. 617

76. vgl. Henri Briffault, *The Mothers*. Bd. 2, S. 617

77. vgl. Iona Opie, Moira Tatem, *A Dictionary of Superstitions*, S. 194

78. Peter Lorie, *Superstitions: The Book of Ancient Lore*, S. 150 ff.

79. Dion Cassius, *Roman History*, LXII,b; in: John Layard, *The Stone Men of Malekula*, S. 189

80. In Latein verfasst, Bedes viel diskutierte Worte waren: Eostur-monath, qui nunc Paschalis mensis interpretatur, quondam a Dea illorum quae Eostre vocabatur, et cui in illo festa celebrabant, nomen habuit. Kapitel XV, »De Mensibus Anglorum«, in: *The Complete Works of Venerable Bede*, herausgegeben von Rev. J.A. Giles, Bd. 6, S. 179

81. Jacob Grimm, *Deutsche Mythologie* S. 291

82. vgl. C. J. Billson, *The Easter Hare, Folklore*, Bd. 3, S. 447; siehe auch Alexander H. Krappe, *The Lunar Frog, Folklore*, Bd. 3

83. Jacob Grimm, *Deutsche Mythologie*, S. 289

84. *Eostre* hat wahrscheinlich ihren Namen dem »Osten« als Ort des Sonnenaufgangs gegeben. Laytard zeigt philologische Zusammenhänge zwischen »usra« in Sanskrit und »ausosa« in Latein.

85. vgl. John Layard, *The Stone Men of Malekula*, S. 169

86. ebenda

87. W.G. Black, »The Hare in Folk-lore«, in: Folklore Journal, i, S. 84; siehe auch: C. J. Billson, *The Easter Hare, Folklore*, Bd. Iii, S. 450

88. James George Frazer, *The Golden Bough.*, Bd. iii, Nr. 4

89. vgl. C. J. Billson, *The Easter Hare, Folklore*, Bd. iii, S. 442-448

90. ebenda, S. 454

91. W. Henderson, *Notes on the Folk-lore of the Northern Counties of England*, S. 168

92. James George Frazer, *Der goldene Zweig*, Bd. 2, »Balder the Beautiful«, S. 316

93. vgl. Jeannie Robertson, in: Katherine Briggs, *British Folktales*, S. 300 f.

94. vgl. Iona Opie, Moira Tatem, *A Dictionary of Superstitions*, S. 190

95. ebenda

96. ebenda, S. 192 f.

97. vgl. C. J. Billson, *The Easter Hare, Folklore*, Bd. 3, S. 441

98. vgl. Iona Opie, Moira Tatem, *A Dictionary of Superstitions*, S. 192

99. vgl. Henri Briffault, *The Mothers*, Bd. 3, S. 184

100. Der Anthropologe Frobenius hat 1929 eine Karte entworfen, in der alle Länder Afrikas aufgezeichnet sind, in denen der Hase als ein Trickster angesehen wurde. Siehe John Layard, *The Stone Men of Malekula*, S. 159

101. W.H.I. Bleek, *Reynard the Fox*, S. 69-74

102. ebenda

103. ebenda

104. vgl. Timothy Harley, *Moon Lore*, S. 72

105. vgl. James George Frazer, *Folk-lore in the Old Testament*, Bd.1, S. 56.

106. Bleek, and Lloyd, »The Origin of Death«, in: *Bushmen Folklore*, S. 57-65

107. vgl. James George Frazer, *Folk-lore in the Old Testament*, Bd. i, S. 54

108. vgl. Dorothea. F. Bleek, *The Mantis and his Friends: Bushman Folklore*, S. 5-9

KAPITEL 8

1. Cicero, *Über das Wesen der Götter*, II, 19, 50

2. Johannes Lydus, *De Mensibus*, iv. 53

3. vgl. Barbara C. Walker, *The Woman's Encyclopedia of Myth and Secrets*, S. 645 f.

4. Jeanette Winter, *The Girl and the Moon Man*. Sieh auch Kapitel 2

5. vgl. Hutton Webster, *Rest Days*, S. 128 f.; vgl. Henri Briffault, *The Mothers*, Bd. 2, S. 431-43 9

6. Nancy E. Auer Falk, »Feminine Sacrality«, in: *Encyclopedia of Religion*, Bd. 5, S. 307.

7. Aristoteles, *Geschichte der Tiere*, IV, 10, 20, in: Loeb, S. 479

8. vgl. Edward C. Krupp, *Beyond the Blue Horizon*, S. 70-71

9. vgl. Henri Briffault, *The Mothers*, Bd. 2, S. 584.

10. ebenda, S. 432.

11. Jeanette McCrickard, *Eclipse of the Sun*, S. 126; 132. vgl. Henri Briffault, *The Mothers*, Bd. 2, S. 432 f.

12. Huxley, *The Way of the Sacred*, S. 34

13. vgl. Henri Briffault, *The Mothers*, Bd. 2, S. 433 (Übersetzung: Verlag)

14. Jeanette McCrickard, *Exclipse of the Sun*, Kapitel 2 und 3, S. 9-31

15. Ovid, *Metamorphosen*, Buch XV, Zeile 789; siehe auch Kapitel 3

16. vgl. Henri Briffault, *The Mothers*, Bd. 2, S. 433

17. »The Moon and Medicine«, *Clinical Excerpts*, 1940, Bd. 14, Nr. 8, S. 5

18. vgl. Esther Harding, *Woman's Mysteries*, S. 63

19. Ellis, *The Yoruba-speaking Peoples*, S. 146

20. vgl. Henri Briffault, *The Mothers*, Bd. 2, S. 432

21. vgl. Carl Kerenyi, *Zeus and Hera*, S. 123

22. ebenda, S. 118

23. ebenda, 129 f.

25. ebenda, S. 164

26. Aristoteles, *Geschichte der Tiere*, IX, 2, 1, in: Loeb, S. 425

27. E. Best, *Journal of the Polynesian Society*, xiv, 1905, S. 211

28. ebenda, S. 210, ff.

29. vgl. Esther Harding, *Woman's Mysteries*, S. 21

30. Adaptiert von Erdoes & Ortiz, *American Indian Myths and Legends*, S. 129-136

31. Napoleon A. Chagnon, *Yanomamo: The Last Days of Eden*, S. 122 f.

32. James George Frazer, *Der goldene Zweig*.

33. vgl. Esther Harding, *Woman's Mysteries*, S. 55-63

34. vgl. Gerardo Reichel-Dolmatof, *Rainforest Shamans*, S. 62 f.
35. Plinius, *Naturkunde*, Buch VII, xv, 64-66, in: Loeb, S. 549
36. Talmud, Buch 7, xv.64-xvi.67; in: James George Frazer, *The Golden Bough*, Bd. 3, Nr. 4, S. 83
37. Platon, *Gorgias*, 513.A
38. Robert Graves, *Die Weiße Göttin. Sprache des Mythos*, S. 166, Fußnote 1
39. ebenda
40. *The Sacred Books of the East*, Bd. xiv, S. 133; siehe auch George R. Elder, *The Body: An Encyclopaedia of Archetypal Symbolism*, S. 303 ff.
41. vgl. Henri Briffault, *The Mothers*, Bd. 2, S. 429
42. Rig-Veda, x, 85. 40 (Übersetzung: Verlag)
43. ebenda (Übersetzung: Verlag)
44. Kaushitaki Upanishad, i, 2; in: *The Sacred Books of the East*, Bd. i, S. 273 ff.
45. Zend-Avesta, yasna 9, ha 9, 22 (71)
46. The Buddha-Karita of Asvaghosha, IV, 75; in: *The Sacred Books of the East*, Bd. xlix, S. 45
47. Shakespeare, *Hamlet*, I, iii, 36 f.
48. James George Frazer, *The Golden Bough*, Bd. 4, 1, S. 75 f.
49. vgl. Henri Briffault, *The Mothers*, Bd. 2, S. 586
50. ebenda
51. vgl. Edward C. Krupp, *Beyond the Blue Horizon*, S. 71
52. vgl. Henri Briffault, *The Mothers*, Bd. 2, S. 589
53. *Revue des Traditions Populaires*, xiii, S. 8
54. vgl. Henri Briffault, *The Mothers*, Bd. 2, S. 586.
55. James George Frazer, *The Golden Bough*, Adonis, Attis, Osiris, ii, S. 144-148
56. Elsworthy, *The Evil Eye*, Kapitel 6, S. 181-232
57. Jesajah, 3:18.
58. Carl Gustav Jung, *Man and His Symbols*, S. 276
59. Shakespeare, *Anthonius und Kleopatra*, II, i, 10 f.
60. Heinrich Zimmer, *Man and Transformation*, Eranos, V, S. 336
61. D.H. Lawrence, *The Rainbow*, S. 365, 516
62. F.M. Luzel, *La Lune*, Revue Celtique, iii, S. 452
63. vgl. Barbara C. Walker, *The Woman's Encyclopedia of Myth and Secrets*, S. 670
64. Shakespeare, *Der Sturm*, V, i, 294-295. II, ii, 105
65. Shakespeare, *Der Sturm*, II, ii, 105; III, ii, 21; V, i, 294-295; V, i, 273-279
66. vgl. James George Frazer, *The Golden Bough*, »Balder the Beautiful«, i, 74 ff.
67. vgl. Henri Briffault, *The Mothers*, Bd. 2, S. 589
68. E. Combe, *Histoire du culte de Sinn en Babylonie et en Assyrie*, s. 28
69. Vendidad, xxi. iii. b. 9; in: *The Sacred Books of the East*, Bd. 4, S. 226
70. Plutarch, *Isis and Osiris*, 43
71. »Book of Making the Spirit of Osiris«, in: E. A. Wallis Budge, *Osiris and the Egyptian Resurrection*, i, S. 385
72. Coffin Texts, 4, 65j, 66c, in: Alison Roberts, *Hathor Rising*, S. 176
73. E. A. Wallis Budge, *The Gods of the Egyptians*, S. 448
74. vgl. Mircea Eliade, *Patterns in Comparative Religion*, S. 165
75. ebenda, S. 165

76. ebenda, S. 170 f.
77. B. Moon, *Archetypal Symbolism*, S. 264
78. vgl. Mircea ebendaeligion, S. 166
79. Apollodorus, *Bibliotheca*, 3.10.3; vgl. Robert Graves, *Griechische Mythologie. Quellen und Deutung*, S. 129; 175
80. Jeanette McCrickard, *Eclipse of the Sun*, S. 79
81. ebenda, S. 79
82. ebenda, S. 79
83. ebenda, S. 80
84. Birgitte Sonne, in: Larrington, *Feminist Mythology*, S. 166
85. vgl. Iona Opie, Moira Tatem, *A Dictionary of Superstitions*, S. 280 f.
86. P. Sebillot, *Traditions et Superstitions de la Haute Bretagne*, Bd.1, S. 57
87. vgl. W. Carew Hazlitt, *Faiths and Folklore of the British Isles*, i, S. 191
88. vgl. Henri Briffault, *The Mothers*, Bd. 3, S. 120
89. L.W. King, *The Seven Tablets of Creation*, Appendix v
90. vgl. Buffie Johnson, *Lady of the Beasts*, S. 166
91. Aeschylus, *Suppliants*, 676
92. Euripides, *Hippolytus*, 166
93. Callimachus, *Hymns*, 36. 4
94. Orphische Hymnen, 36. 4
95. vgl. Jan Knappert, *Pacific Mythology*, S. 115
96. P. J. de Arriaga, *Extirpacion de la idolatria del Piru*, Lima, 1621, S. 32
97. vgl. W.G. Black, *Folk Medicine*
98. Michael Dames, *Mythic Ireland*, S. 257
99. Plutarch, *Moralia*, VIII, S. 277; siehe auch *Symposiacs*, iii, 10
100. Roscher, *Selene*, S. 59; siehe auch »The Moon and Medicine«, *Clinical Excerpts*, 1940, Bd. 14, Nr. 8, S. 6 f.
101. Guiley, *Lunar Almanac*, S. 107
102. Claudia de Lys, *The Giant Book of Superstitions*, S. 398
103. T.F.T. Dyer, *English Folklore* (1878), S. 41
104. Thomas Hardy, *Return of the Native*, Buch I, Kapitel 3, S. 24 (Übersetzung: Verlag)
105. »Collectanea: Moon Lore from West Virginia«, in: *Folklore*, Bd. L, 1939, S. 314
106. Yehia Gouda, *Dreams and their Meaning in the Old Arab Tradition*, S. 276
107. Hastings, *Dictionary*, S. 65
108. Plutarch, *Table Talk*, III, 10, 658. E; in: Loeb, S. 277
109. vgl. Thorkild Jacobson, *The Treasures of Darkness*, S. 126
110. »Hymn to Nanna'Sin«, in: Langdon, *Sumerian Hymns and Psalms*, S. 297
111. vgl. Thorkild Jacobson, *The Treasures of Darkness*, S. 126
112. Clyde Fisher, *The Story of the Moon*, S. 258 f.
113. vgl. Dames, *Mythic Ireland*, S. 108
114. Tony Perrottet, »Behind God's Back«, *The Sunday Times*, 3/10/99
115. vgl. Barbara C. Walker, *The Woman's Encyclopedia of Myth and Secrets*, S. 657
116. vgl. Robert Graves, *Die Weiße Göttin. Sprache des Mythos*, S. 175
117. ebenda, S. 190, 196

118. Katzeff, *Moon Madness*, S. 6
119. Hiob, 10:10
120. Joseph Campbell, *The Mythic Image*, S. 29; siehe auch Kapitel 6
121. Poems from the Sanskrit, S. 79 (Übersetzung: Verlag)
122. vgl. Philip Larkin, »Vers de Societe«, in: *Collected Poems*, S. 181; siehe auch Ted Hughes, »The Rabbit Catcher«, in: *Birthday Letters*, S. 144: »What quirky twist / Of the moon's blade had set us, so early in the day, / Bleeding each other?«
123. Bleek and Lloyd, *The Mantis and his Friends*, S. 67
124. Birgitte Sonne, *Agayut*, S. 278
125. vgl. Jean Rhys Bram, *The Moon*, S. 90
126. vgl. Iona Opie, Moira Tatem, *A Dictionary of Superstitions*, S. 358
127. Sanders, trans., *The Epic of Gilgamesh*, S. 86
128. Antoninus Liberalis, 15; Aeschylus, Fragment 170
129. Heracleitus, The Fragments of Heracleitus, S. 15
130. Homer, *Ilias*, 21:483 f.
131. Euripides, *Iphigenie in Aulis*, 1462 ff.
132. Callimachus, *Hymns*, 3, 127
133. Sophocles, *Trachinian Women*, 214
134. Lorie, *Old Wives' Tales*, S. 236
135. Owen Barfield, *History in English Words*, S. 92 f.
136. Cicero, *De Rerum Natura*, 2.27.69
137. vgl. Funk & Wagnall, Dictionary, S. 500
138. vgl. Gerardo Reichel-Dolmatof, *Rainforest Shamans*, S. 65 f.
139. Sonne, in: Larrington, *Feminist Mythology*, S. 31; 107
140. siehe auch Kapitel 7
141. Sonne, in: Larrington, *Feminist Mythology*, S. 104
142. Rumi, *The Mathnawi*

KAPITEL 9

1. Nick Kollerstrom, *Planting by the Moon: A Gardeners' Calendar*, 1999
2. John Dowson, *Supernatural: The Unseen Powers of Animals*, S. 104
3. ebenda, S. 9, 104
4. ebenda, S. 104; siehe auch Nigel Hawkes, »Size of tree trunk varies with the tide«, *The Times*, 16/4/98
5. ebenda, S. 104
6. Plutarch, *Isis und Osiris*, 41, S. 205
7. Ptolemy, *Tetrabiblos*, I, 4
8. vgl. Mircea Eliade, *Patterns in Comparative Religion*, S. 161
9. vgl. Henri Briffault, *The Mothers*, Bd. 2, S. 601
10. vgl. Henri Briffault, *The Mothers*, Bd. 3, S. 63
11. Vendidad, xxi, III b. 9; *The Sacred Books of the East*, Bd. 3, S. 233
12. Deuteronomy, xxxiii: 14
13. vgl. Marija Gimbutas, *The Goddesses and Gods of Old Europe*, S. 198
14. Porphyry, in: Eusebius, *Praeparat. Evangel.*, 114.
15. vgl. James George Frazer, *The Golden Bough*, Bd. 6, S. 139
16. vgl. Jan Knappert, *Pacific Mythology*, S. 194
17. vgl. Jean Rhys Bram, *The Moon*, S. 88

18. vgl. Stephen H. Langdon, *Tammuz and Ishtar*, S. 153
19. vgl. Henri Briffault, *The Mothers*, Bd. 3, S. 90
20. vgl. Juan Maspero, *The Dawn of Civilization*, S. 654 f. (Übersetzung: Verlag)
21. A. Jeremias, *Handbuch*, S. 242, Nr. 7
22. Erich Neumann, *Die Große Mutter*, S. 65 ff.
23. vgl. Mircea Eliade, *Patterns in Comparative Religion*, S. 161-162
24. K. Blind, *Folk-lore*, iii, S. 89
25. vgl. Timothy Harley, *Moon Lore*, S. 73
26. Plutarch, The Face on the Moon, 939. E.F. *Moralia XII* (Übersetzung: Verlag)
27. vgl. Jan Knappert, *The Aquarian Guide to African Mythology*, S. 166
28. vgl. Henri Briffault, *The Mothers*, Bd. 2, S. 630
29. ebenda
31. Harrison, *Themis*, S. 190
32. Goblet d'Alviella, *The Migration of Symbols*, S. 157
33. Wolkstein and Kramer, *Inanna*, S. 38
34. vgl. Timothy Harley, *Moon Lore*, S. 178
35. Preuss, *Religion und Mythologie der Uitoto*, i, S. 79
36. Hesiod, *Werke und Tage*, 780 f.
37. Plutarch: *Isis and Osiris*, 353 F; siehe auch James George Frazer, *The Golden Bough*, »Adonis, Attis, Osiris«, S. 362
38. E. Taverner, »The Roman Farmer and the Moon«, in: *Transactions & Proceedings of the American Philological Association*, 1918, 49, 67-82
39. vgl. Iona Opie, Moira Tatem, *A Dictionary of Superstitions*, S. 263
40. vgl. W. Carew Hazlitt, *Faiths and Folklore of the British Isles*, ii, S. 418
41. Eric Maple, *Old Wives' Tales*, S. 82
42. vgl. Edward C. Krupp, *Beyond the Blue Horizon*, S. 69
43. vgl. W. Carew Hazlitt, *Faiths and Folklore of the British Isles*, ii, S. 419
44. ebenda, siehe auch Yeats, *Essays*, S. 10
45. Kightly, *Almanack*, Eintrag für 8. März
46. Plinius, *Naturkunde*, II, CIV, (223)
47. Jacqueline Simpson and Steve Roud, *A Dictionary of English Folklore*, S. 244
48. Margaret Baker, *Discovering the Folklore of Plants*, S. 58; vgl. Iona Opie, Moira Tatem, *A Dictionary of Superstitions*, S. 266; siehe auch Harrison, *Mythology*, S. 92.
49. vgl. Jean Rhys Bram, *The Moon*, S. 89
50. Homer, *Odyssee*, Bk X; vgl. Funk & Wagnall, *Dictionary*, S. 671, 741
51. Shakespeare, *Antonius und Kleopatra*, I, v, 1-4
52. vgl. James George Frazer, *Folk-lore in the Old Testament*, Bd. ii, S. 381, siehe auch *Brewer's Dictionary of Phrase and Fable*, S. 700; vgl. Funk & Wagnall, Dictionary, S. 671
53. Shakespeare, *Hamlet*, IV, vii, 144
54. Shakespeare, *Hamlet*, III, ii, 245 f.
55. Shakespeare, *Der Kaufmann von Venedig*, V, i, 13 ff.
56. Barbara Abbs, »A Celestial Cultivation«, *The Times*, 19/12/98
57. Nicholas Joly's Clos de la Coulee de Serrant in Savannieres, und Noel Pinguit's Le Haut Lieu; in: Kollerstrom, *Planting by the Moon*, S. 58

58. Lyall Watson, *Supernature*, S. 24 f.
59. William Burrows, »Periodic Spawning of Palolo Worms in Pacific Waters«, *Nature*, 1945, 155; 48
60. Atharva-Veda, iii, 31; *Sacred Books*, xliii, S. 52
61. Rig-Veda, ix. 60. 4.; *Anugita*, xxviii. 16; vgl. Funk & Wagnall, *Dictionary*, S. 1032
62. vgl. Mircea Eliade, *Patterns in Comparative Religion*, S. 163
63. vgl. Henri Briffault, *The Mothers*, Bd. 2, S. 629; Bd. 3, S. 54
64. *Koj-iki, or Records of Ancient Japan*, S. 42 ff. in: Hastings, *Encyclopedia*, S. 88
65. *Nihongi: Chronicles of Japan*, S. 32; in: Hastings, *Encyclopedia*, S. 88
66. Jeanette McCrickard, *Eclipse of the Sun*, S. 65
67. Carl Gustav Jung and Kerenyi, *Introduction to a Science of Mythology*, S. 182 f.
68. ebenda. S 184 f.
69. Joseph Campbell, *Primitive Mythology*, S. 198 f.; vgl. Jan Knappert, *Pacific Mythology*, S. 114
70. ebenda, S. 170-225
71. Plutarch, *Isis und Osiris*, 35-38, herausgegeben von Görgemanns, S. 193
72. Joseph Campbell, *Transformations of Myth Through Time*, Tapes, Jan. 4, 1994, Bd. 1. Prog. 4
73. Owen Barfield, *History in English Words*, S. 121
74. James George Frazer, *The Golden Bough*, Part 5, Bd.1, S. 257
75. Apuleius, *Der Goldene Esel*, S. 303
76. Manfred Lurker, *The Gods and Symbols of Ancient Egypt*, S. 47
77. vgl. E.A. Wallis Budge, *Osiris and the Egyptian Resurrection*, i, S. 58
78. »Spell for Becoming Barley«, A. de Buck, *The Egyptian Coffin Texts*, IV, Spell 269 (Übersetzung: Verlag)
79. Euripides, *Bacchae*, 283-284, siehe auch Jan Knappert, *Indian Mythology: An Encyclopedia of Myth and Legend*, S. 335.
80. Euripides, *Bacchae*, 482.
81. Harrison, *Prolegomena*, S. 421 ff. Ovid, *Fasti*, iii, 735 ff
82. vgl. Mircea Eliade, *Patterns in Comparative Religion*, S. 162
83. Robert Graves, *Griechische Mythologie. Quellen und Deutung*, Bd. 1, S. 58
84. Cicero, *Über das Wesen der Götter*, III, 23. 58
85. Hesychius, in: vgl. Henri Briffault, *The Mothers*, Bd. 3, S. 143; Harrison, *Prolegomena*, S. 403-10
86. Apollodorus, iii, 4. 3; Apollonius Rhodius, iv, 1137; Robert Graves, *Griechische Mythologie. Quellen und Deutung*, Bd. 1, S. 56
87. Nonnos, *Dionysiaca*, vi, 155û205. *Orphica*, fragment 200
88. Robert Graves, *Griechische Mythologie. Quellen und Deutung*, Bd. 1, S. 118 f.
89. Homer, *Hymne an Dionysos*, 11
90. Plutarch, The E at Delphi, 9, in: Loeb, S. 221
91. Frederick Nietzsche, *The Birth of Tragedy*
92. Robert Graves, *Griechische Mythologie. Quellen und Deutung*, S. 111 ff.
93. ebenda, S. 115
94. Platon, *Republic*, 364 b.
95. Proclus, *Commentary on Plato's Politics*, I, 3.2.

96. Apollodorus, i, 3.2.3
97. Homer, *Hymne an Dionysos*, 21
98. Elisabeth Henry, *Orpheus With His Lute*, S. 55 f.
99. Henri Briffault, *The Mothers*, Bd. 2, S. 121
100. Franz Cumont, *Le Symbolism Funeraire des Romans*, S. 181
101. Sophocles, *Philoktet*, 391
102. Porphyry, De Ant. Nym, 18, in: Marija Gimbutas, *The Goddesses and Gods of Old Europe*, S. 182 (Übersetzung: Verlag)
103. Baring and Cashford, *The Myth of the Goddess*, S. 364-390
104. Carl Gustav Jung und Carl Kerenyi, *Introduction to a Science of Mythology*, S. 171
105. Plutarch, *Quaest. de aratr. sign.*, 7
106. Markus, 14: 22-25
107. Johannes, 12: 24

KAPITEL 10

1. Hesiod, *Theogonie*, 217
2. vgl. Harrison, *Themis*, S. 189
3. Carl Kerenyi, *The Gods of the Greeks*, S. 32
4. vgl. Robert Graves, *Griechische Mythologie, Quellen und Deutung*, S. 129
5. Carl Kerenyi, *The Gods of the Greeks*, S. 32
6. Hymne des Orpheus (Übersetzung: Verlag)
7. Mircea Eliade, *Patterns in Comparative Religion*, S. 181
8. Homer, *Odyssee*, 7, 197
9. Carl Kerenyi, *The Gods of the Greeks*, S. 32
10. Hesiod, *Theogonie*, 904
11. Homer, *Ilias*, 16, 334
12. ebenda., 8, 68.
13. Platon, *Der Staat*, XI, 616
14. ebenda, 617
15. ebenda, 620
16. Vergleiche Wordsworth : »Our birth is but a sleep and a forgetting.« in: Intimations of Immortality, Zeile 5
17. Vergleiche Yeats, *Collected Poems*, S. 81:
    Had I the heaven's embroidered cloths,
    Enwrought with golden and silver light,
    The blue and the dim and the dark cloths
    Of night and light and the half-light,
    I would spread the cloths under your feet
    But I, being poor, have only my dreams...
18. Homer, *Ilias*, 14, 190-360
19. Pausanias, x.24.4 und i.19.2. xxx
20. Mircea Eliade, *Patterns in Comparative Religion*, S. 180
21. Henri Briffault, *The Mothers*, Bd. 3, S. 80-81 (Übersetzung: Verlag)
22. Joseph Campbell, *Mythologie des Ostens*, S. 128 (Übersetzung: Verlag)
23. Stephen H. Langdon, *Semitic Mythology, The Mythology of all Races*, Bd. 5., S. 63 ff.
24. ebenda, S. 25
25. Henri Frankfort, *Ancient Egyptian Religion*, S. 10, Anm. 8, siehe auch Wallis Budge, *The Gods of the Egyptians*, i, S. 416-420
26. Vergleiche *Richard III*, wo Richards feiges Gewissen ebenfalls schwer wiegt: »Let me sit heavy on thy soul tomorrow.«(siehe *Richard III*, V, v, 71-93)

27. Homer, *Odyssee*, II, 91-114.

28. Homer, *Odyssee*, I, 16; und 5, 67

29. Ibid., 10, 220-242

30. Für die ganze Geschichte siehe Robert Graves, *Griechische Mythologie*, S. 292-348 oder Carl Kerenyi, *The Gods of the Greeks*, S. 108-111 und 268-272.

31. vgl. Carl Kerenyi, *The Gods of the Greeks*, S. 109

32. vgl. Harrison, *Themis*, S. 191

33. James George Frazer, *The Golden Bough*, Bd 4, »The Dying God«, S. 44; siehe auch vgl. Carl Kerenyi, *The Gods of the Greeks*, S. 270.

34. Catullus, *Poem LXIV*, 305-322

35. H.R. Ellis Davidson, *Gods and Myths of Northern Europe*, S. 112

36. Caesar, *Der Gallische Krieg*, I, 50. 37

37. Henri Briffault, *The Mothers*, Bd. 3, S. 160

38. ebenda

39. John Grant, *Der Mythos der Wikinger. Sagen, Götter und Legenden*, S. 13

40. ebenda

41. ebenda.; siehe auch Ellis Davidson, *Myths and Symbols in Pagan Europe*, S. 164

42. »The Prophecy of the Seeress«, Vers 20, in: Lee M. Hollander, trans., *The Poetic Edda*, S. 4.

43. »Song of the Sybil«, Vers 20, in: Paul B. Taylor und W.H. Auden, trans., *The Elder Edda: A Selection*, S. 147 (Übersetzung: Verlag)

44. *Die Edda des Snorri Sturluson*, S. 31; siehe auch John Grant, *Der Mythos der Wikinger. Sagen, Götter und Legenden*.

45. »The First Lay of Helgi«, Paul B. Taylor und W.H. Auden, trans., *The Elder Edda: A Selection*, S. 9 (Übersetzung: Verlag); siehe auch Brian Bates, *The Wisdom of the Wyrd: Teachings for today from our ancient past*, besonders Kapitel 6 und 7.

46. Ellis Davidson, *Myths and Symbols in Pagan Europe*, S. 96 (Übersetzung: Verlag)

47. *The Darradarjod*, trans. by N. Kershaw, in: *Anglo-Saxon and Norse Poems*, S. 123 f. Zitiert in: Onians, *The Origins of European Thought: About the Body, the Mind, the Soul, the World, Time and Fate*, S. 355 f. (Übersetzung: Verlag)

48. Fernand Comte, *The Wordsworth Dictionary of Mythology*, S. 217

49. vgl. Funk & Wagnall, *Dictionary*, S. 798. vgl. Henri Briffault, *The Mothers*, Bd. 3, S. 12

50. Robert Graves, *Die Weiße Göttin. Sprache des Mythos*, S. 43

51. vgl. John Grant, *Der Mythos der Wikinger. Sagen, Götter und Legenden*, S. 35.

52. vgl. ebenda, S. 15

53. Joseph Campbell, *Creative Mythology*, S. 121

54. vgl. Brian Bates, *The Wisdom of the Wyrd: Teachings for today from our ancient past*, S. 2 f.

55. vgl. Onians, *The Origins of European Thought: About the Body, the Mind, the Soul, the World, Time and Fate*, S. 356

56. Beowulf (ca. 700-800 n. Chr.), 2419-2420

57. Shakespeare, *Der Kaufmann von Venedig*, II, ii, 56-61; siehe auch Jacob Grimm, *Deutsche Mythologie*, S. 405-426

58. Shakespeare, *Macbeth*, I, i, 10 f.

59. Shakespeare, *Macbeth*, I, iii, 38

60. Shakespeare, *Macbeth*, I, iii, 51 f.

61. Mahabharata, i. 802, 825

62. vgl. Henri Briffault, *The Mothers*, Bd. 2, S. 625

63. ebenda

64. Shakespeare, *Ende gut, alles gut*, IV, iii, 74 f.

65. E. A. Wallis Budge, *The Gods of the Egyptians*, S. 454

66. E. A. Wallis Budge, *The Gods of the Egyptians*, S. 455

67. Plutarch, *Isis und Osiris*, 9; siehe E. A. Wallis Budge, *The Gods of the Egyptians*, S. 451-465

68. Hyginus, Fab., 140; Hesychios, zitiert in: Harrison, *Themis*, S. 399.

69. Harrison, *Themis*, S 388

70. Erminie A. Smith, »Myths of the Iroquois«, Annual Report, Bureau of American Ethnology, in: Alta Jablow, Carl Withers, *The Man in the Moon*, S. 14

71. vgl. Edward C. Krupp, *Beyond the Blue Horizon*, S. 74

72. Freyas goldene Halskette wurde von Zwergen geschmiedet. Grimm nimmt an, dass Freya, Tochter der Seegöttin der Thracianischen Mondgöttin ähnelt, die Herodot Artemis nannte. Vgl, Grimm, *Kleinere Schriften*, Bd. 5, S. 416 ff.

73. Gerard Manley Hopkins,«The Blessed Virgin Compared To The Air We Breathe«, Zeilen 5-6

74. vgl. Marina Warner, *Alone of All her Sex*, S. 255-269

75. vgl. Eithne Wilkins, *The Rose Garden Game*, S. 94

76. ebenda, S. 147

77. *Grimm's Tales for Young & Old*, Nr. 50, S. 175-178

78. ebenda, Nr. 188, S. 577 ff.

79. ebenda, Nr. 14. S. 54 f.

80. vgl. Buffie Johnson, *Lady of the Beasts*, S. 211

81. Heinrich Zimmer, *The King and the Corpse*, S. 240 (Übersetzung: Verlag)

82. Campbell, *The Mythic Image*, S. 52

83. ebenda, Yeats in: T. R. Henn, Foreword to Harban Rai Bachohan, *W. B. Yeats and Occultism*, S. vii

84. Aeschylus, *Agamemnon*, 1048; 1114

85. Sophocles, *Oedipus Rex*

86. Aeschylus, *Agamemnon*, 1581

87. Aeschylus, *Eumenides*, 383, 838

88. Aeschylus, *Eumenides*, 903

89. Euripides, *Orestes*, 12.ff.

90. Euripides, *Iphigeneia in Aulis*, 1570-1576, S. 59

91. Homer, *Ilias*, XX, 70

92. vgl. Henri Briffault, *The Mothers*, Bd. 3, S. 140

93. Harrison, *Prolegomena*, S. 298

94. Samuel Beckett, *Warten auf Godot*, S. 111

95. Fragment 787, in: *Tragicorum Graecorum Fragmenta*, Bd. 4, Sophocles, herausgegeben von Stefan Radt, Göttingen, Vandenhoeck & Ruprecht, 1977 (Übersetzung: Verlag)

96. Plutarch, De Fortun. Roman. iv; Pausanias, vii, 26; in: Henri Briffault, *The Mothers*, Bd. 2, S. 162. (Übersetzung: Verlag)

97. vgl. W. Carew Hazlitt, *Faiths and Folklore of the British Isles*, ii, S. 420

98. Miranda J. Green, *Dictionary of Celtic Myth and Legend*, S. 225 f.; vgl. Barbara C. Walker, *The Woman's Encyclopedia of Myth and Secrets*, S. 1072

99. Walker, *The Secrets of the Tarot*, S. 4

100. *Hiob*, 10:7

101. »This, Too, Will Pass«, Attar of Nishapur, in: Idries Shah, *The Way of the Sufi*, S. 80 f.

102. Zitiert in: Esther Harding, *Woman's Mysteries*, S. 224

103. J.E. Cirlot, *A Dictionary of Symbols*, S. 371

104. vgl. William Butler Yeats, *The Phases of the Moon*,in: A Vision, S. 59-64

105. vgl. Kathleen Raine, *Yeats the Initiate*; T.R. Henn, *The Lonely Tower*; Harbans Rai Bachchan, *W. B. Yeats & Occultism*, S. 226 f.

106. vgl. Carl Gustav Jung, *Collected Works* 15, S. 56 f.; siehe auch Liz Greene, *Saturn*, Darby Costello, *The Astrological Moon*, und Dane Rudyar, *The Phases of the Moon*

107. vgl. William Butler Yeats, *A Vision*, S .24 f. (Übersetzung: Verlag)

108. E. M. Forster, *Aspects of the Novel*, Kapitel 2, S. 19

109. Shakespeare, *Macbeth*, V, v, 17-23

110. vgl. Onians, *The Origins of European Thought: About the Body, the Mind, the Soul, the World, Time and Fate*, S. 303-466

111. ebenda, S. 333

112. George van Driem, *A Grammar of Dumi*. Berlin, 1993.

113. Bredon and Mitrophanow, *The Moon Year*, S. 414 ff.

114. Miller and Taube, *An Illustrated Dictionary of the Gods and Symbols of Ancient Mexico and the Maya*, S. 110

115. Lorie, *Superstitions*, S. 84

116. vgl. Iona Opie, Moira Tatem, *A Dictionary of Superstitions*, S. 221

117. Onians, *The Origins of European Thought: About the Body, the Mind, the Soul, the World, Time and Fate*, S. 358

118. Atharva Veda, VIII, 8, 4, in: Onians, ebenda, S. 362

119. ebenda, S. 354.

120. Graham Townsley, Filmemacher über die Kogi-Indinaer, privates Gespräch

121. John Foley, in: *The Guinness Encyclopedia of Signs and Symbols*, S. 90-98

122. Onians, *The Origins of European Thought: About the Body, the Mind, the Soul, the World, Time and Fate*, S. 325 (Übersetzung: Verlag)

123. Plinius, *Naturkunde*, XXVIII, vii (1856, V 292)

124. vgl. Iona Opie, Moira Tatem, *A Dictionary of Superstitions*, S. 220 f.; Eric Maple, *Old Wives' Tales*, S. 88

125. Lorie, *Superstitions*, S. 89

126. ebenda. S. 84

127. ebenda, S. 84 ff.

128. ebenda, S. 224

129. ebenda, S. 220-224

130. Capra, *The Tao of Physics* und *The Cosmic Web*

131. »The Thunder: Perfect Mind«, Nag Hammadi Library, in: *Women in Praise of the Sacred*, S. 33

KAPITEL 11

1. W. Bogoras, *The Chukchee*, S. 305, 448

2. County Folklore, iii, *Orkney and Shetland Islands*, p. 52

3. James George Frazer, *The Golden Bough*, Bd. 2, Teil IV, S. 144

4. vgl. Henri Briffault, *The Mothers*, Bd. 2, S. 653

5. James George Frazer, *The Golden Bough*, Bd. 1, Teil VI, S. 75 f. vgl. Henri Briffault, *The Mothers*, Bd. 2, S. 586

6. vgl. Iona Opie, Moira Tatem, *A Dictionary of Superstitions*, S. 265

7. Dames, *Mythic Ireland*, S. 80 (Übersetzung: Verlag)

8. J.A. MacCulloch, *The Religion of the Ancient Celts*, S. 206

9. Plinius, *Naturkunde*, Buch XVI, xcv (Übersetzung: Verlag)

10. *Brewer's Dictionary of Phrase & Fable*, S. 858

11. e. e. cummings, *100 Selected Poems*, S. 15

12. vgl. Plutarch, in: Esther Harding, *Woman's Mysteries*, S. 114

13. Shakespeare, *Ein Sommernachtstraum*, V, i, 708

14. Yeats, *Essays and Introductions*, S. 178

15. Hesiod, *Theogonie*, 60, 76; vgl. Carl Kerenyi, *The Gods of the Greeks*, S. 103 ff.

16. Homer, *Hymne an die Musen und Apollon*, 4 f.

17. Yeats, *Essays and Introductions*, S. 75; siehe auch Frances Yates, *The Myth of Analysis*, S. 169-190

18. Yeats, *Essays and Introductions*, p. 79

19. Yeats, «Magic«, in: *Essays and Introductions*, S. 50 ff.

20. Harrison, *Themis*, S. 513

21. ebenda, S. 513

22. Harrison, *Prolegomena*, S. 574; vgl. Carl Kerenyi, *The Gods of the Greeks*, S. 103 ff.

23. Homer, *Hymne an Hermes*, 429 f.

24. Mircea Eliade, *The Myth of the Eternal Return*, S. 20 ff.

25. vgl. Jean Rhys Bram, *The Moon*, S. 86

26. Carl Kerenyi, *Asklepios*, S. 56

27. ebenda, S. 92 f.

28. Bredon and Mitrophanow, *The Moon Year*, S. 411 f.

29. Tertullian, De Spectaculis, ix

30. Vergil, Eclogues, VIII, 69

31. See Kevin Jackson, »The Cultural Significance of the Moon«, *The Independent*, 11/4/01

32. Keats, *Ode an eine Nachtigall*, 4, 35 ff., S. 351

33. Neumann, »The Moon«, *DieGroße Mutter*, S. 100 f.

34. Wang Wei, in: Chung-yuan, *Creativity and Taoism*, S. 189 (Übersetzung: Verlag)

35. Federico García Lorca, *Der Mond kommt*, in: *Gedichte*, S. 69

36. Lichtheim, *Ancient Egyptian Religion*, Bd. 2, S. 156

37. Elizabeth Delange, *Le Scribe Nebmeroutef*

38. Mahabharata, I, I, 74

39. Sadguru Saut Keshavadas, *Lord Ganesha*, S. 50 f.; siehe auch B. Moon, Hrsg., *Archetypal Symbolism*, S. 110 ff.

40. »The Glory of Amarnath«; in: Campbell, *Baksheesh and Brahman: Indian Journal*, p. 21.

41. Lamy, *Egyptian Mysteries*, S. 16 (siehe auch Abb. 6)

42. vgl. Frankfort, *Ancient Egyptian Religion*, S. 4

43. Coffin Texts, III, 343 (Übersetzung: Verlag)

44. Patrick Boylan, *Thoth: The Hermes of Egypt*, S. 72

45. Utterance 47, in: Mercer, *The Pyramid Texts*, I, 28-9. (Übersetzung: Verlag)

46. Wallis Budge, *Amulets*, passim. Elsworthy, *The Evil Eye*, S. 124-143

47. vgl. Eric Partridge, *Origins: A Short Etymological Dictionary of Modern English*, S. 395.

48. Shakespeare, *Was ihr wollt*, III, iv, 54

49. John Dryden, *Amphitryon*, iv, 1

50. *Elizabeth I: Speeches, Letters, Verses and Prayers*, S. 282

51. Lewis, *The Discarded Image*, S. 109

52. Rowley, *Witch of Edmonton*, II, i (1658). Brewer, S. 728

53. vgl. Barbara C. Walker, *The Woman's Encyclopedia of Myth and Secrets*, S. 670

54. Matthäus, iv, 24

55. vgl. Jean Rhys Bram, *The Moon*, S. 89

56. Aristoteles, *Historia Animalium*, IX, 12, 11

57. John Milton, *Das verlorene Paradies*, Elftes Buch, 618 f.

58. Marshall Cavendish, *Man, Myth and Magic*, Bd. 14, »Moon«

59. »News of the World«,15/12/1940, in: Iona Opie, Moira Tatem, *A Dictionary of Superstitions*, S. 265

60. Owen Barfield, *History in English Words*, S. 66

61. Francis Bacon, *Works*, iii, 187

62. vgl. Shakespeare, *Wie es euch gefällt*, III, ii, 410 ff.

63. Shakespeare, *Das Wintermärchen*, II, ii, 34

64. Brewer's Dictionary of Phrase and Fable, S. 352

65. Carl Gustav Jung, *Collected Works 8*, S. 154 f. (Übersetzung: Verlag)

66. Horaz, *Die Dichtkunst*, 453-56; Macrobius, *Saturnalia*. 1.17.11.

67. Spence, *Myth and Ritual*, S. 181; Carl Gustav Jung, *Collected Works 5*, S. 369 f.

68. See William A. Whyte, «Moon Myth in Medicine: The Moon as a Libido Symbol«, *The Psychoanalytic Review*, i, Juli, 1914, Nr. 3, S. 241-256

69. vgl. Alan Untermann, *Dictionary of Jewish Lore and Legend*, S. 140

70. Robert Louis Stevenson, *The Tale of Dr. Jekyll and Mr Hyde*

71. vgl. Barbara C. Walker, *The Woman's Encyclopedia of Myth and Secrets*, S. 1070 ff.

72. vgl. Sprenger & Kramer, *Malleus Maleficarum*, S. 31; zitiert in: Iona Opie, Moira Tatem, *A Dictionary of Superstitions*, S. 264; siehe auch Michael Baigent und Richard Leigh, *The Inquisition*

73. »The Moon and Medicine«, *Clinical Excerpts*, 1940,Bd. 14, Nr. 8, S. 8 f.

74. Lied von E.Y. Harburg, 1898-1981

75. vgl. Iona Opie, Moira Tatem, *A Dictionary of Superstitions*, S. 265

76. vgl. Funk & Wagnall, *Dictionary*, S. 744

77. vgl. Iona Opie, Moira Tatem, *A Dictionary of Superstitions*, S. 59

78. Aus Marguerite Poland, *The Mantis and the Moon: Stories for the Children of Africa*, S 1-5

79. vgl. Edward C. Krupp, *Beyond the Blue Horizon*, S. 63-64

80. van der Post, *The Seed and the Sower*, S. 15.; *Carl Gustav Jung and the Story of our Time*, S. 26

81. Hillman, Foreword to Inscapes, in: *The Essential James Hillman: A Blue Fire*, Hrsg. Thomas Moore, S. 234.

82. Blake, S. 835.

83. vgl. Harrison, *Themis*, S. 138

84. Artharva-Veda, iv, S. 94

85. vgl. Jean Rhys Bram, *The Moon*, S. 89. 86. vgl. Funk & Wagnall, *Dictionary*, S. 500

87. vgl. Henri Briffault, *The Mothers*, Bd. 2, S. 599

88. ebenda, S. 302

89. John Clare, »January: A Cottage Evening«, *The Shepherd's Calendar*, S. 14

90. vgl. Coleridge, *Essays*, I, 40 f. (Übersetzung: Verlag) und Iona Opie, Moira Tatem, *A Dictionary of Superstitions*, S. 58

91. Pausanias, x, 12. 6.; Plutarch, De ser. num. vindict, xxii; Vergil, *Aeneis*, v. 735; siehe auch Harrison, *Themis*, S. 388 f.

92. Lydus, B, *Magical Power*, p. 295, gekürzt

93. Agrippa, *De Occulta Philosophia* (1510), S. ccxxv

94. Elsworthy, *The Evil Eye*, S. 202

95. ebenda, S. 196; 260; Shakespeare, *Viel Lärm um Nichts*, II, i. S. 47

96. Elsworthy, *The Evil Eye*, S. 217

97. B. Moon, Hrsg., *Archetypal Symbolism*, S. 194 ff.

98. Mircea Eliade, *Shamanism*, S. 62

99. ebenda, S. 292

100. Koran, 54: 1; *Concise Encyclopaedia of Islam*, S. 274

101. Brewer, S. 738

102. vgl. Coomaraswamy, *What is Civilization?*, S. 102

103. vgl. J.C. Cooper, *Symbolism: The Universal Language*, S. 113

104. Bachchan, *W.B. Yeats & Occultism*, S. 231

105. Brewer, S. 1018

106. de Lys, *The Giant Book of Superstitions*, S. 375 ff.

107. Eric Maple, *Old Wives' Tales*, S. 78

108. *Oxford English Dictionary*, S. 2598 f.

109. vgl. Funk & Wagnall, *Dictionary*, S. 743

110. vgl. Henri Briffault, *The Mothers*, Bd. 2, S. 679

111. Plutarch, *Isis und Osiris*, 370 f

112. Robert Graves, *Die Weiße Göttin. Sprache des Mythos*, S. 445

113. Shakespeare, *Macbeth*, III, v, 23 ff.

114. ebenda, IV, i, 27 f.

115. Apollonius Rhodius, *The Voyage of Argo IV*, 56-62. S. 148 (Übersetzung: Verlag)

116. Shakespeare, *Der Sturm*, V, i, 272 f.

117. Shakespeare, *Othello*, V, ii, 109 ff.

118. Platon, *Gorgias*, 513:A

119. Plinius, *Naturkunde*, VIII, Buch. XXX, 7., in: Loeb, S. 283

120. vgl. Carl Kerenyi, *The Gods of the Greeks*, S. 81 f.

121. Guiley, *Lunar Almanac*, S. 121 f.

122. *Kanshitaki Upanishad*, ii, 9

123. Thomas Cahill, *How the Irish Saved Civilization*, S. 65

124. Gerald Gardner, Witchcraft Today (1954), zitiert in: Ronald Hutton, *The Triumph of the Moon*, S. 245, 292

125. vgl. Margot Adler, *Drawing Down the Moon*, S. 19 f.

126. ebenda, S. 20

127. vgl. Plutarch, *The Face of the Moon*, zitiert in Kapitel 12

128. Werner, *Myths and Legends of China*, S. 188

129. Rose Quong, S. 19 f.

130. Harrison, *Themis*, S. 200

131. Homer, *Hymne an Selene*, 14-16

132. vgl. Carl Kerenyi, *The Gods of the Greeks*, S. 196

133. ebenda, siehe auch Kapitel 7

134. Plutarch, *The Face of the Moon*, 944.

135. Campbell, *Occidental Mythology*, S. 163 f. (Übersetzung: Verlag)

136. Blake, S. 183

137. vgl. Neumann, *Die Große Mutter*, S. 118

138. Mircea Eliade, *Man and Time*, S. 197 (Übersetzung: Verlag)

139. Roger Cook, *The Tree of Life*, S. 114

140. vgl. Marina Warner, *Alone of All her Sex*, S. 255-269

141. Rahner, S. 175

142. Thomasevangelium, Logion 22

143. vgl. Carl Gustav Jung, *Collected Works 12*; Fabricius, *Alchemy: The Medieval Alchemists and their Royal Art*

144. Carl Gustav Jung, *Collected Works 9:i*, S. 304; *Collected Works 16*, S. 273-282

145. Campbell, *Creative Mythology*, S. 291

146. Fabricius, *Alchemy: The Medieval Alchemists and their Royal Art*, S 152

147. Carl Gustav Jung, *Collected Works 12*, S. 293.

148. Spence, S. 188 f.

149. Carl Gustav Jung, *Collected Works 12*, S. 463 f., 293 ff.

150. Lamy, *Egyptian Mysteries*, S. 16

151. ebenda, (Übersetzung: Verlag)

152. aus Su Tung-P'o, »Thoughts Suggested by the Red Wall: Summer«, in: *Taoist Tales*, edited by Raymond van Over, S. 183 ff.

KAPITEL 12

1. Bleek, *Reynard the Fox*, S. 71 ff.; siehe auch Kapitel 7

2. vgl. Henri Briffault, *The Mothers*, Bd. 2, S. 646-67

3. Hollis, *The Nandi*, S. 98

4. vgl. Henri Briffault, *The Mothers*, Bd. 2, S. 641-651

5. vgl. N.K. Sanders, trans. *The Epic of Gilgamesh Gilgamesh*; »African tribes« in: Henri Briffault, *The Mothers*, Bd. 2, S. 645-648

6. Adam und Eva in Genesis, 3: 1-24. Epimetheus in Hesiod, Weke und Taten, Zeilen 52-105

7. Bleek, *Reynard the Fox*, S. 57-65

8. James George Frazer, »Adonis, Attis, Osiris«, Bd. 2., S. 142

9. Harrison, *Themis*, S. 178.

10. vgl. James George Frazer, *Folklore in the Old Testament*, Bd.i, S. 45

11. vgl. Henri Briffault, *The Mothers*, Bd. 2, S. 653-654

12. ebenda, S. 659

13. vgl. James George Frazer, *Folklore in the Old Testament*, Bd. i, S. 72

14. vgl. Henri Briffault, *The Mothers*, Bd. 2, S. 659

15. vgl. James George Frazer, *Folklore in the Old Testament*, Bd.i, S. 73

16. vgl. Fußnoten 1 und 7 sowie Kapitel 7

17. vgl. James George Frazer, *Folklore in the Old Testament*, Bd. i, S. 65

18. Bleek, *Reynard the Fox*, S. 74. vgl. James George Frazer, *Folklore in the Old Testament*, Bd. i, S. 64 f.

19. Hollis, *The Nandi*, S. 98

20. vgl. Henri Briffault, *The Mothers*, Bd. 2, S. 651

21. ebenda, S. 655; 661

22. vgl. James George Frazer, *Folklore in the Old Testament*, Bd. i, S. 69

23. ebenda

24. Codrington, *The Melanesians*, S. 156

25. Aristoteles, Geschichte der Tiere, vii, 18

26. Apollodorus, *Bibliotheka*, iii, 3.

27. Wallis Budge, *Gods*, ii, S. 377.

28. N.K. Sanders, trans. *The Epic of Gilgamesh*, S. 70

29. vgl. James George Frazer, *Folklore in the Old Testament*, Bd. i, S. 76

30. John A. Phillips, *Eve: The History of an Idea*, S. 41

31. John Layard, *The Stone Men of Malekula*, Kapitel 13

32. vgl. Henri Briffault, *The Mothers*, Bd. 3, S. 133. 33. Shakespeare, *Perikles*, II, i, 17

34. *Oxford Dictionary of English Etymology*, S. 991

35. vgl. Hutton Webster, *Rest Days*, S. 136

36. vgl. Henri Briffault, *The Mothers*, Bd. 2, S. 576

37. L. Spence, »Brazil«in: Hastings *Encyclopaedia*, ii, S. 837

38. Mircea Eliade, *Shamanism*, S. 327

39. J. White, *The Ancient History of the Maori*, i, S. 142

40. vgl. Jan Knappert, *Pacific Mythology*, S. 194

41. *New Larousse, Encyclopedia of Mythology*, S. 465

42. *New Larousse, Encyclopedia of Mythology*, Kap. 7

43. Plutarch, zitiert in: Esther Harding, *Woman's Mysteries*, S. 28

44. Codrington, *The Melanesians*, S. 168 f.

45. vgl. Henri Briffault, *The Mothers*, Bd. 2, S. 679

46. vgl. Alan Untermann, *Dictionary of Jewish Lore and Legend*, S. 140

47. vgl. Iona Opie, Moira Tatem, *A Dictionary of Superstitions*, S. 406 f.

48. *The Oxford Dictionary of English Etymology*, S. 991; *The New Shorter Oxford English Dictionary*, S. 3619

49. Shakespeare, *Henry IV*, I, i, 1

50. vgl. Eric Partridge, *Origins: A Short Etymological Dictionary of Modern English*, S. 756 f.

51. James George Frazer, »Adonis, Attis, Osiris«, Bd.2, S. 140-150

52. vgl. Henri Briffault, *The Mothers*, Bd. 3, S. 175

53. Hesiod, *Werke und Tage*, 42-105

54. Plutarch, *Isis und Osiris*, 16; Homer, Hymne an Demeter, 242-275

55. Larrington, Hrsg.,S. 262 f.

56. vgl. James George Frazer, *Folklore in the Old Testament*, Bd. i, p. 72

57. vgl. Henri Briffault, *The Mothers*, Bd. 2, S. 654

58. vgl. Henri Briffault, *The Mothers*, Bd. 2, S. 652

59. *New Larousse, Encyclopedia of Mythology*, S. 465

60. vgl. Stephen H. Langdon, *Semitic Mythology, The Mythology of all Races*, Bd. 5., S. 286 f.; 305

61. vgl. Edward C. Krupp, *Beyond the Blue Horizon*, S. 70-71, siehe auch Kapitel 7

62. ebenda, S. 17, siehe auch Kapitel 9

63. Jan Knappert, *Indian Mythology: An Encyclopedia of Myth and Legend*, S. 235

64. *Oxford Dictionary of English Etymology*, S. 990; Weekley, *Etymological Dictionary*, S. 1612

65. Rig-Veda, x, lxxxv, 5

66. vgl. Alexander H. Krappe, *La Genèse des Mythes*, S. 112 (siehe auch Kapitel 11)

67. vgl. Edward C. Krupp, *Beyond the Blue Horizon*, S. 70.

68. siehe auch Kapitel 8

69. siehe auch Kapitel 1

70. vgl. Jan Knappert, *Pacific Mythology*, S. 115

71. ebenda

72. ebenda, S. 194 f.

73. E. A. Wallis Budge, *The Gods of the Egyptians*, S. 27

74. Plutarch, *Isis und Osiris*, 39

75. Bleek, *Reynard the Fox*, S. 50 f.

76. James George Frazer, »Adonis, Attis, Osiris«, Bd. 2., S. 130

77. Wolfram von Eschenbach, Parzival; vgl. Campbell, *Creative Mythology*, S. 409 f.

78. McCrickard, *Eclipse of the Sun*, S. 79

79. ebenda

80. Coyolxauhqui war wahrscheinlich die Aztekische Version des älteren Mondgottes Metzli, der gewöhnlich männlich dargestellt wurde.

81. Fernand Comte, *The Wordsworth Dictionary of Mythology*, S. 108

82. Eduardo Matos Moctezuma, *Treasures of the Great Temple*, La Jolla, California, 1990, S. 122 f.

83. George R. Elder, *Archetypal Body*, S. 422

84. vgl. Carl Gustav Jung, Collected Works 8, S. 393

85. vgl. Edward C. Krupp, *Beyond the Blue Horizon*, S. 57 f.

86. Elder, *Archetypal Body*, S. 423

87. Cotterell, *A Dictionary of World Mythology*, S. 175

88. Campbell, *Occidental Mythology*, S. 55

89. Hesiod, *Theogonie*, 977; Hyginus, *Fabula*, 181; Pausanias, ix.2.3;

90. vgl. Carl Kerenyi, *The Gods of the Greeks*, S. 149

91. ebenda, S. 146.

92. Harrison, *Themis*, S. 199; vgl. Carl Kerenyi, *The Gods of the Greeks*, S. 36

93. Mircea Eliade, *The Myth of the Eternal Return*, S. 20

94. Shakespeare, *Hamlet*, II, ii, 97 f.

95. Coleridge, *Biographia Literaria*, Kapitel XIV, S. 169

96. Yeats, *Sailing to Byzantium*, in Collected Poems, S. 218

KAPITEL 13

1. vgl. Henri Briffault, *The Mothers*, Bd. 3, S. 9

2. vgl. Edward C. Krupp, *Beyond the Blue Horizon*, S. 165

3. vgl. Edward C. Krupp, *Skywatchers, Shamans and Kings*, S. 229

4. *The Times*, 25/10/95

5. vgl. Funk & Wagnall, *Dictionary*, S. 337 f.; vgl. Edward C. Krupp, *Beyond the Blue Horizon*, S. 158-172; vgl. Timothy Harley, *Moon Lore*, S. 152-175

6. Hollander, trans. *The Poetic Edda*, S. 61

7. *Die Edda des Snorri Sturluson*, S. 39

8. Guiley, *The Lunar Almanac*, S. 28

9. ebenda, S. 149

10. vgl. Funk & Wagnall, *Dictionary*, S. 337

11. Heinrich Zimmer, *Indische Mythen und Symbole*, S. 175 f.

12. vgl. Edward C. Krupp, *Beyond the Blue Horizon*, S. 168.

13. vgl. Edward C. Krupp, *Beyond the Blue Horizon*, S. 163

14. Nicholson, *Heavenly Bodies*, S. 58-65; Kim Long, *The Moon Book*, S. 43-49

15. vgl. E.A. Wallis Budge, *Osiris and the Egyptian Resurrection*, i, S. 382

16. vgl. Edward C. Krupp, *Beyond the Blue Horizon*, S. 164.

17. Fisher, *The Story of the Moon*, S. 253 f.

18. Thucydides, vii. 50; Plutarch, *Nicias*, 23

19. Shakespeare, *König Lear*, I, i, 103-110

20. Matthäus, 24:29

21. Offenbarung 6:12-14

22. Guiley, The Lunar Almanac, S. 109

23. Shakespeare, *Richard II*, III, i, 7-15

24. Ovid, *Metamorphosen*, Buch XV, Zeile 789

25. Campbell, *The Way of the Animal Powers*, S. 163

26. Garcia Lorca, *Gedichte*, S. 31

27. vgl. Funk & Wagnall, *Dictionary*, S. 338.

28. Layard, »The Making of Man in Malekula«, in: *Eranos-Jahrbuch*, S. 235; siehe auch Campbell, *Primitive Mythology*, S. 446., und John Layard, *The Stone Men of Malekula*

29. Leo Frobenius, in Campbell, *Primitive Mythology*, S. 166

30. Leo Frobenius, Monumenta Africana, S. 318-322

31. Leo Frobenius, in: Campbell, *Primitive Mythology*, S. 421 (Übersetzung: Verlag)

32. James George Frazer, *The Golden Bough*, S. 309 (Übersetzung: Verlag)

33. Campbell, *Primitive Mythology*, S. 409

34. ebenda, S. 411

35. John Campbell, *Mythologie des Ostens*, S. 89

36. Campbell, *The Inner Reaches of Outer Space*, S. 72 (Übersetzung: Verlag)

37. James George Frazer, »The Spirits of the Corn and the Wild«, *The Golden Bough*, Bd. 8, S. 261 f.

38. Kaushitaki Upanishad, i, 2, in: *The Sacred Books of the East*, Bd.1, S. 274

39. Genesis, 12:1-3. vgl. Henri Briffault, *The Mothers*, Bd. 3, S. 108

40. vgl. W. Koppers, »Der Hund in der Mythologie der zirkumpazifischen Völker«, WBKL, 1930, Bd.1, S. 359 ff.

41. vgl. E.A. Wallis Budge, *Osiris and the Egyptian Resurrection*, i, S. 300; siehe auch Frankfort, *Ancient Egyptian Religion*, S. 6 f.

42. New Larousse, *Encyclopedia of Mythology*, S. 465; siehe auch Mircea Eliade, *The Quest*, S. 136 f.

43. *Black Elk Speaks*, S. 43

44. vgl. Barbara C. Walker, *The Woman's Encyclopedia of Myth and Secrets*, S. 679

45. vgl. Henri Briffault, *The Mothers*, Bd. 2, S. 746

46. siehe Kapitel 7, Fußnote 23

47. vgl. Funk & Wagnall, *Dictionary*, S. 1032

48. vgl. Wendy O'Flaherty, *Hindu Myths*, S. 30

49. vgl. Jan Knappert, *The Aquarian Guide to African Mythology*, S. 166

50. Harding, in: Carl Gustav Jung, *Dream Analysis*, S. 369

51. Zum Beispiel bei den Yanomami Indianern Brasiliens.

52. Dames, *Mythic Ireland*, S. 147

53. Sonne, *Agayut*, S. 118

54. vgl. Alexander H. Krappe, *La Genèse des Mythes*, S. 116-119

55. vgl. Franz Cumont, *Le Symbolism Funeraire des Romans*, S. 181

56. vgl. Samuel Noah Kramer, *The Sumerians*, S. 132

57. vgl. Thorkild Jacobson, *The Treasures of Darkness*, S. 122 f. (Übersetzung: Verlag)

58. vgl. Samuel Noah Kramer, *From the Poetry of Sumer*, S. 86 (Übersetzung: Verlag)

59. vgl. E.A. Wallis Budge, *Osiris and the Egyptian Resurrection*, ii, S. 305-347

60. vgl. E.A. Wallis Budge, *Osiris and the Egyptian Resurrection*, ii, S. 274

61. Plutarch, *Moralia XII*, 28 A - C, 943

62. de Vries, *Dictionary of Symbols and Imagery*, S. 326

63. Homer, *Odyssee*, XIV, 161-164

64. ebenda, XXIV, 1-10

65. vgl. E. Siecke, *Hermes der Mondgott*

66. vgl. Alexander H. Krappe, *La Genèse des Mythes*, S. 116

67. Robert Graves, *Greek Myths*, S. 170 ff.

68. Carl Kerenyi, *The Gods of the Greek*, S. 65

69. Kaushitaki Upanishad, i. 2, in: *The Sacred Books of the East*, Bd.1, S. 273 ff. (Übersetzung: Verlag)

70. vgl. Timothy Harley, *Moon Lore*, S. 49 f. vgl. Franz Cumont, *Le Symbolism Funeraire des Romans*, Kapitel III; vgl. Mircea Eliade, *Patterns in Comparative Religion*, S. 174; vgl. de Vries, *Dictionary*, S. 326 und McGrath, *The Sun Goddess*, S. 127

71. vgl. Timothy Harley, *Moon Lore*, S. 49

72. R.V. Lanzone, *Dizionario di mitologia egizia*, S. 85

73. Plutarch, *Isis und Osiris*, V, 368.C; siehe auch. E.A. Wallis Budge, *Osiris and the Egyptian Resurrection*, ii, S. 250

74. Tylor, *Primitive Culture*, Bd. 2, S. 70; vgl. Alexander H. Krappe, *La Genèse des Mythes*, S. 117

75. A. Mariette, *Abydos*, i, 51a

76. Plutarch, »Face« 944.C; vgl. Franz Cumont, *Le Symbolism Funeraire des Romans*, S. 184, n. 4.

77. Iamblichus, *Vit. Pythag.*, vi, 30; siehe auch Cumont, *Astrology and Religion among the Greeks and Romans*, S. 96

78. Carl Gustav Jung, *Collected Works 5*, S. 318, Anm. 21

79. vgl. Franz Cumont, *Le Symbolism Funeraire des Romans*, S. 190

80. ebenda, S. 213-217; 246-250

81. ebenda, S. 242

82. BBC Büchlein über Stonehenge, BBC2 in der Serie *Ancient Voices*, Erstausstrahlung Mai 1998

83. Bleek and Lloyd, *Specimens of Bushmen Folklore*, S. 399

84. Telegramm an Laurens van der Post vom japanischen Kapitän Mori über den Tod des William Plomer; in: van der Post, *Yet Being Someone Other*, S. 337

85. Brihadaranyaka-Upanishad, vi, 2, 16; in: *The Sacred Books of the East*, Bd. xv, S. 209 (Übersetzung: Verlag)

86. Khandogya Upanishad, v, 10, 4. in: *The Sacred Books of the East*, Bd. i, S. 89

87. ebenda, S. 89 (Übersetzung: Verlag)

88. vgl. Jean Rhys Bram, *The Moon*, S. 89 (Übersetzung: Verlag)

89. de Vries, *Dictionary of Symbols and Imagery*, S 326

90. vgl. Franz Cumont, *Le Symbolism Funeraire des Romans*, S. 179 f.

91. Für eine Diskussion über Brücken als Symbol für den Übergang eines Zustandes in einen anderen siehe Beverley Moon, Hrsg., *Archetypal Symbolism*, S. 368 f.

92. Mircea Eliade, *The Myth of Eternal Return*, S. 172

93. vgl. Jean Rhys Bram, *The Moon*, S. 89

94. vgl. Barbara C. Walker, *The Woman's Encyclopedia of Myth and Secrets*, S. 672

95. Kaushitaki Upanishad, i, 2, in: *The Sacred Books of the East*, Bd. i, S. 274. (Übersetzung: Verlag)

96. vgl. Carl Gustav Jung, *Collected Works 5*, S. 318, Anm. 21; vgl. de Vries, *Dictionary of Symbols and Imagery*, S. 326

97. Cotterell, *Dictionary*, S. 145; vgl. J.E. Cirlot, *A Dictionary of Symbols*, S. 216

98. Cicero, *Vom Gemeinwesen*, VI, 17, 17

99. Aristoteles, *De Caelo*, I, 3, 270, b5

100. Plutarch, »Face« 943.A, in: Loeb, S. 215

101. ebenda, 943.B

102. ebenda, 944.B

103. ebenda, 943.E

104. ebenda, 944.E

105. ebenda, 945.C

106. Platon, *Der Staat*, 508.E

107. Platon, *Symposium*, 190.B

108. Walter Wili, »The History of the Spirit in Antiquity«, in: Joseph Campbell, Hrsg., *Spirit and Nature, Eranos*, S. 93-94

109. Cicero, »Dream of Scipio Africanus the Younger«, in: *De Re Publica*, VI.IX.

110. ebenda, VI. XIV

111. Shakespeare, Der *Kaufmann von Venedig*, V, i, 54-66

112. ebenda., V, i, 108 f.

113. Shakespeare, *Heinrich VIII*, III, ii, 134

114. John D. Sinclair, trans. Dante, *The Divine Comedy: 3: Paradiso*, Vorwort, S. 7

115. Dante, *Die Göttliche Komödie*, Das Paradies, II. Gesang, 121 ff.

116. ebenda, II. Gesang, 49 ff.

117. ebenda, II. Gesang, 34 ff.

118. ebenda, II. Gesang, 10-18

119. ebenda, III. Gesang, 70-73

120. Heinrich Zimmer, Man and Transformation, *Eranos*, S. 348 (Übersetzung: Verlag)

121. ebenda, S. 349 f.

122. Bronowski, *The Ascent of Man*, S. 222

123. Alfred Lord Tennyson, »Locksley Hall sixty years after«, Zeile 172

124. Ludovico Ariosto, Orlando Furioso, 1532, Bk. XXXIV; in: *Brewer's Book of Myth and Legend*, S. 189

125. Alexander Pope, *The Rape of the Lock* (1711), Canto V, Zeile 109

126. ebenda, Canto V, Zeile 113-122

127. Giacomo Leopardi, *Opere*, I, 240-241; in: Alexander H. Krappe, *La Genèse des Mythes*, S. 118

128. *Brewer's Dictionary of Phrase and Fable*, S. 745

129. Peter D. Ouspensky, *Auf der Suche nach dem Wunderbaren*, S. 85 f.

130. ebenda

131. ebenda

132. ebenda (Übersetzung: Verlag)

KAPITEL 14

1. Johannes, 19: 31-42; 20:1; siehe auch Hugo Rahner, *Griechische Mythen in christlicher Deutung*, S. 109-34

2. Apostles? Creed, *The Book of Common Prayer*, Oxford University Press, S. 49

3. vgl. Alexander H. Krappe, *La Genèse des Mythes*, S. 113

4. Der Prophet Jona, 2:1

5. Matthäus, 12:40

6. Apostelgeschichte 9:9

7. Dante, *Die göttliche Komödie*

8. siehe Kapitel 1. S. 21-22

9. siehe Kapitel 12

10. ebenda

11. siehe Kapitel 9

12. siehe Kapitel 13

13. B. Moon, Hrsg., *Archetypal Symbolism*, S. 368

14. Mircea Eliade, *Shamanism*, S. 36

15. »The Cattle Raid of Cooley«, *The Ulster Cycle*

16. Van der Post, *The Heart of the Hunter*, S. 221

17. James George Frazer, *The Golden Bough*, »Adonis, Attis, Osiris«, Bd. 1. S. 2-56

18. Mircea Eliade, *The Myth of the Eternal Return*, S. 72

19. Joan Halifax, *Shaman: The Wounded Healer*, S. 12

20. ebenda, S. 13

21. Yeats, *Essays and Introductions*, S. 91

22. Goethe, Selige Sehnsucht

23. Johannes, 3: 3-5

24. Thomasevangelium, Logion 113

25. Brief an die Galater, 2: 20.

26. Carl Gustav Jung, *Collected Works*, S. 7-37

27. Von Franz, *Alchemy*, S. 163

28. St. John of the Cross, *The Dark Night of the Soul*

29. Zitiert in: Rundle Clark, *Myth and Symbol in Ancient Egypt*, S. 88

30. Carl Gustav Jung in *Collected Works* 11, S. 294 f.

31. Max Cade, *The Awakened Mind*

32. Yeats, *Collected Poems*, S. 308

33. vgl. Frankfort, *Kingship and the Gods*, S. 67

34. Blake, S. 580

35. Mircea Eliade, *A History of Religious Ideas*, Bd. 1, Vorwort

36. Carl Gustav Jung, *Collected Works* 8, S. 375

37. Joseph Conrad, *Heart of Darkness*, Penguin Books, 1989, S. 32

38. Origen, *Homiliae in Leviticum*, V, 2; in: Carl Gustav Jung, *Collected Works* 16, S. 197

39. Heinrich Zimmer, *Myths and Symbols in Indian Art and Civilization*, S. 351 (Übersetzung: Verlag)

40. Blake, S. 860; siehe auch Kapitel 3

41. John Campbell, *Der Heros in tausend Gestalten*, S. 19

42. :, *Collected Works* 9:i, S. 7

43. Shakespeare, *Der Sturm*, 1, ii, 48

44. Campbell, »The Perennial Philosophies of the East«, *Transformations of Myth through Time*, Tapes Nr. 5, Bd. 1, Prog. 5; Aldous Huxley, *The Perennial Philosophy*

45. Coomaraswamy, *Traditional Art and Symbolism*, S. 458

46. T.S. Eliot, *Selected Essays*, S. 145

47. Campbell, *The Inner Reaches of Outer Space*, S. 17 (Übersetzung: Verlag)

48. Fred Hoyle, *The Nature of the Universe*, S. 9

49. The Daily Telegraph, The Independent, etc. quoted in *The Week*, Talking Points, July 20, 1999

50. Owen Barfield, *Saving the Appearances*, S. 144 ff.

51. Thomas Mann, »Freud and the Future«, *Life and Letters Today*, Bd. 15, 1936, S. 89 f.

52. vgl. Carl Gustav Jung, *Collected Works* 9, S. 271

53. Thomasevangelium, Logion 77; siehe auch Capra, *The Tao of Physics*

54. Carl Gustav Jung, *Collected Works* 6, S. 185 (Übersetzung: Verlag)

55. Shakespeare, *Hamlet*, II, i, 63

56. Thomas Berry, 1/1/01, *Notes for a Conference on Earth Jurisprudence*, Washington, April, 2001.; siehe auch Thomas Berry, *The Great Work*

57. Einstein, *The Expanded Quotable Einstein*, S. 316 (Übersetzung: Verlag)

58. Tarnas, *The Passion of the Western Mind*, S. 439

59. vgl. James Lovelock, *The Gaia Hypothesis*

60. »New Moon«, Hilal, in: Rumi, *Lion of the Heart*, trans. Coleman Barks with John Moyne, S. 50 (Übersetzung: Verlag)

AUSGEWÄHLTE BIBLIOGRAFIE

Adler, Margot. *Drawing down the Moon.* New York, Penguin Books USA Inc., 1986.

Apuleius. *Der goldene Esel.* Aus dem Lateinischen von August Rode. Frankfurt, Insel Taschenbuch Verlag, 1975.

Aristophanes. *Die Wolken.* Übersetzung, Nachwort und Anmerkungen von Otto Seel. Stuttgart, Philipp Reclam jun., 1963.

Aristoteles. *Hauptwerke.* Kröner, 1977.

Athanassakis, Apostolos N.. *The Orphic Hymns: Text, Translation, and Notes.* Missoula, Montana, Scholars Press for the Society of Biblical Literature, 1977.

Awakawa, Yasuich. *Die Malerei des Zen-Buddhismus. Pinselstriche des Unendlichen.* Schroll, 1992.

Bachchan, Harbens Rai. *W. B. Yeats and Occultism: A study of his works in relation to Inidan lore, the Cabbala, Swedenborg, Boehme and Theosophy.* Delhi, Motilal Banarsidass, 1965.

Bachofen, Johann Jakob. *Das Mutterecht.* Hrsg. von Hans-Jürgen Heinrichs. Frankfurt, Suhrkamp, 1997.

Baker, Margaret. *Discovering The Folklore of Plants.* Princes Risborough, Buckinghamshire, Shire Oublications Ltd., 1969.

Bancroft, Ann. *Zen: Spirituelle Köstlichkeiten.* Bauer, 2002.

Barfield, Owen. *Der Sprecher und sein Wort. Die Bewusstseinsentwicklung im Spiegel der Sprachgeschichte.* 1985.

    Das Kind und der Riese. Freies Geistesleben, 1991.
    Evolution. Der Weg des Bewusstseins. Zur Geschichte des europäischen Denkens. Hrsg. von Elmar Schenkel. N.F. Weitz Vlg., 1991.
    Saving the Appearances: A Study in Idolatry. Wesleyan University Press, 1988.

Baring, Anne and Cashford, Jules. *The Myth of the Goddess: Evolution of an Image.* Harmondsworth, Viking Arkana, Penguin Books Ltd., 1991.

Baring-Gould, Sabine Rev.. *Curious Myths of the Middle Ages.* London, Messrs. Rivington, 1866.

Bates, Brian. *Wyrd. Der Weg eines angelsächsischen Zauberers.* Goldmann, 1986.

Bayley, Harold. *The Lost Languages of Symbolism: an Inquiry into the Origin of Certain Letters, Words, Names, Fairy-Tales, Folklore, and Mythologies.* London, Williams and Norgate Ltd., 1912.

Beckett, Samuel. *Warten auf Godot.* Frankfurt, Suhrkamp, 1971.

Begg, Ean. *Die Unheilige Jungfrau. Das Rätsel der Schwarzen Madonna.* 1989.

Bernot, Denise. *La Lune: Mythes et Rites.* Paris, du Seuil, 1962.

Berry, Thomas. *Die Autobiographie des Universums.* Diederichs, 1999.

Bibel.

Biedermann, Hans. *Das Buch der Zeichen und Symbole.* Vlg. Für Sammler, 1994.

    Knaurs Lexikon der Symbole. Bechtermünz 2000.

Billson, C. J. *The Easter Hare, Folk-lore.* Bd.3. 1892.

Blake, William. *Zwischen Feuer und Feuer. Poetische Werke.* Hrsg. von Thomas Eichhorn. Dtv, 1998.

Bleek, Wilhelm, H. I.. *Reynard the Fox in South Africa; or Hottentot Fables and Tales.* Chiefly translated from original manuscripts in the library of His Excellency Sir George Grey. KCB., London, Trubner and Co., 1864.

Bleeker, Claas J.. *Hathor and Thoth: Two Key Figures of the Ancient Egyptian Religion.* Leiden, Brill Publishers, 1973.

Bly, Robert. *News of the Universe Poems of Twofold Consciousness.* San Francisco, Sierra Club Books, 1980.

    The Kabir Book: Forty-four of the Ecstatic Poems of Kabir. Versions by Robert Bly. Boston, A Seventies Press Book, Beacon Press, 1977.
    Selected Poems of Rainer Maria Rilke. A translation from the German and commentary by Robert Bly. New York, Harper, Colophon Books, 1981.

Bohm, David. *Wholeness and the Implicate Order.* Routledge Classics, 2003.

Bonnefoy, Yves (Hrsg.). *Greek and Egyptian Mythologies.* Translated under the direction of Wendy Doniger. Chicago and London, University of Chicago Press, 1992.

    Roman and European Mythologies. Translated under the direction of Wendy Doniger. Chicago and London, University of Chicago Press, 1992.

Borgmeier, Raimund (Hrsg.). *Gedichte der englischen Romantik.* Durchgesehene und bibliographisch ergänzte Ausgabe. Stuttgart, Philipp Reclam Jun., 1980.

Boylan, Patrick. *Thoth, the Hermes of Egypt.* Chicago, Ares Publishers, Inc., 1987.

Bram, Jean Rhys. *The Moon.* In: Eliade (Hrsg.). *The Encyclopedia of Religion.* Bd.10. New York, Macmillan, 1987.

Brennan, Martin. *The Stars and the Stones: Ancient Arts and Astronomy in Ireland.* London, Thames and Hudson, 1983.

    Brewer's Dictionary of Phrase and Fable. 14th edition, revised by Ivor H. Evans. London, Cassell Publishers Ltd., 1989.

Briffault, Henri. *The Mothers: A Study of Sentiments and Institutions.* 3 Bd. London and New York, George Allen & Unwin Ltd., 1927.

Briggs, Katherine. *British Folktales.* Random House Childrens Pub, 1980.

Bronowski, Jacob. *Der Aufstieg des Menschen. Stationen unserer Entwicklungsgeschichte.* Ulllstein, 1982.

Brueton, Diane. *Der Mond.* Heyne, 1997.

Budge, E. A. Wallis. *The Gods of the Egyptians: Studies in Egyptian Mythology.* 2Bd. New York, Dover Publications, 1969.

    Osiris and the Egyptian Resurrection. 2 Bd. 1911. Reprint. New York, Dover Publications, 1973.
    Amulets and Superstitions. New York, Dover Publications, 1978.

Burkert, Walter. *Die Griechen und der Orient.* C.H. Beck, 2003.

    Wilder Ursprung. Opferritual und Mythos bei den Griechen. Wagenbach, 1990.

Burl, Aubrey. *From Carnac to Callanish: The Prehistoric Stone Rows and Avenues of Britain, Ireland and Brittany.* London and New Haven, Connecticut, Yale University Press, 1993.

Campbell, Joseph. *Der Heros in tausend Gestalten.* Insel, 1999.

    Die großen Mythen der Menschheit. Orbis, 2002.
    Mythologie des Ostens. Die Masken Gottes. Sphinx-Verlag, 1991.
    Schöpferische Mythologie IV. Die Masken Gottes. Hugendubel, 1992.
    Mythologie der Urvölker. Die Masken Gottes. Hugendubel, 1991.
    Mythen der Menschheit. Kösel, 1993.
    Der Flug der Wildgans. Mythologische Streifzüge. Piper, 1994.
    Die Mitte ist überall. Die Sprache von Mythos, Religion und Kunst. Kösel, 1992.
    Lebendiger Mythos. Goldmann, 1991.
    Die Kraft der Mythen. Bilder der Seele im Leben des Menschen. Artemis/ Patmos, 1989.
    The Way of the Animal Powers. Harpercollins, 1988.
    Papers from the Eranos Yearbook, 6 Bd. Bollingen Series XXX, 4. Princeton, New Jersey, Princeton University Press, 1970.

Capra, Fritjof. *Wendepunkt. Bausteine für ein neues Weltbild.* Droemersche Verlagsanstalt, 1999.

Caesar, Gaius Iulius. *Der Gallische Krieg.* Übersetzt und herausgegeben von Marieluise Deissmann. Stuttgart, Philipp Reclam jun., 1980.

Cashford, Jules (Hrsg.). *The Homeric Hymns.* Introduction by Nicholas Richardson. Harmondsworth, Penguin Classics, 2003.

    »Joseph Campbell and the Grail Myth« In: John Matthews (Hrsg.). *The Household of the Grail.* Wellingborough, Aquarian Press, Thorsons, 1990.
    The Myth of Isis and Osiris. Bath, Barefoot Books, 1995.
    Theseus and the Minotaur. Bath, Barefoot Bokks, 1996.
    Reflecting Mirrors: Ideas of Personal and Archetypal Gender. London, Harvest: Journal for Jungian Studies, 1998.

Cassirer, Ernst. *Philosophie der symbolischen Formen.* 3 Bd. Meiner, 2001.

Cicero. *De re publica. Vom Gemeinwesen.* Übersetzt und herausgegeben von Karl Büchner. Stuttgart, Philipp Reclam jun., 1979.

    De natura deorum. Über das Wesen der Götter. Übersetzt und herausgegeben von Ursula Blank-Saugmeister. Stuttgart, Philipp Reclam jun., 1995.

Cirlot, J. E.. *A Dictionary of Symbols.* London and Henley, Routledge & Kegan Paul, 1978.

Clarke, Lindsay. *Das Zauberhafte der Druiden. Die schönsten keltischen Mythen aus Irland und Wales.* Herder, 1998.

Codrington, R. H.. *The Melanesians: Studies in Their Anthropology and Folklore.* Oxford, Oxford University Press, 1907.

Coleridge, Samuel Taylor. *Biographia Literaria.* Oxford, Oxford University Press, 1907.

The Portable Coleridge. Harmondsworth, Penguin Books Ltd., 1977.

Collon, Dominique. *Catalogue of the Western, Asiatic Seals in the British Museum: Cylinder Selas III, Isis-Larsa and Old Babylonian Periods.* London, British Museum Publications Ltd., 1986.

Comte, Ferdinand (Hrsg.). *The Wordsworth Dictionary of Mythology.* Ware, Wordsworth, 1994.

Cook, Roger. *The Tree of Life: Image for the Cosmos.* London, Thames and Hudson, 1974.

Coomaraswamy, Ananda K.. *Time and Eternity.* New Delhi, Manoharlal Publishers Ltd., 1993.

    What is Civillisation? and other Essays. Oxford, Oxford University Press, 1989.

Cooper, J.C.. *Illustriertes Lexikon der traditionellen Symbole.* 1993.

    Symbolism: The Universal Language. Wellingborough, Aquarian Press, 1982.

    Symbolic and Mythological Animals. London, Aquarian Press, HarperCollins, 1992.

Cornford, F. M.. *From Religion to Philosophy: A Study in the Origins of Western Speculation.* Sussex, The Harvester Press, 1980.

Costello, Darby. *The Astrological Moon.* CPA Seminar Series 6, Centre for Psychological Astrology Press, 1996.

Cotterell, Arthur. *Die Enzyklopädie der Mythologie. Klassisch, nordisch, keltisch.* Edition XXL, 2000.

Cummings, Edward E.. *Gedichte.* Langewiesche-Brandt, 1994.

Cumont, Franz. *Recherches sur le Symbolisme Funéraire des Romains.* Paris, Geuthner, 1942.

    Astrology and Religion among the Greeks and Romans. Trans. J. B. Baker. New York, Dover Publications, Inc., 1960.

    The Mysteries of Mithra. Trans. Thomas J. McCormack. New York, Dover Publications, Inc., 1956.

Dames, Michael. *Mythic Ireland.* London, Thames and Hudson, 1992.

Dante. *Das neue Leben. Die göttliche Komödie.* Herausgegeben von Dr. Erwin Laaths. Deutsche Buch-Gemeinschaft, Berlin, Darmstadt, Wien.

David, Julian. *Interviewing Symbols of Individuation: A Jungian Perspective.* Cape Town, Kaggen Press, 1991.

David, Rosalie. *A Guide to the Religious Ritual at Abydos.* Warminster, Aris & Philips, 1981.

Davidson, H. R. Ellis. *Gods and Myths of Northern Europe.* Harmondsworth, Penguin Books, 1964.

    Myths and Symbols in Pagan Europe: Early Scandinavian and Celtic Religious. Syracuse, New York, Syracuse University Press, 1951.

Dickens, Charles. *David Copperfield.* Frankfurt, Insel Taschenbuch Verlag, 1980.

Dodds, Eric Roberts. *Die Griechen und das Irrationale.* Darmstadt, Wissenschaftliche Buchgesellschaft, 1991.

Downer, John. *Die Supersinne der Tiere.* München, Heyne, 1995.

Eberhard, Wolfram. *Lexikon chinesischer Symbole.* Diederichs, Eugen Verlag, 1999.

Elder, George, R. *The Body: An Encyclopedia of Archetypia Symbolism.* Boston, Shambhala, 1996.

Eliade, Mircea. *Geschichte der religiösen Ideen.* Freiburg, Herder, 2002.

    Patterns in Comparative Religion. London, Sheed & Ward Publishers, 1958.

    Schamanismus und archaische Ekstasetechnik. Frankfurt, Suhrkamp, 2001.

    Das Mysterium der Wiedergeburt. Versuch über einige Initiationstypen. Frankfurt, Insel, 1998.

    Ewige Bilder und Sinnbilder. Über die magisch-religiöse Symbolik. Frankfurt, Insel, 1998.

Eliot, T. S.. *Gedichte*, Frankfurt, Bibliothek Suhrkamp, 1964.

Elsworthy, Fredrick Thomas. *The Evil Eye: The Origins and Practices of Superstition.* New York, Julian Press, 1958.

Erdoes, Richard and Ortiz, Alfonso (Hrsg.). *American Indian Myths and Legends.* New York, Pantheon Books, 1984.

Eschenbach, Wolfram von. *Parzival.* Langen/Müller, 1999.

Euripides. *Iphigenie in Aulis.* Nach der Übersetzung von J.J. Donner. Stuttgart, Philipp Reclam jun., 1978.

Fabricius, Johannes. *Alchemie. Die Goldmacher des Abendlandes und ihre königliche Kunst.* Psychozial-Verlag, 2002.

Falck, Colin. *Myth, Truth and Literature: Towards a true post-modernism.* New York and Cambridge, Cambridge University Press, 1994.

Faulkner, R. O.. *The Ancient Egyptian Pyramid Texts.* 3 Bd. Oxford, Oxford University Press, 1969.

Fisher, Clyde. *The Story of the Moon.* New York, Doubleday, Doran and Co., 1945.

Folley, Tom. *The Book of the Moon.* London, Courage Books, 1997.

Fowden, Garth. *The Egyptian Hermes: a Historical Approach to the Late Pagan Mind.* Princeton, New Jersey, Princeton University Press, 1986.

Frankfort, Henri. *The Intellectual Adventure of Ancient Man.* Chicago, University of Chicago Press, 1948.

    Alter Orient – Mythos und Wirklichkeit. Kohlhammer, Stuttgart, 1981.

    Kingship and the Gods. Chicago, University of Chicago Press, 1948.

Franz, Marie-Louise von. *Zeit. Strömen und Stille.* Frankfurt, Insel, 1961.

    Alchemy: An Introduction to the Symbolism and the Psychology. Toronto, Inner City Books, 1980.

Frazer, Sir James George. *Der goldene Zweig. Eine Studie über Magie und Religion.* Ullstein Verlag, 1982.

    Der goldene Zweig. Das Geheimnis von Glauben und Sitten der Völker. Rowohlt Verlag, 1989.

    Folklore in the Old Testament. 3 Bd. London, Macmillan and Co., Ltd., 1918.

Friberg, Eino (Hrsg.). *The Kalevala: Epic of the Finnish People*, Otava Publishing Company Ltd., Helsinki 1988.

Frye, Northrop. *Analyse der Literaturkritik.* Stuttgart, Kohlhammer, 1982.

Funk & Wagnall: *Standard Dictionary of Folklore, Mythology, and Legend.* Herausgegeben von Maria Leach. San Francisco, HarperSanFrancisco, Harper & Row, 1984.

Gedichte aus dem Rig-Veda: Aus dem Sanskrit übertragen und erläutert von Paul Thieme. Stuttgart, Philipp Reclam jun., 1964.

Gedichte der englischen Romantik: Ausgewählt, herausgegeben und kommentiert von Raimund Borgmeier. Stuttgart, Philipp Reclam jun. Stuttgart, 1980.

Getty, Adele. *Göttin. Mutter des Lebens.* Kösel, 1993.

    The Epic of Gilgames. An English version with an introduction by N. K. Sandars. Harmondsworth, Penguin Books Ltd., 1992.

Gimbutas, Marija. *Die Sprache der Göttin. Das verschüttete Symbolsystem der westlichen Zivilisation.* 1995.

    The Goddesses and Gods of Old Europe, 6500-3500 B.C.: Myth and Cult Images. London, Thames and Hudson, 1982.

Goblet d'Alviella, Eugene. *The Migration of Symbols.* Wellingborough, Northants, Aquarian Press, 1979.

    The Gospel According th Thomas. Coptic Text established and translated by A. Guillaumont et al. Leiden, E. J. Brill, 1990.

Grant, John. *Der Mythos der Wikinger. Sagen, Götter und Legenden.* Xenos, 1991.

Grant, Michael. *Myth of the Greeks and Romans.* Cleveland, Ohio. The World Publishing Company, 1962.

Graves, Robert. *Griechische Mythologie. Quellen und Deutung.* Rowohlt, 2001.

    Die Weiße Göttin. Sprache des Mythos. Rowohlt, 1985.

Gray, John. *Near-Eastern Mythology.* London, Hamlyn, 1982.

Green, Miranda Jane. *Keltische Mythen.* Ditzingen, Reclam, 1994.

Greene, Liz. *Saturn.* München, Hugendubel, 1996.

Grene, David and Lattimore, Richmond (Hrsg.). *Greek Tragedies*, 3 Bd. Chicago, University of Chicago Press, 1963.

Grimm, Jacob. *Deutsche Mythologie. Band I.* Wiesbaden, Fourier Verlag , 2003.

    Deutsche Mythologie. Band II. Wiesbaden, Fourier Verlag, 2003.

Grimm, Jacob und Wilhelm. *Grimms Märchen. Gesamtausgabe.* Utting, Nebel Verlag, 2000.

Gubernatis, Angelo de. *Zoological Mythology: Or the Legends of Animals*, 2 Bd. London, Truebner & Co., 1872.

Guiley, Rosemary Ellen. *Der Mond-Almanach. Der Mond in Fakten, Mythen, Märchen und Geschichten.* München, Goldmann, 1993.

Hadley, Eric. *Legends of the Sun and Moon.* Cambridge, Cambridge University Press, 1990.

Halifax, Joan. *Shaman: the Wounded Healer.* London, Thames and Hudson, 1982.

Harding, Esther. *Woman's Mysteries: Ancient and Modern.* London, Rider, 1982.

Harley, Rev. Timothy. *Moon Lore.* Rutland, Vermont, Charles E. Tuttle Co., Publishers, 1970.

Harrison, Jane E.. *Mythology.* New York and London, Harcourt Brace Jovanovich, 1963.

    Prolegomena to the Study of Greek Religion. London, Merlin Press, 1977.

Themis: A Study of the Social Origins of Greek Religion. London, Merlin Press, 1977.

Hart, George; Taube, Karl; Burn, Lucilla (Hrsg.). *Mythen alter Kulturen*. Ditzingen, Reclam, 2002.

Harvey, Andrew and Baring, Anne. *The Mystic Vision*. New Alresford, Hampshire, Godsfield Press, 1995.

The Divine Feminine: Exploring the Feminine Face of God Throughout the World. New Alresford, Hampshire, Godsfield Press, 1996.

Hastings, James, (Hrsg.). *Encyclopaedia of Religion and Ethics*, 13 Bd. Edinburgh, T. and T. Clark, New York, C. Scribners Sons, 1908-1926.

Hazlitt, W. Carew. *Faiths and Folklore of the British Isles: A Descriptive and Historical Dictionary*, 2 Bd. New York, Benjamin Blom, 1965.

Henderson, Joseph L. and Oakes, Maud. *The Wisdom of the Serpent: the Myths of Death, Rebirth, and Resurrection*. Princeton, Princeton University Press, 1990.

Henn, T.R.. *The Lonely Tower: Studies in the Poetry of W. B. Yeats*. London, Methuen & Co., 1950.

Hentze, Carl Philipp. *Mythes et Symboles Lunaires*. Antwerp, De Sikkel, 1932.

Frühchinesische Bronzen und Kultdarstellungen. Antwerp, De Sikkel, 1938.

Heracleitus. *The Fragments of Heracleitus*. Bray, the Guild Press, 1976.

Herder. *Lexikon Griechische und Römische Mythologie. Götter, Helden, Ereignisse, Schauplätze*. Freiburg, Herder, 1995.

Hesiod. *Theogonie. Vom Ursprung der Götter*. Übersetzt und herausgegeben von Otto Schönberger. Stuttgart, Philipp Reclam jun., 1999.

Werke und Tage. Übersetzt und herausgegeben von Otto Schönberger. Stuttgart, Philipp Reclam jun., 1996.

Works and Days. Trans. Dorothea Wender. Harmondsworth, Penguin Books, 1973.

The Homeric Hymns and Homerica. Trans. H. G. Evelyn-White. Loeb Classical Library, Cambrige, Mass. and London, Harvard University Press and William Heinemann Ltd., 1914.

Hillman, James. *The Myth of Analysis: Three Essays in Archetypal Psychology*. New York, Harper & Row, Harper, Colophon Books, 1978.

Revisioning Psychology. New York, Harper & Row, Harper, Colophon Books, 1977.

Healing Fiction. Barrytwon, New York, Station Hill Press, 1983.

The Essential Hillman: A Blue Fire. Edited by Thomas Moore, London, Routledge, 1990.

Hollander, Lee. M.. *The Poetic Edda*. Austin, Texas, University of Austin, 1990.

Homer, *Ilias*. Übersetzung, Nachwort und Register von Roland Hampe. Stuttgart, Philipp Reclam jun., 1979.

Odyssee. Übersetzt von Roland Hampe. Philipp Reclam jun., Stuttgart, 1986.

Homerische Hymnen. Griechisch und deutsch. Herausgegeben von Anton Weiher. München, Heimeran Verlag, 1970.

Hornung, Erik. *The Valley of the Kings: Horizon of Eternity*. New York, Timken Publishers, 1990.

Hughes, Ted. *Selected Poems: 1957-1981*. London, Faber and Faber, 1982.

Moon-Whales. London and Boston, Faber and Faber, 1991.

Birthday Letters. London, Faber and Faber, 1998.

Hume, Robert Earnest. *The Thirteen Principal Upanishads*. Oxford, 1921.

Hutchison Dictionary of World Myth. Edited by Petre Bently. London, Helicon in association with Duncan Baird Publishers, 1996.

Hutton, Ronald. *The Triumph of the Moon: A History of Modern Pagan Witchcraft*. Oxford and New York, Oxford University Press, 1999.

Huxley, Francis. *The Way of the Sacred*. Garden City, New York, Doubleday & Company, Inc., 1974.

Ions, Veronica: *Egyptian Mythology*. London, The Hamlyn Publishing Group Ltd., 1986.

Jablow, Alta and Withers, Carl. *The Man in the Moon: Sky Tales from Many Lands*. New York, Chicago and San Francisco, Holt, Rinehart and Winston, 1969.

Jacobson, Thorkild. *The Treasures of Darkness: a History of Mesopotamian Religion*. New Haven, Connecticut, Yale University Press, 1976.

Johnson, Buffie. *Lady of the Beast: Ancient Images of the Goddess and Her Sacred Animals*. San Francisco, Harper & Row, 1988.

Jung, Carl Gustav. *Collected Works*, 20 Bd. Edited Sir Herbert Read, Gerhard Adler, Michael Fordham, William McGuire, trans. R. F. C. Hull. London, Routledge & Kegan Paul, 1957-79.

Modern Man in Search of a Soul. Trans. W. S. Dell ands Cary F. Baynes, London, Routledge & Kegan Paul, 1981.

Man and His Symbols, London, Pan Books, 1978.

Dream Analysis: Notes of a Seminar given 1928-1930. Edited by William McGuire, Bollingen Series XCIX. Princeton, New Jersey, Princeton University Press, 1948.

Jung, Carl Gustav. *Introduction to a Science of Mythology: The Myth of the Divine Child and the Mysteries of Eleusis*. Trans. R. F. C. Hull. London, Routledge & Kegan Paul, 1951.

The Kalevala: Epic of the Finnish People. Trans. Eino Friberg. Helsinki, Otava Oublishing Company Ltd., 1988.

Katzeff, Paul. *Moon Madness, and Other Effects of the Full Moon*. London, Robert Hale, 1990.

Keats, John. *Poems*. London, Bell & Hyman Ltd., 1979.

Kenton, Warren. *Astrology: The Celestial Mirror*. London, Thames and Hudson, 1974.

Kerenyi, Carl. *Eleusis: Archetypal Image of Mother and Daughter*. New York, Schocken Books, 1967.

Zeus and Hera: Archetypal Image of Father, Husband and Wife. Trans. Christopher Holme. Bollingen Series LXV, Princeton, New Jersey, Princeton University Press, 1975.

Dionysos: Archetypal Image of Indestructible Life. Trans. Ralph Manheim. Bollingen Series, LXV:2. Princeton, New Jersey, Princeton University Press, 1976.

The Gods of the Greeks. Trans. Norman Cameron. London, Thames and Hudson, 1979.

Hermes: Guide of Souls. Dallas, Texas, Spring Publications, 1986.

Goddess of Sun and Moon .Trans. Murray Stein. Dallas, Texas, Spring Publications, 1987.

Kershaw, Nora. *Darradarjod, Anglo-Saxon and Norse Poems*. Cambridge, Cambridge University Press, 1922.

Kightly, Charles. *The Perpetual Almanack of Folklore*. London, Thames and Hudson, 1994.

King, Leonrad William. *The Seven Tablets of Creation; Or, the Babylonian Legends concerning the Creation of the World and of Mankind*. London, Luzac, 1902.

Knappert, Jan. *Indian Mythology: An Encyclopedia of Myth and Legend*. London, Diamond Books, 1995.

The Aquarian Guide to African Mythology. Wellingborough, Northamptonshire, Aquarian Press, 1990.

Pacific Mythology: An Encyclopedia of Myth and Legend. London, Aquarian Press, 1992.

Kollerstrom, Nick. *Planting by the Moon: a Gardener's Calendar, 1999*. Totnes, Devon, Prospect Books, 1998.

Kramer, Samuel Noah. *The Sumerians, Their History, Culture and Character*. Chicago and Londin, University of Chicago Press, 1971.

From the Poetry of Sumer: Creation, Glorification, Adoration. University of California Press, 1979.

Krappe, Alexander H. *The Lunar Frog, Folk-lor.* Bd. LI, 1940.

La Genèse des Mythes, Paris, Pyot, 1938.

Krupp, Edward C.. *Beyond the Blue Horizon: Myths & Legends of the Sun, Moon, Stars, & Planets*. Oxford and New York, Oxford University Press, 1992.

Skywatcher, Shamans & Kings. Chichester, John Wiley & Sons, Inc., 1997.

Lamy, Lucie: *Egyptian Mysteries: New Light on Ancient Knowledge*. London, Thames and Hudson, 1981.

Langdon, Stephen H.. *Oxford Editions of Cuneiform Inscriptions*. Edited under the direction of S. Langdon. London, New York [etc.], Oxford University Press, H. Milford, 1923.

Semitic Mythology, The Mythology of all Races, Bd. 5. Marshall Jones Company, Inc., 1923.

Larousse Dictionary of World Folklore, Hrsg. Alison Jones. Larousse plc, 1995.

Larrington, Carolyne (Hrsg.). *The Feminist Companion to Mythology*. London, Pandora Press, 1992.

Lawrence, D. H. *The Complete Poems of D. H. Lawrence*. Edited by Vivian De Sola Pinto and Warren Roberts. London, Heinemann, 1972.

Layard, John. *The Stone Men of Malekula*. London, Chatto & Winbdus, 1942.

The Lady of the Hare. London, Faber & Faber, 1944.

Lewis, C. S.. *The Discarded Image: An Introduction to Medieval and Renaissance Literature*. Cambridge, Cambridge University Press, 1974.

Light, Michael. *Full Moon. Das Jahrhundertereignis in Originalbildern*. Frederking & Thaler, 2002.

Long, Kim. *The Moon Book: The meaning of methodical movements of the magnificent, mysterious moon and other interesting facts about the earth's nearest neighbor*. Boulder, Colrado, Johnson Publishing Company, 1998.

Lorca, Federico García. *Gedichte.* Ausgewählt und übertragen von Enrique Beck. Frankfurt, Suhrkamp, 1977.

Lys, Claudia de. *The Giant Book of Superstitions,* New Jersey, Citadel Press, 1979.

Mackenzie, Donald A.. *Myth from China & Japan.* London, The Gresham Publishing Company Ltd.

Macrobius, Ambrosius. *Saturnalia.* Trans. Percival Vaughn Davies. New York, Columbia University Press, 1969.

> *Commentary on the Dream of Scipio.* Trans. William Harris Stahl. New York, Columbia University Press, 1952.

March, Jenny. *Dictionary of Classical Mythology.* London, Cassell, 1998.

Marshack, Alexander. *The Roots of Civilization.* London, 1991.

Mbitu, Ngangar; Prime, Ranchor. *Essential African Mythology.* London, Harper Collins, 1997.

McCrickard, Jeanette. *Eclipse of the Sun – An Investigation into Sun and Moon Myths.* Somerset, Gothic Image Publications, 1990.

McGrath, Sheena. *The Sun Goddess – Myth, Legend, and History.* London, Blandford, 1997.

Miller, Mary Ellen; Taube, Karl. *An Illustrated Dictionary of the Gods and Symbols of Ancient Mexico and the Maya.* London, Thames and Hudson, 1993.

Milton, John. *Das verlorene Paradies.* Aus dem Englischen übertragen und herausgegeben von Hans Heinrich Meier. Stuttgart, Philipp Reclam jun., 1968.

Monier-Williams, M. A.. *Sanskrit-English Dictionary.* Delhi, Motilal Banarsidas Publishers Private Ltd., 1995.

Moon, Beverly (Hrsg). *An Encyclopedia of Archetypal Symbolism.* The Archive for Research in Archetypal Symbolism. Boston and London. Shambhala, 1991.

Muller, F. Max (Hrsg.). *The Sacred Books of the East,* 50 Bd. Delhi, India, Motilal Banarsidass, 1992.

Murray, Gilbert. *The Rise of the Greek Epic.* Oxford: The Clarendon Press, 3rd ed., 1924.

Neumann, Erich. *Zur Psychologie des Weiblichen. Geist und Psyche.* Frankfurt, Fischer Tascchenbücher, 1993.

> *Die Große Mutter. Der Archetyp des großen Weiblichen.* Darmstadt, Wissenschaftliche Buchgesellschaft, 1957.
> *Ursprungsgeschichte des Bewusstseins. Geist und Psyche.* Frankfurt, Fischer Taschenbuch, 1999.

New Larousse *Encyclopedia of Mythology.* Trans. Richard Aldington and Delano Ames. Introduction by Robert Graves. The Hamlyn Publishing Group Ltd., 1959.

Nicolson, Iain. *Die Geheimnisse des Weltalls.* München, Südwest, 1993.

Nilsson, Martin P.. *Handbuch der Altertumswissenschaft, Bd. 2/2, Geschichte der griechischen Religion.* C.H. Beck, 1988.

> *Handbuch der Altertumswissenschaft, Bd. 2/1, Geschichte der griechischen Religion.* C.H. Beck, 1992.
> *Griechische Feste von religiöser Bedeutung mit Ausschluss der attischen.* Teubner, 1995.

Primitive Time reckoning – A Study in the Origins and First Development of the Art of Counting Time among the Primitive and Early Culture People. C. W. K. Gleerup, Lund, 1920.

O'Flaherty, Wendy Doniger. *Hindu Myths – A Sourcebook. Translated from the Sanskrit.* Harmondsworth, Penguin Books, 1978.

O'Hara, Gwydion. *Moon Lore Myths and Folklore from Around the World.* St. Paul, Minnesota, Llewellyn Publications, 1996.

Onians, Richard B.. *The Origins of European Thought: About the Body, the Mind, the Soul, the World, Time and Fate.* Cambridge, Cambridge University Press, 1984.

Opie, Iona; Opie, Peter. *Die klassischen Märchen.* Rastatt, Pabel/Moewig, 1982.

> *The Oxford Nursery Rhyme Book.* Oxford, 1951

Opie, Iona; Tatem, Moira (Hrsg.). *A Dictionary of Superstitions.* Oxford and New York, Oxford University Pres, 1989.

Otto, Rudolf. *Das Heilige.* C.H. Beck, 1987.

Ouspensky, Peter D.. *Auf der Suche nach dem Wunderbaren. Perspektiven der Welterfahrung und der Selbsterkenntnis.* O. W. Barth bei Scherz, 1999.

Ovid. *Metamorphosen. Das Buch der Mythen und Verwandlungen.* In Prosa neu übersetzt von Gerhard Fink. Frankfurt, Fischer Taschenbuch Verlag, 1993.

Palmer, Martin; Xiaomin, Zhao. *Chinesische Glücksstäbchen. Mit dem uralten Orakel in ein neues Jahrhundert.* J. Kamphausen Verlag, 2000.

Partridge, Eric. *Origins: A Short Etymological Dictionary of Modern English.* London, Melbourne, Henley, Routledge & Kegan Paul, 1979.

Pausanias ; Jacques Laager (Hrsg.). *Beschreibung Griechenlands. Ein Reise- und Kunstführer aus der Antike.* Manesse Verlag, 1998.

Phillips, John A.. *Eva, von der Göttin zur Dämonin.* Stuttgart, Kreuz-Verlag, 1987.

Physiologus. Übersetzt und herausgegeben von Otto Schönberger. Stuttgart, Philipp Reclam jun., 2001.

Plath, Sylvia. *The Colossus.* London, Faber & Faber, 1968.

Platon. *The Collected Dialogues.* Edited by Hamilton, Edith and Crains, Huntington. Bollingen Series LXXI. Princeton, New Jersey, Princeton University Press, 1989.

Plinius. *Epistuale. Liber II. Briefe. 2. Buch.* Übersetzt und herausgegeben von Heribert Philips. Stuttgart, Philipp Reclam jun., 1988.

> *Natural History.* Bd. 1. Trans. H. Rackham, Loeb Classical Library. Cambridge, Mass. and London, Harvard University Press, 1997.

Plutarch. *Große Griechen und Römer in sechs Bänden.* Vollständige Ausgabe. München, Deutscher Taschenbuch Verlag, 1984.

> *Moralphilosophische Schriften.* Ausgewählt, übersetzt und herausgegeben von Hans-Josef Klauck. Stuttgart, Philipp Reclam jun., 1997.
> *Religionsphilosophische Schriften.* Übersetzt und herausgegeben von Herwig Görgemans unter Mitarbeit von Reinhard Feldmeier und Jan Assmann. Artemis & Winkler, 2003.

Pope-Hennessy; John: *Paradiso. The Illiuminations to Dante's Divine Comedy by Giovanni di paolo.* London, Thames and Hudson, 1993.

Ptolemäus, Claudius. *Tetra Biblos.* Chiron Verlag, 2000.

Purce, Jill. *Die Spirale. Symbol der Seelenreise.* Kösel, 1988.

Rahner, Hugo. *Griechische Mythen in christlicher Deutung.* 1989.

Raine, Kathleen. *Yeats the Initiative: Essays on certain themes in the writings of W. B. Yeats.* Mountrath, Portaloise, Ireland, The Dolmen Press, in association with London, George Allen & Unwin Ltd., 1986.

Ray, Jean Dorothy. *Eskimo Masks: Art and Ceremony.* Seattle, University of Ashington Press, 1967.

Reichel-Dolmatof, Gerardo. *Rainforest Shamans: Essays on the Northwest Amazon.* Totnew, Devon, Themis Books in association with the COAMA Programme, Colombia, and the Gaia Foundation, London.

> »Astronomical Models of Social Behavior Among Some Indians of Colombia« In: *Annals of the New York Academy of Science,* Bd. 385, 1982, S. 165-181.

Reps, Paul; Nyogen Senzaki. *Zen Flesh Zen Bones: A Collection of Zen & Pre-Zen Writings.* Tokyo, Tuttle, 1957.

Rexroth, Kenneth. *One Hundred Poems from the Japanese.* Toronto and New York, New Direction Books, 1976.

> *One Hundred More Poems from the Japanese.* Toronto and New York, New Direction Books, 1976.

The Rig Veda: *An Anthology, one hundred and eight Hymns.* Selected, translated and annotated by Wendy Doniger O'Flaherty. Harmondsworth, Penguin Books, 1981.

Rilke, Rainer Maria. *Gegenüber dem Himmel. Die schönsten Gedichte.* Herausgegeben von Uwe Heldt. Piper, 1997.

Roscher, Wilhelm H.. *Ausführliches Lexikon der Griechischen und Römischen Mythologie,* 5 Bd. Leipzig, Teubner, 1884-1937.

> *Nectar und Ambrosia.* Leipzig, Teubner, 1890.

Ruggles, Clive L.N. (Hrsg.). *Records in Stone: Papers in Memory of Alexander Thom.* Cambridge, Cambridge University Press, 1988.

Rundle, Clark, R. T.. *Myth and Symbol in Ancient Egypt.* London, Thames and Hudson, 1978.

Sachs, Maryam: *Der Mond.* München, Heyne, 1998.

Schele, Linda; Freidel, David. *Die unbekannte Weite der Maya. Das Geheimnis ihrer Kultur entschlüsselt.* München, Weltbild Buchverlag, 1994.

Segal, Robert A.. *Encountering Jung: Jung on Mythology.* Princeton, Princeton University Press, 1998.

Shah, Idries; Williams, Richard. *Die fabelhaften Heldentaten des weisen Narren Mulla Nasrudin.* Freiburg, Herder, 2001.

Shakespeare, William. *Sämtliche Werke.* Ins Deutsche übertragen von August Wilhelm Schlegel, Dorothea und Ludwig Tieck, Wolf Graf Baudissin,

Ferdinand Freiligrath, Friedrich Bodenstedt, Gottlob Regis, Karl Simrock. R. Löwit. Wiesbaden.

    Sämtliche Werke. Übersetzung von Wilhelm Schlegel, Dorothea und Ludwig Tieck. Phaidon.

Shapiro, Max S.; Hendricks, Rhoda A.. *A Dictionary of Mythologies.* London, Toronto, Sydney, New York, Paladin, Granada, 1981.

Shearer, Ann. *Athene: Image and Energy.* Harmondsworth, Viking Arkana, 1996.

Sheldrake, Rupert. *Das schöpferische Universum. Die Theorie des morphologischen Feldes.* Ullstein Taschenbuchverlag, 1993.

Sheldrake, Rupert; McKenna,Terence; Abraham, Ralph. *Denken am Rande des Undenkbaren.* Piper, 1995.

Shelley, Percy Bysshe. *Ausgewählte Werke. Dichtung und Prosa.* Hrsg. von Horst Höhne. Frankfurt, Insel, 1990.

Simpson, Jaqueline; Roud, Steve. *A Dictionary of English Folklore.* Oxford, Oxford University Press, 2000.

Singh, Madanjeet (Hrsg.). *The Sun in Myth and Art.* London, Thames and Hudson, 1993.

Skolimowsky, Henryk. *The Participatory Mind.* London, Arkana, 1994.

Sonne, Brigitte. *Agayut: Nunivak Eskimo Masks from the 5th Thule Expedition.* Copenhagen, Gyldendal, 1988.

    Mythology of the Eskimos. In: Carolyne Larrington (Hrsg.). *The Feminist Companion to Mythology.* London, Pandora Press, 1992.

Sophokles. *König Ödipus.* Übersetzung und Nachwort von Kurt Steinmann. Stuttgart, Philipp Reclam jun., 1989, 2002.

Spengler, Oswald. *Der Untergang des Abendlandes. Umrisse einer Morphologie der Weltgeschichte.* Nachwort von Detlef Felken. München, Deutscher Taschenbuch Verlag, 2003.

Stevens, Anthony. *Archetype: A Natural History of the Self.* Routledge & Kegan Paul Ltd., 1982.

    Ariadne's Clue: a Guide to the Symbols of Humankind. Harmondsworth, Allen Lane, The Penguin Press, 1998.

Stevens, Wallace. *Notes towards a Supreme Fiction.* Cummington, Massachusetts, The Cummington Press, 1942.

    Selected Poems. London and Boston, Faber and Faber, 1984.

    The Necessary Angel: Essay on Reality and the Imagination. London and Boston, Faber & Faber, 1984.

Sturluson, Snorri. *Die Edda des Snorri Sturluson.* Ausgewählt, übersetzt und kommentiert von Arnulf Krause. Stuttgart, Philipp Reclam jun., 1997.

Schwab, Gustav. *Sagen des klassischen Altertums.* Vollständige Ausgabe. Frankfurt, Insel, 2001.

Tacitus. *Germania.* Übersetzung, Erläuterungen und Nachwort von Manfred Fuhrman. Stuttgart, Philipp Reclam jun., 1971.

Tanahashi, Kazuaki (Hrsg.). *Moon in a Dewdrop: Writings of Zen Master Dogen.* New York, North Point Press, Farrar, Straus and Giroux, 1985.

Tarnas, Richard. *The Passion of the Western Mind: Understanding the ideas that have shaped our world view.* New York, Harmony Books, 1991.

Taube, Karl. *Aztekische und Maya-Mythen.* Ditzlingen, Reclam, 1994.

Taylor, Paul B.; Auden W. H.. *The Elder Edda: A Selection .* New York, Random House, 1967.

Thom, Alexander. *Megalithic Lunar Observatories.* Oxford, Clarendon Press, 1978.

Thomas, Keith. *Religion and the Decline of Magic.* Harmondsworth, Penguin Books Ltd., 1991.

Tillyard, E.. *The Elizabeth World Picture.* Harmondsworth, Penguin Books Ltd., 1990.

Tompkins, Peter; Bird, Christopher. *The Secret Life of Plants.* Harmondsworth, Penguin Books, 1974.

Tsu, Lao. *Tao Te Ching.* Harmondsworth, Penguin Books, 1963.

Tu Fu. *Selected Poems.* Trans. R. Alley. Peking, Foreign Language Press, 1964.

Ungaretti, Guiseppe. *Selected Poems.* Farrar Straus Giroux, 2002.

Untermann, Alan. *Dictionary of Jewish Lore and Legend.* London, Thames and Hudson, 1991.

Van der Post, Laurens. *Jung and the Story of our Time.* Harmondsworth, Penguin Books, 1975.

Van Over, Raymond (Hrsg.). *Taoist Tales.* New York and London, Mentor Book, The New American Library, 1973.

Vermaseren, M. J.. *Cybele and Attis.* Trans. A. M. H. Lemmers. London, Thames and Hudson, 1977.

Vergil. *Georgica. Vom Landbau.* Übersetzt und herausgegeben von Otto Schönberger. Stuttgart, Philipp Reclam jun., 1994.

    Eclogues, Georgics, Aeneid 1-6. Bd. 1. Trans. H. Rushton Fairclough. Loeb Classical Library, Cambridge, Mass. and London, Harvard University Press, 1999.

Vries, Ad de. *Dictionary of Symbols and Imagery.* Amsterdam, Elsevier Science Publishers, 1984.

Waley, Arthur. *Chinese Poems.* London, Unwin Book, 1961.

    170 Chinese Poems. London, Constable & Co. Ltd., 1977.

Walker, Barbara (Hrsg.). *The Woman's Encyclopedia of Myth and Secrets.* San Francisco, Harper & Row, 1983.

    The Woman's Dictionary of Symbols and Sacred Objects. San Francisco, Harper Collins, 1998.

Ward, William Hayes. *Seal Cylinders of Western Asia.* New York, J. P. Morgan Library/AMS Press, 1998.

Warner, Marina. *Alone of All her Sex: The Myth and the Cult of the Virgin Mary.* London, Weidenfeld and Nicolson, 1976.

Watson, Lyall. *Supernature: The Natural History of the Supernatural.* London, Coronet Books, Hodder Paperbacks Ltd., 1974.

Watts, Alan. *Myth and Ritual in Christianity.* London, Thames and Hudson, 1954.

Webster, Hutton. *Rest Days: the Christian Sunday, the Jewish Sabbath, and their Historical and Anthropological Prototypes.* New York, Macmillan, 1916.

Weekley, Ernest. *An Etymological Dictionary of Modern English,* 2 Bd. New York, Dover Publications, Inc., 1967.

Werner, Edward T. C..*Myths and Legends of China.* London, George G. Harrap & Co. Ltd., 1958.

Westwood, Jennifer. *Albion, a Guide to Legendary Britain.* London, Grafton Books, 1985.

White, J.. *The Ancient History of the Maori,* 4 Bd.. Wellington, 1886-89.

Winter, Jeannette. *The Girl and the Moon Man.* New York, Pantheon Books, 1984.

Wolkstein, Diane; Kramer, Samuel Noah. *Inanna, Queen of Heaven and Earth: Her Stories and Hymns form Sumer.* London, Rider & Co., 1983.

Yates, Frances A.. *The Art of Memory.* Harmondsworth, Peregrine Books, Penguin Books, 1966.

    The Occult Philosophy in the Elizabethan Age. London, Boston and Henley, Routledge & Kegan Paul, 1979.

Yeats, William Butlar: *A Vision.* London, Macmillan, 1962.

    The Collected Poems. London, Macmillan, 1952.

    The Celtic Twilight. Bridgeport, Prism Press, 1990.

    Essays and Introductions. London and Basingstoke, Macmillan Press Ltd., 1961.

    Wheels and Butterflies. London, Macmillan and Co. Ltd., 1934.

    Die geheime Rose. Frankfurt, Bibliothek Suhrkamp, 1975.

Zimmer, Heinrich. *Indische Mythen und Symbole.* Diederichs Gelbe Reihe, Bd.33. Diederichs, Eugen Verlag, 2000.

    Myths and Symbols in Indian Art and Civilization. Edited by Joseph Campbell. Bollingen Series VI, Princeton New Jersey, Princeton University Press, 1946.

    Philosophies of India. Edited by Joseph Campbell. Bollingen Series XXVI, Princeton, New Jersey, Princeton University Press, 1951.

    The Art of Indian Asia. 2 BD. Completed and edited by Joseph Campbell. Bollingen Series XXXIX, Princeton, New Jersey, Princeton University Press, 1983.

    The King and the Corpse: Tales of the Soul's Conquest of Evil. Edited by Joseph Campbell. Bollingen Series XI, Princeton, New Jersey, Princeton University Press, 1973.

REGISTER

BILDNACHWEIS

Umschlagbild: Die Sternenhalle der Königin der Nacht. AKG London

Farbige Bildstrecke: Nick Caloyianis/National Geographic Society (andere Abbildungen siehe unten)

Kapitel 1
Abb. 1 Antikenmuseum Staatliche Museen Preußischer Kulturbesitz, Berlin (West); Abb. 2 Bildarchiv Preussischer Kulturbesitz /British Museum, London; Abb. 4 Musée d'Aquitaine, Bordeaux; Abb. 6 Staatliche Museen zu Berlin – Preußischer Kulturbesitz, Vorderasiatisches Museum; Abb. 9 Louvre, Paris; Abb. 12 © Fotograf Erik Cornelius Östasiatiska Museet, Stockholm; Abb. 16, 17 British Museum; Abb. 18 The British Library, London

Kapitel 2
Abb. 1 National Museum, Delhi. Ajit Mookerjee Collection; Abb. 3 Aberdeenshire Archaeological Service; Abb. 4 Ägyptisches Museum, Turin; Abb. 6 British Museum; Abb. 7 Heidelberg Universitäts-bibliothek; Abb. 8 Courtesy, Museum of Fine Arts, Boston. Reproduced with permission. © 2000 Museum of Fine Arts, Boston. All rights reserved.

Kapitel 3
Abb. 1 Courtesy: Government Museum, Chennai; Abb. 4 Hirmer Verlag, München; Abb. 5 & 6 Rijksmuseum van Oudheden, Leiden, Holland; Abb. 7 © Dr Elizabeth Staehelin photo Andreas Brodbeck; Abb. 9 British Museum, London; Abb. 11 Lausanne Cathedral, Switzerland/The Bridgeman Art Library; Abb. 12 Galerie Blondeel-Deroyan, Paris/Photo © Laurette Blondeel; Abb. 15 Ashmolean Museum, Oxford/Bridgeman Art Library; Abb. 18 National Library, Florence/Scala; Abb. 19 © Ann & Bury Peerless Picture Library; Abb. 22 National Museum, Delhi; Abb. 23 Eisei-Bunko Museum

Kapitel 4
Abb. 1 Louvre, Paris/Scala; Abb. 15 Eremitage Museum, St. Petersburg; Abb. 16, 24 British Museum, London; Abb. 18 Stefan Rebsamen/Bern, Bernisches Historisches Museum; Abb. 21 Jürgen Liepe/Museum für Völkerkunde, Hamburg

Kapitel 5
Abb. 1 Kyoto National Museum; Abb. 2 The University of Chicago Library, East Asian Collection. Photograph © The Art Institute of Chicago. All Rights Reserved; Abb. 7 Musée Calvet, Avignon; Abb. 10 British Museum

Kapitel 6
Abb. 1 Die Sixtinische Kapelle, Rom/Scala; Abb. 2 Copyright Princeton University Press; Abb. 3 © J Poncar; Abb. 5 Cairo National Museum; Abb. 7 University of Amsterdam Library; Abb. 8

Bibliothèque Nationale de France, Paris; Abb. 9 AKG London; Abb. 11 Koninklijke Bibliotheek Den Haag

Kapitel 7
Abb. 1 Kyoto National Museum; Abb. 4 Birnau Basilica, Germany; Abb. 6 St. Mary's Church, Burnham Deepdale, Norfolk; Abb. 10 Samuel M. Nickerson Collection, 1947.534 © 2002 The Art Institute of Chicago. All Rights reserved; Abb. 11 Werner Forman Archive/Brian McElney, Hong Kong; Abb. 12 British Museum; Abb. 13 Collection of the Tokyo National Museum; Abb. 15 Biblioteca Medicea-Laurenziana, Florence; Abb. 16 Gillett Griffin Collection; Abb. 19 The Art Archive/Musée du Louvre, Paris/Dagli Orti

Kapitel 8
Abb. 1 © The National Museum of Denmark, Department of Ethnography. Photographer: Jesper Weng; Abb. 2 Bibliothèque Nationale, Paris; Abb. 3 National Archeological Museum, Athens; Abb. 4a & 4b Musée de l'Homme, Paris; Abb. 5 Roma, Musei Capitolini; Abb. 7 British Museum; Abb. 8 The Louvre, Paris/ Bridgeman Art Library; Abb. 9 Ägyptisches Museum, Staatl che Museum, Berlin; Abb. 10 Musée du Petit Palais, Avignon/ Bridgeman Art Library

Kapitel 9
Abb. 1 AKG London; Abb. 5 American Museum of Natural History, Skidegate, Queen Charlotte Island, British Columbia; Abb. 8 © Discovery Images, Jeff Foott Collection; Abb. 14 Cincinnati Art Museum; Abb. 16 Rijksmuseum van Oudheden, Leiden, Netherlands; Abb. 17 The British Museum; Abb. 18 Louvre Paris/Bridgeman Art Library; Abb. 19 Museo Nazionale, Reggio Calabria/Scala; Abb. 20 Cathédrale de Valère, Sion, Switzerland; Abb. 21 Godshill Parish Church, Isle of Wight/J. Arthur Dixon

Kapitel 10
Abb. 1 E. Lessing/AKG Press; Abb. 2 Martin-von-Wagner-Museum der Universität Würzburg. Photo: K Öhrlein; Abb. 4, 14 Louvre, Paris; Abb. 5 AKG London/ Erich Lessing; Abb. 7 Musée de Chatillon; Abb. 8, 11 Bibliothèque Nationale, Paris; Abb. 9 Historiska Museum, Stockholm; Abb. 12 Museo de Arte de Cataluna, Barcelona; Abb. 13 Gemäldegalerie Staatliche Museen Preußischer Kulturbesitz, Berlin (West); Abb. 15 The British Library, London;

Kapitel 11
Abb. 1 Richard Austin; Abb. 2 The Fitzwilliam Museum, Cambridge; Abb. 3 AKG London/ Erich Lessing; Abb. 4 Louvre © Photo RMN - H Lewandowski; Abb. 5, 11 British Museum; Abb. 7 Ägyptisches Museum, Cairo/Scala; Abb. 8 The Art Archive/ Dagli Orti; Abb. 9 Museum of the American Indian, Heye Foundation, New York;

Abb. 12 The Metropolitan Museum of Art, Fletcher Fund, 1928 (28.57.23) Photograph © 1983 The Metropolitan Museum of Art; Abb. 13 Louvre Photo © RMN; Abb. 16 Copyright The Frick Collection, New York; Abb. 17 Landschaftsverband Rheinland/ Photo J Gregori; Abb. 18 Zentralbibliothek, Zürich; Abb. 19 AKG London; Abb. 24 Musée National du Moyen Age et des Thermes de Cluny, Paris

Kapitel 12
Abb. 1 Museum of Templo Mayor. Instituto Nacional de Antropologia e Historia, Mexico City; Abb. 4 American Museum of Natural History, New York; Abb. 6 The Art Archive/National Anthropological Museum Mexico/ Dagli Orti; Abb. 8 Peabody Museum of Archaeology, Harvard, Cambridge; Abb. 9 University of Pennsylvania Museum; Abb. 10 Courtesy, Museum of Fine Arts, Boston. Reproduced with permission. © 2000 Museum of Fine Arts, Boston. All rights reserved; Abb. 11 National Museum, Athens; Abb. 13 © auf dem Kreuzberg über Ediger an der Mosel, Deutschland

Kapitel 13
Abb. 1 © Biblioteca Apostolica Vaticana (Vatican) Urb. Lat. 365, fol. 200; Abb. 3 Kulturen Museum, Lund; Abb. 5 J Lutz Frobenius-Institut an der Johann Wolfgang Goethe-Universität, Frankfurt am Main; Abb. 8 Rijksmuseum van Oudheden, Leiden, Netherlands; Abb. 10 Der Vatikan/ Scala; Abb. 11 The Metropolitan Museum of Art, Purchase, Bequest of Joseph H Durkee, Gift of Darius Ogden Mills and Gift of C Ruxton Love, by exchange, 1972. (1972.11.10) Photograph © 1999 The Metropolitan Museum of Art; Abb. 13 © Tate, London 2001; Abb. 14 Joseph L Henderson and Maud Oakes, The Wisdom of the Serpent, plate 24; Abb. 17 Vatican Museum; Abb. 18 University of Amsterdam Library; Abb. 19, 20 The British Library; Abb. 21 Universiteits Bibliotheek Utrecht; Abb. 22 © Mme Méliès

Kapitel 14
Abb. 1, 9 NASA/JPL/CALTECH; Abb. 4 The Dean and Chapter of Winchester. Photo credit Miki Slingsby; Abb. 5 Museo Gregoriano Etrusco, Vaticano/M Sarri; Abb. 6 © Tate, London 2001; Abb. 7 Reproduced by permission of the Provost and Fellows of Eton College; Abb. 8 Hirmer Verlag, Munich

Der Verlag dankt den oben stehenden Museen, Archiven und Fotografen für die Abdruckgenehmigung der verwendeten Bilder. Wir haben uns bemüht, alle Copyrightansprüche zu berücksichtigen. Sollte uns dennoch ein Fehler unterlaufen sein, bitten wir dafür um Entschuldigung.